高等学校交通运输与工程类专业教材建设委员会规划教材

桥梁工程

|第2版|

刘龄嘉　王晓明　编著
徐　岳　贺拴海　主审

人民交通出版社
北京

内 容 提 要

本书为高等学校交通运输工程类道路桥梁与渡河工程专业、土木工程专业的本科教材。本书主要内容包括总论、梁桥、拱桥、斜拉桥、悬索桥、桥梁支座与墩台共六篇。其中，第一篇总论主要介绍桥梁分类与组成、桥梁设计方法和设计荷载、桥梁通用构造；第二篇至第五篇分别介绍各桥型的结构体系、结构类型、结构构造、结构设计、结构计算和结构施工；第六篇主要介绍桥梁支座、桥墩、桥台的主要类型、构造与设计、计算、施工等。

本书可作为高等院校道路桥梁与渡河工程专业和土木工程专业教材，也可作为相关专业本科、研究生教材和工程技术人员参考书。

图书在版编目(CIP)数据

桥梁工程 / 刘龄嘉, 王晓明编著. — 2版. — 北京：人民交通出版社股份有限公司, 2024.6. — ISBN 978-7-114-19627-0 (2025.1重印)

Ⅰ．U44

中国国家版本馆CIP数据核字第2024ER5858号

Qiaoliang Gongcheng

书　　名：	**桥梁工程(第2版)**	
著 作 者：	刘龄嘉　　王晓明	
责任编辑：	李　喆　　袁倩倩	
责任校对：	赵媛媛　　龙　雪　　卢　弦	
责任印制：	张　凯	
出版发行：	人民交通出版社	
地　　址：	(100011)北京市朝阳区安定门外外馆斜街3号	
网　　址：	http://www.ccpcl.com.cn	
销售电话：	(010)85285911	
总 经 销：	人民交通出版社发行部	
经　　销：	各地新华书店	
印　　刷：	北京印匠彩色印刷有限公司	
开　　本：	787×1092　1/16	
印　　张：	42.75	
插　　页：	1	
字　　数：	1035千	
版　　次：	2017年2月　第1版	
	2024年6月　第2版	
印　　次：	2025年1月　第2版　第2次印刷　总第6次印刷	
书　　号：	ISBN 978-7-114-19627-0	
定　　价：	75.00元	

(有印刷、装订质量问题的图书，由本社负责调换)

第2版
前 言
PREFACE

　　本教材第1版于2017年2月出版。近年来,新材料、新技术不断发展,一批高水平大跨径桥梁相继建成,我国桥梁设计与建造水平日新月异。为跟上时代步伐,适应新时期道路桥梁与渡河工程专业的人才培养要求,并兼顾机场工程、土木工程、轨道工程等专业对桥梁工程理论与知识的要求,对第1版内容进行了以下补充及修改:

　　(1)第一篇:将第1版第二篇第二章"桥面系构造"内容更名为"桥梁通用构造"移至第2版第一篇第四章。

　　(2)将第1版第四篇刚架桥内容合并至第2版第二篇梁桥。

　　(3)部分篇的章节中补充了"拓展小知识"。本教材以公路桥梁为主进行编写,考虑到我国高速铁路和城市轨道交通行业的迅猛发展,学生毕业后除了进入公路、市政工程等行业从事桥梁工程相关工作外,也有一部分学生进入铁路或城市轨道交通行业相关部门工作,因此,第2版教材中将一些知识点和重要概念以"拓展小知识"的形式说明有轨桥梁(如铁路桥梁、城市轨道交通桥梁等)与无轨桥梁(如公路桥梁、城市道路桥梁等)的差异,以便学生拓展知识面,更好地适应社会需求。

　　(4)在每篇各章内容后增加了"学习提示",以便读者学习与理解。

　　(5)每篇各章补充和完善了"思考与练习"。在每章内容最后,通过"思考与练习"巩固知识。在第四篇第一章最后补充了"斜拉桥设计与建造综合练习",供读者学习参考。

(6)在每篇最后增加了"本篇总结",以便读者归纳总结。

(7)在教材最后补充了"附录Ⅶ 综合练习",以便读者掌握全部课程内容。

(8)由于桥梁工程课程学习中涉及桥型名词与术语较多,为方便学生学习,在"附录Ⅷ 常用名词与术语"中进行了汇总,以便读者查阅。

(9)桥梁工程是一门实践性很强的课程,为使学生能够将课本知识与实桥相结合,在附录Ⅲ列出了长安大学桥梁工程课程的"认识实习指导书",对每一座实桥提出观察要求,给出思考与分析的问题。供读者参考。

(10)本教材按80课时(40讲)授课,在每一讲授课内容相应位置插入授课PPT,供读者学习参考。

(11)按照最新规范对教材相关内容进行了修改与更新。

本教材根据现行规范、基于文献资料,总结多年讲授"桥梁工程"课程的体会与经验来编写。本教材具体编写分工如下。

第一篇:刘龄嘉;

第二篇:刘龄嘉、任更锋、邹存俊;

第三篇:刘龄嘉、王凌波、周敉、陈峰;

第四篇:王晓明、李源、罗晓瑜、赵国辉;

第五篇:李加武、闫磊、王晓明、高广中;

第六篇:刘龄嘉、赵国辉、孙昊、张柳煜。

本教材由长安大学刘龄嘉教授、王晓明教授主编,徐岳教授、贺拴海教授主审。本教材在编写过程中得到了长安大学杨炳成教授、宋一凡教授、胡大林教授、黄平明教授、刘永健教授、周勇军教授、周勇超副教授、刘江老师、徐星辰老师等给予的宝贵意见和支持;研究生韩晓东、赵建领、李奇洪、柴亮等提供了部分材料,博士生魏柯耀和研究生彭寒笑、吴雨龙、雷蔚文等整理了部分图表和文字材料,在此表示由衷的感谢!

由于编者水平有限,书中有疏漏之处在所难免,敬请读者批评指正。来函请寄:liuljia@126.com、wxm@chd.edu.cn,以便再版修订时参考。

编 者

2024年3月

目 录
CONTENTS

第一篇 总 论

第一章　概论···3
　第一节　概述···3
　第二节　桥梁基本组成与结构体系···6
　思考与练习···21
第二章　桥梁总体规划和设计要点···22
　第一节　桥梁设计基本原则与设计要求··22
　第二节　桥梁设计与建设程序···25
　第三节　桥梁平面、立面及横断面设计··29
　第四节　桥梁设计方案比选··38
　思考与练习···44
第三章　桥梁设计荷载··45
　第一节　作用的种类及确定方法···45
　第二节　作用的表征、组合及效应设计值···59
　思考与练习···66
第四章　桥梁通用构造··67
　第一节　桥面铺装··67
　第二节　桥面防水及排水设施···68
　第三节　桥梁伸缩装置与桥面连续构造···71
　第四节　人行道、安全带、栏杆与护栏、照明灯柱···································78
　思考与练习···84
本篇总结··85

1

第二篇 梁 桥

第一章 概论 ·· 91
第一节 梁桥的特点 ··· 91
第二节 主要类型及适用情况 ··· 96
思考与练习 ·· 100

第二章 简支板桥 ··· 101
第一节 整体式简支板桥 ·· 101
第二节 装配式简支板桥 ·· 102
第三节 斜交板桥 ··· 109
思考与练习 ·· 113

第三章 简支梁桥构造与设计 ·· 114
第一节 T梁桥 ··· 114
第二节 箱梁桥 ··· 126
第三节 组合梁桥 ··· 131
思考与练习 ·· 138

第四章 简支梁桥计算 ··· 139
第一节 简支梁桥计算方法 ··· 139
第二节 行车道板内力计算 ··· 140
第三节 荷载横向分布计算 ··· 150
第四节 主梁内力计算 ··· 184
第五节 横隔梁内力计算 ·· 190
思考与练习 ·· 197

第五章 刚架桥与刚构桥 ·· 198
第一节 刚架桥与刚构桥的特点 ·· 198
第二节 刚架桥与刚构桥的构造与设计 ·· 200
第三节 刚架桥计算方法 ·· 209
思考与练习 ·· 214

第六章 连续体系梁桥 ··· 215
第一节 连续体系梁桥的特点 ··· 215
第二节 连续梁桥构造与设计 ··· 216
第三节 连续刚构桥构造与设计 ·· 227
第四节 连续体系梁桥计算 ··· 238
第五节 连续弯梁桥简介 ·· 256
思考与练习 ·· 259

第七章 梁桥施工 ··· 260
第一节 概述 ·· 260

  第二节　主要施工方法 ··· 260
  思考与练习 ··· 278
本篇总结 ·· 279

第三篇　拱　桥

第一章　概论 ·· 285
  第一节　拱桥的特点及适用范围 ·· 285
  第二节　拱桥的类型及结构体系 ·· 287
  思考与练习 ··· 294
第二章　简单体系拱桥构造 ·· 295
  第一节　拱圈 ·· 295
  第二节　拱上建筑 ·· 305
  第三节　其他细部构造 ·· 310
第三章　简单体系拱桥设计 ·· 316
  第一节　总体设计 ·· 316
  第二节　横截面设计 ··· 321
  思考与练习 ··· 327
第四章　简单体系拱桥计算 ·· 329
  第一节　拱轴线方程 ··· 330
  第二节　拱圈内力计算 ·· 337
  第三节　拱圈内力调整 ·· 350
  第四节　有限元分析要点 ··· 353
第五章　简单体系拱桥承载力与稳定性验算 ·· 356
  第一节　拱圈截面承载力验算 ·· 356
  第二节　拱的整体稳定性验算 ·· 359
第六章　拱桥连拱计算 ·· 362
  第一节　连拱计算的基本概念 ·· 362
  第二节　连拱简化计算方法 ·· 364
  思考与练习（第四章～第六章） ··· 367
第七章　组合体系拱桥 ·· 368
  第一节　有推力组合体系拱桥 ·· 368
  第二节　无推力组合体系拱桥 ·· 374
第八章　拱桥施工 ·· 384
  第一节　有支架施工法 ·· 384
  第二节　无支架施工法 ·· 387
  思考与练习 ··· 394
本篇总结 ·· 396

第四篇 斜 拉 桥

第一章 概论 ········· 401
- 第一节 斜拉桥的特点 ········· 401
- 第二节 斜拉桥的结构体系 ········· 405
- 思考与练习 ········· 415

第二章 斜拉桥设计 ········· 416
- 第一节 总体设计 ········· 416
- 第二节 斜拉索构造与设计 ········· 420
- 第三节 索塔构造与设计 ········· 429
- 第四节 主梁构造与设计 ········· 435
- 思考与练习 ········· 442

第三章 斜拉桥计算 ········· 443
- 第一节 概述 ········· 443
- 第二节 计算方法 ········· 443
- 第三节 斜拉桥结构分析案例 ········· 455
- 思考与练习 ········· 464

第四章 斜拉桥施工 ········· 465
- 第一节 索塔施工 ········· 465
- 第二节 主梁施工 ········· 466
- 第三节 斜拉索施工 ········· 470
- 思考与练习 ········· 472

本篇总结 ········· 473

第五篇 悬 索 桥

第一章 概论 ········· 477
- 第一节 悬索桥的特点 ········· 477
- 第二节 悬索桥的结构体系 ········· 479
- 思考与练习 ········· 483

第二章 悬索桥构造与设计 ········· 484
- 第一节 总体设计 ········· 484
- 第二节 缆索系统设计 ········· 489
- 第三节 加劲梁设计 ········· 498
- 第四节 索塔设计 ········· 503
- 第五节 锚碇设计 ········· 507
- 思考与练习 ········· 513

第三章 悬索桥结构计算 ·· 514
第一节 概述 ··· 514
第二节 计算方法 ·· 514
第三节 悬索桥结构设计计算示例 ··· 519
思考与练习 ··· 526
第四章 悬索桥施工 ·· 528
第一节 锚碇施工 ·· 528
第二节 索塔施工 ·· 529
第三节 主缆施工 ·· 530
第四节 加劲梁施工 ··· 532
思考与练习 ··· 534
本篇总结 ·· 535

第六篇 桥梁支座与墩台

第一章 桥梁支座 ·· 541
第一节 概述 ··· 541
思考与练习 ··· 549
第二节 支座构造与安装 ··· 549
思考与练习 ··· 557
第三节 支座设计与计算 ··· 557
思考与练习 ··· 565
本章总结 ·· 566
第二章 桥墩 ·· 567
第一节 概述 ··· 567
思考与练习 ··· 574
第二节 桥墩构造与设计 ··· 574
思考与练习 ··· 585
第三节 桥墩计算 ·· 586
第四节 桥墩施工 ·· 605
思考与练习 ··· 609
第三章 桥台 ·· 610
第一节 概述 ··· 610
思考与练习 ··· 614
第二节 桥台构造与设计 ··· 615
思考与练习 ··· 619
第三节 桥台计算 ·· 619
思考与练习 ··· 629

第四节　桥台施工 ·· 629
思考与练习 ·· 629
第二章、第三章总结 ·· 630

附　录

附录Ⅰ　课程试验任务书 ··· 631
　课程试验Ⅰ-1　装配式简支T梁桥荷载横向分布试验 ······························ 631
　课程试验Ⅰ-2　无铰裸拱结构模型试验 ··· 634
附录Ⅱ　课程设计任务书 ··· 637
　课程设计Ⅱ-1　2孔简支梁桥或先简支后连续梁桥设计 ······························ 637
　课程设计Ⅱ-2　2孔等跨空腹式悬链线无铰拱桥设计 ······························ 640
附录Ⅲ　认识实习任务书 ··· 642
附录Ⅳ　横向分布计算参考图表 ·· 645
附录Ⅴ　等截面悬链线无铰拱计算用表(部分) ··· 646
附录Ⅵ　国内外已建成桥梁设计参数参考表 ··· 647
附录Ⅶ　综合练习 ··· 648
附录Ⅷ　常用名词与术语 ··· 657

参考文献 ·· 669

PART 1

▶▶▶ 第一篇

总论

第一章 概论

第一节 概述

一 引言

桥梁,形态各异、婀娜多姿、雄伟壮观。桥梁,如长虹卧波,似鳌背连云,飞架江河湖海,跨越山涧深谷,使天堑变通途,将人类从此岸渡到彼岸,由远古引向未来。

人类受自然界的启示,诞生了桥的概念和桥的形态(图1-1-1),又在谋求生存和发展、改造自然与征服屏障的历史长河中,创造和发展了桥梁(图1-1-2)。经过千百年的不懈努力,人类造就了一个庞大的桥梁世界。

a) 倒树桥

b) 天生桥

图1-1-1 自然界的桥

a) 踏步桥

b) 石板桥

c) 伸臂梁桥

d) 贯木拱桥

e) 藤索桥

图1-1-2 简易桥

20世纪80年代前,由于桥梁结构大多采用手工计算、手工绘图的设计模式,工作效率低,一些受力相对复杂的结构形式因解析困难、费工费时而较少采用,以采用梁桥、中小跨径拱桥居多。随着计算机的普及应用,以及结构分析计算软件、结构设计软件的开发利用,桥梁设计水平与工作效率大大提高,对超静定结构尤其是高次超静定结构进行解析变成可能,加之施工工艺、施工技术、施工机械设备等的发展与创新,一些跨径大、施工难度高的桥梁相继建成。例如,1991年建成主跨423m的上海南浦大桥(主跨为423m组合梁斜拉桥),开创了我国修建400m以上大跨径斜拉桥的先河。1999年建成主跨1385m的江阴长江公路大桥,是我国超过千米跨径的悬索桥,其北锚碇基础采用支承于紧密砂层上的巨型沉井,是我国首次采用不以嵌入岩体为基础的锚碇。2000年建成的主跨146m的山西丹河大桥[图1-1-3a)]是世界最大跨径石拱桥。2003年建成主跨550m的上海卢浦大桥[图1-1-3b)],是世界上第一座全焊接钢结构中承式拱桥,在设计上融入了斜拉桥、拱桥和悬索桥三种不同类型桥梁的设计工艺,是当时世界上单座桥梁建造中施工工艺最复杂、用钢量最多的大桥。2007年建成主跨420m的重庆菜园坝长江大桥,是公路和轨道交通两用桥,大桥主体首创采用刚构、钢桁梁、系杆拱组合结构体系,不仅在我国,而且在世界桥梁中具有独特地位。2008年建成的杭州湾跨海大桥[图1-1-3c)]全长36km,成为继中国青岛胶州湾跨海大桥和美国庞恰特雷恩湖桥后的世界第三长跨海大桥,50m箱梁"梁上运架设"技术、70m箱梁整体预制和海上运架设技术等都刷新了世界纪录。2012年建成的干海子大桥[图1-1-3d)]全长1811m,是世界上最长的钢管桁架连续刚构桥,桥面板采用钢纤维混凝土,是世界桥梁建设史上的首例。2013年建成的赫章大桥(全长1073.5m连续刚构桥)[图1-1-3e)]以195m墩高创造了又一项世界之最。2020年建成的金安金沙江大桥[图1-1-3f)],主跨1386m创下了峡谷悬索桥的世界纪录。2020年建成的沪通长江大桥(主跨1092m、塔高325m的双塔三索面钢桁梁斜拉桥)[图1-1-3g)],是世界上首座跨径超过千米、塔高最高的公铁两用斜拉桥。2018年建成的港珠澳大桥[图1-1-3h)]是世界上里程最长、沉管隧道最长、设计寿命最长、施工难度最大、技术含量最高、科学专利最多的跨海大桥,体现了中国综合国力和自主创新能力,体现了逢山开路、遇水架桥的奋斗精神和勇创世界一流的民族志气。

桥梁是交通设施,是建筑艺术,是文明的象征,是科学技术进步的结晶,也是综合国力的体现与象征(图1-1-3)。

a)山西丹河大桥(石拱桥)

b)上海卢浦大桥(系杆拱桥)

c)杭州湾跨海大桥主桥(主桥为斜拉桥)

d)干海子大桥(连续刚构桥)

图 1-1-3

e)赫章大桥(连续刚构桥)

f)金安金沙江大桥(悬索桥)

g)沪通长江大桥(公铁两用斜拉桥)

h)港珠澳大桥青州航道桥(斜拉桥)

图1-1-3　现代桥梁

二　课程性质及目标要求

桥梁是供铁路、公路、渠道、管线、行人等跨越河流、山谷、海湾、其他线路或障碍时的架空建筑物。道路桥梁与渡河工程等专业的桥梁工程课程是介绍公路桥梁的设计技术、施工技术和建设及运营过程中结构的受力等的必修课程。其内容主要包括三个方面：①将基本构件构造成期望的桥型结构体系(结构体系构造设计)；②在设计荷载作用下,确定组成桥梁结构体系各构件计算截面的作用类型、作用组合及效应设计值(结构分析计算)；③了解常用结构体系桥梁的施工方法和相应的受力特点。在学习桥梁工程课程之前,通过学习先修课程(如力学、结构设计原理、桥涵水文、工程地质、交通土建制图、工程测量等)储备相应的专业基础知识(图1-1-4),在学习过程中逐步掌握、应用公路桥涵设计规范,同时对桥梁施工方法、施工机械设备等应有所了解。

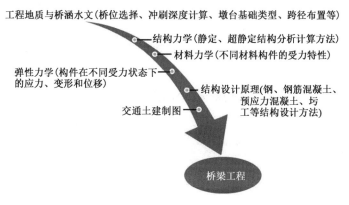

图1-1-4　桥梁工程课程与先修课程的关系

一座桥梁由桥跨结构(由一个或若干构件构成)、桥墩、桥台等组成,每个构件在结构中的受力性质(如受弯、受压、受拉等)可用力学方法进行分析确定,并计算出各构件任一截面内力值(包括弯矩、剪力、轴力等),然后采用结构设计原理方法进行各受力构件(包括受弯构件、受压构件、受拉构件等)的截面设计与验算。对于静定结构,各构件受力计算比较简单,采用静力平衡条件即可求解任一截面内力,如简支梁桥、三铰拱桥、T形刚架桥(悬臂施工时的恒载计算)等。对于超静定结构,除了采用静力平衡条件求解之外,还必须考虑结构的变形协调条件。一般来讲,超静定次数不多的结构,如单跨无铰拱桥、固结支承门式刚架桥和斜腿刚架桥等三次超静定结构,可先采用弹性中心法建立对称的基本结构,再用力法求解赘余力,使基本结构变为在赘余力作用下的静定结构,最后采用静力平衡条件求解任一截面内力。对于超静定次数较多的结构,如多跨连续梁桥、连续刚构桥、组合结构体系拱桥、斜拉桥、悬索桥等,可采用有限元法求解任一截面内力。随着计算机技术的发展和普及应用,结构有限元分析软件广泛应用于桥梁结构计算中,使得超大跨径、高次超静定结构的设计与建造得以实现。桥梁工程课程就是解释不同结构体系桥梁的构造组成,分析组成结构的构件受力性质,计算各构件任一截面在施工和运营过程中的内力值,再通过各种最不利作用组合,计算出组合效应设计值。

　　桥梁工程课程学习的重点在于:区分并掌握不同桥型及下部结构(除基础外)的构造(如一般构造、钢筋构造、连接构造等)特点,分析结构受力特性(如施工过程对结构的受力影响、运营过程中的受力等),掌握结构分析计算方法,学会绘制桥梁设计图。在本课程学习过程中,了解相关桥梁设计规范、施工规范等,学会查阅已建成桥梁的设计与施工资料,在本课程学习结束后应能利用相关图表、公式及力学计算完成以下工作:

(1)设计一座装配式简支梁桥或先简支后连续梁桥(含T形梁、小箱梁、空心板梁)。

(2)设计一座简单体系拱桥(石拱桥或钢筋混凝土拱桥)。

(3)设计桥墩(实体墩或柱式墩)和桥台。

(4)了解相关现行公路桥涵设计规范,如《公路桥涵设计通用规范》(JTG D60)(以下简称《通规》)、《公路钢筋混凝土及预应力混凝土桥涵设计规范》(JTG 3362)(以下简称《混规》)、《公路圬工桥涵设计规范(附条文说明)》(JTG D61)(以下简称《圬工规》)等。

(5)绘制(手绘并使用CAD绘图软件绘制)桥梁设计图。

第二节　桥梁基本组成与结构体系

　　桥梁由桥跨结构、桥墩、桥台及附属设施等部分组成。通常,人们习惯地以支座为界,支座以上的桥跨结构(含桥面系)、桥面构造称为桥梁上部结构,支座以下的桥墩、桥台(包含基础)称为桥梁下部结构;也有以基础为界进行划分的,基础以上的桥跨结构(含桥面系、桥面构造)、桥墩和桥台(不包含基础)称为桥梁上部结构,基础工程称为桥梁下部结构;公路桥梁相关规范[如《公路装配式混凝土桥梁设计规范》(JTG/T 3365)、《公路桥梁加固设计规范》(JTG/T J22)、《公路桥涵养护规范》(JTG 5120)等]将支座以上定义为上部结构。本教材为便于读者查阅相关规范、其他参考书和资料,以支座为界对桥梁构造进行划分。桥梁基本组成如图1-1-5所示。

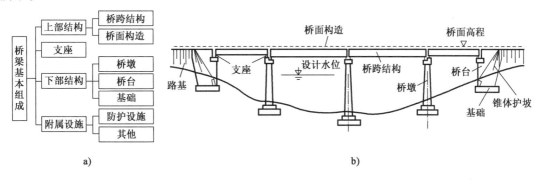

图1-1-5 桥梁基本组成

桥跨结构是在道路中断时跨越障碍的主要承载结构,包括主梁、拱、悬索、桥面系等。其作用是承受桥上的车辆和行人。

桥面系是指桥梁中由桥面板或纵横梁及其联结系组成的直接承受交通荷载的行车系统,如中承式、下承式拱桥的拱下悬吊结构等(参阅图1-1-9)。

桥面构造是指能满足车辆及行人等在桥面上安全、顺畅地通过的构造设施。公路桥梁的桥面构造包含桥面铺装、伸缩缝、人行道(或安全带)、栏杆、路缘石、防(排)水设施、灯柱照明设备等。

桥墩是多孔桥梁中,处于相邻桥孔之间支承上部结构并将荷载传递到基础,再由基础传递至地基的构造物。

桥台是在桥孔尽端与路堤连接处、支承桥梁上部结构并将荷载传到基础,再由基础传递至地基的构造物。桥台一般具有支承和挡土的功能,抵御路堤土压力,防止路堤填土的滑坡和坍塌。为使桥梁和路堤连接匀顺,行车平稳,一般在台后设置搭板以平衡桥台与路堤之间过大的刚度差异。

基础是承受桥墩(台)传来的全部荷载,并将其传至地基的结构,是确保桥梁能安全使用的关键。

支座是设置在桥梁墩台上、支承桥跨结构的传力与连接装置。

防护设施包括锥体护坡及根据需要修筑的护岸、河床铺砌、导流结构物等。锥体护坡又称锥坡。当桥台布置不能完全挡土或采用埋置式、桩式、柱式桥(涵)台时,为了保护桥(涵)两端路堤土坡稳定、防止冲刷,在桥台两侧路堤与桥台衔接处设置锥形护坡,在桥台前墙前端设置台前护坡。台前护坡坡度与锥体护坡顺桥向坡度一致,顺桥向坡度应根据填土高度、土质情况,结合坡前冲刷和铺砌情况而定。锥体护坡横桥向坡度与路堤边坡一致。跨越水流的桥梁宜采用浆砌片石铺砌,大、中桥的铺砌高度应高出设计水位不小于50cm,小桥应高出壅水位25cm。

其他附属设施是指在桥梁建筑工程中,除了上部结构、下部结构、支座等主体工程之外,根据需要设置的设施,如检修道、避雷设施、减振设施、监测设施等。

桥梁种类繁多,都是在长期生产活动中,通过反复实践和不断总结逐步发展起来的。为了对各类桥梁结构形成总体认识,下面将从桥梁结构的力学体系、建桥材料及用途等方面进行类别划分,并介绍其基本组成。

桥梁按桥跨结构的立面布置划分,有梁桥、拱桥、斜拉桥、悬索桥、组合桥;按桥跨结构的建筑材料划分,有钢筋混凝土及预应力混凝土桥、钢桥、钢-混凝土组合桥、圬工桥(包括混凝土桥、石桥、砖桥)、木桥等;按桥梁工程规模划分,有特大桥、大桥、中桥、小桥和涵洞(表1-1-1);按桥梁平面布置分类,有直桥(正桥)、斜桥、弯桥(曲线桥)、异形桥等;按行车道设在桥跨结构的位置,可分为上承式桥、中承式桥、下承式桥、双层桥;按桥跨结构的截面构造形式分为板桥、T形梁桥、箱梁桥等;按照用途可分为公路桥、城市道路桥、铁路桥、城市轨道交通桥、管线桥、公铁(轨)两用桥等;按桥跨结构的力学体系划分,有梁式体系桥(简称梁桥)、拱式体系桥(简称拱桥)、斜拉体系桥(简称斜拉桥)、悬索体系桥(简称悬索桥)、组合体系桥(简称组合桥)。本教材将以桥跨结构的力学体系为主线,详细介绍每一类桥梁的结构特征、主要类型和基本组成。

桥梁涵洞分类　　　　　表1-1-1

桥涵分类	多孔跨径总长 L_1(m)	单孔跨径 L_K(m)
特大桥	$L_1>1000$	$L_K>150$
大桥	$100 \leq L_1 \leq 1000$	$40 \leq L_K \leq 150$
中桥	$30<L_1<100$	$20 \leq L_K<40$
小桥	$8 \leq L_1 \leq 30$	$5 \leq L_K<20$
涵洞	—	$L_K<5$

注:1. 桥梁总长和单孔跨径都是桥梁建设规模的标志,表1-1-1为我国现行《公路工程技术标准》(JTG B01)规定的分类标准。
　2. 单孔跨径系指标准跨径。
　3. 多孔跨径总长系指桥梁总长。

一 梁桥

1. 结构特征与主要类型

梁桥是主要用梁来承受弯矩和剪力的桥梁,包括简支(连续)梁(板)桥及刚架桥、连续刚构桥及连续刚构-连续梁桥等。当梁通过支座支承在下部结构上时,在竖向荷载作用下,支座处不产生水平反力[图1-1-6a)、b)]。由于外力(恒载和活载)的作用方向与承重结构的轴线接近垂直,梁内产生的弯矩很大,通常采用抗弯能力强的建筑材料(钢筋混凝土及预应力混凝土、钢等)来建造,公路应用最广的梁桥是钢筋混凝土及预应力混凝土梁桥。通常在跨径小于20m时采用预制装配式的钢筋混凝土简支梁桥,这种梁桥结构简单、施工方便,对地基承载能力的要求不高;当跨径为20~50m时,采用装配式预应力混凝土简支梁桥;当跨径超过50m时,采用预应力混凝土连续梁桥[图1-1-6c)]。对于大跨径桥梁,可采用预应力混凝土材料、钢材[图1-1-6d)]、钢-混凝土组合材料[图1-1-6e)]。

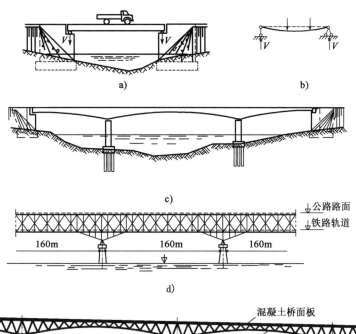

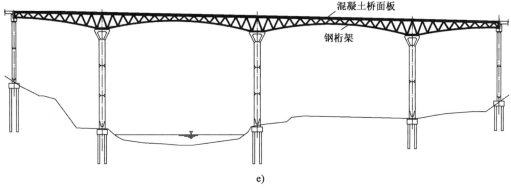

图 1-1-6 梁桥

当主梁与下部结构(如桥墩等)整体结合在一起时形成刚架结构[图 1-1-7a)]。在竖向荷载作用下,梁部主要承受弯矩,主梁和桥墩的连接处承受负弯矩,在墩底处有水平反力[图 1-1-7b)],该水平反力使梁部承受压力。因此,在相同荷载作用下,相同跨径的刚架桥跨中正弯矩要比简支梁桥的小,从而使得刚架桥跨中的建筑高度小于同跨径简支梁桥的建筑高度。在城市中,当遇到路线立体交叉或需跨越通航江河时,采用刚架桥能尽量降低路线高程,从而改善纵坡,并能减少路堤土方量。T形刚构桥是一种梁墩固结、跨中采用剪力铰或简支挂梁组合而成的具有悬臂受力特点的桥梁[图 1-1-7c)],由于混凝土的徐变效应,使得预应力混凝土T形刚构桥悬臂端产生不可恢复的永久下挠变形,在跨中剪力铰或跨内简支挂梁结合处桥面易开裂,变形较大时还会产生跳车现象,因此,该桥型已不被新建桥梁采用。为了克服T形刚构桥悬臂端下挠变形的缺陷,结合连续梁桥与T形刚构桥的优点,发展了预应力混凝土连续刚构桥[图 1-1-7d)],但多跨连续刚构桥属高次超静定结构,因此,连续跨数不宜太多。在设计中,一般应减小桥墩的抗推刚度,否则在结构内将引起较大的附加内力。对于较长的桥,为了降低这种附加内力,往往通过计算在桥梁某中墩(一般为较矮的墩)上设置支座,此时结构形式变成连续刚构-连续梁桥[图 1-1-7e)]。有时修建斜腿式的刚构桥[图 1-1-7f)]往往经济合理、造型轻巧美观。

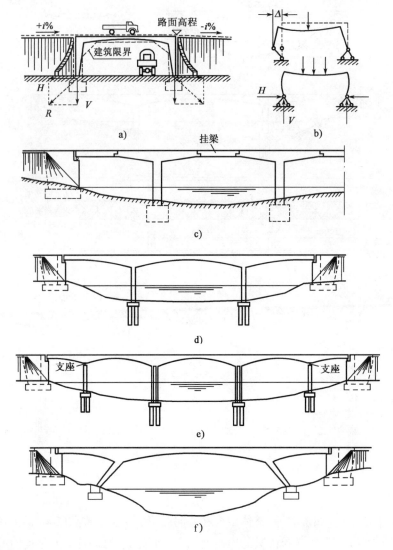

图 1-1-7 刚架桥与刚构桥

2. 基本组成

梁桥由梁(桥跨结构)、支座(刚架桥无支座、连续刚构桥中间墩无支座)、桥墩、桥台、桥跨结构及附属设施等组成。简支梁桥的基本组成如图 1-1-8 所示。

(1)主桥。对于规模较大的桥梁,通常把跨越主要障碍物(如大江、大河、深谷等)的桥梁称为主桥。由于通航等原因,主桥通常要有一定的高度与跨径,一般采用跨越能力较大的结构体系。主桥是整个桥梁工程的重点,如图 1-1-8a)所示。

(2)引桥。将主桥与路堤连接起来的这一部分桥梁称为引桥,如图 1-1-8a)所示。引桥与引道的分界点取决于工程地质条件和经济性分析。

(3)标准跨径。梁桥和板桥是指相邻两桥墩中线之间桥梁中心线的长度,或桥墩中线与桥台背墙前缘之间桥梁中心线的长度[如图 1-1-8a)中的 L_K];拱桥和涵洞为净跨径[如图 1-1-10a)中的l_0)。对于标准设计或新建桥涵,当跨径小于或等于50m时,宜采用标准跨径,直接套用公路桥涵通用标准设计图,以加速设计进程并便于施工。现行《公路工程技术标准》(JTG B01)对桥涵标准跨径规定为 0.75m、1.0m、1.25m、1.5m、2.0m、2.5m、3.0m、4.0m、5.0m、6.0m、8.0m、10m、13m、16m、20m、25m、30m、35m、40m、45m、50m。当桥梁设计跨径未能采用标准跨径时,则不能套用公路桥涵通用标准设计图,需进行单独设计。

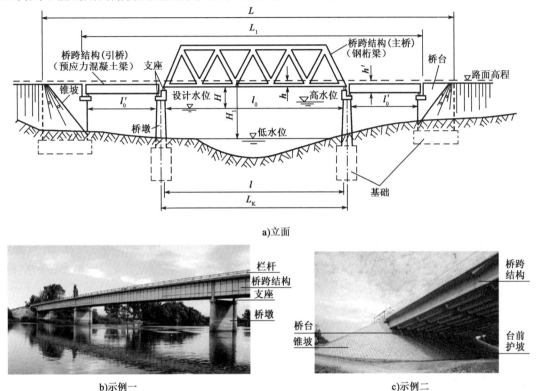

图 1-1-8 简支梁桥的基本组成

(4)计算跨径。对于有支座的桥梁,计算跨径为桥跨结构相邻两支座中心之间的距离(如图1-1-8a)中的l);对于无支座的桥梁,计算跨径为支承中心之间的距离。

(5)净跨径。净跨径是指设计洪水位线或通航水位线上相邻两桥墩(桥台)间的水平距离[如图1-1-8a)中的l_0及l_0']。

(6)总跨径。总跨径是指多孔桥梁中各孔净跨径的总和。

(7)桥梁全长。对于有桥台的桥梁,桥梁全长为两岸桥台侧墙或八字墙尾端间的距离[如图1-1-8a)中的L];对于无桥台的桥梁,桥梁全长为桥面系行车道长度。

(8)桥梁总长。对于梁桥和板桥,桥梁总长为两桥台背墙前缘之间的距离[如图1-1-8a)中的L_1],即多孔标准跨径的总长;对于拱桥,桥梁总长为两端桥台内起拱线间的距离;其他结构体系桥梁为桥面系行车道长度。

(9)桥梁高度。桥梁高度简称桥高,是指桥面与低水位(有水河流)之间的高差[如图1-1-8a)中的H_1],或桥面至桥下道路路面(跨线桥)之间的距离,或桥面至桥下沟底(旱桥)之间的距离。

(10)桥梁建筑高度。桥梁建筑高度为桥面至桥跨结构最下缘之间的竖向距离[如

图1-1-8a)中的h及h'_1,不仅与桥梁结构体系和跨径的大小有关,而且随行车道部分在桥上布置的高度位置而异。公路(铁路)定线中所确定的桥面(轨顶)高程,与通航净空顶部高程之差,称为建筑限界高度。显然,桥梁的建筑高度不得大于建筑限界高度,否则就不能保证桥下的通航(行车)要求。

(11)桥下净空。桥下净空为保证水流、船只、流筏、流木、其他水上漂流物、泥石流、车辆、行人等安全通过所保持的桥下最小空间。桥下净空是设计水位或计算通航水位至桥跨结构最下缘之间的距离[如图1-1-8a)中的H]。

(12)桥面净空。桥面净空又称桥面建筑限界,为保证列车、车辆、行人等安全通行,在桥面一定高度和宽度范围内不容许有任何建筑物或障碍物的空间限界。

二 拱桥

1. 结构特征与主要类型

拱桥的主要承重结构是拱圈或拱肋(以下统称为拱圈)(图1-1-9),在竖向荷载作用下,桥墩或桥台承受水平推力[图1-1-9b)],这种水平推力将显著抵消荷载在拱圈内产生的弯矩作用,并使拱圈主要承受压力。因此,与同跨径的梁相比,拱的弯矩和变形要小得多;采用同样材料建桥时,拱桥的跨越能力比梁桥的跨越能力大得多。由于拱桥的承重结构以受压为主,通常用抗压能力强的圬工材料(如砖、石、混凝土等)、钢筋混凝土材料等来建造;对于大跨径拱桥,可采用钢材、钢-混凝土组合材料等建造。

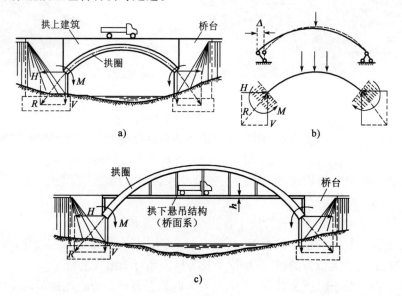

图1-1-9 拱桥

采用圬工材料建造的拱桥称为圬工拱桥。圬工拱桥具有取材容易、构造简单、技术成熟、承载潜力大、耐久性好、养护费用少等优点。目前世界上跨径最大的石拱桥是我国于2000年建成的山西晋城丹河大桥,跨径达146m。

使用钢筋混凝土材料建造的拱桥称为钢筋混凝土拱桥。相对于圬工拱桥,钢筋混凝土拱桥自重小、跨越能力大,充分利用了混凝土与钢材的受力优势。钢筋混凝土拱桥也能通过选择合理的体系、突出结构线条,达到良好的建筑艺术效果。目前世界上跨径最大的钢筋混凝土拱桥是我国于1997年建成的重庆万州长江大桥,跨径达420m。

钢拱桥是以钢材为主要建筑材料的拱桥。钢材的优良性能使钢拱桥能够适应更大跨径的要求。2003年建成的上海卢浦大桥是当时世界最大跨径钢拱桥,主跨达550m。

钢管混凝土拱桥是主拱圈采用钢管内灌注混凝土,由钢-混凝土组合构件共同受力的拱桥。钢管的套箍作用使管内混凝土在轴压荷载作用下呈三向受压的受力状态,大大提高了混凝土的抗压强度、塑性和韧性,延缓了混凝土受压时的纵向开裂,可提高拱圈的力学性能。2013年建成的泸州波司登大桥,是当时世界上跨径最大的钢管混凝土拱桥,跨径达530m。

拱桥的主要缺点:①一般拱桥桥跨结构自重较大,且存在水平推力,使墩台与基础结构工程量增加,对地质条件要求高;②在连续多跨的大、中型结构中,为防止一跨破坏影响全桥安全,需要采取复杂的结构措施,或设置抵抗水平推力的桥墩,增加了造价;③在满足桥下净空要求时,上承式拱桥的曲线底面将增加桥面高程,而在城市立交工程及平原地区时,将增加接线的工程量或桥面纵坡,从而增大了造价。此外,拱桥的施工一般要比梁桥复杂。

在地质条件较好的山区,中、小跨径圬工拱桥是最具竞争力的桥型;在地质条件较差的山区或平原地区,也常选择无推力拱桥方案;在跨径100~600m范围的大跨径桥梁中,拱桥有相当大的竞争优势。

2. 基本组成

拱桥由桥跨结构拱圈、拱上建筑(拱下悬吊结构)、桥面构造、桥墩、桥台及附属设施等组成。图1-1-10a)所示为实腹式无铰拱桥的基本组成,图1-1-10b)所示为空腹式无铰拱桥实桥示例(赵州桥)。

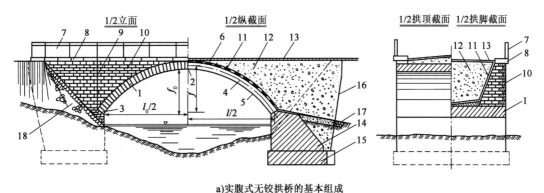

a)实腹式无铰拱桥的基本组成

1-主拱圈;2-拱顶;3-拱脚;4-拱轴线;5-拱腹;6-拱背;7-栏杆;8-路缘石;9-变形缝;10-拱上侧墙;11-防水层;12-拱腔(肩)填料;13-桥面防水层;14-桥台;15-基础;16-桥台侧墙;17-盲沟;18-锥坡;l_0-净跨径;l-计算跨径;f_0-净矢高;f-计算矢高

b)空腹式无铰拱桥示例(赵州桥)

图1-1-10 上承式无铰拱桥的基本组成

(1) 拱圈。拱圈也称为主拱圈或主拱，是支承于墩、台之间，用以承受桥上全部荷载的弧形构件。在横桥向有整体式和分离式两种构造形式。整体式拱圈为上承式拱桥。一般情况下，车辆都无法直接在拱圈弧面上行驶，所以在桥面系与拱圈之间需要有传递压力的构件或填充物，以便车辆能在平顺的桥面上行驶。桥面系和传力构件或填充物统称为拱上结构或拱上建筑。桥面系包括行车道、人行道及两侧的栏杆或砌筑的雉墙（俗称台背，是指台帽或拱座以上，且与台帽或拱座相连的竖墙，墙后与路堤相接，起挡土作用，并保证台帽所需净空）等构造。分离式拱圈通常由两条或两条以上的拱肋组成，在桥面系与拱肋之间需要由吊杆（下承式拱桥）或吊杆和立柱（中承式拱桥）传递竖向力。对于拱脚处设铰的有铰拱桥，拱圈与墩（台）帽间还设置了既能传递荷载又允许结构变形的拱铰构造。

(2) 拱轴线。拱圈各截面重心（形心）的连线称为拱轴线。拱桥常用的拱轴线有圆弧线、抛物线、悬链线等。拱轴线线形直接影响拱圈各截面内力的分布。通常要求在竖向荷载作用下，拱轴线尽可能接近恒载压力线（拱圈各截面上轴向压力的作用点连线），使拱圈各截面内只有轴力而没有弯矩，此时的拱轴线称为合理拱轴线。

(3) 拱顶。拱顶是指对称拱的拱圈跨中截面，不对称拱的拱圈最高处截面。

(4) 拱脚。拱脚是指拱圈与墩台或其他支承结构连接处的拱圈截面。拱的自身重量和拱上承受的其他荷载一般都是通过拱脚传递给墩、台或其他支承结构。拱脚的支承方式必须与拱桥受力图式一致，如为两铰拱或三铰拱（拱顶也设铰），拱脚采用铰支，如为无铰拱则拱脚固结。

(5) 拱腹。拱腹指拱圈的下缘曲面，即拱圈的向下凹面。在上承式拱桥中，拱腹以下的空间为桥下净空范围。

(6) 拱背。拱背指拱圈的上缘曲面，即拱圈的向上凸面。对于实腹拱桥，拱背上支承侧墙和填料；对于空腹拱桥，拱背上筑有横墙或立柱。

(7) 起拱线。起拱线指拱圈、拱脚截面的下缘线，即拱脚截面与拱腹的相交线。

(8) 拱肩。拱肩指上承式拱桥拱圈两侧拱背以上、桥面系以下的空间，即拱上建筑的腹部。有填料的为实肩拱（实腹式拱），具有构架体系的为敞肩拱（空腹式拱）。

(9) 拱矢 f。拱矢又称拱高、矢高、计算矢高，指拱顶截面至拱脚截面在拱轴线上的垂直距离。

(10) 净拱矢 f_0。净拱矢又称净矢高，指拱顶截面下缘至相邻两拱脚截面下缘最低点之连线的垂直距离。

(11) 计算跨径 l。计算跨径指两拱脚截面之间拱轴线上的水平距离，如图1-1-10a)中的 l。

(12) 净跨径 l_0。净跨径指两拱脚截面间拱腹面上的水平距离（两拱脚起拱线间的水平距离），如图1-1-10a)中的 l_0。

(13) 矢跨比 f/l。矢跨比指拱桥中拱圈的计算矢高 f 与计算跨径 l 之比，也称拱矢度，是反映拱桥受力特性的一个重要指标。

三 斜拉桥

1. 结构特征与主要类型

斜拉桥是采用一端锚在索塔上、另一端全部[图1-1-11a)]或部分[图1-1-11b)]锚在主梁上的多根张紧的斜向拉索吊住主梁的缆索承重桥,仅部分斜拉索锚在主梁上时,称为地锚式斜拉桥。在竖向荷载作用下,主梁受弯(压)、索塔受压(弯)、斜拉索受拉。因高强度斜拉索对主梁起着弹性支承作用,使主梁像多孔小跨径弹性支承连续梁一样工作,因此内力小,主梁建筑高度低,自重轻,并能显著增大跨越能力。斜拉桥按照主梁建筑材料可分为混凝土斜拉桥、钢斜拉桥、钢-混凝土组合梁斜拉桥,以及主跨采用钢梁、边跨采用预应力混凝土梁的混合梁斜拉桥。按照塔、梁、墩的相互结合方式划分,斜拉桥的结构体系可分为飘浮体系、半飘浮体系(或称支承体系)、塔梁固结体系和刚构体系,这部分内容将在第四篇中进行介绍,这里不再详述。

a) 斜拉桥(安徽望东长江大桥)　　　　　b) 地锚式斜拉桥(贵州遵义芙蓉江大桥)

图 1-1-11　斜拉桥示例

2. 基本组成

斜拉桥由主梁、斜拉索、索塔、墩台、桥面构造及附属设施等组成。斜拉桥的基本组成如图 1-1-12 所示。

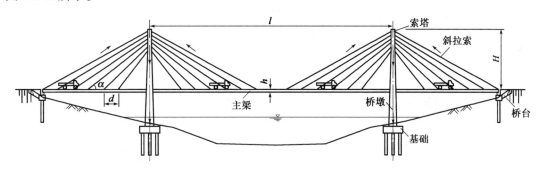

图 1-1-12　斜拉桥的基本组成

l-跨径;H-索塔高度;h-建筑高度;d-斜拉索梁上间距;α-斜拉索倾角

(1)斜拉索。斜拉索是指锚在索塔上并吊住主梁的索,主要由钢绞线、钢丝束组成。近年来,也有部分斜拉索采用纤维复合材料等。

(2)索塔。索塔指用以支承斜拉索并承受拉索传递的竖直分力和水平分力的结构。

(3)主梁。主梁指提供桥面并直接承受竖向活载(如汽车荷载、列车荷载等),同时承受拉索传递的竖直分力和水平分力的梁体结构。

(4)跨径 l。跨径指索塔中心之间的水平距离,或索塔中心至桥台背墙之间的距离。

(5)索塔高度 H。索塔高度指索塔顶端(不含常设于塔顶的避雷设施或装饰构造部分)至桥面的垂直距离。

四 悬索桥

1. 结构特征与主要类型

悬索桥[图 1-1-13a)]又称作吊桥,采用悬挂在两边索塔上的强大主缆作为主要承重结构。在竖向荷载作用下,梁体结构上的荷载通过吊索传递至主缆,使主缆承受很大的拉力,通常需要在两岸桥台的后方修筑巨大的锚碇结构来锚固主缆。悬索桥是具有水平反力(拉力)的结构。现代悬索桥广泛采用高强度钢丝编制的主缆,以充分发挥其优异的抗拉性能,因此结构自重较小,能以较小的建筑高度建成其他任何桥型无法比拟的特大跨径桥梁。加劲梁具有良好的空气导流特性和较高的抗扭刚度,因此,大跨径悬索桥多采用钢加劲梁,中、小跨径悬索桥可选择较经济的混凝土加劲梁。

在不宜修建锚碇的情况下,可建造自锚式悬索桥[图 1-1-13b)]。自锚式悬索桥是一种不设地锚,而在加劲梁的梁端锚固主缆,承受主缆端部的水平与竖向分力的悬索体系。自锚式悬索桥是以承受拉力的主缆作为主要承重构件,与地锚式悬索桥的区别在于不设地锚、加劲梁承受主缆水平分力而造成主梁存在较大的轴向压力,同时具备地锚式悬索桥的各项优点。

a)悬索桥(江阴长江大桥)

b)自锚式悬索桥(西安灞河元朔大桥)

图 1-1-13 悬索桥示例

2. 基本组成

悬索桥是由主缆、索塔、锚碇、加劲梁、吊索、索鞍、桥面构造及附属设施等组成。悬索桥的基本组成如图 1-1-14 所示。

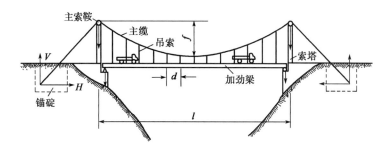

图 1-1-14　悬索桥的基本组成
l-跨径；f-主缆垂度；d-吊索间距；V-竖向力；H-水平力

(1) 主缆。主缆悬索桥的主要承重结构，以索塔及桥墩为支承、两端锚固于锚碇，并通过吊索悬挂加劲梁(图1-1-14)。主缆是由若干根索股组成，每一根索股是由高强镀锌平行钢丝预制(编制)成的钢丝束股。

(2) 索塔。索塔指用以支承主缆并将荷载通过基础传递给地基的结构。同时，在风和地震荷载作用下，对全桥结构的总体稳定提供安全保障。

(3) 锚碇。锚碇是指用来锚固索股，承受主缆拉力，支承于地基上或嵌(锚)固于岩体中的结构。

(4) 加劲梁。加劲梁是指提供桥面并直接承受竖向活载(如汽车荷载、列车荷载等)的梁体结构。加劲梁必须具有足够的抗扭转性能，以保持风荷载作用下的气动稳定性。

(5) 吊索。吊索又称吊杆，是连接主缆与加劲梁的构件。

(6) 索鞍。索鞍是指为主缆提供支承并使主缆平顺地改变方向的构件。

(7) 跨径l。跨径是指主缆支承中心之间的水平距离。

(8) 主缆垂度f。主缆垂度是指主缆支承点连线至主缆最低点的垂直距离。

(9) 垂跨比f/l。垂跨比是指主缆垂度f与跨径l之比，是反映悬索桥受力特性的一个重要指标。

五　组合体系桥

根据结构的受力特点，由几个不同体系的结构组合而成的桥梁称为组合体系桥。组合体系桥的种类很多，但究其实质不外乎梁、拱、吊索三者的不同组合。组合体系桥一般都可以用钢筋混凝土、预应力混凝土、钢材或钢-混凝土组合材料建造。这种桥梁的设计、计算及施工工艺比较复杂。

1. 拱-梁(系杆)组合体系桥

拱-梁(系杆)组合体系桥中有两种不同的结构形式：第一种结构由拱肋、纵梁、吊杆、横梁与桥面板等组成(图1-1-15)，拱和纵梁都是主要承重结构，两者互相配合共同受力，拱的水平推力由纵梁承担，纵梁既受弯又受拉；第二种结构由拱肋、系杆、吊杆、横梁和桥面板等组成，桥面结构通过横梁和吊杆悬吊在拱肋上，拱的水平推力由与桥面结构分离的系杆承担，系杆承受拉力。这种组合体系桥简支在墩台上，对墩台没有推力作用，为外部静定、内部超静定结构，墩台位移对桥跨结构不产生附加内力，因此，对地基承载力的要求与一般简支梁桥一样，但比一般简支梁桥的跨越能力大。

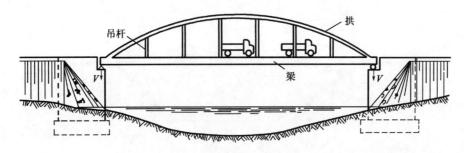

图1-1-15 拱-梁组合体系桥

拱-梁(系杆)组合体系桥也称为无推力组合体系拱桥,通常采用钢筋混凝土或钢材建造,第一种结构的纵梁宜用预应力混凝土,以免开裂;第二种结构的系杆通常采用钢绞线或平行钢丝束。拱圈材料目前采用比较多的是钢管混凝土或钢材。

2. 钢桁架拱桥

钢桁架拱桥的上部结构主要由桁式拱肋、吊杆(系杆)、桥面结构等组成(图1-1-16)。桁式拱肋由承受轴力的杆件组成,能够充分发挥材料的特性,采用较小的材料截面获得较大的纵、横向抗弯刚度。与箱形拱肋相比,桁式拱肋减轻了自重,使拱桥具有更强的跨越能力。另外,桁式拱肋的每个节间杆件能够灵活地改变截面和钢种,展现了良好的经济性能。

图1-1-16 钢桁架拱桥示例(广东珠海横琴二桥)

3. 斜拉-悬索组合桥

斜拉-悬索组合桥(图1-1-17)是斜拉体系与悬索体系相互协作的一种组合体系桥,在结构的不同部分呈现出相应斜拉桥和悬索桥的受力特点。与悬索桥相比,斜拉-悬索组合桥可以减小锚碇规模和工程量,提高体系刚度和抗风能力;与斜拉桥相比,斜拉-悬索组合桥可以减小桥塔高度和主梁轴力,减小施工最大悬臂长度,提高抗风稳定性。

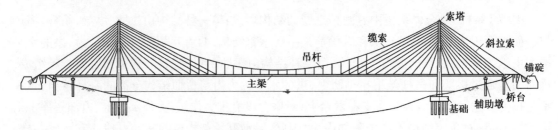

图1-1-17 斜拉-悬索桥示意图

六 涵洞

涵洞是横穿并埋设在路堤中供排泄洪水(排洪涵)、灌溉道路两侧农田(排灌涵)或作为通道(交通涵)的小型构筑物。涵洞按洞身截面形状可分为管涵(圆形)、箱涵(矩形)、拱涵(拱形);按水力性能可分为压力式涵洞、无压力式涵洞、半压力式涵洞和倒虹吸等。

为了区别于桥梁,现行《通规》中规定:①凡单孔标准跨径小于5m的,均称为涵洞;②管涵及箱涵不论管径或跨径大小、孔数多少,均称为涵洞。涵洞的构造由主体工程(含洞口、洞身和基础三个部分)和附属工程组成。洞口在洞身两侧,起连接洞身与路基边坡、保护洞身及防止边坡受水流侵蚀而坍塌、使水流正常通过涵洞等作用。位于上游的洞口称为入口,位于下游的洞口称为出口。洞身是涵洞的主要部分,其作用应满足排水[图1-1-18a)]、灌溉[图1-1-18b)]或交通[图1-1-18c)]的要求,并承受路基填土及传来的车辆荷载的压力。基础起保证涵洞整体结构稳定和传递荷载于地基的作用。附属工程包括边坡防护、锥坡、河床铺砌等。涵洞长度按出口、入口端洞身顶部帽石外缘之间距离计算,如图1-1-19所示。

a)排洪涵

b)排灌涵

c)交通涵

图1-1-18 涵洞示例

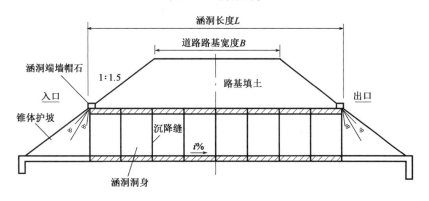

图1-1-19 涵洞中心纵断面

拓展小知识

一、公路桥梁跨径与铁路桥梁跨度

对于简支梁桥来讲,公路桥梁与铁路桥梁中的一些常用术语是有区别的。例如,桥跨结构跨越能力的大小,公路桥梁用"跨径"表示,梁的长度(标准跨径减去伸缩缝宽度)小于标准跨径而大于计算跨径;铁路桥梁则用"跨度"表示,跨度是指桥跨结构的相邻两支座中心之间的距离(相当于公路桥梁的计算跨径),因此,梁的长度大于跨度。比如,同样是20m简支T梁,公路桥梁的20m简支T梁的标准跨径是20m,计算跨径是19.40m,梁长是19.96m;而普通铁路桥梁的20m简支T梁跨度是20m,计算跨度是20m,梁长是20.60m。具体可参考现行《通规》和《铁路桥涵设计基本规范》(Q/CR 9300)。

二、涵　　洞

铁路涵洞的孔径(涵洞两边墙的内侧尺寸或内径)均小于或等于6m。城市道路桥梁,单孔跨径小于5m、多孔跨径总长小于8m的,通常称为通道。用于排水的涵洞称为排水通道;用于立交的涵洞称为立交通道。

学习提示

桥梁类型很多,同一座桥梁按照不同的分类方式,可能有不同的名称。一般分类顺序如下:

(1)桥梁按用途可分为公路桥、城市道路桥、铁路桥、城市轨道交通桥、管线桥、公铁(轨)两用桥等,采用这种分类方式可以确定桥跨结构上的主要活载类型,进而确定桥梁设计荷载,以及设计、施工与运营养护所应采用的行业规范和技术标准。

(2)桥梁按建设规模可分为特大桥、大桥、中桥、小桥等,采用这种分类方式可以确定桥梁结构形式,从而确定桥梁建设规模、设计洪水频率等,以及桥梁设计与施工难易程度。

(3)桥梁按结构体系可分为梁桥、拱桥、斜拉桥、悬索桥及组合体系桥,采用这种分类方式可以选定桥梁类型,并进一步按各桥型受力体系划分,以明确桥跨结构的受力性质。例如,梁桥按受力体系分为简支梁桥、悬臂梁桥、连续梁桥;拱桥按主拱圈与桥面结构之间的相互作用性质和程度分为简单体系拱桥(分为三铰拱、两铰拱、无铰拱)和组合体系拱桥(分为无推力组合体系拱桥和有推力组合体系拱桥)等。

(4)桥梁按桥跨结构的截面形式可分为简支梁桥和简单体系无铰拱桥。简支梁桥有板梁桥、肋梁桥、箱梁桥和组合梁桥;简单体系无铰拱桥有板拱桥、箱拱桥、肋拱桥、双曲拱桥、钢管混凝土拱桥等,采用这种分类方式可以确定承重结构的类型。

(5)桥梁按建筑材料可分为圬工桥、钢筋混凝土桥、预应力混凝土桥、钢桥等,采用这种分类方式可以确定承重结构所用材料,进而选定应使用的相关设计规范与技术标准,如现行《圬工规》《混规》《公路钢管混凝土拱桥设计规范》(JTG/T D65-06)、《公路钢结构桥梁设计规范》(JTG D64)等。简支梁桥有钢筋混凝土T(箱)梁桥、预应力混凝土T(箱)梁桥;简单体系板拱桥有石板拱桥、混凝土板拱桥、钢筋混凝土板拱桥等。不同文献中的分类方法及名称也有差异,在学习过程中应灵活掌握,融会贯通,在设计、施工及运营养护中应正确选择相对应的桥梁规范。

思考与练习

1. 公路桥梁长度与涵洞长度有何区别?
2. 桥梁包括哪些组成部分?
3. 简述桥梁的分类方法。
4. 结合桥梁基本组成图示,解释桥梁工程常用名词和术语,并能在任意一类桥型立面图中标出。
5. 某公路桥梁为2跨45m预应力混凝土简支梁桥,归类为中桥还是大桥?福建泉州洛阳桥,现存47孔净跨8m(石板长约11m)石板桥,应如何归类?
6. 请给出图1-1-20的桥梁名称,标出桥梁建筑高度。

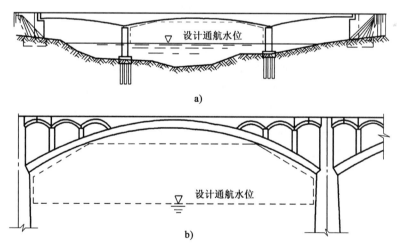

图1-1-20 桥梁立面

第二章 桥梁总体规划和设计要点

桥梁是道路的重要组成部分,特别是大、中型桥梁的建设对当地政治、经济、国防等都具有重要意义。一座桥梁从规划设计到服役结束要经历桥位设计、桥型方案设计、桥梁结构设计、桥梁施工、桥梁检测评定、桥梁试验、桥梁养护、桥梁拓宽加固等工作内容。桥梁总体规划是要了解桥梁各建设与使用阶段的工作内容及要求,全面考量各阶段可能出现的问题,并进行优化比较并做出选择。

桥位设计包括平面设计(含选择桥址,即桥位选择)、立面设计(包括决定桥梁孔径,考虑通航和路线要求以确定桥面高程,考虑基础冲刷或冻胀以确定基础埋置深度,设计导流建筑物等)、横断面设计(确定桥梁宽度)等。

桥型方案设计是在已确定的桥位上,根据桥位区域生态环境、社会环境、经济条件及地形地貌、气象、水文、地质、通航、地震等条件设计可行的、不同形式的桥跨结构,通过优选来确定最终桥型方案。

桥梁结构设计是应用结构力学、弹性力学等知识分析结构受力,结合"结构设计原理"课程的相关知识和公路桥涵相关设计规范进行结构计算与验算。

桥梁施工是指不同桥跨结构的主要施工方法,重点在于了解不同施工方法对结构受力及设计方法的影响。每种施工方法的详细施工工艺与要求将在"桥梁施工技术"课程中学习。

桥梁检测评定是对既有桥梁结构进行检测,以判定桥梁结构的实际使用性能及承载能力,并得出符合实际的技术结论并提出维修加固措施。有时也要求对新型桥梁和重要桥梁进行检测评定,检验桥梁设计和工程质量,同时为桥梁设计理论的发展积累科学资料。这部分内容将在其他课程及研究生阶段学习。

桥梁试验是对桥梁结构或模型进行静力或动力加载,直接测试、分析和评定其受力行为和结构性能的科学试验工作,即在荷载作用下,测试桥梁结构、构件或模型的应变(应力)、索力、变位(挠度、转角)、开裂、振动特性等,了解结构实际受力分布和受力状态、强度、刚度、裂缝的出现与发展以及结构的破坏形态,判断结构的使用性能和承载能力,评定结构设计和施工的质量及可靠性。桥梁试验是研究和发展桥梁设计理论、试验和鉴定桥梁结构的重要手段。这部分内容可参阅《公路桥梁荷载试验规程》(JTG/T J21-01—2015),将在其他课程及研究生阶段学习。

桥梁养护是为保持桥梁结构及其附属设施的正常使用而进行的经常性保养及维修工作,是为预防桥梁灾害性损坏及为提高桥梁使用质量和服务水平而进行的改造。这部分内容可参阅《公路桥涵养护规范》(JTG 5120—2021),将在后续课程中学习。

桥梁拓宽加固是指为提高桥梁的通行能力、修复桥梁灾害性损坏或提高既有桥梁的承载等级而对桥梁进行的加宽改造、结构加固等工作。这部分内容可参阅现行《公路桥梁加固设计规范》(JTG/T J22)、《公路桥梁加固施工技术规范》(JTG/T J23),将在后续课程中学习。

第一节 桥梁设计基本原则与设计要求

公路桥梁应遵照现行《通规》规定,遵循"安全、耐久、适用、环保、经济和美观"的基本原则进行设计。

公路桥梁应根据所在公路的作用、性质和发展的需要,除应符合安全可靠、适用耐久、经济合理和技术先进的要求外,还应按照造型美观、有利环保和可持续发展的要求进行设计,并考虑因地制宜、就地取材、便于施工和养护等因素,积极探索桥梁全寿命设计。

一 安全可靠

(1)桥梁上、下部结构及支座等在强度、刚度、稳定和耐久性方面应有足够的安全储备。

(2)防撞栏杆、栏杆应具有足够的高度和强度,人与车流之间应设置防护栏,防止车辆撞入人行道或撞坏栏杆而落到桥下。

(3)对于河床易变迁的河道,应设置导流设施,防止桥梁基础底部被过度冲刷;对于通行大吨位船舶的河道、跨越车行道的桥梁,除按规定设计桥孔跨径外,在必要时还应设置防撞设施等。

(4)对于交通繁忙的桥梁,应设置照明设施和明确的交通标志;两端引桥坡度不宜过陡,以避免发生车辆碰撞等交通事故。

(5)对修建在地震区的桥梁,应按抗震要求采取减(防)震措施;对于大跨径桥梁,如斜拉桥、悬索桥及大跨径组合结构桥梁等,尚应考虑风振效应。

二 适用耐久

(1)桥梁结构在通过设计荷载时不出现过大的变形和过宽的裂缝。

(2)桥面宽度能满足当前以及今后规划年限内的交通流量(包括行人通道)需求。

(3)桥跨结构下方应有利于泄洪、通航(跨河桥)或车辆(立交桥)和行人的通行(旱桥)。

(4)桥梁的两端要便于车辆的进入和疏散,而不致产生交通堵塞现象等。

(5)桥梁设计要考虑综合利用,方便各种管线(如电力线、电信线、电缆线等)的搭载,但各种管线不得侵入公路桥涵净空限界,不得妨害桥涵交通安全,并且不得损害桥涵的构造和设施。

(6)严禁易燃、易爆、高压等管线设施利用或通过公路桥梁。天然气输送管道离开桥梁的安全距离:特大桥、大桥、中桥不应小于100m,小桥不应小于50m。高压线跨河塔架的轴线与桥梁的最小距离,不得小于1倍塔高。

(7)桥梁结构在设计使用年限内要求主体结构不坏,小构件可达、可检、可修、可换。

三 经济合理

(1)桥梁设计应遵循因地制宜、就地取材和方便施工的原则。

(2)经济的桥型应该是造价和养护费用综合最低的桥型。设计中应充分考虑维修方便和维修费用少,维修时尽可能不中断交通,或中断交通的时间最短。

(3)所选择的桥位应地质、水文条件好,并使桥梁长度较短。

(4)桥位选择应考虑能缩短河道两岸运距的位置,以促进区域经济发展,产生最大的经济社会效益。

四　技术先进

桥梁设计应尽可能采用新结构、新设备、新材料和新工艺。在注意学习国内外先进技术，充分利用最新科学技术成果的同时，淘汰和摒弃原来落后和不合理的设计思想，开拓创新，推广先进的节能省料设计，开发新结构和新材料，以提高施工技术水平，遵循安全、适用、经济、美观的原则，进一步提高我国桥梁建设水平，建造出更多世界先进水平的桥梁。

五　造型美观

一座桥梁应具有优美的外形。结构布置须简练，并采用合适的比例。桥型应与周围环境相协调。城市桥梁和旅游景区的桥梁，可较多地考虑建筑艺术上的要求。合理的结构布局和轮廓是桥梁美观的主要因素，外观质量对桥梁美观也有很大影响。

六　环境保护和可持续发展

桥梁设计应考虑环境保护和绿色可持续发展的要求。全面考虑桥位选择、桥跨布置、基础方案、桥型结构、建筑材料、施工组织、施工方法及运营管养等的环境要求，采取必要的工程控制措施，以减少排放，必要时建立环境监测保护体系，将不利影响减至最小。

七　桥梁全寿命设计

随着节约有限资源、保护生存环境以及经济的可持续发展逐渐成为各国发展的战略目标，21世纪的桥梁结构设计更加重视安全、耐久、经济、美观、环保、生态以及材料的可循环利用性、可持续性，基于全寿命周期费用与结构性能化的第三代工程使用寿命设计理念被正式提出，在这一设计理念的引导下，国际上出现了低碳节能型工程、可持续性工程和绿色工程等细分与深入的新概念，我国交通运输部也提出了绿色交通的发展理念。

围绕桥梁工程所体现的人类及人类社会需求主要有以下五种：使用需求、资金需求、文化需求、可持续需求与生态需求。使用需求指桥梁应提供交通的便利，并在使用过程中保证桥梁结构的安全及舒适，这是建造桥梁的目的及基本条件；资金是保证桥梁建设和维护桥梁正常运营的基本条件；文化需求包括对桥梁科学与真理的认识、文化传统、风俗继承等方面的要求；可持续需求指桥梁应具备可再生利用能力，以保障桥梁的长期健康发展和不威胁后代的生存与发展，主要通过规划、设计、施工、使用和拆除共五个阶段来实施；生态需求是可持续发展原则在桥梁工程中的体现，以减轻工程建设对人类赖以生存的地球产生不可逆转的破坏。上述五种需求构成了桥梁全寿命周期的总体需求，也构成了桥梁全寿命周期设计决策的基本目标。

基于全寿命周期费用与结构性能化的第三代工程使用寿命设计理念是将上述五种需求细化为具体指标，构思设计方案，并对各种需求的满足程度进行检验的过程，具体工作内容包括桥梁寿命规划、桥梁性能设计、桥梁管养设计等。另外，对于复杂设计过程面临的各种复杂决策问题，需要利用成本分析和风险评估两大决策方法进行科学地评估与决策,实现桥梁在整个寿命周期的总成本最低,以及显著降低桥梁在建造与运营过程中的风险。

第二节 桥梁设计与建设程序

一座桥梁的规划设计所涉及的因素很多,特别是对于比较复杂的大、中型桥梁,是一个综合性的系统工程。桥梁的规划设计合理与否,将直接影响到区域的政治、经济、文化以及人民的生活,因此必须建立一套严格的管理机制和有序的工作程序。在我国,桥梁工程设计在基本建设程序中分为研究阶段和设计阶段两大阶段。研究阶段(前期工作)包括预可行性研究(以下简称"预可")阶段和工程可行性研究(以下简称"工可")阶段,一般中、小跨径桥梁的此阶段工作包含在公路总体的前期工作中,不单独进行;设计阶段包括初步设计、技术设计(一般中、小跨径桥梁不进行此项工作)和施工图设计。设计阶段与建设程序的相互关系如图1-2-1所示。下面分别简要介绍各阶段的主要内容及要求。

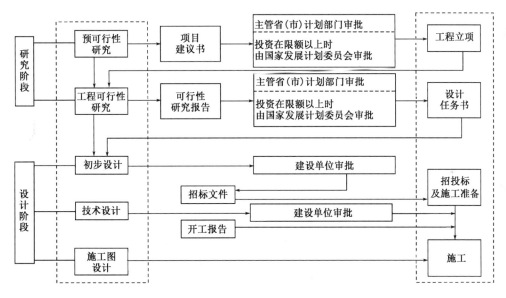

图1-2-1 设计阶段与建设程序的关系

一 预可阶段

预可阶段着重研究建桥的必要性以及宏观经济方面的合理性。

在预形成的《工程预可行性研究报告》中,应从项目影响区域的经济、政治、国防及交通运输的现状与发展等方面,详细阐明建桥理由和工程建设的必要性与重要性;同时,初步探讨技术上的可行性,包括技术标准、建设条件、建设方案及规模、投资估算及资金筹措、经济评价、实施安排、土地利用评价、工程环境影响分析、节能评价、社会评价等;对于特殊复杂的重大项目,还应进行风险分析。对于区域性道路上的桥梁,应以建桥地点(如渡口等)的车流量调查以及国民经济逐年增长为立论依据。

预可阶段的主要工作目标是解决建设项目的立项问题,因此,预可报告应至少包括几个可能的桥型方案,并对工程造价、资金来源、投资回报等问题有初步估算和设想。然后,由建设单位据此编制《项目建议书》报上级主管部门审批。

二 工可阶段

在《项目建议书》被审批确认后,即可着手工可阶段的工作。工可阶段的主要工作目标是确定桥梁规模(包括桥位、桥宽、桥高等)、技术标准和科研立项等。工作内容主要包括:桥位的确定、设计荷载标准、桥面宽度、通航标准、设计速度、桥面最大纵坡、桥面平纵曲线半径等,以及地震安全评价、环境评价和确定设计阶段需解决的技术难点等;同时应与河道、航运、规划、交通、环保等部门共同研究,以协商确定相关的技术标准。

在工可阶段,应提出多种桥型方案,并按现行《公路工程建设项目投资估算编制办法》(JTG 3820)的规定估算造价,对资金筹措和投资回报等问题应基本落实。

工可阶段的主要工作内容包括:

(1)根据预测交通量确定桥宽。依据交通流量分析、道路等级、行车速度等确定车道数和各行车道宽度,从而确定桥梁宽度。

(2)通过桥位方案比选定桥位。

(3)洪水位调查与推算。根据水文调查、桥址纵断面、河床特征等资料计算洪水频率(通航河流应进行通航论证,为桥高和跨径的确定提供依据)和设计洪水位(通航河流含通航水位)。

(4)高烈度地震区应进行抗震评估,确定抗震设防标准。

(5)环境评价报告。

(6)工程地质勘探报告。

(7)对通航河流应进行通航论证,以确定通航等级和防撞设施。

(8)大桥方案设计的总体布置图、关键构造设计及实施的可行性。

(9)编制投资估算及资金筹措,并进行经济评价。

【例1-2-1】 某大桥设计技术标准

(1)公路等级:一级公路。

(2)设计速度:100km/h。

(3)设计荷载:汽车荷载为公路-Ⅰ级,人群荷载为$2.5kN/m^2$。

(4)桥面宽度:2.75m(人行道)+16m(机动车道)+2.75m(人行道)。

(5)桥面纵坡:≤3%。

(6)桥面横坡:①车行道为双向横坡2%;②人行道为向内单向横坡1.0%。

(7)通航标准:Ⅰ-(2)级航道,通航净空高度不小于18m。

(8)通航水位:正常蓄水位175m(吴淞高程)。

(9)设计洪水频率:1/300。

(10)桥下立交净空高度:5m。

(11)地震烈度:Ⅵ度,考虑本桥为特殊重点大桥,按Ⅶ度设防。

(12)设计基准风速:25.9m/s。

(13)高程系统:本工程采用黄海高程系统。
(14)本桥工程设置桥涵标、桥柱标、桥区助航标志。

三 初步设计阶段

初步设计阶段的目标是确定设计方案。通过多个可行的桥型方案比选,推荐最优方案,报上级审批。

初步设计必须根据批复的预可报告、勘测设计合同的要求,拟定修建原则,选定设计方案,计算工程量,提出施工方案,编制设计概算,提供文字说明及图表资料。初步设计文件经审查批复后,则为订购主要材料、机具、设备,安排重大科研试验项目,征用土地、拆迁,进行施工准备,编制施工图设计文件和控制建设项目投资等的依据。采用三阶段设计时,经审查批复的初步设计也可作为编制技术设计文件的依据。

初步设计阶段的主要工作内容包括:

(1)对于特大桥和技术复杂的大桥,应对其流域及河段特征,桥位处地质(初勘)、水文情况,通航要求,桥位与路线协调情况,水文计算及孔径确定,桥型方案比选的论证以及防护工程、抗震措施、施工方案等进行说明。一般至少选用3个桥型设计方案,从经济指标、技术指标、施工难易程度、运营条件、美观等方面进行充分比较与论述,确定合理的最优设计方案(参见[例1-2-3]桥型方案比选示例)。

(2)对大桥各方案进行结构计算、设计图绘制、工程量计算等工作。

①桥位平面图:对于特大桥、大桥及复杂中桥应绘制桥位平面图。示出地形、桥梁位置及调治构造物、防护工程等。对于高速公路、一级公路桥头接线,还应示出道路中心线、路基边线、公里桩及百米桩、直线或平曲线半径和缓和曲线参数,桥梁示出桥长、桥宽、锥坡,标出桩号和交角。

②桥位工程地质纵断面图,一般与桥型布置图合并绘制。

③桥型布置图:绘出推荐桥型方案(包括主要调治构造物和防护工程)的立面(纵断面)、平面、横断面和各部构造尺寸等;示出河床断面、地质分界线、特殊水位、冲刷深度、墩台高度及基础埋置深度、桥面纵坡等。当绘制弯桥或斜桥时,还应示出桥梁轴线半径、水流方向及斜交角度。绘制特大桥、大桥时,还应在图的下部各栏示出里程桩号、设计高程、坡度、坡长、竖曲线要素、平曲线要素等,列出主要工程材料用量。

④桥梁一般构造推荐方案图:有标准图者则不绘制。内容包含桥梁上部构造、桥墩桥台及基础的各部尺寸,分上、下部结构列出材料用量,并绘制施工方案示意图,进行施工方法描述。

⑤桥型及一般构造比较方案图:特大桥、大桥及复杂中桥应绘制本图。内容与桥型布置图相同。但除弯桥或斜桥外,可不绘制平面图。复杂桥型比较方案,应绘制一般构造图,要求同④;列出比较方案的主要工程材料用量。

⑥特大桥、特殊结构大桥各方案的结构计算结果。

(3)编制工程概算。

四 技术设计阶段

对于技术复杂的特大桥、新型桥梁结构,需进行技术设计。

技术设计的目的是优化或完善初步设计,应根据初步设计批复意见、勘测设计合同的要求,对重大、复杂的技术问题可通过科学试验、专题研究、加深勘探调查及分析比较,进一步完善桥型方案的总体和细部各种技术问题以及施工方案,并修正工程概算,作为编制施工图设计的依据。

技术设计阶段的主要工作内容包括:

(1)对技术难点作进一步分析论证;对初步设计所定方案详加研究,依据初步设计审查批复意见作进一步补充和修改完善。

(2)补充必要的地质、水文、气象、地震和地质钻探资料(详勘),以及土工、材料、结构或模型试验成果。

(3)提出科学试验成果、专题报告。

(4)提出修正的施工方案。

(5)编制大桥修正概算。

五 施工图设计阶段

施工图设计阶段的任务是对推荐方案进行详细设计。

两阶段设计(初步设计和施工图设计)或三阶段设计(初步设计、技术设计和施工图设计)的施工图设计应根据初步设计(技术设计)的批复意见、勘测设计合同,进一步对所审定的修建原则、设计方案、技术决定加以具体和深化,补充完善工程地质勘测资料(两阶段设计为详勘,三阶段设计为补充详勘);进行详细的结构计算,确保结构的承载力(强度)、刚度、耐久性、抗裂性、稳定性、构造尺寸等各项技术指标满足现行规范要求,绘制详细的施工图,给出全桥工程数量表,提供必要的文字说明和适应施工需要的图表资料以及施工组织计划,并编制大桥工程预算。

施工图设计阶段的主要工作内容包括:

(1)编制设计说明。

①初步设计(技术设计)批复意见执行情况。

②桥位、桥型、墩台基础埋置深度与修正。

③结构设计说明。

④采用新技术的说明。

⑤建筑材料的来源情况。

⑥施工方法及注意事项。

(2)对桥梁结构进行分析计算(具体包括结构整体分析计算、结构局部分析计算、结构构件分析计算、施工验算、基础计算等),整理形成计算书。

(3)绘制施工设计图。

①桥位平面图:要求与初步设计相同。对于高速公路、一级公路桥梁,应增绘中央分隔带、坡脚线以及地质钻孔在平面上的位置和编号。

②桥型布置图:绘出立面(纵断面)、平面、横断面,示出河床断面、地质分界线、钻孔位置及编号、特征水位、冲刷深度、墩台高度及基础埋置深度、桥面纵坡以及各部尺寸和高程。对于特大桥、大桥设计图,还应列出里程桩号、设计高程、坡度、坡长、竖曲线要素、平曲线等。

③结构设计图:绘出上、下部结构,桥面构造,基础及其他细部结构设计图,包括一般构造、配筋(束)设计、各构件的细部构造尺寸及其材料用量等。

④调治构造物设计图:绘出平面、横断面,必要时增绘立面。

⑤附属设施设计图。

(4)汇总材料用量并编制工程预算。

国内一般(常规)桥梁采用两阶段设计,即初步设计和施工图设计。对于技术简单、方案明确的小桥,也可采用一阶段设计,即施工图设计。对于技术复杂的大型桥梁,采用三阶段设计,即在初步设计之后,增加一个技术设计阶段,在这一阶段要针对全部技术难点,如抗风、抗震、受力复杂部位等,进行试验、计算及结构设计,然后进行施工图设计。

桥梁勘测是桥梁设计必不可少的环节,为桥梁设计搜集并提供基础资料,并伴随不同设计阶段的深度与要求,桥梁勘测也分为不同阶段,主要有研究勘察、初步勘察、详细勘察和补充详细勘察。设计阶段与勘测阶段和工程经济编制工作深度之间的关系示意图如图1-2-2所示。

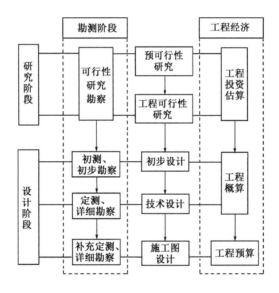

图1-2-2 设计阶段与勘察阶段和工程经济编制工作深度之间的关系

第三节 桥梁平面、立面及横断面设计

桥梁设计首先要确定桥位,即桥梁平面设计;其次要在选定桥位上布设桥孔、确定桥长和桥高,即桥梁立面设计;最后要确定桥面宽度和桥跨结构截面形式,即桥梁横断面设计。三者并不能严格区分,应相辅相成,统筹考虑。

一 桥梁平面设计

桥梁平面设计是指在工程范围内桥梁构筑物平面布置的设计。设计内容包括确定工程范围起讫点、桥梁轴线方向和连接地名、桥梁轴线里程桩号和平曲线要素数据、桥梁平面布置、墩台及基础平面、引道平面等。

特大桥及大桥、复杂中桥的桥位与线形一般为直线,尽量选择在河道顺直、水流稳定、地质条件良好的河段上。当桥位受到两岸地形限制时,可修建曲线桥。桥梁的平曲线半径、平曲线超高和加宽、缓和曲线、加、减速车道设置等,均应满足相应等级道路的规定;允许修建斜桥,斜交角度一般不大于45°,通航河流上不宜大于5°(桥墩沿主流方向的轴线与通航水位主流方向的交角)。

小桥和涵洞的位置与线形一般应符合路线的总走向,为满足水文、道路线形等要求,平面可设计成斜桥或弯桥。

二 桥梁立面设计

桥梁立面设计是工程范围内沿桥梁纵向中轴线断面布置的设计。桥梁立面设计内容包括:引道、引桥、主桥起讫点或分界点里程的确定,桥梁总长、桥梁分孔、墩台编号与中心线里程的确定,桥面高程与桥下净空、桥上和桥头引道纵坡以及基础的埋置深度等。

1. 桥梁长度

桥梁长度一般根据水文计算来确定。其应遵循的基本原则如下:①应使桥梁在整个设计使用年限内,保证设计洪水能顺利宣泄;②河流中可能出现的流冰和船只、排筏等能顺利通过;③避免因过分压缩河床引起河道和河岸的不利变迁;④避免因桥前壅水而淹没农田、房屋、村镇和其他公共设施等。对于桥梁结构本身来说,不能因桥梁长度缩短而引起河水对河床过度冲刷,给浅埋基础带来不利的影响。

在某些情况下,为了降低工程造价,在不超过允许的桥前壅水和规范规定的允许最大冲刷条件下,可适当放宽冲刷限制,以适当缩短桥梁长度。例如,对于深埋基础,一般允许稍大一点的冲刷,使桥梁长度适当减小;对于平原区稳定的宽滩河段,河水流速较慢,漂流物也少,这时,可以对河滩浅水流区段作适当的压缩,即缩短桥梁长度,但必须慎重校核,压缩后的桥梁壅水不得危及河滩路堤以及附近农田和建筑物。

跨越干沟、道路等的桥梁,应依据跨越类型及桥位地质条件等进行综合考虑。

2. 桥跨(孔)布置

对于一座较长的桥梁,应当分成若干跨(孔)布置。跨径划分的大小,不仅影响过水断面、基础冲刷、使用效果和施工条件等,而且在很大程度上影响桥梁的总造价。例如,所采用的跨径越大,虽然可以降低墩台的造价,但是却使上部结构的造价大大增加;反之,上部结构的造价虽然降低了,但是墩台的造价却有所增高。因此,在满足基础冲刷、使用和技术要求的前提下,通常采用最经济的布孔方式,使上、下部结构的总造价趋于最低,此时的跨径为经济跨径。

(1)大型(独立)桥梁

①对于通航河流,在布孔时首先应满足桥下的通航要求。桥梁的通航孔应布置在主航道上;对于变迁性河流,根据具体条件,应多设几个通航孔。

②对于平原区宽阔河流上的桥梁,通常在主河槽部分按需要布置较大的通航孔,而在两

侧浅滩部分按经济跨径进行布孔。

③当在山区的深谷、水深流急的江河以及水库上建桥时,为了减少中间桥墩数量,减小桥墩施工难度和造价,应加大跨径。在条件允许时,甚至可以采用特大跨径。

④对于跨线公路桥梁,在桥下净空尺寸满足要求的前提下,按经济跨径进行布孔。

⑤对于采用连续体系的多孔桥梁,应从结构的受力特性考虑,合理地确定相邻跨之间的比例;对于斜拉桥或悬索桥,还需根据建桥实际条件和设计经验,合理确定边跨与主跨、塔高与主跨、梁高与主跨之间的比例关系。

⑥对于桥位中存在岩石破碎带、断层、裂隙、溶洞等不良地质条件的地段,在布孔时,应尽量使基础避开这些地段。

⑦桥墩位置应尽可能避开堤坝、河岸有滑坡坍塌之处和主河槽深水区,特别是对于防洪要求高的重要河流,桥墩位置与上述区域之间还应满足相关规范的规定,预留适当的安全距离。

⑧对于跨越重要河流的公路桥梁,应按批准的河道及(或)航道整治规划,结合现状布孔;若无相应规划,则应根据现状按设计洪水流量满足泄洪要求和通航要求进行布孔,并适当考虑其未来的发展;同时,应尽量减小对水流的天然状态与河床形态的影响。

总之,对于大、中型桥梁来说,布孔是一个相当复杂的问题,必须根据使用功能要求、桥位处的地形和环境、河床地质条件、水文条件、通航和防洪等具体情况和制约因素,通过技术、经济、环境、社会等各方面的综合分析比较,才能制订比较合理的设计方案。

(2)常规桥梁

常规大、中、小型桥梁立面设计,除应参照上述大型(独立)桥梁的布置原则外,一般还需要遵守以下规定:

①应按照需跨越的道路、铁路、河道、管线等的规划线位及断面,结合现况条件合理布置桥孔,在满足交通功能的同时,还应满足所跨越构筑物的使用和维护等方面的要求。

②立交桥梁布孔长度,应结合桥梁所处地区的环境布置。一般在市区为考虑街道两侧通透,桥头挡土墙高度可考虑在4m以下,但不宜小于2.0m;远离市区可考虑6.5~7.5m;在山区可根据路基形式及需要确定;在软土地基上应考虑路基沉降及稳定性等因素,可适当加大桥孔长度,降低桥头填土高度。当为路口转向处及斜桥、弯桥时,还应考虑行车视距的要求。

③一般情况下,主桥的主跨应大于边跨。对于立交桥主跨一般宜设在被交道路部分;在同一座桥中,如果没有特殊情况,大跨与小跨不应交替出现,跨径变化也不宜太多。

④对于跨越河道或沟渠的桥梁,一般宜设计为奇数孔,主跨应布置在河道的主槽。

⑤桥梁跨越或下穿铁路(公路)时,桥跨布置和桥型结构应考虑铁路(公路)的运营管理要求,同时应注意铁路(公路)相关管线、杆塔对布孔的影响。

⑥对于纵坡较大的桥梁,特别是独柱支承的匝道桥梁,应注意桥梁向下坡方向位移的潜在影响。进行桥跨布置时,独柱墩连续梁的分联长度不宜过长,中墩支座不得采用板式橡胶支座,保证墩柱有适宜的刚度,必要时中墩或部分中墩可采用梁墩固接形式。

(3)山区桥梁

山区桥梁的外部环境一般具有以下特点:

①地形、地质条件复杂,沟壑纵横、沟深谷幽,尤其在西部地区,活动断裂带广布,滑坡、泥

石流等地质灾害突出。

②地震烈度高,诱发的山地灾害严重。

③自然生态脆弱,环保要求高,土地资源宝贵。

④走廊带狭窄,运输通道相互干扰,线位布设困难,施工干扰大(如公路、铁路、管道、电站、输电线路等常布置在同一通道内)。

⑤地形狭窄,预制场地狭小,甚至没有预制场地,材料堆放很困难。

⑥交通不便,便道条件差,运输受限,大型机具、大型构件无法进场。

⑦因受地形限制和高速公路对线形的严格要求,弯道、坡道、斜桥和高墩桥梁多,且许多大跨桥梁难以避免地设置在弯道及大纵坡上。

⑧季节气候差异大,施工组织要求高。

⑨经济欠发达地区,建设成本高,交通量相对较小,投资回收期长,建设资金筹措压力大。

山区桥梁布设原则:

①尽可能采用技术成熟、标准化程度高的中、小跨径桥梁;受路线及地形、地质条件影响,也可采用大跨径或特大跨径桥梁。山区桥梁布孔时,应充分考虑桥宽及坡脚范围内地形变化对布孔及基础的影响。山区施工场地狭窄,从占地、运输、安装等方面考虑,一般宜用中、小跨径,与平原软土地区相比较,山区一般基岩浅,甚至外露,桥梁基础建设费用省,虽然有些桥墩较高,但仍适用中等跨径的梁桥。由于许多桥梁处在陡斜坡地带,考虑坡面上墩台基础施工开挖及便道的影响,跨径不宜过小。

②同一桥梁跨径类型不宜过多。由于地形陡、墩高变化大,而桥梁总长有限,考虑上部结构的标准化、批量化生产,减少模板种类和简化施工的要求,桥跨类型、墩柱形式不宜过多。

③山区桥梁一般采用分幅设计,陡坡地形的单幅桥墩尽量采用柱式桥墩或小间距桥墩,使同一桥墩的横向刚度趋于一致,利于受力。高墩桥梁下部结构工程量大,造价高,施工工期长,宜采用整幅双柱式、预应力混凝土盖梁,可减小下部结构工程量,既经济又美观。为适应特殊地形要求,减少挖(填)方数量,有时需要修建半桥半路式结构。

3. 桥面高程

合理的桥面高程必须根据设计水位、桥下通航(通车)净空的需要,并结合桥型、跨径以及与连接道路的匹配等综合考虑。

(1)流水净空要求

为了保证支座的安全和正常工作,对于设支座的桥梁,支座底面应高出计算水位(设计洪水水位加壅水高、浪高等)不小于0.25m,并高出最高流冰面不小于0.50m。梁桥立面设计示意图如图1-2-3所示。

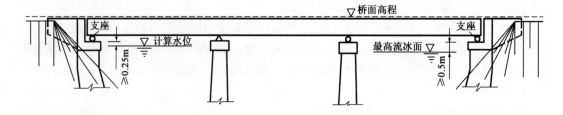

图1-2-3 梁桥立面设计

对于无铰拱桥,拱脚允许被洪水淹没,但淹没深度不宜超过拱圈净矢高f_0的2/3,并且在任何情况下,拱顶底面应高出计算水位不小于1.0m,起拱线应高出最高流冰面不小于0.25m。拱桥桥下净空示意图如图1-2-4所示。

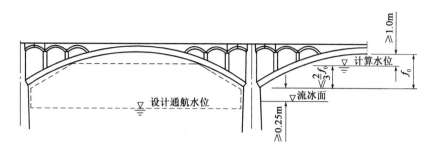

图1-2-4 拱桥桥下净空

现行《通规》中规定:在不通航或无流放木筏河流上及通航河流的不通航桥孔内,桥下净空不应小于表1-2-1的规定。

非通航河流桥下最小净空 表1-2-1

桥梁的部位		高出设计水位(m)	高出最高流冰面(m)
梁底	洪水期无大漂流物	0.50	0.75
	洪水期有大漂流物	1.50	—
	有泥石流	1.00	
支承垫石顶面		0.25	0.50
有铰拱拱脚		0.25	0.25

(2)通航净空要求

为了保证桥下安全通航,通航孔桥跨结构下缘的高程应高出自设计通航水位算起的净空高度(图1-2-4)。我国对于内河通航净空的尺寸规定如图1-2-5、表1-2-2所示。此外,《海轮航道通航标准》(JTS 180-3—2018)适用于沿海及海湾区域内通航海轮航道的桥梁。

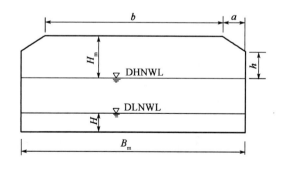

图1-2-5 水上过河建筑物通航净空尺寸

B_m-水上过河建筑物通航净宽;H_m-水上过河建筑物通航净高;H-航道水深;b-上底宽;a-斜边水平距离;h-侧高;DHNWL-设计最高通航水位;DLNWL-设计最低通航水位

天然和渠化河流水上过河建筑物通航净空尺度(单位:m)　　　　　表1-2-2

航道等级	代表船舶、船队	净高 H_m	单向通航孔			双向通航孔		
			净宽 B_m	上底宽 b	侧高 h	净宽 B_m	上底宽 b	侧高 h
Ⅰ	(1)4排4列	24.0	200	150	7.0	400	350	7.0
	(2)3排3列	18.0	160	120	7.0	320	280	7.0
	(3)2排2列		110	82	8.0	220	192	8.0
Ⅱ	(1)3排3列	18.0	145	108	6.0	290	253	6.0
	(2)2排2列		105	78	8.0	210	183	8.0
	(3)2排1列	111.0	75	56	6.0	150	131	6.0
Ⅲ	(1)3排2列	18.0☆ / 10.0	100	75	6.0	200	175	6.0
	(2)2排2列	10.0	75	56	6.0	150	131	6.0
	(3)2排1列		55	41	6.0	110	96	6.0
Ⅳ	(1)3排2列	8.0	75	61	4.0	150	136	4.0
	(2)2排2列		60	49	4.0	120	109	4.0
	(3)2排1列		45	36	5.0	90	81	5.0
	(4)货船							
Ⅴ	(1)2排2列	8.0	55	44	4.5	110	99	4.5
	(2)2排1列	8.0或5.0▲	40	32	5.5或3.5▲	80	72	5.5或3.5▲
	(3)货船							
Ⅵ	(1)1拖5	4.5	25	18	3.4	40	33	3.4
	(2)货船	6.0			4.0			4.0
Ⅶ	(1)1拖5	3.5	20	15	2.8	32	27	2.8
	(2)货船	4.5						

注:1. 角注☆的尺度仅适用于长江。

2. 角注▲的尺度仅适用于通航拖带船队的河流。

3. 黑龙江水系水上过河建筑物、珠江三角洲至港澳线内河水上过河建筑物以及限制性航道水上过河建筑物通航净空尺度参照现行《内河通航标准》(GB 50139)的相关规定。

(3)跨线桥桥下净空要求

在设计跨越线路(如铁路、公路、其他道路等)的立体交叉时,桥跨结构底缘的高程应高出被交叉线路建筑限界[图1-1-12a)]的规定。对于公路所需的建筑限界,参考后面"三、桥梁横断面设计"部分,铁路的建筑限界可查阅现行《铁路线路设计规范》(GB 50090)的规定,其他道路的建筑限界可查阅相应的规范及标准。

综上所述,全桥位于河流中的桥面高程应首先满足流水净空(泄洪)的要求;对于通航孔或桥下通车的立交孔,应满足通航或立交净空的要求;另外,还应考虑桥的两端能够与公路或城市道路的顺利衔接等,因此,桥面高程的确定必须综合考虑和规划。桥梁的桥面控制高程确定后,一般是将桥梁立面设计成具有单向或双向的桥面纵坡,既利于交通,景观效果好,又便于桥面排水(对于不太长的小桥,可以做成平坡桥)。现行《通规》规定:桥上纵坡不宜大于4%,桥头引道纵坡不宜大于5%;位于市镇混合交通繁忙处的桥梁,桥上纵坡和桥头引道纵坡均不得大于3%;对于易结冰、积雪的桥梁,桥上纵坡不得大于3%,并应在纵坡变更处按规定设置竖曲线,使纵坡改变处不致出现转角。

三 桥梁横断面设计

公路桥梁横断面设计,主要确定桥面的宽度和桥跨结构横断面的布置形式。

1. 桥面宽度

桥面宽度取决于行车和行人的交通需要。《公路工程技术标准》(JTG B01—2014)中规定了各级公路桥面净空限界,如图1-2-6所示。在公路建筑限界内,不得有任何部件侵入。

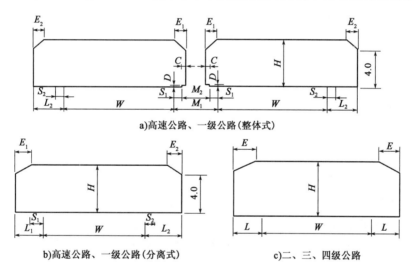

图1-2-6 各等级公路的建筑限界(尺寸单位:m)

W-行车道宽度;C-当设计速度大于100km/h时为0.5m,小于或等于100km/h时为0.25m;D-路缘石高度,小于或等于0.25m,一般情况下,高速公路可不设缘石;S_1-行车道左侧路缘带宽度;S_2-行车道右侧路缘带宽度;M_1、M_2-中间带、中央分隔带宽度;E-建筑限界顶角宽度,当$L \leq 1m$时,$E=L$,当$L>1m$时,$E=1m$;E_1-建筑限界顶角宽度,当$L_1<1m$且$S_1+C<1m$时,$E_1=L_1$,当S_1+C、$L \geq 1m$或$S_1+C \geq 1m$时,$E_1=1m$;E_2-建筑限界顶角宽度,$E_2=1m$;H-净空高度,一条公路应采用同一净空高度,高速公路、一级公路、二级公路为5.00m,三级公路、四级公路为4.50m;L_1-左侧硬路肩宽度;L_2-右侧硬路肩宽度;L-侧向宽度,二级公路的侧向宽度为硬路肩宽度;三、四级公路的侧向宽度为路肩宽度减去0.25m。设置护栏时,应根据护栏需要的宽度加宽路基。

注:1. 当桥梁设置人行道时,桥涵净空应包括该部分的宽度;
　　2. 人行道、自行车道与行车道分开设置时,其净高不应小于2.5m。

公路桥面净空限界的边界线划定:桥面不设超高的双向横坡桥梁,上缘边界线应为水平,两侧边界线应与水平线垂直[图1-2-7a)];当桥面设置超高或单向横坡时,上缘边界线应与桥面横坡平行,两侧边界线应与桥面横坡垂直[图1-2-7b)]。

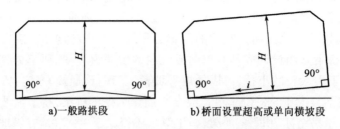

图 1-2-7　桥面净空限界的边界线划定

高速公路、一级公路上的桥梁宜设计为上、下行两座分离的独立桥梁。各级公路上的涵洞和二、三、四级公路上跨径小于8m的单孔小桥的桥面宽度,应与路基同宽。城市桥梁或兼顾城市交通的公路桥梁的桥面宽度,应考虑到城市交通工程的规划要求予以适当加宽。

在弯道上的桥梁,应按路线要求予以加宽和设置超高。

高速公路上的桥梁应设检修道,不宜设人行道。漫水桥和过水路面可不设人行道。一、二、三、四级公路上桥梁的桥上人行道和自行车道的设置,应根据需要而定,并应与前后路线布置相协调,人行道、自行车道与行车道之间,应设分隔设施。一条自行车道的宽度为1.0m;当单独设置自行车道时,不宜小于两条自行车道的宽度(2.0m)。人行车道的宽度宜为1.0m,大于1.0m时,按0.5m的级差增加。

高速公路、一级公路上的桥梁必须设置护栏;二、三、四级公路上特大桥、大桥、中桥应设护栏或栏杆和安全带,小桥和涵洞可仅设缘石或栏杆;不设人行道的漫水桥和过水路面应设标杆或护栏。

当公铁(轨)同层布置时,应按各自的要求,并考虑安全进行综合设计。

2. 桥跨结构横断面设计

(1)设计原则

①桥梁横断面设计可根据道路规划、实施方案等,布置为单幅桥梁[图1-2-8a)]、双幅桥梁[图1-2-8b)]或多幅桥梁。为加强桥梁的整体性及整体使用效果,一般宽度在20m以下的桥梁,上部结构采用整体式断面。

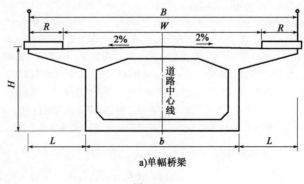

图　1-2-8

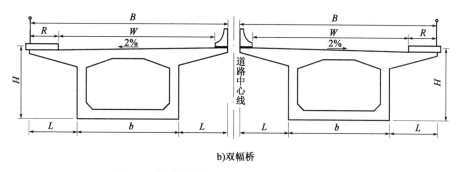

b)双幅桥

图1-2-8 桥跨结构横断面布置(图中未示路缘带宽度)

W-行车道宽度;R-人行道宽度;B-桥面宽度;H-道路中心线处梁的高度;b-箱梁底板宽度;L-箱梁悬臂长度

②如确属需要或双向行车,桥梁横断面设计为双幅时,应在中央分隔带处分开;当两幅桥之间仅设纵缝时应做好纵缝防水等处理措施。

③当桥梁采用分期实施方案时,桥梁横断面设计应充分考虑远期、近期实施的可行性。

④设置纵缝的两幅桥,一联桥长内的桥墩不宜均采用独柱结构。当采用独柱结构时,应按相关设计规范要求验算抗倾覆稳定性,并设置可靠的限位、防落梁构造。

(2)截面类型

桥跨结构的截面类型较多,按施工方法可分为整体式(断面为一个整体)截面[图1-2-8a)]与装配式(截面由若干梁集成)截面[图1-2-9a)、b)];按建筑材料可分为钢筋混凝土梁截面[图1-2-9a)]与预应力混凝土梁截面[图1-2-9b)]、钢箱梁截面[图1-2-9c)]、钢桁梁截面[图1-2-9d)]、钢-混凝土组合梁截面[图1-2-9e)]等。此外,拱桥还有圬工截面。除了圬工断面应用于拱桥外,其他截面类型在各体系桥跨结构中均有应用。

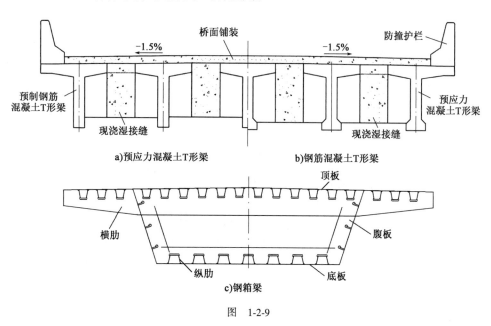

图 1-2-9

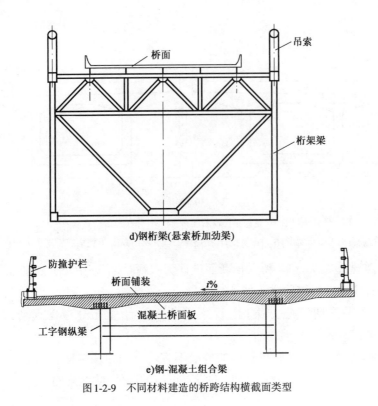

图1-2-9 不同材料建造的桥跨结构横截面类型

第四节 桥梁设计方案比选

桥梁设计方案比选主要包括桥位方案比选和桥型方案比选。桥位方案比选一般宜在工可阶段完成，桥型方案比选应在初步设计阶段完成。

一 桥位方案比选

桥位选择应满足水文、地形地貌、工程地质、气象、通航、防洪、区域规划等方面的要求。参考"桥涵水文"课程的有关原理和方法初步确定几个桥位方案（至少2个），每个桥位方案均应满足现行《公路工程水文勘测设计规范》(JTG C30)的要求。根据每个桥位的特点进行综合分析比较，选定一个较优桥位作为推荐桥位，如【例1-2-2】所示。

> 【例1-2-2】 钱塘江二桥桥位方案比选
>
> 钱塘江二桥（公路与铁路两用桥）位于钱塘江强涌潮河段上，是连接沪杭、浙赣、宣杭、萧甬铁路的重点工程，是华东路网的重要桥梁。在桥位比选时提出了4个桥位方案（图1-2-10），从上游依次往下为潭头桥位方案、珊瑚沙桥位方案、钱塘江桥（既有桥）旁方案和四堡桥位方案。
>
> 潭头桥位位于既有桥上游约9.5km处，上游为富春江与浦阳江的汇合口，两江汇合后水流约呈90°转弯，集中冲淘萧山岸，使得桥位上游水文条件复杂。该方案的优点

在于桥位位于杭州市最南边,对城市的干扰小,但两岸铁路接线最长,过境公路需穿过市区,绕行路线最长,接线工程费用最高。

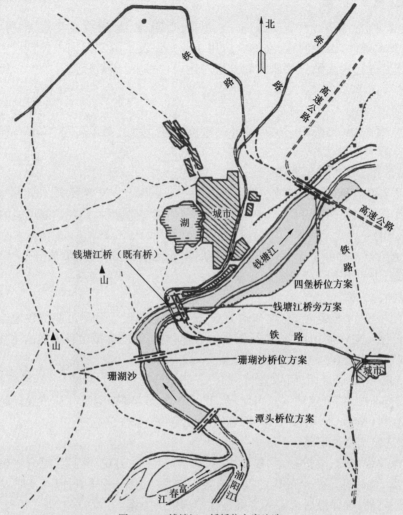

图1-2-10 钱塘江二桥桥位方案比选

珊瑚沙桥位位于既有桥上游,距富春江与浦阳江的汇合口较远,水文条件较好,河床比较稳定,两岸接线较潭头桥位方案短,但该桥位处江面最宽。

钱塘江桥(既有桥)旁桥位位于既有桥下游约500m,两岸接线工程最省,且桥位处江面较其他方案都窄,投资最小。但由于江面较窄,水较深,流速大,且该桥位距离市区较近,将对城市发展产生影响,导致环境污染及交通干扰等问题。

四堡桥位位于既有桥下游约13.5km,两岸铁路、公路的接线较潭头桥位方案和珊瑚沙桥位方案均小,且接线工程无须穿过市区,对城市的发展、环境污染及交通干扰等影响不大。但该桥位处于涌潮河段,对桥高和桥梁结构等有一定的要求,对桥位上游河段的航运开发有一定的影响。

经综合比较,最后推荐四堡桥位方案。

二 桥型方案比选

1. 大型(独立)桥梁

对于大型(独立)桥梁,为了设计"安全、耐久、适用、经济、环保和美观"的桥梁,必须根据自然条件和技术条件,因地制宜,在综合应用专业知识及了解掌握国内外新技术、新材料、新工艺的基础上,进行深入细致的研究和分析对比,科学地得出最优设计方案。桥型方案比选和确定可按下列步骤进行。

(1)明确各种高程

在桥位立面图上,先按比例绘出设计洪水位、通航水位、堤顶高程、桥面高程、通航净空、堤顶行车净空位置图等。

(2)桥梁布孔和初拟桥型方案

在确定了各种高程的立面图上,根据泄洪、桥下通航以及立交等要求,作出桥梁布孔和桥型方案草案。作草案时思路要开阔,只要基本可行,尽可能多做几种,以免遗漏可能的桥型方案。

(3)方案初筛

对草案进行技术和经济上的初步分析和研判,筛除弱势方案,从中选出2~4个构思好、各具特点的方案,进一步进行详细地研究和比较。

(4)绘制桥型方案图

根据不同桥型、不同跨径、宽度和施工方法,拟定主要尺寸并尽可能细致地绘制各个桥型方案的尺寸详图。对于新结构,应进行初步的力学分析,以准确拟定各方案的主要尺寸。

(5)编制估算或概算

依据编制方案的设计图,可以计算出上、下部结构的主要工程数量,然后依据各省、自治区、直辖市或行业的"估算定额"(预可阶段、工可阶段)或"概算定额"(初步设计阶段),编制各方案的主要材料(如钢、木、混凝土等)用量、劳动力数量、全桥总造价。

(6)方案选定和文件汇总

全面考虑建设造价、养护费用、建设工期、运营适用性、美观等因素,综合分析确定每一个方案的优缺点,最后选定一个最优的推荐方案。在深入比较过程中,应当及时发现并调整方案中不尽合理之处,确保最后选定的方案是优中选优的方案。

上述工作全部完成之后,编制方案说明。说明中应明确方案编制的依据和标准、各方案的主要特色、施工方法、工程总投资(估算或概算计算的工程造价)以及方案比较的综合性评述。对于推荐方案应作较详细的说明。各种测量资料、地质勘察和地震烈度复核资料、水文调查与计算资料等应作为附件列入。

【例1-2-3】 湖南岳阳洞庭湖大桥桥型方案比选

2000年12月建成的湖南岳阳洞庭湖大桥位于洞庭湖与长江交汇处,东接岳阳市区洞庭大道和107国道、京珠高速公路,西连省道306线,桥宽20m,双向四车道。在设计中选择了三塔斜拉桥、系杆拱配斜拉桥、连续刚构桥三个桥型方案(图1-2-11)进行比选,比选结果见表1-2-3。经综合比选最后选定方案Ⅰ——三塔斜拉桥方案作为推荐方案。

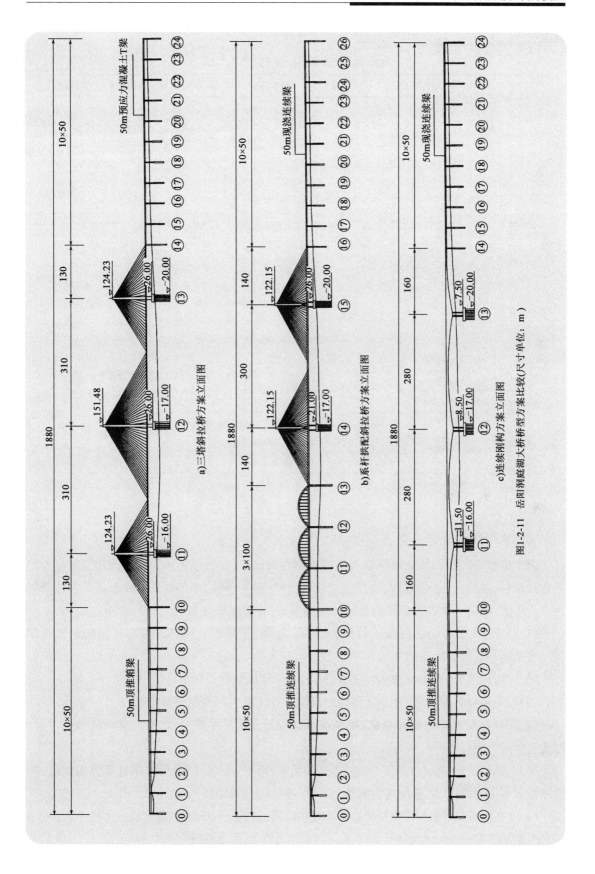

图1-2-11 岳阳洞庭湖大桥桥型方案比较(尺寸单位：m)

岳阳洞庭湖大桥各桥型主要特点比较　　　　　　　　表1-2-3

项目	三塔斜拉桥方案(方案Ⅰ)	系杆拱配斜拉桥方案(方案Ⅱ)	连续刚构桥方案(方案Ⅲ)
安全性	(1)主桥跨径适中,板梁式结构施工方便,工期较短; (2)两岸引桥采用预制T形梁,可工厂化预制施工,质量可靠,工期有保障,但需要预制场和吊装设备; (3)行车较平顺	(1)主体采用箱梁断面,刚度大,施工安全; (2)两岸引桥采用移动支架现浇,施工条件差,工期制约因素多并且需要多套设备方能保证工期; (3)行车平顺、舒适	(1)主跨280m连续刚构桥跨径大,施工难度大,工期较长; (2)两岸引桥采用预制空心板,可工厂化预制施工,质量可靠,工期有保障,但需要预制场与吊装设备; (3)行车平顺、舒适
耐久性	主桥后期运营养护费用较高	主桥后期运营养护费用较高	主桥后期运营养护费用少
适用性	(1)两跨310m主跨跨越主航道,与航道适应性好,通航净空大,防撞要求低; (2)河床压缩少,有利汛期泄洪; (3)西岸边跨30m简支T形梁伸缩缝多,桥面连续易开裂	(1)主桥大跨少,对通航较不利,桥墩防撞要求较高; (2)河床压缩较多,对汛期泄洪较不利; (3)西岸边跨30m连续梁,伸缩缝较少	(1)两跨280m跨径连续刚构桥跨越主航道,与航道适应性好;通航净空大,但主墩须设置防撞设施; (2)河床压缩多,汛期泄洪能力较差; (3)西岸边跨30m空心板,伸缩缝多,桥面连续易开裂; (4)后期跨中下挠严重,易开裂
经济性	55412.8万元	54295.7万元	53653.4万元
美观性	桥型美观,气势宏伟,与周围环境协调性好	高耸的索塔与低矮的拱圈,大跨斜拉桥与小跨拱桥反差明显,配合不够协调,桥型欠美观	主桥线条简洁明快,但因其高跨比例不太协调,影响桥型美观

注:表中各方案工程造价为当时的计算结果。

2. 中、小跨径桥梁

对于中、小跨径桥梁,一般不需要进行桥型方案比选,但桥梁结构形式的确定应根据桥位处建设条件,从跨径、主体结构、横断面及建筑高度、支承条件、地基地质条件及施工方法诸方面综合考虑,确定一个各方面较为合理的结构形式,其选用原则如下:

(1)对于中、小跨径的混凝土桥梁,为降低造价、方便施工、缩短工期,可采用装配式简(板)支结构和先简支后连续结构。

(2)对跨径为20~40m的桥梁,宜采用预应力T梁或组合箱梁形式。

(3)对无特殊景观要求的桥梁(包括跨线桥),宜优先采用预制拼装结构。

(4)同一座桥梁中的截面形式、梁高及悬臂板长度要尽可能一致,有变化时应流畅过渡,尽量避免较大突变。

(5)下部结构形式应与上部结构在桥宽、梁高、跨径、外观尺寸、受力条件等方面相适应。桥墩截面可考虑圆形、矩形或其他截面,但同一座桥梁宜采用同一种截面形式。

(6)变宽桥梁应考虑与等宽桥梁结构形式相协调;小半径多跨弯桥(如平曲线半径小于100m)可采用现浇混凝土结构;当跨径较大时,也可以采用钢箱梁、钢-混凝土组合结构等。

拓展小知识

桥梁设计纵坡

公路桥梁的设计纵坡用"%"符号表示,铁路桥梁的设计纵坡用"‰"符号表示。例如,公路桥梁桥上纵坡不宜大于4%;高速铁路、城际铁路的区间正线最大坡度不宜大于20‰,困难条件下应不大于30‰;客货共线铁路电力机车牵引时,平原地区最大坡度不大于6‰。

学习提示

一座桥梁从项目立项到建成运营需要经历研究阶段(含勘测)、设计阶段(含勘测)、施工阶段和运营养护管理阶段。工程规模不同的桥梁(如特大桥、大桥、中桥、小桥、涵洞等)的工作内容是有区别的。

(1)对于独立建造的大桥或特大桥,桥梁可行性研究、设计、建造范围是桥梁全长加两岸接线工程。预可阶段需完成项目立项,确定工程规模和工程总投资;工可阶段应确定桥位及各项设计技术标准(如桥高、桥长、桥宽、公路等级、荷载等级、航道等级、抗震要求等)。初步设计的工作内容包括进行桥型方案比选(含两岸接线工程),确定推荐方案;对于技术复杂大桥,通过技术设计解决关键技术问题并优化(深化)初步设计;施工图设计是对推荐方案进行详细设计,以交付施工。

(2)对于一条新建的道路,其中包含桥梁工程,桥梁可行性研究、设计、建造范围为桥梁全长。对于大桥或特大桥工程,工作阶段及内容同上述(1),但不包含大桥两岸接线工程。对于中、小桥及涵洞工程,桥位顺应道路走向;桥宽一般与路基同宽;桥高应考虑洪水位或立交净空要求,桥面纵坡与道路一致;跨径布置尽量采用标准跨径,桥型应结合各方面因素确定一个合理的结构形式,尽量采用装配式结构,设计阶段与道路总体设计同步。

思考与练习

1. 桥梁设计基本原则是什么？
2. 桥梁设计应满足哪些基本要求？
3. 桥梁设计分为几个阶段？分别适用于什么情况？各设计阶段的主要任务与设计内容是什么？
4. 桥梁的平面设计、立面设计和横断面设计分别包括哪些主要内容？
5. 桥位平面设计图应反映哪些内容？桥梁总体布置图应反映哪些内容？
6. 简述桥梁设计方案比选过程以及应包含的主要内容。

第三章 桥梁设计荷载

根据使用功能的不同,桥梁结构除承受结构本身自重和各种附加重力以外,主要承受桥上各种交通荷载,如公路桥梁要承受汽车荷载、铁路桥梁要承受列车荷载、轻轨桥梁要承受轻轨车辆荷载等。当允许非机动车辆和行人过桥时,还要承受非机动车荷载和人群荷载。鉴于桥梁结构处在自然环境之中,必然经受气候、水文等各种复杂因素(外力)的影响。本章重点介绍公路桥梁可能承受的各种荷载(统称作用)类型、施加于桥梁结构的方式,以及不同类型荷载共同施加于桥梁结构时的组合方式及其效应设计值计算等。

第一节 作用的种类及确定方法

我国现行《通规》将施加在公路桥梁结构上的集中力或分布力(直接作用)和引起结构外加变形或约束变形的原因(间接作用)统称为作用。

施加于公路桥梁结构的作用可分为永久作用、可变作用、偶然作用和地震作用四类,见表1-3-1。

施加于公路桥梁结构的作用分类　　　　　　　　　　表1-3-1

编号	作用分类	作用名称
1	永久作用	结构重力(包括结构附加重力)
2		预加力
3		土的重力
4		土侧压力
5		混凝土收缩、徐变作用
6		水浮力
7		基础变位作用
8	可变作用	汽车荷载
9		汽车冲击力
10		汽车离心力
11		汽车引起的土侧压力
12		汽车制动力
13		人群荷载
14		疲劳荷载
15		风荷载
16		流水压力
17		冰压力
18		波浪力

续上表

编号	作用分类	作用名称
19	可变作用	温度(均匀温度和梯度温度)作用
20		支座摩阻力
21	偶然作用	船舶的撞击作用
22		漂流物的撞击作用
23		汽车撞击作用
24	地震作用	地震作用

一 永久作用

永久作用(也称恒载)是在设计基准期(公路桥涵结构的设计基准期为100年)内始终存在且其量值变化与平均值相比可以忽略不计的作用,或其变化是单调的并趋于某个限值的作用。永久作用的量值是指作用位置、大小和方向。作用于桥梁上部结构的永久作用主要是结构重力、桥面铺装及附属设备(如人行道板、栏杆、扶手、灯柱等)的重力、长期作用于结构上的预加力以及混凝土收缩和徐变作用、基础变位作用。作用于桥梁下部结构的永久作用主要是上部结构传递给支座的永久作用、墩台的重力、作用于墩台上土的重力及土侧压力、水浮力(水中墩台)等。

1. 结构重力

结构自重、桥面铺装及附属设备等附加重力。结构重力标准值可按表1-3-2所列常用材料的重度根据式(1-3-1)计算。

常用材料的重度 表1-3-2

材料种类	重度(kN/m^3)	材料种类	重度(kN/m^3)
钢、铸钢	78.5	浆砌片石	23.0
铸铁	72.5	干砌块石或片石	21.0
锌	70.5	沥青混凝土	23.0~24.0
铅	114.0	沥青碎石	22.0
黄铜	81.1	碎(砾)石	21.0
青铜	87.4	填土	17.0~18.0
钢筋混凝土或预应力混凝土	25.0~26.0	填石	19.0~20.0
混凝土或片石混凝土	24.0	石灰三合土、石灰土	17.5
浆砌块石或料石	24.0~25.0		

$$G_k = \gamma V \quad (1\text{-}3\text{-}1)$$

式中:G_k——结构重力标准值,kN;

γ——材料的重度,kN/m^3;

V——体积,m^3。

2. 预加力

对于预应力混凝土桥梁结构,在进行正常使用极限状态设计和使用阶段构件应力计算时,预加力应作为永久作用计算其主效应和次效应,并计入相应阶段的预应力损失,但不计由于预加力偏心距增大引起的附加效应。在进行结构承载能力极限状态设计时,预加力不应作为作用,应将预应力钢筋作为结构抗力的一部分,但在连续梁等超静定结构中,应考虑预加力引起的次效应。预加力标准值可采用下列公式进行计算:

$$F_{pe} = \sigma_{pe} A_p \tag{1-3-2}$$

$$\sigma_{pe} = \sigma_{con} - \sigma_l \tag{1-3-3}$$

式中:F_{pe}——预加力标准值,kN;

A_p——预应力钢筋的截面面积,m^2;

σ_{pe}——预应力钢筋的有效预应力,kPa;

σ_{con}——预应力钢筋张拉控制应力,kPa;

σ_l——预应力钢筋相应阶段的预应力损失,kPa。

3. 土的重力和土侧压力

作用于墩台上的土的重力标准值为作用于墩台基础顶面土的体积乘以土的重度。土侧压力可参照现行《通规》的有关规定计算。

（1）静土压力

在计算倾覆和滑动稳定时,墩、台、挡土墙前侧地面以下不受冲刷部分土的侧压力可按静土压力计算。其压力标准值可按下列公式进行计算:

$$e_j = \xi \gamma h \tag{1-3-4}$$

$$E_j = \frac{1}{2} \xi \gamma H^2 \tag{1-3-5}$$

式中:e_j——任一高度 h 处的静土压力,kPa;

E_j——高度 H 范围内单位宽度的静土压力标准值,kN/m;

ξ——压实土的静土压力系数,$\xi = 1 - \sin\varphi$,其中 φ 为土的内摩擦角,(°);

γ——土的重度,kN/m^3;

h——填土顶面至任一点的高度,m;

H——填土顶面至基底高度,m。

（2）主动土压力

①当土层特性无变化且无汽车荷载时,作用在桥台、挡土墙前后的主动土压力标准值可按下式计算:

$$E = \frac{1}{2} B \mu \gamma H^2 \tag{1-3-6}$$

$$\mu = \frac{\cos^2(\varphi - \alpha)}{\cos^2\alpha \cdot \cos(\alpha + \delta) \left[1 + \sqrt{\frac{\sin(\varphi + \delta)\sin(\varphi - \beta)}{\cos(\alpha + \delta)\cos(\alpha - \beta)}}\right]^2} \tag{1-3-7}$$

式中:E——主动土压力标准值,kN;

B——桥台的计算宽度或挡土墙的计算长度,m;

H——计算土层高度,m;

α——桥台或挡土墙背与竖直面的夹角,俯墙背(图1-3-1)时为正值,反之为负值;

β——填土表面与水平面的夹角,当计算台后或墙后主动土压力时,β按图1-3-1a)取正值;当计算台前或墙前主动土压力时,β按图1-3-1b)取负值;

δ——台背或墙背与填土间的摩擦角,可取$\delta=\varphi/2$。

主动土压力的着力点自计算土层底面算起,$C=H/3$。

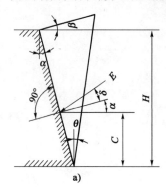 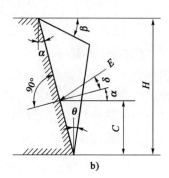

图1-3-1 主动土压力计算图式

②当土层特性有变化或受水位影响时,作用在桥台、挡土墙前后的主动土压力标准值,宜分层计算。

③压实填土重力的竖向和水平压力强度。

竖向压力强度标准值: $$q_V = \gamma h \tag{1-3-8}$$

水平压力强度标准值: $$q_H = \lambda \gamma h \tag{1-3-9}$$

$$\lambda = \tan^2\left(45° - \frac{\varphi}{2}\right) \tag{1-3-10}$$

式中:γ——土的重度,kN/m³;

h——计算截面至路面顶的高度,m;

λ——侧压系数。

(3)柱的土侧压力

承受土侧压力的柱式墩台(图1-3-2),作用在每根柱上的土压力计算宽度。

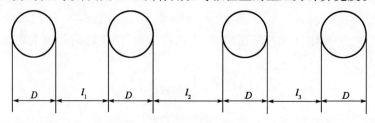

图1-3-2 柱的土侧压力计算宽度

①当$l_i \leq D$时,可按下式计算:

$$b = \frac{nD + \sum_{i=1}^{n-1} l_i}{n} \tag{1-3-11}$$

式中:b——土压力计算宽度,m;
　　D——柱的直径或宽度,m;
　　l_i——柱间净距,m;
　　n——柱数。

②当$l_i>D$时,应根据柱的直径或宽度来考虑柱间空隙的折减。作用在每一柱上的土压力计算宽度可按下式计算:

当$D\leqslant 1.0\mathrm{m}$时,则
$$b = \frac{D(2n-1)}{n} \tag{1-3-12}$$

当$D>1.0\mathrm{m}$时,则
$$b = \frac{n(D+1)-1}{n} \tag{1-3-13}$$

4. 水的浮力

水的浮力可分别按下列情况采用:

(1)基础底面位于透水性地基上的桥梁墩台,当验算稳定时,应考虑设计水位的浮力;当验算地基承载力时,可仅考虑低水位的浮力,或不考虑水的浮力。

(2)基础嵌入不透水性地基的桥梁墩台可不考虑水的浮力。

(3)作用在桩基承台底面的浮力,应考虑全部底面积。对桩嵌入不透水地基并灌注混凝土封闭者,不考虑桩的浮力;在计算承台底面浮力时,应扣除桩的截面面积。

(4)当不能确定地基是否透水时,应将透水或不透水两种情况与其他作用组合,取其最不利者。

水的浮力标准值可按下式计算:
$$F = \gamma V_\mathrm{w} \tag{1-3-14}$$

式中:F——水的浮力标准值,kN;
　　γ——水的重度,kN/m³;
　　V_w——结构排开水的体积,m³。

5. 混凝土收缩和徐变作用

(1)混凝土收缩和徐变作用在外部超静定的混凝土结构中是必然产生的,而且是长期作用的,应予以考虑。

(2)混凝土的收缩应变终极值、徐变的计算可参照现行《混规》的有关规定。

(3)计算混凝土圬工拱圈的收缩作用效应时,如考虑徐变影响,作用效应可乘以折减系数0.45。

二 可变作用

可变作用(也称活载)是在设计基准期内其量值随时间而变化,且变化值与平均值相比不可忽略的作用。可变作用主要包括汽车荷载及其影响力、自然和人为产生的各种变化力。

1. 汽车荷载及其影响力

(1)汽车荷载

在进行公路桥涵设计时,汽车荷载的计算图式、荷载等级及其标准值、加载方式和纵横向

折减等应符合下列规定:

①汽车荷载等级:分为公路-Ⅰ级和公路-Ⅱ级两个等级。

②汽车荷载组成:由车道荷载和车辆荷载组成。车道荷载由均布荷载和集中荷载组成,用于桥梁结构的整体分析计算,其计算图式如图1-3-3所示。车辆荷载用于桥梁的局部加载、涵洞、桥台和挡土墙土压力等的分析计算,其计算图式如图1-3-4所示。汽车荷载横向布置如图1-3-5所示。车道荷载与车辆荷载的作用不得相互叠加。

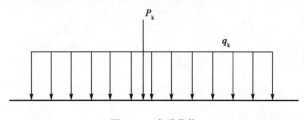

图1-3-3 车道荷载

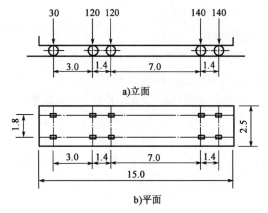

图1-3-4 车辆荷载的立面、平面尺寸
(尺寸单位:m;荷载单位:kN)

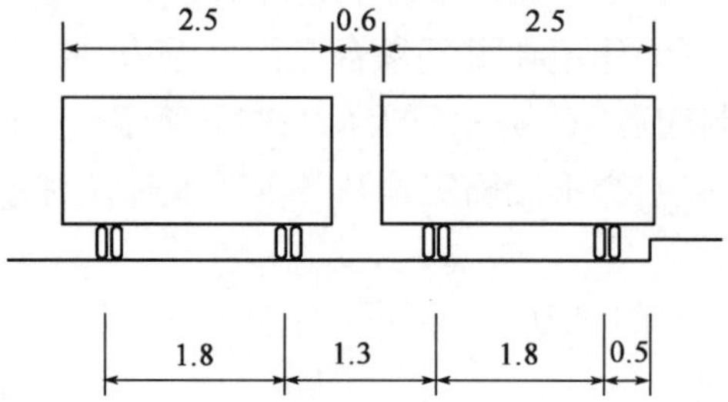

图1-3-5 车辆荷载横向布置(尺寸单位:m)

③汽车荷载标准值:各级公路桥涵设计的汽车荷载等级和车道荷载标准值应符合表1-3-3的规定;公路-Ⅰ级和公路-Ⅱ级车辆荷载标准值相同。

各级公路桥涵设计的汽车荷载等级和车道荷载标准值　　　表1-3-3

公路等级	高速公路、一级公路、二级公路	三级公路、四级公路
汽车荷载等级	公路-Ⅰ级	公路-Ⅱ级
均布荷载标准值q_k(kN/m)	10.5	7.875
集中荷载标准值P_k(kN)	$l \leq 5m: P_k = 270kN$ $5m < l < 50m: P_k = 2(l+130)$ $l \geq 50m: P_k = 360kN$	$l \leq 5m: P_k = 202.5kN$ $5m < l < 50m: P_k = 1.5(l+130)$ $l \geq 50m: P_k = 270kN$

注:l为桥梁计算跨径。计算剪力效应时,表中集中荷载标准值P_k应乘以系数1.2。

④汽车荷载的加载规定:车道荷载的纵向加载为均布荷载标准值q_k满布于使结构产生最不利效应的同号影响线上;集中荷载标准值P_k只作用于相应影响线中一个影响线峰值处。横向分布系数根据设计车道数布置车道荷载进行计算。

⑤横向车道布载系数:桥涵设计车道数应符合表1-3-4的规定。当横桥向布置多车道汽车

荷载时,应考虑汽车荷载的折减;布置一条车道汽车荷载时,应考虑汽车荷载的提高。横向车道布载系数应符合表1-3-5规定。多车道布载的荷载效应不得小于两条车道布载的荷载效应。

桥涵设计车道数 表1-3-4

桥面宽度W(m)		桥涵设计车道数
车辆单向行驶时	车辆双向行驶时	
$W < 7.0$		1
$7.0 \leqslant W < 10.5$	$6.0 \leqslant W < 14.0$	2
$10.5 \leqslant W < 14.0$		3
$14.0 \leqslant W < 17.5$	$14.0 \leqslant W < 21.0$	4
$17.5 \leqslant W < 21.0$		5
$21.0 \leqslant W < 24.5$	$21.0 \leqslant W < 28.0$	6
$24.5 \leqslant W < 28.0$		7
$28.0 \leqslant W < 31.5$	$28.0 \leqslant W < 35.0$	8

横向车道布载系数 表1-3-5

横向车道布载数量(条)	1	2	3	4	5	6	7	8
横向车道布载系数	1.20	1.00	0.78	0.67	0.60	0.55	0.52	0.50

⑥纵向折减系数:当桥梁计算跨径大于150m时,应按表1-3-6规定的纵向折减系数进行纵向折减。当桥梁为多跨连续结构时,整个结构应按最大的计算跨径考虑汽车荷载效应的纵向折减。

纵向折减系数 表1-3-6

计算跨径l(m)	纵向折减系数	计算跨径l(m)	纵向折减系数
$150 < l < 400$	0.97	$800 \leqslant l < 1000$	0.94
$400 \leqslant l < 600$	0.96	$l \geqslant 1000$	0.93
$600 \leqslant l < 800$	0.95		

(2)汽车冲击力

当车辆以较高的速度驶过桥梁时,桥梁产生的应力与变形比大小相等的静载引起的要大一些,这是因为汽车荷载不是慢慢地增加,而是以较快的速度突然加载于桥上,因而使桥梁发生振动。同时,由于桥面不平整、车轮不圆以及发动机抖动等原因,也会使桥梁结构发生振动。这种由于荷载的动力作用使桥梁发生振动而造成内力加大的现象称为冲击效应。也就是说,桥梁不仅承受车辆荷载的重力作用,还受到一种冲击力。鉴于目前对冲击力还不能从理论上作出符合实际的精确计算,只能采用粗糙的近似方法,即以冲击系数μ来计及荷载的冲击力。现行《通规》规定:

①钢桥、钢筋混凝土及预应力混凝土桥、圬工拱桥等上部构造和钢支座、板式橡胶支座、盆式橡胶支座及钢筋混凝土柱式墩台,应计算汽车的冲击作用。

②填料厚度(包括路面厚度)大于或等于0.5m的拱桥、涵洞以及重力式墩台不计冲击力。

③支座的冲击力,按相应的桥梁取用。

④汽车荷载的冲击力标准值为汽车荷载标准值乘以冲击系数μ。
⑤冲击系数μ按表1-3-7采用。
⑥汽车荷载的局部加载及在T梁、箱梁悬臂板上的冲击系数采用0.3。

冲击系数μ 表1-3-7

结构基频f(Hz)	冲击系数μ	结构基频f(Hz)	冲击系数μ
$f<1.5$	0.05	$f>14$	0.45
$1.5 \leqslant f \leqslant 14$	$0.1767\ln f - 0.0157$		

(3)汽车离心力

位于曲线上的桥梁,应计算汽车荷载引起的离心力。汽车荷载离心力标准值为车辆荷载(不计冲击力)标准值乘以离心力系数C,离心力系数按下式计算:

$$C = \frac{v^2}{127R} \tag{1-3-15}$$

式中:v——设计速度,应按桥梁所在路线设计速度采用,km/h;
R——曲线半径,m。

计算多车道桥梁的汽车荷载离心力时,车辆荷载标准值应乘以表1-3-5规定的多车道横向布载系数。离心力的着力点在桥面以上1.2m处(为计算简便也可移至桥面上,不计算由此引起的作用效应)。

(4)汽车引起的土压力

汽车荷载引起的土压力采用车辆荷载加载,并可按下列方法计算。

①车辆荷载在桥台或挡土墙后填土的破坏棱体上引起的土侧压力,可按下式换算成等代均布土层厚度h(m)计算:

$$h = \frac{\sum G}{B l_0 \gamma} \tag{1-3-16}$$

式中:$\sum G$——布置在$B \times l_0$面积内的车轮的总重力,kN;
l_0——桥台或挡土墙后填土的破坏棱体长度,m;
γ——土的重度,kN/m³;
B——桥台横向全宽或挡土墙的计算长度,m,挡土墙可按式$B=13+H\tan 30°$计算,但计算结果不应超过挡土墙分段长度,当挡土墙分段长度小于13m时,B取分段长度,并在该长度内按不利情况布置轮重;H为挡土墙高度(m),对墙顶以上有填土的挡土墙,B为2倍墙顶填土厚度加墙高。

当土层特性无变化,$\beta=0°$时,汽车荷载引起的土侧压力E可按下式计算:

$$E = \frac{1}{2} B\mu\gamma H (H + 2h) \tag{1-3-17}$$

式中:h——汽车荷载的等代均布土层厚度,m;
其余符号意义同式(1-3-16)。

土压力的着力点自计算土层底面算起,则

$$C = \frac{H}{3} \times \frac{H + 3h}{H + 2h}$$

当土层特性有变化或受水位影响时,宜分层计算土的侧压力。

②计算涵洞顶上车辆荷载引起的竖向土压力时,车轮按其着地面积的边缘向下作30°角分布。当几个车轮的压力扩散线相重叠时,扩散面积以最外边的扩散线为准。

(5)汽车制动力

制动力是汽车在桥上制动时为克服其惯性力而在车轮与路面之间发生的滑动摩擦力。车轮与路面间的摩擦系数可达0.5以上,但由于一行汽车不可能同时制动,所以制动力不等于摩擦因数乘以桥上全部车道荷载。

①汽车制动力的计算

a. 现行《通规》规定:一个设计车道上由汽车荷载产生的制动力标准值为车道荷载标准值在加载长度上计算的总重力的10%,但公路-Ⅰ级汽车荷载的制动力标准值不得小于165kN;公路-Ⅱ级汽车荷载的制动力标准值不得小于90kN。同向行驶双车道的汽车荷载制动力标准值为一个设计车道制动力标准值的2倍;同向行驶三车道的汽车荷载制动力标准值为一个设计车道的2.34倍;同向行驶四车道的汽车荷载制动力标准值为一个设计车道的2.68倍。

b. 汽车制动力的作用方向与作用点:汽车制动力的方向即行车方向;其着力点在桥面以上1.2m处。在计算墩台时,汽车制动力的着力点可移至支座铰中心或支座底座面上;在计算刚构桥、拱桥时,汽车制动力的着力点可移至桥面上,但不计因此而产生的竖向力和力矩。

②汽车制动力的分配

对于设有板式橡胶支座的简支梁、连续简支梁或连续梁排架式柔性墩台,应根据支座与墩台的抗推刚度的刚度集成情况分配和传递制动力。对于设有板式橡胶支座的简支梁刚性墩台,应按单跨两端板式橡胶支座的抗推刚度分配制动力。

根据支座与墩台的抗推刚度的刚度集成情况分配和传递制动力。

设有固定支座、活动支座(滚动或摆动支座、聚四氟乙烯板支座)的刚性墩台传递的制动力按表1-3-8采用,每个活动支座传递的制动力,其值不应大于其摩阻力;当大于摩阻力时,按摩阻力计算。

刚性墩台各种支座传递的制动力 表1-3-8

桥梁墩台及支座类型		应计的制动力	备注
简支梁桥台	固定支座	T_1	
	聚四氟乙烯板支座	$0.30T_1$	
	滚动(摆动)支座	$0.25T_1$	T_1——加载长度为计算跨径时的制动力; T_2——加载长度为相邻两跨计算跨径之和时的制动力; T_3——加载长度为一联长度的制动力; T_4——单跨跨径固定支座的制动力; T_5——单跨跨径活动支座的制动力
简支梁桥墩	两个固定支座	T_2	
	一个固定支座,一个活动支座	$T_4+0.30T_5$(聚四氟乙烯板支座)或 $T_4+0.25T_5$(滚动或摆动支座)	
	两个聚四氟乙烯板支座	$0.30T_2$	
	两个滚动(摆动)支座	$0.25T_2$	
连续梁桥墩	固定支座	T_3	
	聚四氟乙烯板支座	$0.30T_3$	
	滚动(或摆动)支座	$0.25T_3$	

2. 人群荷载

设有人行道的桥梁,在计算汽车荷载引起的内力时,应同时考虑人行道上人群荷载所产生的内力。人群荷载标准值按表1-3-9采用。对跨径不等的连续结构,以最大计算跨径为准。

人群荷载标准值 表1-3-9

计算跨径l(m)	$l \leqslant 50$	$50 < l < 150$	$l \geqslant 150$
人群荷载(kN/m²)	3.0	$3.25 - 0.005l$	2.5

(1)对于非机动车、行人密集的公路桥梁,人群荷载标准值取表1-3-9中标准值的1.15倍。

(2)专用人行桥梁,人群荷载标准值为3.5kN/m²。

(3)人群荷载在横向应布置在人行道的净宽度内,在纵向应施加于使结构产生最不利荷载效应的区段内。

(4)人行道板(局部构件)可以一块板为单元,按标准值4.0kN/m²的均布荷载计算。

(5)在计算人行道栏杆时,作用在栏杆立柱顶上的水平推力标准值取0.75kN/m;作用在栏杆扶手上的竖向力标准值取1.0kN/m。

3. 风荷载

风荷载标准值按现行《公路桥梁抗风设计规范》(JTG/T 3360-01)的规定计算。

4. 流水压力

位于河流中的桥墩,应计算流水压力对桥墩受力的影响。作用于桥墩上的流水压力标准值可按下式计算:

$$F_w = KA \cdot \frac{\gamma v^2}{2g} \quad (1\text{-}3\text{-}18)$$

式中:F_w——流水压力标准值,kN;

γ——水的重度,kN/m³;

v——设计流速,m/s;

g——重力加速度,m/s²,一般取g=9.81m/s²;

A——桥墩阻水面积,m²,计算至一般冲刷线处;

K——桥墩形状系数,见表1-3-10。

桥墩形状系数 表1-3-10

桥墩形状	K	桥墩形状	K
方形桥墩	1.5	尖端形桥墩	0.7
矩形桥墩(长边与水流平行)	1.3	圆端形桥墩	0.6
圆形桥墩	0.8		

流水压力合力的着力点,假定在设计水位线以下0.3倍水深处。

5. 冰压力

位于流冰河流中的桥墩、柱,其迎冰面将承受流冰的撞击和压力,除在构造上对桥墩、柱采取措施外,还应计算冰压力对桥墩、柱的影响。冰压力标准值可按下式计算:

$$F_i = mC_t bt R_{iK} \tag{1-3-19}$$

式中:F_i——冰压力标准值,kN;

m——柱(桩)或墩迎冰面形状系数,可按表1-3-11取用;

C_t——冰温系数,可按表1-3-12取用;

b——柱(桩)或墩迎冰面投影宽度,m;

t——计算冰厚,m,可取实际调查的最大冰厚或开河期堆积冰厚;

R_{iK}——冰的抗压强度标准值,kN/m²,可取当地冰温0℃时的冰的抗压强度;当缺乏实测资料时,对海冰可取R_{iK}=750kN/m²;对河冰,流冰开始时R_{iK}=750kN/m²,最高流冰水位时可取R_{iK}=450kN/m²。

柱(桩)或墩迎冰面形状系数 m 表1-3-11

迎冰面形状	平面	圆弧形	尖角形的迎冰面角度				
			45°	60°	75°	90°	120°
m	1.00	0.90	0.54	0.59	0.64	0.69	0.77

冰温系数 C_t 表1-3-12

冰温(℃)	0	−10以下
C_t	1.0	2.0

注:1. 表列冰温系数可直线内插。

  2. 对于海冰,冰温取结冰期最低冰温;对于河冰,冰温取解冻期最低冰温。

(1)当冰块流向与桥轴线的角度 $\varphi \leq 80°$ 时,桥墩竖向边缘的冰荷载应乘以 $\sin\varphi$ 予以折减。

(2)冰压力合力应作用在计算结冰水位以下0.3倍冰厚处。

(3)其他可参照现行《通规》相关规定。

6. 温度作用

当桥梁结构考虑温度作用时,应根据当地具体情况、结构物使用的材料和施工条件等因素计算由温度作用引起的结构效应。

(1)线膨胀系数

各种结构的线膨胀系数可按表1-3-13取用。

线膨胀系数   表1-3-13

结构种类	线膨胀系数(1/℃)
钢结构	0.000012
混凝土和钢筋混凝土及预应力混凝土结构	0.000010
混凝土预制块砌体	0.000009
石砌体	0.000008

(2)温度作用标准值

①计算桥梁结构因均匀温度作用引起外加变形或约束变形时,应从受到约束时的结构温度开始,考虑最高有效温度和最低有效温度的作用效应。如果缺乏实际调查资料,公路混凝土结构和钢结构的最高有效温度和最低有效温度标准值可按表1-3-14取用。

公路桥梁结构的有效温度标准值(℃) 表1-3-14

气候分区	钢桥面板钢桥		混凝土桥面板钢桥		混凝土、石桥	
	最高	最低	最高	最低	最高	最低
严寒地区	46	-43	39	-32	34	-23
寒冷地区	46	-21	39	-15	34	-10
温热地区	46	-9(-3)	39	-6(-1)	34	-3(0)

注:表中括号内数值适用于昆明、南宁、广州、福州地区。

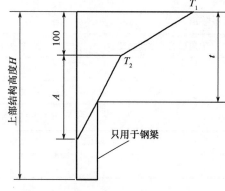

图1-3-6 竖向温度梯度曲线(尺寸单位:cm)

②计算桥梁结构由于竖向温度梯度引起的效应(太阳辐射使结构沿高度方向形成非线性的温度梯度导致结构产生次应力)时,可采用图1-3-6所示的竖向温度梯度曲线,其桥面板表面的最高温度T_1规定见表1-3-15。对混凝土结构,当梁高$H<40cm$时,图中$A=H-10(cm)$;当梁高$H \geq 40cm$时,$A=30cm$。对于带混凝土桥面板的钢结构,$A=30cm$,图1-3-6中的t为混凝土桥面板的厚度(cm)。混凝土上部结构和带混凝土桥面板的钢结构的竖向日照反温差为正温差乘以-0.5。

竖向日照正温差计算的温度基数 表1-3-15

结构类型	T_1(℃)	T_2(℃)
水泥混凝土铺装	25	6.7
5cm沥青混凝土铺装层	20	6.7
10cm沥青混凝土铺装层	14	5.5

③计算圬工拱桥考虑徐变影响引起的温差作用效应时,计算的温差效应应乘以0.7的折减系数。

④对于无悬臂的宽幅箱梁,宜考虑横向温度梯度引起的效应。

⑤对于采用沥青混凝土铺装的混凝土桥面板桥梁,必要时应考虑施工阶段沥青摊铺引起的温度影响,温度取值参照表1-3-15。

7. 支座摩阻力

支座摩阻力标准值可按下式计算:

$$F = \mu W \tag{1-3-20}$$

式中:W——作用于活动支座上由上部结构重力产生的效应;

μ——支座的摩擦因数,宜采用实测数据;无实测数据时可参照表1-3-16取用。

支座的摩擦因数　　　　表1-3-16

支座种类		支座摩擦因数μ
滚动支座或摆动支座		0.05
板式橡胶支座	支座与混凝土面接触	0.3
	支座与钢板接触	0.2
	聚四氟乙烯板与不锈钢板接触	0.06（加5201硅脂润滑后；温度低于-25℃时为0.078）
		0.12（不加5201硅脂润滑时；温度低于-25℃时为0.156）
盆式支座		加5201硅脂润滑后，常温型活动支座摩擦因数不大于0.03（支座适用温度为-25～+60℃）；耐寒型活动支座摩擦因数不大于0.06（支座适用温度为-40～+60℃）
球型支座		加5201硅脂润滑后，支座适用温度为-25～+60℃时，活动支座摩擦因数不大于0.03；支座适用温度为-40～+60℃时，活动支座摩擦因数不大于0.05

三　偶然作用

偶然作用是指在设计基准期内不一定出现，而一旦出现其量值很大，且持续时间很短的作用。偶然作用包括船舶的撞击作用、漂流物的撞击作用和汽车撞击作用。

1. 船舶的撞击作用

通航水域中的桥梁墩台，设计时应考虑船舶的撞击作用。其撞击作用的设计值可按下列规定采用或计算：

（1）船舶的撞击作用设计值宜按专题研究确定。

（2）四级至七级内河的航道船舶撞击作用设计值，当缺乏实际调查资料时，可按表1-3-17取值。航道内的钢筋混凝土桩墩，顺桥向撞击作用可按表1-3-17所列数值的50%取值。

内河船舶撞击作用设计值　　　　表1-3-17

内河航道等级	船舶吨级DWT(t)	横桥向撞击作用(kN)	顺桥向撞击作用(kN)
四级	500	550	450
五级	300	400	350
六级	100	250	200
七级	50	150	125

（3）海轮撞击作用的设计值，当缺乏实际调查资料时，可按表1-3-18取值。

海轮撞击作用的标准值　　　　表1-3-18

船舶吨级DWT(t)	3000	5000	7500	10000	20000	30000	40000	50000
横桥向撞击作用(kN)	19600	25400	31000	35800	50700	62100	71700	80200
顺桥向撞击作用(kN)	9800	12700	15500	17900	25350	31050	35850	40100

（4）规划航道内可能遭受大型船舶撞击作用的桥墩，应根据桥墩的自身抗撞击能力、桥墩的位置和外形、水流流速、水位变化、通航船舶类型和碰撞速度等因素进行桥墩防撞设施的设计。当设有与墩台分开的防撞击的防护结构时，桥墩可不计船舶的撞击作用。

（5）内河船舶的撞击作用点，假定为计算通航水位线以上2m的桥墩宽度或长度的中点。海轮船舶的撞击作用点需视实际情况而定。

2. 漂流物的撞击作用

①漂流物横桥向撞击力设计值F可按下式计算：

$$F = \frac{Wv}{gT} \tag{1-3-21}$$

式中：W——漂流物重力，kN，应根据河流中漂流物情况，按实际调查确定；

v——水流速度，m/s；

T——撞击时间，s，应根据实际资料估计，在无实际资料时，可用1s；

g——重力加速度，m/s²，$g=9.81$m/s²。

②漂流物的撞击作用点假定在计算通航水位线以上桥墩宽度的中点。

3. 汽车的撞击作用

桥梁结构必要时可考虑汽车的撞击作用。汽车撞击力设计值在车辆行驶方向取1000kN，在车辆行驶垂直方向取500kN，两个方向的撞击力不同时考虑。撞击力作用于行车道以上1.2m处，直接分布于撞击涉及的构件上。对于设有防撞设施的结构构件，可视防撞设施的防撞能力，对汽车撞击力设计值予以折减，但折减后的汽车撞击力设计值不应低于上述规定值的1/6。

为防止或减少因撞击而产生的破坏，对易受到汽车撞击的结构构件的相关部位应采取相应的构造措施，并增设钢筋或钢筋网。

四 地震作用

在地震区建造桥梁，必须考虑地震作用。地震作用主要是指地震时强烈的地面运动引起的结构惯性力，因此地震作用不是静力荷载，而是动力荷载；不是固定值，而是随机变量；它不完全取决于地震时地面运动的强烈程度，还取决于结构的动力特性（频率与振型）。地震作用一旦出现，时间极为短促（经常是10s以上），并且会对结构安全产生巨大的影响。公路桥梁地震作用的计算及结构设计，应符合现行《公路桥梁抗震设计规范》（JTG/T 2231-01）。对于抗震设防烈度≥6度地区的桥梁，必须进行抗震设计；对于抗震设防烈度>9度地区的桥梁和有特殊要求的大跨径或特殊桥梁，应进行专门的抗震研究和设计。

在桥梁设计中，地震作用可采用与所在地区抗震设防烈度相应的设计基本地震动加速度和反应谱特征周期以及抗震重要性系数来表征。抗震设防烈度与水平向设计基本地震动加速度取值见表1-3-19。

抗震设防烈度与水平向设计基本地震动加速度峰值A 表1-3-19

抗震设防烈度	6	7	8	9
地震动加速度峰值$A(g)$	0.05	0.10(0.15)	0.20(0.30)	0.40

第二节 作用的表征、组合及效应设计值

一 作用的代表值

作用具有变异性,但在结构设计时,不可能直接引用作用随机变量或随机过程的各类统计参数通过复杂的计算进行设计。作用代表值就是为结构设计而给定的量值。设计的要求不同,采用的作用代表值也不同,这样可以更确切、合理地反映作用对结构在不同设计要求下的特点。现行《通规》中规定的作用代表值是指极限状态设计所采用的作用值,可以是作用的标准值或可变作用的伴随值。作用的标准值是作用的主要代表值,可根据对观测数据的统计、作用的自然界限或工程经验确定。可变作用的伴随值是在作用组合中,伴随主导作用的可变作用值,可以是组合值、频遇值或准永久值。它可以通过可变作用的标准值分别乘以组合值系数ψ_c、频遇值系数ψ_f和准永久值系数ψ_q来确定。

永久作用被近似地认为在设计基准期内是不变的,其代表值只有一个,即标准值。

可变作用应根据不同状况下的计算项目分别采用不同的代表值,即可取标准值、组合值、频遇值和准永久值作为其代表值。

偶然作用取其设计值作为代表值,可根据历史记载、现场观测和试验并结合工程经验综合分析确定,也可根据有关标准的规定来确定。

地震作用的代表值为其标准值。地震作用的标准值应根据现行《公路工程抗震规范》(JTG B02)的规定确定。

二 作用的设计值

作用的设计值等于作用的代表值与作用分项系数的乘积。作用分项系数见表1-3-20。

作用分项系数 表1-3-20

编号	作用分类	作用类别		符号	作用分项系数	
					对结构的承载力不利时	对结构的承载力有利时
1	永久作用	混凝土和圬工结构重力(包括结构附加重力)		γ_{G_1}	1.2	1.0
		钢结构重力(包括结构附加重力)			1.1或1.2	
2		预加力		γ_{G_2}	1.2	1.0
3		土的重力		γ_{G_3}	1.2	1.0
4		混凝土收缩及徐变作用		γ_{G_4}	1.0	1.0
5		土侧压力		γ_{G_5}	1.4	1.0
6		水的浮力		γ_{G_6}	1.0	1.0
7		基础变位作用	混凝土和圬工结构	γ_{G_7}	0.5	0.5
			钢结构		1.0	1.0

续上表

编号	作用分类	作用类别	符号	作用分项系数	
				对结构的承载力不利时	对结构的承载力有利时
1	可变作用	汽车荷载	γ_{Q_1}	车道荷载：1.4 车辆荷载：1.8	
		汽车冲击力			
		汽车离心力			
2		汽车引起的土侧压力	γ_{Q_2}	1.4	
3		人群荷载	γ_{Q_3}	1.4	
4		汽车制动力	γ_{Q_4}	1.4	
5		风荷载	γ_{Q_5}	1.1	
6		流水压力	γ_{Q_6}	1.4	
7		冰压力	γ_{Q_7}	1.4	
8		温度(均匀温度和梯度温度)作用	γ_{Q_8}	1.4	

三 作用组合

桥梁结构通常同时承受多种作用。现行《通规》要求公路桥梁结构设计应考虑可能同时出现的多种作用,分别按承载能力极限状态和正常使用极限状态进行组合,具体的组合原则如下：

(1)只有在结构上可能同时出现的作用,才能进行组合。

(2)当某个可变作用对结构或构件产生有利影响时,该作用不应参与组合。实际不可能同时出现的作用或出现概率很小的作用,按表1-3-21规定不参与组合。

可变作用不同时组合表　　　　　表1-3-21

作用名称	不与该作用同时参与组合的作用	作用名称	不与该作用同时参与组合的作用
汽车制动力	流水压力、冰压力、波浪力、支座摩阻力	冰压力	汽车制动力、流水压力、波浪力
流水压力	汽车制动力、冰压力、波浪力	支座摩阻力	汽车制动力
波浪力	汽车制动力、流水压力、冰压力		

(3)施工阶段的作用组合应按计算需要及结构所处条件而定,结构上的施工人员和施工机械设备应作为可变作用加以考虑。对于组合式桥梁,当将底梁作为施工支撑时,作用组合效应宜分两个阶段计算,其中底梁受荷为第一阶段,组合梁受荷为第二阶段。

(4)多个偶然作用不同时参与组合。

(5)地震作用不与偶然作用同时参与组合。

需要特别说明的是,上述组合原则仅仅明确了作用的组合方式,显然组合结果是多种多样的。在进行桥梁结构设计时,无论是承载能力极限状态还是正常使用极限状态,都应在所有可能的作用组合中,取最不利作用组合的效应进行设计。

以下将根据现行《通规》规定给出具体的作用组合方式,尤其是与作用组合方式相匹配的效应设计值计算方法。

四 作用组合的效应设计值

1. 承载能力极限状态

对公路桥涵结构进行承载能力极限状态设计时,对于持久设计状况和短暂设计状况,应采用作用的基本组合;对于偶然设计状况,应采用作用的偶然组合;对于地震设计状况,应采用作用的地震组合。

(1)作用的基本组合

①组合方式

组合方式:永久作用设计值与可变作用设计值相组合。

需要特别强调,直接用于结构计算与验算的并非作用组合的结果,而是与该组合方式相匹配的效应设计值。

②作用基本组合的效应设计值

作用基本组合的效应设计值可按下式计算:

$$S_{ud} = \gamma_0 S\left(\sum_{i=1}^{m} \gamma_{Gi} G_{ik},\ \gamma_{Q_1}\gamma_L Q_{1k},\ \psi_c \sum_{j=2}^{n} \gamma_{Lj}\gamma_{Q_j} Q_{jk}\right) \quad (1\text{-}3\text{-}22)$$

或

$$S_{ud} = \gamma_0 S\left(\sum_{i=1}^{m} G_{id},\ Q_{1d},\ \sum_{j=2}^{n} Q_{jd}\right) \quad (1\text{-}3\text{-}23)$$

式中:S_{ud}——承载能力极限状态下作用基本组合的效应设计值;

γ_0——结构重要性系数(表1-3-22);

$S(\ )$——作用组合的效应函数;

γ_{Gi}——第i个永久作用的分项系数(表1-3-20);

γ_{Q_1}——汽车荷载(含汽车冲击力、离心力)的分项系数(表1-3-20);当采用车道荷载计算时取$\gamma_{Q_1}=1.4$,采用车辆荷载计算时$\gamma_{Q_1}=1.8$;当某个可变作用在组合中的效应值超过汽车荷载效应时,则该作用取代汽车荷载,其分项系数取$\gamma_{Q_1}=1.4$;对专为承受某作用而设置的结构或装置,设计时该作用的分项系数取$\gamma_{Q_1}=1.4$;当计算人行道板和人行道栏杆的局部荷载时,其分项系数也取$\gamma_{Q_1}=1.4$;

γ_{Q_j}——在作用组合中除汽车荷载(含汽车冲击力、离心力)外的其他第j个可变作用的分项系数(表1-3-20);

G_{ik}、G_{id}——第i个永久作用的标准值和设计值;

Q_{1k}、Q_{1d}——汽车荷载(含汽车冲击力、离心力)的标准值和设计值;

Q_{jk}、Q_{jd}——在作用组合中除汽车荷载(含汽车冲击力、离心力)外的其他第j个可变作用的标准值和设计值;

ψ_c——在作用组合中除汽车荷载(含汽车冲击力、离心力)外的其他可变作用的组合系数,取$\psi_c=0.75$;

$\psi_c Q_{jk}$——在作用组合中除汽车荷载(含汽车冲击力、离心力)外的第j个可变作用的组合值;

γ_{Lj}——第 j 个可变作用的结构设计使用年限荷载调整系数。公路桥涵结构的设计使用年限按表1-3-23取值时,γ_{Lj}=1.0;否则,γ_{Lj}取值应按专题研究确定。

结构重要性系数及设计安全等级 表1-3-22

设计安全等级	桥涵结构	结构重要性系数 γ_0
一级	(1)各等级公路上的特大桥、大桥、中桥; (2)高速公路、一级公路、二级公路、国防公路及城市附近交通繁忙公路上的小桥	1.1
二级	(1)三、四级公路上的小桥; (2)高速公路、一级公路、二级公路、国防公路及城市附近交通繁忙公路上的涵洞	1.0
三级	三、四级公路上的涵洞	0.9

公路桥涵设计使用年限(年) 表1-3-23

公路等级	主体结构			可更换部件	
	特大桥、大桥	中桥	小桥、涵洞	斜拉索、吊索、系杆等	栏杆、伸缩装置、支座等
高速公路 一级公路	100	100	50	20	15
二级公路 三级公路	100	50	30		
四级公路	100	50	30		

当作用与作用效应为线性关系时,作用基本组合的效应设计值 S_{ud} 可通过作用效应代数相加计算。

当设计弯桥时,若离心力与制动力同时参与组合,制动力标准值或设计值按70%取用。

(2)作用的偶然组合

①组合方式

a. 永久作用标准值与可变作用某种代表值、一种偶然作用设计值相组合。

b. 与偶然作用同时出现的可变作用,可根据观测资料和工程经验取用频遇值或准永久值。

②作用偶然组合的效应设计值

作用偶然组合的效应设计值可按下式计算:

$$S_{ad} = S\left[\left(\sum_{i=1}^{m} G_{ik}, A_d, \psi_{f1}\psi_{q1}\right)Q_{1k}, \sum_{j=2}^{n} \psi_{qj}Q_{jk}\right] \quad (1-3-24)$$

式中: S_{ad}——承载能力极限状态下作用偶然组合的效应设计值;

A_d——偶然作用的设计值;

ψ_{f1}——汽车荷载(含汽车冲击力、离心力)的频遇值系数,取$\psi_{f1}=0.7$;当某个可变作用在组合中的效应值超过汽车荷载效应值时,则该作用取代汽车荷载,人群荷载$\psi_f=1.0$,风荷载$\psi_f=0.75$,温度梯度作用$\psi_f=0.8$,其他作用$\psi_f=1.0$;

$\psi_{f1}Q_{1k}$——汽车荷载的频遇值;

$\psi_{q1}\psi_{qj}$——第1个和第j个可变作用的准永久值系数,汽车荷载(含汽车冲击力、离心力)$\psi_q=0.4$,人群荷载$\psi_q=0.4$,风荷载$\psi_q=0.75$,温度梯度作用$\psi_q=0.8$,其他作用$\psi_q=1.0$;

$\psi_{q1}Q_{1k}$、$\psi_{qj}Q_{jk}$——第1个和第j个可变作用的准永久值。

当作用与作用效应为线性关系时,作用偶然组合的效应设计值S_{ad}均可通过作用效应代数相加计算。

(3)作用地震组合

作用地震组合的效应设计值应按现行《公路工程抗震规范》(JTG B02)的有关规定计算。

2. 正常使用极限状态

在进行公路桥涵结构正常使用极限状态设计时,应根据不同的设计要求,采用作用的频遇组合或作用的准永久组合。

(1)作用的频遇组合

①组合方式

组合方式:永久作用标准值与汽车荷载频遇值、其他可变作用准永久值相组合。

②作用频遇组合的效应设计值

作用频遇组合的效应设计值可按下式计算:

$$S_{fd} = S\left(\sum_{i=1}^{m} G_{ik},\ \psi_{f1}Q_{1k},\ \sum_{j=2}^{n} \psi_{qj}Q_{jk}\right) \quad (1\text{-}3\text{-}25)$$

式中:S_{fd}——作用频遇组合的效应设计值;

ψ_{f1}——汽车荷载(不计汽车冲击力)频遇值系数,取0.7。

当作用与作用效应为线性关系时,作用频遇组合的效应设计值S_{fd}可通过作用效应代数相加计算。

(2)作用的准永久组合

①组合方式

组合方式:永久作用标准值与可变作用准永久值相组合。

②作用准永久组合的效应设计值

作用准永久组合的效应设计值可按下式计算:

$$S_{qd} = S\left(\sum_{i=1}^{m} G_{ik},\sum_{j=1}^{n} \psi_{qj}Q_{jk}\right) \quad (1\text{-}3\text{-}26)$$

式中:S_{qd}——作用准永久组合的效应设计值;

ψ_{qj}——汽车荷载(不计汽车冲击力)准永久值系数,取0.4。

当作用与作用效应为线性关系时,作用准永久组合的效应设计值S_{qd}均可通过作用效应代数相加计算。

【例1-3-1】 某1孔30m预应力混凝土简支梁桥,$l/4$跨径截面的剪力$V_{G_k}=187.01\text{kN}$(结构重力),$V_{Q_{1k}}=261.76\text{kN}$(汽车荷载),冲击系数$(1+\mu)=1.19$,人群荷载$V_{Q_{2k}}=57.20\text{kN}$,温度梯度作用$V_{Q_{3k}}=41.50\text{kN}$。

试计算:承载能力极限状态和正常使用极限状态设计时的作用组合及组合效应设计值。

解:

(1)承载能力极限状态时的作用组合及组合效应设计值

进行承载能力极限状态设计时,作用组合有基本组合和偶然组合,设计暂不考虑偶然组合。基本组合可采用式(1-3-23)计算。

参照本篇第一章表1-1-1,1孔30m简支梁桥为中桥,查表1-3-22,其设计安全等级为一级、结构重要性系数$\gamma_0=1.1$。

作用分项系数查表1-3-20,结构重力$\gamma_{G_1}=1.2$,汽车荷载$\gamma_{Q_1}=1.4$,人群荷载$\gamma_{Q_2}=1.4$,温度梯度作用$\gamma_{Q_3}=1.4$;设计使用年限荷载调整系数,汽车荷载$\gamma_L=1.0$,人群荷载$\gamma_{L2}=1.0$,温度梯度作用$\gamma_{L3}=1.0$;组合系数$\psi_c=0.75$。

结构重力设计值:$V_{G_d}=\gamma_{G_1} \cdot V_{G_k}=1.2 \times 187.01=224.412(\text{kN})$

汽车荷载设计值:$V_{Q_{1d}}=\gamma_{Q_1} \cdot \gamma_L \cdot V_{Q_{1k}}=1.4 \times 1.0 \times 261.76=366.464(\text{kN})$

人群荷载设计值:$V_{Q_{2d}}=\gamma_{Q_2} \cdot \gamma_{L2} \cdot V_{Q_{2k}}=1.4 \times 1.0 \times 57.20=80.080(\text{kN})$

温度梯度作用设计值:$V_{Q_{3d}}=\gamma_{Q_3} \cdot \gamma_{L3} \cdot V_{Q_{3k}}=1.4 \times 1.0 \times 41.50=58.100(\text{kN})$

考虑本算例跨径较小,可认为作用与作用效应为线性关系,因此,基本组合的剪力效应设计值可分别采用相应作用设计值的代数和,则有:

基本组合1:结构重力与汽车荷载、人群荷载组合的剪力效应设计值为

$$V_{ud}=\gamma_0 \cdot [V_{G_d}+(1+\mu) \cdot V_{Q_{1d}}+\psi_c \cdot V_{Q_{2d}}]$$
$$=1.1 \times (224.412+1.19 \times 366.464+0.75 \times 80.080)=792.621(\text{kN})$$

基本组合2:结构重力与汽车荷载、温度梯度作用组合的剪力效应设计值为

$$V_{ud}=\gamma_0 \cdot [V_{G_d}+(1+\mu) \cdot V_{Q_{1d}}+\psi_c \cdot V_{Q_{3d}}]$$
$$=1.1 \times (224.412+1.19 \times 366.464+0.75 \times 58.100)]=774.487(\text{kN})$$

基本组合3:结构重力与汽车荷载、人群荷载、温度梯度作用组合的剪力效应设计值为

$$V_{ud}=\gamma_0 \cdot [V_{G_d}+(1+\mu) \cdot V_{Q_{1d}}+\psi_c \cdot (V_{Q_{2d}}+V_{Q_{3d}})]$$
$$=1.1 \times [224.412+1.19 \times 366.464+0.75 \times (80.080+58.100)]$$
$$=840.553(\text{kN})$$

(2)正常使用极限状态时的作用组合及组分效应设计值

进行正常使用极限状态设计时,作用组合有频遇组合和准永久组合。频遇组合的效应设计值采用式(1-3-25)计算,准永久组合的效应设计值采用式(1-3-26)计算,并且认为作用与作用效应为线性关系。

频遇值系数:汽车荷载$\psi_{f1}=0.7$;

准永久值系数:汽车荷载$\psi_{q1}=0.4$,人群荷载$\psi_{q2}=0.4$,温度梯度作用$\psi_{q3}=0.8$。

汽车荷载频遇值:$V_{Q_{1fd}}=\psi_{f1} \cdot V_{Q_{1k}}=0.7 \times 261.76=183.232(\text{kN})$

汽车荷载准永久值：$V_{Q_{1qd}} = \psi_{q1} \cdot V_{Q_{1k}} = 0.4 \times 261.76 = 104.704(kN)$

人群荷载准永久值：$V_{Q_{2qd}} = \psi_{q2} \cdot V_{Q_{2k}} = 0.4 \times 57.20 = 22.880(kN)$

温度梯度作用效应准永久值：$V_{Q_{3qd}} = \psi_{q3} \cdot V_{Q_{2k}} = 0.8 \times 41.50 = 33.200(kN)$

①频遇组合

频遇组合1：结构重力与汽车荷载、人群荷载组合的剪力效应设计值为

$$V_{fd} = V_{G_k} + V_{Q_{1fd}} + V_{Q_{2qd}}$$

$$= 187.01 + 183.232 + 22.880 = 393.122（kN）$$

频遇组合2：结构重力与汽车荷载、温度梯度作用组合的剪力效应设计值为

$$V_{fd} = V_{G_k} + V_{Q_{1fd}} + V_{Q_{3qd}}$$

$$= 187.01 + 183.232 + 33.200 = 403.442（kN）$$

频遇组合3：结构重力与汽车荷载、人群荷载、温度梯度作用组合的剪力效应设计值为

$$V_{fd} = V_{G_k} + V_{Q_{1fd}} + V_{Q_{2qd}} + V_{Q_{3qd}}$$

$$= 187.01 + 183.232 + 22.880 + 33.200 = 426.322（kN）$$

②准永久组合

准永久组合1：结构重力与汽车荷载、人群荷载组合的剪力效应设计值为

$$V_{qd} = V_{G_k} + V_{Q_{1qd}} + V_{Q_{2qd}}$$

$$= 187.01 + 104.704 + 22.880 = 314.594（kN）$$

准永久组合2：结构重力与汽车荷载、温度梯度作用组合的剪力效应设计值为

$$V_{qd} = V_{G_k} + V_{Q_{1qd}} + V_{Q_{3qd}}$$

$$= 187.01 + 104.704 + 33.200 = 324.914（kN）$$

准永久组合3：结构重力与汽车荷载、人群荷载、温度梯度作用组合的剪力效应设计值为

$$V_{qd} = V_{G_k} + V_{Q_{1qd}} + V_{Q_{2qd}} + V_{Q_{3qd}}$$

$$= 187.01 + 104.704 + 22.880 + 3.200 = 347.794（kN）$$

$l/4$跨径截面承载能力极限状态和正常使用极限状态作用组合的剪力效应设计值计算结果见表1-3-24。

$l/4$跨径截面剪力效应设计值V计算结果　　　表1-3-24

$l/4$跨径截面剪力V	组合1	组合2	组合3
	结构重力与汽车荷载、人群荷载组合剪力效应设计值	结构重力与汽车荷载、温度梯度作用组合剪力效应设计值	结构重力与汽车荷载、人群荷载、温度梯度作用组合剪力效应设计值
基本组合 V_{ud}(kN)	792.621	774.487	840.553
频遇组合 V_{fd}(kN)	393.122	403.442	426.322
准永久组合 V_{qd}(kN)	314.594	324.914	347.794

拓展小知识

桥梁设计荷载

公路桥梁与铁路桥梁的设计荷载的不同之处：

(1) 名词术语不同。公路桥梁设计荷载分为永久作用、可变作用、偶然作用和地震作用；铁路桥梁设计荷载分为主力(包括恒载和活载)、附加力和特殊荷载。

(2) 设计方法不同。公路桥梁采用概率极限状态法设计；铁路桥梁目前主要采用容许应力法设计。

(3) 荷载组合方式不同。公路桥梁按持久状况设计时，应分别计算承载能力极限状态下的基本组合、偶然组合，正常使用极限状态下的频遇组合、准永久组合；铁路桥梁按容许应力法设计时，则按主力(恒载+活载)、主力+附加力(仅考虑一个方向的)、主力+特殊荷载分别进行组合。

(4) 汽车活载与列车荷载不同。公路桥梁汽车荷载分车道荷载和车辆荷载，整体分析时采用车道荷载(q_k和P_k)加载，局部分析时采用车辆荷载加载；铁路桥梁无论是整体分析还是局部分析均采用列车荷载加载。其他内容可参见参考文献[1]和[27]。

对于公铁(轨)桥梁，其设计荷载应按相关规范进行组合分析，必要时应进行专门研究。

学习提示

"桥梁工程"课程的主要内容包括：依据经验(已建成桥梁)和现行公路桥涵设计规范构造结构体系，确定作用于桥跨结构上的作用类型，根据结构受力特点确定控制截面上的荷载(永久作用、可变作用、偶然作用等)及其作用组合的内力设计值，采用最不利组合进行截面设计。

"结构设计原理"课程讲授的是依据构件上最不利截面的作用效应设计值进行构件截面设计，而截面的作用效应设计值计算则是"桥梁工程"课程解决的问题。

思考与练习

1. 说明永久作用、可变作用和偶然作用的具体含义。
2. 水浮力是永久作用还是可变作用？
3. 为什么进行桥梁结构整体分析计算时采用车道荷载加载，进行桥梁局部分析或涵洞、桥台计算时采用车辆荷载加载？
4. 为什么2车道以上或桥长大于150m的桥梁，汽车荷载效应应予以折减？
5. 汽车冲击力是怎样产生的？
6. 某1孔20m钢筋混凝土简支梁桥，跨中截面弯矩：结构重力M_{G_k}=736kN·m，汽车荷载$M_{Q_{1k}}$=525kN·m，冲击系数$(1+\mu)$=1.20，人群荷载$M_{Q_{2k}}$=50kN·m。

试计算：承载能力极限状态和正常使用极限状态设计时的作用组合效应设计值。

第四章 桥梁通用构造

桥梁通用构造是各种结构体系桥梁的共用构造,这里特指桥面构造。桥面构造是桥跨结构以上、保证使用荷载在桥面上安全和顺畅通过的构造设施,主要包括桥面铺装、伸缩缝、人行道(安全带)及缘石、中央分隔带、栏杆(护栏)、防水层和排水设施、灯柱照明设备等(图1-4-1)。桥面构造部分虽然不是桥梁的主要承重结构,但它对桥梁的主要承重结构起保护作用,使桥梁能正常使用。桥面构造多属外露部分,且直接与车辆、行人接触,对车辆和行人的安全及桥梁的美观十分重要。桥面布置应在桥梁的总体设计中考虑,应根据道路等级、桥梁宽度、行车要求等条件确定。桥面构造设施大多采用厂制成品,仅在特殊环境、特殊设计、技术复杂特大桥等情况下需要单独设计。

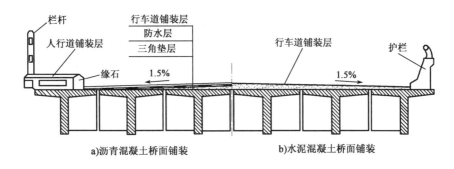

图 1-4-1　装配式T形梁桥横截面桥面构造

第一节　桥面铺装

一　功能与作用

桥面铺装直接承受车辆轮载的作用,能够保护行车道板或主要承重结构不直接承受轮载的磨耗以及雨雪的侵蚀,并具有均匀分布车轮集中荷载的作用。桥面铺装必须具有足够的强度、良好的整体性以及抗冲击和耐疲劳特性,同时应具有防水性以及对温度变化的适应性。

二　主要类型及适用情况

桥面铺装一般构造根据所采用的材料类型分为沥青混凝土桥面铺装和水泥混凝土桥面铺装(图1-4-2),一般与桥梁所在位置的公路路面的材料类型相协调。

沥青混凝土桥面铺装是按级配原理选配原料,加入适量的沥青均匀拌和,并经摊铺与压实而成的桥面铺装。其特点是应用广泛,能满足各项要求,维修养护方便,但易老化变形。现行《通规》规定:高速公路和一级公路特大桥、大桥的桥面铺装宜采用沥青混凝土桥面铺装。高速公路和一、二级公路桥面铺装层厚度不宜小于7cm,二级以下公路桥面铺装层厚度不宜小于5cm。

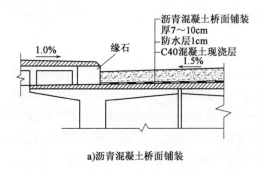 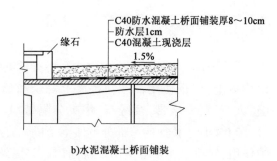

图 1-4-2 桥面铺装一般构造（横截面）

水泥混凝土桥面铺装是以水泥和水合成的水泥浆为结合料，以碎（砾）石为集料，以砂为细集料，经过拌和、摊铺、振捣和养护所修筑的桥面铺装。其特点是应用较广泛，能满足各项要求，耐磨性能好，适合重载交通，但养生期比沥青混凝土桥面铺装的养生期长，后期修补较麻烦。水泥混凝土桥面铺装直接铺设在防水层或桥面板上，厚度不宜小于8cm（不含整平层和垫层）；混凝土强度等级应尽量与桥面板的混凝土强度等级接近，不应低于C40，铺装时应避免两次成形；水泥混凝土桥面铺装层内应设置直径不小于8mm、间距不大于100mm的钢筋网。

第二节 桥面防水及排水设施

混凝土结构不宜处在干燥和湿润反复交替的环境中，尤其在严寒的冬季，渗入混凝土细小裂纹中的水分结冰后，会导致混凝土产生破坏从而缩短其使用寿命。另外，水分还会使钢筋、钢材锈蚀。因此，为了防止桥跨结构及桥面构造受雨水、雪水等侵蚀，应设置完善的桥面防水及排水设施。

一 桥面防水层

桥面防水层是防止桥面雨水、雪水等向主梁渗透的隔水设施。它一般设在桥面铺装层与桥面板之间，将透过铺装层的渗入水隔绝。

钢筋混凝土桥面板与铺装层之间是否要设防水层，应视当地的气温、雨量、桥梁结构和桥面铺装形式等具体情况而定。当设置防水层时，防水层在横桥向应闭合铺设，底层表面应平顺、干燥、干净。防水层通过伸缩缝或变形缝处，应按设计规定铺设。当不设置防水层时，应采用防水混凝土铺装层，并做好桥面排水和养护工作。

桥面防水层有以下三种类型：

（1）沥青涂胶下封层，即洒布薄层沥青或改性沥青，在其上布一层砂，经碾压形成沥青涂胶下封层。

（2）高分子聚合物涂胶，如聚氨酯胶泥、环氧树脂、阳离子乳化沥青、聚丁胶乳等。

（3）铺装沥青或改性沥青防水卷材，以及浸渍沥青的无纺土工布等。

在无防水层时，水泥混凝土桥面铺装应采用防水混凝土；沥青混凝土桥面铺装则应加强排水和养护。

二 桥面排水设施

桥面排水设施主要为设置桥面纵坡、横坡(包括超高),并设置一定数量的泄(排)水管(口)外泄。桥面横向排水坡度宜与路面横坡一致。当设有人行道时,人行道应设置倾向行车道 0.5%~1.5%的横坡。当桥面纵坡小于 0.5%时,宜在桥面铺装较低侧边缘设置纵向排水系统。

为防止雨水积滞于桥面,须设置泄水口,并在泄水口处设置泄水管。泄水口宜设置在桥面行车道边缘处,间距可依据设计径流量计算确定,最大间距不宜超过 20m。在桥梁伸缩装置的上游方向应增设泄水口,有助于减少流向伸缩装置的水量。在桥面凹形竖曲线的最低点及其前后 3~5m 处应各设置一个泄水口,预防最低点处的泄水口被杂物堵塞而导致积水。泄水口可设置为圆形或矩形。圆形泄水口的直径宜为 15~20cm;矩形泄水口的横桥向开口宽度宜为 20~30cm,顺桥向开口长度宜为 30~40cm。泄水口顶部应采用格栅盖板,其顶面宜比周围桥面铺装低 5~10mm,有利于桥面水向泄水口汇流并增加截流率。

1. 桥面纵横坡

桥面设置纵横坡,有利于雨水迅速排出,防止或减少雨水对桥面铺装层的渗透,从而保护桥面板,延长桥梁的使用寿命。

桥面设置纵坡,有利于排水;对于平原地区的桥梁,还可以在满足桥下设计净空要求的前提下,降低墩台高程,减少引桥长度或桥头引道土方量,从而节省工程费用。桥面纵坡的设置应与桥梁两端的道路相协调,现行《通规》规定:桥上纵坡不宜大于 4%,桥头引道纵坡不宜大于 5%;位于市镇混合交通繁忙处的桥梁,桥上纵坡及桥头引道纵坡均不得大于 3%;对易结冰、积雪的桥梁,桥上纵坡不宜大于 3%。

桥面横坡一般采用 1.5%~2%,通常有以下三种设置形式:

(1)在装配式肋(板)梁桥中,当桥面宽度不大时,为使主梁构造简单、架设与拼装方便,通常将横坡直接设在行车道板上。在行车道板(全跨范围内)与等厚的混凝土桥面铺装层之间铺设一层厚度变化、形成双向倾斜的混凝土三角垫层[图 1-4-3a)]。

(2)在装配式肋(板)梁桥中,当桥面宽度较大时,为节省铺装材料且减小恒载重力,可采用在墩帽顶面设置横坡的方式。此时,铺装层在整个桥面宽度上做成等厚的。对于板桥(矩形板或空心板)或就地浇筑的肋板式梁桥,可将横坡直接设在墩帽和台帽上[图 1-4-3b)];对于肋梁桥通常将墩帽和台帽采用水平设计,采用变高的支承垫石使桥梁上部结构形成倾斜的横坡[图 1-4-3c)]。

(3)在整体式箱梁桥中,当桥面宽度较大时,用混凝土三角垫层设置横坡将使混凝土用量和恒载重力增加太多,为此,可将行车道板做成倾斜面而形成横坡[图 1-4-3d)]。

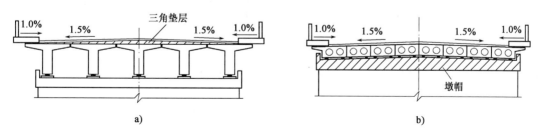

图 1-4-3

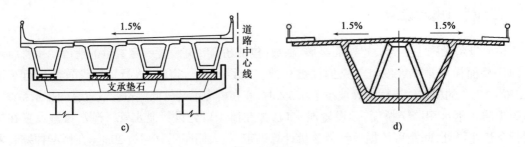

图1-4-3 桥面横坡设置形式

2. 泄水管

桥梁常用的泄水管道设置方式有竖向泄水管道、横向泄水管道和封闭式泄水管道三种。泄水管可采用铸铁管、PVC(聚氯乙烯)管或复合材料管,内径不宜小于15cm。由于设置泄水口,部分桥面板钢筋网被切断,因此要求泄水口周围应配置补强钢筋,使之具有足够的强度,能够承受车辆荷载的作用。为了不影响铺装结构内部水的排出,泄水管伸入铺装结构内部的部分应做成孔隙状。

(1)竖向泄水管道

竖向泄水管道常用于肋板式梁桥、箱形梁桥、肋拱桥及刚架拱桥、桁架拱桥等。竖向泄水管道通过桥面板上预留的孔洞伸到桥面板下方,桥面积水可以通过竖向泄水管道直接泄到桥下。安装泄水管时,应将其下端伸出桥面板底面以下15~20cm,以防止雨水浸润桥面板。如果桥面铺装层内设有防水层,则应使管道与防水层紧密结合,以便防水层上所积存的渗水能通过泄水管道排出桥外。桥面雨水竖向排出示意图如图1-4-4所示。

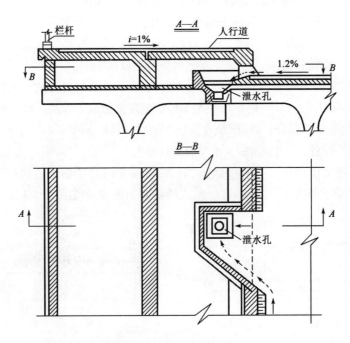

图1-4-4 桥面雨水竖向排出

(2)横向泄水管道

横向泄水管道常用于板桥或实腹式拱桥。如果在这些桥型结构中设置竖向泄水管道,需要穿过板梁或很厚的拱上结构或填料,施工复杂,因此,通常采用横向泄水管道,将桥面积水从行车道两侧安全带或护栏下方直接排出桥外。横向泄水管道构造简单、安装方便,但因泄水管的设置坡度较缓容易堵塞。桥面雨水横向排出示意图如图1-4-5所示。

(3)封闭式泄水管道

对于跨越公路、铁路、通航河流的桥梁以及城市高架桥,由于其下方往往是道路或其他设施,上述将桥面积水直接排向桥下的做法明显是不可取的,这样做既影响桥下交通及行人的安全,又有碍公共卫生。因此,桥面排水对桥下通行有影响时,桥面水通过横坡和纵坡排入泄水口后,应汇集到纵向排水管或排水槽中,通过设在墩台处的竖向排水管排入地面排水设施(图1-4-6)或河流中。排水管宜设置在悬臂板外侧,纵向排水管的坡度不得小于0.5%。

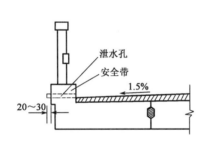

图1-4-5 桥面雨水横向排出(尺寸单位:mm)

图1-4-6 封闭式排水示例

第三节 桥梁伸缩装置与桥面连续构造

一 桥梁伸缩装置

桥梁伸缩装置是指在桥梁温度变化,混凝土收缩、徐变以及荷载作用等产生梁端变位的情况下,为了使车辆能够顺利地在桥面行驶,同时能够满足桥面变形的要求,而在梁端与桥台背墙之间、两相邻梁端之间设置的装置。

1. 构造要求

桥梁伸缩装置在构造上应满足下列要求:

(1)能自由伸缩和转动。

(2)牢固可靠。

(3)车辆行驶时平顺、无突跳和噪声。

(4)能防止雨水渗入。及时排出雨水,并能防止污物浸入和堵塞。

(5)易于安装、检查、养护和清除污物。

2. 主要类型与构造

我国公路桥梁和城市桥梁工程中使用的伸缩装置种类很多,《公路桥梁伸缩装置通用技术条件》(JT/T 327—2016)规定,按伸缩结构分为模数式伸缩装置(代号M)、梳齿板式伸缩装置(代号S)和无缝式伸缩装置(代号W)三大类,见表1-4-1。下面着重介绍伸缩装置的构造特点。

桥梁伸缩装置主要类型　　　　　　　表1-4-1

伸缩装置类型			代号	伸缩量e(mm)
模数式伸缩装置	单缝模数式伸缩装置		MA	$20 \leq e \leq 80$
	多缝模数式伸缩装置		MB	$e \geq 160$
梳齿板式伸缩装置	悬臂梳齿板式伸缩装置		SC	$60 \leq e \leq 240$
	简支梳齿板式伸缩装置	活动梳齿板的齿板位于伸缩缝一侧	SSA	$80 \leq e < 1000$
		活动梳齿板的齿板跨越伸缩缝	SSB	$e \geq 1000$
无缝式伸缩装置	—	—	W	$20 \leq e \leq 100$

(1)模数式伸缩装置

随着我国高等级公路和桥梁建设事业的迅速发展,桥梁的长大化得到了突破性发展,这就要求有结构合理、大位移量的桥梁伸缩装置来适应这一发展需要。然而板式橡胶伸缩装置很难满足大位移量的要求;钢制伸缩装置又很难做到密封、不透水,而且容易造成对车辆的冲击,影响车辆的行驶性能。因此,出现了利用吸震缓冲性能好又容易做到密封的橡胶材料,与强度高、刚性好的异型钢材组合,在大位移量情况下能承受车辆荷载的各种模数式(模数支承式)桥梁伸缩装置。模数式伸缩装置的共同点在于,均由V形截面或其他截面形状的橡胶密封条(带)嵌接于异形边钢梁内组成可伸缩的密封体,异型钢梁直接承受车辆荷载,且可根据要求的伸缩量,随意增加中间钢梁和密封橡胶条(带),加工组装成各种伸缩量的系列产品;不同点仅在于承重异型钢梁和传递伸缩力的传动机构形式和原理。异型钢可以采用钢板或型钢焊接而成,可以挤压成型,也可以将轧钢坯经车轧成型或局部分段(层)轧制焊接成型。目前已实现了热轧整体成型专用异型钢材的国产化。图1-4-7为多缝模数式(MB型)伸缩装置。

(2)梳齿板式伸缩装置

梳齿板式伸缩装置是钢制支承式伸缩装置,用钢材装配制成,能直接承受车轮荷载。梳齿板式伸缩装置多用于钢桥,现也用于混凝土桥梁。其形状、尺寸和种类较多,其中有将面层板设计成齿形,从左右伸出桥面板间隙处相互啮合的悬臂式构造[图1-4-8a)],伸缩量在240mm以内;有将面层板做成矩形的叠合悬架式构造[图1-4-8b)、c)],属于简支梳齿板式伸缩装置。当伸缩量不超过1000mm时,可采用活动梳齿板的齿板位于伸缩缝一侧的伸缩装置;当伸缩量超过1000mm时,可采用活动梳齿板的齿板跨越伸缩缝的伸缩装置。

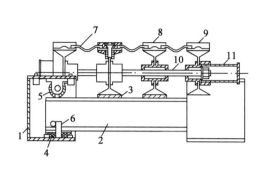

a)立面构造　　　　　　　　　　b)实桥示例

图 1-4-7　多缝模数式(MB 型)伸缩装置

1-横梁支承箱;2-活动横梁;3-滑板;4-四氟板橡胶支承垫;5-橡胶滚轮;6-限位栓;7-橡胶伸缩带;8-工字形中间梁;9-工字形边梁;10-钢穿心杆;11-套筒

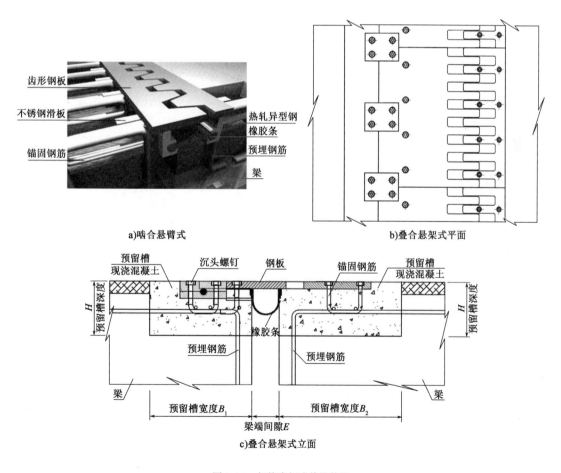

图 1-4-8　钢梳齿板式伸缩装置

(3)无缝式伸缩装置

无缝式伸缩装置是指伸缩缝构造不伸出桥面时,在桥梁端部的伸缩间隙中填入弹性材料并铺上防水材料,然后在桥面铺装层铺筑黏弹性复合材料,使伸缩接缝处的桥面铺装与其他铺装部分形成一连续体,以伸缩缝处的沥青混凝土等材料承受伸缩的一种构造。例如,我国常用的桥面连续、TST碎石弹性伸缩缝(图1-4-9)等。无缝式伸缩装置的主要特点:①能适应桥梁上部构造的伸缩变形和小量转动变形;②桥面铺装形成连续体,行车时不致产生冲击、振动等,舒适性较好;③形成多重防水构造,防水性较好;④在寒冷地区,易于机械化除雪养护,不致破坏接缝;⑤施工简单,一般易于维修和更换。鉴于这类形式的构造特点,在路面铺装完成后再用切割器切割路面,并在其槽口内注入嵌缝材料而成的构造,这种接缝仅适用于较小的接缝部位,适用范围有所限制。

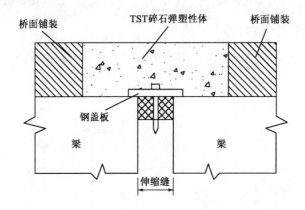

图1-4-9　TST碎石弹性伸缩缝立面

3. 伸缩量计算

桥跨结构总伸缩变形量主要包括温度、混凝土徐变、混凝土收缩引起的伸缩量,以及其他因素引起的伸缩量,可按下式进行计算:

$$\Delta l = \Delta l_t + \Delta l_e + \Delta l_s + \Delta l_E \tag{1-4-1}$$

式中:　Δl——桥跨结构总伸缩变形量;

Δl_t——温度引起的伸缩量,可按下式计算:

伸长量:$\Delta l_t^+ = (T_{max} - T_{set})\alpha l$

缩短量:$\Delta l_t^- = (T_{set} - T_{min})\alpha l$

$$\Delta l_t = \Delta l_t^+ + \Delta l_t^- \tag{1-4-2}$$

T_{max}、T_{min}、T_{set}——最高温度、最低温度和安装温度,℃;

l——梁的长度;

α——线膨胀系数,1/℃,混凝土 $\alpha = 10 \times 10^{-6}$/℃,钢 $\alpha = 12 \times 10^{-6}$/℃;

Δl_e、Δl_s——混凝土徐变、收缩引起的伸缩量,可按下式计算:

$$\Delta l_e = \frac{\sigma_p}{E_c}\varphi l \beta \tag{1-4-3}$$

$$\Delta l_s = 20\alpha l \beta \tag{1-4-4}$$

σ_p——预应力等引起的平均轴向应力;

E_c——混凝土的弹性模量;

φ——混凝土的徐变系数,对于一般野外情况,φ可取2.0;

β——混凝土徐变、干燥收缩递减系数,见表1-4-2;

Δl_e——其他因素引起的伸缩量及安全裕量,可按计算变形量的30%估算。

混凝土徐变、干燥收缩递减系数　　　　表1-4-2

混凝土的龄期(月)	0.25	0.5	1	3	6	12	24
徐变、干燥收缩的递减系数β	0.8	0.7	0.6	0.4	0.3	0.2	0.1

4. 伸缩装置选择

桥梁伸缩装置形式的选择非常重要,必须以桥跨结构类型、需要的伸缩量为依据,综合考虑桥梁和伸缩装置整体的耐久性、平整性、防排水性、施工与维修方便性及经济性等,以保证伸缩装置尽可能适应桥梁结构运行要求。

伸缩装置的伸缩量计算值的确定,直接影响对伸缩装置尺寸的选择。若伸缩装置尺寸选择不合理,则直接影响伸缩装置使用效果。另外,选择伸缩装置尺寸时还应考虑梁、板间伸缩缝间隙量大小,以保证伸缩装置与梁、板两端能充分锚固,以求达到最佳使用效果。

目前,国内有多家生产企业专门从事伸缩装置的研发、设计与生产工作,生产了多种不同规格、型号的桥梁伸缩装置,能够满足一般桥梁的设计使用需要。在桥梁设计中,根据桥跨结构的计算伸缩量值选择成品伸缩装置型号。

【例1-4-1】 某一级公路全长30km,共设有5座装配式预应力梁桥,分别为2×20m简支T梁桥、2×30m简支T梁桥、1×20m简支空心板桥、4×20m先简支后连续T梁桥、5×30m先简支后连续T梁桥;位于寒冷地区,最低气温-20℃,最高气温50℃。以2×30m简支T梁桥和5×30m先简支后连续T梁桥为例,说明伸缩装置型号的选择方法,其他3座桥方法类似,读者可自选练习。

解:

(1)2×30m简支T梁桥伸缩量计算

2×30m简支T梁桥,两跨单独受力,只需计算一跨的伸缩量,另一跨的伸缩量相同。假定无须考虑桥面纵坡,一片30mT梁内预应力钢筋采用1束ϕ^s15.2-11和2束ϕ^s15.2-10,抗拉标准强度f_{pk}=1860MPa;T梁采用C50混凝土,横截面面积为1.20m²。

①温度引起的伸缩量Δl_t

T梁安装温度假设为15℃。

伸长量:$\Delta l_t^+ = (T_{max} - T_{set})\alpha l = (50-15)\times 10\times 10^{-6}\times 30 = 10.50\times 10^{-3}$(m)

缩短量:$\Delta l_t^- = (T_{set} - T_{min})\alpha l = [15-(-20)]\times 10\times 10^{-6}\times 30 = 10.50\times 10^{-3}$(m)

$\Delta l_t = \Delta l_t^+ + \Delta l_t^- = 10.50\times 10^{-3} + 10.50\times 10^{-3} = 21.00\times 10^{-3}$(m)

②混凝土徐变引起的收缩量 Δl_e

$$\sigma_p = \frac{(1860 \times 0.75) \times \left(\frac{\pi}{4} \times 5^2 \times 7\right) \times (11 + 10 \times 2)}{1.20 \times 10^6} = 4.953(\text{MPa})$$

$$\Delta l_e = \frac{\sigma_p}{E_c} \varphi l \beta = \frac{4.953}{3.45 \times 10^4} \times 2.0 \times 30 \times 0.6 = 5.17 \times 10^{-3}(\text{m})$$

③混凝土收缩引起的收缩量 Δl_s

$$\Delta l_s = 20\alpha l \beta = 20 \times 10 \times 10^{-6} \times 30 \times 0.6 = 3.60 \times 10^{-3}(\text{m})$$

④其他因素引起的伸缩量及安全裕量 Δl_E

$$\Delta l_E = (\Delta l_t + \Delta l_e + \Delta l_s) \times 30\% = (21.00 \times 10^{-3} + 5.17 \times 10^{-3} + 3.60 \times 10^{-3}) \times 30\%$$
$$= 8.93 \times 10^{-3}(\text{m})$$

⑤总伸缩变形量

$$\Delta l = \Delta l_t + \Delta l_e + \Delta l_s + \Delta l_E$$
$$= 21.00 \times 10^{-3} + 5.17 \times 10^{-3} + 3.60 \times 10^{-3} + 8.93 \times 10^{-3} = 38.70 \times 10^{-3}(\text{m})$$

由计算结果可知，一跨30m简支T梁的总伸缩变形量约为39mm。

(2) 5×30m先简支后连续T梁桥伸缩量计算

5×30m先简支后连续T梁桥，假定无须考虑桥面纵坡，一片30m T梁内预应力钢筋采用1束ϕ^s15.2-8和2束ϕ^s15.2-9，抗拉标准强度f_{pk} = 1860MPa；T梁采用C50混凝土，横截面面积为1.20m²。

①温度引起的伸缩量 Δl_t

T梁安装温度假设为15℃，则

伸长量：$\Delta l_t^+ = (T_{max} - T_{set})\alpha l = (50 - 15) \times 10 \times 10^{-6} \times 30 \times 5 = 52.50 \times 10^{-3}(\text{m})$

缩短量：$\Delta l_t^- = (T_{set} - T_{min})\alpha l = [15 - (-20)] \times 10 \times 10^{-6} \times 30 \times 5 = 52.50 \times 10^{-3}(\text{m})$

$\Delta l_t = \Delta l_t^+ + \Delta l_t^- = 52.50 \times 10^{-3} + 52.50 \times 10^{-3} = 105.00 \times 10^{-3}(\text{m})$

②混凝土徐变引起的收缩量 Δl_e

$$\sigma_p = \frac{(1860 \times 0.75) \times \left(\frac{\pi}{4} \times 5^2 \times 7\right) \times (8 + 9 \times 2)}{1.20 \times 10^6} = 4.154(\text{MPa})$$

$$\Delta l_e = \frac{\sigma_p}{E_c} \varphi l \beta = \frac{4.154}{3.45 \times 10^4} \times 2.0 \times 30 \times 5 \times 0.6 = 21.67 \times 10^{-3}(\text{m})$$

③混凝土收缩引起的收缩量 Δl_s

$$\Delta l_s = 20\alpha l \beta = 20 \times 10 \times 10^{-6} \times 30 \times 5 \times 0.6 = 18.00 \times 10^{-3}(\text{m})$$

④其他因素引起的伸缩量及安全裕量 Δl_E

$$\Delta l_E = (\Delta l_t + \Delta l_e + \Delta l_s) \times 30\% = (105.00 \times 10^{-3} + 21.67 \times 10^{-3} + 18.00 \times 10^{-3}) \times 30\%$$
$$= 43.40 \times 10^{-3}(\text{m})$$

⑤总伸缩变形量

$$\Delta l = \Delta l_t + \Delta l_e + \Delta l_s + \Delta l_E$$
$$= 105.00 \times 10^{-3} + 21.67 \times 10^{-3} + 18.00 \times 10^{-3} + 43.40 \times 10^{-3} = 188.07 \times 10^{-3}(\text{m})$$

由计算结果可知，五跨一联30m T梁的总伸缩变形量约为**188mm**。

(3)伸缩装置选择

在选择伸缩装置时,道路全线桥梁应尽量采用相同类型,这样便于安装与更换。综合考虑该道路等级、全线简支梁和先简支后连续梁的伸缩量值范围,确定选择钢梳齿板式伸缩装置,如图 1-4-8b)、c)所示。钢梳齿板式伸缩装置参数信息见表 1-4-3。

钢梳齿板式伸缩装置参数信息 表1-4-3

型号	伸缩量 (mm)	预留槽宽度 B_1(mm)	预留槽宽度 B_2(mm)	梁端间隙 E(mm)			预留槽深度 H(mm)
				5℃	15℃	25℃	
80型	0~80	400	400	60±10	40	20±10	≥150
120型	0~120	500	600	90±10	60	30±10	≥250
160型	0~160	500	660	110±10	80	50±10	≥250
240型	0~240	500	900	170±10	120	70±10	≥250
320型	0~320	500	1000	230±10	160	90±10	≥250
400型	0~400	500	1280	290±10	200	110±10	≥250
480型	0~480	500	1420	340±20	240	140±20	≥300
560型	0~560	500	1600	400±20	280	160±20	≥300

注:表中温度值是指伸缩装置的安装温度。

①2×30m 简支梁桥

30m 简支梁一跨总伸缩变形量约为39mm,查表 1-4-3,选用 80 型伸缩装置,全桥有 3 道伸缩缝,共需设置 3 套 80 型钢梳齿板式伸缩装置。

②5×30m 先简支后连续 T 梁桥

5×30m 先简支后连续 T 梁桥一联总伸缩变形量约为 188mm,在一联两侧各设置 1 道伸缩缝,每端伸缩量值为 188/2=94(mm),考虑到安装时梁端间隙要求,通过查表 1-4-3,选用 160 型伸缩装置,全桥共需设置 2 套伸缩装置。

二 桥面连续构造

桥面上的伸缩装置在使用过程中容易损坏,因此,为了提高行车的舒适性,减轻桥梁的养护工作和提高桥梁的使用寿命,应力求减少伸缩缝的数量。对于多孔简支体系的桥梁,减少桥梁伸缩缝的做法一般是采用桥面连续构造。桥面连续构造的实质是将简支梁在伸缩缝处的桥面铺装部分做成连续体,该连续体刚度较小,不致影响简支梁的基本受力性能,使主梁在竖向力作用下仍具有简支体系的受力特征。

就桥面连续的基本构造而言,简支板桥梁是在桥面铺装混凝土中设置连接钢筋网,钢筋网跨越相邻板梁两端接缝处,并在接缝处设置假缝和垫铺橡胶片,将混凝土桥面铺装在一定长度范围内与板梁隔开,使梁端之间的变形由这一整段铺装层来分布承担,从而减少混凝土铺装层中的拉应力;肋板式简支梁桥,是先将梁端接头处的桥面板用连接钢筋连接起来,在一定长度范围内用玻璃丝布和聚乙烯胶带包裹连接钢筋,使这段连接钢筋与现浇混凝土隔开,梁端之间的变形由这段范围内的分布钢筋承担,然后在桥面铺装混凝土中设置连续钢筋网,使整个桥面铺装形成连续构造。桥面连续钢筋构造示意图如图 1-4-10 所示。

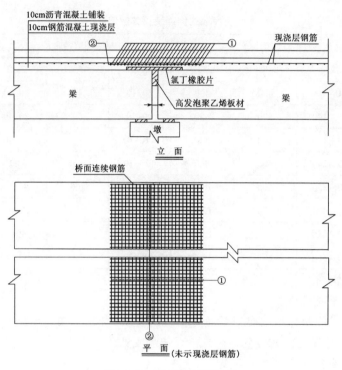

图 1-4-10　桥面连续钢筋构造

第四节　人行道、安全带、栏杆与护栏、照明灯柱

位于城镇和市郊等人口稠密地区的桥梁均应设置人行道、安全带、栏杆及灯柱,在城镇以外行人稀少地区的公路桥梁上,可以不设人行道和灯柱,但必须设置栏杆、安全带或护栏。这些设施虽然并不直接参与桥梁结构的受力,但对于行人和车辆安全以及桥梁美观有着重要作用。城市桥梁的栏杆和灯柱设计应重视其艺术造型,使其简洁明快,并与周围环境和桥梁结构整体相协调,能够为行人和行驶车辆提供广阔的视野和安全感。

一　人行道

人行道是位于行车道两侧,专供行人行走的路幅或桥面部分。其宽度等于一条行人带宽度乘以带数。我国每条行人带宽度取为 0.75～1.00m,其通行能力均为 800～1000 人/h;带数由人流大小决定。桥梁上人行道的宽度宜为 1.0m(有些早年建造的在役桥梁为 0.75m),大于

1.0m时,按0.5m的级差增加。其高度至少高出行车道0.20~0.25m,以确保行人和行车的安全。人行道一般构造示意图如图1-4-11所示。

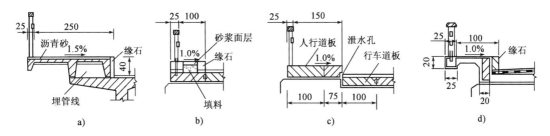

图1-4-11 人行道一般构造(尺寸单位:cm)

二 安全带

安全带是为保证车辆在桥上靠边行驶时的安全而设置的带状构造物。在不设人行道的情况下,必须设置安全带和栏杆。安全带应高出桥面,尺寸应根据道路等级而定。安全带内边缘至栏杆内边缘之间的安全距离一般不小于25cm。安全带一般构造示意图如图1-4-12所示。

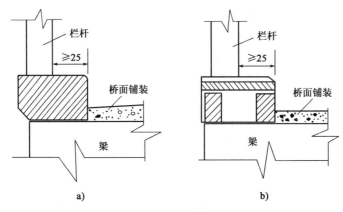

图1-4-12 安全带一般构造(尺寸单位:cm)

三 栏杆与护栏

1. 栏杆

栏杆是设置在桥面两侧以确保行人安全过桥的防护设施。栏杆既要坚固耐用,又要经济美观。

(1)分类

①按照制作材料分类

栏杆按制作材料的不同可分为钢筋混凝土栏杆、钢栏杆、钢-混凝土混合式栏杆、砖石栏杆、木栏杆及塑料栏杆等。在公路桥梁上,常采用钢筋混凝土栏杆、钢栏杆和砖石栏杆,应结合桥型特点和美观要求合理选材。

②按构造类型分类

栏杆按构造类型可分为节间式栏杆[图1-4-13a)]与连续式栏杆[图1-4-13b)]两种。

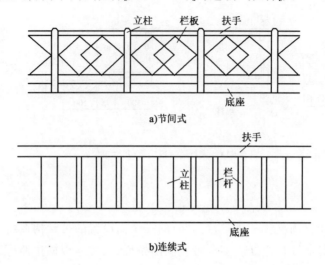

图1-4-13 栏杆形式

a. 节间式栏杆由栏杆柱(立柱)、扶手及栏板(或横挡)组成。扶手支撑于立柱上,两立柱之间为一个节间,也称一楄,一般为1.5~2.5m。节间式栏杆的特点是便于预制安装,但对于不等跨布孔的桥梁,在节间划分上会有困难。

b. 连续式栏杆一般由扶手、栏板(或立柱和栏杆)及底座组成。连续式栏杆的特点是具有连续的扶手,采用有规律的栏板,简洁、明快,富有节奏感,但一般材料自重较大。

③按高度分类

栏杆按高度可分为高栏(1.10~1.30m)、中栏(0.80~0.90m)和低栏(0.20~0.30m)三种。公路与城市道路桥梁栏杆的高度要求不得小于1.10m。

(2)设计要求

桥梁栏杆的设计应考虑安全可靠、适用耐久、经济美观、节省空间和方便施工。尽管桥梁栏杆的计算在桥梁结构计算中占次要地位,但作为一种安全防护装置和措施,其坚固性和耐久性是不可忽视的。在靠近伸缩缝处的所有栏杆,均应能自由变形,避免参与桥跨结构受力。

(3)美学要求

栏杆是桥梁的表面构造物,设置在桥面的边缘,对桥梁起着装饰作用。当行人走在桥上或车辆行驶上桥后,主要看到的就是桥面及桥上栏杆,因此栏杆设计的重点是栏杆本身的造型及其美学要素,使其适应周围环境(包括风景及风土人情)及桥跨结构的造型。

栏杆的构造形式应避免与桥梁结构雷同,设计时应将两者结合起来考虑。对于拱桥,栏杆应尽量采用直线形式,立柱应多数与水平线垂直;对于斜拉桥,斜拉索与索塔形成巨大的伞状,则栏杆以连续式为宜[图1-4-14a)];对于梁(板)式桥,因为构成桥体的主要线条除桥墩外多为水平线,所以栏杆的设计应以垂线为主,采用节间式栏杆,其两个立柱间用镂空板或雕塑造型修饰[图1-4-14b)]。

栏杆的装饰和颜色既要与大自然的景色相协调,又要与桥梁的基色相匹配。

a)连续式栏杆

b)节间式栏杆

图1-4-14 栏杆造型示例

2. 护栏

护栏,又称护栅,是车辆与车辆或车辆与行人分道行驶,以及防止车辆驶离规定行车道位置而设置的安全防护设施。前者称为防护栏,后者称为防撞护栏。防护栏可用混凝土或金属材料制作(图1-4-15);高速公路的桥梁均需设置防撞护栏,一般采用钢筋混凝土结构,具有一定的防撞能力,以确保行车安全。

桥梁护栏按设置部位可分为人行与车道分界护栏[图1-4-15a)、b)]、桥梁中央分隔带护栏[图1-4-15c)]和桥侧护栏(图1-4-16)。

a)

b)

c)

图1-4-15 护栏造型示例

按构造特征可分为钢筋混凝土梁柱式护栏[图1-4-16a)]、钢筋混凝土墙式护栏[图1-4-16b)]和组合式护栏。

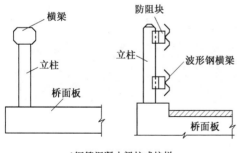
a)钢筋混凝土梁柱式护栏

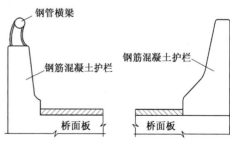
b)钢筋混凝土墙式护栏

图1-4-16 护栏一般构造

护栏埋置方式有立柱直接埋入式、法兰盘连接式和通过传力钢筋把桥梁护栏和桥面板浇筑成一体三种。

桥梁护栏形式选择和截面尺寸要求与公路等级、设计速度、护栏防护等级等有关,可参照现行《公路交通安全设施设计规范》(JTG D81)相关规定,这里不再详述。

四 照明灯柱

位于城镇和市郊人口稠密地区的桥梁,应当提供桥上照明设施,如设置照明灯柱。对于行车道和人行道均不宽的桥梁,照明设施可以设置在栏杆上[图1-4-17a)];当人行道较宽时,可将照明设施设置在靠近路缘石处[图1-4-17b)];当桥面很宽且设有机动车道和非机动车道时,则可将照明设施设置在机动车与非机动车道之间的分隔带处[图1-4-17c)];当桥面为双幅桥时,照明可设在双幅桥的中央分隔带处。《城市道路照明指南》规定,灯具的安装高度应等于或大于单向行车道的路面有效宽度,并满足桥面净空的要求,不得侵入限界。具体设置位置可根据桥梁横断面的实际情况来确定。对于一些大型桥梁或对美观要求较高的桥梁,灯柱的设计不但要考虑从桥上观赏,而且要符合全桥在立面上具有与周围环境统一协调的艺术造型要求,使桥梁为所在地区的夜景增辉添色。

a)灯柱设于栏杆处

b)灯柱设于路缘石处

c)灯柱设于机动车与非机动车道之间分隔带处

d)灯柱设于中央分隔带处

图1-4-17 照明灯柱设置示例

拓展小知识

桥面系构造

为保护桥跨结构安全耐久、车辆正常行驶和行人安全通行,公路桥梁与铁路桥梁都要设置桥面系构造,但两者有一定区别。

公路桥梁的桥面系构造包括桥面铺装、伸缩装置、人行道(安全带)、栏杆(护栏)、防(排)水设施、灯柱照明设施等。对于公路桥梁,由于汽车行驶在桥面上,因此在伸缩缝处设置了伸缩装置;汽车专用桥的桥面两侧设置防撞护栏,允许行人通过的桥梁设置人行道和栏杆(可进行景观设计);位于城镇和市郊人口稠密地区的桥梁,桥上设置灯柱照明设施(可进行景观设计)等。

铁路桥梁的桥面系构造包括轨道及线路设备(包括道床、轨枕、钢轨等)、护轮轨、人行道、栏杆、避车台、通信(信号)电缆槽等。由于铁路列车行驶在钢轨上,因此在伸缩缝处无须设置伸缩装置;为防止列车脱轨,对于桥长大于50m的有砟桥面和无砟无枕桥梁及桥长大于20m的明桥面钢梁桥,在桥上基本轨内侧铺设护轮轨;桥上均设置人行道和栏杆(一般比较简易),仅供检查、养护维修人员使用,一般行人不可通行(除设计了专用人行道外);桥上一般不设置灯柱照明设施;设计速度160km/h及以下的铁路桥梁应在人行道两侧间隔30m左右交错设置避车台;在人行道外侧设置通信(信号)电缆槽等。

学习提示

为了避免桥跨结构在服役期间被磨损破坏,应设置一层保护层——桥面铺装。桥面铺装有多种类型,一般桥梁根据道路等级、桥址所处环境等条件选用,重要大桥、特大桥也可根据需要进行专门设计。

为了避免桥跨结构在服役期间被磨损破坏,应设置一层保护层——桥面铺装。桥面铺装有多种类型,一般桥梁根据道路等级、桥址所处环境等条件选用,重要大桥、特大桥也可根据需要进行专门设计。

为避免车辆在伸缩缝处产生冲击而使桥跨结构损坏,并保障车辆安全、平稳地行驶,需在伸缩缝处设置伸缩装置(除桥面连续外)。伸缩装置的种类较多,应根据伸缩量要求选用成品,当伸缩量超出成品伸缩装置范围时,需进行特殊伸缩装置的设计。

为保障汽车通行安全,应在桥面(横桥向)两侧设置防撞护栏。一般根据道路等级、行车速度、环境条件等因素进行设计,采用现浇施工方式;允许行人通行的桥梁,一般在桥面(横桥向)两侧设置人行道及栏杆。栏杆可以采用成品,也可专门进行美观设计。

大桥、特大桥需设置照明设施,照明灯及灯柱一般采用成品;当桥梁在城市附近时,可根据需要进行景观照明设计。

为保障桥跨结构的耐久性,应做好桥面防水及排水设施。

由此可见,一座功能完备的现代桥梁,在桥跨结构上应配有与之相应的桥面构造设施。

思考与练习

1. 桥面构造包括哪些组成部分?各组成部分的功能是什么?分别有哪些类型?
2. 为什么要设置桥面伸缩装置?伸缩量如何计算?
3. 桥面横坡有哪几种设置方式?各有何特点?
4. 为了迅速排除桥面雨水,可采取哪些措施?简述其设置方式。
5. 栏杆与护栏的区别是什么?
6. 人行道宽度的确定受哪些因素影响?

本篇总结

1. 桥梁组成与分类

(1)桥梁是供铁路、道路、渠道、管线、行人等跨越河流、山谷、海湾、其他线路或障碍时的架空建筑物。

(2)桥梁由上部结构(包括桥跨结构、桥面系、桥面构造)、支座、下部结构(包括桥墩、桥台、基础)、附属设施及其他设施等组成。

(3)桥梁的基本结构体系有梁桥、拱桥、斜拉桥、悬索桥和组合体系桥。

(4)按桥梁承重结构用材分类,有钢筋混凝土桥、预应力混凝土桥、圬工桥(砖、石、混凝土桥)、钢桥、钢-混凝土组合桥、木桥等。

(5)桥梁按建设规模分为特大桥、大桥、中桥、小桥和涵洞。

(6)桥梁按用途划分,有公路桥、铁路桥、城市道路桥、城市轨道交通桥梁、公路与铁路两用桥、人行桥、管线桥等。

(7)桥梁按平面布置分类,有直桥(正桥)、斜桥、弯桥(曲线梁桥)、坡桥和匝道桥等。

2. 桥梁结构设计

(1)公路桥梁应根据所在公路的作用、性质和将来发展的需要进行设计,除应符合技术先进、安全可靠、适用耐久、经济合理的要求外,还应遵循美观和有利环保的原则,并考虑因地制宜、就地取材、便于施工和养护等因素。

(2)桥梁结构设计包括平面设计、立面设计和横断面设计三大部分。桥梁的平面设计为桥位选定和平面线形设计;桥梁立面设计包括确定桥长、桥梁的布孔、桥面高程与桥下净空、桥上和桥头引道的纵坡以及基础的埋置深度等;桥梁的横断面设计,主要取决于桥面的宽度(由交通量确定,并应符合规范规定的车道宽度和人行道宽度)和不同桥跨结构横断面的形式。

(3)一座桥梁从项目立项开始到通车运营,要经过研究阶段(预可阶段和工可阶段)、设计阶段(初步设计、技术设计和施工图设计)、施工阶段和运营阶段。国内一般(常规)的桥梁采用两阶段设计,即初步设计和施工图设计。对于技术简单、方案明确的小桥,也可采用一阶段设计,即施工图设计。对于技术复杂的大型桥梁,采用三阶段设计,即初步设计、技术设计和施工图设计。

(4)桥梁设计方案的比选主要包括桥位方案比选和桥型方案比选,本课程要求重点掌握桥型方案比选。桥型方案比选是在初步设计阶段(两阶段设计)或技术设计阶段(三阶段设计)完成的,一般至少要选择3个桥型进行比选,并推荐较优者作为施工图设计阶段的桥型。

(5)通过"桥梁工程"课程学习,应能完成一座中等跨径桥梁的课程设计,并为毕业设计(完成桥梁方案设计、初步设计、施工图设计和施工方案设计)打好基础,如

图1-总-1所示。在本课程学习中,通过学习、理解、查阅大量实桥和设计图,理解和掌握各类桥型的构造并不是最难的,如何将一座实桥的构造和构件之间不同连接方式简化成结构力学的计算图式才是最难掌握的,如果计算图式简化错误,所有计算结果都将是错误的。因此,只有正确地理解和掌握各桥型及各构件的构造特点、彼此之间的连接方式、边界条件等,才能熟练而准确地计算各构件的内力。这一部分是"桥梁工程"课程学习的精髓,需要有扎实的力学基础,并结合桥梁构造反复练习。

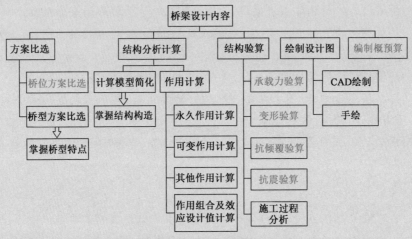

图1-总-1 桥梁设计内容
注:图中灰色字体表示其他课程学习内容。

3. 桥梁设计荷载

(1)作用于桥梁结构的荷载和引起结构外加变形或约束变形的原因统称为作用。作用是施加在结构上的一组集中力或分布力,或引起结构外加变形或约束变形的原因,前者称直接作用(也称荷载),后者称间接作用。作用于桥梁结构的作用可分为永久作用、可变作用、偶然作用和地震作用四类。永久作用主要指恒载,可变作用包括活载、温度作用等,偶然作用主要指船舶、漂流物、汽车等的撞击作用,地震作用主要是指地震时强烈的地面运动引起的结构惯性力。

(2)在桥梁结构设计中,仅将可能同时作用于桥梁结构上的作用进行各种最不利组合,以满足不同的设计需要。在对结构进行承载能力极限状态设计时,采用基本组合、偶然组合(考虑偶然作用时)和地震组合(考虑地震作用时);在对结构进行按正常使用极限状态设计时,应根据不同的设计要求,采用频遇组合或准永久组合。用组合后的设计值进行结构设计。

(3)汽车荷载分为公路-Ⅰ级和公路-Ⅱ级两个等级。汽车荷载分为车道荷载和车辆荷载。车道荷载由均布荷载和集中荷载组成。桥梁结构的整体计算采用车道荷载。车辆荷载为一辆5轴550kN标准车辆,桥梁结构的局部加载、涵洞、桥台和挡土墙土压力等的计算采用车辆荷载。车道荷载与车辆荷载的作用不得叠加。

(4) 当桥涵设计车道数大于或等于2时，多车道桥梁上的汽车荷载产生的效应按现行规范规定进行横向折减，但折减后的效应不得小于两设计车道的荷载效应；当桥梁计算跨径大于150m时，应按现行规范规定的纵向折减系数进行纵向折减。

(5) 车辆动载过桥时会引起桥梁发生振动而造成内力加大，这一现象称为冲击效应，桥梁设计时用冲击系数考虑这一因素的影响。在计算基本组合时，汽车荷载效应中应计入冲击力的影响；在计算作用频遇组合和准永久组合时，汽车荷载效应中不计冲击力的影响。

4. 桥面构造

(1) 桥面构造包括桥面铺装、防水和排水设施、人行道（安全带）、缘石、分隔带、栏杆、护栏、灯柱照明设施和伸缩缝等。

(2) 桥面铺装有沥青表面处置、沥青混凝土、水泥混凝土等多种类型。

(3) 桥面排水设施主要为设置桥面纵坡、横坡（包括超高）排水，并设置一定数量的排水管外泄。桥面横坡一般采用1.5%~3%，通常有三种设置形式，即桥面铺装层下设置三角垫层、在墩台顶帽上设置横坡或变高度支承垫石、调整箱梁腹板高度形成横坡。桥梁常用的泄水管道有竖向泄水管道、横向泄水管道和封闭式泄水管道等。

(4) 为了适应梁端变位，常需设置桥面伸缩装置。伸缩装置主要分为模数式伸缩装置、梳齿板式伸缩装置和无缝式伸缩装置。为了克服桥面伸缩缝在使用过程中容易损坏和行车不稳的现象，可采用桥面连续构造。

(5) 当桥梁上允许行人通过时，在行车道（非机动车道）两侧须设置人行道，否则应设置安全带。在人行道（安全带）外侧应设置栏杆（公路与城市道路桥梁栏杆高度不得小于1.10m）或护栏，栏杆只起到安全防护作用，不能抵挡车辆的撞击。护栏既能保障行人和车辆的安全，又能抵挡车辆的撞击。

5. 学习内容总结

本篇学习内容概要如图1-总-2所示。

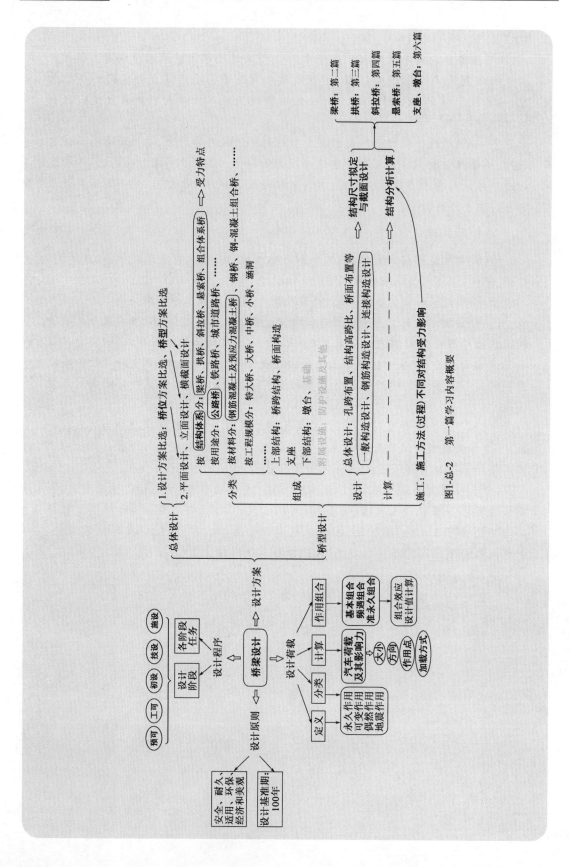

图1-总-2 第一篇学习内容概要

PART 2

▶▶▶ 第二篇

梁桥

第一章 概论

梁桥具有受力明确、构造简单、施工方便的特点,其桥跨结构在竖向荷载作用下主要承受弯矩与剪力、支座处不产生水平反力,是桥梁工程中应用最广泛的桥型。板桥的受力虽与梁桥稍有不同,但也是以承受弯矩与剪力为主的结构,因此也归入本篇。

第一节 梁桥的特点

根据桥梁所处工程环境和所需跨越能力的要求,可采用不同受力体系的梁桥。由于建造梁桥所使用的材料不同,其跨越能力也不同。按照设计跨径与施工方法可选用不同主梁截面形式的梁桥。因此,了解不同材料梁桥的建造特点,明确不同体系梁桥的受力特性,掌握不同截面形式梁桥的构造特点,对设计梁桥是非常必要的。

一 结构特点

简支梁桥是上部结构由两端支座(简易垫层)支承在墩台上的主要承重梁组成的桥梁(图2-1-1)。简支梁桥是静定结构,相邻各跨单独受力,不受下部结构变形、支座变位等的影响,适用于各种地质情况。由于简支梁桥构造简单,可设计成标准化、装配化构件,其制造、安装都较方便,是一种应用最广泛的梁式结构。简支梁桥的桥跨结构两端设有伸缩缝,伸缩缝道数随跨数的增加而增多。伸缩装置在长期运营情况下,易造成桥梁病害,影响行车舒适性。为了减少伸缩缝数量和养护工作量,可设计成先简支后连续梁桥(图2-1-2),在桥跨结构自重作用下(一期恒载)为简支梁受力,在桥面构造(二期恒载)和可变作用(又称活载)下为连续梁受力,这样既减少了伸缩缝数量,又改善了梁在跨中截面受力状态。但是,先简支后连续梁桥在一期恒载作用下仍是简支梁受力,所以,适用跨径仍在50m以内。

a)示例

图 2-1-1

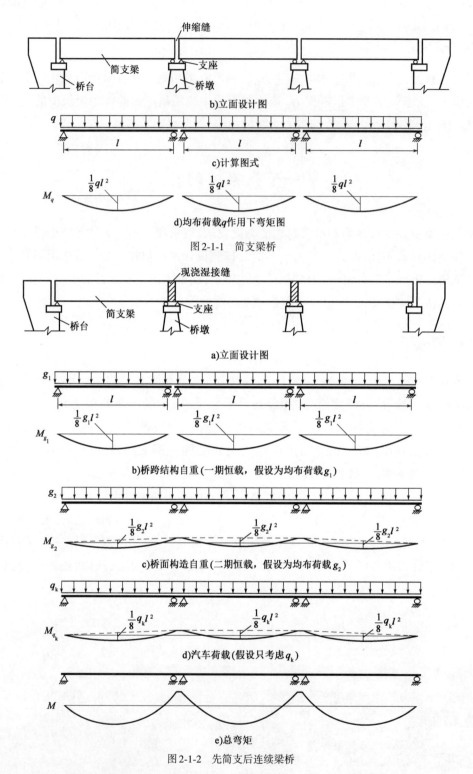

图 2-1-1 简支梁桥

图 2-1-2 先简支后连续梁桥

简支梁桥主要承受正弯矩和剪力,跨中正弯矩随跨径增大而急剧增大,因此,大跨径显得不经济,一般钢筋混凝土简支梁桥跨径不超过20m,预应力混凝土简支梁桥跨径不超过50m;当跨径超过50m时一般采用连续梁桥。连续梁桥与简支梁桥相比具有以下特点:

（1）均布荷载作用下弯矩最大值比简支梁桥可减小50%左右，弯矩图面积比简支梁桥可减小2/3左右，如图2-1-3所示。由于控制弯矩减小，导致桥跨结构自重减小，使梁更轻。

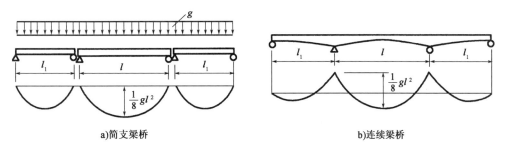

a）简支梁桥　　　　　　　　　　　　　b）连续梁桥

图2-1-3　均布荷载作用下弯矩比较

（2）加大连续梁中支点处梁高，可以减小跨中正弯矩（图2-1-4）。大跨径连续梁桥采用变截面梁。

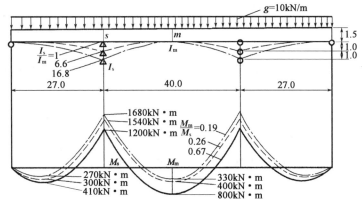

图2-1-4　三跨连续梁桥梁高对弯矩的影响（尺寸单位：m）

s-支点截面代号；m-跨中截面代号；I_s-支点截面惯性矩；I_m-跨中截面惯性矩

（3）连续梁桥在一联中无伸缩缝，行车条件较好。

（4）连续梁桥为超静定结构，混凝土收缩与徐变、温度变化、预加应力、支座不均匀沉降等均会在结构中产生附加内力，对地基条件要求较高。

（5）混凝土连续梁，在中支座附近存在负弯矩区，当截面上缘产生裂缝后易受水侵蚀。

混凝土连续梁桥需要设置支座，当跨径超过120m后，中支点的支座重量很大，为运营期间支座更换带来不便；当采用悬臂法施工时，有较为复杂的体系转换施工过程。在实际工程设计中，当跨径超过150m时，大多采用连续刚构桥。连续刚构桥与连续梁桥相比具有以下特点：

（1）墩、梁固结，无须设置支座，免除了运营期间支座的养护与更换。

（2）墩、梁固结后，在荷载作用下（除温度作用、混凝土收缩徐变作用、预加力等外），桥墩对主梁起到卸载作用，主梁所受弯矩较连续梁有所减小，可以降低支点梁高，减轻桥跨结构自重。

（3）结构整体性能好，抗扭潜力大，但在墩梁固结处仍有刚架受力特性，应力复杂。

（4）连续刚构桥是高次超静定结构，当墩高较低时，温度作用、混凝土收缩徐变作用引起的结构附加内力较大，且对结构产生不利影响。因此，连续刚构桥适合高桥墩桥梁。

(5)连续刚构桥采用悬臂法施工时,体系转换过程相对于连续梁桥较为简单。

(6)长期实践发现,特大跨径预应力混凝土连续刚构桥存在梁体开裂、跨中下挠等问题,应在设计中高度重视,可选择在跨中一定范围内采用钢-混凝土组合梁或钢箱梁等方式改善结构受力。

(7)高墩大跨径连续刚构桥的自振频率较低,有效避开了地震能量集中的高频区段,能有效地减小地震影响。但相对于连续梁桥,连续刚构桥因中墩与梁体固结,无法采取减震支座和阻尼器等减隔震措施。当桥位地震峰值加速度较高时,需采取延性抗震设计措施。

对于单孔跨线桥,梁与桥台固结形成刚架桥,可以改变梁部受力特性,使梁承受一定的压力,从而降低梁高,增大桥下净空。

二 施工特点

梁桥施工方法主要有现浇法和预制安装法两大类。现浇法又可分为整体支架现浇法、移动模架逐孔浇筑法、悬臂浇筑法等。预制安装法又可分为预制装配法、简支转连续法、悬臂拼装法、顶推法等。梁桥施工方法的选择应根据现场条件、机具设备、施工工期等确定。

桥梁施工过程,是由构件逐步形成结构体系的过程,即结构永久作用(恒载)逐渐作用于结构体系的过程。对于桥跨结构而言,结构重力产生的截面内力包括一期恒载g_1(主梁自重)引起的主梁内力S_{g_1}和二期恒载g_2(如桥面铺装、人行道、栏杆、灯柱等桥面系设施)引起的主梁内力S_{g_2}。一期恒载内力计算与桥梁结构施工方法密切相关。不同施工方法对应的恒载内力各不相同。在进行二期恒载内力计算时,主梁结构已形成最终体系(成桥状态),因此可将桥面系模拟为均布荷载,采用结构力学方法进行内力计算,也可以利用影响线加载求解。

简支梁桥为静定结构,无论采用何种施工方法,在一期恒载(主梁自重)作用下,简支梁受力特性都不会改变。连续梁桥、连续刚构桥、刚架桥都是超静定结构,一期恒载内力计算与桥梁结构施工方法密切相关,不同施工方法对应的恒载内力各不相同。例如,相同桥型布置、相同跨径和截面尺寸的连续梁桥,按满堂支架浇筑施工时,在中墩支承处的负弯矩小于悬臂法施工的负弯矩,但跨中正弯矩大于悬臂法施工的正弯矩,如图2-1-5所示。

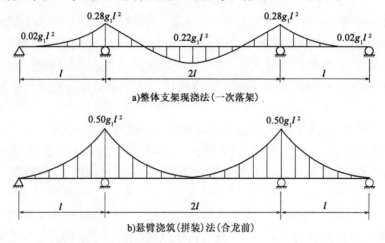

图2-1-5 三跨连续梁不同施工方法的弯矩分布(一期恒载)

三 建筑材料

梁桥所采用的建筑材料有钢筋混凝土、预应力混凝土、钢、钢-混凝土组合材料等。

钢筋混凝土梁桥是公路桥梁中最常见的桥梁结构形式,适合于大、中、小跨径的特大、大、中、小型桥梁,具有工业化及标准化施工、耐久性好、适应性强、整体性好以及美观等优点。钢筋混凝土梁桥的不足之处是结构自重大,一般占全部设计荷载(包括永久作用和可变作用)的30%~60%。一般跨径越大,自重占比越大。此时材料强度大部分为结构自重所消耗,大大限制了钢筋混凝土梁桥的跨越能力。

预应力混凝土可看作是一种预先储存了足够压应力的混凝土材料。对混凝土施加预压力的高强度钢筋(或称力筋),既是加力工具,又是抵抗荷载所引起构件内力的受力钢筋。考虑到混凝土与时间相关的收缩和徐变作用会导致比较大的预应力损失,只有使用高强材料才能使预应力混凝土获得良好的使用效果。预应力混凝土梁桥除了具有钢筋混凝土梁桥的优点外,还具有以下特点:

(1)能有效地利用现代高强度材料(高强混凝土、高强钢材),减小构件截面,显著降低自重所占全部设计荷载的比重,增大跨越能力。

(2)与钢筋混凝土梁桥相比,一般可以节省钢材30%~40%,跨径越大,节省越多。

(3)全预应力混凝土梁在使用荷载作用下不出现裂缝,即使是部分预应力混凝土梁在常遇荷载作用下也无裂缝,能全截面参与工作,使梁的刚度比通常开裂的钢筋混凝土梁要大。因此,预应力混凝土梁可显著地减小建筑高度,使大跨径梁桥设计更加轻柔、美观,提高结构的耐久性。

(4)预应力技术的应用,为现代装配式结构提供了有效的接头和拼装手段。根据需要,可在纵向、横向和竖向等施加预应力,使装配式结构集成为理想的整体,这就扩大了装配式桥梁的使用范围,提高了运营质量。目前,预应力混凝土已应用于简支梁桥、连续梁桥、连续刚构桥。

钢梁桥采用钢材制造桥跨结构主梁,由于钢材材质均匀、轻质高强和拉压同性等优点,广泛应用于公路桥梁、高架桥、城市桥梁等,适用于简支梁桥、连续梁桥等,其截面形式有钢箱梁、钢桁梁、钢板梁等。例如,南京长江大桥和武汉长江大桥均为钢桁连续梁桥。

钢-混凝土组合梁桥是在钢结构梁桥和混凝土结构梁桥基础上发展起来的一种新型桥梁结构形式,通常梁的主肋等主要构件采用钢结构,桥面板和翼板采用混凝土结构,钢与混凝土之间采用抗剪连接件连成整体,使两种结构共同受力。两种材料组合在一起,可以充分发挥其各自的优势,形成强度高、刚度大、延性好的结构形式。与单纯混凝土结构相比,钢-混凝土组合结构可以减小结构自重,减轻地震作用,减小构件的截面尺寸,增加有效的使用空间,降低造价、节约模板,减少施工中的支撑工序等,从而缩短施工工期;另外,还可以增加结构的延性。与单纯钢结构相比,钢-混凝土组合结构可以减少用钢量,减少钢桥噪声污染,节省钢结构的涂装费用,增加结构的刚度、稳定性和整体性。钢-混凝土组合梁桥应用于简支梁桥、连续梁桥,截面形式有工字钢组合梁、闭口钢箱组合梁等。

第二节 主要类型及适用情况

一 主要类型

梁桥按照桥跨结构的支承方式可分为桥跨结构通过支座支承于墩台上的梁桥和固结于墩台的刚架桥。

梁桥按照结构的受力体系可分为简支梁桥、连续梁桥、刚架桥、连续刚构桥、连续刚构-连续梁桥等。

梁桥按主梁的截面形式可分为板桥、T梁桥、箱梁桥、组合梁桥等。

梁桥按照桥跨结构所用建筑材料可分为钢筋混凝土梁桥、预应力混凝土梁桥、钢-混凝土组合梁桥、钢梁桥等。

二 适用情况

1. 简支梁(板)桥

简支梁(板)桥是我国公路桥梁中最常用的结构形式。简支梁(板)桥按照施工方法可分为整体式与装配式两种;按主梁的截面形式可分为简支(实心或空心)板桥、简支T梁桥、简支箱梁桥、简支组合梁桥等。根据主梁所用的建筑材料,简支板和简支T梁采用钢筋混凝土、预应力混凝土建造;简支箱梁采用钢筋混凝土、预应力混凝土、钢材建造;简支组合梁采用预应力混凝土、钢材、钢-混凝土组合材料建造(图2-1-6)。现行《混规》规定,钢筋混凝土和预应力混凝土简支梁桥的经济合理跨径见表2-1-1。我国已建成的预应力混凝土简支梁桥的最大跨径达到62m。世界上预应力混凝土简支梁桥最大跨径达76m。一般来讲,预应力混凝土简支梁桥跨径超过50m后就不太经济了。钢-混凝土组合梁简支梁桥:工字钢组合梁的适用跨径为30~60m,闭口钢箱组合梁适用跨径为50~85m。

a)预应力混凝土空心板桥

b)工字钢组合梁桥(青海朗切涌曲大桥)

图2-1-6 简支梁(板)桥示例

混凝土简支梁桥推荐标准跨径 表2-1-1

主梁截面形式	钢筋混凝土结构(m)	预应力混凝土结构(m)
板桥	≤10	≤20
T梁桥	≤16	≤50
箱梁桥	≤20	—
组合箱梁桥	—	≤40

2. 刚架桥

刚架桥分为门式刚架桥[图2-1-7a)]和斜腿刚架桥[图2-1-7b)]。由于门式刚架桥结构的温度附加应力比普通结构的大得多,通常情况下门式刚架结构不宜采用较大的跨径。门式刚架桥适用于跨线桥,要求地质条件良好,可采用钢筋混凝土结构。目前,国内已建成的门式刚架桥最大跨径为65m。斜腿刚架桥造型美观,施工比拱桥简单,在中等跨径桥梁中有较强的竞争力。斜腿刚架桥常建造在跨越深谷地带或与其他线路(公路或铁路)的立交桥上。但从受力性能来讲,斜腿架构桥并不比拱桥优越,所以,在我国通常将斜腿刚架桥设计成中小跨径的钢筋混凝土结构,并未大规模地采用预应力混凝土结构。

a)门式刚架桥　　　　　　　　　　　b)斜腿刚架桥(石太客专孤山大桥)

图2-1-7　刚架桥示例

3. 连续梁桥

连续梁桥是大、中跨径桥梁中普遍采用的结构形式。混凝土连续梁桥按照结构体系可分为先简支后连续梁桥[图2-1-8a)]和连续梁桥[图2-1-8b)]。连续梁桥按照施工方法分为整体式与装配式两种。装配式先简支后连续梁桥较为普遍地应用于高架桥、大桥和特大桥的引桥等。按主梁的截面形式分类,先简支后连续梁分为装配式空心板梁、装配式T梁和装配式小箱梁;连续梁分为钢筋混凝土梁、预应力混凝土梁、钢-混凝土组合梁、钢梁等。先简支后连续梁桥在一期恒载作用下仍是简支梁受力,所以,适用跨径仍参照表2-1-1。整体现浇钢筋混凝土连续箱梁桥跨径不大于25m,预应力混凝土连续箱梁桥跨径不得超过150m。为改善结构受力,大跨径连续梁桥可采用钢-混凝土组合梁(图2-1-9),目前,工字钢组合梁跨径可达130m,钢箱组合梁跨径可达200m。

a) 先简支后连续梁桥(赵氏河大桥引桥)　　b) 连续梁桥(奉浦大桥)

图 2-1-8　混凝土连续梁桥示例

a) 工字钢组合梁(泾洋河特大桥)　　b) 闭口钢箱组合梁(港珠澳大桥浅水区桥)

c) 钢桁组合梁(合铜高速公路水苏沟大桥)

图 2-1-9　钢-混凝土组合梁连续梁桥示例

4. 连续刚构桥与连续刚构-连续梁桥

将多跨刚构桥的主梁设计成连续结构,中间桥墩采用墩梁固结,则形成连续刚构桥,如图 2-1-10 所示。连续刚构桥是连续梁桥与 T 形刚构桥的组合体系,又称为墩、梁固结的连续梁桥。连续刚构桥既综合了 T 形刚构桥在悬臂法施工中保持体系平衡的特点,又吸取了连续梁桥在整体受力上能承受正、负弯矩的优点,所以在工程实践中得到广泛应用。连续刚构桥一般应用于大跨径桥梁,经济适用跨径为 150~300m。由于整个结构连接成一个整体,属于多次超静定结构,由预应力、混凝土收缩、徐变和温度变化所引起的结构纵向位移将在结构中产生较大的附加内力。因此,大跨径连续刚构桥一般采用柔性薄壁墩,以降低墩的刚度,减小附加内力效应。预应力混凝土连续刚构桥一般应用于大跨径桥梁,经济适用跨径为 150~300m;钢桁组合梁连续刚构桥跨径可达 240m。

a)预应力混凝土梁(沅陵沅水大桥)　　　　　　b)钢桁组合梁(莆炎高速沙溪大桥)

图2-1-10　连续刚构桥示例

对于跨径较大的多跨连续刚构桥,靠近桥台的边墩处往往无法采用高墩,此处的桥墩(矮墩)抗推刚度较大,全桥累积的变形都将由该矮墩抵抗,从而在此处产生非常大的附加内力,该附加内力有时甚至可能超过可变作用的效应,对矮墩极端不利。为了改善矮墩受力情况,减少附加内力效应,可将矮墩上方的固结约束释放而代之以活动支座支承,在高墩处固结,达到受力和变形的较优状态,此类连续刚构与连续梁组合的桥型称为连续刚构-连续梁桥,如图2-1-11所示。连续刚构-连续梁桥基本受力和施工特点与连续刚构桥并无大的差异。

图2-1-11　连续刚构-连续梁桥示意

5. 无缝式连续刚构桥

无缝式连续刚构桥(图2-1-12)是指连续刚构桥除了将所有桥墩与主梁固结外,还将两端桥台与主梁刚性固结,形成一座在全桥范围内没有伸缩缝的刚构桥梁。普通刚构桥温度和混凝土收缩徐变导致的纵向变形可通过桥墩的柔性和桥台处的伸缩缝变形来释放,但是在桥面高度不高的平坦地形上,在满足桥墩竖向承载的要求下,墩柱尺寸往往难以实现需要的柔度,并且伸缩缝构造破坏后更换烦琐。无缝式连续刚构桥依靠台后的特殊构造设置及一定范围的路面变形可以吸收上述的主梁纵向变形,从而节省了支座和伸缩缝的设置与维护费用,缓解了桥头跳车,因此,其在中小跨径桥梁具有较好的经济性和竞争力。此类桥国外已大量采用,目前国内已经修建多座。

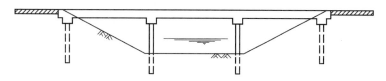

图2-1-12　无缝式连续刚构桥

学习提示

梁桥在竖向荷载作用下主要承受弯矩和剪力,可采用钢筋混凝土、预应力混凝土、钢-混凝土组合材料建造。梁桥类型也较多,如按结构体系分类,可分为简支梁桥、先简支后连续梁桥、连续梁桥、刚架桥、连续刚构桥等。每类梁桥中按截面形式又可分为不同类型。例如,简支梁桥按截面形式分为T梁、箱形梁、组合梁等;按建筑材料不同,T梁又分为钢筋混凝土T梁、预应力混凝土T梁等。每类梁桥都有其适用范围,在学习中要灵活掌握。

思考与练习

1. 简述梁桥分类以及每类梁桥的适用范围。
2. 分析比较先简支后连续梁桥与简支梁桥的受力特点。
3. 分析比较连续梁桥与简支梁桥的受力特点。
4. 分析比较连续梁桥与连续刚构桥的受力特点。

第二章 简支板桥

在所有的桥梁形式中,板桥因建筑高度小、外形简单而广泛使用。板桥不仅外部形状简单,而且内部一般无须专门配置抗剪钢筋,只需按构造要求将部分主筋弯起,因而施工简单,模板和钢筋工程都较为节省。对于高等级公路和城市立交工程,板桥(尤其是整体式板桥)以极易满足桥跨结构的斜、弯、坡以及S形、喇叭形等特殊要求而受到重视。板桥的主要缺点是跨径不宜过大,当跨径超过一定限度时,截面尺寸将显著增大,从而导致自重加大,不经济。根据现行《混规》规定:钢筋混凝土简支板桥的跨径不大于10m,预应力混凝土简支板桥的跨径不大于20m。

第一节 整体式简支板桥

一 一般构造

整体式简支板桥桥跨结构一般设计成实体式等厚度的矩形截面整体板[图2-2-1a)],为了减轻板的自重也可将受拉区稍加挖空设计成矮肋板式截面[图2-2-1b)]。

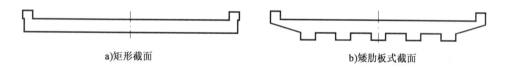

a)矩形截面　　　　　　　　b)矮肋板式截面

图2-2-1 整体式简支板桥横截面形式

对于修建在城市内的宽桥,为了防止因温度变化和混凝土收缩、徐变作用而引起的纵向裂缝,以及由于可变作用在板内产生过大的横向弯矩而导致板的上缘纵向开裂,可以使板沿桥中线断开,将一座整体式桥跨结构划分为并列的两幅桥。

整体式简支板桥的跨径一般为4~10m,板的厚度与跨径的比值(厚跨比)一般为1/23~1/16,跨径越大,厚跨比越小。

二 钢筋构造

整体式简支板桥的跨径通常与板宽相差不大,在车辆荷载作用下板实际上处于双向受力状态,即除板的纵向中部产生正弯矩外,横向也产生较大的弯矩。因此,除了配置纵向受力主筋外,还应在板内设置垂直于纵向主筋的横桥向钢筋。当桥面板宽度不太大,为单向板时,横向钢筋按构造设置,一般在单位板长范围内设置不少于单位板宽的主钢筋面积×15%,或不小于板的横截面面积×0.1%,钢筋直径不小于8mm,间距不应大于200mm。当桥面板宽度较大,为双向板时,横向钢筋应根据受力大小按计算配置。考虑到当车辆荷载靠近边板行驶(偏载作用)时,参与受力的板宽要比车辆荷载在中间行驶(中载作用)时小,因此,除在板中间的2/3

范围内按计算需要量进行配筋外,在两侧各 1/6 范围内应比中间的增加 15%。整体板的主拉应力较小,按计算可以不设弯起钢筋,但习惯上仍将一部分主筋在跨径 1/6~1/4 处按 30°~45° 弯起。

截面配筋应依据计算的纵、横向弯矩来定,主筋直径应不小于 12mm,间距不应大于 200mm,一般也不宜小于 70mm。图 2-2-2 所示为标准跨径 8m 的整体式简支板桥钢筋设计图,桥面净宽 8.0m(与路基同宽),两边有 0.30m 的安全带,板厚 45cm,约为跨径的 1/18。纵向主筋采用 ⏀22,横向分布钢筋采用 ⏀12,按单位板宽内主筋面积的 30% 配置。

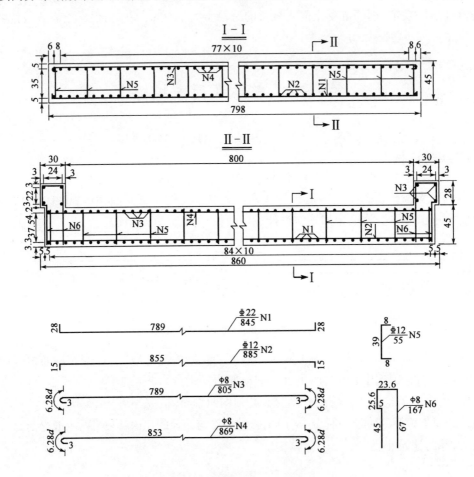

图 2-2-2 整体式板桥钢筋构造示例(尺寸单位:cm,钢筋直径:mm)
注:$L_K = 8m$,d 为钢筋直径。

第二节 装配式简支板桥

装配式简支板桥按横截面形式可分为实心板桥和空心板桥(图 2-2-3)两种形式。实心板桥的适用跨径不宜超过 10m。空心板按配筋形式的不同,分为钢筋混凝土空心板和预应力混凝土空心板。钢筋混凝土空心板桥适用跨径不超过 10m,预应力混凝土空心板桥适用跨径不超过20m。装配式简支板桥的构造分为一般构造、钢筋构造和连接构造。

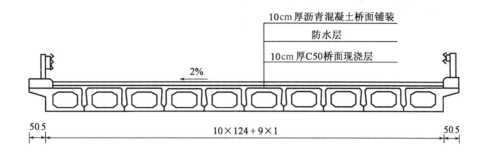

图2-2-3 装配式简支空心板桥横截面布置示例(尺寸单位:cm)

一 实心板桥

1. 一般构造

实心板多为钢筋混凝土结构形式,一般适用跨径在10m以下,板厚为跨径的1/22~1/9,板宽多为99cm,板间留有1cm企口缝。交通部颁布的装配式钢筋混凝土实心矩形铰接板桥通用设计图的跨径为1.5m、2.0m、2.5m、3.0m、4.0m、5.0m、6.0m和8.0m,板高为16~36cm,主要用于涵洞和小桥。

2. 钢筋构造

(1)受力主钢筋。行车道板内主钢筋一般采用HRB400钢筋,可在沿板高中心纵轴线的1/6~1/4计算跨径处按30°~45°弯起。通过支点的不弯起主钢筋,每米板宽内不应少于3根,并不应少于主钢筋截面面积的1/4。

(2)分布钢筋。行车道板内应设置垂直于主钢筋并位于其内侧的分布钢筋,直径不小于8mm,间距不应大于200mm,截面面积不宜小于板截面面积的0.1%。在主钢筋的弯折处应布置分布钢筋。

3. 连接构造

装配式简支板桥的板块之间必须采用横向连接构造,以保证板块共同承受汽车荷载。常用的横向连接方式有企口混凝土铰连接和钢板焊接连接。普遍采用的是企口混凝土铰连接。

企口混凝土铰连接如图2-2-4所示。铰的上口宽度应保证插入式振捣器能够伸入,铰的深度不应小于板厚的2/3。板块安装就位后,在铰缝内用C25~C40细集料混凝土填实[图2-2-4a)];如果要使桥面铺装层也参与受力,可以将预制板中的钢筋伸出,与相邻板的同种钢筋互相绑扎,再浇筑在铺装层内[图2-2-4b)]。实践证明,企口式混凝土铰能保证传递横向剪力,使各块板共同受力。

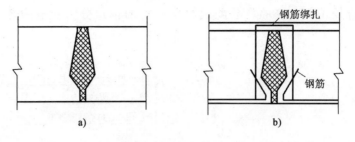

图 2-2-4　企口混凝土铰

二　空心板桥

当跨径增大时,为减轻自重,并充分合理地利用材料,宜采用空心板截面。空心板是在板截面中开孔,挖空部分混凝土。空心板横截面开孔形式主要有矩形、圆形、圆端形、菱形等,如图 2-2-5 所示。其中,图 2-2-5a)和图 2-2-5b)为单孔,挖空率大,重量轻,但顶板需配置横向受力钢筋,以承担荷载的作用;图 2-2-5c)为双圆孔,施工时可用无缝钢管(充气囊)作芯模,但挖空率小,自重较大;图 2-2-5d)所示芯模则由两个半圆和两块侧模板组成,当板的厚度改变时,只需改变侧模板高度即可。空心板横截面的顶板和底板应有足够厚度,以保证施工质量和受力需要。现行《混规》规定:空心板梁的顶板和底板厚度,均不应小于80mm。空心板两端的空洞端部应予填封。

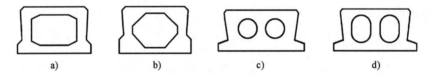

图 2-2-5　空心板横截面形式

1. 钢筋混凝土空心板

(1)一般构造

钢筋混凝土空心板适用跨径为 6~10m;厚度一般为跨径的 1/23~1/15,随跨径增大取用较小值;板宽应根据桥面设计宽度要求确定,每块板宽一般为 99~124cm。《公路桥涵通用设计图》编制了 6m、8m 和 10m 跨径的装配式钢筋混凝土简支空心板通用设计图,各跨径对应的预制板厚分别为 40cm、50cm 和 60cm。在桥梁设计中,若设计跨径与通用设计图一致,则可直接采用,无须专门设计;否则,需要专门进行空心板设计。

(2)钢筋构造

①主钢筋。主钢筋一般采用 HRB400 钢筋,现行《混规》规定:板内主筋直径不应小于 10mm,跨中主筋间距不应大于 200mm;横向最小净距和层与层之间的最小竖向净距;当钢筋为 3 层及以下时,不应小于 30mm,且不小于钢筋直径;当钢筋为 3 层以上时,不应小于 40mm,且不小于钢筋直径的 1.25 倍。

②分布钢筋。构造要求同装配式正交实心板。

图 2-2-6 为标准跨径 8m 的装配式钢筋混凝土空心板中板截面构造和钢筋构造示意图,板全长 7.96m。计算跨径 7.70m,板厚 40cm,横截面采用双圆孔,孔径 18cm,采用 C40 混凝土预制。每块板底层配 8 根 ⌀25 受力主筋(N1~N3),板顶面配置 3 根 Φ8 架立钢筋(N4),用以承担剪力的箍筋 N5 设计成开口式,待立好芯模后,再与其上的横向钢筋 N8 相绑扎组成封闭式的箍筋。

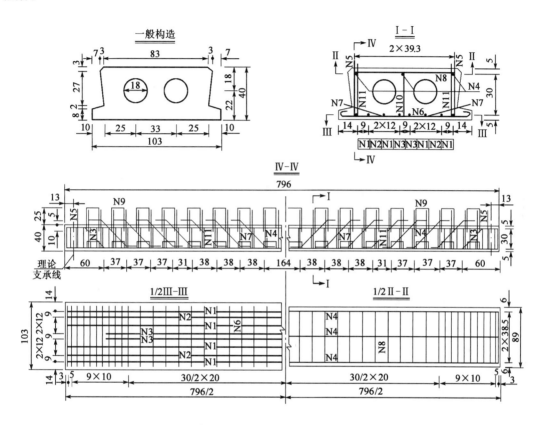

图 2-2-6 装配式钢筋混凝土空心板中板构造示例(L_K = 8m,尺寸单位:cm)

(3)连接构造

空心板桥的参照上述实心板桥,这里不再赘述。

2. 预应力混凝土空心板

预应力混凝土空心板适用跨径为 10~20m;厚度一般取跨径的 1/23~1/17,随跨径增大取用较小值;板宽应根据桥面设计宽度要求确定,每块板宽一般为 99~124cm。预应力混凝土空心板按预应力钢筋张拉方式不同,分为后张法装配式预应力混凝土板(简称后张板)和先张法装配式预应力混凝土板(简称先张板)两种。在钢筋构造、预应力钢筋锚固方式上两者是有区别的,从而导致截面构造上的不同。《公路桥涵通用设计图》编制了后张板通用设计图(跨径为 10m、13m、16m 和 20m)和先张板通用设计图(跨径为 10m、13m 和 16m),同样,在设计中,若设计跨径与通用设计图一致,可直接采用,无须专门设计。否则,需要专门进行预应力混凝土空心板设计。

(1)一般构造

后张板与先张板在构造上仍应满足现行《混规》规定的要求。由于后张板需预埋预应力束管道,先张板不需预埋,且预埋管道外混凝土必须满足最小保护层厚度要求,因此,后张板两侧腹板及底板厚度均比先张板厚。由于预应力钢筋张拉与锚固的需要,后张板与先张板的预应力传力锚固方式不同,所以板端截面构造也不相同。后张板与先张板预应力传力锚固方式可参照装配式预应力混凝土简支T梁相关部分。

(2)钢筋构造

①主钢筋:后张板一般采用$\phi^s15.2$钢绞线;先张板可以采用$\phi^s15.2$钢绞线,也可以采用高强钢丝或预应力螺纹钢筋。考虑到浇筑混凝土时,振捣器可以顺利插入,当预应力束(钢筋)分开布置时,钢束(筋)间的横向、竖向最小净距仍应满足现行《混规》规定的要求。

后张板预应力钢筋布置,根据板的受力特点,跨中布置在截面下缘,在支点附近逐渐向上弯起,并锚固在梁端。弯起形状可参照"结构设计原理"课程中学过的"束界"概念和预应力钢筋布置原则的要求。

先张板的预应力钢筋通常是在张拉台座上同时进行张拉的,因此,预应力束(钢筋)一般都是直线形,并布置在截面下缘。由于预应力钢筋在梁端支点附近无法向上弯起或分段张拉并截断,根据计算需在梁端附近部分预应力钢筋上设置套管,使得在设置套管范围内的预应力钢筋放张后预加力为零。这样,保证施加给板的预加力从跨中至支点是分段作用的。

②分布钢筋:构造要求同钢筋混凝土空心板。

图2-2-7为装配式后张法预应力混凝土简支空心板桥预应力钢筋构造示意图。板高为75cm,采用C40混凝土预制,在截面两侧下缘各布置2束钢绞线(2N1,2N2),每束由6根$\phi^s15.2$钢绞线组成。在截面上缘和下缘分别布置$\phi8$的纵向钢筋,以增强板的抗裂性。箍筋在板端加密,以承受剪力。

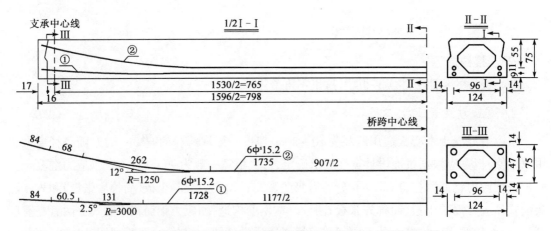

图2-2-7 装配式后张法预应力混凝土简支空心板桥预应力钢筋构造示例
($L_K=16m$,尺寸单位:cm,钢筋直径:mm)

图2-2-8为装配式先张法预应力混凝土简支空心板桥钢筋构造示意图。设计荷载等级为公路-Ⅰ级。板高为85cm,采用C50混凝土预制,底板设置N1~N3钢绞线,共14根

$\phi^s15.2$。为施工张拉方便，N1~N3钢绞线均通长设置。根据简支梁的受力特点，主梁弯矩由跨中向支点逐渐减小，因此，在设计中N2、N3钢绞线需分段设置。为了满足设计要求和便于施工张拉，在施工过程中通常采用在N2、N3钢绞线的端部计算长度范围内设置套管的方法，使该长度范围内的钢绞线不与主梁混凝土黏结。当预应力放张后，N2、N3钢绞线在该长度范围内不对主梁施加预应力，通常把这段预应力钢筋称作预应力失效段，如图2-2-8所示。

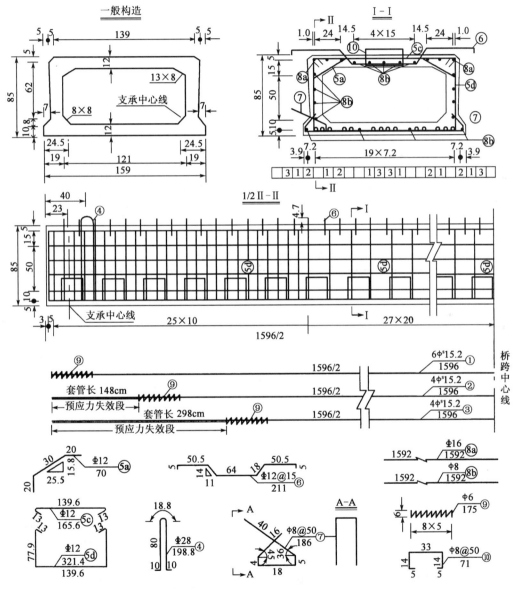

图2-2-8 装配式先张法预应力混凝土简支空心板桥钢筋构造示例

(L_K = 16m，尺寸单位：cm，钢筋直径：mm)

(3)连接构造

空心板桥的连接构造可参照实心板桥，这里不再赘述。

三 漫水桥

在河床宽浅、洪水历时很短的季节性河流上,修建漫水桥是经济合理的。漫水桥除了要满足与高水位桥同等的承载能力要求之外,还应尽量做到阻水面积小,结构的整体性和横向稳定性大,不致被水冲毁。因此,设计漫水桥应注意以下几点:

(1)板的上、下游边缘宜设计成圆端形,以利水流顺畅通过(图2-2-9)。

(2)必须设置与主钢筋相同直径的栓钉与墩台锚固,以防桥梁被水流冲毁。

漫水桥不设抬高的人行道和缘石,而在桥面净宽以外设置目标柱或活动栏杆。目标柱的间距一般取8~15m。为增加行车宽度,也可将目标柱埋置在桥墩顶部。

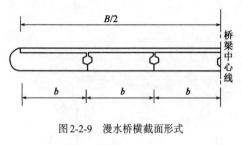

图2-2-9 漫水桥横截面形式

四 板桥通用设计图

《公路桥涵通用图》主要有《装配式钢筋混凝土简支板桥上部构造》《装配式先张法预应力混凝土简支空心板桥上部构造》《装配式后张法预应力混凝土简支空心板桥上部构造》三套,主要参数见表2-2-1。在实际工程设计中,若设计跨径与通用设计图一致,则可直接采用。

装配式板桥一块中板主要参数　　　　　　表2-2-1

跨径(m)	结构体系	设计荷载	预应力施加方式	板宽(cm)	板高(cm)	混凝土强度等级	受力主钢筋
6	钢筋混凝土简支板	公路-Ⅰ级,公路-Ⅱ级	—	99	32	C30	HRB400,$d=18(16)$mm
8					42		HRB400,$d=18(16)$mm
10					50		HRB400,$d=20(18)$mm
10	预应力混凝土简支板	公路-Ⅰ级,公路-Ⅱ级	先张板	99	60	C40	低松弛高强度钢绞线 $\phi^s 15.2$mm
13					70		
16					80		
20					95		
10	预应力混凝土简支板	公路-Ⅰ级,公路-Ⅱ级	先张板,后张板	124	60		
13					70		
16					80		
20					95		

注:除6m跨径板为实心板外,其余均为空心板。表中凡注两个数值者,括号外数值对应公路-Ⅰ级荷载,括号内数值对应公路-Ⅱ级荷载。

第三节 斜交板桥

一 整体式斜交板桥

1. 受力特点

由于桥位处的地形限制或路线线形的要求而将桥梁设计成斜交时,斜交板桥的桥轴线与支承线的垂线呈某一夹角,此角称为斜交角 φ(图 2-2-10)。斜交板桥的受力状态很复杂,迄今尚无力学经典解答,多借助计算机以求得数值解。为了对斜交板桥的受力性能进行定性的了解,以便从构造上予以保证,这里只作简单介绍。

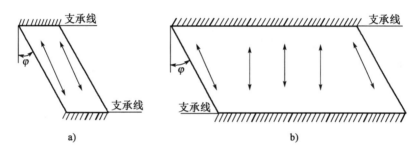

图 2-2-10 斜板的最大主弯矩方向

斜交板桥的受力与正交板桥相比,有其特别之处。理论与试验表明,斜板在垂直荷载作用下,一般具有下列特点:

(1)荷载有向两支承边之间最短距离方向传递的趋势。如图 2-2-10b)所示,在较宽的斜板中部,其最大主弯矩方向(在垂直于该方向的截面上没有扭矩)几乎接近与支承边正交。其次,无论对宽的斜板还是窄的斜板,其两侧的主弯矩方向虽接近平行于自由边,但仍有向支承边垂线方向偏转的趋势。

(2)各角点受力情况可以用比拟连续梁的工作来描述。如图 2-2-11 所示,在斜板的"Z"字形条带 $A—B—C—D$ 上各点的受力情况可以用三跨连续梁来比拟,在钝角 B、C 处产生较大的负弯矩,其方向垂直于钝角的二等分线;同时,在 B、C 点的反力也较大,锐角 A、D 点的反力较小,当斜交角与斜的跨宽比都较大时,锐角便有向上翘起的趋势。此时,若固定锐角角点,势必导致板内有较大的扭矩。

(3)在均布荷载作用下,当桥轴线方向的跨长相同时,斜交板桥的最大跨内弯矩比正交板桥要小,跨内纵向最大弯矩或最大应力的位置,随斜交角 φ 的变大而自中央向钝角方向移动。图 2-2-12 表示在满布均布荷载时,跨内最大弯矩位置沿板宽的变化曲线。由图 2-2-12

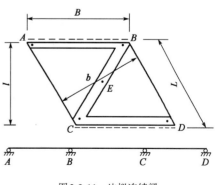

图 2-2-11 比拟连续梁

可知,当斜交角 φ 在15°以内时,可以近似地按正交板桥计算。现行《混规》作了相关规定。

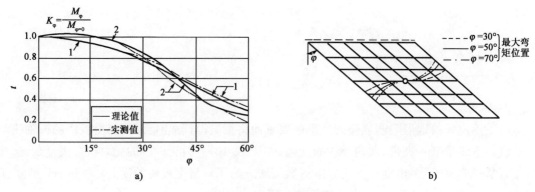

图2-2-12 弯矩随斜角的变化
1-板跨中央;2-自由边中点

(4)在上述同样情况下,斜交板桥的跨中横向弯矩比正交板桥的要大,可以认为横向弯矩增大的量,相当于跨径方向弯矩减小的量。

2. 钢筋构造

整体式斜交板桥钢筋布置如图2-2-13所示。当斜交角(板的支座轴线的垂直线与桥纵轴线的夹角)不大于15°时,主筋可平行于桥纵轴线方向布置;当斜交角大于15°时,主筋宜垂直于板的支承轴线方向布置,此时,在斜板的自由边上、下应各设1条不少于3根主钢筋的平行于自由边的钢筋带,并用箍筋箍牢。在钝角部位靠近板顶的上层,应布置垂直于钝角平分线的加强钢筋,在钝角部位靠近板底的下层,应布置平行于钝角平分线的加强钢筋,加强钢筋直径不宜小于12mm,间距100~150mm,布置于以钝角两侧1.0~1.5m边长的扇形面积内。斜板的分布钢筋宜垂直于主钢筋方向设置,其直径和间距的要求与正交板桥相同。在斜板的支座附近宜增设平行于支承轴线的分布钢筋,或将分布钢筋向支座方向呈扇形分布,过渡到平行于支承轴线。

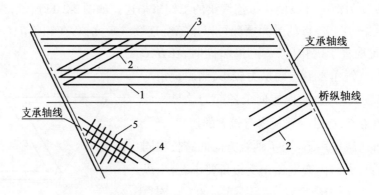

图2-2-13 整体式斜交板桥钢筋布置
1-顺桥纵轴线钢筋;2-与支承轴线正交钢筋;3-自由边钢筋带;4-垂直于钝角平分线的顶层钝角钢筋;5-平行于钝角平分线的底层钝角钢筋

在工程实践中,当跨径不大、桥面不宽时,为了简化设计,也有采用斜交正做的方法进行设计,如图2-2-14所示。此时,斜交板桥的桥轴线与支承线垂直,其受力与正交板桥类似,可按正交板桥进行设计。但是行车道宽度的利用使得在桥面两侧多余出非行车部分的三角形面积较浪费。

二 装配式斜交板桥

装配式斜交板桥钢筋布置与正交板的有所不同。装配式斜交板桥的跨宽比(l/b)一般均大于1.3,主钢筋沿斜跨径方向配置,分布钢筋在两钝角点之间的范围内与主钢筋垂直;在靠近支承边附近,布置方向则与支承边平行(图2-2-15)。

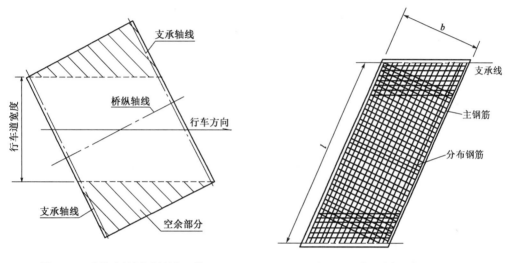

图2-2-14 整体式斜交板桥斜交正做   图2-2-15 装配式斜交板桥钢筋构造

图2-2-16为标准跨径8m、斜交角30°时的装配式钢筋混凝土斜空心板的中板顶层、底层钢筋布置,其余钢筋布置与图2-2-6所示的正交板相同。

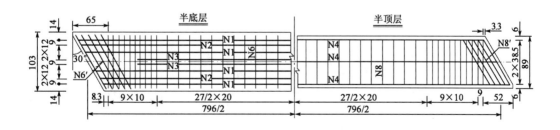

图2-2-16 装配式钢筋混凝土斜空心板钢筋构造($L_K = 8m, \alpha = 30°$,尺寸单位:mm)

在工程实践中,当斜交角不大时,为简化设计,可采用斜交正做方法设计,如图2-2-17所示。此时,装配式斜交板桥每块板仍设计成矩形,在安装时每块板错开一段距离以形成斜桥,每块板的受力与正交板相同,可按正交板桥进行设计。

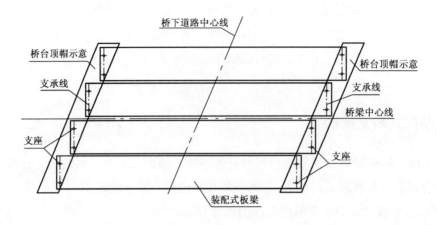

图 2-2-17　装配式斜交板桥斜交正做

拓展小知识

斜 交 桥 梁

公路斜交桥梁可以采用斜交正做方式设计,也可以采用斜交斜做方式设计。当采用斜交正做方式设计使得桥长增加显得不经济合理时,可采用斜交斜做方式设计。铁路斜交桥梁均采用斜交正做方式设计,无论斜交角度如何,均不采用斜交斜做方式设计。

学习提示

板桥按施工方法分为整体式板桥和装配式板桥两种。整体式板桥一般桥宽与跨径相当,为双向受力结构,一般构造与钢筋构造按双向受力设计。装配式板桥的每片板表现为梁的受力特性,并考虑荷载横向分布影响,一般构造与钢筋构造按梁进行设计,同时应进行连接构造设计。

斜交板桥构造与设计有两种方式:第一种按斜交正做设计,设计方法同正交板桥;第二种按斜交斜做设计,斜交板桥的受力可近似比拟成连续梁的受力,钝角处将产生负弯矩,需配置加强钢筋,锐角处将产生上拔力,需采取构造措施防止钝角翘起等。

思考与练习

1. 简支斜交板桥在垂直荷载作用下具有哪些特性？
2. 斜交板桥在钢筋构造设计方面与正交板桥有何不同？
3. 斜交斜做设计与斜交正做设计有何不同？
4. 整体式板桥的受力、配筋特点是什么？什么情况下采用单层配筋？什么情况下采用双层配筋？
5. 装配式板桥横向连接方式有哪些？

第三章　简支梁桥构造与设计

简支梁桥构造包括一般构造、钢筋构造和横向连接构造。本章将按T梁、箱形梁和组合梁三种截面形式,介绍简支梁桥的构造类型与设计方法。一般构造设计依据《混规》规定,并参考已建成桥梁,拟定结构各细部尺寸。钢筋构造设计依据《混规》计算公式,结合"结构设计原理"课程的相关知识,对设计构件进行截面配筋设计。

第一节　T　梁　桥

T梁桥的上部结构由主梁、横隔梁(板)、桥面构造等部分组成。主梁是桥梁的主要承重结构,由梁肋和翼板组成。主梁的翼板既是主梁的一部分,又联合构成桥面板,承受汽车荷载和人群荷载的作用。横隔梁分为端横隔梁和中横隔梁,其作用是保证各根主梁相互联结成整体,共同承受荷载。桥面构造包括桥面铺装、防水层、人行道、栏杆等。

T梁桥受力明确,充分利用了混凝土抗压和钢筋抗拉的特征,施工较方便,是中、小跨径梁桥中应用最广泛的桥型。T梁桥按施工方法分为整体式T梁桥和装配式T梁桥。整体式T梁的桥跨结构整体性好,但模板使用较多,支架现浇施工时,工期长;预制架设施工时,起吊重量较大等问题。装配式T梁是将桥跨结构按照不同方式划分成若干条(块)进行预制,架设安装时再将这些条(块)架设拼装成整体的桥梁结构形式,可采用工厂化、标准化施工,施工质量有保障。目前,在新建桥梁设计中,装配式T梁桥已逐渐取代整体式T梁桥,因此,本节将重点介绍装配式T梁桥。装配式简支T梁板概貌如图2-3-1所示。

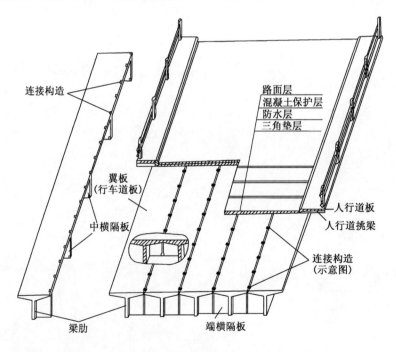

图2-3-1　装配式简支T梁桥的组成

装配式 T 梁按配筋形式的不同分为钢筋混凝土 T 梁[图 2-3-2a)]和预应力混凝土 T 梁[图 2-3-2b)],钢筋混凝土 T 梁的常用跨径为 10~16m,预应力混凝土 T 梁的常用跨径为 20~50m。

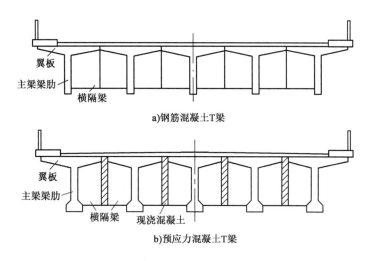

图 2-3-2 装配式 T 梁桥横截面

一 装配式梁桥的主梁块件划分

1. 划分原则

装配式梁桥的块件划分方式直接影响结构受力、构件预制、运输和安装以及拼装接头的施工等许多问题,而且这些问题往往又相互关联、相互影响。例如,加大安装构件的尺寸,可以减小接头数量和增强结构的整体性,但同时会对运输、起重能力要求较高;为了减小构件的重量,就会增加构件和接头的数目,或增加现浇混凝土的工序等。同时,构件的划分方式也与所选用的横截面形式紧密相关。因此,在设计装配式桥梁时,必须综合考虑施工中的各种具体条件,通过技术经济上的比较分析,获得完善的结果。通常在装配式桥梁设计中,块件划分应遵循以下原则:

(1)根据建桥现场实际可能的预制、运输和起重条件,确定拼装单元的最大尺寸和重量。
(2)块件的划分应满足受力要求,拼装接头应尽量设置在内力较小处。
(3)拼装接头的数量尽量少,接头形式牢固可靠,施工方便。
(4)构件便于预制、运输和安装。
(5)构件的形状和尺寸应力求标准化,增强互换性,构件的种类应尽量少。

2. 划分方式

(1)钢筋混凝土梁
钢筋混凝土梁常用的划分方式有纵桥向竖缝划分和纵桥向水平缝划分。
①纵桥向竖缝划分
图 2-3-2 所示均为纵桥向竖缝划分块件的横截面图式。这种划分方式在简支梁桥中应用最为普遍,我国编制的装配式钢筋混凝土和预应力混凝土简支 T 梁桥的标准设计图都采

用这种划分方式。在这种结构中,作为主要承重构件的各主梁,包括相应行车道板都是整体预制的,接头和接缝仅布置在次要构件——横隔梁和行车道板内,或直接用螺栓连接。而且结构部分全为预制拼装,不需要现浇混凝土,因此这种方法使主梁受力可靠,施工也方便。

②纵桥向水平缝划分

为了进一步减小拼装构件的起吊重量和尺寸,便于集中预制和运输吊装,还可以用纵桥向水平缝将桥梁的全部梁肋与桥面板分割开来,再借助纵横向的竖缝将桥面板划分成平面呈矩形的预制构件。施工时,首先架设梁肋,其次安装预制板,最后在接缝内或连同在板上现浇一部分混凝土使结构连成整体。这样的装配式梁桥通常称为组合式梁桥,如图2-3-3所示。

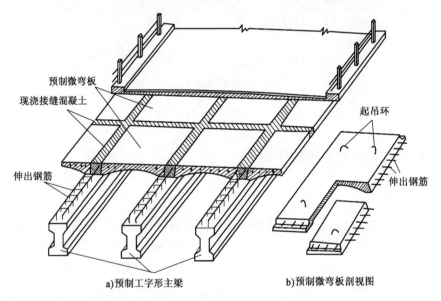

图2-3-3 装配式简支组合T梁桥组成示意

(2)预应力混凝土梁桥

预应力混凝土常用的划分方式有纵桥向竖缝划分、纵桥向水平缝划分以及纵、横桥向竖缝划分。

①纵桥向竖缝划分(参照上述钢筋混凝土梁)。

②纵桥向水平缝划分(参照上述钢筋混凝土梁)。

③纵、横桥向竖缝划分。

如果使装配式梁的预制块件的尺寸和重量进一步减小,尚可将用纵桥向竖缝划分的主梁再通过横桥向竖缝划分成更小的梁段。图2-3-4所示为这种纵、横桥向分段装配式T梁的纵、横截面图。图2-3-5所示为纵、横桥向竖缝分段装配式梁的纵、横截面形式。显然,对于这样的预制梁段,由于没有钢筋穿过接缝,因此必须在安装对位后串连以预应力钢筋施加预压力才能保证接缝具有足够的连接强度,使梁整体受力。因此,横桥向分段预制的装配式梁也称串连梁。这种梁的优点是块件尺寸小,重量小,可以工厂化成批预制后方便地运至远近工地,但对施工精度要求较高。

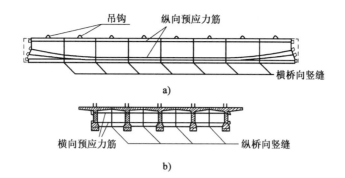

图2-3-4 纵、横桥向竖缝分段装配式梁

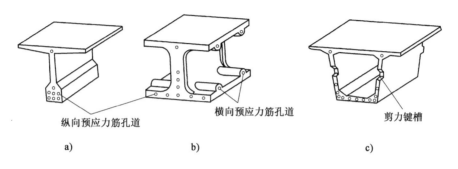

图2-3-5 纵、横桥向竖缝分段装配式梁的横截面形式

二 装配式钢筋混凝土T梁桥

1. 一般构造

钢筋混凝土T梁桥的主梁由梁肋和两侧翼板组成,每片T梁通过横隔梁连接成整体。

(1)主梁梁肋

梁肋厚度:为满足抗剪要求不宜设计得太厚,同时为满足屈曲稳定要求也不宜设计得太薄,一般为15~20cm。

高跨比:
$$h:L_K = \frac{1}{16} \sim \frac{1}{11}$$

式中:h——主梁高度;

L_k——主梁跨径。

主梁间距b:主梁间距由结构受力特性和施工吊装能力、集整精度而定,一般为1.5~2.2m,标准设计图为1.6m。根据T梁的受力特点,若主梁间距过大,则两翼板接缝处的下挠变形较大,易导致纵向开裂,并且施工吊装重量也随之加大;若主梁间距过小,划分的块数多,要求的施工精度就高,从而使施工难度加大。当主梁间距较小时,梁肋一般设计成全长等厚度;当主梁间距较大时,距主梁端部2.0~5.0m范围内梁肋可逐渐加宽(图2-3-6),以满足抗剪和安放支座要求。

(2)翼板

翼板宽度b_0:按主梁横向连接方式的不同采用不同宽度。

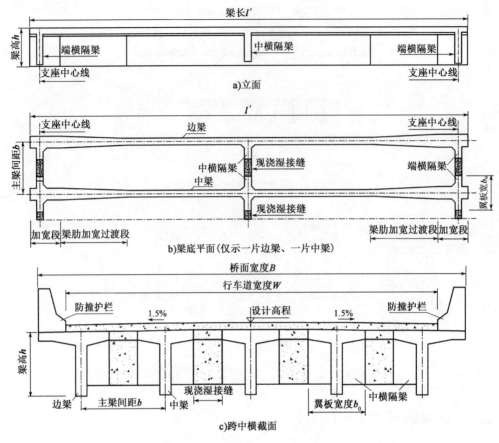

图 2-3-6 装配式钢筋混凝土 T 梁桥一般构造

湿接缝连接：$b_0=b$（主梁间距）-湿接缝宽度。注：目前大多采用这种形式。

非湿接缝连接：$b_0=b$（主梁间距）-2cm。减 2cm 是为了调整施工制作误差，便于安装。

翼板厚度：根据其受力特点，根部大、端部小。一般翼板根部厚度 $h_1 \geqslant 1/12h$（h 为梁高），翼板端部厚度 h_2 不小于 10cm。

（3）横隔梁

装配式钢筋混凝土 T 梁桥设置横隔梁的目的有两点：①有利于制造、运输、安装阶段构件的稳定性，加强全桥的整体性；②使荷载横向分布较均匀，减轻翼板接缝处的纵向开裂。

间距：端横隔梁必须设置，中横隔梁全跨内设 1~3 道，一般为 5~6m 设置一道，一般设置在跨中、四分点等位置。

厚度：一般为 15~20cm。

高度：端横隔梁一般与主梁同高；中横隔梁一般为主梁高度的 3/4 左右。

2. 钢筋构造

（1）主梁钢筋的种类

梁肋：主要包括纵向受力主筋、架立钢筋、斜钢筋、箍筋、分布钢筋等。

翼板：主要包括横向受力主筋、纵向分布钢筋等。

各类钢筋的作用与构造在"结构设计原理"课程中详细介绍，具体设计应符合现行《混规》

的规定,这里不再详述。

(2)保护层厚度

为了防止钢筋受到大气影响而锈蚀,并保证钢筋与混凝土之间的黏结力,钢筋到混凝土边缘需要设置保护层。若保护层厚度过小,则不能起到上述作用;若过大,则混凝土表层因距钢筋太远容易受到破坏,且减小了钢筋混凝土截面的有效高度。因此,在一类环境条件❶下,主筋与梁底面的净距应不小于3cm且不大于5cm,主筋与梁侧面的净距应不小于2.5cm,混凝土表面至箍筋或防裂分布钢筋间的净距应不小于1.5cm。

其他要求包括钢筋焊缝长度、锚固长度、局部承压钢筋等。

3. 连接构造

(1)一般构造

在设有端横隔梁和中横隔梁的装配式钢筋混凝土T梁桥中,均借助横隔梁使桥跨结构的主梁通过连接构造形成整体,连接处应有足够的强度和刚度,以保证结构的整体性,并且在运营过程中不致因荷载反复作用和冲击作用而发生松动。装配式钢筋混凝土T梁桥的主要连接方式有焊接钢板连接[图2-3-7a)]、螺栓连接[图2-3-7b)]、扣环连接[图2-3-7c)]、现浇湿接缝连接[图2-3-7d)]和企口铰接连接[图2-3-7e)]。

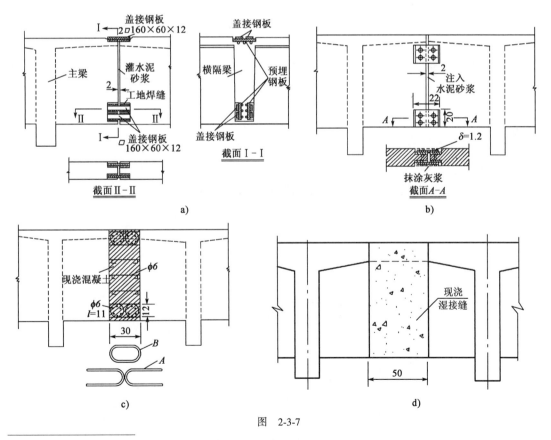

图 2-3-7

---

❶ 根据《混凝土结构设计标准(2024版)》(GB 50010—2010)的规定:一类环境条件指室内干燥环境或无侵蚀性静水浸没环境。

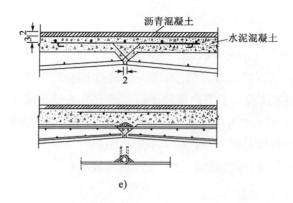

图 2-3-7 接头形式示例(尺寸单位:cm,钢板尺寸单位:mm)

在以往设计中,横隔梁大多采用焊接钢板连接或螺栓连接的方式,但在长期运营过程中发现,横隔梁连接处受拉应力和剪应力的共同作用而产生疲劳破坏,使横隔梁所起到的整体作用丧失,导致 T 梁单梁受力,从而使 T 梁梁肋在跨中附近产生竖向裂缝、支点附近产生斜向裂缝,T 梁翼板破坏较严重,同时桥面铺装也出现较为严重的破损。因此,目前设计的装配式 T 梁已采用现浇混凝土湿接缝的连接方式。

(2)钢筋构造

装配式钢筋混凝土 T 梁采用现浇湿接缝连接翼板时的钢筋构造示意图如图 2-3-8 所示,采用③号环形钢筋与相邻主梁翼板伸出的①号、②号钢筋绑扎,中间设置④号纵筋,钢筋绑扎完毕后,现浇湿接缝混凝土。

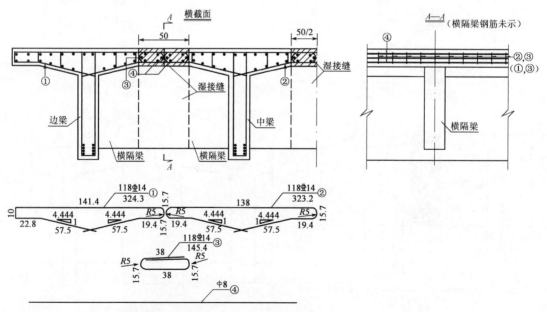

图 2-3-8 装配式钢筋混凝土 T 梁翼板连接钢筋构造示例(尺寸单位:cm;钢筋直径:mm)

装配式钢筋混凝土 T 梁横隔梁需设置受力钢筋和构造钢筋。图 2-3-9 为装配式钢筋混凝土 T 梁横隔梁钢筋构造示意图。

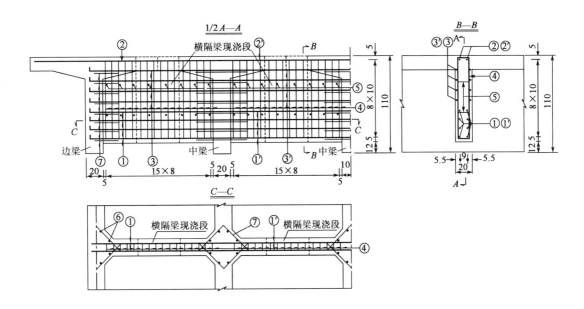

图 2-3-9 装配式钢筋混凝土 T 梁横隔梁钢筋构造示例(L_K=13m,尺寸单位:cm)

三 预应力混凝土 T 梁桥

预应力混凝土 T 梁也是由梁肋和翼板组成,每片 T 梁通过横隔梁连接成整体。由"结构设计原理"知识可知,预应力混凝土 T 梁按预应力钢筋张拉方式不同,分为装配式后张法预应力混凝土 T 梁(简称后张梁)和装配式先张法预应力混凝土 T 梁(简称先张梁)。在钢筋构造上,两者是有区别的。由于预应力钢筋的设置与张拉,使得预应力混凝土 T 梁和钢筋混凝土 T 梁在外形上有差别。为了使预应力钢筋能布置得下并且能够承受很大的预压力,预应力混凝土 T 梁梁肋下部需设置马蹄;为了配合预应力钢筋由跨中向梁端的弯起,在梁端附近,马蹄的高度需随预应力弯起钢筋的形状逐渐加高(图 2-3-10)或马蹄高度不变而逐渐加大梁肋宽度(图 2-3-11),以满足预应力钢筋保护层的需要;为了在后张梁梁端布置锚具和安放张拉千斤顶的需要,在梁端约 1 倍梁高范围内,梁肋需加宽至与马蹄同宽。

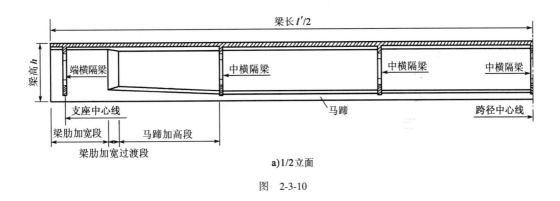

图 2-3-10

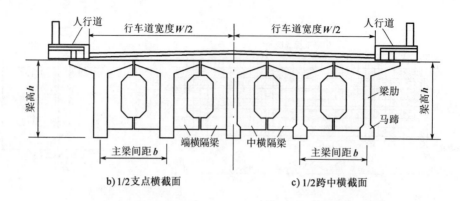

图 2-3-10 装配式预应力混凝土 T 梁桥横隔梁连接（非现浇湿接缝连接）

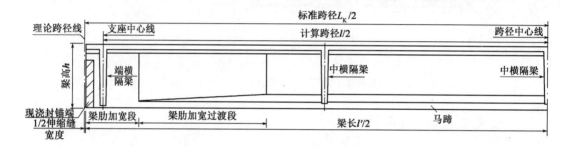

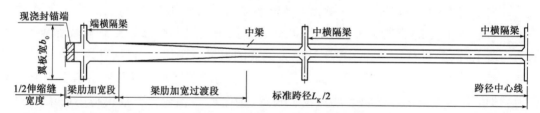

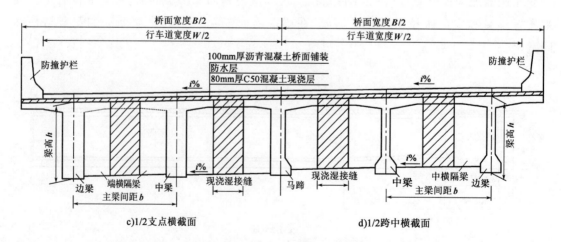

图 2-3-11 装配式预应力混凝土 T 梁桥横隔梁连接（湿接缝连接）

1. 一般构造

(1)梁肋

梁肋厚度:跨径中部为16~18cm,且大于或等于$h/15$(h为梁高),两端与马蹄同宽。

高跨比:
$$h:L_k = \frac{1}{20} \sim \frac{1}{15}$$

式中:L_k——主梁跨径。

主梁间距l_0:对于跨径较大的预应力混凝土T梁,宜加大主梁间距,减少主梁片数,则更为经济合理;当吊装重量允许时,主梁间距采用1.80~2.50m为宜。

(2)翼板

翼板宽度b_0:按主梁横向连接方式的不同采用不同宽度。

湿接缝连接:$b_0=b$(主梁间距)-湿接缝宽度。目前大多采用这种形式。

非湿接缝连接:$b_0=b$(主梁间距)-2cm。减2cm是为了调整施工制作误差,便于安装。

翼板厚度:根据其受力特点,根部大、端部小。一般翼板根部厚度$h_1 \geq 1/12h$(h为梁高),翼板端部厚度h_2不小于10cm。

(3)横隔梁

间距:由于装配式预应力混凝土简支T梁比钢筋混凝土简支T梁跨径大,从而使得梁高和梁间距增大,横隔梁的尺寸也随之增大。为了减小吊装重量,可将横隔梁中间挖空[图2-3-10b)];若采用现浇湿接缝连接形式,为便于现浇,则无须挖空[图2-3-11c)]。必须设置端横隔梁,中横隔梁一般为5~6m设1道。

厚度:一般为15~20cm,宜设计成上宽下窄、内宽外窄的楔形,以便于脱模。若采用湿接缝连接,则设计成等厚度。

高度:横隔梁底缘一般距梁底15cm左右,上端与翼板底面相接。

(4)后张梁梁端构造

对于后张梁,为了保护锚固端不受外界的侵蚀,在梁端应设置封头混凝土(称封锚混凝土),如图2-3-12所示。

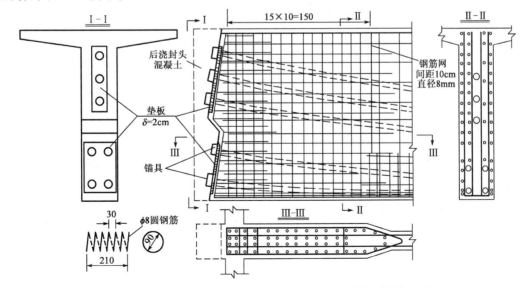

图2-3-12 装配式后张法预应力混凝土T梁梁端构造示例(尺寸单位:cm)

2. 钢筋构造

(1)钢筋种类

梁肋:包括纵向预应力钢筋、架立钢筋、箍筋、分布钢筋、锚下局部承压钢筋等。

翼板:包括横向受力筋、纵向分布钢筋。

(2)纵向预应力钢筋设置方式

简支梁纵向预应力的布置有直线布置、直线加曲线布置和曲线布置三种方式。

①直线布置多用于装配式先张法预应力混凝土T梁,预应力束全部锚固于梁端[图2-3-13a)]。

②在直线加曲线布置中,有的梁采用将一部分直线通长预应力束锚固于梁端,另一部分分段预应力束锚固横隔梁[图2-3-13b)];有的梁将直线和曲线通长预应力束全部锚固于梁端[图2-3-13c)];有的梁将一部分直线和曲线通长预应力束锚固于梁端,另一部分分段预应力束锚固于梁顶[图2-3-13d)]。

③在曲线布置中,一部分曲线通长预应力束锚固于梁端,另一部分分段预应力束锚固于梁顶[图2-3-13e)]。

预应力混凝土T梁预应力钢筋主要采用图2-3-13c)所示的方式布置。

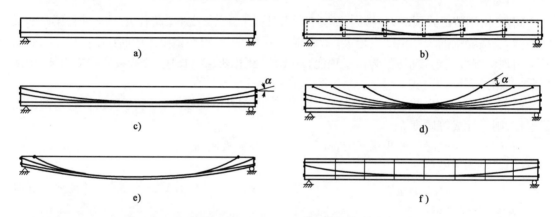

图2-3-13 简支梁纵向预应力钢筋设置方式

(3)纵向预应力钢筋布置范围

参照"结构设计原理"课程的束界的概念,预应力混凝土简支梁中的纵向预应力钢筋应设置在束界范围内,由跨中向梁端逐渐弯起,并应保证预应力钢筋的保护层厚度满足要求。

(4)纵向预应力钢筋锚固

①先张法锚固

先张梁是先张拉预应力钢筋,再浇筑梁体混凝土,待混凝土达到一定强度后,切断张紧的预应力钢筋。当张紧的预应力钢筋被切断时,梁体外端预应力钢筋恢复至原来直径而发生回缩,预应力钢筋内应力通过与混凝土之间的摩阻和黏结作用逐渐传递至混凝土,至传递长度 l_e 处,握裹力为零,混凝土承受全部预应力。所以,先张梁内预应力钢筋主要通过混凝土的握裹力锚固在梁体内。

为便于施工张拉纵向预应力钢筋,先张梁内纵向预应力钢筋通常采用图2-3-13a)所示直线配束的方式设置,各根预应力钢筋等长并通长布置于梁截面下缘。根据简支梁的受力特点,跨中弯矩最大,并向支点截面逐渐减小的特点,预应力钢筋应分段设置,否则易导致支点附近截面上缘出现拉应力而开裂。为了满足受力要求并便于施工,在先张梁中仍然采用预应力失效段的方法,在预应力钢筋上加套管,可参照预应力混凝土空心板钢筋构造(图2-2-8)。

②后张法锚固

后张梁是先浇筑梁体混凝土,待混凝土达到一定强度后,再张拉预应力钢筋,并通过锚具锚固于梁端或梁顶。在后张法锚固构造中,锚具底部对混凝土作用着很大的压力N,而直接承压的面积不大,应力非常集中。所以,锚具在梁端应遵循"分散、均匀"的原则对称于横截面的竖轴布置,尽量减小局部应力,集中、过大的锚具不如分散、小型的锚具有利。锚具之间应留有足够的净距,以保障张拉设备的安放,便于施工。为防止锚具附近混凝土裂缝,必须配置足够的钢筋予以加强。

(5)其他钢筋

①梁肋内的架立钢筋、箍筋、分布钢筋、锚下局部承压钢筋等的设计与钢筋混凝土T梁相同。

②翼板内横向受力筋和纵向分布筋的设计同钢筋混凝土T梁。

③在预应力混凝土简支梁中,为了弥补局部梁段内强度的不足,或为了满足极限承载力的要求,或为了更好地分布裂缝和提高梁的韧性等,可配置一些普通钢筋。图2-3-14a)表示预应力钢筋直线配束时,为了防止张拉阶段在梁端顶部可能开裂而布置的受拉钢筋;图2-3-14b)表示预应力钢筋曲线配束时,对于自重所占总荷载比例较小的梁,为了防止张拉阶段在跨中部分梁的上翼缘可能开裂破坏而布置的纵向受力钢筋,这种钢筋在运营阶段还能加强混凝土的抗压能力,在破坏阶段则可提高梁的安全度;图2-3-14c)表示预应力钢筋曲线配束,当全预应力混凝土梁预拉力较大时,为了加强混凝土承受预加力的能力而在跨中部分梁的下缘设置的受压钢筋;对于部分预应力混凝土梁,往往利用通长布置在梁下缘的纵向钢筋来补充极限承载力的需要[图2-3-14d)]。

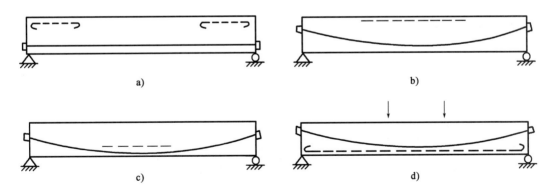

图2-3-14 预应力混凝土梁中普通钢筋设置方式

3. 连接构造

装配式预应力混凝土T梁的横向连接构造与装配式钢筋混凝土T梁相同。在横隔梁内预留孔道,采用横向预应力钢筋张拉可提升整体性[图2-3-4b)],这种连接整体性好,但对梁的预制精度要求较高,施工稍复杂。

四 T梁通用设计图

公路桥梁通用设计图《装配式预应力混凝土简支T梁桥上部构造》，共提供了20m、25m、30m、35m和40m共5个标准跨径，混凝土强度等级为C50；预应力主筋为$\Phi^s15.2$钢绞线，均采用后张法施工；普通钢筋采用HRB400钢筋，其他构造参数见表2-3-1。在进行桥梁结构设计时，尽可能采用通用设计图，以提高设计工作效率。

装配式预应力混凝土简支T梁主要截面尺寸 表2-3-1

跨径 (m)	结构体系	梁高 (cm)	翼板			梁肋	
			宽度 (cm)	跨中根部厚度 (cm)	端部厚度 (cm)	宽度 (cm)	马蹄底宽 (cm)
20	简支	150	205~240	25	16	20	44
25		170					48
30		200					50
35		230					60
40		250					60

第二节 箱 梁 桥

箱梁桥的截面具有良好的抗弯和抗扭性能，与同等截面面积的T梁和板梁相比，其稳定性更好，因此特别适用于弯桥、斜桥。在修建简支弯桥、斜桥时，箱梁是很好的备选方案，不过箱梁构造要复杂些。此外，箱梁可设计成薄壁结构，对自重占大部分荷载的大跨径简支梁是较为经济合理的。

一 整体式箱梁

整体式箱梁由于自重较大，往往在桥孔支架模板上现场浇筑，个别也有整体预制、整孔架设的情况。其截面形式有单箱单室[图 2-3-15a)]、单箱双室[图 2-3-15b)]、单箱多室[图 2-3-15c)]等。

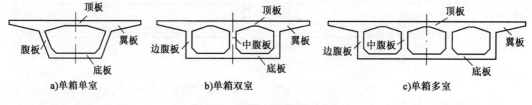

图 2-3-15 整体式箱形梁桥横截面

1. 一般构造

(1)主梁

整体式箱梁的主梁截面由顶板、两侧翼板、腹板和底板构成。钢筋混凝土箱梁跨径一一般不大于20m;20m以上跨径采用预应力混凝土结构,梁高一般采用等高度设计,通常为跨径的1/15~1/20,外轮廓尺寸沿跨径方向保持不变,预应力混凝土梁则在箱内距梁端约1倍梁高范围内设置变截面加厚段,以适应锚下应力的扩散作用。

腹板宽:不应小于16cm,支点一般为梁高的1/7~1/4;跨中一般为梁高的1/11~1/7。

顶板厚:不应小于板净跨径的1/30,且不应小于20cm。与腹板衔接处设置承托,高长比一般不大于1/3。

翼板厚:与腹板衔接处一般都设置承托结构,承托结构的高长比一般不大于1/3;翼缘悬臂端厚度不应小于10cm。

底板厚:不应小于板净跨径的1/30,且不应小于20cm。支点处一般为梁高的1/6~1/4;跨中处一般为梁高的1/12~1/7。与腹板衔接处设置1:1的倒角,必要时也可设置承托。

(2)横隔梁

整体式箱梁应设箱内端横隔梁;半径小于240m的弯箱梁,应设跨间横隔梁;钢筋混凝土箱梁横隔梁的间距不应大于10m;预应力混凝土箱梁,横隔梁则需要经过结构分析确定。

2. 钢筋构造

(1)主梁

箱梁底板上、下缘应分别设置平行于桥跨和垂直于桥跨的构造钢筋。对于钢筋混凝土结构,钢筋截面面积不应小于配置钢筋的底板截面面积的0.4%;对于预应力混凝土结构,钢筋截面面积不应小于配置钢筋的底板截面面积的0.3%。钢筋直径宜大于10mm,间距不宜大于300mm。

当采用预应力混凝土结构时,预应力主筋采用$\phi^s 15.2$钢绞线,腹板内钢筋直径不应小于12mm;翼板钢筋构造应根据悬臂长度由受力计算确定。

(2)横隔梁

通过结构分析进行横隔梁钢筋设计,并应符合现行《混规》的规定。

二 装配式箱梁

装配式箱梁的典型截面如图2-3-16所示。也称为小箱梁,区别于整体式箱梁,多采用预应力混凝土先简支后连续结构形式,在实际工程中应用较广。装配式预应力混凝土先简支后连续小箱梁在施工架梁时为简支梁受力特性,因此在本章介绍。

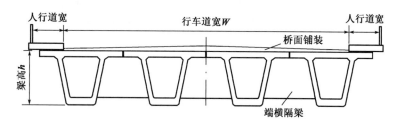

图2-3-16 装配式小箱梁桥横截面

装配式预应力混凝土先简支后连续小箱梁由主梁、端横隔梁、中横隔梁、现浇连续段、横隔梁现浇段、翼板现浇湿接缝、封锚混凝土、桥面现浇层等组成。

1. 一般构造

(1)主梁

装配式预应力混凝土小箱梁的主梁截面是由顶板、两侧翼板、腹板和底板构成。主梁高跨比通常为1/25～1/16,一般采用等高、等跨布置。外轮廓尺寸沿跨径方向保持不变,仅在箱内距梁端约一倍梁高范围内设置变截面加厚段,以适应锚下应力的扩散作用。

图2-3-17所示为标准跨径20m的装配式预应力混凝土小箱梁一般构造设计图。

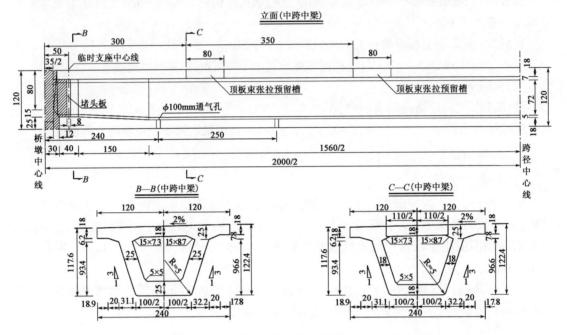

图2-3-17　先简支后连续小箱梁一般构造示例(中梁)(L_K = 20m,尺寸单位:cm)

(2)横隔梁

为了加强整体性,装配式小箱梁应在梁间设置端横隔梁,需要时宜设中横隔梁,厚度不小于20cm。

2. 钢筋构造

(1)主梁

小箱梁的底板上、下层应分别设置平行于桥跨和垂直于桥跨的构造钢筋。对于钢筋混凝土结构,钢筋截面面积不应小于配置钢筋的底板截面面积的0.4%;对于预应力混凝土结构,钢筋截面面积不应小于配置钢筋的底板截面面积的0.3%。钢筋直径不宜小于10mm,其间距不宜大于300mm。

采用预应力混凝土结构时,预应力主筋采用ϕ^s15.2钢绞线,腹板内普通钢筋直径不应小于12mm;翼板钢筋构造可参照装配式T梁翼板钢筋构造要求。图2-3-18所示为标准跨径20m的装配式预应力混凝土小箱梁钢筋构造设计图。预制梁采用C50混凝土,每片梁配置2束4-ϕ^s15.2(①号钢束)、2束3-ϕ^s15.2(②号钢束)和2束3-ϕ^s15.2(③号钢束),共6束预应力束,标准强度为1860MPa。①和②号钢束向梁端逐渐弯起,③号钢束水平设置并通过支点。

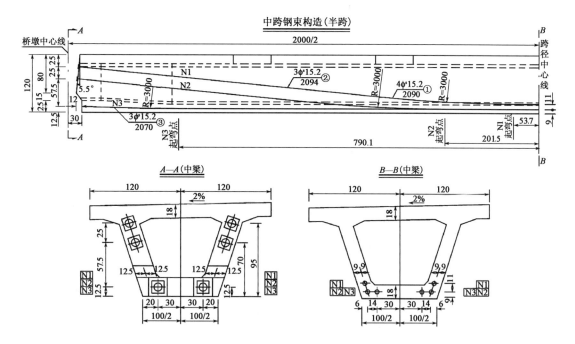

图 2-3-18　先简支后连续小箱梁预应力钢筋构造示例(中梁)
($L_K = 20$m,尺寸单位:cm,钢筋直径:mm)

(2)横隔梁

横隔梁内需设置受力钢筋和构造钢筋。图 2-3-19 为标准跨径 20m 的预应力混凝土小箱梁中横隔梁钢筋构造图,在横隔梁下缘设置 6 根 ⌀20①号受力钢筋,上缘设置 3 根 ⌀20②号受力钢筋,侧面设置 8 根 ϕ10③号分布钢筋,竖向设置 65 根 ϕ10④号封闭箍筋,水平向设置 33 根 ϕ10⑤号单肢箍筋。

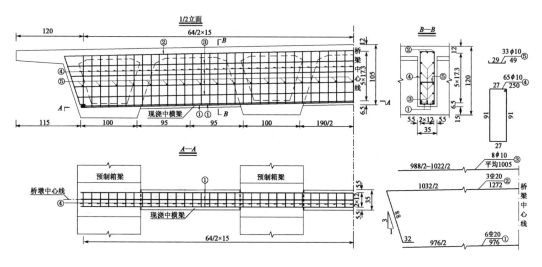

图 2-3-19　先简支后连续小箱梁横隔梁钢筋构造示例
($L_K = 20$m,尺寸单位:cm,钢筋直径:mm)

3. 连接构造

装配式预应力混凝土小箱梁的连接构造分为横向连接构造和纵向连接构造。

(1) 横向连接构造

横向采用扣环接头连接相邻翼板并现浇混凝土。③号扣环钢筋采用ϕ12HRB400钢筋,纵向每间隔10cm设一个,与小箱梁翼板伸出的半圆环钢筋绑扎;扣环上下各设5根纵向受力钢筋(边跨非连续端采用①号或②号ϕ10钢筋,边跨连续端或中跨采用④号ϕ25HRB400钢筋),如图2-3-20所示。

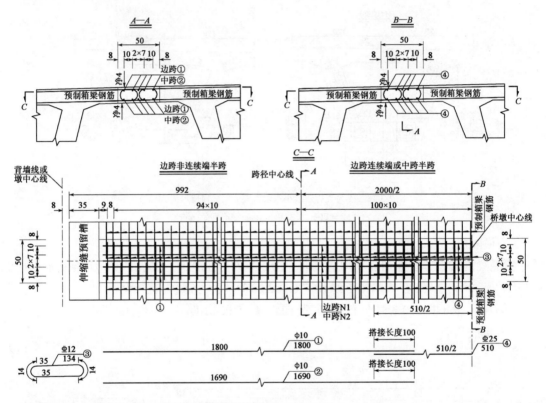

图2-3-20 先简支后连续小箱梁翼板横向连接钢筋构造示例
(L_K = 20m,尺寸单位:cm,钢筋直径:mm)

(2) 纵向连接构造

小箱梁由简支体系转换成连续体系时,需要分两步进行施工:第一,在小箱梁间先将相邻两片梁的纵向主筋用短钢筋(图2-3-21中的⑥号钢筋)对应焊接,再设置现浇连续段钢筋(图2-3-22),待钢筋绑扎完毕后现浇连续段混凝土湿接缝;第二,在墩顶位置小箱梁顶板上设置纵向连接预应力钢束,待预应力钢束张拉完毕后,现浇顶板纵向连接预应力钢束的张拉预留槽混凝土。如图2-3-22所示,在小箱梁顶板上分别设置了2束5-ϕ^s15.2(T1)、1束4-ϕ^s15.2(T2)和2束4-ϕ^s15.2(T3),共5束标准强度为1860MPa的纵向连接预应力钢束,T1~T3采用两端张拉,张拉顺序为T3→T1→T2,逐根对称单根张拉,锚下控制应力为$0.75f_{pk}$。

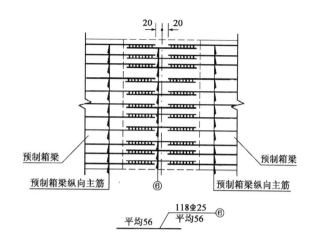

图 2-3-21　中支点箱梁纵向主筋连接方式
（$L_K = 20$m，尺寸单位：cm，钢筋直径：mm）

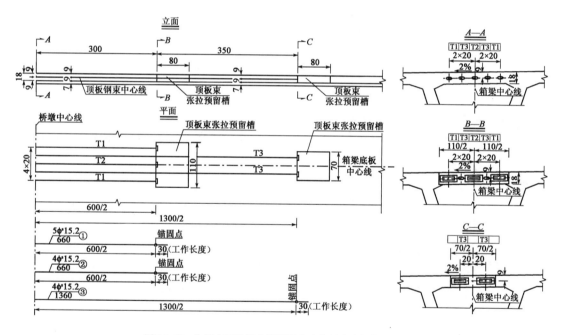

图 2-3-22　先简支后连续小箱梁纵向连接预应力钢筋构造示例
（$L_K = 20$m，尺寸单位：cm，钢筋直径：mm）

第三节　组 合 梁 桥

组合梁桥也是一种装配式的桥跨结构，通过纵桥向水平缝将桥梁的梁肋部分与桥面板（翼板）分隔，使单梁的整体截面变成板与肋的组合截面。施工时，先架设梁肋，再安装预制板（有时采用微弯板以节省钢筋），最后在接缝内或连同板现浇一部分混凝土使结构连成整体

(图2-3-3)。所以,组合梁是分阶段受力的,在梁肋架设后,所有随后安装的预制板和现浇桥面混凝土(甚至现浇横隔梁)的重量,连同梁肋本身的自重,都要由预制梁肋来承受。这与装配式T梁由主梁全截面来承受全部恒载不同,不带翼板的肋部的抗弯惯性矩比整体的T梁小得多(肋高较矮,中性轴下移,内力偶臂小,且受压混凝土不足),这就必然大大增加了梁肋承受全部结构恒载的负担,因此,不但要加大梁肋的截面,而且要增加配筋。梁肋混凝土用量的增加又导致了不利地加大恒载。图2-3-23示出了装配式T字梁与组合工字形梁跨中截面永久作用M_g和可变作用M_p两个阶段受力的应力图式比较。

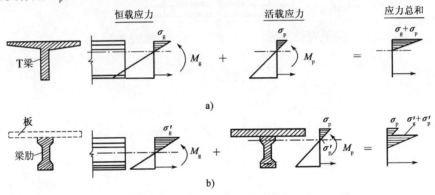

图2-3-23 装配式T梁与组合工字形梁的应力分布图式比较

根据组合梁截面的板与肋所用材料可分为混凝土组合梁和钢-混凝土组合梁。混凝土组合梁通过在接缝内或连同桥面预制板一同现浇混凝土使结构连成整体(图2-3-3);钢-混凝土组合梁是梁肋采用钢梁、桥面板采用钢筋混凝土板,两者通过剪力键(也称为连接件)相互结合在一起,共同参与结构受力(图2-3-24)。

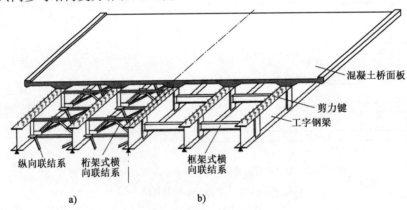

图2-3-24 装配式钢-混凝土组合梁桥的构造

一 混凝土组合梁桥

混凝土组合梁桥通常是在预制混凝土主梁等构件上架设桥面板,再浇筑一部分混凝土形成组合梁受力构件。其优点在于可以显著减轻预制构件的重量,便于集中预制和运输吊装。预制的混凝土主梁截面形式主要有两种:工字形和槽形。工字形截面梁与桥面板结合成组合

T梁,槽形截面梁与桥面板结合成组合箱梁。

1. 组合T梁桥

组合T梁桥的预制混凝土工字形截面梁构造要求参照前述T梁梁肋的构造,桥面板采用现浇钢筋混凝土板,构造要求参照前述板梁的构造。

我国公路桥涵设计分别编制了跨径20m、30m、40m的后张法预应力混凝土工字形组合梁正(斜)交桥的通用设计图,其斜交角有0°、15°、30°、45°等几种。桥宽有净-11.5m+2×0.5m、净-9.75m+2×0.5m、净-9m+2×1.5m、净-9m+2×1.0m和净-7m+2×1.0m共5种,除净-11.5m的主梁间距为2.5m外,其他均为2.15m。

图2-3-25为标准跨径30m、桥宽净-9m+2×1.0m的装配式预应力混凝土工字形组合梁桥的一般构造示意图。梁高2.00m,预制工字形截面梁的梁高为1.80m,采用C50混凝土。图中所有预制工字形截面梁的肋宽为180mm,下翼缘宽度为540mm,端部肋宽加厚至与下翼缘同宽。主梁间用50mm厚的预制板作为现浇桥面板的底模,采用C50混凝土。现浇桥面板和现浇横隔梁均采用C30混凝土。

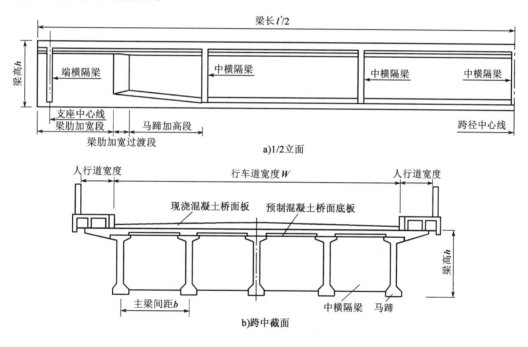

图2-3-25 装配式预应力混凝土组合T梁桥一般构造

图2-3-26为标准跨径30m的装配式预应力混凝土工字形截面梁预应力钢筋构造示意图。中梁配置6束7-ϕ^s15.2钢绞线作为主筋,边梁则为6束6-ϕ^s15.2,ϕ^s15.2钢绞线的标准强度为1860MPa。

2. 组合箱梁桥

组合箱梁桥的预制混凝土槽形截面梁构造要求参照前述小箱梁腹板和底板的构造;桥面板采用现浇钢筋混凝土板,构造要求参照前述板梁的构造。装配式预应力混凝土组合箱梁桥一般构造示意图(支点截面)如图2-3-27所示。

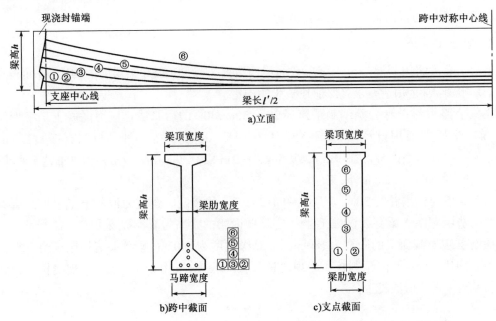

图 2-3-26 装配式预应力混凝土工字形梁预应力钢筋构造示意

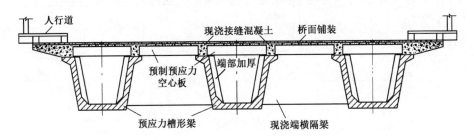

图 2-3-27 装配式预应力混凝土组合箱梁桥一般构造示意(支点截面)

二 钢-混凝土组合梁桥

钢-混凝土组合梁桥是在钢结构梁桥和混凝土结构梁桥的基础上发展起来的一种新型桥梁结构形式。通常,梁肋等主要构件采用钢结构,桥面板或翼缘板采用混凝土结构,钢与混凝土之间采用抗剪连接件连成整体,使两种结构共同受力。两种材料组合在一起,可以避免各自的缺点,充分发挥两种材料的优势,形成强度高、刚度大、延性好的结构形式。钢-混凝土组合梁与单纯混凝土梁相比,可以减小构件截面尺寸,减少结构自重,减轻地震作用;与单纯钢梁相比,可以减少用钢量,节省钢结构的涂装费用,减轻钢桥噪声污染,增加结构的刚度、稳定性和整体性。

钢梁在组合梁中主要承受拉力。对于中、小跨径的钢-混凝土组合梁桥,一般采用钢板焊接成I形(工字形)钢梁[图2-3-28a)],为了充分发挥钢材的作用,工字形钢梁常采用下翼缘宽的非对称截面;对于跨径大的钢-混凝土组合梁桥,多采用闭口或开口钢箱梁的截面形式[图2-3-28b)],所以该梁又称为箱形组合梁。箱形组合梁的抗扭刚度大,特别适合于曲线桥梁,且在顺桥方向大多设计成连续结构。

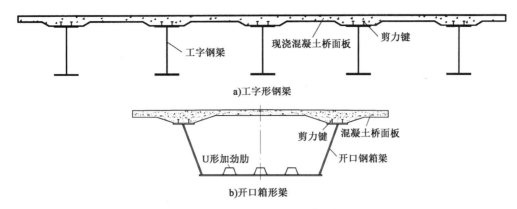

图 2-3-28 装配式简支钢-混凝土组合梁截面构造

钢梁支承的钢筋混凝土桥面板，除了作为组合梁的上翼缘与钢梁共同承担纵向弯矩外，同时作为桥面板还要承担局部荷载引起的横桥向的内力。桥面板通常采用现浇混凝土板和预制混凝土板两种形式，桥面板的底面可以设计成直线形和曲线形，如图 2-3-29 所示。

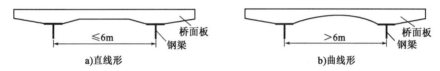

图 2-3-29 桥面板横截面构造

设在钢梁上翼缘板顶面的剪力键是钢梁与混凝土桥面板共同工作的基础。剪力键的作用主要是承受钢梁和混凝土桥面板之间界面上的纵向剪力，抵抗两者之间的相对滑移。组合梁中采用的剪力键种类很多，我国现行《公路钢结构桥梁设计规范》(JTG D64)中采用焊钉剪力键[图 2-3-30a)]、槽钢剪力键[图 2-3-30b)]和开孔板连接件[图 2-3-30c)]，其中以焊钉剪力键应用最为广泛。

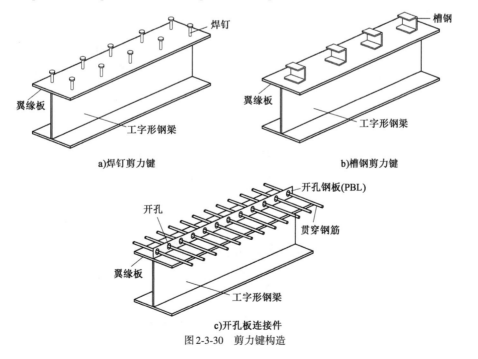

图 2-3-30 剪力键构造

钢-混凝土组合梁桥的构造与设计内容,在"钢桥"课程中介绍,这里不再详述。

三 钢筋混凝土梁桥相关规范规定

现行《混规》对钢筋混凝土梁桥和预应力混凝土梁桥的一般构造、钢筋构造和连接构造均有相关规定(表2-3-2~表2-3-6),在桥梁设计中应遵照执行。

腹板厚度 t_f 和高度 h_f(单位:mm)　　　　　　　　　　　表 2-3-2

类型	竖向预应力钢筋	t_f	承托之间的 h_f
T形梁、I形梁和箱形梁	有	≥ 160	$\leq 20 t_f$
	无		$\leq 15 t_f$
腹板变厚过渡段长		≥ 12 倍腹板厚度差	

翼缘悬臂端厚度 t_0(单位:mm)　　　　　　　　　　　表 2-3-3

类型	预制连接	整体现浇连接	设有桥面横向预应力钢筋
T形梁	≥ 100	≥ 140	
箱形梁	≥ 100		≥ 140

翼缘根部厚度 t_1(单位:mm)　　　　　　　　　　　表 2-3-4

类型	t_1	承托底坡 $\leq 1/3$
T形梁、I形梁	$\geq$ 梁高的 1/10	计入承托厚度
箱形梁顶板与腹板连接处	应设承托	
箱形梁底板与腹板连接处	应设倒角或承托	

简支梁桥刚性连接横隔梁间距　　　　　　　　　　　表 2-3-5

桥型	端横隔梁	跨间横隔梁
装配式T形梁桥、I形梁桥	应设置	梁间横桥向为刚性连接时,间距 ≤ 10m
装配式组合箱梁桥		根据结构的具体情况设置
箱形梁桥	应设置箱内端横隔梁,在条件许可时,应设检查孔	当弯桥内测半径 < 240m 时,则 (1)钢筋混凝土梁:间距 ≤ 10m; (2)预应力混凝土梁:经结构分析确定

预应力混凝土梁构造钢筋规定(单位:mm)　　　　　　　　　　　表 2-3-6

钢筋类型		种类	形式	直径	间距	备注
竖向预应力钢筋					500~1000	若设置时
腹板箍筋	中部	带肋钢筋		T形梁、I形梁:≥ 10;箱形梁:≥ 12	≤ 200	
	端部		闭合式箍筋		≤ 120	自支座中心起长度不小于梁高范围内
马蹄钢筋		箍筋		≥ 8	≤ 200	T形梁、I形梁下部马蹄
		定位钢筋		≥ 12		

拓展小知识

装配式T梁

公路桥梁设计车道数除匝道桥外，一般都大于或等于2车道，因此，桥面设计宽度大于或等于7m，桥跨结构采用装配式T梁时，一般为4~5片梁。当设计车道数增加时，桥面设计宽度增大，T梁的片数相应增多，即由于桥面宽度的不同，公路装配式T梁片数为4~n片梁不等。

铁路桥梁将"一条行车道"称作"一条线路（2条钢轨）"，每条线路下设置2片T梁，如果是单线铁路，桥跨结构为2片T梁，如果是双线铁路，桥跨结构为4片T梁，如果是多线铁路（n条线路），桥跨结构为$2n$片T梁。

由于列车行驶在钢轨上，所以每条线路下的2片T梁翼板并不连接（公路T梁采用企口连接、现浇湿接缝连接等），但为了防止列车横向摇摆力导致T梁发生横移，可采用粗钢筋连接T梁梁肋上相对应的加劲肋。

学习提示

（1）钢筋混凝土梁和预应力混凝土梁

①钢筋混凝土梁构造。钢筋构造除满足受力要求外，还应满足构造要求。例如，钢筋最小间距要求、混凝土保护层要求等，这些构造要求规定可参阅现行《混规》条文说明。

②预应力混凝土梁构造。简支梁跨中产生最大正弯矩、支点弯矩为零，为适应梁的弯矩变化需分段配置预应力束。先张梁是在张拉台座上张拉预应力筋和预制梁，因此，采用预应力筋失效段的方法实现分段配筋要求；后张梁是先预制梁再穿束张拉预应力筋，因此，采用预应力束由跨中向梁端逐渐弯起的方法实现分段配筋要求。

（2）整体式简支梁和装配式简支梁

按施工方法的不同，简支梁分为整体式简支梁（大多采用现浇施工）和装配式简支梁（采用预制装配施工）。整体式简支梁的构造包括一般构造和钢筋构造。装配式简支梁除了一般构造和钢筋构造外，还有连接构造。连接构造方式的不同，将导致梁间荷载传递的大小不同。

装配式简支梁的块件划分原则与方式除了考虑预制、运输和安装等因素外，更重要的是应满足受力要求，拼装接头应尽量设置在内力较小处。

思考与练习

1. 混凝土梁桥如何分类？
2. 装配式简支梁桥主要有哪几种截面形式？各有什么特点？
3. 为什么装配式简支梁桥大跨径多采用T梁，小跨径采用实心(空心)板梁，中等跨径采用小箱梁？
4. 装配式简支梁桥常用的块件划分方式有哪几种？其划分原则是什么？
5. 装配式钢筋混凝土简支T梁为什么要设置横隔梁？
6. 为什么装配式T梁的主梁间距不宜过大，也不宜过小？主梁梁肋不宜过厚，也不宜过薄？
7. 在组合梁中，工字形梁肋为什么上部带宽头、下部设置马蹄？
8. 绘制装配式组合T梁与装配式T梁的应力图，比较两者受力特点有何不同？
9. 装配式梁桥横向联系有哪些方法？为什么《混规》(JTG 3362—2018)规定：宜采用现浇混凝土整体连接(现浇湿接缝连接)？
10. 观察公路装配式T梁与铁路T梁在构造上(一般构造、钢筋构造、横向连接构造)的区别，分析导致这些区别的原因。

第四章 简支梁桥计算

第一节 简支梁桥计算方法

简支梁桥无论是整体式还是装配式的板梁桥、肋梁桥、箱梁桥或组合梁桥,其计算方法可归纳为作用与作用效应设计值计算、结构验算、施工验算等。

一 作用与作用效应设计值计算

装配式的肋梁桥、箱梁桥或组合梁桥,因为梁肋(箱梁腹板)、翼板、横隔梁受力不同,所以应分成几部分分别进行计算。翼板的计算在本章"第二节 行车道板的计算"中介绍,梁肋的计算在本章"第四节 主梁内力计算"中介绍,横隔梁的计算参照本章"第五节 横隔梁内力计算"相关内容。每一部分都要进行以下几方面计算。

1. 永久作用内力计算

永久作用内力计算主要是结构重力的计算。对于预应力混凝土梁,还应计算预应力的作用和混凝土收缩、徐变作用。

2. 可变作用内力计算

可变作用主要包括汽车荷载、人群荷载、汽车冲击力等。其中,汽车荷载的计算是根据桥梁的设计车道数分别在纵向和横向进行最不利布载计算,详见本章第三、第四节内容。

主梁的汽车荷载计算,对于大、中桥纵向采用车道荷载加载计算,对于小桥纵向采用车道荷载或车辆荷载加载计算,取控制者进行设计;横向按设计车道数加载计算。

桥面板的汽车荷载计算,纵向和横向均采用车辆荷载加载计算。

横隔梁的汽车荷载计算,纵、横向布载采用车道荷载或车辆荷载加载计算,取控制者进行设计。

3. 作用组合的效应设计值计算

运用第一篇第三章的知识,根据不同验算项目,将永久作用、可变作用等分别进行作用的最不利组合,并计算各项组合的效应设计值,以便进行结构验算。

桥梁作用计算是"桥梁工程"课程的重点学习内容,必须加以掌握。

二 结构计算与验算

对于混凝土桥梁,依据现行《混规》的相关规定进行计算与验算,主要计算以下内容。

1. 持久状况承载能力极限状态

(1)截面承载力计算与验算。

(2)局部承压计算与验算。

①对预应力混凝土梁进行混凝土局部承压的计算与验算,以确保锚下混凝土在张拉(后

张梁)或放张(先张梁)时不开裂。

②梁底设置支座处应进行局部承压计算与验算。

2. 持久状况正常使用极限状态

(1)裂缝宽度计算与验算

裂缝宽度计算与验算主要针对钢筋混凝土和B类预应力混凝土梁(构件)。

(2)抗裂计算与验算

抗裂计算与验算主要针对预应力混凝土梁(构件)。

(3)挠度计算与验算

挠度计算与验算主要针对钢筋混凝土梁和预应力混凝土梁。

以上各项计算与验算方法已在"结构设计原理"课程中学习,本章不再赘述。

三 施工验算

依据现行《混规》的相关规定进行短暂状况的应力和变形计算与验算。这部分内容已在"结构设计原理"课程中介绍,本章不再赘述。

第二节　行车道板内力计算

一 计算方法

混凝土肋梁桥的翼板(桥面板)是直接承受车辆轮压的混凝土板,与主梁梁肋和横隔梁联结,既保证了梁的整体作用,又将可变作用传递给主梁。

对于整体现浇的T梁桥,梁肋和横(隔)梁之间的矩形桥面板,属于周边支承板,如图2-4-1a)所示。通常,对于这种矩形的四边支承板,当边长比或长宽比(l_a/l_b)≥2时,荷载的绝大部分会沿短跨(l_b)方向传递(图2-4-2),便可近似地按仅由短跨承受荷载的单向受力板(简称单向板)来设计,而长跨方向只要配置适当的构造钢筋即可。对于长宽比(l_a/l_b)<2的板,则称为双向板,需按两个方向的内力分别配置受力钢筋。本节重点介绍单向板的计算。对于长宽比(l_a/l_b)≥2的装配式T梁桥,如果在两片主梁的翼板之间:当采用现浇湿接缝连接[图2-4-1a)]时,两块翼板连接成整体,桥面板按两块翼板组成,属于周边支承板,按单向板设计;当采用钢板联结[图2-4-1b)]时,两块翼板的连接边认为是自由边,桥面板按一块三边支承、一边自由的翼板受力计算,简化为悬臂板;当采用企口连接[图2-4-1c)]时,两块翼板的连接边认为是不承担弯矩的铰接缝联结,桥面板按一块三边支承一边铰接的翼板受力计算,简化为铰接悬臂板。

二 车辆荷载在板上的分布

作用在桥面上的车辆荷载的车轮压力,通过桥面铺装层扩散分布在钢筋混凝土板面上,由于板的计算跨径相对于轮压的分布宽度来说不是很大,在计算中应将轮压作为分布荷载来处理,以免造成较大的计算误差,徒然增加桥面板的材料用量。

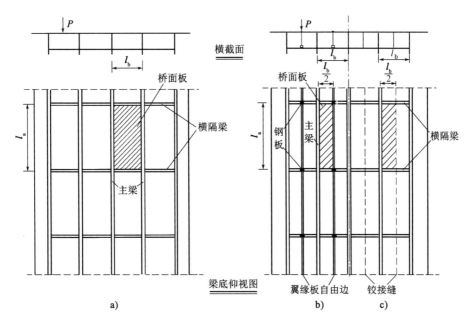

图 2-4-1 梁格构造和桥面板支承方式

车辆荷载的车轮着地面实际接近于椭圆,为简化计算,假定为 $a_2 \times b_2$ 的矩形,a_2 为车轮沿行车方向的着地长度,b_2 为车轮的宽度。车辆荷载的 a_2 和 b_2 值可以从现行《通规》中查得。

作用在混凝土或沥青混凝土铺装面层上的车轮荷载,偏安全地假定以呈 45°角扩散分布于混凝土板面上(图 2-4-3),则最后作用于混凝土桥面板顶面的矩形荷载压力的边长为

$$\left.\begin{array}{ll} 沿行车方向 & a_1 = a_2 + 2H \\ 沿横向 & b_1 = b_2 + 2H \end{array}\right\} \tag{2-4-1}$$

式中:H——铺装层的厚度。

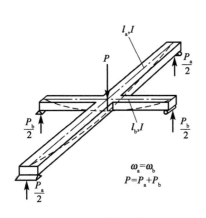

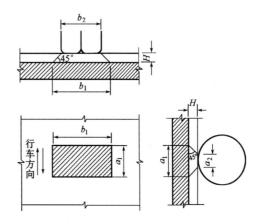

图 2-4-2 荷载的传递　　　图 2-4-3 车辆荷载在板上的分布

据此,当车辆荷载作用于桥面板上时,作用于板面上的局部分布荷载为

$$p = \frac{P_轮}{a_1 b_1} \tag{2-4-2a}$$

式中:$P_轮$——车轮重力,为汽车车轴重力$P_轴$的1/2。

式(2-4-2a)也可写成

$$p = \frac{P_轴}{2a_1 b_1} \qquad (2\text{-}4\text{-}2b)$$

三 有效工作宽度

当荷载以$a_1 \times b_1$的分布面积作用于桥面板时,除了沿计算跨径x方向产生挠曲变形w_x外,沿垂直于计算跨径的y方向也必然发生挠曲变形w_y[图2-4-4a)]。这说明在车辆荷载作用下不仅使直接承压宽度为a_1的板条受力,其邻近的板也参与工作,共同承受车轮荷载所产生的弯矩。

为了计算方便,假设以宽度为a的板均匀承受车轮荷载产生的总弯矩[图2-4-4b)],即

$$M = \int m_x \mathrm{d}y = a \times m_{x,\max} \qquad (2\text{-}4\text{-}3)$$

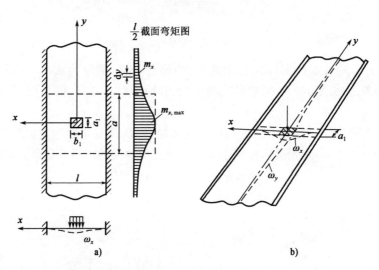

图2-4-4 行车道板的受力状态

则弯矩图形的换算宽度为

$$a = \frac{M}{m_{x,\max}} \qquad (2\text{-}4\text{-}4)$$

式中:a——板的有效工作宽度,或称为荷载有效分布宽度;

M——车轮荷载产生的跨中总弯矩,可直接由结构力学方法计算得到;

$m_{x,\max}$——荷载中心处的最大单位宽度弯矩值,精确解需由板的空间计算得到。

基于大量的理论研究,板的有效工作宽度规定如下。

1. 单向板的荷载有效分布宽度

(1)荷载作用于跨径中间

对于单独一个车轮荷载[图2-4-5a)]为

$$a = a_1 + \frac{l}{3} = a_2 + 2H + \frac{l}{3}, 但不小于 \frac{2}{3}l \qquad (2\text{-}4\text{-}5)$$

式中：l——两梁肋之间板的计算跨径；

其余符号意义同前。

计算弯矩时，$l = l_0 + t \leqslant l_0 + b$；计算剪力时，$l = l_0$。

式中：l_0——板的净跨径；

t——板的厚度；

b——梁肋宽度。

对于几个靠近的相同车轮荷载，如按式(2-4-5)计算所得各相邻荷载的有效分布宽度发生重叠时[图2-4-5b)]，则

$$a = a_1 + d + \frac{l}{3} = a_2 + 2H + d + \frac{l}{3}, 但不小于 \frac{2}{3}l + d \qquad (2\text{-}4\text{-}6)$$

式中：d——最外两个荷载的中心距离。

(2)荷载作用于板的支承处

$$a = a_1 + t = a_2 + 2H + t, 但不小于 \frac{l}{3} \qquad (2\text{-}4\text{-}7)$$

(3)荷载作用于靠近板的支承处

$$a = a_2 + 2H + t + 2x \qquad (2\text{-}4\text{-}8)$$

式中：x——荷载离支承边缘的距离。

这说明荷载由支点处向跨中移动时，相应的有效分布宽度可近似地按45°线过渡。不同荷载位置单向板的有效分布宽度如图2-4-5c)所示。

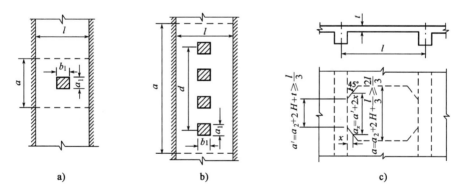

图2-4-5 单向板的荷载有效分布宽度

2. 悬臂板的荷载有效分布宽度

悬臂板在荷载作用下除了直接受载的板条(宽度为a_1)外，相邻板条也发生挠曲变形[图2-4-6b)中w_y]而承受部分弯矩。沿悬臂根部在宽度(y)方向各板条的弯矩分布如图2-4-6a)中m_x所示。根据弹性板理论分析，当板端作用集中力P时，受载板条的最大负弯矩$m_{x,\max} \cong -0.465P$，而荷载引起的总弯矩为$M_0 = -Pl_0$。因此，按最大负弯矩值换算的有效工作宽度为

$$a = \frac{M_0}{m_{x,\max}} = \frac{-Pl_0}{-0.465P} = 2.15l_0$$

可见,悬臂板的有效工作宽度接近于2倍悬臂长度,荷载可近似地按45°角向悬臂板支承处分布,如图2-4-6a)所示。

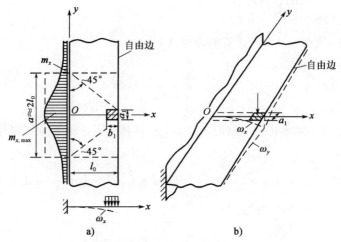

图2-4-6 悬臂板受力状态

我国现行《混规》对规定悬臂板的荷载有效分布宽度(图2-4-7)为

$$a = a_1 + 2b' = a_2 + 2H + 2b' \qquad (2\text{-}4\text{-}9)$$

式中:b'——承重板上荷载压力面外侧边缘至悬臂根部的距离。

对于分布荷载靠近板边的最不利情况,b'就等于悬臂板的净跨径l_0,即

$$a = a_1 + 2l_0 \qquad (2\text{-}4\text{-}10)$$

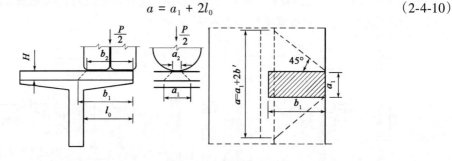

图2-4-7 悬臂板的荷载有效分布宽度计算图式

注:$b_1=b_2+H$

四 内力计算

1. 多跨连续单向板的内力

(1)弯矩计算

从构造上看,行车道板与主梁梁肋是整体连接在一起的,因此,当板上有荷载作用时会促使主梁也发生相应的变形,而这种变形又影响到板的内力。如果主梁的抗扭刚度极大,板的工作就接近于固端梁[图2-4-8a)];反之,板在梁肋支承处为接近自由转动的铰支座,则板的受力就如多跨连续梁体系[图2-4-8c)]。实际上,行车道板和主梁梁肋的支承条件,既不是固端,也不是铰支,而应该考虑是弹性固结的,如图2-4-8b)所示。

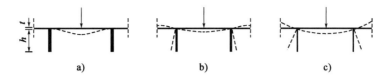

图 2-4-8 主梁扭转对行车道板受力的影响

鉴于行车道板的受力情况比较复杂,影响因素比较多,因此要精确计算板的内力有一定困难。通常采用简便的近似方法进行计算。对于弯矩,先计算出一个跨径相同的简支板的跨中弯矩 M_0,然后根据经验及理论分析的数据加以修正。弯矩修正系数可视板厚 t 与梁肋高度 h 的比值来选用。

当 $t/h<1/4$ 时(主梁抗扭能力大者),有

$$\left.\begin{aligned}M_\text{中} &= +0.5M_0\\M_\text{支} &= -0.7M_0\end{aligned}\right\} \quad (2\text{-}4\text{-}11)$$

当 $t/h \geq 1/4$ 时(主梁抗扭能力小者),有

$$\left.\begin{aligned}M_\text{中} &= +0.7M_0\\M_\text{支} &= -0.7M_0\end{aligned}\right\} \quad (2\text{-}4\text{-}12)$$

式中:M_0——将板当作简支板时,由使用荷载引起的 1m 宽板跨中最大设计弯矩。

M_0 是 M_{0p} 和 M_{0g} 两部分的作用组合,可参考"作用组合的效应设计值计算"。

M_{0p} 为 1m 宽简支板条的跨中可变作用弯矩[图 2-4-9a)]。对于车辆荷载,M_{0p} 可按下式计算:

$$M_{0p} = (1+\mu)\cdot\frac{P_\text{轴}}{8a}\left(l - \frac{b_1}{2}\right) \quad (2\text{-}4\text{-}13)$$

式中:$P_\text{轴}$——轴重,对于车辆荷载应取用加载车后轴的轴重计算;

a——板的有效工作宽度;

l——板的计算跨径;

μ——冲击系数,对于桥面板通常取为 0.3。

M_{0g} 为跨中恒载弯矩,可按下式计算:

$$M_{0g} = \frac{1}{8}gl^2 \quad (2\text{-}4\text{-}14)$$

式中:g——1m 宽板条每延米的恒载重量。

(2)支点剪力计算

对于跨径内只有一个汽车车轮荷载的情况,考虑了相应的有效工作宽度后,每米板宽承受的分布荷载如图 2-4-9b)所示。汽车引起的支点剪力为

$$V_\text{支P} = (1+\mu)(A_1 y_1 + A_2 y_2) \quad (2\text{-}4\text{-}15)$$

其中,将 $p = \dfrac{P_\text{轴}}{2ab_1}$ 代入,矩形部分荷载的合力为

$$A_1 = pb_1 = \frac{P_\text{轴}}{2a} \quad (2\text{-}4\text{-}16)$$

将 $p' = \dfrac{P_\text{轴}}{2a'b_1}$ 代入,三角形部分荷载的合力为

$$A_2 = \frac{1}{2}(p'-p) \times \frac{1}{2}(a-a') = \frac{P_\text{轴}}{8aa'b_1}(a-a')^2 \qquad (2\text{-}4\text{-}17)$$

式中:p、p'——有效工作宽度 a 和 a' 处的荷载强度;

y_1、y_2——荷载合力 A_1 和 A_2 的支点剪力影响线竖标值。

当跨径内不止一个车轮进入时,还应计及其他车轮的影响。

支点恒载剪力 $V_{\text{支}g}$,可按下式计算:

$$V_{\text{支}g} = \frac{1}{2}gl_0 \qquad (2\text{-}4\text{-}18)$$

支点剪力 $V_\text{支}$ 是 $V_{\text{支}g}$ 和 $V_{\text{支}P}$ 两部分的作用组合,其计算可参考"作用组合的效应设计值计算"。

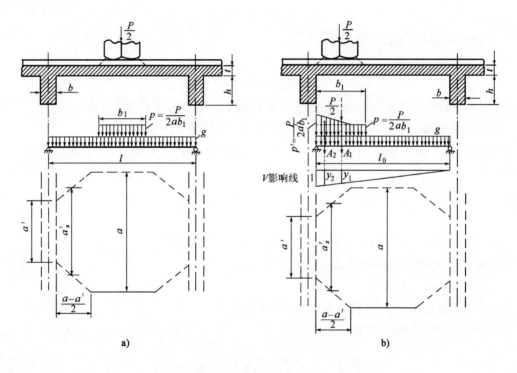

图 2-4-9 单向板内力计算图式

2. 铰接悬臂板的内力

用铰接方式连接的 T 梁翼板其最大弯矩在悬臂根部。在计算可变作用弯矩 $M_{\min,p}$ 时,最不利荷载位置是把车轮荷载对中布置在铰接处[图 2-4-10a)],这时铰内(T 梁翼板端部)的剪力 $V=0$、弯矩 $M=0$,该受力状态与单独受力的静定 T 梁翼板的受力状态相同,故铰接悬臂板可按静定的 T 梁翼板进行受力计算,此时两相邻悬臂板各承受半个车轮荷载,即 $P_\text{轴}/4$,如图 2-4-10b)所示。

每米宽悬臂板在根部的可变作用弯矩为

$$M_{\min,p} = -(1+\mu)\frac{P_{\text{轴}}}{4a}\left(l_0 - \frac{b_1}{4}\right) \quad (2\text{-}4\text{-}19)$$

每米板宽的恒载弯矩为

$$M_{\min,g} = -\frac{1}{2}gl_0^2 \quad (2\text{-}4\text{-}20)$$

式中：l_0——铰接双悬臂板的净跨径；

g——1m 宽板条每延米的恒载重量。

悬臂根部 1m 板宽的总弯矩是 $M_{\min,p}$ 和 $M_{\min,g}$ 两部分的作用组合。

悬臂根部截面的剪力可按铰接悬臂板[图 2-4-10c)]根部截面的剪力影响线加载计算，也可以偏安全地按一般悬臂板的图式计算，这里从略。

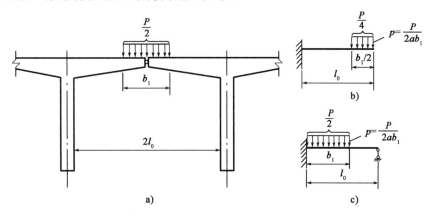

图 2-4-10 铰接悬臂板内力计算图式

3. 悬臂板的内力

对于沿纵缝不相连接的悬臂板，在计算根部最大弯矩时，应将车轮荷载靠板的边缘布置，此时 $b_1 = b_2 + H$，如图 2-4-11a)所示。永久作用和可变作用的弯矩值可通过结构力学方法求得。

可变作用弯矩为

$$M_{\min,p} = -(1+\mu)\cdot\frac{1}{2}pl_0^2 = -(1+\mu)\cdot\frac{P}{4ab_1}\cdot l_0^2 \quad (b_1 \geqslant l_0) \quad (2\text{-}4\text{-}21)$$

或

$$M_{\min,p} = -(1+\mu)\cdot pb_1\left(l_0 - \frac{b_1}{2}\right) = -(1+\mu)\cdot\frac{P}{2a}\left(l_0 - \frac{b_1}{2}\right) \quad (b_1 < l_0) \quad (2\text{-}4\text{-}22)$$

式中：p——汽车荷载作用在每米宽板条上的每延米荷载强度，$p = \dfrac{P}{2ab_1}$；

l_0——悬臂板的长度。

恒载弯矩（近似值）为

$$M_{\min,g} = -\frac{1}{2}gl_0^2 \quad (2\text{-}4\text{-}23)$$

式中：g——1m 宽板条每延米的恒载重量。

同理可得，1m宽板条的最大设计弯矩是 $M_{\min,p}$ 和 $M_{\min,g}$ 两部分的作用组合。剪力计算这里从略。

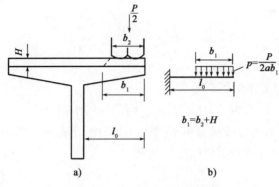

图 2-4-11　悬臂板内力计算图式

五　作用组合的效应设计值计算

计算出永久作用和可变作用内力后，进行板的承载能力验算时，按作用的基本组合求得作用组合的效应设计值；进行正常使用验算（开裂）时，按作用的频遇组合和准永久组合求作用效应设计值。

【**例2-4-1**】　计算图2-4-12所示T梁翼板所构成铰接悬臂板的设计内力。桥面铺装为5cm的沥青混凝土面层（重度为23kN/m³）和平均7cm厚防水混凝土垫层（重度为24kN/m³），T梁翼板的重度为25kN/m³。汽车荷载采用车辆荷载。

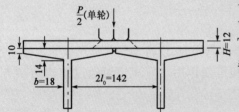

图 2-4-12　T梁横截面图（尺寸单位：cm）

解：

1. 永久作用（按纵向1m宽的板条计算）

（1）每延米板条上恒载 g 的计算（表2-4-1）

每延米板条上的恒载　　　　　　　　　　表2-4-1

沥青混凝土面层 g_1	$0.05 \times 1.0 \times 23\text{kN/m} = 1.15\ (\text{kN/m})$
C25混凝土垫层 g_2	$0.07 \times 1.0 \times 24\text{kN/m} = 1.68\ (\text{kN/m})$
T梁翼板自重 g_3	$\dfrac{0.10+0.14}{2} \times 1.0 \times 25\text{kN/m} = 3.00\ (\text{kN/m})$
合计	$g = \Sigma g_i = 5.83\ (\text{kN/m})$

（2）每米宽板条的恒载弯矩 $M_{\min,gk}$ 和剪力 V_{Agk}

① 永久作用标准值

$$M_{\min,gk} = -\frac{1}{2}gl_0^2 = -\frac{1}{2} \times 5.83 \times 0.71^2 = -1.469(\text{kN}\cdot\text{m})$$

$$V_{Agk} = g \cdot l_0 = 5.83 \times 0.71 = 4.139(\text{kN})$$

②永久作用设计值

$M_{\min,gd} = \gamma_{G_1} \cdot M_{\min,gk} = 1.2 \times (-1.469) = -1.763 (kN \cdot m)$

$V_{Agd} = \gamma_{G_1} \cdot V_{Agk} = 1.2 \times 4.139 = 4.967 (kN)$

2. 汽车荷载（可变作用）

汽车荷载选用车辆荷载进行加载计算。将车辆的后轮作用于铰缝轴线上（图2-4-12），后轴作用力标准值为 $P = 140kN$，轮压分布宽度如图2-4-13所示；后轮着地宽度为 $b_2 = 0.60m$，着地长度为 $a_2 = 0.20m$，则

$a_1 = a_2 + 2H = 0.20 + 2 \times 0.12 = 0.44(m)$

$b_1 = b_2 + 2H = 0.60 + 2 \times 0.12 = 0.84(m)$

荷载对于悬臂根部的有效分布宽度为

$a = a_1 + d + 2l_0 = 0.44 + 1.4 + 2 \times 0.71 = 3.26(m)$

根据现行《通规》的规定：汽车荷载的局部加载及在T梁、箱梁悬臂板上的冲击系数采用1.3。

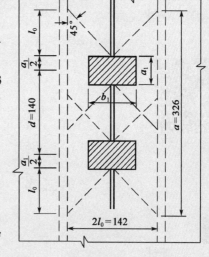

图2-4-13 车辆荷载的计算图式（尺寸单位：cm）

①汽车荷载标准值

作用于每米宽板条上的弯矩（未考虑冲击力时）为

$M_{\min,pk} = -\dfrac{P \times 2}{4a}\left(l_0 - \dfrac{b_1}{4}\right) = -\dfrac{140 \times 2}{4 \times 3.26} \times \left(0.71 - \dfrac{0.84}{4}\right) = -10.736(kN \cdot m)$

作用于每米宽板条上的剪力（未考虑冲击力时）为

$V_{Apk} = \dfrac{P \times 2}{4a} = \dfrac{140 \times 2}{4 \times 3.26} = 21.472(kN)$

②汽车荷载设计值

$M_{\min,pd} = \gamma_{Q_1} \cdot \gamma_L \cdot M_{\min,pk} = 1.8 \times 1.0 \times (-10.736) = -19.325(kN \cdot m)$

$V_{Apd} = \gamma_{Q_1} \cdot \gamma_L \cdot V_{Apk} = 1.8 \times 1.0 \times 21.472 = 38.650(kN)$

③汽车荷载频遇值

$M_{\min,pfd} = \psi_{f1} \cdot M_{\min,pk} = 0.7 \times (-10.736) = -7.515(kN \cdot m)$

$V_{Apfd} = \psi_{f1} \cdot V_{Apk} = 0.7 \times 21.472 = 15.030(kN)$

④汽车荷载准永久值

$M_{\min,pqd} = \psi_{q1} \cdot M_{\min,pk} = 0.4 \times (-10.736) = -4.294(kN \cdot m)$

$V_{Apqd} = \psi_{q1} \cdot V_{Apk} = 0.4 \times 21.472 = 8.589(kN)$

3. 作用组合的效应设计值

(1) 基本组合（永久作用设计值与可变作用设计值相组合）

$M_{ud} = \gamma_0 \cdot [M_{\min,gd} + (1+\mu) \cdot M_{\min,pd}] = 1.1 \times [(-1.763) + 1.3 \times (-19.325)] = -29.574(kN \cdot m)$

$V_{ud} = \gamma_0 \cdot [V_{Agd} + (1+\mu) \cdot V_{Apd}] = 1.1 \times (4.967 + 1.3 \times 38.650) = 60.733(kN)$

(2) 频遇组合（永久作用标准值与汽车荷载频遇值相组合）

$M_{fd} = M_{\min,gk} + M_{\min,pfd} = (-1.469) + (-7.515) = -8.984(kN \cdot m)$

$$V_{fd} = V_{Agk} + V_{Apfd} = 4.139 + 15.030 = 19.169(\text{kN})$$

(3)准永久组合(永久作用标准值与汽车荷载准永久值相组合)

$$M_{qd} = M_{\min,gk} + M_{\min,pqd} = (-1.469) + (-4.294) = -5.763(\text{kN}\cdot\text{m})$$

$$V_{qd} = V_{Agk} + V_{Apqd} = 4.139 + 8.589 = 12.728(\text{kN})$$

第三节　荷载横向分布计算

一 概述

一座由多片主梁组成,并通过横隔梁、桥面板等横向连接构成一个整体的梁桥[图2-4-14a)],当桥上有荷载 P 作用时,由于结构的横向刚性必然会使所有主梁不同程度地分担荷载 P,而且,荷载作用的纵、横位置不同,各梁分担的荷载及其内力、变形也会发生变化,因此,桥中的各片梁组成的上部结构是一个空间受力结构。

为了便于实用计算,设计中把空间受力简化成平面受力来分析:首先从横桥向确定出某根主梁所分担的荷载,然后再沿桥纵向确定该梁某一截面的内力,即

$$S = P \cdot \eta(x,y) \approx P \cdot \eta_2(y) \cdot \eta_1(x) \tag{2-4-24}$$

式中：S——某根主梁某一截面的内力值；

$\eta(x,y)$——该主梁某一截面的内力影响面；

$\eta_1(x)$——该单梁在桥纵向(x轴方向)某一截面的内力影响线；

$\eta_2(y)$——单位荷载沿桥面横向(y轴方向)作用在不同位置时,该单梁所分配的荷载比值变化曲线,也称作对于某梁的荷载横向分布影响线。

式(2-4-24)又可写作

$$S = P \cdot \eta(x,y) \approx P' \cdot \eta_1(x)$$

即令

$$P' = P \cdot \eta_2(y) \tag{2-4-25}$$

表示当 P 作用于 $a(x,y)$ 点时沿横桥向分布给该梁的荷载[图2-4-14b)]。该单梁的内力影响线 $\eta_1(x)$ 可利用"结构力学"中的方法求得。本节要解决的问题是怎样求得荷载横向分布影响线。

什么是荷载横向分布系数？图2-4-15a)表示桥上作用着一辆前后轮各重 P_1 和 P_2 的汽车荷载,相应的轮重为 $P_1/2$ 和 $P_2/2$。如果要计算3号梁 k 点的截面内力,可先用对于3号梁的荷载横向分布影响线求出桥上横向各排轮重对该梁分布的总荷载(按横向最不利荷载位置求最大值),然后利用这些荷载通过单梁 k 点的截面内力影响线来计算3号梁该截面的最大内力值。

显然，如果桥梁的结构一定，轮重在桥上的位置也确定，则分布至3号梁的荷载也是一个定值。在桥梁设计中，通常用一个表征荷载分布程度的系数m与轴重的乘积来表示这个定值，因此前后轮轴的两排轮重分布至3号梁的荷载可分别表示为mP_1和mP_2[图2-4-15b)]。这个m称为荷载横向分布系数，表示某根主梁(这里指3号梁)所承担的最大荷载对各个轴重的倍数(通常小于1)。

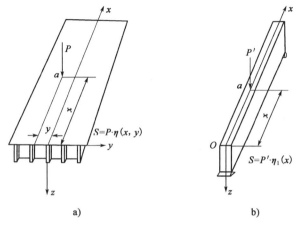

图2-4-14 主梁荷载分布

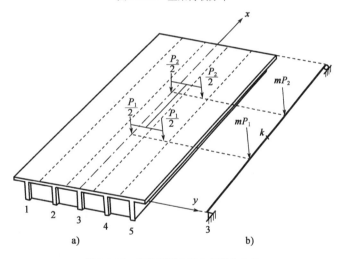

图2-4-15 车轮荷载在桥上的横向分布

显然，同一座桥梁内各根梁的荷载横向分布系数m是不相同的，不同类型的荷载(如汽车荷载、人群荷载等)的m值也各异，而且荷载在梁上沿纵向的位置对m也有影响。这些问题将在以后的各节中加以阐明。我们在分析桥梁结构具有不同横向连接刚度时，对于荷载横向分布的影响。

假设图2-4-16表示5根主梁所组成的桥梁在跨径内承受荷载P的跨中横截面。图2-4-16a)表示主梁与主梁间没有任何联系的结构，此时若中梁的跨中有集中力P的作用，则全桥中只有直接承载的中梁受力。也就是说，该梁的横向分布系数$m=1$，显然这种结构形式整体性差，而且是很不经济的。

然而，一般钢筋混凝土或预应力混凝土梁桥实际结构情况是：各根主梁虽通过横向结构联成整体，但是横向结构的刚度并非无穷大。因此，在相同的荷载P作用下，各根主梁将按照某种复杂的规律变形[图2-4-16b)]，此时中梁的挠度w_b必然小于w_a而大于w_c，设中梁所受的荷载为mP,则其横向分布系数m也必然小于1而大于0.2。由此可见,桥上荷载横向分布的规律与结构的横向连接刚度有着密切关系。当横向连接刚度越大时,荷载横向分布作用越显著,各主梁的负担也越趋均匀。

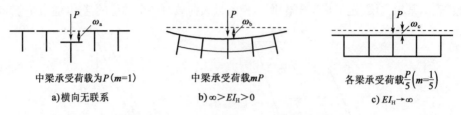

图2-4-16 不同横向刚度时主梁的变形和受力情况

我们再分析图2-4-16c)的情况,如果将各主梁相互间借横隔梁和桥面刚性连接起来,并且假定横隔梁的刚度接近无穷大($EI_H \approx \infty$),则在同样的荷载P作用下,由于横隔梁无弯曲变形,因此所有5根梁将共同参与受力。此时5根梁的挠度均相等,荷载P由5根梁均匀分担,每梁只承受$1/5P$,即各梁的横向分布系数$m=0.2$。

在实践中,由于施工特点、构造设计等的不同,钢筋混凝土和预应力混凝土梁桥上可能采用不同类型的横向结构。为使荷载横向分布的计算能更好地适应各种类型的结构特性,需要按不同的横向结构简化计算模型拟定出相应的计算方法。根据各种梁桥不同的横向联系构造建立计算模型,有以下几种荷载横向分布计算方法:

(1)杠杆原理法,是将横向结构(桥面板和横隔梁)视作在主梁上断开而简支在其上的简支梁。

(2)偏心压力法(又称作"刚性横梁法"),是将横隔梁视作刚性极大的梁;当计及主梁抗扭刚度影响时,此法又称为修正偏心压力法。

(3)横向铰接板(梁)法,是将相邻板(梁)之间视作铰接,只传递剪力。

(4)横向刚接梁法,是将相邻主梁之间视作刚性连接,即传递剪力和弯矩。

(5)比拟正交异性板法,是将主梁和横隔梁的刚度换算成正交两个方向刚度不同的比拟弹性平板来求解。

上列各种实用的计算方法具有共同特点:从分析荷载在桥上的横向分布出发,求得各梁的荷载横向分布影响线,从而通过荷载横向最不利布置来计算荷载横向分布系数m。有了作用于单梁上的最大荷载,就能按熟知的方法求得主梁的可变作用内力值。

下面分别介绍各种计算荷载横向分布系数方法的基本原理和举例。

二 杠杆原理法

按杠杆原理法进行荷载横向分布计算的基本假定是忽略主梁之间横向结构的联系作用,即假设桥面板在主梁梁肋处断开,而当作沿横向支承在主梁上的简支梁或悬臂梁来考虑,如图2-4-17b)所示。

杠杆原理法适用于荷载位于靠近主梁支点时的荷载横向分布计算。此时,主梁的支承刚度远大于主梁间横向联系的刚度,荷载作用于某处时,基本上由相邻的两片梁分担,并传递给支座,其受力特性与杠杆接近。杠杆原理法也可用于双主梁桥(图2-4-18),或横向联系很弱的无中横隔梁的桥梁。

为了计算主梁所受的最大荷载,通常可利用反力影响线来进行计算,在此情况下,也就是计算荷载横向分布系数的横向影响线。利用上述假定作出主梁的荷载横向分布影响线,即当移动的单位荷载 $P=1$ 作用于计算梁上时,该梁承担的荷载为1;当 P 作用于相邻或其他梁上时,该梁承担的荷载为零,该梁与相邻梁之间荷载按线性变化,如图2-4-17c)所示。

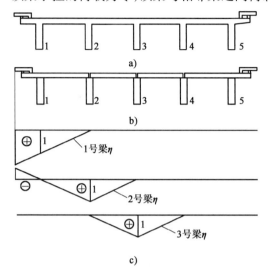

图2-4-17 杠杆原理法

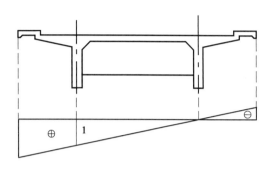

图2-4-18 杠杆原理法计算双主梁桥的横向分布系数

有了各根主梁的荷载横向影响线,就可以根据车辆荷载、人群荷载等各种可变作用的最不利荷载位置求得相应的横向分布系数 m_{0q}、m_{0r},这里 m_0 表示按杠杆原理法计算的荷载横向分布系数,脚标 q、r 相应表示车辆荷载和人群荷载。

尚需注意,采用杠杆原理法计算时,应当分别计算几根主梁各自的横向分布系数,以便得到受载最大的主梁的最大内力并将其作为设计依据。

对于一般多梁桥,不论跨径内有无中横隔梁,当桥上荷载作用在靠近支点处时(如计算支点剪力时的情形),荷载的绝大部分通过相邻的主梁直接传至墩台,再从集中荷载直接作用在端横隔梁上的情形来看,虽然端横隔梁是连续于几根主梁之间的,但由于不考虑支座的弹性压缩和主梁本身的微小压缩变形,荷载将主要传至两个相邻的主梁支座,即连续端横隔梁的支点反力与多跨简支梁的反力相差不多。因此,在实际工程中,人们习惯偏于安全地用杠杆原理法来计算荷载位于靠近主梁支点时的横向分布系数。

杠杆原理法用于横向联系很弱的无横隔梁桥梁的荷载横向分布系数计算时,通常对于中间主梁会偏大些,而对于边梁则会偏小。对于无横隔梁的装配式箱形梁桥的初步设计,在绘制主梁荷载横向影响线时,可以假设箱形截面是不变形的,即箱梁内的竖标值为等于1的常数,如图2-4-19所示。

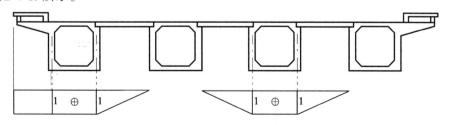

图2-4-19 无横隔梁的装配式箱形梁桥的主梁横向影响线

【例2-4-2】 图2-4-20a)所示为一桥面净空为净-7m+2×1.0m人行道的钢筋混凝土T梁桥,共设5根主梁。试计算:荷载位于支点处时1号梁和2号梁相应于汽车荷载和人群荷载的横向分布系数。

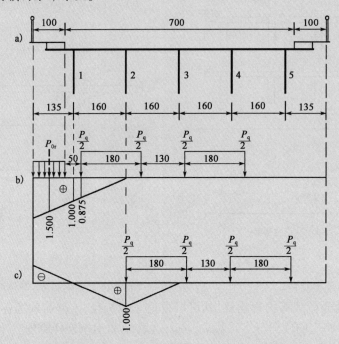

图2-4-20 按杠杆原理法计算横向分布系数(尺寸单位:cm)

解:

当荷载位于支点处时,应采用杠杆原理法计算荷载横向分布系数。

(1)绘制1号梁和2号梁的荷载横向分布影响线,如图2-4-20b)、c)所示。

(2)在横向影响线上确定荷载沿横向最不利的布置位置,并计算相应于荷载位置的影响线竖标值。

例如,对于汽车荷载,规定的汽车横向轮距为1.80m,两列汽车车轮的横向最小间距为1.30m,车轮距离人行道缘石的最小距离为0.50m。人群荷载应在人行道宽度范围内满布。

(3)求荷载横向分布系数。

求出相应于荷载位置的横向影响线竖标值后,就可得到横向所有荷载分布给1号梁的最大荷载值为

汽车荷载:$\max A_{1q} = \sum \left(\dfrac{P_q}{2} \cdot \eta_q \right) = \dfrac{1}{2} \sum \eta_q \cdot P_q = \dfrac{1}{2} \times 0.875 \times P_q = 0.438 P_q$

人群荷载:$\max A_{1r} = \eta_r \cdot P_r \cdot 1.0 = 1.500 \times P_r \times 1.0 = 1.500 P_{0r}$

式中:P_q、P_{0r}——汽车荷载轴重和每沿米跨长的人群荷载集度;

η_q、η_r——汽车车轮和人群荷载集度的横向影响线竖标。

由此可得,1号梁在汽车荷载和人群荷载作用下的最不利荷载横向分布系数分别为

$$m_{01q} = 0.438 \quad m_{01r} = 1.500$$

同理,按图2-4-20c)可计算得2号梁的最不利荷载横向分布系数分别为
$$m_{02q}=0.500 \quad m_{02r}=0$$
这里,在人行道上没有布载,因为人行道荷载引起的负反力在考虑荷载组合时反而会减小2号梁的受力。

当各根主梁的荷载横向分布系数 m_0 求得后,通常就取 m_0 最大的这根梁按常规方法来计算截面内力,这在以后还要详细阐明。

三 偏心压力法和修正偏心压力法

1. 偏心压力法

偏心压力法的基本前提:①在车辆荷载作用下,中横隔梁可近似地看作1根刚度无穷大的刚性梁,横隔梁全长呈直线变形;②忽略主梁的抗扭刚度,即不计入主梁对横隔梁的抵抗扭矩。

如图2-4-21a)所示,图中 ω_i 表示桥跨中央各主梁的竖向挠度。基于横隔梁无限刚性的假定,偏心压力法也称为刚性横梁法。

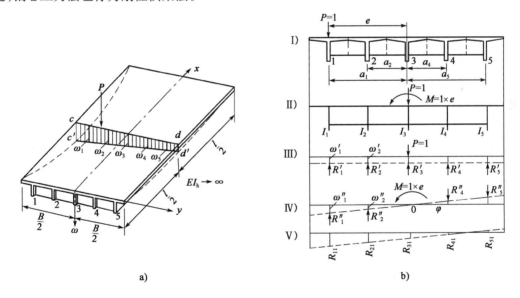

图2-4-21 偏心压力法

采用偏心压力法计算荷载横向分布适用于桥上具有可靠的横向联系,且桥的宽跨比 B/l 小于或接近0.5的情况时(一般称为窄桥)的跨中区域的荷载横向分布影响线。

遵循在弹性范围内某根主梁所承受的荷载 R_i 与该荷载所产生的跨中弹性挠度 ω_i 成正比的原则,可以得出:在中横隔梁刚度相当大的窄桥上,沿横桥向偏心布置可变作用,总是靠近可变作用一侧的边主梁受载最大。

如图2-4-21b)中的Ⅰ)所示,对于具有近似刚性中横隔梁的结构,坐标原点取桥面中心。

偏心荷载$P=1$可以用作用于桥轴线的中心荷载$P=1$和偏心力矩$M=1 \cdot e$替代,分别求出这两种情况下1号主梁所承担的力,然后进行叠加,如图2-4-21b)中的Ⅱ)所示。

(1)中心荷载$P=1$的作用[图2-4-21b)中Ⅲ)]。

由于中心荷载作用下,刚性中横梁整体向下平移,则各主梁的跨中挠度相等,即

$$\omega'_1 = \omega'_2 = \cdots = \omega'_n \tag{2-4-26}$$

根据材料力学,作用于简支梁跨中的荷载(主梁所分担的荷载)与挠度的关系为

$$\omega'_i = \frac{R'_i l^3}{48EI_i} \quad \text{或} \quad R'_i = \alpha I_i \omega'_i \tag{2-4-27}$$

式中:I_i——桥梁横截面内各主梁的惯性矩;

$\alpha = \dfrac{48E}{l^3} = $ 常数(E为梁体材料的弹性模量)。

由静力平衡条件可得

$$\sum_{i=1}^{n} R'_i = \alpha \omega'_i \sum_{i=1}^{n} I_i = 1$$

故

$$\alpha \omega'_i = \frac{1}{\sum\limits_{i=1}^{n} I_i} \tag{2-4-28}$$

将式(2-4-28)代入式(2-4-27),即得中心荷载$P=1$在各梁间的荷载分布为

$$R'_i = \frac{I_i}{\sum\limits_{i=1}^{n} I_i} \tag{2-4-29}$$

当各主梁截面相同时,即$I_1 = I_2 = \cdots = I_n = I$,则

$$R'_i = \frac{1}{n} \tag{2-4-30}$$

(2)偏心力矩$M = 1 \cdot e$的作用[图2-4-21b)中的Ⅳ)]。

在偏心力矩$M = 1 \cdot e$作用下,桥的横截面产生绕中心点O的转角φ,因此各主梁的跨中挠度为

$$\omega''_i = a_i \tan \varphi \tag{2-4-31}$$

式中:a_i——各片主梁梁轴到横截面形心的距离。

根据力矩平衡条件,有

$$\sum_{i=1}^{n} R''_i \cdot a_i = 1 \cdot e \tag{2-4-32}$$

再根据反力与挠度成正比的关系,有

$$R''_i = \alpha I_i \omega''_i \tag{2-4-33}$$

即

$$R''_i = \alpha I_i \cdot a_i \tan \varphi = \beta a_i I_i \quad (\beta = \alpha \tan \varphi) \tag{2-4-34}$$

将式(2-4-34)代入式(2-4-32),则得

$$\beta = \frac{e}{\sum\limits_{i=1}^{n} a_i^2 I_i} \tag{2-4-35}$$

将式(2-4-35)代入式(2-4-34),则得

$$R_i'' = \frac{a_i e I_i}{\sum_{i=1}^{n} a_i^2 I_i} \tag{2-4-36}$$

注意:当式(2-4-36)中的荷载位置e和梁位a_i位于形心轴同侧时,应取正号;反之则应取负号。

当各主梁截面相同时,即$I_1 = I_2 = \cdots = I_n = I$,则

$$R_i'' = \frac{a_i e}{\sum_{i=1}^{n} a_i^2} \tag{2-4-37}$$

(3)偏心距离为e的单位荷载$P=1$对各主梁的总作用[图2-4-21b)中的Ⅴ)]。

将式(2-4-29)和式(2-4-36)相叠加,得

$$R_{ie} = \frac{I_i}{\sum_{i=1}^{n} I_i} + \frac{e a_i I_i}{\sum_{i=1}^{n} a_i^2 I_i} \tag{2-4-38}$$

这就是i号主梁的荷载横向影响线在荷载P作用位置处的竖标值η_{ie}。

同理,当$P=1$位于k号梁轴上($e = a_k$)时,对i号主梁的总作用的一般公式为

$$\eta_{ik} = R_{ik} = \frac{I_i}{\sum_{i=1}^{n} I_i} + \frac{a_i a_k I_i}{\sum_{i=1}^{n} a_i^2 I_i} \tag{2-4-39}$$

由式(2-4-39)可以看出,当桥跨的横截面尺寸确定后,i号主梁的荷载横向影响线在各处的竖标值η_{ie}只与荷载偏心距e相关,即η_{ie}呈直线变化。因此,实际上只要计算荷载P作用在两根边梁上的竖标值,就可得到i号梁的荷载横向分布影响线。

比如,图2-4-21中1号梁的荷载横向分布影响线,即可通过求η_{11}和η_{51}得到

$$\left.\begin{array}{l} \eta_{11} = R_{11} = \dfrac{I_1}{\sum_{i=1}^{n} I_i} + \dfrac{a_1^2 I_1}{\sum_{i=1}^{n} a_i^2 I_i} \\[2ex] \eta_{51} = R_{51} = \dfrac{I_1}{\sum_{i=1}^{n} I_i} - \dfrac{a_1^2 I_1}{\sum_{i=1}^{n} a_i^2 I_i} \end{array}\right\} \tag{2-4-40}$$

当各主梁截面均相同时,则式(2-4-40)可简化成

$$\left.\begin{array}{l} \eta_{11} = \dfrac{1}{n} + \dfrac{a_1^2}{\sum_{i=1}^{n} a_i^2} \\[2ex] \eta_{51} = \dfrac{1}{n} - \dfrac{a_1^2}{\sum_{i=1}^{n} a_i^2} \end{array}\right\} \tag{2-4-41}$$

有了荷载横向影响线,就可以根据荷载沿横向的最不利位置来计算相应的横向分布系数,从而求得所受的最大荷载。

【例2-4-3】 标准跨径$L_k=20$m,计算跨径$l=19.50$m的桥梁横截面如图2-4-22a)所示。试按偏心压力法求荷载位于跨中时1号边梁的荷载横向分布系数m_{cq}(汽车荷载)和m_{cr}(人群荷载)。

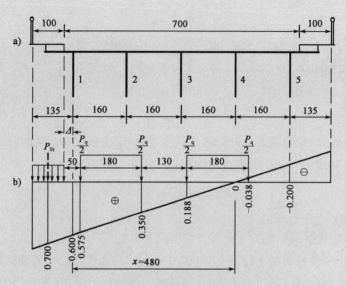

图 2-4-22 按偏心压力法计算横向分布系数(尺寸单位:cm)

解：

此桥在跨径内设有横隔梁，具有强大的横向连接刚性，且承重结构的长宽比为

$$\frac{l}{B} = \frac{19.50}{5 \times 1.60} = 2.4 > 2$$

可按偏心压力法来绘制横向影响线并计算横向分布系数 m_c。

本桥各根主梁的横截面均相等，即 $n=5$，主梁间距为 1.6m，则

$$\sum_{i=1}^{5} a_i^2 = a_1^2 + a_2^2 + a_3^2 + a_4^2 + a_5^2$$

$$= (2 \times 1.60)^2 + 1.60^2 + 0 + (-1.60)^2 + [2 \times (-1.60)]^2 = 25.60 (m^2)$$

$$\eta_{11} = \frac{1}{n} + \frac{a_1^2}{\sum_{i=1}^{5} a_i^2} = \frac{1}{5} + \frac{(2 \times 1.60)^2}{25.60} = 0.60$$

$$\eta_{15} = \frac{1}{n} - \frac{a_1^2}{\sum_{i=1}^{5} a_i^2} = \frac{1}{5} - \frac{(2 \times 1.60)^2}{25.60} = -0.20$$

由 η_{11} 和 η_{15} 绘制 1 号梁横向影响线[图 2-4-22b)]，图中按现行《通规》规定确定了汽车荷载的最不利荷载位置，再由 η_{11} 和 η_{15} 计算横向影响线的零点位置。假设零点位置至 1 号梁位的距离为 x，则

$$\frac{x}{0.60} = \frac{4 \times 1.60 - x}{0.20}$$

解得 $x = 4.80m$，正好在 4 号梁位处。零点位置已知后，就可以求出相应于各个荷载位置的横向影响线竖标值 η_q、η_r。

假设人行道缘石至 1 号梁轴线的距离为 Δ，则

$$\Delta = \frac{7.00 - 4 \times 1.60}{2} = 0.30m$$

于是,1号梁的可变作用横向分布系数可计算如下(以 x_q 和 x_r 分别表示影响线零点至汽车车轮和人群荷载集度的横坐标距离):

汽车荷载:
$$m_{cq} = \frac{1}{2}\sum \eta_q = \frac{1}{2}(\eta_{q1} + \eta_{q2} + \eta_{q3} + \eta_{q4})$$
$$= \frac{1}{2} \cdot \frac{\eta_{11}}{x}(x_{q1} + x_{q2} + x_{q3} + x_{q4})$$
$$= \frac{1}{2} \times \frac{0.60}{4.80}(4.60 + 2.80 + 1.50 - 0.30) = 0.538$$

人群荷载:
$$m_{cr} = \eta_r = \frac{\eta_{11}}{x} \cdot x_r = \frac{0.60}{4.80} \times \left(4.80 + 0.3 + \frac{1.0}{2}\right) = 0.700$$

求得1号梁的可变作用横向分布系数后,就可得到可变作用分布至该梁的最大荷载值。

2. 考虑主梁抗扭刚度的修正偏心压力法

偏心压力法具有概念清楚、公式简明和计算方便等优点。然而其在推演中由于作了横隔梁近似绝对刚性和忽略主梁抗扭刚度的两项假定,这就导致了边梁受力偏大的计算结果。因此,在实用计算中也有将按偏心压力法求得的边梁最大横向分布系数乘以0.9加以约略折减的方法。

为了弥补偏心压力法的不足,国内外也广泛地采用考虑主梁抗扭刚度的修正偏心压力法。这一方法既不失偏心压力法的优点,又避免了结果偏大的缺陷。由此可见,修正偏心压力法是一个具有较高实用价值的近似方法。

由前述的偏心压力法可知,荷载横向影响线坐标的公式为

$$R_{ie} = \frac{I_i}{\sum_{i=1}^{n} I_i} + \frac{ea_i I_i}{\sum_{i=1}^{n} a_i^2 I_i} \tag{2-4-42}$$

式(2-4-42)等号右边的第一项是由中心荷载 $P=1$ 引起的,此时各主梁只发生挠曲而无转动,显然与主梁的抗扭无关;第二项是由偏心力矩 $M = 1 \cdot e$ 的作用所引起,此时由于截面的转动,各主梁不仅发生竖向挠度,而且会同时引起扭转,但在计算式中没有计入主梁的抗扭作用。因此,要计入主梁的抗扭影响,只需对等式第二项给予修正。

下面研究跨中垂直于桥轴平面内有外力矩 $M = 1 \cdot e$ 作用时桥梁的变形和受力情况。如图2-4-23a)所示,此时每根主梁除产生不同的挠度 ω_i'' 外尚转动一个相同的 φ 角[图2-4-23b)]。假设荷载通过跨中的刚性横梁传递,截出此横隔梁作为脱离体来分析,可得各根主梁对横隔梁的反作用为竖向力 R_i'' 和抗扭矩 M_{Ti}[图2-4-23c)]。

根据平衡条件:
$$\sum_{i=1}^{n} R_i'' a_i + \sum_{i=1}^{n} M_{Ti} = 1 \cdot e \tag{2-4-43}$$

由材料力学知,简支梁考虑自由扭转时跨中截面扭矩与扭角以及竖向力与挠度的关系为

$$\varphi = \frac{lM_{Ti}}{4GI_{Ti}} \tag{2-4-44a}$$

$$\omega_i'' = \frac{R_i'' l^3}{48EI_i} \tag{2-4-44b}$$

式中：l——为简支梁的跨径；
　　　I_{Ti}——梁的抗扭惯性矩；
　　　G——材料的剪切模量；
　　　其余符号意义同前。

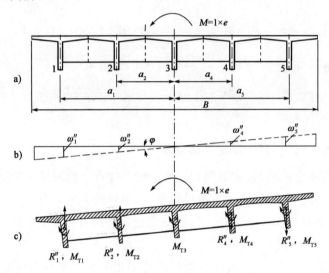

图 2-4-23　考虑主梁抗扭的计算图式

由图 2-4-23b）几何关系可知：

$$\varphi \approx \tan\varphi = \frac{\omega_i''}{a_i} \tag{2-4-45}$$

将式（2-4-44b）代入式（2-4-45），则得

$$\varphi = \frac{R_i'' l^3}{48 a_i EI_i} \tag{2-4-46}$$

将式（2-4-46）代入式（2-4-44a），则得

$$M_{Ti} = R_i'' \cdot \frac{l^2 G I_{Ti}}{12 a_i EI_i} \tag{2-4-47}$$

为了计算任意 k 号梁的荷载，利用几何关系和式（2-4-44b），则

$$\frac{\omega_i''}{\omega_k''} = \frac{a_i}{a_k} = \frac{\dfrac{R_i''}{I_i}}{\dfrac{R_k''}{I_k}}$$

即

$$R_i'' = R_k'' \cdot \frac{a_i I_i}{a_k I_k} \tag{2-4-48}$$

将式（2-4-47）和式（2-4-48）代入平衡条件式（2-4-43），则

$$\sum_{i=1}^{n} R_k'' \cdot \frac{a_i^2 I_i}{a_k I_k} + \sum_{i=1}^{n} R_k'' \cdot \frac{a_i I_i}{a_k I_k} \cdot \frac{l^2 G I_{Ti}}{12 a_i EI_i} = e$$

$$R_k'' \cdot \frac{1}{a_k I_k} \left(\sum_{i=1}^{n} a_i^2 I_i + \frac{G l^2}{12 E} \sum_{i=1}^{n} I_{Ti} \right) = e$$

于是:

$$R''_k = \frac{ea_k I_k}{\sum_{i=1}^n a_i^2 I_i + \frac{Gl^2}{12E}\sum_{i=1}^n I_{Ti}} = \frac{ea_k I_k}{\sum_{i=1}^n a_i^2 I_i}\left(\frac{1}{1+\frac{Gl^2}{12E}\cdot\frac{\sum I_{Ti}}{\sum a_i^2 I_i}}\right)$$
$$= \beta\frac{ea_k I_k}{\sum_{i=1}^n a_i^2 I_i} \tag{2-4-49}$$

最后可得考虑主梁抗扭刚度后任意 k 号梁的横向影响线竖标为

$$\eta_{ki} = \frac{I_k}{\sum_{i=1}^n I_i} \pm \beta\frac{ea_k I_k}{\sum_{i=1}^n a_i^2 I_i} \tag{2-4-50}$$

$$\beta = \frac{1}{1+\frac{Gl^2}{12E}\cdot\frac{\sum I_{Ti}}{\sum a_i^2 I_i}} < 1 \tag{2-4-51}$$

式中:β——抗扭修正系数,与梁号无关,纯粹取决于结构的几何尺寸和材料特性。

由此可见,与偏心压力法公式不同点仅在于第二项乘了小于1的抗扭修正系数 β,所以此法称为"修正偏心压力法"。

以上为了简明起见,针对等截面简支梁的跨中截面进行分析,对于其他体系梁桥以及荷载不在跨中的情况,只要根据相应的扭角与扭矩以及竖向力与挠度的关系式出发[式(2-4-44)],也可求出各该情况的 β 值。

对于简支梁桥,如果主梁的截面均相同,即 $I_i = I, I_{Ti} = I_T$,并且跨中荷载 $P=1$ 作用在1号梁上,即 $e = a_1$,则得1号梁横向影响线的两个坐标值为

$$\left.\begin{aligned}\eta_{11} &= \frac{1}{n} + \beta\frac{a_1^2}{\sum_{i=1}^n a_i^2}\\ \eta_{15} &= \frac{1}{n} - \beta\frac{a_1^2}{\sum_{i=1}^n a_i^2}\end{aligned}\right\} \tag{2-4-52}$$

此时

$$\beta = \frac{1}{1+\frac{nl^2 GI_T}{12EI\sum a_i^2}} \tag{2-4-53}$$

当主梁的间距相同时,则

$$\frac{n}{12\sum a_i^2} = \frac{\xi}{B^2}$$

式中:n——主梁根数;

B——桥宽[图2-4-23a)];

ξ——与主梁根数有关的系数,见表2-4-2。

系数 ξ　　　　　　表2-4-2

n	4	5	6	7
ξ	1.067	1.042	1.028	1.021

在此情况下
$$\beta = \cfrac{1}{1 + \xi \cfrac{GI_T}{EI}\left(\cfrac{l}{B}\right)^2} \qquad (2\text{-}4\text{-}54)$$

由式(2-4-54)可以看出,l/B 越大的桥,抗扭刚度对横向分布系数的影响也越大。

在计算时,混凝土的剪切模量 G 可取等于 $0.4E$;对于由矩形组合而成的梁截面,如 T 形梁或 I 形梁,其抗扭惯性矩 I_T 近似等于各个矩形截面的抗扭惯性矩之和,即

$$I_T = \sum_{i=1}^{m} c_i b_i t_i^3 \qquad (2\text{-}4\text{-}55)$$

式中:b_i、t_i——单个矩形截面的宽度和厚度(图2-4-24);

c_i——矩形截面的抗扭刚度系数,根据 t/b 比值按表2-4-3计算;

m——梁截面划分成单个矩形截面的块数。

图2-4-24 I_T 计算图式

矩形截面的抗扭系数 表2-4-3

t/b	1.0	0.9	0.8	0.7	0.6	0.5	0.4	0.3	0.2	0.1	<0.1
c	0.141	0.155	0.171	0.189	0.209	0.229	0.250	0.270	0.291	0.312	1/3

【例2-4-4】 为了进行比较,仍取【例2-4-3】所采用的截面尺寸来计算考虑抗扭刚度修正后的荷载横向影响线竖标值。T 形主梁的细部尺寸如图2-4-25所示。

解:

1. 计算 I 和 I_T

翼板的换算平均高度:$h = \cfrac{10 + 14}{2} = 12 (\text{cm})$

主梁截面重心位置:

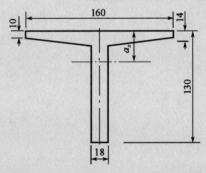

图2-4-25 主梁截面尺寸(尺寸单位:cm)

$$a_x = \cfrac{(160-18) \times 12 \times \cfrac{12}{2} + 130 \times 18 \times \cfrac{130}{2}}{(160-18) \times 12 + 130 \times 18} = 40.14 (\text{cm})$$

主梁抗弯惯性矩:$I = \cfrac{1}{12} \times (160-18) \times 12^3 + (160-18) \times 12 \times \left(40.14 - \cfrac{12}{2}\right)^2 +$

$\qquad \cfrac{1}{12} \times 18 \times 130^3 + 18 \times 130 \times \left(\cfrac{130}{2} - 40.14\right)^2$

$= 20448 + 1986079 + 3295500 + 1446166$

$= 6.749 \times 10^6 (\text{cm}^4)$

主梁抗扭惯性矩按式(2-4-55)查表2-4-3计算:

对于翼板 $t_1/b_1 = 12/160 = 0.07500 < 0.1$,查表得 $c_1 = 1/3$;
对于梁肋 $t_2/b_2 = 18/(130-12) = 0.15254 > 0.1$,查表并内插得 $c_2 = 0.301$,由式(2-4-55)得
$$I_\mathrm{T} = \frac{1}{3} \times 160 \times 12^3 + 0.301 \times 118 \times 18^3 = 92160 + 207141 = 2.993 \times 10^5 (\mathrm{cm}^4)$$

2. 计算抗扭修正系数 β

由表 2-4-2 知,当 $n=5$ 时,$\xi = 1.042$,并取 $G = 0.4E$,代入式(2-4-54)得

$$\beta = \cfrac{1}{1 + 1.402 \times \cfrac{0.4E \times 2.993 \times 10^5}{E \times 6.749 \times 10^6} \times \left(\cfrac{19.50}{5 \times 1.60}\right)^2} = 0.871$$

3. 计算横向影响线竖标值

对于 1 号边梁考虑抗扭修正后的横向影响线竖标值为

$$\eta'_{11} = \frac{1}{n} + \beta \frac{a_1^2}{\sum\limits_{i=1}^{5} a_i^2} = 0.20 + 0.871 \times 0.40 = 0.548$$

$$\eta'_{15} = \frac{1}{n} - \beta \frac{a_1^2}{\sum\limits_{i=1}^{5} a_i^2} = 0.20 - 0.877 \times 0.40 = -0.148$$

本例中,在计入主梁抗扭影响时,边梁的荷载横向影响线竖标值最多降低了 8.7%。假设影响线零点离 1 号梁轴线的距离为 x',则

$$\frac{x'}{0.548} = \frac{4 \times 1.60 - x'}{0.148}$$

解得 $\quad x' = 5.04 \mathrm{m}$

4. 计算荷载横向分布系数

1 号边梁的横向影响线和布载图式如图 2-4-26 所示。

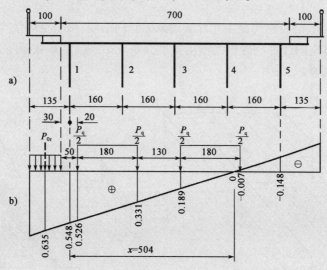

图 2-4-26　修正偏压法 m_c 计算图式(尺寸单位:cm)

汽车荷载：$m'_{cq} = \frac{1}{2}\sum \eta'_q = \frac{1}{2} \times (0.526 + 0.331 + 0.189 - 0.006) = 0.520(0.538)$

人群荷载：$m'_{cr} = \eta_r = 0.635(0.684)$

式中括弧内数字表示不计抗扭作用的数值。本例计算结果表明，抗扭影响的 m'_{cq} 和 m'_{cr} 相应降低 3.33%、7.16%。

四 铰接板(梁)法和刚接梁法

对于用现浇混凝土纵向企口缝联结的装配式板桥以及仅在翼板间用焊接钢板或伸出交叉钢筋联结的无中横隔梁的装配式梁桥，由于块件间横向具有一定的联结构造，但其联结刚性又很薄弱。这类结构的受力状态实际接近于数根并列而相互间横向铰接的狭长板(梁)，对此情况专门拟定了横向铰接板(梁)理论来计算荷载的横向分布。

本节将着重阐明铰接板(梁)法的计算。刚接梁法可以看作是铰接板(梁)法的一种推广，本节只介绍其相异的计算特点。

1. 铰接板(梁)法

(1) 基本假定

① 在竖向荷载作用下，接缝内只传递竖向剪力。

② 采用半波正弦荷载来分析跨中荷载横向分布的规律。

如图 2-4-27b) 所示，在荷载 P 作用下，板的接合缝处将产生：竖向剪力 $g(x)$、纵向剪力 $t(x)$、法向力 $n(x)$、横向弯矩 $m(x)$，$t(x)$、$n(x)$ 与 $g(x)$ 相比对板的影响极小，可忽略不计。由于接合缝的高度不大，刚性很小，所以传递的 $m(x)$ 很小，也可忽略不计。所以，接合缝处可视作铰接，仅传递竖向剪力 $g(x)$。

如图 2-4-27c) 所示，桥跨结构是由几片梁组成的空间结构，由于空间结构的分析计算较复杂，为简化计算，需将空间计算问题借助横向挠度分布规律来确定荷载横向分布的原理，简化为一个平面问题来处理。

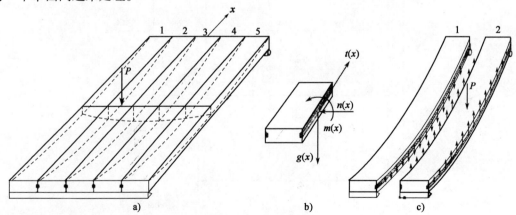

图 2-4-27 铰接板受力示意

严格来讲,在荷载 P 作用下,任意 2 根板梁所分配到的荷载 $p(x)$ 比值与挠度 $w(x)$ 比值、截面内力 $M(x)$、$V(x)$ 比值都相同,即

$$\frac{w_1(x)}{w_2(x)} = \frac{M_1(x)}{M_2(x)} = \frac{V_1(x)}{V_2(x)} = \frac{p_1(x)}{p_2(x)} = 常数$$

由材料力学的挠曲微分方程,对每片板梁均有关系式

$$M(x) = -EIw''(x), V(x) = \frac{\mathrm{d}M(x)}{\mathrm{d}x} = -EIw'''(x)$$

则

$$\frac{w_1(x)}{w_2(x)} = \frac{w_1''(x)}{w_2''(x)} = \frac{w_1'''(x)}{w_2'''(x)} = \frac{p_1(x)}{p_2(x)} = 常数 \qquad (2\text{-}4\text{-}56)$$

但实际上,在 P 作用下的②号梁和在 $g(x)$ 作用下的①号梁是在不同性质的荷载[P 和 $g(x)$]作用下的两片梁,所以式(2-4-56)的比例关系是不成立的。

若引入一种半波正弦荷载 $p(x) = p_0 \sin\frac{\pi x}{l}$,来代替 P 进行分析计算,则式(2-4-56)成立且计算误差较小。各根板梁的挠曲线将是半波正弦曲线,他们所分配到的荷载是具有不同峰值的半波正弦荷载 $p_i(x) = p_i \sin\frac{\pi x}{l}$,这样能很好地模拟板间荷载的传递关系。

(2)铰接板桥的荷载横向分布

在半波正弦荷载 $p(x) = p\sin\frac{\pi x}{l}$ 作用下,各铰缝内也产生正弦分布的铰接力 $g_i(x) = g_i \sin\frac{\pi x}{l}$,如图 2-4-28 所示。鉴于荷载、铰接力和挠度三者的协调性,可取单位长度板宽研究。

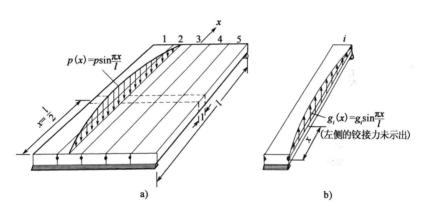

图 2-4-28 铰接板桥受力图式

对于 n 条板梁组成的桥梁,必然有 $(n-1)$ 条铰缝。若在板梁间沿铰缝切开,则每一铰缝内作用着一对大小相等、方向相反的正弦分布铰接力 $g_i(x)$。因此,n 条板梁,有 $(n-1)$ 个未知铰接力峰值 g_i。

铰接板计算如图 2-4-29 所示,单位正弦荷载 $p(x) = p\sin\frac{\pi x}{l}$ 的峰值 $p = 1$ 作用于①号板时,分配到各板的竖向荷载的峰值 p_{i1} 为

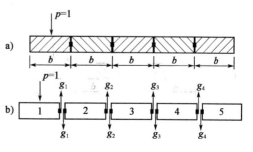

图 2-4-29 铰接板桥计算图式

$$\left.\begin{array}{ll}①号板: & p_{11} = 1 - g_1 \\ ②号板: & p_{21} = g_1 - g_2 \\ ③号板: & p_{31} = g_2 - g_3 \\ ④号板: & p_{41} = g_3 - g_4 \\ ⑤号板: & p_{51} = g_4\end{array}\right\} \quad (2\text{-}4\text{-}57)$$

用结构力学的"力法"原理来求g_i。求得g_i后,由以上各式可求出p_{i1}。

根据变形协调条件:两相邻板块在铰接缝处的竖向相对位移为零。建立正则方程如下:

$$\left.\begin{array}{l}\delta_{11}g_1 + \delta_{12}g_2 + \delta_{13}g_3 + \delta_{14}g_4 + \delta_{1p} = 0 \\ \delta_{21}g_1 + \delta_{22}g_2 + \delta_{23}g_3 + \delta_{24}g_4 + \delta_{2p} = 0 \\ \delta_{31}g_1 + \delta_{32}g_2 + \delta_{33}g_3 + \delta_{34}g_4 + \delta_{3p} = 0 \\ \delta_{41}g_1 + \delta_{42}g_2 + \delta_{43}g_3 + \delta_{44}g_4 + \delta_{4p} = 0\end{array}\right\} \quad (2\text{-}4\text{-}58)$$

式中:δ_{ik}——铰缝k内作用单位正弦铰接力,在铰接缝i处引起的竖向相对位移。

δ_{ip}——外荷载p在铰接缝i处引起的竖向位移。

如果求出了δ_{ik}和δ_{ip},则g_i即可解得,从而计算p_{i1}。

δ_{ik}和δ_{ip}的求解:

将铰接缝i截开,并在板的跨中取单位长度进行分析,如图2-4-30所示。

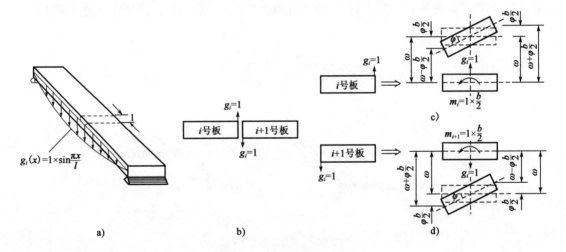

图2-4-30 板梁的典型受力图式

规定:δ_{ik}与g_i方向一致取正号,反之取负号。

在铰缝i处:

$$\delta_{ii} = 2 \cdot \left(\omega + \varphi \cdot \frac{b}{2}\right) (\delta_{ii} 与 g_i 同向)$$

在铰缝$(i-1)$和铰缝$(i+1)$处:

$$\delta_{(i-1)i} = \delta_{i(i+1)} = -\left(\omega - \varphi \cdot \frac{b}{2}\right) 且 \delta_{(i-1)i} = \delta_{i(i-1)}, \delta_{i(i+1)} = \delta_{i(i+1)} (\delta_{(i-1)i} 和 \delta_{i(i+1)} 与 g_{i-1}、g_{i+1} 反向)$$

在铰缝$(i-2)$和铰缝$(i+2)$处:

$$\delta_{(i-2)i} = \delta_{i(i+2)} = 0 \text{ 且 } \delta_{(i-2)i} = \delta_{i(i-2)}, \delta_{i(i+2)} = \delta_{(i+2)i}$$

外荷载 p 在铰接缝 i 处引起的竖向位移 δ_{ip}：

$$\delta_{1p} = -\omega$$
$$\delta_{2p} = \delta_{3p} = \delta_{4p} = 0$$

将上述求得的 δ_{ik} 和 δ_{ip} 代入式(2-5-58)，并设刚度系数 $\gamma = \dfrac{\varphi \cdot \dfrac{b}{2}}{\omega}$，并代入式(2-5-58)，得：

$$\left.\begin{aligned} 2(1+\gamma)g_1 - (1-\gamma)g_2 &= 1 \\ -(1-\gamma)g_1 + 2(1+\gamma)g_2 - (1-\gamma)g_3 &= 0 \\ -(1-\gamma)g_2 + 2(1+\gamma)g_3 - (1-\gamma)g_4 &= 0 \\ -(1-\gamma)g_3 + 2(1+\gamma)g_4 &= 0 \end{aligned}\right\} \quad (2\text{-}4\text{-}59)$$

只要解得式(2-4-59)中的 γ, g_i 则可求得。求解 γ 的关键是求跨中扭角 φ 和跨中挠度 ω。

① 跨中挠度 ω

跨中挠度 ω 是对简支的挠曲线微分方程 $EIw''''(x) = p\sin\dfrac{\pi x}{l}$ 逐次积分，通过边界条件求解。解得挠度方程为

$$\omega(x) = \dfrac{pl^4}{\pi^4 EI}\sin\dfrac{\pi x}{l} \quad (2\text{-}4\text{-}60)$$

当 $x = \dfrac{l}{2}$ 时，跨中挠度为

$$\omega = \dfrac{pl^4}{\pi^4 EI} \quad (2\text{-}4\text{-}61)$$

② 跨中扭角 φ

对简支板的扭转微分方程 $GI_T\varphi''(x) = -\dfrac{b}{2} \cdot p\sin\dfrac{\pi x}{l}$ 逐次积分，通过边界条件求解。解得扭角方程为

$$\varphi(x) = \dfrac{pbl^2}{2\pi^2 GI_T}\sin\dfrac{\pi x}{l} \quad (2\text{-}4\text{-}62)$$

当 $x = \dfrac{l}{2}$ 时，跨中扭角为

$$\varphi = \dfrac{pbl^2}{2\pi^2 GI_T} \quad (2\text{-}4\text{-}63)$$

③ 刚度系数 γ

利用式(2-4-61)和式(2-4-63)求得

$$\gamma = \dfrac{\varphi \cdot \dfrac{b}{2}}{\omega} = \dfrac{b}{2} \cdot \dfrac{\dfrac{pbl^2}{2\pi^2 GI_T}}{\dfrac{pl^4}{\pi^4 EI}} = \dfrac{\pi^2 EI}{4GI_T}\left(\dfrac{b}{l}\right)^2 \approx 5.8 \dfrac{I}{I_T}\left(\dfrac{b}{l}\right)^2 \quad (2\text{-}4\text{-}64)$$

其中，混凝土取用 $G = 0.425E$。

④ 抗扭惯性矩 I_T

对于矩形截面或多个矩形组成的开口截面，可利用式(2-4-55)并查表2-4-3进行计算。

对于封闭的薄壁截面或箱形截面，由于截面内抗扭剪应力的分布规律与开口式截面的本

质上不同，应按以下各式进行计算。

不带"翼翅"的封闭截面

$$I_T = \frac{4\Omega^2}{\oint \frac{ds}{t}} \tag{2-4-65}$$

带"翼翅"的封闭截面

$$I_T = \frac{4\Omega^2}{\oint \frac{ds}{t}} + \sum_{i=1}^{m} c_i b_i t_i^3 \tag{2-4-66}$$

现以图2-4-31所示的箱形截面为例来说明式(2-4-66)的应用。

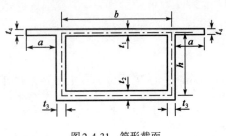

图2-4-31 箱形截面

$$\Omega = b \cdot h$$

$$\oint \frac{ds}{t} = \frac{b}{t_1} + \frac{b}{t_2} + \frac{2h}{t_3}$$

$$\begin{aligned}I_T &= \frac{4\Omega^2}{\oint \frac{ds}{t}} + \sum_{i=1}^{m} c_i b_i t_i^3 \\ &= \frac{4b^2 h^2}{b\left(\frac{1}{t_1} + \frac{1}{t_2}\right) + \frac{2h}{t_3}} + 2c \cdot a t_4^3\end{aligned} \tag{2-4-67}$$

其中，c由$\frac{t_4}{a}$之值查表2-4-3求得。

⑤铰接板桥的荷载横向影响线和横向分布系数

前面讲的是$p=1$作用在①号板中轴线上时，各板的受力变形情况，对于弹性板梁来讲，荷载与挠度成正比关系，即

$$p_{i1} = \alpha_1 \cdot \omega_{i1}$$

同理

$$p_{1i} = \alpha_2 \cdot \omega_{1i}$$

由变位互等定理：

$$\omega_{i1} = \omega_{1i}$$

由于每块板的截面相同，则比例常数为

$$\alpha_1 = \alpha_2, \Rightarrow p_{i1} = p_{1i}$$

由此可见，$p=1$作用在①号板中轴线上时，任一板所分配到的荷载就等于$p=1$作用在任一板中轴线上时①号板所分配到的荷载。那么用$p=1$作用在①号板中轴线上求得的各板的荷载值p_{i1}就是①号板的荷载横向影响线竖标值η_{1i}。将各个η_{1i}按比例描绘在相应板梁的轴线位置，用光滑的曲线（近似地用折线）连接这些竖标点，就是①号板的横向影响线，如图2-4-32b)所示。同理，将单位荷载作用在②号板梁轴线上，就可求得p_{i2}，从而可得η_{2i}，如图2-4-32c)所示。

在①号板的横向影响线上布载，即可求得①号板的横向分布系数m_{c1}。

其他各板方法相同。

(3) 铰接T梁桥的计算特点

铰接T梁与铰接板的区别：由于T梁翼板的刚度较板梁的小，T梁悬臂端将产生弹性挠度f，f的分布接近于正弦分布，即$f(x) = f \cdot \sin\frac{\pi x}{l}$，其他与板梁完全相同，所以在分析中$\delta_{ii} = 2\left(\omega + \varphi \cdot \frac{b}{2} + f\right)$，其他$\delta_{ik}$均与板梁相同，分析方法也与板梁相同。铰接T梁桥计算图式如图2-4-33所示。

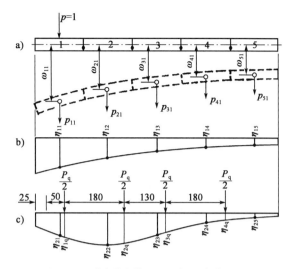

图 2-4-32 跨中荷载横向影响线(尺寸单位:cm)

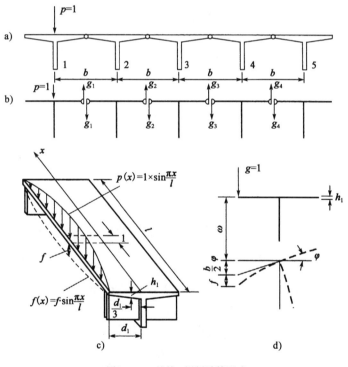

图 2-4-33 铰接T梁桥计算图式

【例2-4-5】 图 2-4-34 所示为计算跨径 $l=12.60\mathrm{m}$ 的铰接空心板桥的横截面布置,桥面净空为净-7+2×1.0m人行道。全桥跨由9块预应力混凝土空心板组成。试按铰接板法求①号板、③号板和⑤号板的汽车荷载和人群荷载的跨中荷载横向分布系数。

解:

(1)计算空心板截面的抗弯惯性矩 I

$$I = \frac{99 \times 60^3}{12} - 2 \times \frac{38 \times 8^3}{12} - 4 \times \left[0.00686 \times 38^4 + \frac{1}{2} \times \frac{\pi \times 38^2}{4} \left(\frac{8}{2} + 0.2122 \times 38 \right)^2 \right]$$
$$= 1.391 \times 10^6 (\text{cm}^4)$$

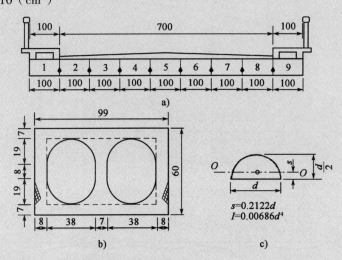

图 2-4-34 空心板桥横截面(尺寸单位:cm)

(2)计算空心板截面的抗扭惯性矩 I_T

本例空心板截面可近似简化成图2-4-34b)中虚线所示的薄壁箱形截面来计算 I_T,按式(2-4-67)计算得

$$I_T = \frac{4 \times (99-8)^2 \times (60-7)^2}{(99-8) \times \left(\frac{1}{7} + \frac{1}{7}\right) + \frac{2 \times (60-7)}{8}} = 2.371 \times 10^6 (\text{cm}^4)$$

(3)计算刚度参数 γ

$$\gamma = 5.8 \times \frac{I}{I_T} \times \left(\frac{b}{l}\right)^2 = 5.8 \times \frac{1.391 \times 10^6}{2.371 \times 10^6} \times \left(\frac{100}{1260}\right)^2 = 0.0214$$

(4)计算跨中荷载横向分布影响线

从铰接板荷载横向分布影响线计算用表(附录Ⅲ—1)中所属9-1、9-3和9-5的分表,当 $\gamma = 0.02 \sim 0.04$,按直线内插法求得 $\gamma = 0.0214$ 的影响线竖标值 η_{1i}、η_{3i} 和 η_{5i}。计算见表2-4-4(表中的数值为实际 η_{ki} 的小数点后三位数字)。

影响线竖标值   表2-4-4

板号	γ	单位荷载作用位置(i号板截面中心)									$\sum \eta_{ki}$
		1	2	3	4	5	6	7	8	9	
①号板	0.020	236	194	147	113	088	070	057	049	046	≈1000
	0.040	306	232	155	104	070	048	035	026	023	
	0.0214	241	197	148	112	087	068	055	047	044	
③号板	0.020	147	160	164	141	110	087	072	062	057	≈1000
	0.040	155	181	195	159	108	074	053	040	035	
	0.0214	148	161	166	142	110	086	071	060	055	

续上表

板号	γ	单位荷载作用位置(i号板截面中心)									$\sum \eta_{ki}$
		1	2	3	4	5	6	7	8	9	
⑤号板	0.020	088	095	110	134	148	134	110	095	088	
	0.040	070	082	108	151	178	151	108	082	070	≈1000
	0.0214	087	094	110	135	150	135	110	094	087	

将表中 η_{1i}、η_{3i} 和 η_{5i} 之值按一定比例尺绘于各号板的轴线下方,连接成光滑曲线后,就得①号板、③号板和⑤号板的荷载横向分布影响线,如图 2-4-35b)、c)和 d)所示。

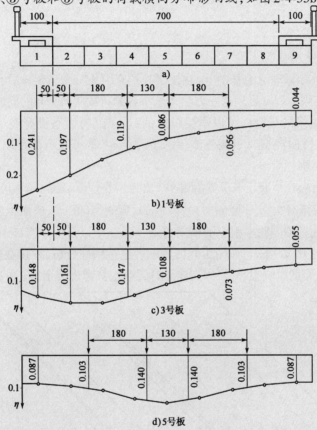

图 2-4-35 1号、3号和5号板的荷载横向分布影响线(尺寸单位:cm)

(5)计算荷载横向分布系数

按现行《通规》规定沿横向确定最不利荷载位置后,可计算跨中荷载横向分布系数。

①号板:

汽车 $\quad m_{cq} = \dfrac{1}{2}(0.197+0.119+0.086+0.056)=0.229$

人群 $\quad m_{cr}=0.241+0.044=0.285$

③号板:

汽车 $\quad m_{cq} = \dfrac{1}{2}(0.161+0.147+0.108+0.073)=0.245$

人群　　　　　　　$m_{cr}=0.148+0.055=0.203$

⑤号板：

汽车　　　　　　$m_{cq}=\dfrac{1}{2}(0.103+0.140+0.140+0.103)=0.243$

人群　　　　　　　$m_{cr}=0.087+0.087=0.174$

综上所得，汽车荷载横向分布系数的最大值为 $m_{cq}=0.245$，人群荷载的最大值为 $m_{cr}=0.285$。在设计中通常偏安全地取其最大值来计算内力。

2. 刚接梁法

(1) 计算原理及适用范围

在铰接板(梁)桥计算理论的基础上，在铰接处补充引入赘余弯矩 m_i，可建立计及横向刚性连接特点的赘余力正则方程。采用这一方法来求解各梁荷载横向分布的问题，称为刚接梁法。

对于相邻二片主梁的接合处可以承受弯矩的；或虽然桥面系没有经过构造处理，但设有多片内横隔梁的；或桥面浇筑成一块整体板的桥跨结构，都可以看作是刚接梁系。荷载横向分布计算都可以采用刚接梁法。

刚性连接的桥面板在半波正弦分布荷载(峰值为 p)作用下，在纵向切口处的赘余力呈正弦分布。这些赘余力应该有 5 个，即竖向剪力(峰值 g)、弯矩(峰值 m)、桥面板内纵向剪力流(峰值 t)、由于相邻主梁弯曲后不同曲率引起的横向扭矩(峰值 m_T)以及由于扭转中心不在桥面上而引起邻梁对切口缝的阻力(峰值 n)，如图 2-4-36 所示。通过精确分析，发现在竖向荷载作用下，t、m_T 和 n 对荷载横向分布的影响很小，可以忽略不计，因此，只考虑赘余力 g 和 m 的影响。

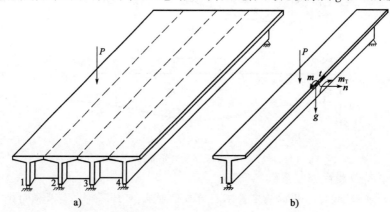

图 2-4-36　刚性连接的主梁之间的内力

求解赘余力素的一般正则力法方程式，可用矩阵形式表示为

$$(\delta_{ij})x = \delta_{ip} \quad (i \text{ 或 } j=1、2、3\cdots n) \tag{2-4-68}$$

式中：δ_{ij}——正则方程中位于赘余力素前的计算系数，它表示赘余力素峰值 $x_j=1$ 时在 i 处引起的相对变位；

δ_{ip}——外荷载在 i 处引起的相对变位；

x——$x=(x_1,x_2,\cdots,x_i,\cdots,x_n)^T$，$x_i$ 为 i 处赘余力素的峰值。

以四梁式的简支梁桥为例。如图 2-4-37 所示,各主梁的截面、刚度都相等,主梁翼板之间为刚接,采用力法求解。

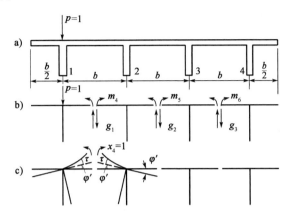

图 2-4-37　刚接梁法计算图式

从翼板的连接处切开,在单位正弦荷载作用下,切缝处有超静定内力 g 和 m,图 2-4-37 上示出 6 个超静定内力的峰值,相应地有 6 个变形协调条件,从而就有 6 个力法方程,用矩阵方程式表示为

$$\begin{bmatrix} \delta_g & \gamma-1 & 0 & 0 & \gamma & 0 \\ \gamma-1 & \delta_g & \gamma-1 & -\gamma & 0 & \gamma \\ 0 & \gamma-1 & \delta_g & 0 & -\gamma & 0 \\ 0 & -\gamma & 0 & \delta_m & -\gamma & 0 \\ \gamma & 0 & -\gamma & -\gamma & \delta_m & -\gamma \\ 0 & \gamma & 0 & 0 & -\gamma & \delta_m \end{bmatrix} \begin{Bmatrix} g_1 \\ g_2 \\ g_3 \\ x_4 \\ x_5 \\ x_6 \end{Bmatrix} = \begin{Bmatrix} 1 \\ 0 \\ 0 \\ 0 \\ 0 \\ 0 \end{Bmatrix} \quad (2\text{-}4\text{-}69)$$

$$\left. \begin{aligned} \delta_g &= 2(1+\gamma+\beta) \\ \delta_m &= 2(\gamma+3\beta') \\ \beta' &= \left(\frac{b_1}{2d_1}\right)^2 \cdot \beta \end{aligned} \right\} \quad (2\text{-}4\text{-}70)$$

式中:γ——扭转位移与主梁挠度之比,即

$$\gamma = \frac{\varphi \frac{b_1}{2}}{\omega} = \frac{\pi^2 EI}{4GI_T}\left(\frac{b_1}{l}\right)^2 = 5.8\frac{I}{I_T}\left(\frac{b_1}{l}\right)^2 \quad (2\text{-}4\text{-}71)$$

β——悬臂板挠度与主梁挠度之比,即

$$\beta = \frac{f}{\omega} = \frac{\dfrac{4d_1^3}{12EI_1}}{\dfrac{l^4}{\pi^4 EI}} = \frac{\pi^4}{3} \cdot \frac{Id_1^3}{I_1 l^4} \approx 390\frac{Id_1^3}{l^4 h_1^3} \quad (2\text{-}4\text{-}72)$$

I——主梁抗弯惯性矩;

I_T——主梁抗扭惯性矩;

I_1——单位板宽(顺桥向)的抗弯惯性矩;

b_1——主梁翼板全宽;

d_1——相邻两主梁梁肋的净距之半;

h_1——计算单位板宽抗弯惯性矩时所取的板厚,如果板厚从梁肋至悬臂端按直线变化时,可取靠梁肋 $1/3d_1$ 处的厚度(图2-4-38);

E——混凝土的弹性模量;

G——混凝土的剪切模量。

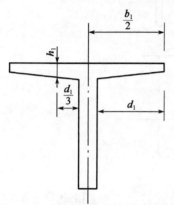

图2-4-38 刚接梁法计算抗弯惯性矩的板厚取值

只要求出参数 γ、β,代入公式中就可以求出剪力 g_1、g_2、g_3 和 x_4、x_5、x_6,利用 $m_4 = \frac{b_1}{2}x_4$、$m_5 = \frac{b_1}{2}x_5$、$m_6 = \frac{b_1}{2}x_6$ 就可以求出弯矩。

求出剪力 g_1、g_2、g_3 后,荷载横向分布影响线的坐标就可根据下式计算得到。

$$\left.\begin{array}{l} \eta_{11} = 1 - g_1 \\ \eta_{21} = g_1 - g_2 \\ \eta_{31} = g_2 - g_3 \\ \eta_{41} = g_3 \end{array}\right\} \quad (2\text{-}4\text{-}73)$$

式中,η_{ki} 的下标 k(k=1、2、3、4)为欲求影响线的梁号,i 为荷载作用位置的梁号(式中 i=1,为荷载作用于1号梁推得)。

在实用计算中,已经按参数 γ 和 β 编制了荷载横向分布影响线的计算用表(可查《公路桥涵设计手册——梁桥(上)》之"刚接板、梁桥荷载横向分布影响线表"),只要求出 γ 和 β 就可以查表计算。

(2)计算步骤

①求主梁截面竖向抗弯惯性矩 I。

②求主梁截面抗扭惯性矩 I_T。

③求内横隔梁截面和等刚度桥面板的抗弯惯性矩 I_1。

④求主梁的抗弯与抗扭刚度比例参数 γ 和主梁与桥面板抗弯刚度比例参数 β。

⑤通过 γ 和 β 从荷载横向分布影响线的计算用表中查出并绘制各主梁的跨中荷载横向分布影响线 η。

⑥在影响线上沿桥宽排列最不利车辆荷载,从而计算出跨中荷载横向分布系数 m_c。

五 比拟正交异性板法(G-M法)

1. 计算原理

对于由主梁、连续的桥面板和多横隔梁所组成的梁桥,当其宽度与其跨径之比值较大时,可将其简化比拟为一块矩形的平板作为弹性薄板,按古典弹性理论来进行分析的方法称为比拟正交异性板法或称G-M法。

图2-4-39a)表示具有多根纵向主梁和横向横隔梁的梁桥,纵向主梁的中心距离为 b,每片主梁的截面抗弯惯性矩和抗扭惯性矩分别为 I_x 和 I_{Tx},横隔梁的中心距离为 a,其截面抗弯惯性矩和抗扭惯性矩为 I_y 和 I_{Ty}。将其比拟如图2-4-39b)所示的弹性薄板,比拟板在纵向和横向每米宽度的截面抗弯惯性矩和抗扭惯性矩为

$$J_x = \frac{I_x}{b}, \quad J_{Tx} = \frac{I_{Tx}}{b}$$
$$J_y = \frac{I_y}{b}, \quad J_{Ty} = \frac{I_{Ty}}{b}$$
(2-4-74)

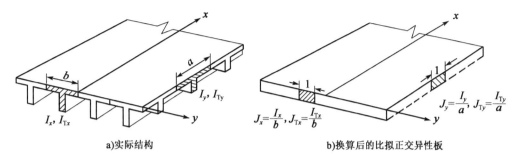

a) 实际结构   b) 换算后的比拟正交异性板

图 2-4-39 实际结构换算成比拟板的图式

对于钢筋混凝土或预应力混凝土肋梁式结构,为了简化理论分析,可近似地忽略混凝土泊松比 v 的影响。这样便得到一块在 x 和 y 两个正交方向截面单宽刚度为 EJ_x、GJ_{Tx} 和 EJ_y、GJ_{Ty} 的比拟正交异性板。比拟正交(构造)异性板的挠曲微分方程:

$$EJ_x \frac{\partial^4 \omega}{\partial x^4} + G(J_{Tx} + J_{Ty})\frac{\partial^4 \omega}{\partial x^2 \partial y^2} + EJ_y \frac{\partial^4 \omega}{\partial y^4} = p(x, y) \quad (2\text{-}4\text{-}75)$$

式(2-4-75)可改写成如下形式:

$$EJ_x \frac{\partial^4 \omega}{\partial x^4} + 2\alpha E \sqrt{J_x J_y}\frac{\partial^4 \omega}{\partial x^2 \partial y^2} + EJ_y \frac{\partial^4 \omega}{\partial y^4} = p(x, y) \quad (2\text{-}4\text{-}76)$$

$$\alpha = \frac{G(J_{Tx} + J_{Ty})}{2E\sqrt{J_x J_y}} \quad (2\text{-}4\text{-}77)$$

式中:α——扭弯参数,表示比拟板两个方向的单宽抗扭刚度代数平均值与单宽抗弯刚度几何平均值之比。对于常用的 T 梁或 I 形梁,α 一般在 0～1 范围内变化。式(2-4-76)是一个四阶非齐次的偏微分方程,解得荷载作用下任意点的挠度值 ω 后,就可得到相应的内力值。

为了求荷载横向分布,设一个代表多主梁梁桥的两端简支、两边自由的正交异性板在 $y = y_1$ 处承受一个单位正弦荷载 $p(x, y) = 1 \cdot \sin\pi x/l$(图 2-4-40)。在正弦荷载作用下,其沿桥跨方向(x)的挠曲线,和简支梁一样,也是正弦曲线 $\omega_i \sin\pi x/l$,其中 ω_i 为与荷载峰值 1 相对应的第 i 根梁的挠度峰值。但在沿桥宽方向(y)的挠曲线则随板的结构特性和荷载在桥宽上的位置而不同,设以 $Y(y)$ 表示。因此,板的挠度 $\omega(x,y)$ 可以写成如下的形式:

$$\omega(x,y) = \sin\frac{\pi x^2}{l} Y(y) \quad (2\text{-}4\text{-}78)$$

将上列的 $\omega(x,y)$ 引入微分方程式(2-4-76)。注意:除在 $y = y_1$ 有单位正弦荷载外,在其左边($-B < y < y_1$)①号板区和右边($y_1 < y < B$)的②号板区内荷载都等于零,因此,得到这两个板区关于 $Y(y)$ 的常微分方程如下:

$$\frac{d^4Y}{d\bar{y}^4} - 2\pi^2\alpha\theta^2\frac{d^2Y}{d\bar{y}^2} + \pi^4\theta^4 Y = 0 \quad (2\text{-}4\text{-}79)$$

$$\theta = \frac{B}{l}\sqrt[4]{\frac{J_x}{J_y}}, \quad \bar{y} = \frac{y}{b} \quad (2\text{-}4\text{-}80)$$

式中：θ——桥的纵横方向抗弯刚度的比例。式(2-4-79)是$Y(y)$的四阶微分方程，利用①和②板区的边界条件就可以确定板在跨中央沿板宽的挠曲线$Y(y)$。

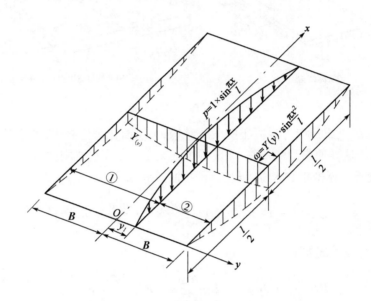

图2-4-40 比拟正交各向异性板的受力与变位

从以上方程及其求解可见，$Y(y)$与两个结构参数α、θ及荷载位置y_1相关。已知$Y(y)$，即可求解挠度$\omega(x,y)$，于是荷载横向分布问题迎刃而解。

2. 用G-M法曲线图表计算荷载横向分布系数

在具体设计中，如果直接利用弹性挠曲面方程求解简支梁的各点内力值，将是繁复而费时的。Guyon和Massonnet已根据理论分析编制了G-M法曲线图表。下面介绍应用G-M法计算图表的计算步骤。

(1)计算几何特性

①求主梁、横隔梁的抗弯惯性矩I_x、I_y及比拟单宽抗弯惯性矩J_x、J_y。

对于主梁的抗弯惯性矩I_x，就按翼板宽为b的T形截面用一般方法计算。

对于横隔梁的抗弯惯性矩I_y，由于肋的间距较大，受弯时翼板宽度为a的T梁不再符合平截面假设，即翼板内的压应力沿宽度a的分布是很不均匀的，如图2-4-41所示。为了较精确地考虑这一因素，通常引入受压翼板有效宽度的概念。每侧翼板有效宽度值就相当于把实际应力图形换算成以最大应力σ_{max}为基准的矩形图形的长度λ。根据理论分析结果，λ值可按c/l的比值根据表2-4-5计算，其中l为横梁的长度，可取两根边主梁的中心距计算。知道λ值后，可按翼板宽度为$(2\lambda + \delta)$的T形截面来计算I_y。

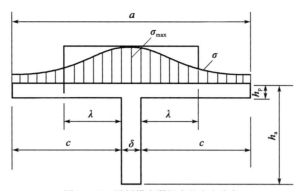

图 2-4-41　沿桥横向翼板内的应力分布

注：此处 a 为横隔梁间距，与桥面板计算时的有效分布宽度 a 不同。

T 梁翼板有效宽度 λ 值　　　　　　表 2-4-5

c/l	0.05	0.10	0.15	0.20	0.25	0.30	0.35	0.40	0.45	0.50
λ/c	0.983	0.936	0.867	0.789	0.710	0.635	0.568	0.509	0.459	0.416

②求主梁、横隔梁的抗扭惯性矩 I'_{Tx} 和 I'_{Ty}。

纵向和横向单宽惯性矩 J_{Tx} 和 J_{Ty}，可分成梁肋和翼板两部分来计算。梁肋部分的抗扭惯性矩按前面式(2-4-54)和表 2-4-3 来计算。

对于翼板部分，应分清图 2-4-42 所示的两种情况。

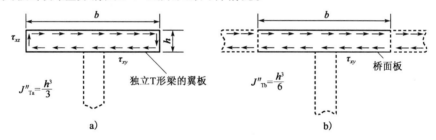

图 2-4-42　翼板抗扭惯性矩计算图式

图 2-4-42a)表示独立的宽扁矩形截面(b 比 h 大得多)，按一般公式可知其抗扭惯性矩为

$$J''_T = \frac{I''_T}{b} = \frac{1}{b} \cdot \frac{1}{3} b h^3 = \frac{h^3}{3}$$

对于图 2-4-42b)所示连续的桥面板来说，情况就不同。根据弹性薄板的分析，则

$$J_T = \frac{h^3}{6}$$

由此可见，连续桥面板的单宽抗扭惯性矩只有独立宽变板者的一半。这一点可以这样来解释：独立板沿短边的剪力 τ_{xz} 也参与抗扭作用，而连续板的单宽部分则不出现此种剪应力(图 2-4-42)。这样，对于连续桥面板的整体式梁桥以及对于翼板刚性连接的装配式梁桥，在应用 G-M 法时，为计算抗弯参数 α 所需的纵横向截面单宽抗扭惯性矩之和可按下式求得

$$J_{Tx} + J_{Ty} = \frac{1}{3} h^3 + \frac{1}{b} I'_{Tx} + \frac{1}{a} I'_{Ty} \tag{2-4-81}$$

式中：h——桥面板的厚度；

I'_{Tx}、I'_{Ty}——主梁肋和内横梁肋的截面抗扭惯性矩。

同理，按式(2-4-77)和式(2-4-80)计算 α 和 θ。

(2)计算各主梁横向影响线坐标

①用已求得的 θ 值从 G-M 法计算图表上查影响系数 K_1 和 K_0 值；在系数 K_1 和 K_0 值的图表中是将桥的全宽分为8等分共9个点的位置来计算的，以桥宽中间点为0，向左(向右)依次为正的 $\frac{1}{4}B$、$\frac{1}{2}B$、$\frac{3}{4}B$、B 或负的 $-\frac{1}{4}B$、$-\frac{1}{2}B$、$-\frac{3}{4}B$、$-B$(图2-4-43)。如果需求的主梁位置不是正好在这9个点上，求图2-4-43中①号梁(梁位 $f=\xi B$)处的 K 值时，则要根据相邻两个点的 K_{Bi} 和 $K_{\frac{3}{4}Bi}$ 值(由图表查得)进行内插，最后求得的 $K_{\xi Bi}$ 如图2-4-43中虚线所示。

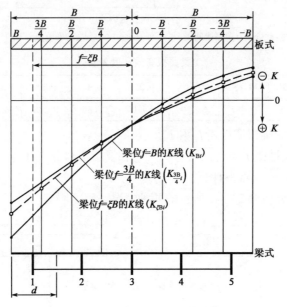

图 2-4-43　梁位 $f = \xi B$ 的 K 值计算

②用内插法求实际梁位处的 K_1' 和 K_0' 值。

③用 α 值和公式 $K_a = K_0' + (K_1' - K_0')\sqrt{\alpha}$ 求 K_a 值。

④用主梁数 n 除 K_a 即得影响线坐标 η_{ki}。

(3)计算各主梁的横向分布系数

在影响线上按横向最不利位置布置荷载，从而算出跨中荷载横向分布系数 m_c。

【例2-4-6】　一座五梁式装配式钢筋混凝土简支梁桥的主梁和横隔梁截面[图2-4-44a)、b)]，计算跨径 $l = 19.50$ m，主梁翼板刚性连接，主梁截面尺寸参照【例2-4-4】。试按比拟正交异性板法求各主梁对于汽车荷载和人群荷载的横向分布系数。

解：

1. 计算几何特性

(1)主梁抗弯惯性矩

$I = 6.749 \times 10^6 \text{cm}^4$(参照【例2-4-4】)

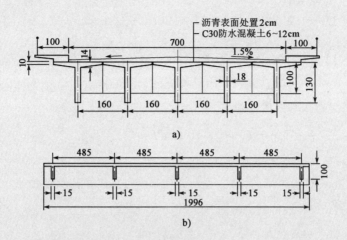

图 2-4-44 计算举例的主梁和横隔梁构造(尺寸单位:cm)

主梁的比拟单宽抗弯惯性矩:

$$J_x = \frac{I_x}{b} = \frac{6.749 \times 10^6}{160} = 4.218 \times 10^4 (\text{cm}^4/\text{cm})$$

(2)横隔梁抗弯惯性矩

每根中横隔梁的尺寸如图 2-4-45 所示。

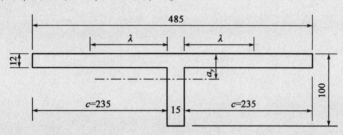

图 2-4-45 横隔梁截面(尺寸单位:cm)

按表 2-4-5 确定翼板的有效作用宽度 λ。

横隔梁的长度取为两根边主梁的轴线距离,即

$$l = 4 \times b = 4 \times 160 = 640 (\text{cm})$$

$$\frac{c}{l'} = \frac{235}{640} = 0.367$$

查表 2-4-5 得 $\frac{\lambda}{c} = 0.548$

$\therefore \lambda = 0.548 \times 235 = 129 (\text{cm})$

求横隔梁截面重心位置 a_y:

$$a_y = \frac{2 \times 129 \times 12 \times \frac{12}{2} + 15 \times 100 \times \frac{100}{2}}{2 \times 129 \times 12 + 15 \times 100} = 20.4 (\text{cm})$$

故横隔梁抗弯惯性矩为

$$I_y = \frac{1}{12} \times 129 \times 12^3 \times 2 + 129 \times 12 \times \left(20.4 - \frac{12}{2}\right)^2 \times 2 +$$
$$\frac{1}{12} \times 15 \times 100^3 + 15 \times 100 \times \left(\frac{100}{2} - 20.4\right)^2$$
$$= 3.243 \times 10^6 (\text{cm}^4)$$

横隔梁比拟单宽抗弯惯性矩为

$$J_y = \frac{I_y}{a} = \frac{3.243 \times 106}{485} = 6.687 \times 10^3 (\text{cm}^4/\text{cm})$$

(3) 主梁和横隔梁的抗扭惯性矩

对于T梁翼板刚性连接的情况,应由式(2-4-55)来计算抗扭惯性矩。
对于主梁梁肋:

主梁翼板的平均厚度 $h_1 = \frac{10+14}{2} = 12 (\text{cm})$

$\frac{t}{b} = \frac{18}{130-12} = 0.153$,由表2-4-3查得 $c = 0.301$,则

$I'_{Tx} = cbt^3 = 0.301 \times (130-12) \times 18^3 = 2.071 \times 10 (\text{cm}^4)$

对于横隔梁的梁肋: $\frac{t}{b} = \frac{15}{100-12} = 0.170$,查表得 $c = 0.297$,则

$I'_{Ty} = 0.297 \times (100-12) \times 15^3 = 8.821 \times 10^4 (\text{cm}^4)$

$$\therefore J_{Tx} + J_{Ty} = \frac{1}{3} h_1^3 + \frac{1}{b} I'_{Tx} + \frac{1}{a} I'_{Ty}$$
$$= \frac{1}{3} \times 12^3 + \frac{2.071 \times 10^5}{160} + \frac{8.821 \times 10^4}{485} = 2.052 \times 10^3 (\text{cm}^4/\text{cm})$$

2. 计算参数 θ 和 α

$$\theta = \frac{B}{l} \sqrt[4]{\frac{J_x}{J_y}} = \frac{400}{1950} \sqrt[4]{\frac{4.218 \times 10^4}{6.687 \times 10^3}} = 0.325$$

桥梁承重结构的半宽 $B = 5 \times 160/2 = 400 (\text{cm})$

$$\alpha = \frac{G(J_{Tx} + J_{Ty})}{2E \sqrt{J_x \cdot J_y}} = \frac{0.4E \times 2.052 \times 10^3}{2E \times \sqrt{4.218 \times 10^4 \times 6.687 \times 10^3}} = 0.02444$$

则 $\sqrt{\alpha} = \sqrt{0.02444} = 0.1563$

3. 计算各主梁横向影响线坐标

由 $\theta = 0.325$,查附录Ⅲ—2 G-M法 K_1 和 K_0 值计算用表,得到表2-4-6。

比拟板梁位处 K_1 和 K_0 值　　　　　表2-4-6

系数	梁位	荷载位置									校核*
		B	3/4B	B/2	B/4	0	-B/4	-B/2	-3/4B	-B	
K_1	0	0.94	0.97	1.00	1.03	1.05	1.03	1.00	0.97	0.94	7.99
	B/4	1.05	1.06	1.07	1.07	1.02	0.97	0.93	0.87	0.83	7.93

续上表

系数	梁位	荷载位置									校核*
		B	$3/4B$	$B/2$	$B/4$	0	$-B/4$	$-B/2$	$-3/4B$	$-B$	
K_1	$B/2$	1.22	1.18	1.14	1.07	1.00	0.93	0.87	0.80	0.75	7.98
	$3/4B$	1.41	1.31	1.20	1.07	0.97	0.87	0.79	0.72	0.67	7.97
	B	1.65	1.42	1.24	1.07	0.93	0.84	0.74	0.68	0.60	8.04
K_0	0	0.83	0.91	0.99	1.08	1.13	1.08	0.99	0.91	0.83	7.92
	$B/4$	1.66	1.51	1.35	1.23	1.06	0.88	0.63	0.39	0.18	7.97
	$B/2$	2.46	2.10	1.73	1.38	0.98	0.64	0.23	-0.17	-0.55	7.85
	$3/4B$	3.32	2.73	2.10	1.51	0.94	0.40	-0.16	-0.62	-1.13	8.00
	B	4.10	3.40	2.44	1.64	0.83	0.18	-0.54	-1.14	-1.77	7.98

注:"校核*"栏按公式 $\sum_{i=2}^{8} K_i + \frac{1}{2}(K_1 + K_9) = 8$ 进行。

采用内插法求实际梁位处的 K_1 和 K_0 值,实际梁位与表列梁位的关系如图2-4-46所示。

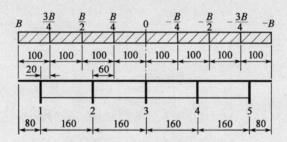

图2-4-46 梁位关系(尺寸单位:cm)

①号梁:

$$K' = K_{\frac{3}{4}B} + \left(K_B - K_{\frac{3}{4}B}\right) \times \frac{20}{100} = 0.2K_B + 0.8K_{\frac{3}{4}B}$$

②号梁:

$$K' = K_{\frac{1}{4}B} + \left(K_{\frac{1}{2}B} - K_{\frac{1}{4}B}\right) \times \frac{60}{100} = 0.6K_{\frac{1}{2}B} + 0.4K_{\frac{1}{4}B}$$

③号梁:

$$K' = K_0 (这里 K_0 是指表列梁位在0点的K值)$$

现将①号梁、②号梁和③号梁的横向影响线坐标值列表计算见表2-4-7。

①号梁、②号梁、③号梁的横向影响线坐标值   表2-4-7

梁号	算式	荷载位置								
		B	$3/4B$	$B/2$	$B/4$	0	$-B/4$	$-B/2$	$-3/4B$	$-B$
①	$K'_1 = 0.2K_{1B} + 0.8K_{1\frac{3}{4}B}$	1.458	1.332	1.208	1.070	0.962	0.864	0.780	0.712	0.656
	$K'_0 = 0.2K_{0B} + 0.8K_{0\frac{3}{4}B}$	3.476	2.864	2.168	1.536	0.918	0.356	-0.236	-0.724	-1.258

续上表

梁号	算式	荷载位置								
		B	$3/4B$	$B/2$	$B/4$	0	$-B/4$	$-B/2$	$-3/4B$	$-B$
①	$K_1' - K_0'$	-2.018	-1.532	-0.960	-0.466	0.044	0.508	1.016	1.436	1.914
	$(K_1' - K_0')\sqrt{\alpha}$	-0.315	-0.239	-0.150	-0.073	0.007	0.079	0.159	0.224	0.299
	$K_\alpha = K_0' + (K_1' - K_0')\sqrt{\alpha}$	3.161	2.625	2.018	1.463	0.925	0.435	-0.077	-0.500	-0.959
	$\eta_{1i} = K_\alpha/5$	0.632	0.525	0.404	0.293	0.185	0.087	-0.015	-0.100	-0.192
②	$K_1' = 0.6K_{1\frac{1}{2}B} + 0.4K_{1\frac{1}{4}B}$	1.152	1.132	1.112	1.070	1.008	0.946	0.894	0.828	0.782
	$K_0' = 0.6K_{0\frac{1}{2}B} + 0.4K_{0\frac{1}{4}B}$	2.140	1.864	1.578	1.320	1.012	0.736	0.390	0.054	-0.258
	$K_1' - K_0'$	-0.988	-0.732	-0.466	-0.250	-0.004	0.210	0.504	0.774	1.040
	$(K_1' - K_0')\sqrt{\alpha}$	-0.154	-0.114	-0.073	-0.039	-0.001	0.033	0.079	0.121	0.163
	$K_\alpha = K_0' + (K_1' - K_0')\sqrt{\alpha}$	1.986	1.750	1.505	1.281	1.011	0.769	0.469	0.175	-0.095
	$\eta_{2i} = K_\alpha/5$	0.397	0.350	0.301	0.256	0.202	0.154	0.094	0.035	-0.019
③	$K_1' = K_{10}$	0.940	0.970	1.000	1.030	1.050	1.030	1.000	0.970	0.940
	$K_0' = K_{00}$	0.830	0.910	0.990	1.080	1.130	1.080	0.990	0.910	0.830
	$K_1' - K_0'$	0.110	0.060	0.010	-0.050	-0.080	-0.050	0.010	0.060	0.110
	$(K_1' - K_0')\sqrt{\alpha}$	0.017	0.009	0.002	-0.008	-0.013	0.008	0.002	0.009	0.017
	$K_\alpha = K_0' + (K_1' - K_0')\sqrt{\alpha}$	0.847	0.919	0.992	1.072	1.117	1.072	0.992	0.919	0.847
	$\eta_{3i} = K_\alpha/5$	0.169	0.184	0.198	0.214	0.223	0.214	0.198	0.184	0.169

在影响线上按横向最不利位置布载(图 2-4-47),可按相对应的影响线坐标值求得主梁的荷载横向分布系数。

①号梁:

汽车荷载:$m_{cq} = \frac{1}{2}\sum \eta = \frac{1}{2} \times (0.525+0.315+0.175-0.005) = 0.505$

人群荷载:$m_{cr} = \eta_r = 0.632$

②号梁:

汽车荷载:$m_{cq} = \frac{1}{2}\sum \eta = \frac{1}{2} \times (0.350+0.265+0.197+0.100) = 0.456$

人群荷载:$m_{cr} = \eta_r = 0.397$

③号梁:

汽车荷载:$m_{cq} = \frac{1}{2}\sum \eta = \frac{1}{2} \times (0.184+0.211+0.223+0.200) = 0.409$

人群荷载:$m_{cr} = \eta_r = 2 \times 0.169 = 0.338$

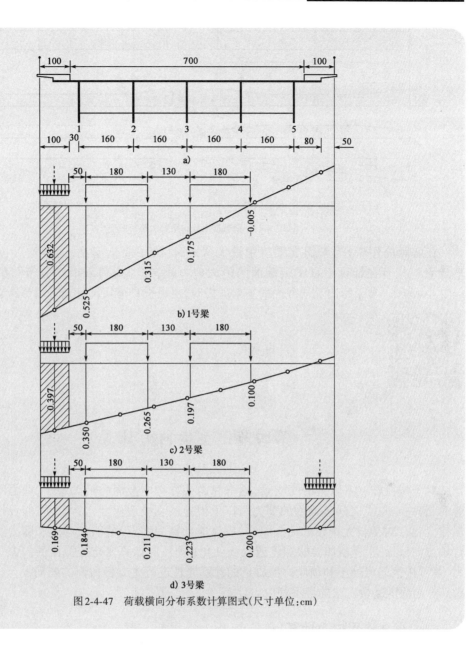

图2-4-47 荷载横向分布系数计算图式(尺寸单位:cm)

六 荷载横向分布系数沿桥跨的变化

当采用"杠杆原理法"确定出位于支点处的荷载横向分布系数m_0和用其他方法确定出位于跨中的荷载横向分布系数m_c后,可用图2-4-48所示的近似处理方法来确定其他位置的荷载横向分布系数m_x。

对于中间无横隔梁或仅有一根横隔梁的情况,跨中部分须用不变的m_c,从离支点$l/4$处起至支点的区段内m_x呈直线形过渡至m_0[图2-4-48a)];对于有多根内横隔梁的情况,m_c从第一根内横隔梁起向支点m_0直线形过渡[图2-4-48b)]。

这样,对于主梁上计算截面的纵向位置不同,就应有不同的横向分布系数。

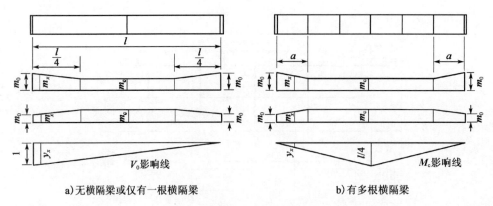

a) 无横隔梁或仅有一根横隔梁　　　　　b) 有多根横隔梁

图 2-4-48　荷载横向分布系数沿跨长的变化

在实际应用中,当求简支梁跨中最大弯矩时,为了简化起见,通常均可按不变化的 m_c 来计算。只有在计算主梁梁端截面的最大剪力时,才考虑荷载横向分布系数变化的影响[图 2-4-48a)]。对于跨内其他截面的主梁剪力时,也可视具体情况计及 m 沿桥跨变化的影响。

第四节　主梁内力计算

对于跨径在 10m 以内的简支梁,通常只需计算跨中截面的最大弯矩、剪力和支点截面的剪力;跨中与支点之间各截面的剪力可以近似地按直线规律变化,弯矩可假设按二次抛物线规律变化。对于较大跨径的简支梁,一般还应计算 1/4 跨径截面的弯矩和剪力。如果主梁沿桥轴方向截面有变化(如梁肋宽度或梁高变化),则还应计算变化处截面的内力。有了截面内力,就可按钢筋混凝土和预应力混凝土的计算原理进行主梁各截面的配筋设计和验算。本节重点介绍简支梁桥主梁的最不利内力计算。

一　永久作用内力计算

混凝土桥梁的永久作用,往往占全部设计荷载很大的比重(通常为 60%~90%)。梁的跨径越大,永久作用所占的比重也越大。在计算永久作用内力时,为了简化起见,往往将横梁、铺装层、人行道和栏杆等重量均匀分摊给各主梁承受。因此,对于等截面梁桥的主梁,永久作用可按简单的均布荷载进行计算。为了精确起见,也可根据施工安装的情况,分阶段按荷载横向分布的规律进行分配计算。

如图 2-4-49 所示,计算出永久作用值 g 之后,则梁内各截面的弯矩 M 和剪力 V 计算公式为

$$M_x = \frac{gl}{2} \cdot x - gx \cdot \frac{x}{2} = \frac{gx}{2} \cdot (l-x) \qquad (2\text{-}4\text{-}82)$$

$$V_x = \frac{gl}{2} - gx = \frac{g}{2} \cdot (l - 2x) \qquad (2\text{-}4\text{-}83)$$

式中：l——简支梁的计算跨径；
x——计算截面到支点的距离。

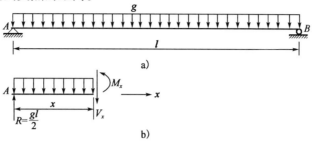

图 2-4-49 永久作用内力计算图式

【例 2-4-7】 一座五梁式装配式预应力混凝土简支梁桥的主梁和横隔梁截面（图 2-4-50），计算跨径 l =24.2m，主梁间距 2.2m。已知每侧栏杆及人行道构件重量的作用力为 5.5kN/m。求：主梁的永久作用内力。

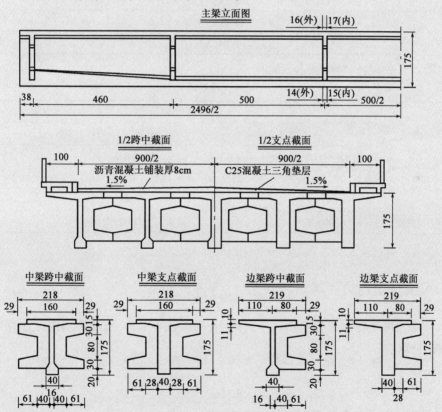

图 2-4-50 预应力混凝土简支 T 梁构造示例（尺寸单位：cm）

解：

（1）永久作用集度（表 2-4-8）。

跨中处边梁截面面积为 $0.6205m^2$，中梁截面面积为 $0.5824m^2$。中横隔梁体积为 $0.300m^3$，端横隔梁体积为 $0.252m^3$。

永久作用集度计算（单位：kN/m）　　　　　　　表2-4-8

一期恒载	主梁自重	边主梁	$g_{1边} = 0.6205 \times 25 = 15.513$
		中主梁	$g_{1中} = 0.5824 \times 25 = 14.560$
	横隔梁折算荷载	边主梁	$g'_{1边} = [(0.30 \times 4) + (0.252 \times 2)] \times 25 \times 0.5/24.96 = 0.853$
		中主梁	$g'_{1中} = [(0.30 \times 4) + (0.252 \times 2)] \times 25/24.96 = 1.706$
	马蹄加高，梁端加宽增加的重量折算荷载		$g''_1 = 2.885$
二期恒载	现浇桥面板湿接缝	边主梁	$g_{2边} = 0.30 \times 0.15 \times 25 = 1.125$
		中主梁	$g_{2中} = 0.60 \times 0.15 \times 25 = 2.250$
三期恒载	桥面铺装层		$g'_3 = \left(0.08 \times 23 + \dfrac{0.068}{2} \times 25\right) \times 9/5 = 4.842$
	栏杆和人行道		$g'_3 = 5.5 \times 2/5 = 2.200$
合计	边主梁		$g_边 = (15.513 + 0.853 + 2.885 + 1.125 + 4.842 + 2.200) = 27.418$
	中主梁		$g_中 = (14.560 + 1.706 + 2.885 + 2.250 + 4.842 + 2.200) = 28.443$

（2）永久作用内力计算（表2-4-9）。

主梁永久作用内力　　　　　　　表2-4-9

截面	内力			
	边主梁		中主梁	
	弯矩 M(kN·m)	剪力 V(kN)	弯矩 M(kN·m)	剪力 V(kN)
$x = 0$（支点）	0	331.76	0	344.16
$x = l/4$	1505.35	165.88	1561.63	172.08
$x = l/2$（跨中）	2006.92	0	2082.17	0

二　可变作用内力计算

公路桥梁的可变作用计算包括汽车荷载、人群荷载等部分。可变作用内力计算采用直接布载的方法计算。

汽车荷载

$$S_q = (1 + \mu) \cdot \xi \cdot (m_1 P_k y_k + m_2 q_k \Omega) \qquad (2\text{-}4\text{-}84)$$

式中：S_q——所求截面汽车荷载产生的弯矩或剪力；

$1 + \mu$——汽车荷载冲击系数，按规范规定取值；

ξ——汽车荷载横向车道布载系数（表1-3-5）；

m_1——沿桥跨纵向与车道集中荷载 P_k 位置对应的横向分布系数；

m_2——沿桥跨纵向与车道均布荷载 q_k 所布置的影响线面积中心位置对应的横向分布系数；

P_k——车道集中荷载；

q_k——车道均布荷载；

y_k——沿桥跨纵向与P_k位置对应的内力影响线最大坐标值；

Ω——弯矩、剪力影响线面积。

人群荷载

$$S_r = m_r q_r \Omega \tag{2-4-85}$$

式中：S_r——所求截面人群荷载产生的弯矩或剪力；

m_r——沿桥跨纵向与人群荷载q_r所布置的影响线面积中心位置对应的横向分布系数；

q_r——人群荷载；

现行《通规》规定：当桥梁计算跨径大于150m时，按式(2-4-85)计算的内力值尚应乘以纵向折减系数(表1-3-6)。

当计算简支梁各截面最大弯矩和跨中最大剪力时，如前所述可以采用跨中横向分布系数m_c。

对于支点截面的剪力或靠近支点截面的剪力，尚需计入由于荷载横向分布系数在梁端区段内发生变化的影响[图2-4-48a)]。以支点截面为例，其计算公式为

汽车荷载 $\quad V_A = (1+\mu) \cdot \xi \cdot m_c (1.2 \cdot P_k y_k + q_k \Omega) + \Delta V_A \tag{2-4-86}$

人群荷载 $\quad V_A = m_r q_r \Omega + \Delta V_{Ar} \tag{2-4-87}$

式中：ΔV_A——计及靠近支点处横向分布系数变化而引起的内力增(减)值，ΔV_A的计算如下。

车道荷载(图2-4-51)：

$$\Delta V_A = (1+\mu) \cdot \xi \cdot \left[\frac{a}{2}(m_0 - m_c) \cdot q_k \cdot \bar{y} + (m_0 - m_c) \cdot 1.2 \cdot P_k y_k \right] \tag{2-4-88}$$

人群荷载

$$\Delta V_{Ar} = \frac{a}{2}(m_0 - m_c) \cdot q_r \cdot \bar{y} \tag{2-4-89}$$

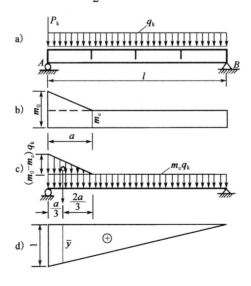

图2-4-51 可变作用支点剪力计算

三 主梁作用组合和包络图

结构在永久作用下的反力和内力是不变的,但在可变作用下,结构的反力和内力都将随着荷载位置的移动而变化。为了求出反力及内力的最大值,就必须研究可变作用移动时反力和内力的变化规律,这就引入了影响线的概念。当单位竖向荷载 $P=1$ 沿结构移动时,表示某一截面 i 上的 M、V 或 N 变化规律的图形,称为该截面的 M_i、V_i 或 N_i 影响线。利用影响线来确定最不利可变作用位置,从而求出该截面在可变作用下的 $M_{i,\max}(M_{i,\min})$、$V_{i,\max}(V_{i,\min})$ 或 $N_{i,\max}(N_{i,\min})$。在结构设计时,通常需要求出在永久作用和可变作用的共同作用下,各截面的最大(最小)内力数值,以作为设计或验算的依据。求出各截面在永久作用下的内力值和可变作用下的 $M_{\max}(M_{\min})$、$V_{\max}(V_{\min})$ 或 $N_{\max}(N_{\min})$,并按现行《通规》规定进行荷载组合,联结各截面的最大(最小)内力组合值的图形称为内力包络图(图2-4-52)。一个内力包络图仅反映一个量值(M、V 或 N)在一种荷载组合情况下结构各截面的最大(最小)内力值,若有 n 个需要计算的量值、m 种荷载组合,就有 $n \times m$ 个内力包络图。在结构设计中,按所需验算的截面,依据内力包络图得到该截面相应的量值,根据现行《通规》规定进行相应的验算。

对于小跨径的简单结构,所需计算的截面较少,也可不绘制内力包络图,直接利用荷载组合值进行结构验算;对于大跨径或较复杂的结构,利用内力包络图进行计算明确而方便。这部分内容是桥梁设计的重点,也是学生不太容易掌握的部分。有关影响线和内力包络图的知识,可参看结构力学的相关内容;有关荷载组合的知识,可参考本篇第三章的相关内容,这里不再详述。

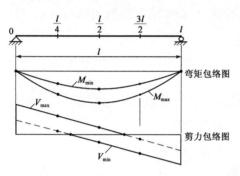

图2-4-52 内力包络图

【例2-4-8】 已知【例2-4-7】的汽车荷载为公路-Ⅰ级(均布荷载 $q_k=10.5\mathrm{kN/m}$,集中荷载 P_k:计算弯矩效应时 $P_k=238\mathrm{kN}$;计算剪力效应时 $P_k=1.2\times238=285.6\mathrm{kN}$),冲击系数 $(1+\mu)=1.3$,不计人群荷载。试求:

(1)计算②号梁的支点荷载横向分布系数 m_0。
(2)计算②号梁的跨中荷载横向分布系数 m_c。
(3)绘出②号梁的荷载横向分布系数 m 沿跨长的变化图。
(4)计算②号梁的跨中弯矩 M_c。

解:

(1)②号梁的支点荷载横向分布系数 m_0

采用杠杆法计算②号梁在汽车荷载作用下的支点荷载横向分布系数 m_0,绘制荷载横向分布影响线,如图2-4-53b)所示。

$$m_0 = \frac{1}{2}\sum\eta = \frac{1}{2}\times(0.182+1.000+0.409) = 0.796$$

(2)②号梁的跨中荷载横向分布系数 m_c

此桥在跨内设有横隔梁,具有强大的横向连接刚性,且承重结构的长宽比为

$$\frac{l}{B} = \frac{24.2}{5 \times 2.2} = 2.2 > 2$$

因此,可采用偏心压力法来计算②号梁的跨中荷载横向分布系数m_c。首先,求出荷载横向分布影响线竖标值并绘制横向影响线;其次,在横向影响线上根据设计车道数进行最不利加载;最后,求出m_c。

由于各根主梁横截面均相等,$n=5$,主梁间距为2.2m,则

$$\sum_{i=1}^{5} a_i^2 = (2 \times 2.2)^2 + 2.2^2 + 0 + (-2.2)^2 + [2 \times (-2.2)]^2 = 48.4(m^2)$$

$$\eta_{21} = \frac{1}{n} + \frac{a_2 a_1}{\sum a_i^2} = \frac{1}{5} + \frac{2.2 \times (2 \times 2.2)}{48.4} = 0.400$$

$$\eta_{25} = \frac{1}{n} + \frac{a_2 a_5}{\sum a_i^2} = \frac{1}{5} + \frac{2.2 \times [2 \times (-2.2)]}{48.4} = 0$$

用η_{21}和η_{25}绘制②号梁的横向影响线,并在影响线上进行最不利布载[图2-4-53c)]。

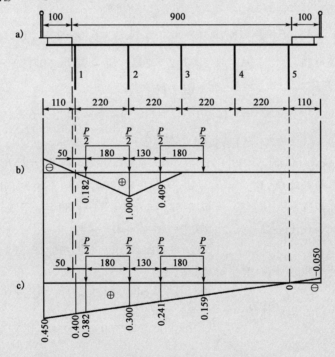

图2-4-53 ②号梁荷载横向分布系数计算图式(尺寸单位:cm)

荷载横向分布系数:$m_c = \frac{1}{2}\sum \eta$

$$= \frac{1}{2} \times (0.382 + 0.300 + 0.241 + 0.159) = 0.541$$

(3)②号梁的荷载横向分布系数m沿跨长的变化

②号主梁的荷载横向分布系数m沿跨长的变化图,如图2-4-54b)所示。

(4)②号梁的跨中弯矩M_c

计算②号主梁的跨中弯矩M_c的计算图式如图2-4-54c)所示。

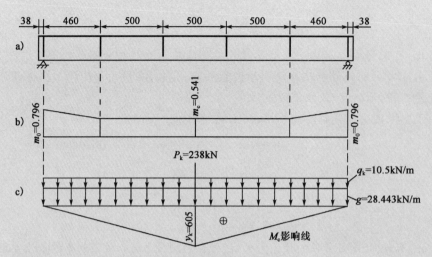

图2-4-54 跨中弯矩计算图式(尺寸单位:cm)

恒载弯矩标准值:$M_{cgk} = g \cdot \Omega = 28.443 \times \frac{1}{2} \times 24.2 \times 6.05 = 2082.17(kN \cdot m)$

恒载弯矩设计值:$M_{cgd} = \gamma_{G_1} \cdot M_{cgk} = 1.2 \times 2082.17 = 2498.604(kN \cdot m)$

汽车荷载弯矩标准值:$M_{cqk} = \xi \cdot m_c \cdot (q_k \cdot \Omega + P_k \cdot y_k)$

$$= 1.0 \times 0.541 \times (10.5 \times \frac{1}{2} \times 24.2 \times 6.05 + 238 \times 6.05)$$

$$= 1194.83 \, (kN \cdot m)$$

汽车荷载弯矩设计值:$M_{cqd} = \gamma_{Q_1} \cdot \gamma_L \cdot M_{cqk} = 1.4 \times 1.0 \times 1194.83 = 1672.762(kN \cdot m)$

汽车荷载弯矩频遇值:$M_{cqfd} = \psi_{f1} \cdot M_{cqk} = 0.7 \times 1194.83 = 836.381(kN \cdot m)$

汽车荷载弯矩准永久值:$M_{cqqd} = \psi_{q1} \cdot M_{cqk} = 0.4 \times 1194.83 = 477.932(kN \cdot m)$

基本组合的弯矩设计值:$M_{c,ud} = \gamma_0 \cdot [M_{cgd} + (1+\mu) \cdot M_{cqd}]$

$$= 1.1 \times (2498.604 + 1.3 \times 1672.762) = 5140.514 \, (kN \cdot m)$$

频遇组合的弯矩设计值:$M_{c,fd} = M_{cgk} + M_{cqfd}$

$$= 2082.17 + 836.381 = 2918.551 \, (kN \cdot m)$$

准永久组合的弯矩设计值:$M_{c,qd} = M_{cgk} + M_{cqqd}$

$$= 2082.17 + 477.932 = 2560.102 \, (kN \cdot m)$$

第五节 横隔梁内力计算

为了保证各主梁共同受力和加强结构的整体性,横隔梁本身或其装配式接头应具有足够的强度。对于具有多根内横隔梁的桥梁,通常只计算受力最大的跨中横隔梁的内力,其他横隔梁的内力计算可偏安全地仿此设计。对于纵、横向由主梁和横隔梁组成的梁格结构,要精确地分析横隔梁的内力是十分冗繁而复杂的,为简化计算,可根据主梁计算采用的偏心压力法原理和比拟正交异性板法原理来计算横隔梁的内力。

下面将介绍按偏心压力法原理计算横隔梁内力的实用方法。

一 作用在横隔梁上的计算荷载

对于跨中一根横隔梁来说，除了直接作用在其上的轮重之外，前后的轮重对横隔梁也有影响。在计算时，可假设荷载在相邻横隔梁之间按杠杆原理法传递，如图2-4-55所示。计算时可按布置车辆荷载进行计算[图2-4-55a)]，或按布置车道荷载进行计算[图2-4-55b)]，取两者中控制者进行结构计算。

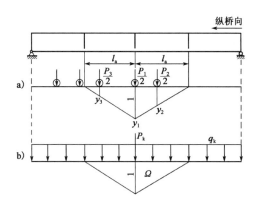

图2-4-55 作用在中横隔梁上的计算荷载

布置车辆荷载时：
$$P_{oq} = \frac{1}{2} \sum P_i \cdot y_i \tag{2-4-90}$$

布置车道荷载时：
$$P_{oq} = \frac{1}{2}(P_K \cdot 1 + q_K \cdot \Omega) = \frac{1}{2}(P_K \cdot 1 + q_K l_a) \tag{2-4-91}$$

同理

人群荷载：
$$P_{or} = p_{or} \cdot \Omega_r = p_{or} l_a （影响线上满布人群荷载） \tag{2-4-92}$$

式中：p_{or}——相应一侧人行道每延米的人群荷载；

Ω_r——相应人群荷载范围的影响线面积；

l_a——横隔梁的间距；

其余符号意义同前。

二 横隔梁的内力影响线

将桥梁的中横隔梁近似地视作竖向支承在多根弹性主梁上的多跨弹性支承连续梁，如图2-4-56所示。当桥梁在跨中有单位荷载 $P = 1$ 作用时，各主梁所受的荷载将为 $R_1、R_2、R_3、\cdots、R_n$，这就是横隔梁的弹性支承反力。因此，取 r 截面左侧为隔离体，由力的平衡条件可写出横隔梁任意截面 r 的内力计算公式，如图2-4-56c)所示。

（1）当单位荷载 $P = 1$ 位于截面 r 的左侧时，则

$$\begin{cases} M_r = R_1 \cdot b_1 + R_2 \cdot b_2 - 1 \cdot e = \overset{\text{左}}{\sum} R_i b_i - e \\ V_r = R_1 + R_2 - 1 = \overset{\text{左}}{\sum} R_i - 1 \end{cases} \tag{2-4-93}$$

式中：e——单位荷载$P=1$至所求截面的距离；

b_i——支承反力R_i至所求截面的距离。

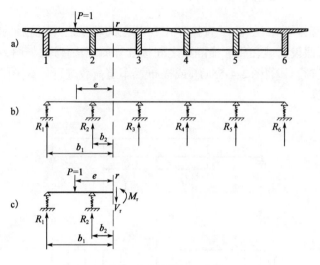

图2-4-56 横隔梁计算图式

（2）当单位荷载$P=1$位于截面r的右侧时，则

$$\begin{cases} M_r = R_1 \cdot b_1 + R_2 \cdot b_2 = \overset{左}{\sum} R_i b_i \\ V_r = R_1 + R_2 = \overset{左}{\sum} R_i \end{cases} \quad (2\text{-}4\text{-}94)$$

式中：M_r和V_r——横隔梁任意截面r的弯矩和剪力；

$\overset{左}{\sum} R_i$——涉及所求截面以左的全部支承反力的总和。

由此，可以直接利用已经求得的R_i的横向影响线来绘制横隔梁上某个截面的内力影响线。图2-4-57示出了按偏心压力法计算的横隔梁支承反力R、弯矩M和剪力V的影响线。鉴于R_i影响线呈直线规律变化，因此绘制内力影响线时只需要标出几个控制点的竖坐标值。对于非直接作用于横隔梁上的荷载，在计算内力时实际上应考虑间接传力的影响，如图2-4-57中M_{3-4}影响线在③号梁和④号梁之间区段应取虚线之值。但鉴于计算中主要荷载作用于横隔梁上，为了简化起见，仍可偏安全地忽略间接传力的影响。

三 横隔梁内力计算

用上述的计算荷载在横隔梁某截面的内力影响线上按最不利位置加载，可求得横隔梁在该截面上的最大（最小）内力值，即

$$S = (1+\mu) \cdot \xi \cdot P_{oq} \sum \eta \quad (2\text{-}4\text{-}95)$$

式中： η——横隔梁内力影响线竖标；

$(1+\mu)$、ξ——近似地取用主梁的冲击系数$(1+\mu)$和ξ值；

P_{oq}——作用于横隔梁上的汽车荷载，代入式(2-4-89)或式(2-4-90)计算。

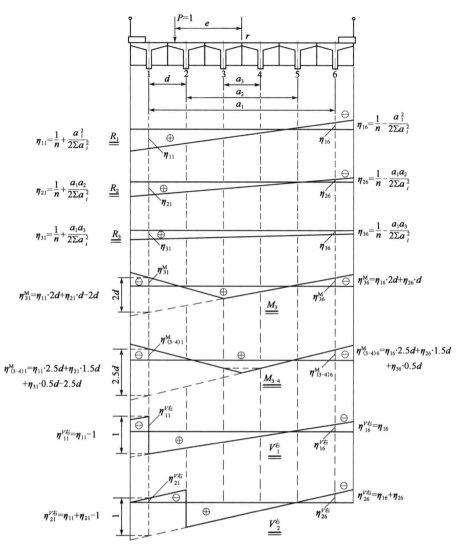

图 2-4-57 按偏心压力法计算的横隔梁的 R、M、V 影响线

【例2-4-9】 采用偏心压力法计算【例2-4-3】中所示装配式钢筋混凝土简支梁桥跨中横隔梁在汽车荷载作用下的弯矩 M_{2-3} 和剪力 $V_1^{右}$。

已知公路—Ⅰ级,均布荷载 $q_k=10.5$ kN/m;集中荷载 P_k:计算弯矩效应时 $P_k=2(L_0+130)=299$(kN),计算剪力效应时 $P_k=1.2\times 299=358.80$(kN)。

解:

1. 确定作用在中横隔梁上的计算荷载

对于跨中横隔梁的最不利荷载布置如图 2-4-58 所示。

纵向一行车轮对横隔梁的计算荷载为

$$P_{oq} = \frac{1}{2}(P_k \cdot 1 + q_k \cdot \Omega) = \frac{1}{2}(P_k \cdot 1 + q_k l_a)$$

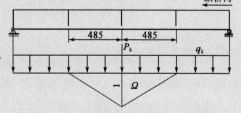

图 2-4-58 跨中横隔梁的加载图式(尺寸单位:cm)

计算弯矩效应:$P_{oq}=\frac{1}{2}\times(299\times 1+10.5\times 4.85)=174.96(kN)$

计算剪力效应:$P_{oq}=\frac{1}{2}\times(358.80\times 1+10.5\times 4.85)=204.86(kN)$

2. 绘制中横隔梁的内力影响线

在【例2-4-3】中已经算得1号梁的横向影响线坐标值为

$\eta_{11}=0.60, \eta_{15}=-0.20$

同理,可算得②号梁和③号梁的横向影响线坐标值为

$\eta_{21}=0.40, \eta_{25}=0$

$\eta_{31}=0.20, \eta_{35}=0.20$

(1) 绘制弯矩影响线

对于②号梁和③号梁之间截面的弯矩 $M_{2\text{-}3}$ 影响线可计算如下。

当 $P=1$ 作用在①号梁轴上时:

$$\begin{aligned}\eta^M_{(2-3)1} &= \eta_{11}\times 1.5d + \eta_{21}\times 0.5d - 1\times 1.5d\\ &= 0.60\times 1.5\times 1.60 + 0.40\times 0.5\times 1.60 - 1.5\times 1.60\\ &= -0.64\end{aligned}$$

当 $P=1$ 作用在⑤号梁轴上时:

$$\begin{aligned}\eta^M_{(2-3)5} &= \eta_{15}\times 1.5d + \eta_{25}\times 0.5d\\ &= (-0.20)\times 1.5\times 1.60 + 0\times 0.5\times 1.60\\ &= -0.48\end{aligned}$$

当 $P=1$ 作用在③号梁轴上时:

$$\begin{aligned}\eta^M_{(2-3)3} &= \eta_{13}\times 1.5d + \eta_{23}\times 0.5d\\ &= 0.20\times 1.5\times 1.60 + 0.20\times 0.5\times 1.60\\ &= 0.64\end{aligned}$$

有上述3个竖标值和已知影响线折点位置(所计算截面的位置),就可以绘出 $M_{2\text{-}3}$ 影响线,如图2-4-59a)所示。

(2) 绘制剪力影响线

对于①号主梁处截面的 $V_1^{左}$ 影响线可计算如下。

当 $P=1$ 作用在计算截面以右时:

$V_1^{左}=R_1$,即 $\eta^{V_左}_{1i}=\eta_{1i}$(1号梁荷载横向影响线)

当 $P=1$ 作用在计算截面以左时:

$V_1^{左}=R_1-1$,即 $\eta^{V_左}_{1i}=\eta_{1i}-1$

绘成的 $V_1^{左}$ 影响线,如图2-4-59b)所示。

3. 截面内力计算

将求得的计算荷载 P_{oq} 在相应的影响线上按最不利荷载位置加载,并计入汽车冲击力影响(近似地取用主梁的冲击系数,本例中 $(1+\mu)=1.30$),则得

弯矩标准值:$M_{(2-3)k}=(1+\mu)\cdot\xi\cdot P_{0q}\sum\eta=1.30\times 1.0\times 174.96\times(0.92+0.29)$
$=275.212(kN\cdot m)$

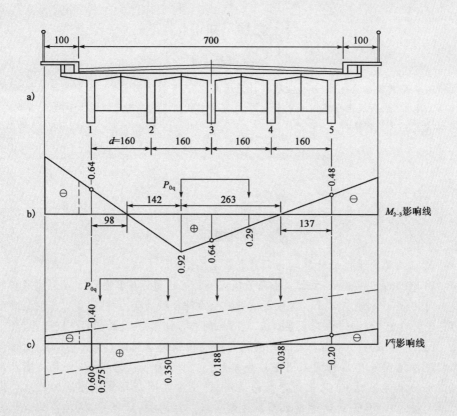

图2-4-59 中横隔梁内力影响线(尺寸单位:cm)

弯矩设计值：$M_{(2-3)d} = \gamma_{Q_1} \cdot \gamma_L \cdot M_{(2-3)k} = 1.4 \times 1.0 \times 275.212 = 385.297 (kN \cdot m)$

剪力标准值：$V_{1k}^{右} = (1+\mu) \cdot \xi \cdot P_{0q} \sum \eta = 1.30 \times 1.0 \times 204.86 \times (0.575 + 0.350 + 0.188 - 0.038)$
$= 286.292 (kN)$

剪力设计值：$V_{1d}^{右} = \gamma_{Q_1} \cdot \gamma_L \cdot V_{1k}^{右} = 1.4 \times 1.0 \times 286.292 = 400.809 (kN)$

鉴于横隔梁的恒载内力甚小，计算中可忽略不计，则按承载能力极限状态设计时，基本组合的荷载效应设计值为

弯矩效应设计值：$M_{max,(2-3)d} = \gamma_0 \cdot (0 + M_{(2-3)d}) = 1.1 \times (0 + 385.297)$
$= 423.826 (kN \cdot m)$

剪力效应设计值：$V_{max,1d}^{右} = \gamma_0 \cdot (0 + V_{1d}^{右}) = 1.1 \times (0 + 400.809) = 440.890 (kN)$

拓展小知识

横向分布计算

公路桥梁除匝道外，一般至少设计为两车道，汽车在桥面上不一定按固定路线行驶，因此需进行汽车荷载横向分布计算；铁路桥梁的列车是在固定轨道上运行的，不需要考虑列车荷载横向分布计算问题。

学习提示

装配式简支梁桥的计算均为简化计算方法，计算中应注意以下几点：

(1) 装配式T梁翼板、装配式小箱梁顶板和翼板的受力与T梁梁肋、小箱梁腹板的是不同的，应分别进行计算。翼板或顶板的受力符合板的受力特性，梁肋或腹板的受力符合梁的受力特性。装配式实心板、空心板的内力计算，按梁的受力进行计算。

(2) 桥面板内力计算。装配式梁间翼板连接构造不同，传力方式不同，简化计算模型也不同。当翼板间采用企口连接时，可简化为铰接悬臂板；当翼板间采用现浇湿接缝连接时，可简化为弹性固结板，并由主梁间距与横隔梁间距之比判定为单向板或双向板；边梁边翼板简化为悬臂板。注意：在计算中，汽车荷载采用车辆荷载加载，车轮荷载作用于桥面时采用的是有效工作宽度进行计算。

(3) 主梁内力计算。装配式简支梁桥截面内力计算，除按结构力学方法找出最大弯矩截面和最大剪力截面外，还应找出最大受力截面上哪片梁受力最大，以便进行单片梁设计，即应进行荷载横向分布计算。由于支点截面支承在支座上，各片梁的竖向变形可忽略不计，可采用杠杆原理法计算各片梁的横向分布系数 m_0。跨中截面由于横隔梁道数及连接构造不同，相邻梁之间的传力方式不同，相应的荷载横向分布计算方法不同。当横隔梁道数较多时，窄桥($B/L \leq 0.5$)采用刚性横梁法；宽桥($B/L > 0.5$)采用比拟正交异性板法。当跨间无横隔梁或仅有一道中横隔梁时，梁间为企口连接，采用铰接板(梁)法；梁间为现浇湿接缝连接，采用刚接板(梁)法。

值得注意的是，一孔装配式简支梁桥是由n片梁组成的，其设计是按边梁与中梁分别设计，即两片边梁是同一张设计图(同一尺寸和截面配筋)，$(n-2)$片中梁是同一张设计图(同一尺寸和截面配筋)。两片边梁在一孔梁中是对称的，只需要计算其中一片边梁即可，然后进行截面设计。中梁由$(n-2)$片组成，每一片中梁由于施工架设的随机性导致其所处位置不同而受力不同，因此，需对每一片中梁的m_0和m_c进行计算，取各梁中最大m_0和最大m_c构成"设计中梁"的m_0和m_c进行内力计算与截面设计。可以这样理解，每一片中梁都有可能被随机地架设在支点剪力最大位置或跨中弯矩最大位置，只要每片中梁设计均满足横向分布的最大弯矩和剪力受力要求，无论施工怎样架设，每片中梁的受力均满足设计要求。

1. 名词解释:单向板、板的有效工作(分布)宽度、荷载横向分布、预拱度。
2. 如果装配式T梁桥横向联系方式的不同,桥面板的受力有何不同?分别按什么力学模型计算?
3. 如何确定行车道板的有效分布宽度?
4. 根据图2-4-2所示双向支承板的计算图式,当其边长比(l_a/l_b)分别等于1、2、3、…、$n(n \geq 1)$时,试分析荷载P传递给短跨(l_b)和长跨(l_a)的大小,并说明为什么当$(l_a/l_b) \geq 2$时可近似地按仅由短跨承受荷载的单向受力板计算。
5. 本书给出了双向支承板$(l_a/l_b) \geq 2$时按单向板计算的计算方法,当$(l_a/l_b) < 2$时应如何计算?
6. 装配式简支T梁桥主梁内力计算时,为什么要考虑荷载横向分布系数的作用?荷载横向分布系数的计算方法有哪些,分别适用于什么情况?
7. 杠杆原理法计算荷载横向分布系数的基本假定是什么?为什么可以这样假定?
8. 偏心压力法计算荷载横向分布系数的基本假定是什么?修正偏心压力法主要修正用哪些项目?
9. 偏心压力法和比拟正交异性板法的适用范围各是什么?简述其计算步骤。
10. 四车道装配式空心板梁桥,空心板梁片数超过10片,无法直接利用附录Ⅲ-1进行查表计算,应如何解决此类问题?
11. 荷载横向分布系数沿主梁跨径如何分布?
12. 装配式简支梁桥,主梁截面形式主要有T梁、小箱梁等,为什么进行主梁内力计算时不是计算全截面,而是将T梁的梁肋、小箱梁的腹板按主梁计算,T梁的翼板、小箱梁的翼板和顶板按行车道板如何计算?

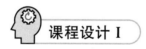

依据"附录Ⅱ-1"课程设计任务书资料,选取适当跨径设计一座装配式简支T梁桥。

第五章　刚架桥与刚构桥

第一节　刚架桥与刚构桥的特点

一　刚架桥特点

刚架桥是上部结构（主梁及桥面系）与下部结构（支柱或墩）固接成整体，状如框架的桥梁。主梁直接承受荷载，并将荷载传至支柱（墩）；支柱代替了桥墩（台）将荷载传递到基础上，再传至地基（图 2-5-1）。主梁与支柱除承受弯矩、剪力外，还承受轴向力（图 2-5-2），多采用钢筋混凝土或预应力混凝土建造。刚架桥的角隅节点（梁与支柱结合部）会产生负弯矩[图 2-5-2b)]，可减小主梁的跨中正弯矩，降低建筑高度，用料省，适用于立交跨线桥等。在竖向荷载作用下，刚架桥柱脚处将产生水平推力，对地基要求高。钢筋混凝土刚架桥的主梁与支柱一般要求就地浇筑成整体，装配化程度不高。刚架桥按柱脚与基础的联结方式分为固结支承刚架桥[图 2-5-2c)]、铰接支承刚架桥[图 2-5-2d)]等。

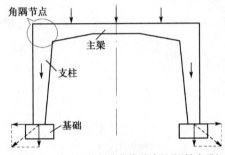

图 2-5-1　门式刚架桥荷载传递路径（固结支承）

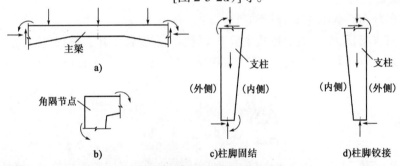

图 2-5-2　门式刚架桥构件受力

将传统刚架桥中的直腿改为斜腿即成为斜腿刚架桥（图 2-5-3）。斜腿不仅分担梁部弯矩，而且对中跨主梁提供压力，使主梁从纯弯构件变成偏心受压构件，因此斜腿刚架桥力学性能比传统梁桥优越。从梁的形态和力学角度看，两斜腿与中跨主梁近似构成"折线拱结构"，力学行为呈现拱的偏心受压特点。但斜腿刚架桥构件中的压力线（特别是恒载压力线）偏离构件形心线较大，截面会产生较大弯矩，更趋近梁的受力特点。

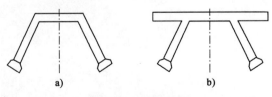

图 2-5-3　斜腿刚架桥

相同跨径(柱脚至柱脚)时,斜腿刚架桥比门式刚架桥的主梁短、梁高低;相同主梁长度时,斜腿刚架桥的跨径比门式刚架桥的更大。所以,门式刚架桥适用于桥高较低的小跨径跨线桥,混凝土结构斜腿刚架桥适用于中等跨径跨线、跨谷桥,钢结构斜腿刚架桥适用于大跨径跨线、跨河、跨谷桥等。

二 刚构桥特点

刚构桥是墩梁固结,桥墩均为桥跨结构的有机组成部分。在设计荷载作用下,桥跨结构均产生不同程度的水平推力(带挂梁T形刚构桥除外)。刚构桥类型有T形刚构桥和连续刚构桥两种。

T形刚构桥是一种具有悬臂受力特点的梁桥。带剪力铰的T形刚构桥[图2-5-4a)]采用悬臂法施工时是一种在一期恒载作用下为静定结构,在二期恒载和可变作用下为超静定结构,剪力铰是一种只传递竖向剪力而不传递纵向水平力和弯矩的连接构造;当在一个T形刚构单元上作用有竖向荷载时,相邻的T形刚构通过剪力铰共同参与受力。从结构整体受力和牵制悬臂端的变形分析,剪力铰对T形刚构桥的内力起到有利作用。带剪力铰的T形刚构桥由于温度变化、混凝土收缩徐变和基础不均匀沉降等因素的作用会使结构内产生附加内力。带挂梁的T形刚构桥[图2-5-4b)]是一种静定结构,充分发挥了结构在运营和施工中受力一致的独特优点。它与带剪力铰的T形刚构相比,受力明确,在温度变化、混凝土收缩和徐变与基础不均匀沉降等因素作用下不会使结构产生附加内力。钢筋混凝土T形刚构桥在负弯矩作用下,梁顶截面容易开裂;预应力混凝土T形刚构桥很好地克服了梁顶截面开裂问题。带剪力铰的T形刚构桥,剪力铰结构复杂、用钢量多,铰和梁的刚度差异引起结构变形不协调,并且悬臂端因塑性变形产生的挠度不易调整,致使桥面不平顺,导致行车不舒适。带挂梁的T形刚构桥,构造简单,当挂梁与多孔引桥简支跨的尺寸相同时,能加快全桥施工进度,从而获得更高的经济效益,但需设置受力复杂的牛腿构造;桥面伸缩缝多,牛腿疲劳剪切破坏的风险也很高。挂梁跨中处挠度为T形刚构桥悬臂端挠度再叠加上简支挂梁的挠度,变形较大,对高速行车不利。

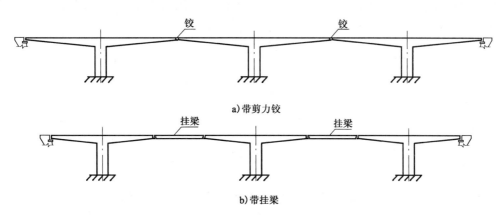

图2-5-4 T形刚构桥

为了克服T形刚构桥悬臂端下挠,减少桥面伸缩缝,改善行车舒适度,将多跨T形刚构桥设计成连续结构,从而形成连续刚构桥。连续刚构桥一般应用于高墩大跨度桥梁。因为连续刚构桥在设计、施工等方面与连续梁桥有许多相似之处,所以将连续刚构桥与连续梁桥共同纳入本篇"第六章 连续体系梁桥"进行详细介绍。

第二节　刚架桥与刚构桥的构造与设计

一　门式刚架桥

1. 总体设计

门式刚架桥总体设计主要包括结构形式选择、建筑材料选择、减小水平推力措施等。

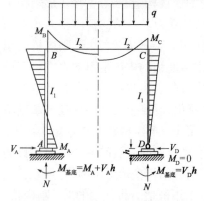

a) 固结支承　　b) 铰接支承
图 2-5-5　门式刚架桥固结支承与铰接支承的内力对比

(1) 结构形式

门式刚架桥主梁与支柱固结,支柱与基础有固结支承[图 2-5-5a)]和铰接支承[图 2-5-5b)]两种结构形式。

①当门式刚架桥受到地基承载力条件限制时,通常采用铰接支承。若柱脚采用固结支承,将使基底截面的边缘应力和偏心距超过规范限值;若柱脚采用铰接支承,基础将主要处于受压工作状态,铰接处剪力 V 对基底截面产生的力矩一般较小。

②在相同梁柱刚度比(I_2/I_1)的情况下,固结支承的角隅弯矩 M_B 将比铰接支承的 M_C 大,为改善角隅处的局部应力状态,一般采用铰接支承。

为了抵抗较大的柱脚水平推力,通常将门式刚架桥设计成底部带拉杆的结构形式[图 2-5-6c)]或封闭式框架结构[图 2-5-6d)]。对于跨径超过25m的门式刚架桥,应考虑支柱高度与主梁跨径之间的关系,一般通过试算确定。

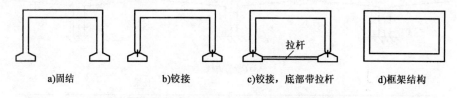

a)固结　　b)铰接　　c)铰接,底部带拉杆　　d)框架结构

图 2-5-6　单跨刚架桥

(2) 建筑材料

门式刚架桥的跨径一般较小,可采用普通钢筋混凝土结构。当门式刚架桥采用封闭式框架结构时,最大跨径可达40m左右。

(3) 减小水平推力措施

为减小门式刚架桥的水平推力可以采用以下两种措施:

①对于小跨径的门式刚架桥,可在铰的外侧加压重(图2-5-7),改变压力线,减小推力。

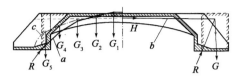

图 2-5-7　门式刚架桥在铰的外侧加压重(Zeppelin 桥)

a-跨间恒载压力线；*b*-压重压力线；*c*-合成压力线

②对于中等跨径的门式刚架桥,在两支柱外侧加设很短的悬臂或框架(图 2-5-8)。悬臂或框架长约为跨径的 1/5(介于 1/7 ~ 1/3 范围内),既可消除水平土压力,又可在悬臂末端加恒载压重(框架结构可在框架内填土压重)。

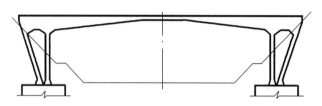

图 2-5-8　门式刚架桥在两腿外侧加设框架

2. 结构构造与设计

门式刚架桥的结构构造与设计包括主梁与桥墩、节点、支承铰等的一般构造和钢筋构造设计。

(1)主梁与桥墩

①主梁一般构造

单跨门式刚架桥主梁截面形式与梁桥相同,可以设计成板、肋、箱梁等多种形式,如图 2-5-9 所示。主梁纵向可以设计成等截面、等高度变截面和变高度截面三种。根据实际需要,还可以将主梁设计成不同的截面形式,以适应内力变化和方便施工。例如,主梁跨中段设计成肋梁,支承段设计成箱梁。变高度主梁的底缘形状可以采用曲线形、折线形、曲线加折线形等,主要根据主梁内力分布情况选定。在下缘转折处,一般均应设置横隔梁,以保证底板的刚度。一般情况下,门式刚架桥的主梁跨中梁高与跨径之比可取 1/35 ~ 1/30,根部梁高与跨中梁高之比一般为 1.2 ~ 2.5。

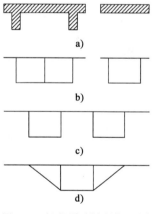

图 2-5-9　门式刚架桥主梁截面形式

②桥墩一般构造

桥墩有墙式和柱式两种,如图 2-5-10 所示。柱式桥墩又可以分为单柱式和多柱式两种。多柱式的墩顶通常都用横梁相连,形成横向框架,以承受侧向作用力。当墩柱较高时,还应设置横撑将各柱连接起来。桥墩的横截面可以设计成实体矩形、I 形或箱形。对于单柱式,截面要与主梁截面相配合,桥墩的横桥向宽度应尽可能与主梁腹板布置一致,以方便传力。

③钢筋构造

在小跨径门式刚架桥中,大多采用钢筋混凝土结构,主梁与支柱可分别按计算内力和构造要求配筋。

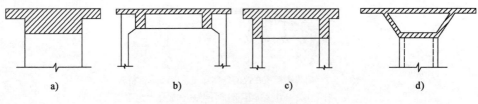

图 2-5-10　门式刚架桥桥墩形式

(2)节点

门式刚架桥的节点系指主梁与支柱相连接的部位,又称角隅节点。为保证主梁与支柱连接可靠,角隅节点必须具有强大的刚度。角隅节点与主梁(支柱)相连接的截面承受很大的负弯矩,因此节点内缘的混凝土会承受很大的压应力,而节点外缘的拉应力则由钢筋承担,于是压力和拉力形成一对巨大的对角压力,会对角隅节点产生不利的劈裂作用(图2-5-11)。

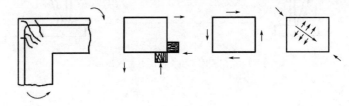

图 2-5-11　角隅节点受力

①一般构造

对于门式刚架桥[图2-5-9a)右图],可在节点内缘或支柱两侧加设梗腋(图2-5-12),以改善受力情况,减少配筋,有利于施工。

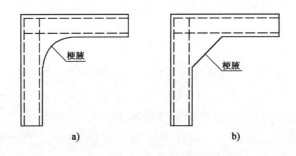

图 2-5-12　角隅节点处梗腋构造

②钢筋构造

采用钢筋混凝土结构时,对已加设梗腋的角隅节点,应设置与梗腋外缘相平行的钢筋,如图 2-5-13a)所示。主梁的配筋在角隅节点处不能内弯到支柱中,要求有足够的连续钢筋绕过角隅节点外缘,否则,外缘混凝土由于受拉而产生裂缝。当节点受力较大时,在对角力的方向应设置受压钢筋,在与对角力相垂直的方向应设置防劈钢筋,如图2-5-13b)所示。在梁与柱相交处内力复杂,应以构造钢筋进行补强,且柱的主筋应伸入主梁与上缘钢筋连接。

(3)支承铰

门式刚架桥整体刚度较大,中、小跨径门式刚架桥为了减小支柱底部受力可在柱底设铰。门式刚架桥铰的构造,按所用材料划分有铅板铰、钢铰和混凝土铰。

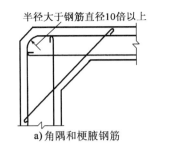
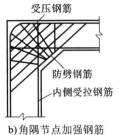

a) 角隅和梗腋钢筋　　　　b) 角隅节点加强钢筋

图 2-5-13　角隅和梗腋钢筋设置

①铅板铰

铅板铰是指在支柱底面和基础顶面之间垫一块铅板,铅板中间设置销钉,销钉的上半截伸入支柱内,下部插入基础内[图 2-5-14a)],充分利用铅材的易变形来形成铰的转动作用。铅板的承压强度较低,一般仅容许承受 100～150MPa 的压应力,其造价高于混凝土铰,桥梁运营养护也比较麻烦。

②钢铰

由铸钢制成的钢铰同梁桥的弧形钢板固定支座,如图 2-5-14b)所示;或同拱桥的弧形铰支座,如图 2-5-14c)所示。

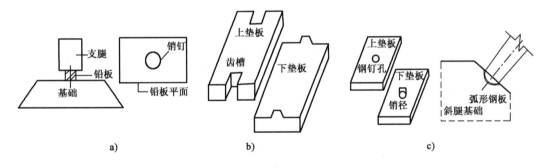

图 2-5-14　铰支承构造

③混凝土铰

混凝土铰是在刚架桥需要设置铰的位置将混凝土截面骤然减小(也称颈缩),使截面的刚度大大降低,可产生结构所需的转动,形成铰的作用。混凝土铰构造简单,不需要长期养护,但是转角较大时容易产生裂缝,目前已较少使用。

二　斜腿刚架桥

1. 总体设计

(1)结构形式

斜腿刚架桥在构造上可分为单跨斜腿刚架桥[图 2-5-3a)]和双悬臂斜腿刚架桥[图 2-5-3b)]。其中,双悬臂斜腿刚架桥的两端具有较长的伸臂长度,通过调整边、中跨比,可以使两端支座成为单向受压铰支座而不致向上翘起,从而改善了行车条件。在斜腿与主梁衔接处一般设置横隔梁,以改善受力,钢筋密集,构造复杂。斜腿下端的铰支座一般坐落在岸边坚硬岩石上或者桥台上,不会被水淹没或者被土堤掩埋,其施工和养护比门式刚架桥简单,但斜腿刚架桥在施工中需经历受力体系转换。为了减小斜腿负弯矩峰值,可将桥墩做成V形墩形式而成为V形墩刚构桥(图2-5-15)。V形刚构桥是一种连续刚构桥,具有连续刚构桥和多跨斜腿刚架桥的受力特性与共有的优点,但V形墩刚构桥施工时需要在V形顶部设置临时拉杆,并进行体系转换。

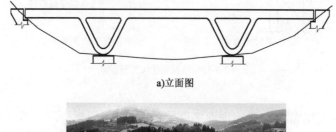

a)立面图

b)V形刚构桥示例

图2-5-15　V形刚构桥

(2)建筑材料

斜腿刚架桥的特点造型美观,施工比拱桥更简单,在中等跨径桥梁中有较强的竞争能力。斜腿刚构桥常建造在跨越深谷地带或其他线路(公路或铁路)的立交桥上。小跨径斜腿刚架桥采用钢筋混凝土结构;中等跨径斜腿刚构桥采用预应力混凝土结构;大跨径斜腿刚构桥采用钢结构(图2-5-16),但其应用并不普遍。

图2-5-16　大跨径斜腿刚构桥示例(安康石庙沟汉江铁路大桥)

(3)孔跨布置

斜腿刚架桥的结构布置分为无桥台斜腿刚架桥和有桥台斜腿刚架桥两种形式。

①无桥台斜腿刚架桥

无桥台斜腿刚架桥采用斜杆代替两端的桥台设计,在路堤较高或地基覆盖层较厚而需大体积桥台时,采用较薄的斜拉杆代替桥台,以节省混凝土用量,如图2-5-17所示。以斜拉杆与副孔端部和斜腿基础固结形成稳固的三角形结构,对副孔端部形成约束,以满足使用要求。当斜腿与主孔形成压力时,因副孔端部被约束将产生拉力,使边主梁形成拉弯构件,对副孔造成不利,副孔跨径受到了限制。同时,斜腿倾角α变化对副孔和主孔的轴力影响较大。例如,斜腿倾角越小(越坦)则主孔压力越大(对主孔有利),副孔拉力越大(对副孔不利);反之,斜腿倾角越大(越陡)则主孔压力越小(对主孔不利),副孔拉力越小(对副孔有利)。

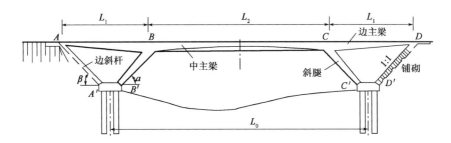

图 2-5-17　无桥台斜腿刚架桥

无桥台斜腿刚架桥受力模式类似于三跨连续梁。通常遵循边跨(副孔)与中跨(主孔)最大弯矩趋于相等的原则来确定,使边跨、中跨的梁高与配筋协调一致,即主梁弯矩分布规律基本相同。当主孔采用装配式钢筋混凝土 T 形截面时,副孔与主孔的分跨比一般为 0.5~0.6,主孔正弯矩区段一般为 $0.65L_2$,副孔正弯矩区段一般为 $0.80L_1$。

②有桥台斜腿刚架桥

有桥台斜腿刚架桥不设置斜拉杆,如图 2-5-18 所示。通过对有桥台斜腿刚架桥主孔跨径 L_2、副孔跨径 L_1、斜腿倾角 α 进行优化比较后,得出 L_1/L_2 是影响斜腿内力的主要因素,一般为 0.6 左右;而 α 只对轴力影响较大,一般为 35°~45°。

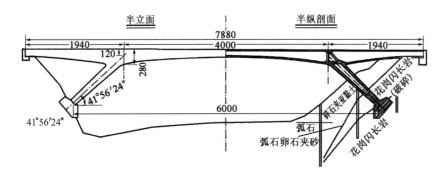

a)

b)

图 2-5-18　洪门大桥构造示例(尺寸单位:cm)

2. 结构构造与设计

(1)主梁一般构造

①梁高

斜腿刚架桥主梁一般采用变截面梁高。当主孔的$L_0<25m$时,梁底可设计成折线形,构造简单,施工方便;当$L_0 \geqslant 25m$时,梁底宜设计成曲线形或"曲线+折线"形。曲线形通常采用二次抛物线或圆曲线,比较美观。

斜腿刚架桥主孔中有轴向压力,主孔跨中梁高可取$H_0 = (1/35 \sim 1/25)L_2$。副孔为拉弯构件,考虑到协调美观及梁底纵向钢筋布设方便,跨中梁高采用与主孔跨中梁高相等;端支点负弯矩很小,从跨中至端支点均采用相同梁高。对于斜腿支承处的主梁,因承受较大的负弯矩和剪力,梁高一般采用跨中梁高的1.5~2.0倍。

②截面形式

刚架桥主梁截面随着跨径的增加,依次采用板式截面、肋式截面、箱形截面,如图2-5-19所示。纵桥向通常设计成等截面、等高度变截面、变高度截面等形式,以适应主梁内力的变化。其中,变高度主梁底部线形有曲线形、折线形、曲线加直线形等,具体形式应根据主梁内力分布情况,按截面等强度的原则确定。

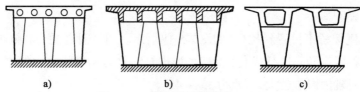

图2-5-19 斜腿刚架桥主梁截面形式

斜腿刚架桥悬臂较长,必须设支座,但V形墩刚构桥可以用搭板与轻型桥台相衔接。

(2)斜腿一般构造

①斜腿倾角

斜腿倾角一般取为$\alpha=35° \sim 45°$。斜腿倾角的变化对主梁弯矩和剪力的影响小,对轴力影响大。斜腿越平坦,主孔中轴力越大(对主孔受力有利),但在副孔中拉力也相应增大(对副孔受力不利)。对于无桥台斜腿刚架桥(目前已较少采用),边斜杆埋入路堑边坡,与边坡同坡度取用$\alpha = 45°$。

②斜腿截面

如图2-5-20所示,斜腿下端$H_2 = (0.4 \sim 0.8)H_0$(H_0为主孔跨中梁高);斜腿下端弯矩小于上端,一般$H_1 = (1.2 \sim 1.5)H_2$,这样使整个桥型显得轻巧美观。对于无桥台斜腿刚架桥(目前已较少采用),边斜杆设计成等高度,$C = (0.4 \sim 0.8)H_0$。对于主梁为T梁的情况,当采用一片斜腿支承一片主梁,并且斜腿较长时(称为肋式高斜腿),拟定截面尺寸应考虑稳定性问题,截面高度一般要比上述截面大一些,具体由计算确定。

③斜腿支承方式

当斜腿刚架桥的斜腿采用固结支承时,在计算中不考虑基础的转动,但要保证基础的刚性。例如,图2-5-21a)的形式比图2-5-21b)的形式好。通常情况下将斜腿与基础之间设计为铰支承,铰的形式可以参照门式刚架桥"支承铰"的相关内容。

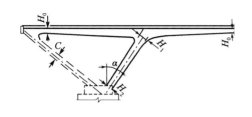 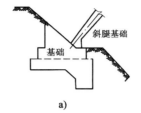 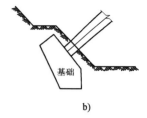

图 2-5-20 斜腿截面　　　　　　　　图 2-5-21 固结支承

(3)横系梁

对于T形截面梁,沿横向抗弯刚度较低,主孔部分为偏心受压构件,在主梁中有较大的轴向压力。为了防止主梁横向失稳,跨中一般要设置横系梁;当主孔跨径较大时,需在主孔1/4处增设横系梁。副孔为拉弯构件,但由于T梁间距较大(一般为2.0~3.0m),为了改善受力状态,一般也在副孔跨中增设一道横系梁,仅当副孔跨径较小时(4.0~6.0m)可不设横系梁。

对于箱形截面梁,由于抗弯刚度(纵横向)和抗扭能力均较大,在主孔、副孔的跨中可不设横系梁。

在斜腿固结处及梁端均需设置横系梁。

主梁横系梁可设计成与主梁同高或3/4主梁高度。当主梁为T形截面,主梁间距为2.0~3.0m,肋宽大于25~30cm时,横系梁肋宽不小于25cm,跨中一般为25~30cm,斜腿固结处及端横梁一般为40~60cm,以加强斜腿固结处的刚度。

(4)钢筋构造

①普通钢筋

对于小跨径斜腿刚架桥,可设计成普通钢筋混凝土结构,斜腿设计成小偏心受压构件,可不设置弯起钢筋。

②预应力钢筋

对于中等跨径斜腿刚架桥,需要在主梁配置预应力钢筋,其配束方式与连续刚构桥相似,可参照连续刚构桥。预应力钢束在斜腿与主梁相交处承受负弯矩,在跨中承受正弯矩,大多采用直线形式布置。

由于斜腿刚架桥可变作用的弯矩在永久作用和可变作用总弯矩中所占比例较大,主梁需要承受正负弯矩的截面较多,因此,主梁大多数截面上下缘均需配置预应力钢筋,斜腿通常也应对称配筋。

三 T形刚构桥

T形刚构桥有钢筋混凝土T形刚构桥和预应力混凝土T形刚构桥两种。钢筋混凝土T形刚构桥跨径一般不超过60m,因为跨径过大时悬臂根部在墩顶处的裂缝相当严重,所以大跨径桥梁普遍采用悬臂法施工的预应力混凝土T形刚构桥。T形刚构桥经过多年的通车使用,主梁悬臂端部下挠变形较大,在桥面伸缩缝处(跨中设铰或挂孔时)形成折角,造成通行车辆行车不平顺,纵桥向线形与原设计值相差较大,影响了桥梁的正常使用和安全。研究结果发现,导致T形刚构桥悬臂端过度下挠的原因有很多,最主要的原因是混凝土收缩和徐变作用的影响。主梁悬臂端牛腿处受力较为复杂,易产生应力集中现象,继而导致出现牛腿斜向裂缝、网状裂缝等。因此,在多跨桥梁设计中,T形刚构桥被连续刚构桥取代。由于连续梁桥、连续刚构桥采用悬臂法施工时的受力状态就是T形刚构,本节仅对永久作用及施工荷载作用下T形刚构的受力及配筋作简要介绍。

1. 一般构造

当预应力混凝土T形刚构桥采用悬臂法施工时,除承受悬臂自重外,还承受施工机械设备和人员重力,受力状态为两端悬臂受力,要求T形刚构桥的纵向布置尽可能对称(刚构两侧结构自重是对称的),两端施工尽量同步对称(施工机械设备重力是对称的),以避免T形刚构桥的桥墩承受不平衡恒载弯矩。由于T形刚构悬臂承受负弯矩(图2-5-22),且随悬臂施工进程逐渐增大,悬臂梁在纵桥向一般采用变高度箱形截面,其特点是支点高,悬臂端低,梁高尺寸大小和变化形式由连续梁或连续刚构的跨径与受力确定。

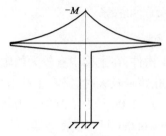

图2-5-22 自重作用下T形刚构悬臂承受负弯矩示意

2. 钢筋构造

采用悬臂法施工的T形刚构桥,预应力钢筋应结合施工情况分段配置。纵向布置尽可能对称,以防止桥墩承受不平衡恒载弯矩。由于悬臂部分在悬臂法施工中(一期恒载作用下)只承受负弯矩作用,预应力钢筋可集中布置在桥面板内和箱梁腹板的顶部,从而获得最大的作用力臂,如图2-5-23所示。预应力钢筋分为直束和下弯束两大类,其中一部分直束锚固在梁块接缝处的端面上,另一部分直束则作为通长束直接锚固在悬臂端面上;梁肋内的下弯束随着施工的推进逐步下弯锚固在梁块接缝处,而位于梁肋外承托内的下弯束必须作适当的平弯再下弯锚固。下弯力筋可以增加梁体的抗剪能力,必要时,可通过设置竖向预应力钢筋来提高腹板的抗剪能力。合龙后的施工(二期恒载作用下)和运营期间(活载作用下)将承受正负弯矩的作用;除了布置上述预应力钢筋外,还应根据受力要求在梁底布置承受正弯矩的纵向预应力钢筋。

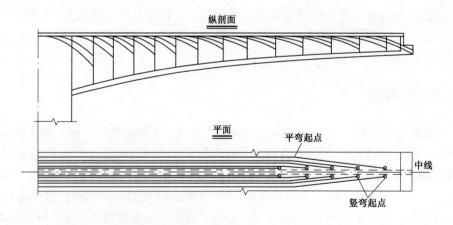

图2-5-23 T形刚构桥的悬臂预应力钢筋布置示意

第三节　刚架桥计算方法

一　门式刚架桥内力计算

门式刚架桥为超静定结构,结构分析一般采用两种方法:一是采用结构力学的弹性中心法求解,可参照本书第三篇"第四章 简单体系拱桥结构计算";二是采用有限元分析法,通过有限元结构分析软件建模计算,模拟实际施工顺序计算,可参照《桥梁结构分析与设计》教材。

门式刚架桥内力计算包括永久作用(一期恒载+二期恒载)内力计算、可变作用内力计算、超静定结构附加内力计算、作用组合计算等。

1. 计算轴线的确定

对于等截面梁和等厚度柱,梁的计算轴线取平分主梁跨中截面高度的水平线,柱的计算轴线取支柱厚度的中分线。对于梁截面高度和支柱厚度变化很大的刚架桥,则以各截面高度中分点的连线作为计算图式的理论轴线。门式刚架桥的主梁跨径应计算到支柱轴线,支柱高度从梁轴线计算到铰支点或基础顶面,如图2-5-24所示。

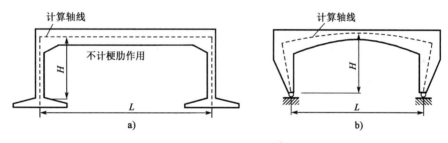

图2-5-24　计算轴线示意

一般情况下,确定计算轴线时不计梗腋(长度小于跨径,沿跨径方向分段设置)的作用。当梗腋较大时,可按图2-5-25所示的方法确定。

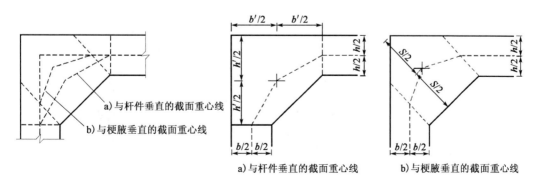

图2-5-25　承托轴线确定方法

计入梗腋时，梁的计算轴线可按等面积原则向下平移，如图 2-5-26 所示。加大梗腋，有利于增加刚架的总体刚度，减小梁的应力或截面积。考虑与不考虑梗腋作用时的弯矩比较如图 2-5-27 所示。当梗腋长度小于跨径的 1/10 或小于梁高的 1/2 时，一般不考虑梗腋的作用。

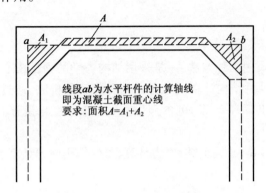

图 2-5-26　考虑承托时的计算轴线　　　　图 2-5-27　考虑与不考虑承托作用时的弯矩比较

2. 梁墩刚度比和支承的选择

刚架桥弯矩与梁柱刚度比及支承构造有很大关系，选择适当的刚度比及支承构造方式尤为重要。当门式刚架桥水平梁的高度较小时，如果加大柱的刚度，则跨中正弯矩减小，如图 2-5-28 所示。当梁高度较小，同时又承受较大的水平荷载作用，固结支承构造比铰接支承构造的节点弯矩要小，如图 2-5-29 所示。对于温度变化及混凝土收缩对节点弯矩的影响，铰接支承比固结支承要小。

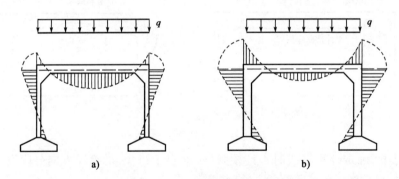

图 2-5-28　门式刚架桥不同梁柱刚度比的弯矩分布

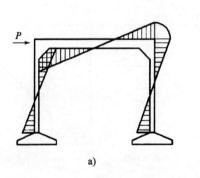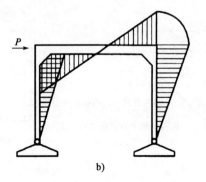

图 2-5-29　门式刚架桥不同支承条件下的弯矩分布

3. 附加内力计算

刚架桥为超静定结构,在预加力、混凝土收缩与徐变、温度变化等因素作用下,结构将产生附加内力,可采用有限元分析法进行计算,也可建立力法求解模型进行计算。计算方法可参见本篇第六章第四节"三、超静定结构附加内力计算"相关内容,这里不再赘述。

二 斜腿刚架桥内力计算

1. 计算模型

固结支承的斜腿刚架桥属五次超静定结构,梁、腿截面均为变高度的,一般采用有限元分析法,通过有限元结构分析软件建模计算。计算模型除斜腿为斜置单元外,其他均与三跨连续刚构桥相同,对角隅节点处采用刚臂单元,如图 2-5-30 所示。单元划分一般要结合所采用的施工方案统筹考虑,如设备起吊能力、保证斜腿左右侧悬臂梁的受力基本平衡等。

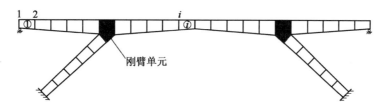

图 2-5-30 斜腿刚架桥的单元划分

2. 永久作用内力计算

永久作用内力计算与所采用的施工方法密切相关,以表 2-5-1 列示的悬臂拼装法概述其计算要点。

斜腿刚架桥悬臂施工示意　　　　　　　　表 2-5-1

阶段	图示	体系转换
1	在支架上现浇斜腿及角隅节点单元	无应力状态
2	平衡悬臂拼装	静定

续上表

阶段		图示	体系转换
3	全桥合龙,移出吊机,拆除临时墩	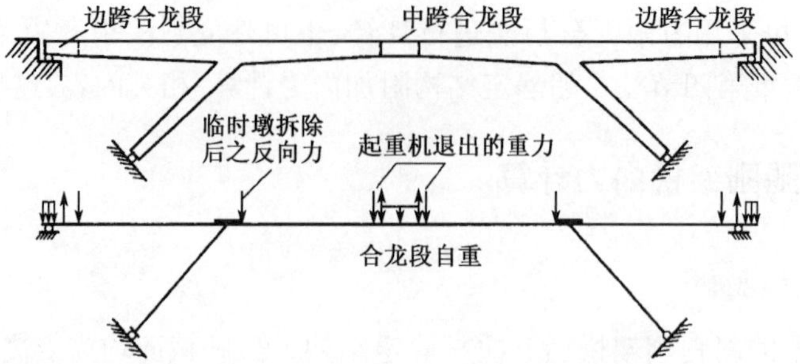 边跨合龙段　中跨合龙段　边跨合龙段　临时墩拆除后之反向力　起重机退出的重力　合龙段自重	三次超静定
4	施工桥面构造	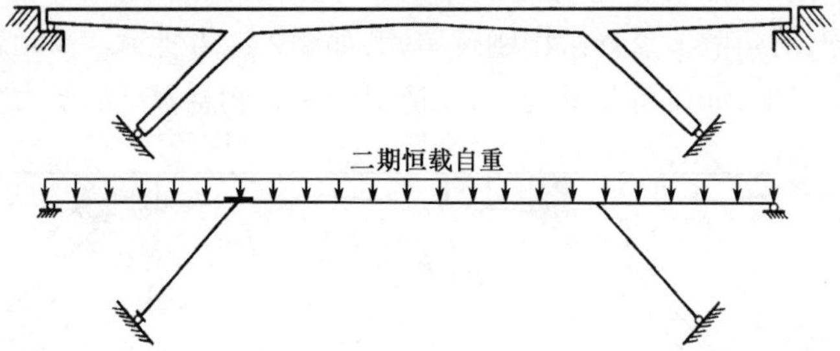 二期恒载自重	三次超静定
5	将斜腿支点铰封固		五次超静定

(1)阶段1:在支架上现浇斜腿及角隅节点单元

先修建临时桥墩和搭设临时支架,并要求这些临时设施在整个施工过程中具有侧向稳定性,使临时墩墩顶上的临时支座承受主竖向力。该阶段斜腿结构接近于无应力状态。

(2)阶段2:平衡悬臂拼装

①拆除临时支架及模板,以保证临时墩的稳定性。

②应用悬臂吊机将预制的主梁节段从刚臂两端逐段地、对称悬臂拼装,并在接缝中灌注砂浆。

③待混凝土达到设计强度后,张拉预应力钢筋。该阶段属于静定结构体系,预加力不会使结构产生附加内力。

(3)阶段3:全桥合龙,移出吊式起重机,拆除临时墩

所有悬臂拼装梁段结束后,吊装合龙梁段,在接缝中灌注砂浆,待混凝土达到设计强度后,张拉预应力钢筋,使结构由静定体系转换为三次超静定结构体系,此时应计入以下荷载:

①使刚架形成三次超静定结构时所施加的预加力。

②合龙梁段的自重。

③起重机退出后的卸载重力。

④拆除临时墩时,从临时支点转加到梁上的反力。

⑤其他临时施工设备重力等。

(4)阶段4:施工桥面构造

如果斜腿下支点不进行封固处理,则按三次超静定结构体系分析二期恒载产生的内力。

(5)阶段5:将斜腿支点铰封固

按照设计设置补充构造钢筋,然后立模浇筑混凝土,使结构由三次超静定转换到五次超静定,以承担后期各种汽车荷载产生的内力。

斜腿刚架桥可采用其他施工方法,如满堂支架法、悬臂浇筑法等,其计算步骤基本类似,可以结合具体情况进行拟定。由于结构受力类似于连续梁桥和连续刚构桥,可参考连续梁桥和连续刚构桥相关内容。计算方法可参考本篇第六章第四节"连续体系梁桥计算"相关内容,这里不再赘述。

拓展小知识

跨线立交桥

对于中、小跨径的跨线立交桥,公路跨线桥常采用门式刚架桥,铁路跨线桥常采用框架桥。在相同跨径、相同均布荷载作用下进行分析,两者的角隅节点、基顶截面、侧墙等受力是不同的,因此,导致相应截面尺寸和配筋也不同。门式刚架桥不设底板,较节省材料,但对地基承载力要求较高;框架桥整体性好,抗地基变形能力强,造价较门式刚架桥高。

学习提示

刚架桥的设计可参照相应梁桥的设计方法,其不同在于角隅节点设计、减小墩底水平推力所采取的措施。角隅节点的设计除满足受力要求外,还应满足构造要求,并方便施工

刚架桥与刚构桥(目前在新桥设计中已很少采用T形刚构桥,此处论述不包括T形刚构桥)均为超静定结构,预加力、混凝土收缩和徐变、温度变化以及基础不均匀沉降等因素将引起结构附加内力,因此,除进行永久作用内力计算、可变作用内力计算外,还应进行附加内力的计算。

思考与练习

1. 门式刚架桥支柱的支承方式不同将导致结构受力发生怎样变化?
2. 绘制受力示意图并且分析门式刚架桥角隅节点受力。
3. 目前在新设计的桥梁中,为什么较少采用T形刚构桥?

第六章 连续体系梁桥

第一节 连续体系梁桥的特点

连续体系梁桥均为超静定结构,在结构内力计算时与简支梁桥最大的不同在于:预加力、混凝土收缩和徐变、温度变化以及基础不均匀沉降等因素将引起结构附加内力(又称次内力),因此,连续体系梁桥除进行永久作用、可变作用内力计算外,还应进行附加内力的计算。设计实践表明:在结构内力计算中,永久作用内力和可变作用内力是主要的,一般占整个设计最大内力的80%~90%。

一 材料特点

连续体系梁桥按建筑材料可分为混凝土连续体系梁桥、钢-混凝土组合梁连续体系梁桥、波形钢腹板预应力混凝土连续梁桥等。混凝土连续体系梁桥按预应力度λ不同又可分为普通钢筋混凝土连续梁桥(简称钢筋混凝土连续梁桥,$\lambda=0$)、预应力混凝土连续梁(连续刚构)桥(包含部分预应力混凝土连续梁桥,$0<\lambda<1$)和全预应力混凝土连续梁(连续刚构)桥($\lambda\geq1$)。钢筋混凝土连续梁桥的设计跨径不超过25m,否则主梁跨中截面下缘和支点截面上缘开裂严重,影响结构的正常使用和耐久性。跨径超过25m将采用预应力混凝土连续体系梁桥,预应力混凝土连续体系梁桥跨径超过150m后,由于自重大,材料用量多,导致结构设计不经济,且存在梁体开裂、跨中下挠等问题,可采用预应力混凝土连续刚构桥,但超过一定跨径后,仍存在梁体开裂、跨中下挠等问题。为改善结构受力,大跨径连续梁桥可采用钢-混凝土组合梁连续体系梁桥,跨径可达200m。

二 施工特点

连续体系梁桥设计与施工方法密切相关,施工方法不同将导致结构受力不同(参照图2-1-5),从而使结构构造不尽相同。

(1)当采用满堂支架法施工时,连续箱梁桥可以设计成等截面(等高度)梁,也可以设计成变截面梁。当采用顶推法施工时,一般采用等截面梁,有利于顶推作业;当采用悬臂法施工时,一般采用变截面梁,可减小结构自重,有利于结构受力。

(2)采用满堂支架施工的连续箱梁,既可以设计成直腹式箱梁,也可以设计成斜腹式箱梁。而采用悬臂法施工时,尽量不采用斜腹式箱梁。

(3)对于中等跨径的等跨连续梁桥,当采用满堂支架法施工时,连续梁一般设计成整体式箱梁,结构自重按一次落架的成桥状态进行计算[参照图2-1-5a)]。当采用预制装配施工时,连续梁设计成先简支后连续梁,梁截面形式有空心板梁、T梁和小箱梁,截面构造与简支梁桥相同,在各跨主梁之间需现浇湿接缝、张拉负弯矩束(图2-6-1);主梁自重(一期恒载)作用时按简支梁桥受力计算,桥面构造(二期恒载)和汽车荷载等作用时按连续梁桥受力计算(参照图2-1-2)。

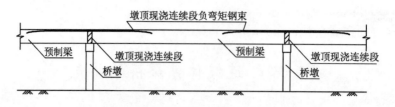

图 2-6-1　先简支后连续梁桥负弯矩钢束设置

三　平面布置

连续梁桥按平面布置形式可分为直线桥(通常称的连续梁桥)和曲线桥(通常称的连续弯梁桥)两种。连续梁桥主要承受"弯、剪"作用,横向扭转较小;而连续弯梁桥处于"弯、剪、扭"的复合受力状态,这是连续弯梁桥区别于连续梁桥的最主要受力特性。因此,在连续弯梁桥设计中,必须采取措施保障上、下部结构有利于抵抗"弯、剪、扭"的组合效应。

第二节　连续梁桥构造与设计

一　钢筋混凝土连续梁桥

1. 总体设计

钢筋混凝土连续梁桥一般用于中等跨径桥梁,如高速公路的跨线立交桥、互通立交的匝道桥,城市道路高架桥等。

(1)立面布置

对于跨径不大于20m的钢筋混凝土连续梁桥,一般采用等跨等高截面[图2-6-2a)];对于跨径为30m以上的钢筋混凝土连续梁桥,一般采用不等跨变高度截面[图2-6-2b)、c)]。当采用不等跨设计时,边中跨比一般为0.6~1.0,其中较大值适用于五跨及五跨以上连续梁桥;当边跨小于中跨的0.5倍时,在桥台上必须设拉力支座或压重。

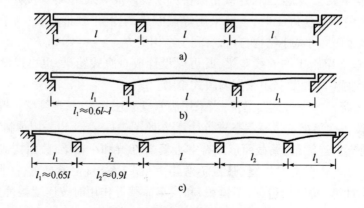

图 2-6-2　钢筋混凝土连续梁桥立面布置

(2)主梁高跨比

钢筋混凝土连续梁桥一般采用等高截面,主梁高度 H 约为最大跨径 L_m 的 1/15,一般都大于 1m。

2. 一般构造

钢筋混凝土连续梁桥采用现浇箱形截面,多采用低矮的多室箱,翼板的悬臂长度一般小于 2m,如图 2-6-3 所示。箱形截面构造要求参照简支梁桥的箱形梁。

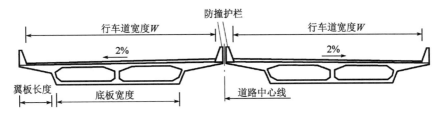

图 2-6-3 钢筋混凝土连续梁桥典型截面形式

为了适应向着支点逐渐增大的负弯矩和剪力的变化,钢筋混凝土连续梁桥一般采取以下三种措施:①增大梁高;②加厚腹板;③加厚底板。箱形-T形组合截面主梁构造图如图 2-6-4 所示。根据结构内力变化,沿梁长采用不同的截面尺寸,以增大混凝土受压面积。

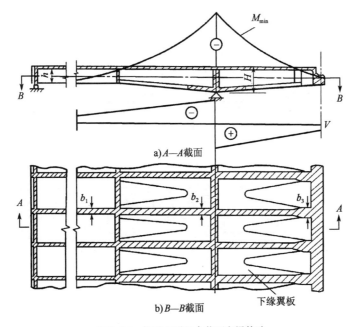

图 2-6-4 箱形-T形组合截面主梁构造

3. 钢筋构造

钢筋设计除了根据计算要求设置之外,钢筋构造要求与布置方式参照钢筋混凝土箱形梁桥。

【例 2-6-1】 某桥上部结构为整体现浇等高度钢筋混凝土连续箱梁,孔跨布置为 6×16m,桥宽为 7.5m,伸缩装置布置在一联的两端。

解:

(1) 设计参数确定

设计荷载:公路—Ⅰ级。

建筑材料:混凝土强度等级为C30,钢筋采用HRB400。

(2) 截面尺寸拟定

主梁截面采用直腹式单箱单室箱形,箱梁顶宽7.50m,底宽4.50m,悬臂长1.50m,梁高1.20m。顶板厚25cm,底板厚20cm,在支点附近加厚至40cm;腹板厚40cm,在支点附近加厚至60cm。中支点横梁宽1.50m,边支点横梁宽1.10m,如图2-6-5所示。

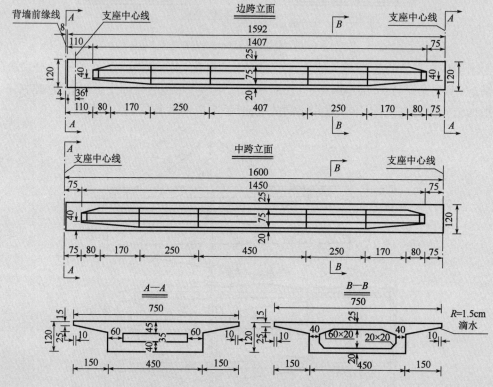

图2-6-5 主梁一般构造示例(尺寸单位:cm)

(3) 结构计算

结构计算采用一次落架施工方法进行一期恒载内力计算,成桥状态二期恒载、活载内力计算,作用组合的效应设计值计算。持久状况承载能力极限状态和正常使用极限状态作用组合的效应设计值计算结果如图2-6-6所示。在钢筋混凝土连续梁桥设计中,持久状况承载能力极限状态荷载组合计算结果用于截面配筋计算和承载能力极限状态验算;持久状况正常使用极限状态荷载组合计算结果用于裂缝宽度验算和变形验算。

(4) 截面配筋设计

依据现行《混规》规定和"结构设计原理"课程的相关理论和方法,根据截面受力对箱梁抗弯钢筋、抗剪钢筋进行配筋设计,这里不再详述。主梁横截面钢筋构造图示例如图 2-6-7 所示。

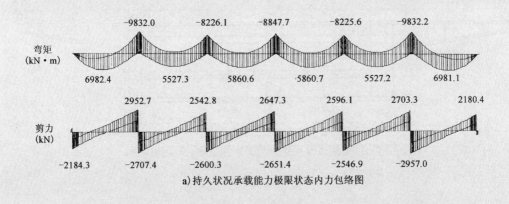

a) 持久状况承载能力极限状态内力包络图

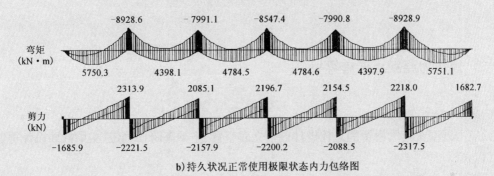

b) 持久状况正常使用极限状态内力包络图

图 2-6-6 内力计算包络图示例

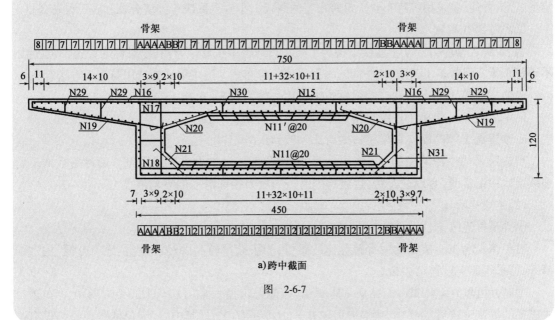

a) 跨中截面

图 2-6-7

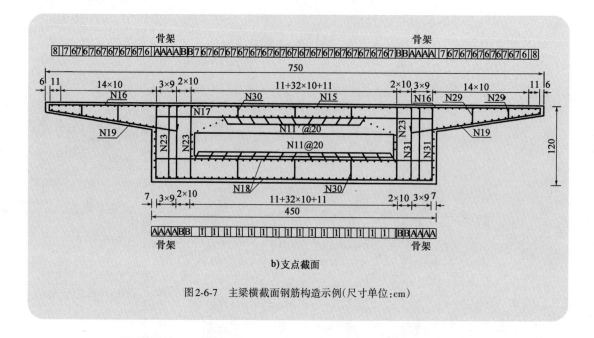

图2-6-7 主梁横截面钢筋构造示例(尺寸单位:cm)

二 预应力混凝土连续梁桥

1. 总体设计

预应力混凝土连续梁桥的总体设计包括立面布置、主梁高跨比确定、主梁截面设计等。

(1)立面布置

①等跨径布置

长桥和选用顶推法及简支转连续法施工的预应力混凝土连续梁桥,为了使构造简单、预制定型、施工方便,多采用等跨布置。等跨布置的跨径大小主要取决于经济分孔和施工设备条件。

②不等跨径布置

大、中跨径预应力混凝土连续梁桥为了减小边跨跨中正弯矩,有利于对称悬臂施工,宜选用不等跨布置。但若多于三跨时,中间跨一般采用等跨布置。边中跨比的选用与施工方法有关:

a. 悬臂法施工的变高度连续梁桥边中跨比一般为0.5~0.6。

b. 满堂支架现浇施工连续梁桥边中跨比一般为0.6~0.8。

c. 顶推施工等高度连续梁桥边中跨比一般为0.7~1.0。

当边跨采用中跨跨径的0.5或更小时,在桥台上需设拉力支座或压重。两种跨径的多跨连续梁桥相衔接时,宜设过渡跨,过渡跨的跨径一般为相邻跨径的平均值。

(2)主梁高跨比

①等高度连续梁桥

对于跨径为30~70m的中等跨径连续梁桥,为了获得较高的经济效益、施工方便、构造简单等,可采用等高度连续梁桥。

梁高H可取$H=(1/30 \sim 1/15)L_m$(其中,L_m为最大跨径),常用$H=(1/20 \sim 1/18)L_m$。在顶推法施工的等高度连续梁桥中,梁高H可取$H=(1/17 \sim 1/12)L_0$(其中,L_0为顶推跨径);当设有临

时支墩时,梁高应按成桥(设计)跨径 L_m 选择。简支转连续梁桥的梁高 $H = (1/25 \sim 1/16)L_k$(其中,L_k 为简支梁的标准跨径)。

②变高度连续梁桥

对于主跨跨径接近或大于70m的大跨连续梁桥主梁,一般采用变高度形式,高度变化应与内力变化相适应。梁高的变化规律在立面上用各截面梁底连线来表示,可采用折线、抛物线、圆曲线等形式。因为二次抛物线的规律与连续梁桥的弯矩变化规律基本相近,所以其应用较多。抛物线次数选取范围:当跨径小于100m时,取2次;当跨径大于100m时,取1.5~1.8次。折线则使桥梁构造简单、施工方便。

变高度连续梁桥一般采用悬臂法或整体支架浇筑法施工。支点梁高 H_s 可取 $H_s = (1/30 \sim 1/15)L_m$(其中,$L_m$ 为最大跨径),常用的是 $1/18L_m$。采用整体支架浇筑法施工时取小值,采用悬臂法施工时取大值(因悬臂法施工会引起更大的负弯矩)。

变高度连续梁桥的跨中梁高 H_c 与最大跨径 L_m 的相关性不明显,一般按构造要求选择,为 1.5~4.5m,也可按 $H_c = (1/50 \sim 1/30)L_m$ 拟定跨中梁高。

2. 主梁截面设计

(1)截面形式

预应力混凝土连续梁桥主梁多采用箱形截面。箱形截面具有以下特点:

①箱形为闭口截面,抗扭刚度大。

②顶板和底板有较大的截面积,可以在跨中或支座部位有效地抵抗正负弯矩。

③适应现代化施工方法的要求。

④随着箱、室的增多,施工难度加大。常用的箱形截面有单箱单室、单箱双室和分离式双箱单室。单箱双室比单箱单室桥面板的正(负)弯矩可减小50%(70%),顶、底板中的预应力钢束比较容易平弯到肋的两侧锚固,但是单箱双室增加了一条腹板,自重增加,施工困难。采用单箱三室或单箱多室(多于三室),对改善荷载横向分布并无多大帮助,而且增加施工难度。从经济上讲,最多采用单箱双室,很少采用单箱多室。分离式双箱可采用翼板完全分离的双箱,各箱单独采用悬臂法施工。两个分离箱可以采用不同的线形,以适应曲线桥超高的要求;可变作用(汽车荷载、人群荷载)横向分布较均匀,能有效利用材料,分离箱的中间带可不占用桥面的结构建筑面积。

一般来讲,单箱单室箱梁的室宽控制在8m以内;翼板设置横向预应力钢筋时,悬出长度控制在5m以内;不设横向预应力钢筋,悬臂长度控制在3m以内;翼板宽度为室宽的一半。若上翼板较宽,桥面总宽最大可达18m左右,则分离式双箱单室桥面就可达到36m。因此,在宽桥中多采用分离式箱梁。

宽翼板箱梁与窄翼板箱梁比较,在箱形梁中,采用较长的悬臂板构成宽翼板箱梁,可以用较窄桥墩满足桥面有较宽的行驶宽度,以减少下部工程量。

为了进一步减小桥墩的宽度和底板的宽度,可以采用外侧斜腹板箱形梁。为了保证负弯矩区域有足够混凝土承压面积,负弯矩较大区域的底板应比直腹板箱形梁厚些。此外,斜腹板不宜用于悬臂法施工的变高度箱形梁桥。

各种形式箱梁的选择应视具体情况而定,主要与桥宽直接相关,如图2-6-8所示。在大、中

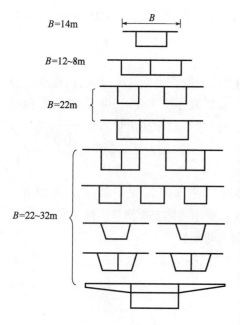

图 2-6-8 箱形梁截面形式与桥宽的关系

跨径连续梁桥中,箱梁形式与跨径的关系不太大;而在中、小跨径连续梁桥中,在桥面较宽的情况下选择腹板较少的箱可能导致梁高与腹板厚度不协调。

(2)一般构造

①顶板和底板厚度

作用于箱形梁顶板的荷载主要有结构自重、(预加力)、桥面可变作用(汽车荷载、人群荷载)和施工荷载等。顶板厚度一般考虑两个因素:一是满足桥面承受荷载产生横向弯矩的受力要求;二是满足布置纵、横向预应力钢筋的构造要求。当不设横向预应力钢筋时,顶板厚度与腹板间距可以参考表 2-6-1 选用;当设有横向预应力钢筋时,顶板厚度需有足够布置预应力钢筋的套管并留有混凝土注入的间隙。在对结构进行设计时,尽可能用长悬臂或利用横向坡度和弯折预应力钢筋以调整板中横向弯矩。

腹板间距与顶板厚度　　　　　　　　　　　　表 2-6-1

腹板间距(m)	3.5	5	7
顶板厚度(cm)	18	20	28

作用于箱形梁底板的荷载主要有结构自重、(预加力)和施工荷载等。底板厚度与顶板要求相同,除满足受力要求外,还应满足构造要求。底板厚度在支点附近一般为墩顶梁高的 1/12~1/10;跨中底板厚度一般按构造选定,若不配预应力钢筋,厚度可取 15~18cm;若配有预应力钢筋,厚度可取 20~25cm。边跨两端底板厚度应适当加厚,并应考虑设置过人孔,既便于检修和维护,又有利于减小箱梁内外温差。

箱梁顶、底板的计算方法可参照本篇第四章第二节单向板、双向板计算,这里不再赘述。

②腹板布置与厚度

腹板的布置对顶板和底板的横向受力有重要影响。当腹板处最小负弯矩绝对值与桥面板(箱梁顶板)跨中最大正弯矩值相等时,桥面板的设计为最佳。桥面板正负弯矩的平衡不仅受腹板数目和间距的影响,而且受桥面板跨中和支承处厚度控制。腹板主要承受竖向剪应力和由扭矩产生的剪应力,应根据剪应力的要求,保证混凝土浇筑质量的要求、预应力束的描固构造要求及局部应力的分散要求,综合考虑选择腹板最小厚度。当腹板内无预应力钢筋时,可采用 20cm;当腹板内有预应力钢筋时,可采用 25~30cm。当腹板内设有竖向预应力钢筋时,可采用 30cm;当腹板内设有纵预应力钢筋并锚固时,可采用 35~40cm。在桥墩上或靠近桥墩的箱梁根部腹板需加厚至 40~100cm,甚至 120cm。当腹板厚度设计为 20~60cm 时,可在腹板设置通风孔,以减小箱内、外温差。

③承托

在顶板、底板与腹板相交处需设置承托,以减少应力集中,提高端面的抗扭和抗弯刚度,减少箱梁的畸变。承托不仅可以增大桥面板抵抗负弯矩的能力,还可以为布置预应力钢筋和设置锚头留有足够的空间。一般顶板承托采用形式如图2-6-9a)、b)、c)所示。其中,图2-6-9e)所示的形式适用于斜腹板箱形梁。底板倒角可以采用图2-6-9f)、g)、h)所示的形式。

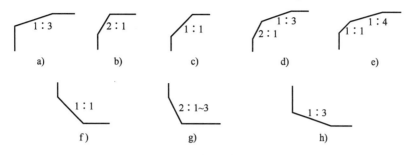

图2-6-9 箱梁承托形式

④横隔梁

横隔梁的主要作用是增加箱梁横向刚度,限制箱梁的畸变。箱形截面的抗弯及抗扭刚度较大,除在支点处设置横隔梁外,中横隔梁较少布置。目前的趋势是少设或不设中横隔梁。箱形梁横隔梁构造设置示例如图2-6-10所示。对于多箱截面,为加强桥面板和各箱间的联系,常在箱间设置横隔梁。对于采用双柱墩的连续梁,一般在支点处采用两道横隔梁,其位置与墩侧壁对应,以便浇筑悬臂时,设置墩、梁临时固结构造。墩顶处箱形梁横隔梁构造设置示意图如图2-6-11所示。为满足施工、维修和通风要求,横隔梁上应设置过人洞。

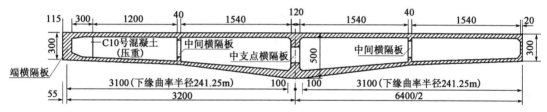

图2-6-10 箱形梁横隔梁构造设置示例(尺寸单位:cm)

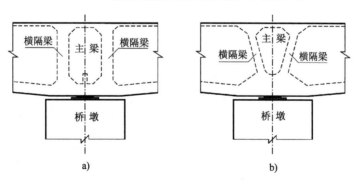

图2-6-11 墩顶处箱形梁横隔梁构造设置示意

中支点横隔梁和端横隔梁厚度应由计算确定,但横隔梁内的抗剪、抗弯及抗裂钢筋交错密布,导致混凝土浇筑困难且不易振捣密实,因此,横隔梁应具有足够的厚度。就中支点横隔梁厚度而言,大跨径连续梁桥一般不小于120cm,中、小跨径连续梁桥可取40~60cm。端横隔梁厚度不小于50cm;如果端横隔梁配置了预应力钢筋,其厚度不宜小于80cm;此外,端横隔梁厚度还应考虑伸缩装置预留槽等构造要求。

直线连续箱梁跨径小于40m可不设中横隔梁;当跨径大于40m时可考虑设置中横隔梁。曲线连续箱梁桥应根据曲线半径、跨径大小确定跨间横隔梁个数,中横隔梁厚度一般不宜小于30cm。

一般情况下,横隔梁都与箱梁整体浇筑,但也有些后期浇筑的横隔梁(如顶推法施工的连续梁)。整体浇筑横隔梁基本可分为桁架式、实体式和框架式三种类型,如图2-6-12所示。由于连续梁支点传递荷载较大,大多采用实体式刚性横隔梁。加劲型的桁架式和框架式横隔梁可作为中间腹板的加劲板,也可作为箱梁加固时体外预应力钢束锚固板,还可在施工过程中作为临时预应力钢筋的锚固板。

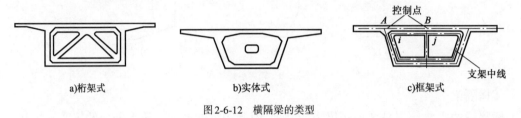

图 2-6-12　横隔梁的类型

⑤梁端与跨间锚固面构造

梁端和跨间锚固面的尺寸在现行《通则》中没有详细规定,在使用过程中,可根据常见锚具的锚固端尺寸和锚座布置方式以及间距来确定,即由锚具体系来布置锚固面。图2-6-13列举了几种典型的锚固面一般构造。

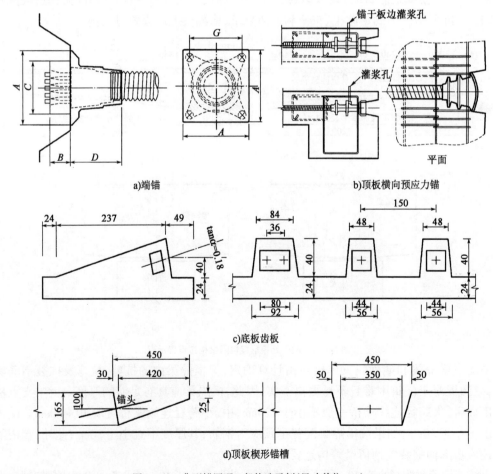

图 2-6-13　典型锚固面一般构造示例(尺寸单位:cm)

在节段拼装施工的桥梁中,中间节段锚固的钢束锚头一般都不突出到端面以外。在底板或顶板表面锚固的钢束,可以设齿板;当板较厚时,也可以挖楔形槽。齿板应分散布置,不宜集中,在一个齿板上铺固吨位较大的钢束应不多于两束。

(3)预应力钢筋构造

①常用预应力钢筋类型

预应力钢筋按受力方向可分为以下三类:

a. 纵向预应力钢筋。纵向预应力钢筋是用以保证桥梁在永久作用、可变作用下纵向跨越能力的主要受力钢筋,也称为主筋。它可布置在顶板、底板和腹板中,宜采用大吨位钢绞线。

b. 横向预应力钢筋。横向预应力钢筋是用以保证桥梁的横向整体性、桥面板及横隔梁横向抗弯能力的主要受力筋。它一般布置在横隔梁或顶板中,如图2-6-14所示。由于目前大跨径连续梁都采用箱形截面,顶板厚度一般为25~35cm,在保证大量纵向预应力钢筋穿过的前提下,所剩空间位置有限,因此横向预应力钢筋宜采用钢绞线扁锚体系,以减小布筋所需空间。

c. 竖向预应力钢筋。竖向预应力钢筋是用以提高截面抗剪能力的预应力钢筋。它可布置在腹板中,如图2-6-14所示。竖向预应力钢筋比较短,常采用高强粗钢筋以减少张拉锚固时的回缩损失。在梁体腹板内沿纵向的布置间距可根据竖向剪力的分布进行调整,靠支点截面位置较密,靠跨中位置较疏,一般间距为100cm。

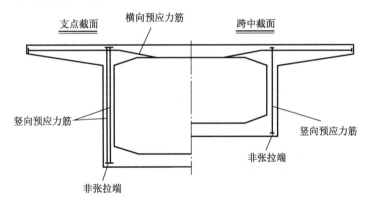

图2-6-14 箱梁横向及竖向预应力钢筋设置

预应力钢筋按工作状态和作用时间可分为以下两类:

a. 永久性预应力钢筋。一旦锚固后不再拆除,并在营运状态中受力。

b. 临时性预应力钢筋。钢筋只在施工过程中某些阶段受力,而在使用阶段不受力(虽然有时永久地保存在结构中不予拆除)。在顶推法施工的连续梁桥中,因为施工状态的内力与成桥状态完全不一致,常常采用临时预应力钢筋。在设计中,应尽量少用临时预应力钢筋,但综合考虑施工难度、设备采购等因素,在技术经济合理的情况下可以有限使用。

预应力钢筋按线形可分为以下两类:

a. 直线配筋。直线形预应力钢筋与预留管道之间的摩阻损失较小,但是完全直线配筋很难适应梁体弯矩的变化和锚固段空间位置的要求。

b. 曲线形配筋。在以下情况中需要设置曲线形配筋:适应沿配筋方向上的弯矩变化;需要由预应力钢筋承担一部分剪力;使预应力钢筋锚固在梁体刚度较大的部位。

预应力混凝土连续梁预应力钢筋设置方式有以下五种:

图2-6-15a)所示为采用顶推法施工的直线形预应力钢筋布置方式。上下通长束使截面接近轴心受压,以抵抗顶推过程中各截面交替承受的正负弯矩。待顶推完成后,再在跨中底部和支点顶部增加局部预应力钢筋,用来满足运营荷载下相应的内力要求。

图2-6-15b)所示为采用预制安装(先简支后连续)施工方法的预应力钢筋布置方式。待墩顶接缝混凝土达到规定强度后,用设置在接缝顶部的局部预应力钢筋来建立结构的连续性。

图2-6-15c)、d)所示为采用悬臂法施工的曲线形预应力钢筋布置方式。为了能支承梁体和施工荷载,需在悬臂法施工时在顶板张拉负弯矩预应力束,在支承体系转换、中跨合龙时再张拉正弯矩束,并补充其他在使用阶段所需的预应力束。

图2-6-15e)所示为整根曲线形预应力束锚固于梁端的布置方式(采用连续配束),常用于小跨径、整联现浇的连续梁桥。若预应力钢筋既长又弯曲次数多,则预应力损失就大,因此,箱梁的联长或预应力钢筋不宜过长。

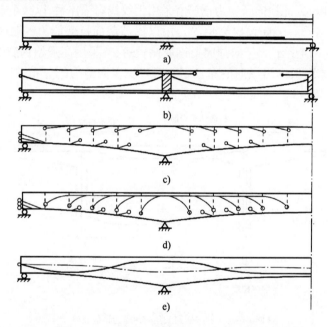

图2-6-15 预应力混凝土连续梁预应力钢筋设置方式

此外,预应力钢筋按体位可分为体内预应力钢筋和体外预应力钢筋两类;按整体性可分为黏结预应力钢筋和无黏结预应力钢筋等两类。

②预应力钢筋设置

a. 预应力混凝土连续梁的部分预应力钢筋,应在靠近端支座区段横桥向对称成对弯起,宜沿梁端面均匀布置。

b. 预应力钢筋管道的设置应符合下列规定:直线管道的净距不应小于40cm,且不宜小于管道直径的0.6倍;对于预埋的金属或塑料波纹管和铁皮管,在竖直方向可将两管道叠置;管道内径的截面面积不应小于2倍预应力钢筋截面面积;按计算需要设置预拱度时,预留管道也应同时起拱。

c. 预应力混凝土构件的曲线形预应力钢筋的曲线半径应符合下列规定:当钢丝束、钢绞线束的钢丝直径等于或小于5mm时不宜小于4m;当钢丝直径大于5mm时不宜小于6m;当精轧螺纹钢筋的直径等于或小于25mm时不宜小于12m;当钢筋直径大于25mm时不宜小于15m。

d. 预应力混凝土连续梁在选用预应力体系和布置预应力钢筋时,应采取措施减少摩阻损失。

e. 在连续梁桥全长上,预应力钢筋不宜在某个截面或某个区段急剧增加或减少。在梁的正负弯矩交替区,可设置较长的预应力钢筋重叠搭接段,并宜分散布置。

f. 当箱形截面梁的顶、底板内的预应力钢筋引出板外时,应在专设的齿板上锚固,此时,预应力钢筋宜采用较大弯曲半径。

g. 预应力混凝土梁当设置竖向预应力钢筋时,其纵向间距宜为0.50~1m。

第三节　连续刚构桥构造与设计

一　总体设计

连续刚构桥上部结构主梁是以受弯为主的构件,采用墩梁固结,桥墩承受一定的弯矩,有效减小墩顶负弯矩,与同等跨径连续梁桥相比,截面高度可以设计得小一些,跨越能力更大。同时由于连续刚构桥在施工时多数采用悬臂法施工,与连续梁桥相比不存在施工过程中的体系转换。

1. 总体布置原则

连续刚构桥总体布置时,不但要充分考虑跨径、固定孔跨长和桥墩高度的适用界限,而且要全面地对桥位条件、经济性、施工可行性、景观和养护管理等各方面进行综合分析,着重注意以下几点:

(1)当预应力混凝土梁桥跨径在150~300m范围内时,结构自重产生的弯矩占总弯矩的70%~90%,大部分承载能力均被结构自重所消耗。针对连续刚构桥的受力特点,遵循经济、适用和安全的原则,力求使主梁断面简洁、轻巧、美观,尽可能减少工程数量,主孔跨径不宜超过300m。

(2)连续刚构桥孔数不宜过多,一联不应超过五跨;墩梁固结的主梁总长度不宜太长,否则桥梁刚度过大,温度作用和混凝土收缩、徐变将产生较大的附加内力。桥墩高度与联长(由多个固结桥墩约束的跨径总和)之比,是判断能否采用连续刚构桥的指标之一,根据日本的统计资料,桥墩高度与联长之比大多不小于1/8,但国内目前使用较多的是双壁墩连续刚构桥,则不一定受此限制,可通过调节双壁墩的双壁间距和壁厚,以适应联长较大的场合。

(3)桥墩不宜过矮,墩高不宜小于跨径的1/5,且不宜小于20m。桥墩和主梁要选择合理的刚度比。否则,可以采用刚构-连续组合体系桥,以减小温度附加内力。

(4)对于不等高度桥墩的连续刚构桥,最低桥墩高度与最高桥墩高度之比不小于0.2~0.4,如图2-6-16所示。

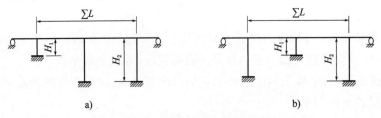

图2-6-16 不等高度桥墩的连续刚构桥

(5)理想的墩柱除满足结构要求和施工、运营阶段的最小纵、横向刚度要求外,应尽可能使其具有较大的抗弯刚度和较小的抗推刚度。宜选择双柱式薄壁墩,纵向柔性功能好,对跨中的内力约束较小,纵向抗弯刚度大,受力条件好;同时,在现浇梁段上易拼装挂篮,悬浇法施工安全度比较可靠。

(6)连续刚构桥是高次超静定结构,对地基基础要求很严格,地质条件较差的地方要慎用这种桥型结构。

(7)柔性桥墩在通航河流上使用应注意防撞问题。特别是连续刚构双壁墩,通常不能承受船撞力的直接撞击,必须采取措施,防止船只碰撞。

2. 边、主跨比

(1)连续刚构桥边、主跨比(图2-6-17)的确定首先取决于全桥的总体布置与自然条件的协调性,然后结合桥位处地形、地质、地貌、通航要求和水文条件等综合确定。全桥一般进行对称布置;对于山区河流、深沟等,也可结合地形和地质条件进行非对称布置。

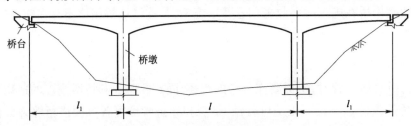

图2-6-17 三跨连续刚构桥

(2)边、主跨比应考虑梁体内力分布的合理性与施工的方便性。边、主跨比通常在0.5~0.69范围内,大部分在0.55~0.6范围内,比变截面连续梁桥的比值范围0.6~0.8要小。经研究分析表明,边、主跨比在0.54~0.56范围内或稍大一些时,在过渡墩墩顶的支座上仍保留有足够的正压力,而不出现负反力。对于主跨小于或等于120m的连续刚构桥,边跨现浇段长度一般不大于7.0m,施工时可将挂篮前推浇筑边跨现浇段;对于主跨在120~270m的连续刚构桥,边跨现浇段长度一般不大于12.00m,施工时可用导梁法浇筑。

在高墩情况下,采用合适的边、主跨比,在导梁上合龙边跨或与引桥的悬臂相连接来实现合龙,取消落地支架有一定的经济效益且方便施工。

(3)桥梁的分孔与造价的关系。当桥长一定时,跨径不同将导致孔数不同,上部结构和墩台的造价则不同。跨径越大,孔数越少,上部结构的造价就越大,而墩台的造价就越小。最经济的跨径就是要使上部结构和墩台的总造价最低,而经济分跨又可由边跨和主跨的比值来反映。

二 结构构造与设计

1. 主梁

（1）一般构造

①截面形式

连续刚构桥一般选用变截面主梁，截面形式主要采用箱形。当箱梁顶宽不超过22m时，一般可采用单箱单室，两侧配以大悬臂。如果顶宽更大，则往往采用上、下行分幅设计，即采用两个分离的单室箱。箱梁截面尺寸的拟定基本上与连续梁相同。

②梁底线形

大跨径预应力混凝土连续刚构桥一般采用变高度的箱梁截面形式。梁高沿纵向的变化曲线可以是抛物线、圆曲线和样条曲线。为了与弯矩图相适应，梁底曲线通常选用抛物线。梁底采用2次抛物线时，在1/8～1/4跨附近箱梁底板混凝土往往会出现应力超限，且在该截面附近的主拉应力也较紧张，因而，可将2次抛物线变更为1.5～1.8次方的抛物线。但是，采用低次抛物线后，要注意两相邻节段的转角变化，梁底抛物线方次越小，底板崩裂的可能性就越大。

③主梁高度

连续刚构桥主梁截面尺寸的拟定与预应力混凝土连续梁桥基本相同。但由于墩梁固结，根部梁高略小于连续梁桥；而跨中可变作用弯矩比同跨径连续梁桥的小，跨中梁高可略小于连续梁桥。为提高梁体的抗剪能力，改善主梁应力状态，箱梁应有足够的高度，根部支点梁高宜控制为$(1/18～1/16)l$，跨中梁高为$(1/60～1/50)l$。梁高变化的抛物线次数宜为1.8～2.0，跨径大时取小值，跨径小时取大值。

④箱梁截面尺寸

a. 顶板厚度。箱梁顶板要有足够的厚度，能够承受永久作用和可变作用产生的横向弯矩和剪力。顶板最小厚度必须满足桥面横向弯矩的要求和布置预应力钢筋的要求，一般选择25～28cm，顺桥向为等厚。

b. 底板厚度。底板除承受自身荷载外，还承受一定的施工荷载。采用悬臂法施工时，底板还承受挂篮后吊点的反力，设计时应考虑该力对底板和腹板的作用。对于大跨径连续刚构桥，跨中截面的底板厚度一般可取25～32cm。

c. 箱梁根部底板厚度。底板厚度随箱梁负弯矩的增大而逐渐加厚直至箱梁根部，以适应受压的要求。根部最大底板厚度为墩顶梁高的1/12～1/10，一般为32～120cm。

d. 腹板厚度。腹板主要承受竖向剪应力和由扭矩产生的剪应力，应根据剪应力要求选择腹板的厚度。最小厚度不宜小于40cm，一般可取40～100cm；箱梁跨中的腹板厚度一般取40～50cm，腹板厚度随箱梁剪应力的增大而逐渐加厚直至箱梁根部。箱梁腹板与顶底板间承托最小边长应大于50cm。

⑤箱梁翼缘板宽度

箱梁翼缘板宽度是调节桥面板弯矩的重要参数。在布置有横向预应力钢筋时，箱梁翼缘板一般宜尽量外伸一些。在确定悬臂板根部的可变作用弯矩时，悬臂长度增加，集中活载的荷载纵向分布长度也随着增加，所以对根部弯矩数值影响不大，选择悬臂长度具有较大的自由度(对于较小跨径的宽桥,应注意剪力滞的影响)。

⑥横隔梁

横隔梁的主要作用是增加箱梁的横向刚度,限制箱梁畸变。端横隔梁既可作为一个末端的横隔梁,又可作为后张法预应力钢筋分散锚固在端部的构造要求。由于支点传递荷载较大,大多采用的是实体式的刚性横隔梁,中部开设人洞。中间支点横隔梁要考虑桥墩的形式和布置,在连续刚构桥的墩梁固结处,一般设置一道或两道(双壁墩)横隔梁。当设置一道横隔梁时,厚度宜取为墩壁厚;当设置两道横隔梁时,厚度宜取为0.7~1.0m,并与双薄壁墩相匹配。中横隔梁较少采用,有时将中横隔梁设计成加劲型的桁架式或框架式,可以作为中间腹板的加劲构造或体外束预应力钢筋的锚固构造。变截面连续刚构桥桥跨结构设计参数见表2-6-2。

变截面连续刚构桥桥跨结构设计参数　　　　　　　　　　　表2-6-2

总体布置	边跨/中跨	梁高/跨径		梁底曲线
		支点	跨中	
	常用0.5~0.6	常用1/18	1/50~1/60	圆弧线、抛物线、样条曲线(常用:抛物线)
桥宽B 与截面形式(m)	B≤15 单箱单室	15<B≤20 单箱双室	18≤B≤25 分离双箱	22<B≤35 分离三箱
箱梁主要尺寸(cm)	顶板 25~28(等厚)	底板 32~120(变厚)	腹板 40~100(变厚)	横隔板 70~100(实体)

(2)钢筋构造

①预应力钢筋

大跨连续刚构桥大多数采用低松弛钢绞线,可比采用普通钢绞线的同类桥梁减少用量18%~23%。预应力锚具通常选择"群锚"体系,这是目前国际上广泛采用,且很有发展前景的钢绞线夹片锚固体系。

预应力体系的布设,不仅要考虑满足短期使用荷载的要求,还要考虑长期荷载作用后有效预应力的衰减问题。因此,需要采取合理的纵向预应力体系和竖向预应力体系,以克服有效预应力降低导致梁体开裂及下挠。

大跨径连续刚构桥上部构造一般采用单箱单室三向预应力变高度箱梁,预应力钢筋布置与大跨径连续梁桥基本类同。

a. 纵向预应力钢筋

纵向预应力一般需设置顶板束(承受负弯矩)、底板束(承受正弯矩)、连续束(补充使用阶段承受内力)、备用束和合龙段临时束。

顶板纵向预应力钢筋布置方式有全部直束布置和一定数量下弯束布置两种方式。

传统的预应力混凝土连续梁桥配束方式多采用顶板束、底板束和下弯束,如图2-6-18所示。一般来说,采用这种方式可以提供较大的预剪力,有助于提高箱梁的抗剪能力,限制腹板中的主拉应力。但是,采用下弯束布置将不可避免地使腹板和肋腋厚度加大,而结构自重的增大又反过来导致箱梁高度和断面的进一步加大,导致配束增加。

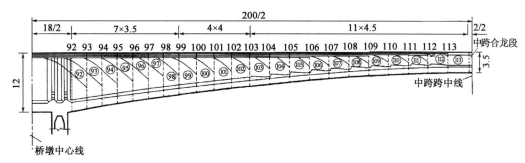

图 2-6-18 预应力下弯束布置示例(尺寸单位:m)

为简化构造,方便施工,大跨径梁桥也有采用大吨位预应力钢筋直线布束(取消下弯)。但是近年来一些已建桥梁出现了应力集中和主拉应力裂缝等病害,因此不推荐采用直线布束,还是设置下弯束为好。

b. 横向预应力钢筋

顶板横向预应力钢筋布置应根据结构受力需要而定,可布置直线束或曲线束。直线束布置方式构造简单、施工方便,有利于克服翼板根部的负弯矩。但是由于箱梁截面顶板跨中厚度较薄,顶板内布设了大量纵向预应力钢筋,因此,直线束布置方式对克服顶板跨中截面正弯矩是不利的,并且纵向预应力钢筋张拉吨位较大,将产生较大的横向变形(变形大小取决于泊松比),易导致顶板纵向开裂。总之,横向预应力钢筋的布置尽可能根据受力情况采用曲线布置,如图 2-6-19 所示。

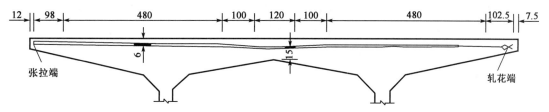

图 2-6-19 横向预应力钢筋布置示例(尺寸单位:cm)

由于箱梁顶板厚度较薄,钢束一股采用小股直径钢绞线(3或4股φ^{s}15.2)的扁锚体系。一般采用单端交替张拉,即一端为固定端,另一端为张拉端,张拉控制应力按 $0.75f_{pk}$ 设计。

根据统计,我国箱梁桥中是否采用横向预应力的桥宽分界线为12m。美国规范中箱梁桥宽大于9m则采用横向预应力。

c. 竖向预应力钢筋

腹板竖向预应力可采用高强精轧螺纹粗钢筋或钢绞线(当梁高较大时),其横断面布置如图 2-6-20 所示。当箱梁高度较大(一般大于 6m)时腹板竖向预应力采用钢绞线;当箱梁高度较小(一般小于 6m)时腹板竖向预应力采用高强精轧螺纹粗钢筋。纵向预应力钢筋管道大多采用预埋波纹管成孔,真空辅助压浆工艺。

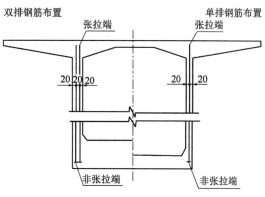

图 2-6-20 竖向预应力钢筋布置(尺寸单位:cm)

竖向预应力钢筋的布置一般要求顺桥向间距在0.5~0.7m,预应力效应从端头按26°扩散角传递,在相邻预应力钢筋之间会形成预应力的不连续,预应力空白区的高度距离梁顶0.58~0.81m,如果竖向预应力钢筋间距过大或梁高过小,则预应力空白区可延伸到腹板上部,可能引起腹板斜裂缝。因此,有采用整体锚垫板把腹板夹在上、下锚垫板之中,预应力可通过垫板实行多点连续传递,以减少或消除应力空白区,提高腹板纵向整体性和抗剪能力;也有采用预应力钢绞线代替高强精轧螺纹粗钢筋,在腹板内采用双排U形竖筋,错位布置,在梁顶张拉。

②普通钢筋

按全预应力混凝土设计的连续刚构桥,仅按构造要求设置普通钢筋。按部分预应力混凝土设计的连续刚构桥,应根据受力计算要求设置受力钢筋,同时应根据桥规要求设置构造钢筋。普通钢筋的设置方法与连续梁桥类似。

2. 桥墩

(1)设计要求

连续刚构桥桥墩设计应满足以下要求:

①应具有适当的纵向抗推刚度,以适应纵桥向由于温度、混凝土收缩和徐变作用等引起的受力及变形;选择合适的"墩梁刚度比",使之既能满足全桥的纵向刚度,又能改善主梁内力分布,充分发挥材料的受力效能,以达到增大跨径、节约投资的目的。

②为抵抗横桥向风荷载,减小偏载引起的侧向位移,提高行车舒适性(对设置轨道的桥梁),墩柱横桥向刚度应设计得较大。

③无论是在悬臂施工阶段还是运营阶段,横桥向风荷载均起控制作用,应尽可能减小墩柱横向迎风面积、改善气动外形以减小风载体形系数。

④高墩一般采用滑模施工或爬模施工,从施工的便捷角度出发,宜采用简洁的形状。

⑤山区高墩连续刚构桥体量巨大,景观效果突出,墩形选择应与环境相协调。

(2)桥墩形式

连续刚构桥的桥墩一般采用单肢(双肢)的实体式或空心式桥墩。对于城市跨线桥、景区公路桥,有时为了改善桥梁的单调外形,并减小梁根部弯矩峰值,可以在顺桥向或横桥向设计成V字形、Y字形、X字形等形式。实体式桥墩可分为单壁实体式桥墩和双壁实体式桥墩,空心式桥墩可分为单箱空心式桥墩和双箱空心式桥墩。为调节墩柱的长细比,可在箱中加设竖肋呈单箱多室,或在分离式双柱之间增加横向联系构件。连续刚构桥桥墩的设计参数见表2-6-3。

连续刚构桥桥墩设计参数　　　　　　表2-6-3

桥墩形式	实体式		空心式	
	单壁式	双壁式	单箱式	双箱式
主孔跨径 l(m)	$l<60$	$l=80~160$	$l=100~200$	$l>160$
墩高布置	最小墩高:>l/10		墩高差:最低/最高>0.2~0.4	
墩壁尺寸	墩壁厚度比:墩身长边/墩壁厚度≤15			

大部分连续刚构桥采用双薄壁墩,也有空心式和实体式之分。实心双壁墩施工方便,抗撞击能力较强;空心双壁墩可节约混凝土40%左右。连续刚构桥的墩高一般要求不小于跨径的1/10,当跨径较大而墩的高度又不高时,可采用双薄壁墩和设计柔性桩基等增加墩的柔性,也可设计成刚构-连续组合体系桥。

连续刚构桥应考虑墩身与主梁之间的刚度比,以减少附加内力。墩柱顺桥向宽度(双薄壁墩的两肢距离)一般采用桥墩高度的1/20~1/15。墩壁厚与墩顶梁高之比一般为0.2~0.4,比T形刚构桥桥墩的厚度小得多,从而减少了桥墩与基础工程的用材量。

墩身高度是由桥面高程、桥梁建筑高度、桥下净空高度、主梁高度等因素决定的。一般情况下,在初步选择桥墩尺寸时,其长细比可考虑为16~20,双肢薄壁墩的中距与主跨跨径的比值一般为1/25~1/20。

(3)梁墩连接构造

连续刚构桥梁墩连接处的构造如图2-6-21所示。一般设置一道横隔梁(实心薄壁墩时)或者两道横隔梁(双壁墩或空心墩时);一道横隔梁的厚度宜取为$t = B$(墩厚),两道横隔梁的厚度宜取为$t \approx 0.7m$。

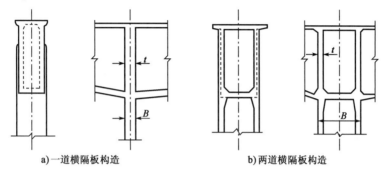

a)一道横隔板构造　　　　b)两道横隔板构造

图2-6-21　连续刚构桥梁墩连接处构造

(4)墩与承台连接构造

空心薄壁墩的墩底宜有适当的实心段(一般取2.5m左右),以便承台和薄壁墩刚度过渡。横桥向采用双薄壁墩时,承台宜设计成整体式。

【例2-6-2】　某桥采用(88+3×165+88)m五跨预应力混凝土连续刚构桥,采用悬臂法施工,主梁采用单箱单室截面,腹板和底板沿梁长变厚,在支点和跨中合龙段两端设置横隔梁。主梁一般构造如图2-6-22所示。

解:

箱梁中设置了纵、横、竖三向预应力钢筋。纵向预应力钢筋分为顶板束(用T表示)、底板束(边跨用B表示,中跨用Z表示)、腹板束(用F表示)和合龙束(用T_y、Z_y表示)四种,如图2-6-23所示,均采用Φ^{s}15.2mm钢绞线成束,钢束张拉锚下控制应力采用$0.75f_{pd} = 1395MPa$。横向预应力钢筋采用3Φ^{s}15.2mm钢绞线,沿纵桥向间距0.50m,单端交替张拉,锚下张拉控制应力采用$0.75f_{pd} = 1395MPa$。竖向预应力钢筋采用JL32mm精轧螺纹钢筋,沿纵桥向间距0.50m,下端锚固,上端张拉,锚下张拉控制应力采用$0.9f_{pk} = 706.5MPa$。

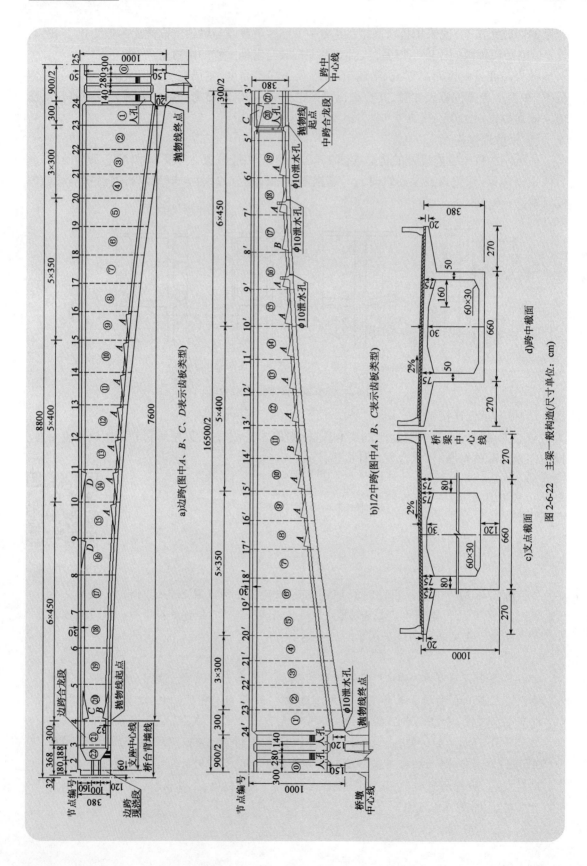

图 2-6-22 主梁一般构造(尺寸单位: cm)

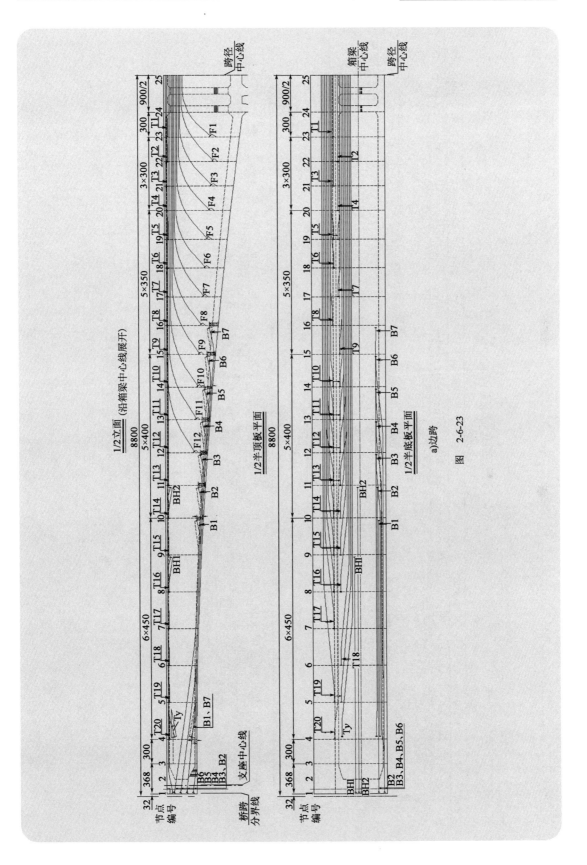

图 2-6-23

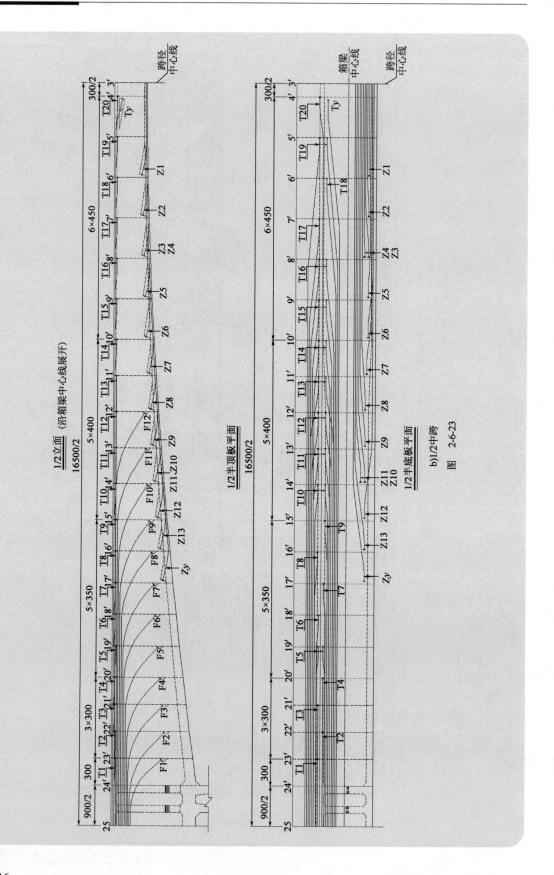

图 2-6-23

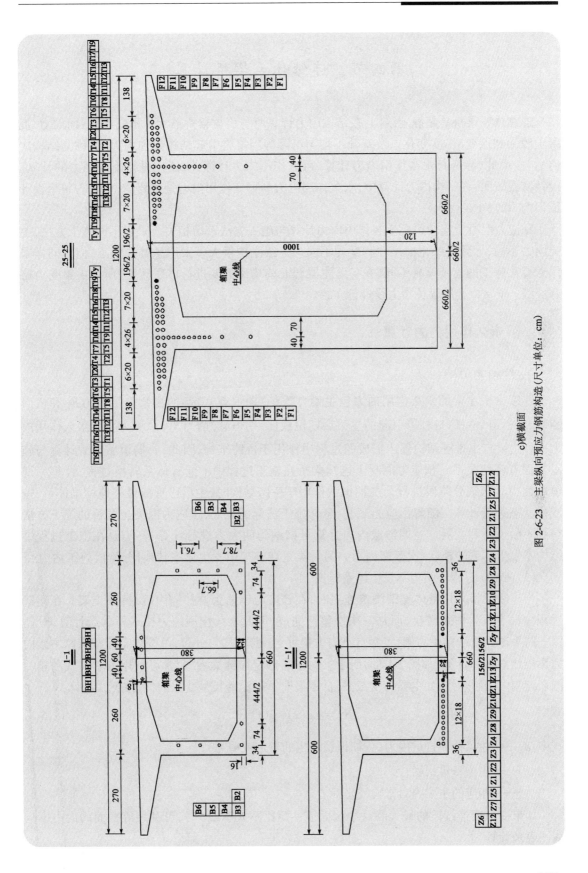

c) 横截面

图 2-6-23 主梁纵向预应力钢筋构造（尺寸单位：cm）

第四节　连续体系梁桥计算

连续体系梁桥是超静定结构,在结构内力计算时与简支梁桥最大的不同在于:预加力、混凝土收缩和徐变、温度变化以及基础不均匀沉降等因素将引起结构附加内力(又称为结构次内力)。因此,除进行永久作用内力计算、可变作用内力计算外,还应进行附加内力的计算。设计实践表明:在结构内力计算中,永久作用内力和可变作用内力是主要的,一般占整个设计最大内力的80%~90%。

预应力混凝土连续梁桥永久作用内力计算与施工方法密切相关。采用不同施工方法,主梁内力不同,导致主梁截面尺寸和配筋不同。连续刚构桥大多采用悬臂法施工,但与同样采用悬臂法施工的连续梁桥不同,在各跨主梁合龙前均不需要进行体系转换,所以主梁受力略有区别。下文以连续梁桥为主线进行介绍。

一　永久作用内力计算

1. 结构重力

连续梁桥主梁的永久作用内力包主梁自重(一期恒载)引起的主梁自重内力S_{g_1}和桥面铺装、人行道、栏杆、灯柱等引起的主梁后期恒载(二期恒载)内力S_{g_2},总称为主梁永久作用内力S_g。主梁自重是在结构逐步形成的过程中作用于桥跨结构,因此,一期恒载内力计算与施工方法有密切关系。预应力混凝土连续梁桥在施工过程中不断有体系转换过程,计算一期恒载内力时必须分阶段进行。二期恒载作用于桥跨结构时,主梁已形成最终连续梁体系,按成桥状态进行计算。随着预应力工艺、悬臂施工法等的发展,预应力混凝土梁桥的施工方法得到不断创新和发展。一期恒载内力计算可归纳为两大类进行计算:一类是在施工过程中结构不发生体系转换(一次落架内力);另一类是在施工中发生体系转换(分阶段施工内力)。

(1)在施工过程中结构不发生体系转换

当连续梁桥采用整体支架浇筑施工时,在预应力钢筋张拉并锚固后,拆除支架。在建造过程中没有发生体系转换,而是一次性整体完成,因此永久作用内力按成桥状态计算即可。以三跨等截面连续梁桥为例,主梁自重内力集度g沿跨长均匀分布,可按均布荷载乘以主梁内力影响线总面积计算,如图2-1-5a)所示。对于超静定连续梁桥,通常可利用力学公式和相关图表绘制内力影响线;如主梁为变截面,自重集度$g(x)$沿跨长是变化的,可按下式计算:

$$S_{g_1} = \int_L g(x) \cdot y(x) \mathrm{d}x \tag{2-6-1}$$

式中:S_{g_1}——主梁截面自重内力(一期恒载产生的弯矩或剪力);

　　$g(x)$——主梁自重集度;

　　$y(x)$——相应的主梁内力影响线坐标。

如果变截面连续梁的最大和最小截面惯性矩比不大于2.5时,可利用等截面的内力影响线图表来计算。

（2）在施工过程中发生体系转换

在施工过程中发生体系转换的施工方法有逐孔施工法、悬臂施工法、顶推法等。采用不同的施工方法，引起各个施工阶段结构内力的变化不同，因此，主梁自重内力计算必须根据不同的施工方法顺序和体系转换的具体情况分阶段累计进行计算。

①逐孔施工法

逐孔施工法分三种施工情况：

a. 简支梁转换为少跨连续梁，逐孔施工转换为所要求的连续梁。此时，主梁的自重内力即简支梁内力$\left(M_{g_1} = \frac{1}{8}g_1 l^2\right)$。当全部结构连成连续梁后，再施工桥面铺装等，则$M_{g_2}$按最终的连续梁体系计算。在逐孔施工的同时，在已施工好的主梁上进行桥面铺装等施工，则计算主梁永久作用内力M_{g_2}时，应按实际施工过程中的结构体系进行分析，如图2-6-24所示。

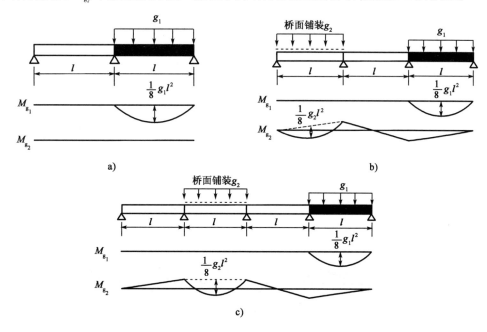

图2-6-24 简支梁转换为连续梁时结构自重内力计算图式

b. 单悬臂梁转换为连续梁的逐孔施工法（图2-6-25）。每施工一孔就形成一带悬臂的连续梁体系。因此，每次施工上去的主梁自重内力（弯矩）应按实际的结构体系计算。

为了改善施工接缝断面处受力，一般将施工接缝设在按一次落架计算的弯矩较小的截面，最好选择在弯矩为零的截面。由此得到的最终成桥状态截面弯矩与一次落架弯矩[图2-1-5a)]完全相同。如果该施工接缝偏离弯矩为零截面，最终成桥状态的截面弯矩会有别于一次落架弯矩，但其差别较小，仍可近似地采用一次落架法计算成桥状态截面内力。

c. 简支转连续的逐孔加施工法。起初，主梁的自重内力为简支梁内力$\left(M_{g_1} = \frac{1}{8}g_1 l^2\right)$，在张拉墩顶负弯矩预应力束后，将在结构内产生附加内力（具体计算可参考本章第三节相关内容），则最终一期恒载内力S_{g_1}为这两部分的内力之和。

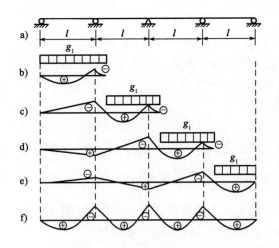

图 2-6-25 单悬臂梁逐跨架设成连续梁时主梁内力(弯矩)计算图式

②悬臂施工法

当按对称悬臂施工法形成结构时,成桥状态的截面弯矩是通过逐个梁段的悬臂逐步形成的,边中跨合龙前主梁弯矩图如图2-1-5b)和图2-6-26b)所示。在边中跨合龙过程中,主梁截面内力随着施工阶段而发生变化,如图2-6-26c)~f)所示。

a. 边跨合龙,拆除边跨现浇段支架,如图2-6-26c)所示。

b. 1号墩处主梁体系转换,如图2-6-26d)所示。

c. 中跨合龙,拆除边跨现浇段支架,如图2-6-26e)所示。

d. 拆除中跨合龙段挂篮,如图2-6-26f)所示。

主梁一期恒载内力图应由图2-6-26b)~f)这五个阶段的内力图叠加而成。

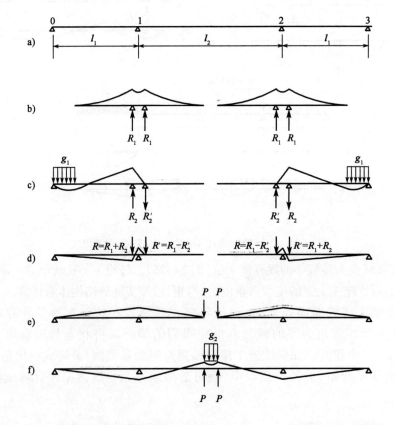

图 2-6-26 平衡悬臂施工的连续梁桥主梁自重内力(弯矩)计算图式

需要指出的是,连续刚构桥大多采用悬臂法施工,施工过程没有"1号墩处主梁体系转换",所以,内力计算略有差别。

③顶推法

采用顶推法施工的连续梁,当全桥结构顶推就位后,安放与调整各支点的支座位置。此时,主梁自重(一期恒载)内力计算与一次落架的计算方法相同,都是按成桥状态计算。但是,在主梁顶推法施工过程中,梁体内力不断发生变化,梁段各截面在经过支点时要承受负弯矩,在经过跨中区段时产生正弯矩,即主梁截面的弯矩和剪力都要承受不断地正负交替变化。

在顶推阶段,连续梁的受力情况受施工导梁的长度与被顶推梁的跨度之比、刚度之比、自重之比、有无临时中间墩或有无临时缆索等因素影响。将从顶推开始位置到最后落梁就位的整个区间划分为若干个区段,必须计算出每向前顶推一段,主梁各截面的弯矩和剪力,然后汇总,得出最大、最小弯矩图和剪力图。

顶推过程中主梁的内力状态与初估方法,可以编制电算程序计算。一般取每顶出5m长度进行一次主梁自重内力分析。把整个顶推过程分成多个阶段,求出每个阶段的自重内力图,把这些内力图叠置在同一基准线上,就可以得到最不利的内力包络图,如图2-6-27所示。由图可见,不利位置在顶推连续梁的首部靠近支座处,而其余梁段上近似接近在自重作用下固端梁的最大正、负弯矩值。

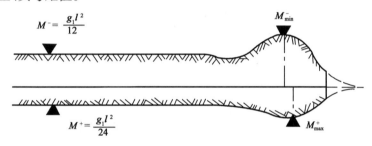

图2-6-27 顶推法施工连续梁的自重内力包络图

顶推过程中主梁的内力计算,一般采用以下方法来估算梁内最大正、负弯矩值。

a. 主梁最大正弯矩。顶推时,主梁最大正弯矩发生在前伸导梁刚推移过墩顶支点外时,最大正弯矩截面位置约在第一跨的$0.4L$处,如图2-6-28所示。最大正弯矩值M_{max}^+的近似计算公式为

$$M_{max}^+ = (0.933 - 2.96\gamma\beta^2) \cdot \frac{g_1 L^2}{12} \qquad (2\text{-}6\text{-}2)$$

式中:γ——导梁与混凝土的自重比;

β——导梁长度与跨径之比(一般β在0.6左右)。

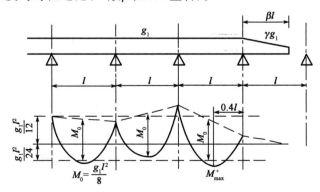

图2-6-28 前伸导梁刚推移过墩顶支点外时的一期恒载内力

b. 主梁最大负弯矩。顶推时,产生最大负弯矩的情况可能有两种:

第一种:前伸导梁刚到达前方墩顶前。

如图 2-6-29 所示,前伸导梁刚到达前方墩顶前接近支点时,主梁伸出悬臂最长,此时可能产生最大负弯矩。最大负弯矩值 $M_{\min}^-$ 的近似计算公式为

$$M_{\min}^- = -[6\alpha^2 + 6\gamma(1 - \alpha^2)] \cdot \frac{g_1 L^2}{12} \quad (2\text{-}6\text{-}3)$$

式中:α——主梁伸出部分长度的比值,$\alpha = 1 - \beta$。

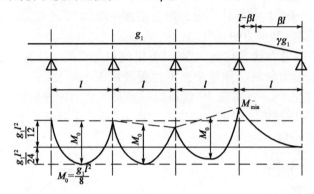

图 2-6-29 前伸导梁刚到达前方墩顶前接近支点时的一期恒载内力

第二种:前伸导梁刚搁上墩顶支点。

此时,梁内可能再出现最大负弯矩值 $M_{\min}^-$,$M_{\min}^-$ 与前伸导梁和混凝土梁的刚度比 k 有关,则

$$M_{\min}^- = -\mu \cdot \frac{g_1 L^2}{12} \quad (2\text{-}6\text{-}4)$$

式中:μ——计算系数,由 k 与 α 查图 2-6-30 可得。

前伸导梁与混凝土主梁的刚度比为

$$k = \frac{E_s I_s}{E_c I_c} \quad (2\text{-}6\text{-}5)$$

式中:E_s、I_s——钢导梁的弹性模量与截面惯性矩;

E_c、I_c——混凝土主梁的弹性模量与截面惯性矩。

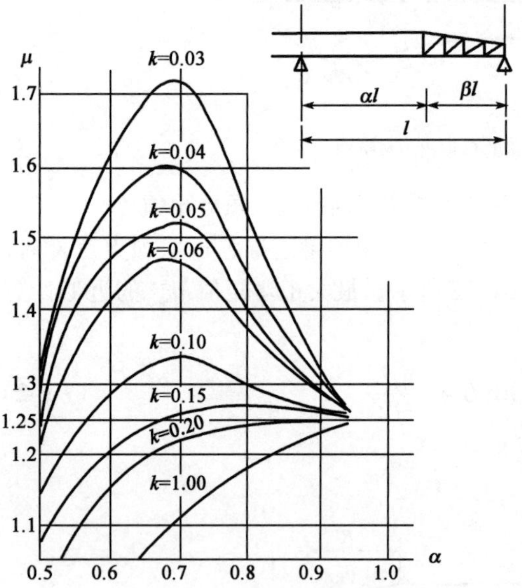

图 2-6-30 μ 与 k、α 的关系

需要说明的是,采用顶推法施工时,尽管在顶推过程中结构体系发生了多次变化,但如果忽略混凝土徐变影响,则最终成桥状态截面弯矩与一次落架时的弯矩完全相同。

二期恒载内力的计算比较简单,此时结构已成为最终体系,按成桥状态计算即可。

2. 支座不均匀沉降位移

纵向计算的不均匀沉降位移,初步设计阶段若无准确数据,小跨径桥梁一般取 0.5cm,中等跨径桥梁一般取 1.0cm,大跨径桥梁一般取 2.0cm。一般横向计算时可忽略不均匀沉降位移。

3. 施工临时荷载

若没有具体数值时,悬臂施工的挂篮、模板、机具等荷载可按最重悬臂施工节段自重的0.5倍左右估算,取值在400～1000kN以内。

桥面堆载仅在施工稳定性验算时考虑,一般按照2.5kN/m计算。

4. 预应力径向力

在横向计算、锚固齿板或预应力钢束弯曲处局部计算时,需要考虑由于预应力钢筋弯曲产生的径向分力对结构的影响。

二 可变作用内力计算

1. 计算要点

可变作用施加于桥跨结构时,不管采用哪种施工方法,主梁结构已形成最终体系——连续梁桥,因此内力计算图式十分明确。可变作用内力计算是确定汽车荷载、人群荷载等在桥梁使用阶段产生的结构内力。

在计算各主梁可变作用内力时,与简支梁中一样,要分析荷载的横向分布,即确定主梁的荷载横向分布系数。鉴于悬臂梁和连续梁与简支梁的力学体系不同,不能直接应用前面基于简支梁分析的结果。下面按装配式截面和整体箱形截面两类情况分别介绍横向分布系数和截面内力的计算方法。

当采用T梁或箱形梁且肋数较多时,利用平面杆系电算程序,配合荷载横向分布子程序来计算可变作用内力。单箱单室截面,仅需利用桥梁结构专用分析程序,在横向布置中载和偏载两种工况来计算可变作用下的主梁截面内力。

(1)连续梁桥按平面杆系结构计算可变作用内力的方法

①绘制主梁内力影响线。

②在纵桥向进行影响线加载。在内力影响线上按最不利荷载位置布置可变作用,即可求得主梁截面的内力。当内力影响线有正、负两种区段时,应分别对正、负区段加载,以求出正、负两个内力最大值。

(2)连续梁桥按空间结构计算可变作用内力的方法

计算方法与杆系结构类似,只需先计算主梁的横向分布系数;再用横向分布系数乘以荷载,即 $m_i P_i$;最后在纵桥向进行影响线加载。计算主梁弯矩时,可用跨中荷载横向分布系数 m_c 代替全跨各点上的 m_i;计算支点主梁剪力时,应考虑 m_i 沿跨内的变化。

2. 横向分布系数计算方法

(1)装配式截面主梁

对各种桥梁(装配式T梁、小箱梁等)位于支点处的荷载,均可比照简支梁桥,采用"杠杆原理法"计算荷载横向分布系数 m_0。

装配式连续梁桥跨与简支梁桥有所不同。鉴于跨中荷载横向分布规律主要取决于结构纵向刚度与横向刚度之间的关系(详见简支梁部分的分析),可以引用一个非简支体系的纵向刚度修正系数 C_w 来近似考虑因体系不同对荷载横向分布带来的影响。按非简支体系梁与简支梁的挠度相等原理,采用共轭梁法计算等代简支梁的抗弯刚度。

$$I_i^* = C_w I_p$$
$$C_w = \frac{\omega}{\omega'}$$
（2-6-6）

式中：I_i^*——等代简支梁刚度；

I_p——等截面非简支体系梁的抗弯刚度；

C_w——纵向刚度修正系数；

ω——单位荷载 $p=1$ 作用于简支主梁跨中时的跨中挠度[图2-6-31a)]；

ω'——单位荷载 $p=1$ 作用于非简支主梁跨中时的跨中挠度。

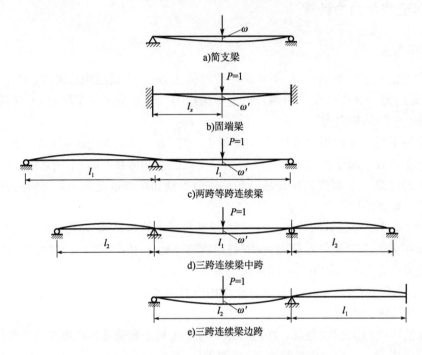

图 2-6-31　各种体系 C_w 的计算图式

表 2-6-4 列出了图 2-6-31b)~e)所示常用非简支梁体系等截面梁的纵向刚度修正系数 C_w 值。

C_w 值　　　　　　　　　表 2-6-4

结构体系	固端梁	两跨等跨连续梁	三跨连续梁中跨 $l_边:l_中$			三跨连续梁边跨 $l_边:l_中$		
			1:1	1:1.2	1:1.4	1:1	1:1.2	1:1.4
纵向刚度修正系数 C_w 值	1	1.391	1.818	1.931	2.034	1.429	1.382	1.344

由已知纵向刚度修正系数 C_w 值来确定连续体系窄桥、宽桥的划分标准。根据理论分析可知，按 $\theta = \frac{B}{2l}\sqrt[4]{\frac{J_x}{J_y}} \le 0.3$ 来定名"窄桥"比粗略地按 $\frac{B}{l} \le 0.5$ 来定名更为合适（参见简支梁计算

中"偏心压力法")。在上式中引入纵向刚度修正系数C_w值,可得窄桥的条件为

$$\frac{l}{B} = 1.66 \sqrt[4]{\frac{C_w J_x}{J_y}} \tag{2-6-7}$$

式中:l——与简支梁相对应的跨径,悬臂部分取$l = 2l_x$,连续梁取$l = l_1(l = l_2)$;

B——桥梁承重结构的宽度;

J_x、J_y——桥梁纵向和横向的比拟单宽刚度(详见简支梁桥的计算部分)。

由此可见,当荷载位于悬臂端部和连续梁跨中时,如结构满足式(2-6-7)的条件,则可按偏心压力法来计算相应的荷载横向分布系数m_c。

对于$\frac{l}{B} < 1.66 \sqrt[4]{\frac{C_w J_x}{J_y}}$的情况,宜采用G-M法计算。此时,应根据用$C_w$系数修正后的刚度参数$\theta'$和$\alpha'$进行查表计算,并绘制荷载横向分布影响线。$\theta'$和$\alpha'$的修正式为

$$\theta' = \frac{B}{2l} \sqrt[4]{\frac{C_w J_x}{J_y}} = \sqrt[4]{C_w} \cdot \theta \tag{2-6-8}$$

$$\alpha' = \frac{G(J_{T_x} + J_{T_y})}{2E\sqrt{C_w J_x J_y}} = \frac{1}{\sqrt{C_w}} \cdot \alpha \tag{2-6-9}$$

式中:θ、α——同跨径简支体系的刚度参数,必须注意,对于长度为l_x的悬臂梁在计算θ时应取对应的跨径$l = 2l_x$。

荷载横向分布系数沿梁长的变化,也可参照简支梁桥中的方法同样处理。

(2)整体式箱形截面主梁

闭口薄壁箱形截面梁的受力特点与一般T梁不同,其精确计算必须用薄壁构件结构力学的方法求解。如图2-6-32所示,当桥上有K行车辆荷载对桥中线呈偏心作用时,横向一排车辆的总重KP将具有偏心距e,此时整体箱形梁的受力可分为两种情况来计算,即对称荷载KP作用下的平面弯曲计算和扭矩$M_T = KP \cdot e$作用下的扭矩计算。

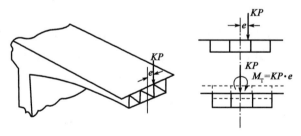

图2-6-32 箱形截面梁的受力图式

对于平面弯曲计算,通常可用熟知的材料力学公式计算各横截面上的弯曲正应力σ_M和弯曲剪应力τ_M。对于扭转计算,一般来说,箱形薄壁杆件受扭后,横截面将产生自由扭转剪应力τ_k、约束扭转正应力σ_w与剪应力τ_w以及截面发生歪扭引起的畸变正应力σ_{dw}与剪应力τ_{dw},具体计算方法参见《桥梁结构分析与设计》教材。

在实际设计中,为避免繁复的扭转应力计算而采用一些近似方法来估算,对计算结果不会导致很大的误差。国内对整体式直线箱形截面的桥梁常采用下列近似方法计算荷载内力。

①经验估值法

对于具有一定厚度且有横隔梁加劲的箱梁,忽略歪扭变形的畸变应力;将可变作用偏心

作用引起的约束扭转正应力和剪应力分别估计为可变作用对称作用下平面弯曲正应力的15%和剪应力的5%。因此,当永久作用对称作用时箱形梁任意截面计及扭转影响的总荷载内力近似估计为

弯矩 $\qquad M = M_g + 1.15M_p \qquad$ (2-6-10)

剪力 $\qquad V = V_g + 1.05V_p \qquad$ (2-6-11)

式中:M_g、V_g——永久作用引起的弯矩和剪力;

M_p、V_p——全部可变作用对称于桥梁中心线作用时引起的弯矩和剪力。

②修正偏心压力法

鉴于整体式箱形截面主梁横向刚度和扭转刚度大,荷载作用下主梁发生变形时可以认为横截面保持原来形状不变,即箱梁各个腹板的挠度也呈直线变化。通常,可以将箱梁腹板近似看作等截面的梁肋,先采用修正偏心压力法求出可变作用偏心作用下边腹板的荷载横向分布系数,再乘以腹板总数,最后得到箱梁截面可变作用内力的增大系数。例如,对于图 2-6-33 所示的单箱三室截面,边腹板的可变作用分配系数为

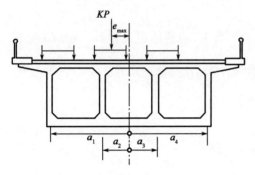

图 2-6-33 内力增大系数计算图式

$$\eta_{max} = \frac{1}{n} + \beta \frac{e_{max} a_1}{\sum_{i=1}^{n} a_i^2} \qquad (2\text{-}6\text{-}12)$$

$$\beta = \frac{1}{1 + n\gamma \frac{G}{E} \cdot \frac{I_T}{I} \cdot \frac{1}{\sum_{i=1}^{n} a_i^2}} \qquad (2\text{-}6\text{-}13)$$

式中:n——箱梁的腹板总数;

β——抗扭修正系数。

式中系数 γ 值,对于简支跨的跨中截面,$\gamma = l^2/12$;对于悬臂梁的端部截面,$\gamma = l_x^2/3$;对于带锚固孔(跨径为 l_1)的外伸梁的端部截面,$\gamma = [l_x(l_1 + l_x)]/3$。对于各种跨径比的连续梁跨中截面,也可按简支梁计算中横向分布系数计算部分所述的原理求得 γ 值。这里可用整个箱梁截面的抗扭惯性矩与抗弯惯性矩之比来代替 I_T/I。在计算抗扭惯性矩时可近似地忽略中间腹板的影响。

式(2-6-13)中的系数 γ 值,是按等截面杆自由旋转推出的。对于变截面杆约束扭转来说,修正系数 β 将更小,因此按式(2-6-13)来计算是偏于安全的。

求得边腹板的荷载分配系数 η_{max} 之后,即得可变作用内力增大系数 ζ:

$$\zeta = n\eta_{max} \qquad (2\text{-}6\text{-}14)$$

因此,计及可变作用偏心扭转作用的箱形截面总内力为

弯矩 $\qquad M = M_g + \zeta M_p \qquad$ (2-6-15)

剪力 $\qquad V = V_g + \zeta V_p \qquad$ (2-6-16)

式中符号意义同前。

在设计时应计算可变作用(汽车荷载及人群荷载)产生的最大内力值和最小内力值,并与

永久作用内力值组合,经比较后确定各截面的控制内力设计值。据此就可以绘制最大和最小内力设计值包络图,以用于钢筋布置和承载力校核。

采用修正偏心压力法计算整体式箱梁荷载横向分布系数的关键是主梁的划分及其刚度的计算。主梁的划分是指将整体式箱形截面划分成以每块腹板作为一根主梁。主梁的划分原则是:尽量使各主梁的形心仍在原箱形截面的形心主轴上。这样划分可取得较好的计算精度,如图2-6-34所示。如果各主梁形心位置不完全相同,则最好按整体箱形截面的形心轴计算I_{xi}。具体划分时,尽可能将各主梁的面积均匀划分,这样各主梁的抗弯惯性矩就接近相等。划分后每根主梁的抗弯惯性矩I_{xi}按实际分成的匚形、工形、丁形截面计算。

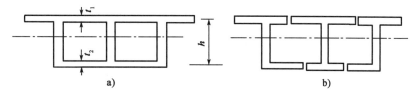

图2-6-34 箱形截面梁桥的主梁划分方式

整体式箱梁为闭口构件,抗扭刚度较大。当划分成若干个子梁后,每片子梁都变成了开口构件,将大大减小箱梁的抗扭刚度,会导致计算误差较大,但对于设计来讲,这是一种偏安全的处理方式。

各主梁的抗扭惯性矩I_{di}可按下式计算:

$$I_{di} = b_1 c_1 + b_2 c_2$$

式中:b_1、c_1——主梁i所代表的左侧部分顶板和底板平均宽与单宽抗扭惯性矩;

b_2、c_2——主梁i所代表的右侧部分顶板和底板平均宽与单宽抗扭惯性矩。

箱形截面顶板、底板的单宽抗扭惯性矩可按下式计算:

$$C = \frac{2h^2 t_1 t_2}{t_1 + t_2}$$

式中:t_1、t_2——顶板和底板的板厚;

h——顶板至底板中线间的距离。

【例2-6-3】 某四跨(4×30m)装配式预应力混凝土箱形梁桥,主梁采用等高度箱形截面。采用先简支后连续施工方法,主梁先预制、运输、吊装就位,再现浇湿接缝形成整体结构。跨中横断面详细布置如图2-6-35所示。采用修正偏心压力法计算荷载横向分布系数。

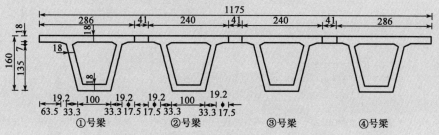

图2-6-35 装配式预应力混凝土箱形梁横截面构造示例(尺寸单位:cm)

解：

(1) 截面特性计算

①抗弯惯性矩计算

计算单片梁纵向抗弯惯性矩，尺寸如图2-6-36所示；边梁及中梁尺寸近似，取相同抗弯惯性矩（连续梁的截面惯性矩局部变化不超过20%时，截面惯性矩所引起赘余力变化不会超过5%）。

抗弯惯性矩 $I_y = 0.367\text{m}^4$。

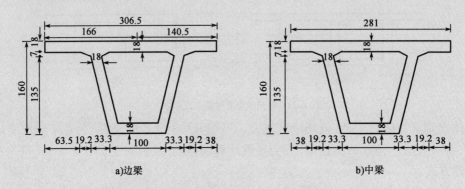

图2-6-36 边、中梁横截面一般构造（尺寸单位：cm）

②计算抗扭惯性矩

在计算连续箱梁跨中截面抗扭惯性矩时，闭合截面以外的翼板可以忽略不计，计算误差在1%左右，这样主梁截面简化成为一个对称梯形，如图2-6-37所示。

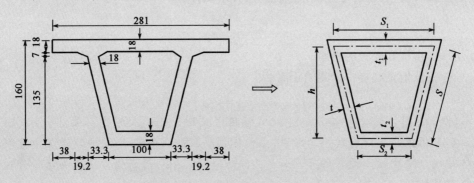

图2-6-37 连续箱梁跨中截面抗扭惯性矩简化计算（尺寸单位：cm）

抗扭惯性矩一般按下式计算：

$$I_T = (S_1 + S_2)^2 h^2 \frac{1}{2\dfrac{S}{t} + \dfrac{S_1}{t_1} + \dfrac{S_2}{t_2}}$$

已知，$S_1 = 156.49\text{cm}$，$S_2 = 86.44\text{cm}$，$S = 146.26\text{cm}$，$h = 142\text{cm}$，$t = t_1 = t_2 = 18\text{cm}$。将各值代入上式可得：

$$I_\mathrm{T} = (156.49 + 86.44)^2 \times 142^2 \times \frac{1}{2 \times \frac{146.26}{18} + \frac{156.49}{18} + \frac{86.44}{18}} = 4 \times 10^7 (\mathrm{cm}^4)$$

则抗扭惯性矩 $I_\mathrm{T} = 0.4 \mathrm{m}^4$。

(2)将连续梁桥等代为简支梁桥

因每片箱梁仅在支点附近很小区域内腹板、底板尺寸有所改变,但仍可近似地按等截面箱梁来计算其误差是很小的。所以,可将其简化为四等跨等截面连续箱梁桥。

按照连续梁与简支梁的挠度相等原理,将四等跨等截面连续箱梁桥通过刚度换算转化为四等跨等截面简支梁桥。查表2-6-4,得边跨 $C_\mathrm{w边}=1.432$,中跨 $C_\mathrm{w中}=1.860$。对扭转惯性矩不进行修正,则边跨的等刚度等截面简支梁的抗弯惯性矩和抗扭惯性矩按式(2-6-6)计算分别为

$I_{边}^* = C_\mathrm{w边} I_y = 1.432 \times 0.367 = 0.526 \ (\mathrm{m}^4)$

$I_{中}^* = C_\mathrm{w中} I_y = 1.860 \times 0.367 = 0.683 \ (\mathrm{m}^4)$

$I_\mathrm{T中}^* = I_\mathrm{T边}^* = I_\mathrm{T} = 0.4 \ (\mathrm{m}^4)$

(3)计算边跨荷载横向分布系数

①计算比例参数 γ 和 β

$$\gamma_{边} = 5.8 \frac{I_{边}^*}{I_\mathrm{T}} \left(\frac{b_1}{l}\right)^2 = 5.8 \times \frac{0.526}{0.4} \times \left(\frac{2.81}{30}\right)^2 = 0.067$$

$$\beta_{边} = 390 \frac{I_{边}^* d_1^3}{l^4 h_1^3} = 390 \times \frac{0.526}{30^4} \times \left(\frac{0.572}{0.18}\right)^3 = 0.008$$

②计算主梁荷载横向分布影响线 η

查参考文献[35]所列刚接板、梁桥横向分布影响线表中四梁式的 G_η 表,在 $\beta = 0.006$、$\beta = 0.010$ 和 $\gamma = 0.06$、$\gamma = 0.08$ 之间按内插法得到表2-6-5所列的 η 值,并由此绘出图2-6-38所示边跨①号梁、②号梁荷载横向分布影响线。

边跨的等刚度简支梁主梁荷载横向分布影响线　　表2-6-5

梁号	β	γ	$P=1$位置(主梁轴线)			
			①号梁	②号梁	③号梁	④号梁
1	0.008	0.067	0.385	0.283	0.197	0.135
2	0.008	0.067	0.283	0.279	0.240	0.197
3	0.008	0.067	0.197	0.240	0.279	0.283
4	0.008	0.067	0.135	0.197	0.283	0.385

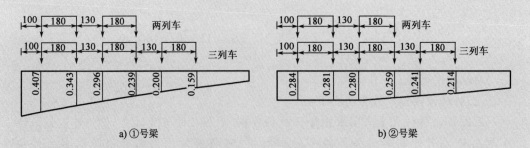

图2-6-38 边跨主梁荷载横向分布影响线(尺寸单位:cm)

③计算荷载横向分布系数 m

距离桥面边缘布置0.5m宽度的护栏,距护栏0.5m(为路缘带宽)布置车辆荷载,分别按两列车、三列车布载计算。

两列车布载:

$$m_1 = \frac{0.407 + 0.343 + 0.296 + 0.239}{2} = 0.643$$

$$m_2 = \frac{0.284 + 0.281 + 0.280 + 0.259}{2} = 0.552$$

三列车布载:

$$m_1 = \frac{0.407 + 0.343 + 0.296 + 0.239 + 0.200 + 0.159}{2} = 0.822$$

$$m_2 = \frac{0.284 + 0.281 + 0.280 + 0.259 + 0.241 + 0.214}{2} = 0.780$$

(4)计算中跨荷载横向分布系数

①计算比例参数 γ 和 β

$$\gamma_{中} = 5.8 \frac{I_{中}^*}{I_T}\left(\frac{b_1}{l}\right)^2 = 5.8 \times \frac{0.683}{0.4} \times \left(\frac{2.81}{30}\right)^2 = 0.087$$

$$\beta_{中} = 390 \frac{I_{中}^* d_1^3}{l^4 h_1^3} = 390 \times \frac{0.683}{30^4} \times \left(\frac{0.572}{0.18}\right)^3 = 0.011$$

②计算主梁荷载横向分布影响线 η

查参考文献[35]所列刚接板、梁桥横向分布影响线表中四梁式的 G_η 表,在 $\beta = 0.080$、$\beta = 0.010$ 和 $\gamma = 0.100$、$\gamma = 0.010$ 之间按内插法得到表2-6-6所列的 η 值,并由此绘出图2-6-39所示中跨①号梁、②号梁荷载横向分布影响线。

跨的等刚度简支梁主梁荷载横向分布影响线　　表2-6-6

梁号	β	γ	$P = 1$位置(主梁轴线)			
			①号梁	②号梁	③号梁	④号梁
1	0.008	0.067	0.411	0.289	0.186	0.114
2	0.008	0.067	0.289	0.286	0.239	0.186

续上表

梁号	β	γ	$P=1$位置(主梁轴线)			
			①号梁	②号梁	③号梁	④号梁
3	0.008	0.067	0.186	0.239	0.286	0.289
4	0.008	0.067	0.114	0.186	0.289	0.411

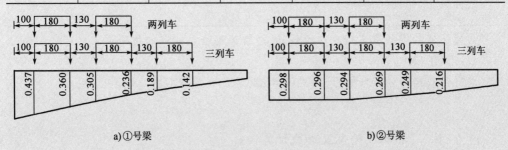

图2-6-39 中跨主梁荷载横向分布影响线(尺寸单位:cm)

③计算荷载横向分布系数m

距离桥面边缘布置0.5m宽度的护栏,距护栏0.5m(为路缘带宽)布置车辆荷载,分别按两列车、三列车布载计算。

两列车布载:

$$m_1 = \frac{0.437 + 0.360 + 0.305 + 0.236}{2} = 0.669$$

$$m_2 = \frac{0.298 + 0.296 + 0.294 + 0.269}{2} = 0.579$$

三列车布载:

$$m_1 = \frac{0.437 + 0.360 + 0.305 + 0.236 + 0.189 + 0.142}{2} = 0.835$$

$$m_2 = \frac{0.298 + 0.296 + 0.294 + 0.269 + 0.249 + 0.216}{2} = 0.811$$

(5)连续梁桥荷载横向分布系数取值

由前面的计算分析可见,四跨连续梁桥的边跨、中跨荷载横向分布系数是不同的,且①号主梁、②号主梁荷载横向分布系数中跨都大于边梁相应梁位的数值。依据现行《通规》对多车道布载的横向折减规定:2车道布载时,横向车道布载系数为1.0;3车道布载时,横向车道布载系数为0.78。将上述计算结果乘以横向车道布载系数后即最终所求荷载横向分布系数,见表2-6-7。

荷载横向分布系数 表2-6-7

车道数	梁号	荷载横向分布系数m	横向折减系数
两列车	①号梁	0.643	0.643
	②号梁	0.552	0.552
三列车	①号梁	0.822	0.641
	②号梁	0.780	0.619

续上表

车道数	梁号	荷载横向分布系数 m	横向折减系数
两列车	①号梁	0.669	0.669
	②号梁	0.579	0.579
三列车	①号梁	0.835	0.651
	②号梁	0.811	0.632

为简化连续梁的汽车荷载内力计算，全桥偏安全地统一取用跨中主梁荷载横向分布系数 $m = 0.669$。

求得荷载横向分布系数后，按式(2-4-82)进行可变作用内力计算。

3. 内力(位移)影响线绘制及加载计算

连续梁是超静定结构，计算各截面可变作用内力仍以绘制影响线为主。对于等截面连续梁，其结构赘余力与截面刚度无关，其影响线纵坐标及面积计算可采用一般资料中的公式和图表进行。对于变截面连续梁，一般借助专业桥梁电算程序计算，具体将在"桥梁结构电算"课程中介绍。

三 超静定结构附加内力计算

桥梁结构在各种内外因素的影响下，可能会受到强迫挠曲变形或轴向伸缩变形影响。对于静定结构而言，这种变形是自由的，不会对结构产生附加内力(也称为次内力)；对于超静定结构来讲，在多余约束处将会产生多余的约束力，从而将产生结构的附加内力。本节将概要介绍预加力、温度变化、基础变位、混凝土材料的收缩和徐变等引起结构附加内力的原因和计算方法，详细计算步骤与分析过程将在《桥梁结构分析与设计》教材中介绍。

1. 预加力引起的附加内力

(1)预加力对结构的影响

在预加应力作用下，构件会发生挠曲变形。对于简支梁桥，由于是静定结构，在支座处结构的变形是自由的，不会产生附加内力，即预加力仅影响主梁的内部应力。对于连续梁等超静定结构，由于多余约束的存在，结构变形将不再自由，这样就会在多余约束处产生附加内力，而在梁体内产生附加弯矩(也称二次弯矩)。

(2)预加力附加内力计算方法

对于配置直线预应力钢筋(连续直线配束或局部直线配束)的连续梁，可按超静定结构分析的方法原理进行计算；对于配置曲线形预应力钢筋的连续梁，可按超静定结构分析的方法原理进行计算，也可利用等代荷载的方法进行计算。

图2-6-40所示为两跨连续梁，由于中间支点处的多余约束力 R[图2-6-40a)]的存在，除了梁体中的初预矩 M_0[图2-6-40b)]之外，还会产生附加预矩 M'[图2-6-40c)]，其总预矩 M_N 应是初预矩与附加预矩 M' 的代数和[图2-6-40d)]。

2. 温度变化引起的附加内力

(1) 温度对结构的影响

桥梁结构是暴露在大气中的结构物。温度对桥梁结构的影响包括年温差影响与局部温差影响两部分。

年温差影响是指气温随季节发生周期性变化时对结构物所引起的作用。一般假定温度沿结构截面方向均匀变化。对无水平约束的结构(如简支梁桥、连续梁桥等),年温差影响只引起结构的均匀伸缩,并不导致结构内附加内力(温度应力)产生;当结构的均匀伸缩受到约束时,年温差影响将引起结构内产生附加内力,如拱结构,框架结构及斜拉桥结构等。

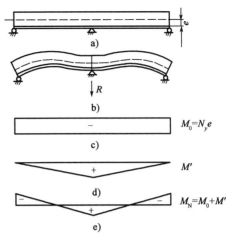

图 2-6-40 连续梁初预矩和总预矩

局部温差影响一般指日照温差影响或混凝土水化热影响等。混凝土水化热影响引起结构内的温度变化,问题较为复杂,但可在施工中用温度控制方法予以调节。目前,在各国规范中,桥梁温度应力计算一般不包括此项影响,在此不予讨论。日照温差影响是指因辐射强度、桥梁方位、日照时间、地理位置、地形地貌等随机因素,使结构表面、内部温差因对流、热辐射和热传导方式等形成瞬时的不均匀分布,一般又称为结构的温度场。显然,计算日照温差对结构的效应,温度场的确定是关键。严格地说,桥梁结构属三维热传导问题,结构内任一点的温度 T_i 是结构三维方向及时间 d 的函数;考虑到桥梁是一个狭长的结构物,又忽略某些局部区域三维传导性质(如梁端、箱梁角隅区域等),可以认为桥梁在沿长度方向,温度变化是一致的,从而三维热传导问题可以简化为分别以桥梁横向或竖向(沿梁截面高度)的一维热传导分析。这样,温度场的确定简化为沿桥梁横向或沿桥梁竖向的温度梯度模式的确定。对于公路混凝土桥梁,由于设置人行道,一般桥面板直接受日照,而腹板因悬臂遮阴,两侧温差变化不大,因此对梁桥只考虑沿截面高度方向日照温差的影响。

温度梯度模式及温度设计值大小是否接近实际状态是正确计算结构温度应力的关键。温度梯度模式一般可分为线性分布与非线性分布两种情况。线性分布如图 2-6-41a) 所示,非线性分布如图 2-6-41c)~d) 所示。国内外大量实测资料与理论研究分析表明,箱梁沿梁高的温度梯度是非线性分布的。我国现行《通规》采用非线性分布的竖向温度梯度曲线,详见第一篇第三章第一节。温度梯度曲线与温度附加内力的计算有很大关系。如果温度梯度曲线选用不当,即使增大温度设计值,也不能保证结构的抗裂性。这是由于温度自应力会导致在任意截面上的温度应力达到一定数值,有可能增加腹板的主拉应力、恶化斜截面的抗裂性。

(2) 温度附加内力计算方法

确定了温度梯度模式及温度设计值后,温度附加内力可按一般结构力学或有限元分析法进行计算。计算时假定:

①沿桥长的温度分布是均匀的。
②混凝土是匀质弹性材料。
③梁的变形服从平截面假定。

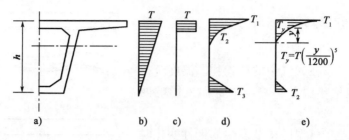

图 2-6-41 温度梯度模式

以两跨等跨连续梁为例(图 2-6-42)。当温度梯度为零(均匀升、降温)时[图 2-6-42a)],结构只有纵向位移,无温度应力;当温度梯度呈线性变化时[图 2-6-42b)],桥跨结构将发生挠曲变形,产生上拱,而且梁在变形后仍然服从平截面假定。在静定结构中,温度梯度呈线性变化时,只引起结构位移,不产生附加内力;而在超静定结构中,温度梯度呈线性变化时,不但引起结构位移,而且因多余约束的存在,还会产生结构内的附加内力。温度梯度呈非线性变化[图 2-6-42c)],在此类非线性温差分布的情况下,对于静定主梁挠曲变形时,因服从平截面假定,截面上的纵向纤维因温差的伸缩将受到约束,从而产生纵向约束应力,这部分在截面上自相平衡的约束应力称为温度自应力 σ_s;对于超静定梁式结构,梁的温度上拱变化受到支承条件约束,还应考虑多余约束阻止结构挠曲而产生的附加内力所引起的温度次应力 σ'_s,温度梯度非线性分布导致的结构温度应力如图 2-6-43 所示。

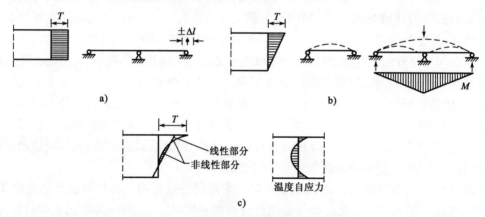

图 2-6-42 不同温度梯度模式作用下的结构效应

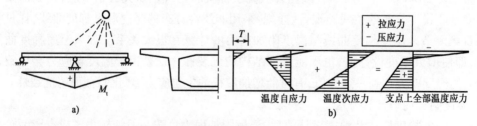

图 2-6-43 非线性分布温度梯度引起的温度应力状态

3. 混凝土收缩和徐变引起的附加内力

(1)混凝土收缩和徐变对结构的影响

混凝土蒸发失水时会产生收缩,收缩变形与混凝土中的应力情况无关。混凝土徐变是指混凝土在应力不变时,应变随着时间而持续增长的特性。徐变的终极值可达初始弹性变形的几倍。持续荷载卸除后,立即发生弹性恢复,随后有少量的徐变恢复。混凝土收缩和徐变对于超静定结构的影响,在多余约束处会产生多余约束力,从而产生附加内力。

(2)混凝土收缩和徐变引起的附加内力计算方法

假如支座对梁的收缩变形没有约束,则在梁中不致引起挠曲,一般可不予考虑混凝土收缩对连续梁内力的影响。

在桥梁结构中,混凝土的使用应力一般不超过其极限强度的40%~50%。在这个范围内,徐变变形与初始弹性变形成比例的线性关系,可按线性理论计算徐变对构件变形(位移或转角)的影响。因混凝土徐变引起的结构徐变变形或附加内力,由于客观因素的复杂性,要精确分析是十分困难的,所以在实际工作中,一般采用以下基本假定:

①不考虑结构内配筋的影响。将结构当作素混凝土,这对预应力混凝土结构配筋率较小的情况下是适用的,但对不同材料或相同材料(弹性模量相差较大)组成的复合结构是不适用的。

②混凝土的弹性模量假定为常值。尽管试验证明,混凝土的弹性模量随着时间变化而变化,一般可增加10%~15%。但考虑到徐变系数计算值中已部分包括了这一因素,可取常值计算。

③采用徐变线性理论,即徐变应变与应力成正比关系的假定。由此"力的独立作用原理"和"应力与应变的叠加原理"等均适用。

基于以上假定,可采用有效模量的有限元分析法逐步进行计算。

4. 基础不均匀沉降引起的附加内力

(1)基础不均匀沉降对结构的影响

连续梁墩台基础的沉降与地基土壤的力学性能有关。它一般随时间而递增,要经过相当长时间后,接近总沉降的终极值。如果假定墩台基础的沉降瞬时完成,则其产生的沉降内力可用结构力学方法求得。只要瞬时沉降量不是太大,就不会造成结构的受拉区发生有害裂缝,或不使受压区混凝土应力过大。

(2)基础不均匀沉降引起的附加内力的计算方法

为简化分析,假定沉降终极值,可采用力法计算。

四 作用组合及包络图

1. 作用组合及作用效应设计值

桥梁在施工和运营期间要承受多种类型的作用组合,我国现行《通规》规定,按承载能力极限状态设计时,作用组合分为基本组合和偶然组合两种;按正常使用极限状态设计时,作用组合可分为频遇组合及准永久组合两种。按荷载组合方式施加于桥跨结构,即可得到结构各控制截面的作用效应设计值。具体内容及参数取值参见本篇第四章相关内容。

2. 作用效应设计值包络图

例如,沿主梁的桥跨方向为纵坐标,以各计算截面的最大、最小内力设计值为竖坐标,连接这些坐标点而绘成作用效应设计值包络图。图2-6-44a)所示为连续梁在自重作用下的弯矩图;图2-6-44b)所示为在自重和汽车荷载作用下的弯矩包络图;图2-6-44c)所示为在自重和汽车荷载作用下的剪力包络图。包络图主要为在主梁中配置预应力钢筋、纵向主筋、斜筋和箍筋提供设计依据，并按现行《混规》规定的要求进行各项验算。

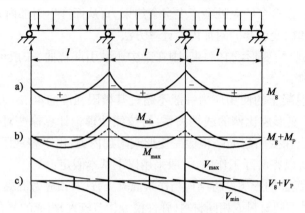

图2-6-44　连续梁桥作用效应设计值包络图

第五节　连续弯梁桥简介

随着高等级公路在路线线形方面的要求越来越高，要求桥梁设计完全符合路线线形，所以桥梁的平面布置基本上应服从整体线形布置的要求，这就需要设置很多曲线桥，曲线连续梁桥被称作连续弯梁桥。为了抵抗主梁截面的弯矩和扭矩，在弯梁桥设计中主梁多采用箱形截面。由于桥面超高的需要和梁体受扭时主梁截面外侧受力较大的需要，可在桥梁横向将主梁各腹板设计成不同的高度（采用箱形截面时）；为了构造简单，方便施工，也可将主梁各腹板设计成等高度，桥面超高产生的横坡由墩台帽顶面形成。本节简要介绍连续弯桥的受力特点和结构设计特点，连续弯桥的构造设计与计算参见《桥梁结构分析与设计》教材。

一　受力特点

1. 梁体的弯扭耦合作用

弯梁桥梁截面的弯矩会产生对应的耦合扭矩，即"弯扭耦合效应"。这是弯梁桥区别于直桥最主要的受力特性。弯梁桥在外荷载的作用下会同时产生弯矩和扭矩，并且互相影响，使梁截面处于弯扭耦合作用的状态，其截面主拉应力往往比相应的直梁桥大得多，这是弯梁独有的受力特点。弯梁桥由于受到强大的扭矩作用，产生扭转变形，其曲线外侧的竖向挠度大于同跨径的直桥；由于弯扭耦合作用，在梁端可能出现翘曲；当梁端横桥向约束较弱时，梁体有向弯道外侧"爬移"的趋势。

2. 内梁和外梁受力不均

在曲线梁桥中，由于存在较大的扭矩，通常会使外梁超载、内梁卸载，尤其在宽桥情况下内、外梁的差异更大。由于内、外梁的支点反力有时相差很大，当可变作用偏置时，内梁甚至可能产生负反力，这时如果支座不能承受拉力，就会出现梁体与支座的脱离，即"支座脱空"现象。

3. 温度和可变作用影响侧向稳定

当曲率半径较小时,在温度荷载和可变作用偏载作用下,弯梁内外侧支座反力相差较大,特别是当桥梁永久作用较小,同时车辆超载情况下,易出现内侧支座脱空,发生弯梁桥倾覆事故。由日照升温和季节温度变化而导致支座破坏和梁体侧移也是不能轻视的,这些都对弯梁桥的稳定构成威胁。

4. 墩台受力复杂

由于内、外侧支座反力相差较大,使各墩柱所受垂直力出现较大差异。弯梁桥下部结构墩顶水平力,除了与直桥一样有制动力、温度变化引起的内力、地震力等之外,还存在离心力和预应力张拉产生的径向力。因此,在弯梁桥结构设计中,应对其进行全面的整体的空间受力计算分析,只采用横向分布等简化计算方法,不能满足设计要求;必须对其在承受纵向弯曲、扭转和翘曲作用下,结合自重、预应力和汽车荷载等荷载进行详细的受力分析,充分考虑其结构的空间受力特点才能得到安全可靠的结构设计。

二 结构设计特点

直梁桥受"弯、剪"作用,而弯梁桥处于"弯、剪、扭"的复合受力状态,所以其上、下部结构必须采取有利于抵抗"弯、剪、扭"的措施。

(1)弯梁桥的弯扭刚度比对结构的受力状态和变形状态有着直接的关系:弯扭刚度比越大,由曲率因素而导致的扭转变形越大。对于弯梁桥而言,在满足竖向变形的前提下,应尽可能减小抗弯刚度、增大抗扭刚度。在曲线梁桥中,宜选用低高度梁和抗扭惯性矩较大的箱形截面。

(2)在弯梁桥截面设计时,要在桥跨范围内设置一些横隔梁,以加强横桥向刚度并保持全桥稳定性。在截面发生较大变化的位置,要设渐变段过渡,以减小应力集中效应。

(3)在进行配筋设计时,要充分考虑扭矩效应,弯梁应在腹板侧面布置较多受力钢筋,其截面上下缘钢筋也比同等跨径的直桥多,且应配置较多的抗扭箍筋。

(4)城市立交桥中的弯箱梁桥中墩多布置成独柱支承构造。在独柱式点铰支承弯连续梁中,上部结构在外荷载作用下产生的扭矩不能通过中间支承传至基础,而只能通过弯梁两端抗扭支承来传递,从而易造成弯梁产生过大扭矩。为减小弯梁桥梁体受扭对上、下部结构产生的不利影响,可采用以下方法进行结构受力平衡的调整:

①为减小此项扭矩的影响,比较有效的办法是通过调整独柱支承偏心值来改善主梁受力。

②通过预应力筋的径向偏心距来消除弯梁内某些截面过大的扭矩,改善主梁的受力状态是一种行之有效的办法。预应力弯线梁往往产生向外偏转的情况,这是由其结构特点造成的。预应力产生的扭矩分布和自重作用下的扭矩分布规律有着较大的区别,为调整扭矩分布,可在预应力弯线梁轴线两侧采用不同的预应力钢束及锚下控制应力,构成预应力束应力的偏心,形成内扭矩来调整预应力弯线梁扭矩分布。

三 匝道桥的特点

目前弯梁桥在现代化的公路及城市道路立交中的数量逐年增加,应用已非常普遍,尤其在互通式立交的匝道桥设计中应用更为广泛(图2-6-45)。由于受地形、地物和占地面积的影响,匝道的

设计往往受到多种因素的限制,这就决定了匝道桥设计具有以下特点:

(1)匝道桥的桥面宽度比较窄,一般匝道宽度在6~11m左右。

(2)匝道可实现道路的转向功能,在城市中立交往往受到占地面积的限制,所以匝道桥多为小半径的曲线梁桥,而且设置较大的曲线外侧超高值。

(3)匝道桥往往设置较大纵坡,匝道不仅要跨越下面的非机动车道,还要跨越主干道和匝道,这就增大了匝道桥的长度。由于匝道桥具有斜、弯、坡、异形等特点,给桥梁的线形设计和构造处理带来很大困难。

图2-6-45 连续弯梁桥(匝道桥)

拓展小知识

箱 梁

公路箱梁与铁路箱梁设计的区别如下:

(1)对于简支梁桥,双线高速铁路、城际铁路一般采用箱梁设计;公路一般不采用箱梁设计。

(2)对于连续梁桥,铁路箱梁翼板长度一般不大于2.5m,线路中心线位于腹板内;公路箱梁有采用大悬臂设计的,外侧车道位于腹板外悬臂上。

(3)铁路箱梁的支点高度大于同跨径的公路箱梁,箱梁横截面顶板、底板、翼板和腹板的厚度一般大于同跨径的公路箱梁。

为什么双线铁路简支梁桥采用箱梁,而大于两车道的公路简支梁一般不采用?

请读者通过查阅资料,比较铁路简支梁桥与公路简支梁桥的区别(活载不同导致的结构构造不同等)来寻找答案。

学习提示

连续梁桥的构造类型与施工方法密切相关。整体支架浇筑法施工可采用等截面箱梁或变截面箱梁,移动模架逐孔浇筑法和顶推法施工采用等截面箱梁,悬臂法施工采用变截面箱梁,先简支后连续法施工采用装配式小箱梁、T形梁或空心板梁。在先简支后连续梁的后连续施工中,负弯矩束的设置与施工除满足受力要求外,还应满足构造要求。悬臂法施工的变截面连续箱梁,为方便施工一般采用直腹式的,其他方法施工的连续箱梁可采用直腹式的,也可采用斜腹式的。采用斜腹式箱梁可以减小底板宽度,节省材料。连续箱梁根据受力需要可仅配置纵向预应力钢筋,或配置纵向和横向预应力钢筋(双向预应力),或配置纵向、横向和竖向预应力钢筋(三向预应力)。纵向和横向预应力钢筋一般采用钢绞线,竖向预应力钢筋一般采用预应力螺纹钢筋。

连续体系梁桥均为超静定结构,受到预加力、混凝土收缩和徐变、温度变化以及基础不均匀沉降等因素影响将引起结构附加内力。因此,在计算时,除进行恒载内力计算、活载内力计算外,还应进行附加内力计算。

思考与练习

1. 多跨连续梁的分跨原则是什么?
2. 简述多跨简支梁桥与先简支后连续梁桥受力与构造的不同。
3. 桥面连续简支梁与先简支后连续梁在构造上有什么区别?请绘简图并分析两者受力区别。
4. 为什么大跨径连续梁桥沿纵向一般设计成变高度形式,中等跨径一般采用等高度形式?
5. 为什么大跨径连续梁桥和连续刚构桥多采用箱形截面?箱梁横截面中各构件(顶板、翼板、腹板、底板、承托、横隔梁、齿板)的作用分别是什么?
6. 试比较连续刚构桥与连续梁桥在构造及受力上的不同之处以及两者的优缺点。
7. 连续刚构桥与连续梁桥主跨跨径相比是增大还是减少?原因是什么?
8. 连续梁桥纵向预应力钢筋、横向预应力钢筋或竖向预应力钢筋在结构中所起的作用是什么?
9. 箱梁在什么情况下需要设置横向预应力?在什么情况下需要设置竖向预应力?怎样设置?
10. 为什么竖向预应力筋多采用精轧螺纹钢筋?
11. 什么是混凝土箱梁的三向预应力?简述它们的作用及设置特点。双向预应力与双预应力是否相同?
12. 某主跨120m三跨连续刚构桥,主墩墩高相差超过30m。请问对结构内力带来了哪些影响?
13. 超静定结构为什么会产生附加内力?哪些因素将使超静定结构产生附加内力?

第七章 梁桥施工

第一节 概　述

在桥梁工程中,桥梁设计与施工既密切联系,又相互影响。桥梁设计时,必须明确考虑相匹配的施工方法。施工方法对设计结果有直接影响。因此,了解不同施工方法对桥跨结构受力的影响是十分必要的。这也是"桥梁工程"课程中"桥梁施工"部分内容的侧重点,对于各种施工方法的具体工艺、操作流程等将在"桥梁施工"部分中介绍。

桥梁施工过程,就是由构件逐步形成结构体系的过程,即结构永久作用(恒载)逐渐作用于结构体系的过程。对于桥跨结构而言,结构重力产生的截面内力包括一期恒载(主梁自重)引起的主梁内力 S_{g_1} 和二期恒载(包含桥面铺装、人行道、栏杆、灯柱等桥面系设备)引起的主梁内力 S_{g_2}。一期恒载内力计算与桥梁结构施工方法密切相关,不同施工方法对应的永久作用内力各不相同。二期恒载内力计算时,主梁结构已形成最终体系(成桥状态)。本章主要讨论采用不同施工方法时,结构体系及构件截面内力随施工进程的变化过程及规律,应可靠、有效地为桥梁设计提供所需的概念及计算方法支持。

第二节　主要施工方法

梁桥施工方法主要分为现浇法和预制安装法两大类。

现浇法又分为整体支架现浇法、移动模架逐孔浇筑法、悬臂浇筑法等。其中,整体支架浇筑法适合于桥墩不高且桥下地面情况适宜搭设支架的中小跨径混凝土梁桥,该方法一般适用于整体式结构的施工;移动模架逐孔浇筑法适用于等截面连续梁桥施工;悬臂浇筑法适用于变截面连续梁桥施工。

预制安装法适用于有预制梁场地(工厂预制)、有运输和吊装设备的情况。其中,预制安装法又分为预制装配法、简支转连续法、悬臂拼装法等。预制装配法一般适用于装配式梁桥、先简支后连续梁桥,跨径不大、结构重量满足起吊条件的整跨中小桥施工也有采用预制架设施工方法;简支转连续法适用于先简支后连续梁桥;悬臂拼装法适用于等截面和变截面连续梁桥施工。

表2-7-1列出了连续梁桥主要施工方法及适用跨径,可供参考。

一　预制装配法

1. 施工方法

(1)施工工序

预制装配法施工工序:在制梁厂(场)制梁→将成品梁移运至桥位处→采用起吊设备架设→安装完成。

表 2-7-1

连续梁桥主要施工方法及适用跨径

施工方法	混凝土成型工艺	预应力工艺	施工支承体系	适用跨径(m)	附图
预制装配法	分段预制吊装	分段张拉	桥墩起重机	<70	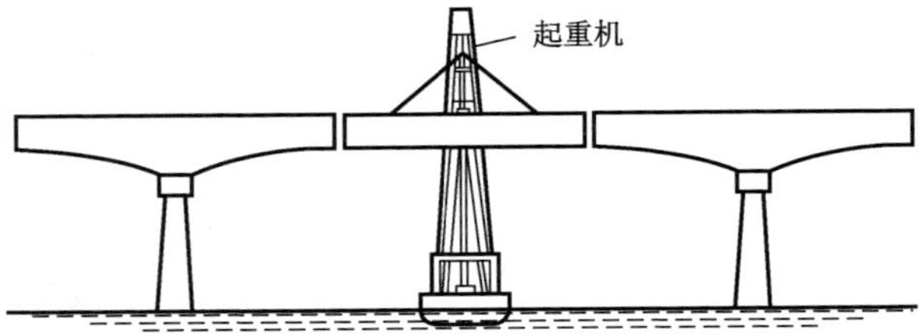
简支转连续法	先简支拼装后连续	先拉正弯矩束,后拉负弯矩束	桥墩架桥机	20～70	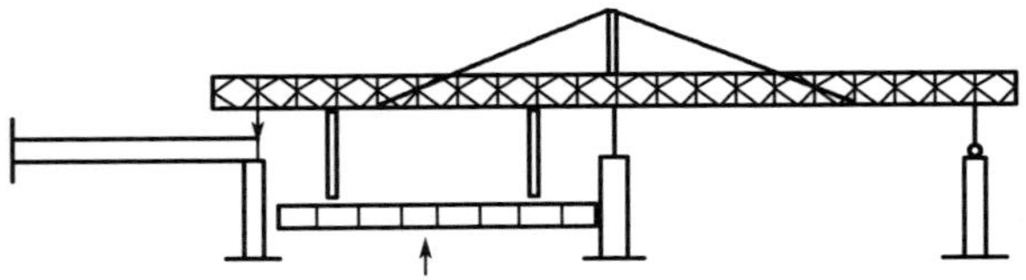
整体支架浇筑法	一联整体浇筑	一联整体张拉	落地支架梁式支架	<50	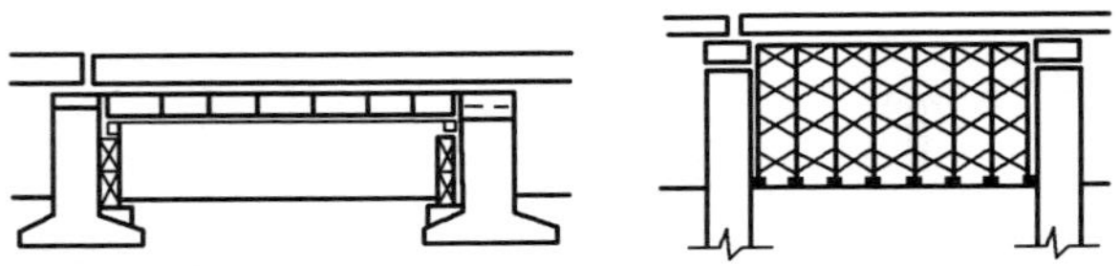
移动模架逐孔浇筑法	整孔浇筑	分孔张拉	落地支架梁式模架	<60	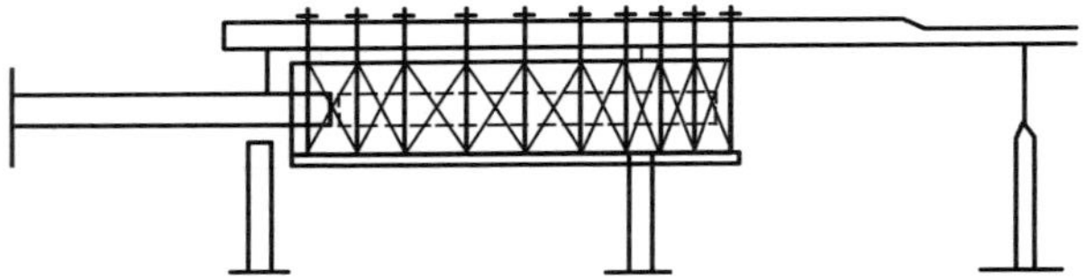

续上表

施工方法	混凝土成型工艺	预应力工艺	施工支承体系	适用跨径(m)	附图
悬臂法	分块悬臂浇筑	逐块张拉	悬臂挂篮	>60	
	分块悬臂拼装	逐块张拉	悬臂起重机、移动桁式起重机	<100	
顶推法	后场分块浇筑或拼装	逐块张拉并调束	桥墩	40~60	
			桥墩和临时墩	<100	

(2)架设方法

预制梁(板)架设安装所采用的起重机设备应根据预制梁(板)的重量及桥址环境条件选用。目前,几种常见的预制梁(板)架设方法有陆地架设法、浮式起重机架设法、高空架设法等。

①陆地架设法有自行式起重机架设和跨墩门式起重机架设。

当桥梁跨径不大,重量较轻时可以采用自行式起重机架梁。如果是岸上的引桥或者桥墩不高时,可以视吊装重量的不同,用一台或两台自行式起重机直接在桥下进行吊装[图2-7-1a)];如果桥下是河道或桥墩较高时,则将起重机直接开到桥上,利用起重机的伸臂边架梁、边前进[图2-7-1b)]。

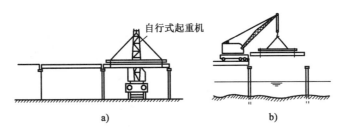

图2-7-1 自行式起重机架设

当桥不太高,架桥孔数又多,且沿桥墩两侧铺设轨道不困难时,可以采用跨墩门式起重机梁(图2-7-2)。此时,尚应在门式起重机的内侧铺设运梁轨道,或者设便道用拖车运梁。

②在海上或深水大河上修建桥梁时,可采用浮式起重机进行吊装架设,如图2-7-3所示。

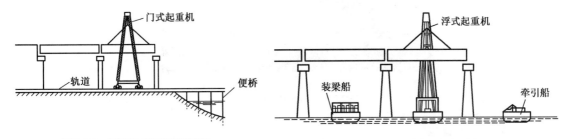

图2-7-2 跨墩门式起重机架设法　　图2-7-3 浮式起重机架设法

③在没有吊装条件的情况下,可高空假设法,即采用架桥机架梁。架桥机主要有宽穿巷式架桥机和联合架桥机等。

图2-7-4为使用宽穿巷式架桥机架梁步骤示意图,其中安装梁可用贝雷钢架或万能杆件拼组而成。图2-7-5为联合架桥机架梁示例。

宽穿巷式架桥机架梁步骤如下:

a. 两台起吊天车运行至后支腿后端做配重,并临时固定;收起前支腿与③号墩脱离。如图2-7-4a)所示。

b. 安装梁向4号墩方向前移;③号梁运至后支腿处,待架。如图2-7-4b)所示。

c. 安装梁移动就位后,落下前支腿并支承在④号墩上;前端起吊天车挂梁并向④号墩方向行走。如图2-7-4c)所示。

d. 前端起吊天车行走至④号墩附近时，后端起吊天车挂起梁的后端，两部起吊天车同时行走就位后，落梁。如图2-7-4d)所示。

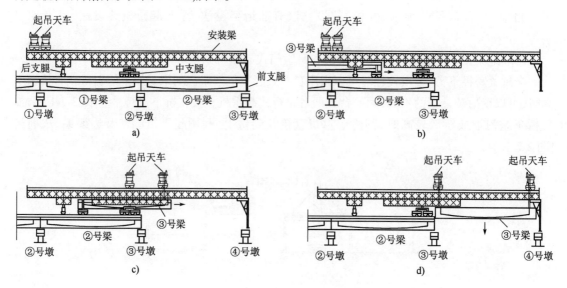

图2-7-4　宽穿巷式架桥机架梁步骤

图2-7-5　联合架桥机架梁示例

2. 结构受力特点

由于桥址环境差异、预制梁(板)重量不同等因素，选用的架设方法不同，因而所使用的架设机具也不同。无论采用何种方法架设，对预制梁(板)而言，架设过程都是起吊、运送和安放的过程，梁(板)体在此过程中始终处于被吊点支承的简支体系或悬臂体系(悬臂梁受力时)受力状态。合理确定预制梁(板)的起吊姿态、吊点位置是确保其在施工过程中受力满足设计要求的关键。

(1)起吊姿态

梁是以受弯为主的构件，根据受力和构造要求，受力主钢筋布置在截面受拉边。在吊装、移运预制梁(板)过程中，应始终保持梁体正位[图2-7-6a) ~ c)]，这样截面受力与设计是一致的。若采用倾斜[图2-7-6d)]或翻身[图2-7-6e)]的吊运方式，截面侧面或上缘将变成受拉边，在侧面或上缘未设置受拉钢筋的情况下，会导致截面开裂破坏，这与设计是不符的。

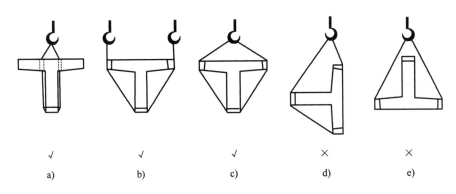

图 2-7-6 预制梁(板)吊运姿态

(2)吊装梁段长度划分

装配式简支梁(板)、先简支后连续梁通常按一孔(片)梁的长度预制吊装[图 2-7-7a)]。对于装配式连续梁桥,由于受起吊重量和吊装长度的限制可采用分段吊装,每段吊装长度最好选择在弯矩为零截面断开[图 2-7-7b)]。东海大桥副通航孔连续梁桥分段吊装施工如图 2-7-7c)、d)所示。

(3)吊点位置确定

吊点位置应满足预制梁(板)在吊运过程中的受力状态与最终成桥状态一致,并按设计规定要求设置。悬臂梁吊点设在梁段中间[图 2-7-7b)、c)],简支梁吊点一般设在支点上方附近。在起吊时,若发现吊点失效或设计无规定时,可采用钢丝绳等吊装,吊点应根据计算确定,如图 2-7-8 所示。计算时可根据梁截面上、下缘纵向钢筋设置数量来控制梁体上、下缘拉应力不超出规范限值,应采用短暂状况构件应力计算方法,切不可按持久状况承载能力极限状态计算,否则将导致预制梁(板)在吊装过程中开裂破坏。

a)简支梁整孔(片)梁吊装

b)连续梁分段方式

c)连续梁桥墩顶段主梁吊装 d)连续梁桥桥跨中段主梁吊装

图 2-7-7 东海大桥梁体吊装示例

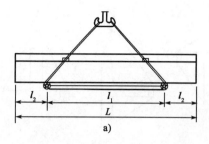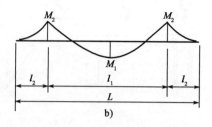

图2-7-8 梁体吊装计算

【例2-7-1】 试确定图2-7-8的吊点位置。

解：

假设梁为矩形截面，自重按均布荷载g计算，截面下缘纵向钢筋面积为A_{s1}，上缘纵向钢筋面积为A_{s2}。在起吊过程中，跨中最大正弯矩为M_1，吊点处最大负弯矩为M_2。根据现行《通规》规定：构件在吊装、运输时，构件重力应乘以动力系数1.2。

在吊运过程中是不允许截面开裂的，因此，可用结构力学方法进行计算。构件受力如图2-7-8b)所示，由结构力学知：$M_1 = \frac{1}{8}g \cdot (L - 2l_2)^2 - M_2$，$M_2 = \frac{1}{2}gl_2^2$。

(1) 当截面上、下缘配筋量相同时，$A_{s1} = A_{s2}$，则$M_1 = 1.2 \times |M_2|$，将M_1和M_2计算式代入，得

$$\frac{1}{8}g(L - 2l_2)^2 - \frac{1}{2}gl_2^2 = 1.2 \times \frac{1}{2}gl_2^2$$

$$\therefore l_2 = \frac{L}{\sqrt{8.8} + 2} \approx 0.201L$$

(2) 当截面上、下缘配筋量不同时，可根据$A_{s1} = n \cdot A_{s2}$，则$M_1 = 1.2 \times n \cdot |M_2|$，推算出：

$$l_2 \approx \frac{1}{2 + 2\sqrt{1.2n + 1}}L \tag{2-7-1}$$

式中：n——梁截面下缘与上缘纵向钢筋面积比值，$n = A_{s1}/A_{s2}$。

二 简支转连续法

1. 施工方法

(1) 施工工序

简支转连续法施工工序：梁体预制—架梁（此时梁体为简支体系）—浇筑墩顶连续段及翼板—横隔梁混凝土（浇筑湿接缝）—张拉湿接缝处主梁负弯矩钢束—梁体形成连续体系—浇筑桥面现浇层混凝土—安装护栏—浇筑桥面铺装—安装附属设施。

(2) 湿接缝施工工序

湿接缝施工工序如图2-7-9所示。湿接缝施工由桥跨两端对称向跨中逐跨施工。

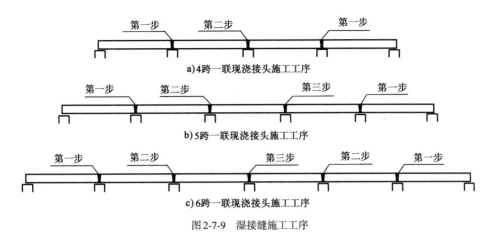

图 2-7-9 湿接缝施工工序

2. 结构受力特点

以 4 跨简支转连续梁桥施工为例,梁在施工过程中的永久作用内力(弯矩 M)变化如图 2-7-10 所示。在施工过程中,一期恒载作用下结构是简支体系受力[图 2-7-10a)];现浇湿接缝并张拉湿接缝处梁顶预应力束后,结构由简支体系转换成连续体系;在二期恒载作用下结构是连续体系受力[图 2-7-10e)]。因此,简支转连续梁桥跨结构与相同跨径的简支梁相比,在一期恒载(自重)作用时结构受力完全相同,在二期恒载作用下跨中弯矩较简支梁要小,但支点有二期恒载作用下的负弯矩作用。

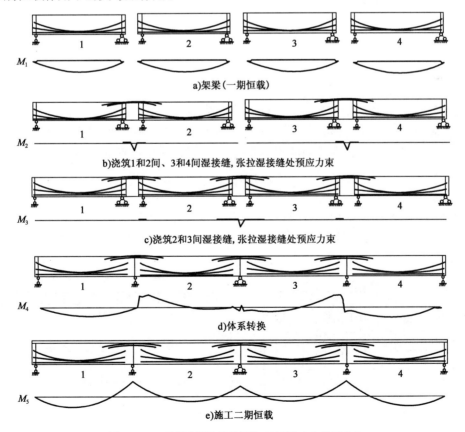

图 2-7-10 4 跨简支转连续梁桥施工过程与永久作用内力

【例 2-7-2】 以三跨 30m 简支梁桥与相同跨径、结构尺寸的简支转连续梁桥作比较，分析两者受力区别。

解：

假设结构一期恒载（自重）为 g_1(kN/m)，二期恒载为 g_2(kN/m)，汽车荷载为 q_k(kN/m)（为便于比较，暂不考虑 P_k 作用）。两者计算结果见表 2-7-2。从基本组合内力计算结果可以看出，简支梁桥跨中弯矩大于简支转连续梁桥跨中弯矩；但在二期恒载和汽车荷载作用下，简支转连续梁桥中跨支点将承受负弯矩作用。

简支梁桥与简支转连续梁桥的主梁弯矩　　　　　表 2-7-2

结构类型		一期恒载自重 g_1	二期恒载 g_2	汽车荷载 q_k	基本组合
三跨 30m 简支梁桥		$0.125g_1l^2$	$0.125g_2l^2$	$0.125q_kl^2$	$\gamma_0 \cdot (0.150g_1 + 0.150g_2 + 0.175q_k) \cdot l^2$
三跨 30m 简支转连续梁桥	中跨跨中	$0.125g_1l^2$	$0.025g_2l^2$	$0.025q_kl^2$	$\gamma_0 \cdot (0.150g_1 + 0.030g_2 + 0.035q_k) \cdot l^2$
	中跨支点	0	$-0.100g_2l^2$	$-0.100q_kl^2$	$-\gamma_0 \cdot (0.120g_2 + 0.140q_k) \cdot l^2$

三　整体支架浇筑法

1. 施工方法

(1) 施工工序

整体支架浇筑梁桥施工是在桥孔位置处安装支架、立模后就地施工混凝土梁的工艺。整体支架浇筑法施工工序：地基处理—支架搭设—模板系统安装—支架加载预压—钢筋（预应力钢筋）安装—内模安装—混凝土施工—混凝土养生—预应力张拉—压浆—落架—拆除支架—模板。

整体支架浇筑法是一种最常用的施工方法，几乎适用于所有钢筋混凝土及预应力钢筋混凝土梁桥的施工。

(2) 支架结构

支架是用于支承结构物荷载、模板和其他施工荷载的临时结构。按照支承方式与构造方式的不同分类，支架可分为满布式支架（立柱式支架）、梁式支架（梁柱式支架）、组合支架等，如图 2-7-11 所示。

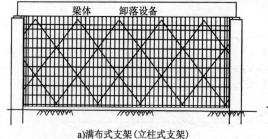 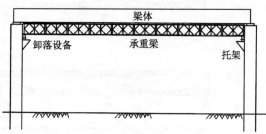

a) 满布式支架（立柱式支架）　　　　　　b) 梁式支架（梁柱式支架）

图 2-7-11

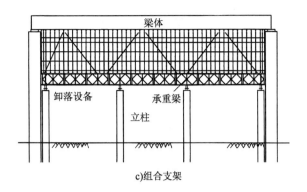

图 2-7-11 支架结构示意

2. 结构受力特点

(1) 卸落架要求

不论采用何种支架结构,对梁体而言,在支架拆除前,梁体是不受力的,结构自重全部落在支架上。随着支架的逐步拆除,梁体开始逐渐承受一期恒载(自重)作用。支架卸落顺序对结构受力影响很大,这就要求在拆架(又称落模)过程中,梁体的受力状态与最终成桥状态始终保持一致,为此对支架卸落顺序提出了以下要求:

① 应对称、均匀和有顺序地进行。根据梁体变形"从大到小"原则分级循环进行,即先卸落变形较大的位置,后卸落变形较小的位置;单次卸落量控制在 1~2cm,且横桥向应对称同步进行,严防梁体受扭。

② 对于单跨现浇梁,通常采用从跨中向两边顺序进行。

(2) 卸落架对结构的影响

① 简支梁

图 2-7-12 所示为支架法现浇简支梁桥支架卸落顺序示意图。正确的支架卸落顺序应从跨中向两边进行[图 2-7-12a)],这样,跨中截面始终承受正弯矩作用,随着支架逐步向两端卸落,跨中正弯矩和挠度逐步积累,最终达到一期恒载最大值,梁体总体受力和变形与简支梁成桥状态一致。虽然在支架卸落过程中,梁顶会出现负弯矩,但量值不大(可根据截面上缘设置的纵向构造钢筋,计算所能承受的负弯矩值)。若支架按从两边向跨中顺序[图 2-7-12b)]进行卸落,跨中截面在中间支架卸落前,始终承受负弯矩作用。随着支架逐步向跨中方向卸落,跨中截面负弯矩逐步积累,在跨中附近最后一批支架卸落前达到最大负弯矩值,可能导致跨中截面上缘开裂,致使梁体报废;在跨中附近最后一批支架卸落后,跨中截面由负弯矩迅速变为正弯矩,跨中挠度快速增大,这样又容易导致截面下缘开裂。因此,支架拆卸顺序的正确与否,不但对梁体受力产生影响,而且决定施工质量。

② 连续梁

连续梁卸落应对称、均匀和有顺序地进行。按照梁体变形"从大到小"原则分级循环进行,即先卸落变形较大的位置,后卸落变形较小的位置,单次卸落量控制在 1~2cm,且横桥向应对称同步进行,严防梁体受扭。

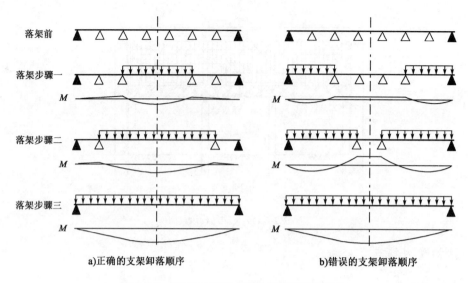

a) 正确的支架卸落顺序　　　　　　　b) 错误的支架卸落顺序

图 2-7-12　支架法现浇简支梁桥支架卸落顺序示意

四 移动模架逐孔浇筑法

1. 施工方法

(1) 施工工序

移动模架逐孔浇筑法是指采用移动式桁架为主要支承结构的整体模板支架的施工方法。移动模架逐孔浇筑法施工工序：现场一次完成一跨梁体全断面混凝土浇筑—施加预应力—整孔移动式桁架及模板推移至下一孔—进行下一孔梁体施工—如此重复，逐跨推进，直至完成桥梁施工。图 2-7-13 所示为某实桥采用移动模架逐孔浇筑法施工示例。移动模架浇筑法适用于等截面简支梁、连续梁桥。

图 2-7-13　某实桥采用移动模架逐孔浇筑法施工示例

(2) 移动模架逐孔浇筑法与整体支架浇筑法比较

移动模架逐孔浇筑法与整体支架浇筑法的不同在于，移动模架逐孔浇筑施工仅在一跨梁上设置模架，当预应力钢筋张拉结束后，模架移到下一孔，因此，在施工过程中存在体系转换问题，混凝土徐变对结构将产生附加内力；而整体支架浇筑法通常在一联桥跨上均布设支架连续施工，无须体系转换。

2. 结构受力特点

在移动模架开启过墩移至下一孔前，梁体是不受力的，结构自重全部落在模架上。当模架开启后，梁体支承在桥墩上。对于连续梁桥，施工接缝位置的选择十分重要，若断位不当会导致最终成桥状态结构受力不利。如果将施工接缝设在按一次落架计算的弯矩较小截面处

(一般设在距桥墩支点 $L/5$ 处),最好选择在弯矩为零截面,由此得到的最终成桥状态与一次落架弯矩完全相同,如图 2-7-14a)所示。若采用按设计跨径进行分跨施工,最终成桥状态弯矩则与一次落架弯矩有较大区别,如图 2-7-14b)所示。

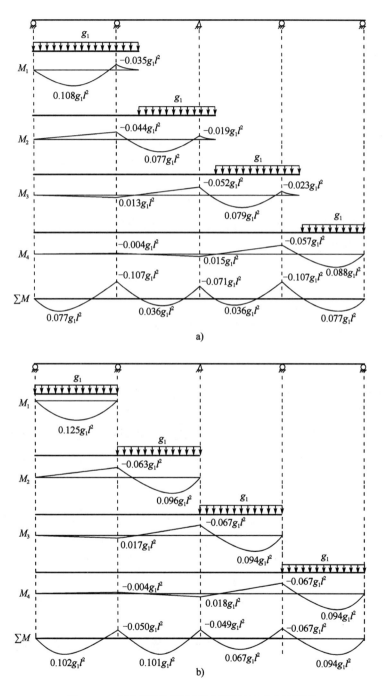

图 2-7-14　逐孔架设连续梁桥施工过程与永久作用弯矩

五 悬臂施工法

1. 施工方法

(1)施工工序

悬臂施工法是将梁体沿桥跨分成若干节段,在桥墩两侧平衡地逐段向跨中施工,并逐段施加预应力的施工方法。悬臂施工法包括悬臂浇筑法和悬臂拼装法。

①悬臂浇筑法

悬臂浇筑法(简称悬浇法、悬灌法)施工是在桥墩两侧设置工作平台,平衡地逐段向跨中悬臂浇筑混凝土梁体,并逐段施加预应力的施工方法。由于悬臂浇筑法受地形条件影响不大,对桥下交通影响小,该方法广泛应用于跨山谷、既有道路、江河和海域的大桥。悬臂浇筑法适用于大、中跨径的预应力混凝土悬臂梁桥、连续梁桥、T形刚构桥、连续刚构桥、拱桥及斜拉桥等结构施工。

悬臂浇筑法施工工序:墩顶梁段(0号块)施工—墩梁临时固结—0号块两端对称组拼挂篮并预压—对称逐块悬浇各悬臂梁段并张拉预应力—边跨合龙—解除临时固结(体系转换)—中跨合龙—施工二期恒载。

②悬臂拼装法

悬臂拼装法(简称悬拼法)施工是利用架桥机或悬拼吊机逐步将预制梁段起吊就位,以胶黏剂作为接缝材料,再通过对预应力钢束的张拉,使各梁段连接成整体的一种梁桥施工方法。悬拼法是国内外大跨径预应力混凝土悬臂梁、连续梁及连续刚构桥中最常用的施工方法之一。

悬臂拼装法施工工序:墩顶梁段(0号块)施工—墩梁临时固结—在制梁场预制好各梁段—对称逐块悬拼各悬臂梁段并张拉预应力—边跨合龙—解除临时固结(体系转换)—中跨合龙—施工二期恒载。

值得注意的是,采用悬臂施工法时,悬臂两端一定要对称浇筑混凝土,不可使两端的混凝土浇筑量产生过大误差,否则,桥墩在施工过程中将承受偏心压力作用,尤其对高墩大跨径桥墩的影响是非常不利的。

(2)体系转换

连续梁在施工中需要墩梁临时固结(图2-7-15),悬臂施工过程中的桥跨结构始终是T形刚构受力体系,待桥跨合龙后再进行体系转换,去除墩顶临时固结,这时桥跨结构为连续梁受力体系。在合龙时,根据合龙顺序的不同,桥跨结构由T形刚构受力体系转变成单悬臂梁或双悬臂梁受力体系,结构受力不同,由徐变引起的内力重分布也不相同。因此,连续梁桥在设计计算中采用的合龙方式,施工中必须采用相同的合龙方式,否则,应对结构重新进行计算与验算。

图2-7-16所示为几种常用的悬臂施工法连续梁桥合龙方式。目前采用最多的是先边跨、后中跨合龙方式[图2-7-16b)]。

(3)悬臂施工法中节段吊装

悬臂拼装法施工中,各节预制梁段需要吊运。移运梁段时吊点位置应按设计规定要求设置,一般设在腹板附近,主要有四种吊点设置方式,如图2-7-17所示。

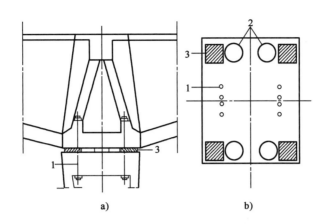

图 2-7-15 预应力钢筋在梁体内临时锚固
1-预应力钢筋；2-千斤顶；3-临时支座（外包箍筋的混凝土垫块）

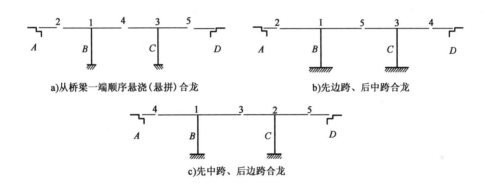

图 2-7-16 悬臂施工法连续梁桥合龙方式

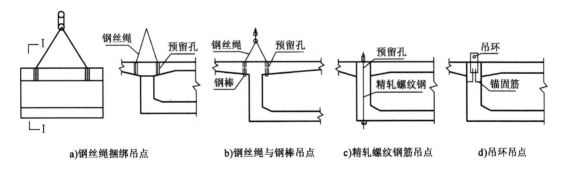

图 2-7-17 梁段吊点设置方式

在设计无规定时，吊点应根据计算确定，必须避免采用图 2-7-18 所示的方式吊装。连续梁桥通常采用箱形截面梁，梁段自重较大。在梁段横向若采用图 2-7-18a)所示的捆绑方式，容易造成箱梁翼板弯折，或翼板端部由于受力过大导致破坏；梁段纵向若采用图 2-7-18b)所示的单点起吊或两起吊点距离较近时，在吊运过程中可能发生侧倾事故。

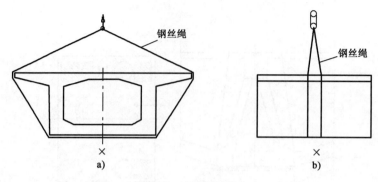

图2-7-18 梁段吊运图式

2. 结构受力特点

以五跨连续梁桥为例,简述桥跨结构在施工过程中承受一期恒载作用的内力变化。

(1)悬臂施工阶段

在连续梁悬臂施工阶段,梁体在一期恒载和施工荷载作用下始终是T形刚构受力体系,一期恒载和预加力随着每段的施工作用于梁体上。T形刚构桥随着施工过程推进,梁端悬臂长度不断加长,墩顶负弯矩随之累加增大,至合龙前最后一块悬臂段施工完成,悬臂长度达到最大,墩顶负弯矩也达到最大值,如图2-7-19a)所示。

(2)边跨合龙、拆除支架

边跨(第一跨、第五跨)合龙,一般采用先在支架上施工边跨现浇段,再进行边跨合龙段现浇,待混凝土达到设计强度后张拉合龙段和边跨现浇段预应力束。当支架拆除后,结构体系为一端固定、另一端铰支的单跨单悬臂梁(超静定结构),边跨现浇段与合龙段梁体自重作用在结构上产生的内力如图2-7-19b)所示。

(3)边跨体系转换

拆除②号墩、⑤号墩上的临时支承,墩顶永久支座开始受力。此时,墩顶由固结转换为简支,结构体系转换成两端简支的单跨单悬臂梁(静定结构),计算由体系转换释放的不平衡弯矩在结构上产生的内力,如图2-7-19c)所示。

(4)次边跨合龙

次边跨(第二跨、第四跨)合龙,一般采用在梁上支架或挂篮上施工合龙段,待混凝土达到设计强度后再进行合龙段预应力束张拉。计算单悬臂梁和T形刚构在支架与模板(挂篮)重力及合龙段自重作用下的内力,如图2-7-19d)所示。

(5)拆除次边跨合龙段支架(挂篮),次边跨体系转换

当支架(挂篮)拆除后,支架与模板(挂篮)重力及合龙段自重将反方向加给已合龙的结构体系,由此而产生的结构内力如图2-7-19e)所示。

拆除③号墩、④号墩上的临时支承,墩顶永久支座开始受力。此时,墩顶由固结转换为简支,结构体系转换成单悬臂两跨连续梁,计算由体系转换释放的不平衡弯矩在结构上产生的内力,如图2-7-19f)所示。

(6)中跨合龙

中跨(第三跨)合龙一般采用在梁上支架(挂篮)上施工合龙段,待混凝土达到设计强度后再进行合龙段预应力束、跨中底板预应力束等张拉。计算合龙段两侧悬臂端在支架与模板

(挂篮)重力及合龙段自重作用下的内力,如图2-7-19g)所示。

(7)拆除中跨合龙段支架(挂篮)

合龙段支架(挂篮)拆除后,结构体系为最终成桥体系——连续梁。支架与模板(挂篮)重力及合龙段自重将反方向加给已合龙的连续梁,由此而产生的结构内力如图2-7-19h)所示。

(8)永久作用内力累计

连续梁最终一期恒载内力是伴随施工过程的进程逐步累加的,即图2-7-19a)~图2-7-19h)的内力叠加。桥面构造施工是成桥状态下作用的二期恒载,连续梁的最终永久作用内力为一期恒载内力与二期恒载内力的叠加,如图2-7-19i)所示。

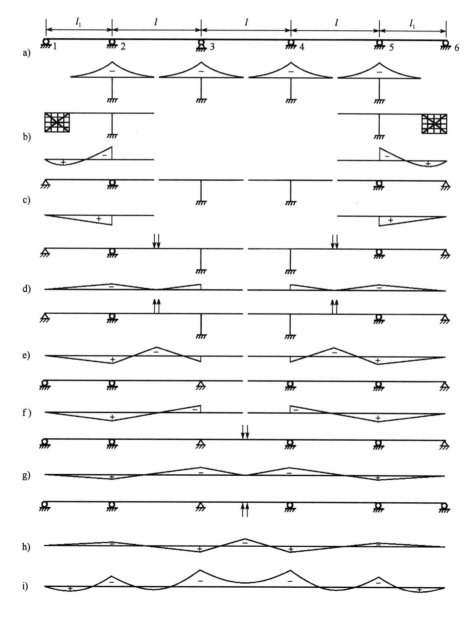

图 2-7-19　五跨连续梁施工程序与永久作用内力

六 顶推法

1. 施工方法

(1) 施工工序

顶推法是指在被顶推梁体的后部,设置顶推平台,在顶推平台上分节段预制混凝土梁体,并施加预应力钢筋连成整体后,经水平千斤顶施力,使梁体在各墩滑道上逐段向前滑动,直至全联连续梁安装就位(图2-7-20)。顶推法可在水深、山谷和高桥墩上采用,也可在纵坡相同的坡桥及曲率相同的弯桥上采用;适用于等截面梁,以中等跨径的桥梁为宜。

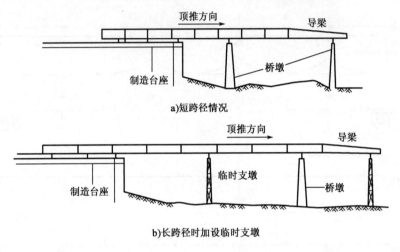

图 2-7-20 顶推法施工

顶推法施工工序:预制场准备—箱梁的预制和拼装—安装顶推装置和滑移装置—顶推梁体—落梁就位—施加预应力—施工完成后拆除导梁等。

(2) 施工过程对结构设计的影响

顶推法施工的连续梁在顶推过程中,随着梁跨的跨数增多,结构体系不断转换为高次超静定结构。连续梁内各个截面在移动过程中所承受的弯矩,正负方向交替出现,而且是不断变化的,交替变化的弯矩是控制梁设计的一个重要因素。在顶推过程中,梁内出现的弯矩可绘制成弯矩包络图,与运营阶段的永久作用、可变作用(或加上其他各项因素,如各项附加内力)弯矩包络图同为结构控制设计的最不利内力计算图。顶推过程的弯矩包络图常需要结构接近中心配束,而运营阶段的永久作用、可变作用弯矩包络图要求结构曲线配束,因此,顶推法施工常需要在结构内设置能拆除的临时束,待连续梁最终成桥状态时予以拆除。

2. 结构受力特点

多跨连续梁在顶推法施工过程中的弯矩包络图如图2-6-28所示。前伸导梁的第一孔梁截面通常是受力最大部位,其余梁段上受力变化很小,为了减小结构内力,通常使用较混凝土梁更轻的钢制导梁。

顶推法施工过程受到的不利影响因素较多,从顶推连续梁的自身特点来看,为了保证顶推法施工顺利进行,在任何状态下结构受力均应在设计允许范围以内,落梁后的主梁受力状态(截面弯矩、支座反力)要与设计要求相符。

导梁作为施工的辅助工具,在施工完成后要予以拆除。导梁的拆除相当于给主梁梁端施加了一个方向弯矩作用;如图2-7-21所示,分别给出了第四跨至第六跨截面等跨连续梁拆除导梁对桥跨结构的受力影响。受力影响最大的是连接导梁的第一跨,随后逐渐衰减,第三跨以后影响很小。因此,在设计中,拆除导梁对第一跨的影响是不可忽略的。在实际施工中,导梁一般分段拆除,为了说明问题,图2-7-21所示数据是按一次性拆除计算的。

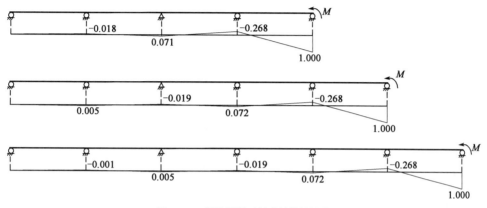

图 2-7-21　拆除导梁对桥跨结构的影响

拓展小知识

悬臂浇筑法施工

相同孔跨布置的连续刚构桥和连续梁桥,均采用悬臂浇筑法施工时,两者施工步骤和施工方法类似,区别仅在于桥跨结构合龙后,前者不需要进行墩梁固结的体系转换,后者需要进行墩梁固结的体系转换。以图2-7-19为例,若为连续刚构桥,不需要进行体系转换,则在一期恒载(自重)作用下各跨内力积累将不同于连续梁桥,这将导致主梁支点截面、跨中截面尺寸与配筋数量不同于连续梁。

学习提示

桥跨结构在达到成桥状态前的施工过程是桥跨结构一期荷载(自重)逐步

施加给结构的过程,施加方式与施工方法密切相关。因此,设计者必须了解每一种施工方法,首先要保证所设计的结构可建造并且易操作,其次要保证桥跨结构受力合理;施工者应进行施工组织设计,保证在整个施工过程中各构件受力合理,避免对桥梁造成原始损伤。在这部分学习中,读者应了解每一种施工方法的施工过程对结构受力影响,并举一反三,分析是否可以采用其他施工方法,以及对结构受力有何影响。

思考与练习

1. 分析图2-7-16所示连续梁桥的三种不同合龙方式对应的内力(弯矩)规律。

2. 分析简支梁在吊运过程中,如果采用图2-7-6d)、e)所示的起吊方式,会导致怎样的后果?

3. 若板桥($L \times B$)整孔吊装架设,如何确定吊点位置?

4. 装配式钢筋混凝土简支T梁,跨中截面下缘受拉钢筋为8Φ32,截面上缘架立钢筋为2Φ32。在吊装时(暂不考虑动力系数),吊点位置应如何选取?

5. 以三跨40m等截面连续梁桥为例,分别采用预制装配法、简支转连续法、整体支架浇筑法、移动模架法、悬臂浇筑法、顶推法施工时,分析在一期恒载(自重)作用下成桥状态的内力(弯矩)分布规律。(不计张拉预应力、混凝土收缩徐变效应等产生的附加内力,仅考虑结构重力;梁节段自行划分,以使最终成桥状态截面受力最小为原则)

6. 以图2-7-9中6孔一联先简支后连续梁桥为例,说明如果采用从第一跨至第六跨顺序施工现浇接头,需要分五步施工现浇段才能完成成桥状态,这将对结构产生什么影响?

7. 分析图2-7-12还有哪些可能发生的卸落架方式?试分析这些卸落架方式对结构的受力影响。

本 篇 总 结

1. 简支梁桥构造与设计

(1)简支梁按承重结构(梁)的横截面形式,可分为板桥、肋梁桥和箱形梁桥。

(2)简支板桥按施工工艺分为整体式和装配式(分片式)两大类。为使装配式板桥的各块板件能共同受力,必须在板与板之间做好连接构造。普遍采用的连接方式为企口混凝土铰接连接。斜交角 $\varphi<15°$ 的斜板桥,可近似按正交板桥设计;斜交角 $\varphi>15°$ 的斜板桥,则按斜板受力性能设计。

(3)简支肋梁桥常用截面形式有T形和I形。T梁桥的主梁由梁肋、翼板、横隔梁(中横隔梁、端横隔梁)等部分组成。主梁的上翼板既是主梁的一部分,又联合构成桥面板,承受汽车荷载和人群荷载的作用。横隔梁的作用是保证各根主梁相互联结成整体,共同承受荷载。

(4)装配式简支梁桥的桥面板(翼板)横向连接有刚接(现浇湿接缝)和铰接(企口)两种;横隔梁的横向连接现在均采用现浇湿接缝连接。

(5)箱形梁具有良好的受力性能,与同等截面面积的肋梁桥和板桥相比,闭口的箱体具有很大的抗扭刚度和横向抗弯刚度。箱形梁按施工工艺分为整体式和装配式,整体式(箱形梁)主要用于连续梁桥和连续刚构桥,装配式(小箱梁)主要用于简支梁桥和先简支后连续梁桥。

(6)为了减轻预制构件的起吊重量,可以将梁肋与桥面板分开来预制,然后在桥孔处进行吊装和联结成整体,这就是组合梁桥。组合梁桥常用的截面形式为I形梁肋加现浇桥面板(又称为组合T梁)。组合T梁与装配式T梁在受力上是不同的。

2. 简支梁桥计算

(1)简支梁桥上部结构设计计算包括桥面板计算、主梁计算和横隔梁计算三大部分。

(2)根据结构构造的不同,桥面板计算的力学模型有单向板、铰接悬臂板和悬臂板三种。在桥面板计算中,为了计算方便,引入了板的有效分布宽度的概念。

(3)在多肋式简支梁桥的主梁计算中,永久作用内力一般按均匀分摊计算。可变作用内力计算应先根据荷载横向分布系数 m 确定主梁所承担的最大荷载值,再从桥跨纵向按计算单梁的方法,找出其承受的不利内力值。

(4)常用的荷载横向分布系数 m 的计算方法有杠杆原理法、偏心压力法(修正偏心压力法)、横向铰接板(梁)法、横向刚接梁法和比拟正交异性板法(G-M法)五种。杠杆原理法适用于计算桥跨结构支点处的荷载横向分布系数 m_0。另外四种方法适用于计算桥跨结构跨中的荷载横向分布系数 m_c,其中偏心压力法(修正偏心压力法)适用于具有可靠横向联系的窄桥;横向铰接板(梁)法适用于相邻板(梁)之间为铰接并且无中横隔梁或中横隔梁道数很少的装配式桥;横向刚接梁法适用于相邻主梁之间为刚接并且无中横隔梁或中横隔梁道数很少的装配式桥;比拟正交异性板法(G-M法)适用于桥面连续、横向联系较多的宽桥。

3. 刚架桥与刚构桥

(1)门式刚架桥由于墩梁固结,减小了主梁跨中正弯矩,且墩底水平推力又将使主梁受压,因此,可采用钢筋混凝土结构,并且较同跨径简支梁桥的主梁梁高低,适用于跨线桥,但其跨越能力不大,且要求地质条件良好。三跨两腿门式刚架在两端设有桥台,采用预应力混凝土结构时,可增大跨越能力。

(2)斜腿刚架桥较相同主梁长度的门式刚架桥能实现更大跨径。但双悬臂斜腿刚架桥的两悬臂端易向上翘起而引起桥头跳车现象;V形墩刚构桥由于V形墩上梁的受力,限制了V形墩刚构桥的适用范围。

(3)在役T形刚构桥有钢筋混凝土T形刚构桥和预应力混凝土T形刚构桥。由于在长期使用过程中发现T形刚构桥的主梁悬臂端部下挠变形严重,在桥面伸缩缝处(跨中设铰或挂孔时)形成折角,造成通行车辆行车不平顺,纵桥向线形与原设计值相差较大,影响了桥梁的正常使用和安全。因此,在多跨桥梁设计中,T形刚构桥被连续刚构桥取代。连续梁桥和连续刚构桥采用悬臂施工法时,在一期恒载(自重)作用下,连续梁桥和连续刚构桥的受力、配筋与T形刚构桥相同。

4. 连续体系梁桥

(1)预应力混凝土连续梁具有变形小、结构刚度好、行车平稳舒适、伸缩缝少、养护简易、抗震能力强等优点。连续梁与静定体系的其他形式的梁桥相比,具有较为显著的经济性,可减小跨中弯矩和挠度。

(2)由于连续梁是超静定结构,结构各构件内力的大小与抗弯刚度直接相关。因此,若将连续梁中间支承截面的刚度加大,如变高度梁,可以调低跨中的正弯矩,使大部分预应力钢筋可以布置在梁的顶部,便于张拉。虽然中间支承处的负弯矩有所增大,但梁的高度也相应地加高了,并不致引起钢筋用量的增多。

(3)从梁内弯矩的分布情况来看,对于每联三跨以上的连续梁,等跨布置时边跨的跨中弯矩大于中间跨的跨中弯矩,因此常采用缩短边跨的办法来调整中支点负弯矩和跨中正弯矩的分布规律,边跨与中跨的比值可在0.5~0.7范围内。

(4)多跨连续刚构桥既综合了T形刚构桥在悬臂法施工中保持体系平衡的特点,又吸取了连续梁桥在整体受力上能承受正、负弯矩的优点,能实现更大跨径。

(5)连续刚构这种体系利用主墩的柔性来适应桥梁的纵向变形,所以在大跨高墩中比较适合。刚构桥的内力分布取决于主梁与桥墩的刚度比。

(6)连续刚构桥中水平力主要按照桥墩的水平抗推刚度进行分配。当连续刚构桥的孔数较多,并且各个桥墩高差相差较大时,在边跨矮墩中的刚度往往很大而导致墩中弯矩也较大,此时桥墩一般要比其他位置的桥墩截面尺寸大,这时,在矮墩的墩顶处设铰以"释放"弯矩,即在矮墩处做成连续梁的形式,这就是另外一种结构形式——刚构-连续梁组合梁。

(7)连续刚构墩梁多设置成柔性墩。柔性墩可分双薄壁墩和单薄壁墩两种。

(8)增加双肢薄壁高墩墩间横系梁后,无论是在最大悬臂阶段还是在成桥阶段,桥梁的顺桥向稳定性均有较大的改善,而对于桥梁的横向稳定性基本上没有影响。随着墩间横系梁数量的增加,对稳定性的贡献也趋于稳定。

(9)双薄壁墩设置横系梁,在恒载、活载和温度组合作用下,上、下缘均可出现拉应力,所以在配筋时应注意上、下缘都配受拉钢筋。

(10)预应力混凝土连续体系梁桥永久作用(一期恒载)内力计算与所采用的施工方法密切相关。为了正确计算连续梁的永久作用(一期恒载)内力,必须将永久作用(一期恒载)内力与所采用的施工方法相联系综合考虑。

(11)连续体系梁桥是超静定结构,除永久作用、可变作用产生结构内力外,在温度、预加力、混凝土徐变、基础不均匀沉降等因素作用下,当结构的位移受到约束时均会引起附加内力,在设计计算中必须正确考虑这些附加内力的影响,一般采用结构力学的方法进行计算。

5. 梁桥施工

(1)梁桥施工方法主要分为现浇法和预制安装法两大类。现浇法又可分为整体支架现浇法、移动模架逐孔浇筑法和悬臂浇筑法三种。预制安装法又可分为预制装配法、简支转连续法和悬臂拼装法三种。

(2)整体支架浇筑法适合于桥墩不高且桥下地面情况适宜搭设支架的中小跨径混凝土梁桥,一般用于整体式结构的施工,在施工中注意卸落架方式对结构受力影响。

(3)移动模架逐孔浇筑法适用于等截面连续梁桥施工,在施工中应注意施工接缝位置的确定对结构受力的影响。

(4)悬臂浇筑法适用于变截面连续体系梁桥施工,在施工中应注意合龙顺序、边跨现浇段长度、体系转换时间等对结构受力影响。连续梁桥与连续刚构桥的区别在于主梁合龙后的体系转换,从而导致两者受力与配筋的区别。

(5)预制安装法适合于有预制梁场(厂)、有运输和吊装设备的情况,在梁的预制、运输和安装过程中,应注意梁的姿态、梁段长度划分、吊点位置确定等对梁受力影响。

(6)预制装配法一般用于装配式简支梁桥、先简支后连续梁桥、悬臂拼装连续梁桥,跨径不大(长度不长)、结构重量满足起吊整跨条件的中小桥(连续梁桥主梁)施工,也有采用预制架设施工方法。在施工中应注意拼装接头的设计与施工顺序对结构受力影响。

(7)简支转连续法适用于先简支后连续梁桥,在施工中注意相邻两跨连续时,现浇湿接缝施工顺序及预应力张拉导致的附加内力对结构受力影响。

第二篇学习内容概要如图2-总-1所示。

```
         ┌ 板桥 ┬ 正交板桥 ┬ 整体式：按简支板受力计算，构造要求①(一般构造、钢筋构造)
         │     │          └ 装配式：按简支梁受力计算，构造要求②(一般构造、钢筋构造、连接构造)
         │     └ 斜交板桥 ┬ 斜交正做：按正交板桥设计 ┬ 整体式：按简支板受力计算，构造要求(同①)
         │                │                         └ 装配式：按简支梁受力计算，构造要求(同②)
         │                └ 斜交斜做：按斜交板桥设计 ┬ 整体式：按简支斜板受力计算 ┐ 受力特点，构造要求
         │                                          └ 装配式：按简支斜梁受力计算 ┘
         │
         │              ┌ T梁 ┬ 钢筋混凝土T梁
         │              │     └ 预应力混凝土T梁 ┬ 先张梁 ⇒ 预应力钢筋设置方式、锚固方式
         │              │                       └ 后张梁
         │         ┌分类┤ 小箱梁
         │         │    │ 组合梁 ┬ 混凝土组合梁 ┬ 钢筋混凝土I形梁 ⇒ 与T梁在受力、构造上的区别
         │         │    │        │              └ 预应力混凝土I形梁、槽形梁
         │         │    └        └ 钢-混凝土组合梁 ⇒ 了解
  梁桥 ──┤ 简支梁桥 ┤ 构造：块件划分方式，构造要求(同②)
         │ (装配式) │
         │         │    ┌ 桥面板内力计算：简化计算模型、计算方法
         │         │ 计算┤ 主梁内力计算：纵向布载计算、横向分布计算(计算方法)
         │         │    └ 横隔梁内力计算：纵向布载计算、横向分布计算(计算方法)
         │         └ 施工：吊装计算、装配方式等
         │
         │ 刚架桥    ┌ 分类 ┬ 门式刚架桥
         │   与     │      │ 斜腿刚架桥
         │ 刚构桥    │      └ T形刚构桥
         │         │ 构造：构造要求(同②)
         │         └ 计算：⇒ 了解计算方法
         │
         │              ┌ 连续梁桥 ┬ 钢筋混凝土梁 ┬ 等截面梁
         │         ┌分类┤          │              └ 变截面梁
         │         │    │          └ 预应力混凝土梁 ┬ 等截面梁
         │         │    │                            └ 变截面梁
         │         │    └ 连续刚构桥：预应力混凝土梁 ⇒ 变截面梁
         │ 连续体系 │
         │  梁桥   │ 构造与设计：立面布置(合理分跨)，主梁高跨比确定 ⇒ 确定截面形式 ⇒ 截面尺寸拟定
         │ (箱梁)  │                                                 及截面变化规律
         │         │      ┌ 永久作用内力计算：一期恒载计算与施工方法密切相关，二期恒载按成桥状态时的结构体系计算
         │         │ 计算 ┤ 可变作用内力计算：纵向影响线加载计算、横向分布系数计算(计算方法)
         │         │      │ 附加内力计算：预应力、温度应力、混凝土徐变和收缩、基础变位等引起的附加内力
         │         │      └ 作用组合及作用效应设计值计算
         │         │
         │         │      ┌ 预制装配法、简支转连续法、整体支架浇筑法、移动模架逐孔浇筑法、悬臂施工法(悬臂浇筑法、
         └         └ 施工 ┤   悬臂拼装法)、顶推法等
                          └ 施工方法不同，一期恒载加给结构的方式不同
```

图2-总-1　第二篇学习内容概要

PART 3

▸▸▸ 第三篇

拱桥

第一章 概论

第一节 拱桥的特点及适用范围

拱桥是桥梁的常用桥型之一。拱桥因良好的承载潜力、跨越能力和体系刚度以及优美的外形特征,在我国以及世界公路、铁路建设中得到了广泛应用。主拱圈或主拱肋(无特指时,以下统称拱圈)是拱桥的重要承重结构。由于拱圈为曲线而无法满足现代车辆交通的通行需求,拱桥需设置专门结构来支撑桥面系。支承结构因桥面系与拱圈的空间位置不同,有上承式拱桥、下承式拱桥和中承式拱桥三种,如图3-1-1所示。上承式拱桥的支承结构也称拱上建筑,下承式拱桥的支承结构则为悬吊在拱肋下的悬吊结构,而中承式拱桥的支承结构既有拱上建筑,又有拱下悬吊结构。桥面系直接承受活载,再通过支承结构传给拱圈;视拱圈与支承结构的组成方式不同,拱圈可独立承受上部结构的全部荷载或与支承结构共同承受荷载,并将荷载传递至墩台及基础。

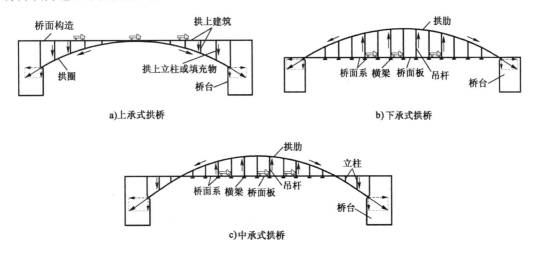

图3-1-1 拱桥作用(荷载)传递路径

一 特点

1. 受力特点

拱桥在竖向荷载 P 的作用下,两拱脚截面不仅会产生竖向反力 R,还会产生水平推力 H [图3-1-2b)]。由于水平推力 H 的存在,在拱圈内产生了反向弯矩,大大减小了截面弯矩 M,水平推力 H 所产生的截面压力 N 也会大大消减外荷载剪力 V[相对于图3-1-2a)的梁桥,弯矩 M 和剪力 V 都大幅度减小]。理想状态下,如果选择合适的矢跨比和拱轴线,将使拱轴线与压力线重合,从而实现拱圈处于纯受压状态。当然,由于活载的存在,拱上总是存在着一定的弯矩,所以拱圈多为偏心受压构件,但拱中巨大轴压力的存在仍旧使得拱圈上的拉应力处于较低的水平,建筑材料的抗压特性可以得到有效的发挥,从而实现了远超梁桥的跨越能力。

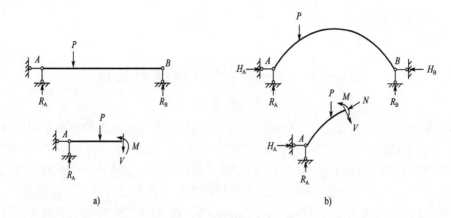

图 3-1-2 拱和梁受力分析对比

2. 结构特点

拱桥有推力结构,与同跨径梁桥相比,因拱圈呈曲线形而增加了自重,增加了拱桥下部结构的承载负担和工程数量,提高了对桥址处地基承载力的要求。

拱圈在计算中可简化为偏心受压杆件,在屈曲荷载作用下面临结构失稳的可能。大跨径拱桥承受的侧向风力和偏心活载所引起的扭转效应使拱结构的失稳问题变得更为复杂,不仅要考虑面内失稳(拱轴平面内屈曲)问题,还要考虑面外失稳(横向倾覆)问题。

拱桥与梁桥相比,结构建筑高度较高。当采用上承式拱桥时,由于桥面高程或整体建筑高度的提升,将导致桥梁两岸接线工程量增大或桥面纵坡增大,从而增大了工程总造价。

连续多孔不等跨拱桥,在荷载作用下各拱脚与墩结合点会产生水平位移和转角,发生"连拱效应"。为预防单孔破坏而出现结构连续垮塌的桥梁安全事故,需根据实际情况进行构造设计以解决拱桥可能出现的不平衡推力,增加了设计工作量,甚至提升了结构造价。

3. 材料特点

拱桥在荷载作用下以承压为主,中、小跨径拱桥恒载占比较大,但荷载分布均匀,拱圈接近全截面受压,多选用成本低廉且抗压性能好的圬工材料(包含混凝土、石材、砖石砌体等)建造;大跨径拱桥恒载占比较小,荷载分布不均匀,拱圈截面以受压为主、局部受弯,多采用抗压性能强、兼顾抗拉性能的配筋混凝土材料、钢-混凝土组合材料或钢材建造。

与传统的配筋混凝土(钢筋混凝土或预应力混凝土)梁桥相比,拱桥能够充分发挥建筑材料的抗压性能,因此能大量节省提高材料抗拉性能的高价格建材,进而降低工程造价。如果采用圬工拱桥,圬工材料具有耐久性好、养护周期长的特点,可进一步降低桥梁运营阶段的养护和维修费用。

随着我国钢结构桥梁建设技术的进步及钢铁产量的稳定增加,钢拱桥由于其优异的抗拉、抗压材料特性,方便快捷的施工方式,为拱桥的发展提供了更多选择;尤其是钢结构较混凝土结构自重小、强度高,有利于无支架施工,在凸显施工效率高的优势的同时,进一步强化了拱桥承载能力强等优点,在大跨乃至超大跨拱桥中具有良好的发展前景。

4. 施工特点

圬工拱桥构造较简单,一般采用有支架施工方法修建,施工技术较容易被掌握。随着跨径和桥高的增大,支架或其他辅助设备的用量、费用以及工期都大大增加,从而增大了拱桥的施工难度,提高了拱桥的总造价。因此,大跨径拱桥一般采用无支架施工方法修建。缆索吊装方法是无支架施工的主要方法,由于具有跨越能力大、水平和垂直运输机动灵活、适应性广、稳妥方便等优点,该方法被广泛运用于大跨径拱桥的施工中。

二 适用范围

拱桥的适用范围十分广泛。在沙石资源丰富的山区可就地取材、因地制宜,发挥了圬工拱桥耐久性好、承载力大的优势;对于钢材资源丰富的地区,钢拱桥以跨越能力强的优势更为突出;采用钢-混凝土组合结构拱(如钢管混凝土拱、钢桁-混凝土组合拱、波纹钢-混凝土组合拱等)可充分发挥钢材受拉、混凝土受压的双向优势,平衡结构受力与工程造价的博弈关系。在城市、风景区和侧重美学设计的方案中,拱桥的形式多样、造型优美、曲线圆润,富有动态感,更适宜景观设计要求。拱桥在跨径600m以内的桥梁设计方案中颇具竞争力。

第二节 拱桥的类型及结构体系

一 主要类型

拱桥的结构形式多种多样,造型各异,构造也各不相同,其分类之多是其他桥型不可比拟的。

1. 按建桥材料分类

按建桥材料(主要是针对拱圈使用的材料)分类,拱桥可分为木拱桥、圬工拱桥、钢筋混凝土拱桥、劲性骨架混凝土拱桥、钢管混凝土拱桥和钢拱桥等。木拱桥多用于景观桥梁,很少用于公路桥梁;中、小跨径采用圬工拱桥;大、中跨径采用钢筋混凝土拱桥;大跨径和超大跨径采用劲性骨架混凝土拱桥、钢管混凝土拱桥、钢拱桥等。

2. 按拱圈横截面形式分类

按拱圈横截面形式分类,拱桥可分为板拱桥、肋拱桥、箱形拱桥和双曲拱桥等,如图3-1-3所示。

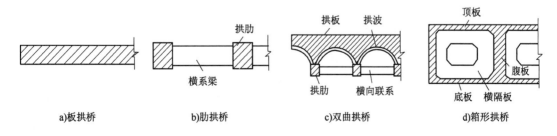

图3-1-3 拱圈横截面形式

同一截面形式的拱圈可设计成等截面或变截面形式。拱圈上垂直于拱轴线的横截面尺寸相同,称为等截面拱[图3-1-4a)];拱圈横截面尺寸从拱顶截面至拱脚截面是逐渐变化的,称为变截面拱[图 3-1-4b)]。无铰拱通常采用由拱顶截面向拱脚截面逐渐增大的变截面拱[图 3-1-4b)];对于三铰拱或两铰拱,由于最大内力的截面位置分别在约 1/4 跨径或拱顶处,因此常采用图 3-1-4c)或图 3-1-4d)所示的截面变化形式(又称镰刀形)。

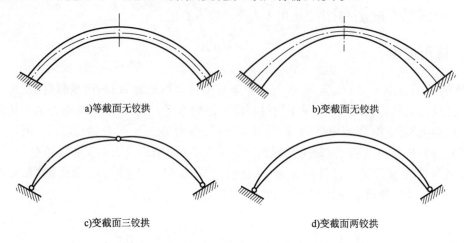

图 3-1-4　拱圈截面形式(立面)

3. 按照拱上建筑的结构形式分类

按照拱上建筑的结构形式分类,拱桥可分为实腹式拱桥和空腹式拱桥两种,如图 3-1-5 所示。实腹式拱桥是指拱上建筑为实体结构的拱桥,通常在拱圈上两侧设拱上侧墙(挡土墙),中间填土(石),再于其上建造桥面系。这种拱桥由于具有构造简单,施工方便,但自重大的特点,多用于 20~30m 的小跨径拱桥。空腹式拱桥是指拱上建筑由几个腹孔构成的拱桥。腹孔为桥面以下、拱圈拱肩上所设的孔,当腹孔采用拱式结构时称作腹拱。空腹式拱桥较实腹式拱桥轻巧,节省材料,造型美观,并且有助于泄洪,适用于大跨度桥梁,但施工难度较大。

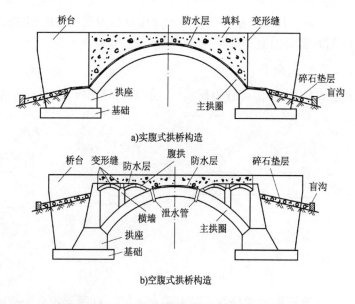

图 3-1-5　拱上建筑的结构形式(桥面中心线处纵截面)

4. 按拱圈与桥面系的关系分类

按拱圈与桥面系的关系分类,拱桥可分为上承式拱桥、下承式拱桥和中承式拱桥。上承式拱桥可设计成实腹式拱桥或空腹式拱桥。其优点是支承结构构造简单,拱圈与墩台的宽度较小,桥上视野开阔,施工较下承式拱桥方便;其缺点是桥梁建筑高度大,纵坡大和引道(桥)长。下承式拱桥多设计成无推力组合体系拱桥,适用于地基差的桥位处。其优点是桥梁建筑高度小,纵坡小,可节省引桥、引道长度;其缺点是构造复杂,拱肋施工难度较大。中承式拱桥较上承式拱桥的建筑高度小,纵坡小,引桥、引道短;但桥梁宽度大,构造较复杂,施工难度也较大。

5. 按拱轴线形分类

按拱轴线形分类,拱桥可分为圆弧线拱桥、悬链线拱桥和抛物线拱桥等。圆弧线拱轴线放样方便,多用于小跨径实腹式拱桥。实腹式拱桥在恒载作用下的合理拱轴线是悬链线,因此,悬链线拱轴线多用于中等跨径板拱、双曲拱和大跨径箱拱。对于结构自重较轻的轻型拱桥、较坦的大跨径钢筋混凝土拱桥、各种组合结构拱桥等,拱轴线多采用抛物线。

6. 按结构体系分类

按结构体系不同,拱桥可分为简单体系拱桥和组合体系拱桥。简单体系拱桥是指主要承重结构以拱圈为主要受力体系的拱桥,支承结构及桥面系结构与拱圈之间无刚性联结或联结较薄弱,不参与拱圈共同受力或与拱圈的共同作用可以近似不计,拱圈以裸拱形式作为主要承重结构。组合体系拱桥是指将支承结构与拱圈按不同的构造方式构成一个受力整体,共同承受荷载,以减小拱脚水平推力或拱脚无水平推力的拱桥。

二 结构体系

1. 简单体系拱桥

简单体系拱桥又分为三铰拱、两铰拱和无铰拱。简单体系拱桥拱圈如图3-1-6所示。

a)三铰拱　　　　　b)两铰拱　　　　　c)无铰拱

图3-1-6　简单体系拱桥拱圈

(1)三铰拱:属静定结构。由于结构内并无赘余力的存在,温度变化、支座沉降、混凝土收缩和徐变等因素引起的结构变形,不会在拱圈内产生附加内力。因此,在地基条件差或气候寒冷地区可优选三铰拱。1930年,瑞士工程师R. Maillart设计的瑞士Salginatobel桥是一座跨山谷的三铰拱桥,如图3-1-7a)所示。由于三铰拱拱内铰结构的存在,会导致结构整体刚度降低同时铰结构复杂,施工难度大。目前三铰拱已很少用于拱圈,多用在空腹式拱上建筑的腹拱中。

(2)无铰拱:属三次超静定结构。该结构在自重及外荷载作用下,由于拱的内力分布比三铰拱均匀,因此材料用量较三铰拱节省;又由于拱圈没有设铰,结构的整体刚度大,运营性能好,而且构造简单、施工方便,因此无铰拱桥是大跨径桥梁的主要桥型之一。但是,由于无铰拱结构的超静定次数高,在发生温度变化、混凝土收缩和徐变、支座沉降等情况时会在拱内产生附加内力,所以,无铰拱桥适宜修建在地质条件良好的地区。2008年建成的重庆巫山大宁河大桥是一座主跨400m的上承式钢桁无铰拱桥,跨径在同类桥梁中位居亚洲第一、世界第三,如图3-1-7b)所示。

(3)两铰拱:属一次超静定结构。两铰拱由于拱顶不设铰,结构整体刚度较三铰拱大;由于拱脚处设铰,结构在地基沉降的情况下附加内力较小,因此在地基条件较差而不宜修建无铰拱时,可考虑采用两铰拱。1877年,古斯塔夫·埃菲尔设计的葡萄牙Maria Pia Bridge(玛丽亚·皮亚桥)为两铰拱桥,主跨160m,如图3-1-7c)所示。由于拱脚铰结构的存在同样会引致结构整体刚度降低,现在已很少用于拱圈,多用在空腹式拱上建筑的腹拱中。

a)三铰拱桥(瑞士Salginatobel桥)

b)无铰拱桥(重庆巫山大宁河特大桥)

c)两铰拱桥(Maria Pia Bridge,玛丽亚·皮亚桥)

图3-1-7 简单体系拱桥示例

2. 组合体系拱桥

组合体系拱桥的支承结构与拱圈共同承受荷载,减小了拱脚推力甚至拱脚无推力。对于跨径为25~70m的拱桥,可通过减轻结构自重来减小拱脚水平推力的方法,设计为有推力的组合体系拱桥,如桁架拱桥、刚架拱桥等;对于50m以上的大跨径拱桥,通过在拱桥结构内部加设系杆或纵梁来平衡拱脚水平推力,设计为无推力的组合体系拱桥,如系杆拱桥、拱梁组合体系桥等。

另外,大跨径拱桥采用钢材建造时,往往将拱圈设计成桁架,形成桁拱桥[图1-1-15]。钢桁架拱圈是由拉、压杆件构成,受力特点不同于其他材料建造的拱圈(以受压为主,承受较小弯矩)。这类拱桥将在"钢桥"课程中介绍,本处不再详述。

(1)有推力组合体系拱桥

有推力组合体系拱桥又称整体式拱桥(拱片桥),属超静定结构。其常用结构形式有刚架拱桥[图3-1-8a)、图3-1-9a)]和桁架拱桥[图3-1-8b)、图3-1-9b)]等。

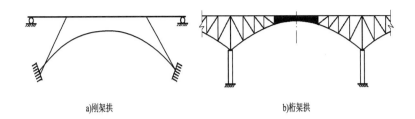

a)刚架拱 b)桁架拱

图3-1-8 有推力组合体系拱桥常用结构形式

a)刚架拱桥(江苏无锡金匮桥)

b)桁架拱桥(四川苍溪元坝桥)

图3-1-9 有推力组合体系拱桥示例

刚架拱桥和桁架拱桥是由两个或多个拱片组成,每一个拱片的上缘与道路平直,下缘是曲线形,上、下两部分用直杆、斜杆或两者兼有的构件连成一个整体拱片,拱片之间设有横向联结系。这类拱桥没有明确的理论拱轴线,有水平推力,仅适用于上承式拱桥。这类拱桥由于构造多变,适应性强,在经济上、施工上各有特点,被广泛用于跨径为25～70m的拱桥中。

(2)无推力组合体系拱桥

无推力组合体系拱桥属外部静定、内部超静定结构。在竖向荷载作用下拱脚对墩台无水平推力作用,水平推力由刚性纵梁或柔性系杆承受,如图3-1-10所示。这类拱桥适用于地基承载力不高的桥位处。无推力组合体系拱桥采用下承式结构时,建筑高度很小,桥面高程设计得很低,可降低纵坡、减小引桥、引道长度,大多设计为简支受力结构,如西安广运大桥[图3-1-11a)],即五跨简支组合体系拱桥;也有设计为多跨连续受力结构,如台湾关渡桥[图3-1-11b)]。

在无推力组合体系拱桥中,吊杆仅承受拉力,拱脚处推力由纵梁(系杆)承受。若纵梁设计得很柔细,抗弯刚度小于拱肋的1/80,则可假定纵梁只承受拉力而不承受弯矩(柔性系杆刚性拱),称为系杆拱桥[图3-1-12a)];若纵梁设计得很粗大,抗弯刚度大于拱肋的80倍以上,此时纵梁既承受拉力又承受弯矩,可假定拱只承受轴向压力而不承受弯矩(刚性系杆柔性拱),称为蓝格尔拱桥[图3-1-12b)];若拱与纵梁的刚度都不可忽视,可共同承受弯矩与轴向力者(刚性系杆刚性拱),则称为洛泽拱桥[图3-1-12c)]。以上三种拱桥,当采用斜吊杆来代替竖直吊杆时,称为尼尔森拱[图3-1-12d)、e)、f)]。

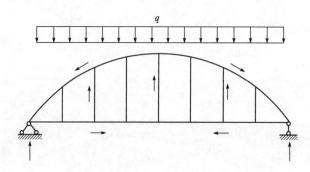

图3-1-10 单跨无推力组合体系拱桥传力路径(下承式)

a)五跨简支组合体系拱桥(西安广运大桥)

b)五跨连续组合体系拱桥(中国台北关渡桥)

图3-1-11 无推力组合体系拱桥示例

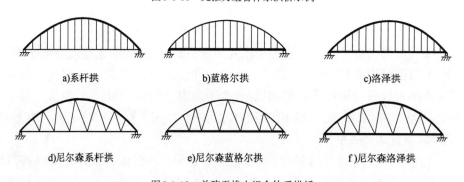

图3-1-12 单跨无推力组合体系拱桥

三 结构选型

拱桥的结构形式,应遵循因地制宜、就地取材的原则,并根据桥位处的地形、地质、水文、通航等要求,结合施工设施等条件综合选择,以达到经济合理、技术先进、景观设计等要求。选用拱桥类型应遵循以下原则:

(1)对小跨径拱桥可采用实腹式圆弧拱,对大、中跨径拱桥宜采用空腹式悬链线拱。
(2)在盛产砂、石的地区,可充分发挥民间传统工艺,就地取材,采用圬工拱桥。

(3)箱形截面拱宜用于大跨径无支架施工拱桥。

(4)肋拱桥可用于大、中跨径的钢筋混凝土拱桥,以及特大、大跨径的钢管混凝土拱桥和钢拱桥。

(5)软土地基上修建拱桥宜采用轻型拱桥,或无推力组合体系拱桥(图3-1-13)。

a)系杆拱桥(江苏云阳桥)

b)蓝格尔拱桥(兰新公路新城黄河桥)

c)洛泽拱桥(日本长柄桥)

图3-1-13 无推力组合体系拱桥示例

(6)修建多孔拱桥时,宜采用等跨连续拱。

(7)上承式拱桥可根据跨径大小、地质条件等选择实腹式板拱、空腹式板拱或箱拱、双曲拱、肋拱、刚架拱、桁架拱等,中承式拱桥和下承式拱桥采用肋拱桥。

学习提示

拱桥在竖向荷载作用下,拱圈在拱脚产生水平反力,可部分抵消拱圈由荷载产生的弯矩,使拱圈截面主要承受压力。因此,与同跨径的梁相比,拱的弯矩和剪力要小得多,比梁桥能更好地实现大跨径。拱桥通常采用抗压能力强的材料建造,如圬工材料、钢筋混凝土材料、钢管混凝土材料或钢材。

拱桥按结构体系分类,可分为简单体系拱桥和组合体系拱桥。简单体系拱桥又可分为三铰拱桥、两铰拱桥和无铰拱桥。三铰拱和两铰拱主要用于腹拱圈。无铰拱属超静定结构,在桥址地质条件良好(地基承载力较高,变形小)地区,一般采用简单体系无铰拱桥。组合体系拱桥又可分为有推力组合体系拱桥和无推力组合体系拱桥。为使有推力组合体系拱桥适用于各种地质条件,需减小拱脚水平推力,因此,要求结构轻盈,减小结构自重,如桁架拱桥和刚架拱桥;在地质条件较差(承载力较低)地区,需采用系杆或系梁平衡水平推力,形成无推力组合体系拱桥,如系杆拱桥和拱-梁组合结构。

拱桥的种类很多,专业名词术语也较多,这也是学习本章需要下功夫之处。只有记住各构件、各部位的名称及功能,厘清不同结构体系特点,才能保障后续各章内容的顺利学习。

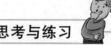

思考与练习

1. 简述拱桥的受力特点。
2. 拱桥与梁桥有哪些区别?拱桥的跨越能力大于梁桥的原因是什么?
3. 简述拱桥按结构体系、拱圈截面形式的分类。

第二章 简单体系拱桥构造

简单体系拱桥的上部结构由拱圈与支承结构组成。由于简体系拱桥具有构造简单、受力明确、计算分析方便,施工方法成熟等特点而被广泛使用。拱桥按拱圈截面形式可分为板拱桥、箱形拱桥、肋拱桥和双曲拱桥等,除了肋拱桥可采用上承式、中承式和下承式外,其余均为上承式拱桥。本节将重点介绍上承式简单体系拱桥的构造,简要说明中承式与下承式简单体系拱桥的构造。

第一节 拱 圈

一 板拱

板拱的拱圈横截面形式与建筑材料有关。采用圬工材料建造时为实心矩形截面;采用钢筋混凝土材料时可以采用肋形板拱。板拱截面宽度大于高度,截面宽度视桥宽确定,截面高度由受力计算确定。根据拱轴线形,板拱可以设计成圆弧拱,悬链线拱以及其他拱轴形式;按照静力图式,板拱可设计成无铰拱、双铰拱、三铰拱以及平铰拱,目前已建成的板拱桥绝大多数为无铰拱;按照拱圈所用的建筑材料,板拱又可设计成石板拱、混凝土板拱和钢筋混凝土板拱等。板拱的特点是构造简单、施工方便,但由于在相同的条件下,实体矩形截面比其他截面形式的抗弯能力小。板拱主要适用于中、小跨径上承式拱桥。

1. 石板拱

石拱桥由于构造简单,施工方便,造价低,是盛产石料地区中、小跨径桥梁的主要桥型。石板拱适用于拱圈砌筑的石料应石质均匀,不易风化,无裂纹。石料强度等级不得低于MU50,拱石形状根据跨径大小和当地石料供应情况选用。

砌筑石板拱桥拱圈的石料主要有料石、块石、片石和砖石等。当用粗料石砌筑拱圈时,拱石需要根据拱轴线和截面形式不同而分别进行编号,以便加工。等截面圆弧拱的拱石规格少,编号比较简单(图3-2-1);变截面拱圈的拱石类型较多,编号较复杂(图3-2-2),施工不便。有的石拱桥也采用等截面或变截面的悬链线作为拱轴线,此时拱石的类型更多,编号更为复杂,因此,目前大多采用等截面石拱桥。

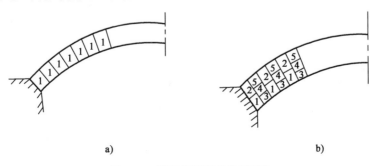

图3-2-1 等截面圆弧拱的拱石编号

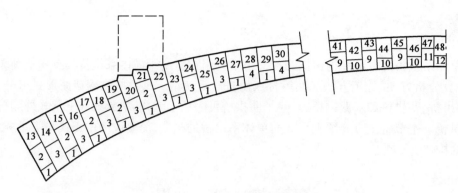

图 3-2-2 变截面拱圈的拱石编号

在砌筑料石拱圈时,根据受力需要,其构造上应满足以下要求:

(1)拱石受压面的砌缝应与拱轴线垂直。这种砌缝一般可做成通缝,不必错缝。

(2)当拱圈厚度不大时,可采用单层拱石砌筑[图3-2-1a)];当拱圈厚度较大时,可采用多层拱石砌筑[图3-2-1b)、图3-2-2],对此要求垂直于受压面的顺桥向砌缝错开,错缝间距不小于100mm(图3-2-3)。

(3)在拱圈的横截面,拱石的竖向砌缝应当错开,错开宽度至少100mm,如图3-2-3所示的Ⅰ-Ⅰ截面及Ⅱ-Ⅱ截面。这样,在纵向或横向剪力作用下,可以避免剪力单纯由砌缝内的砂浆承担,从而可以增大砌体的抗剪强度和整体性。

(4)砌缝宽不应大于20mm。

(5)拱圈与墩台、拱圈与空腹式拱上建筑的腹孔墩相连接处,应采用特制的五角石[图3-2-4a)],以改善连接处的受力状况。五角石不得带有锐角,以免施工时易破坏和被压碎。为了简化施工,也常采用现浇混凝土拱座或腹孔墩底梁[图3-2-4b)]来代替制作复杂的五角石。

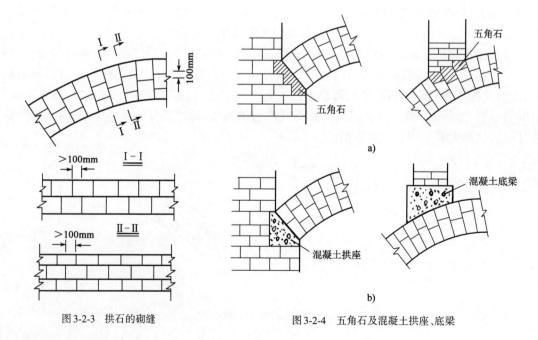

图 3-2-3 拱石的砌缝

图 3-2-4 五角石及混凝土拱座、底梁

2. 混凝土板拱

混凝土板拱主要用于缺乏合格天然石料的地区，拱圈可采用整体现浇，也可采用预制混凝土块砌筑。整体现浇混凝土拱圈，拱圈收缩应力大，受力不利；同时，拱架、模板用量大，工期长，质量不易控制，因此较少采用。预制砌筑混凝土拱圈，就是将混凝土板拱圈划分成若干块件，然后预制混凝土块件，最后将预制块件砌筑成拱圈。预制砌块在砌筑前应有足够的养护期，以消除或减少混凝土收缩。

3. 钢筋混凝土板拱

钢筋混凝土板拱根据桥宽需要可设计成单条整体拱圈或多条平行板（肋）拱圈（拱圈之间可不设横向联系），反复利用一套拱架与模板完成施工，可节省支架材料。钢筋混凝土板拱横截面形式有肋式和分离式两种，如图3-2-5所示。

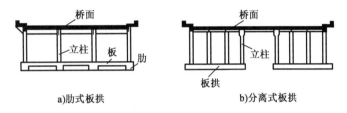

图3-2-5　钢筋混凝土板拱横截面

钢筋混凝土板拱的配筋按照计算需要与构造要求进行。拱圈纵向配置拱形的受力钢筋（主筋），最小配筋率为0.5%，且宜上、下缘对称通长布置，以适应沿拱圈各截面弯矩变化；拱圈横向配置与受力钢筋相垂直地分布钢筋及箍筋，分布钢筋设在纵向主筋的内侧，箍筋应将上、下缘主筋联系起来，以防止主筋在受压时发生屈曲和在拱腹受拉时发生外崩。无铰拱桥的纵向主筋应锚固在墩台帽中，锚入深度不应小于拱脚截面高度的1.5倍。

二　箱形拱

拱圈截面由单室箱或多室箱构成的拱称为箱形拱（图3-2-6）。箱形拱的截面挖空率较大，可达全截面的50%~70%，它较实体板拱桥可减少圬工用料与自重，适用于大跨径上承式拱桥。箱形拱是国内外大跨径钢筋混凝土拱桥拱圈截面的基本形式。由于箱形拱是闭合截面，截面抗弯和抗扭刚度均较大，拱圈的整体性好，应力分布比较均匀；裸拱施工时稳定性较好，适用于无支架施工法。但箱形拱制作精度要求高，施工安装设备多。一般情况下，跨径在50m以上的拱桥可采用箱形截面。

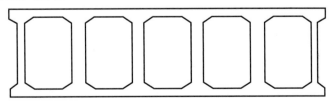

图3-2-6　箱形拱拱圈截面示意

箱形拱的拱圈可以由一个闭合箱（单室箱）或几个闭合箱（多室箱）组成，每一个闭合箱又由顶板、底板、腹板及横隔板组成，如图3-2-7所示。

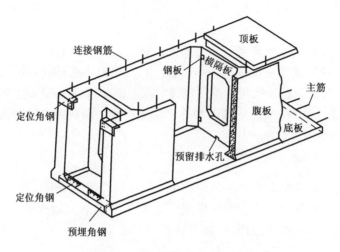

图 3-2-7 箱形拱闭合箱的构造

箱形拱的构造与施工方法有密切的联系。修建箱形拱时,可以采用预制拱箱无支架吊装或有支架现场浇筑等施工方法。当采用无支架施工时,根据吊装能力,将拱箱沿拱轴分段预制拼装,如图3-2-8a)所示。图3-2-8b)所示为湖北省恩施南渡江特大桥,全长272.26m,净跨190m,高196m,宽10m;拱圈采用劲性骨架外包钢筋混凝土箱形拱桥,先施工好劲性骨架作为支承,再分段现浇混凝土,这种方法常用于特大跨径拱桥。

a)钢筋混凝土箱形拱桥(陕西蓝小公路桥)

b)劲性骨架箱形拱桥(湖北恩施南渡江特大桥)

图 3-2-8 箱形拱桥示例

三 肋拱

1. 肋拱桥的组成

拱圈由两条或多条分离拱肋组成承重结构的拱桥称为肋拱桥。拱肋之间靠横向联系连接成整体而共同受力。肋拱桥的拱圈横截面面积较板拱小,减轻了自重,提高了跨越能力,因此多用于中、大跨径拱桥。上承式肋拱桥包括横系梁、立柱和有横梁支撑的行车道部分(图3-2-9);下承式肋拱桥则将吊杆锚固在肋拱背上[图3-2-10b)],吊杆下端与横梁连接,横梁支承行车道部分;中承式肋拱桥介于上承式肋拱桥和下承式肋拱桥之间[图3-2-10a)、c)]。肋拱桥自重轻,恒载内力减小,相应活载内力的比重增大,可充分发挥钢筋等材料的性能,具有较好的经济性,现已在大、中型拱桥中广泛使用。

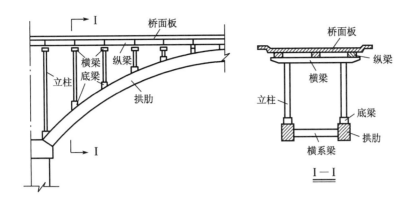

图 3-2-9 上承式肋拱桥一般构造示意

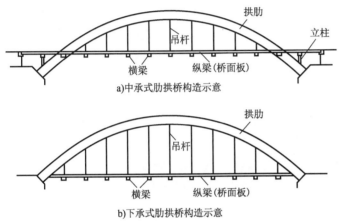

图 3-2-10 中承式、下承式肋拱桥

2. 拱肋

拱肋是肋拱桥的主要承重结构,可采用混凝土、钢筋混凝土、钢管混凝土、劲型骨架混凝土、钢材等建造。拱肋的肋数与间距以及截面形式主要根据结构类型、桥面宽度、材料、施工方法和经济性等方面综合考虑决定。

拱肋之间通常设置横向联系,可以是横系梁(上承式)、横向风撑(中承式、下承式),以提高分离拱肋横向整体性和稳定性。横向风撑可采用简单的一字形横撑、K形撑、X形撑、米字形撑等。中承式拱桥桥面结构以下的拱肋间常设X形撑。桥面以上设置横向风撑对行车视觉与景观都有一定影响,当桥面较宽、拱肋横向稳定性足够时可以不设置横向风撑,形成桥面敞开式构造[图 3-2-11a)]。在这种构造方式中若采用刚性吊杆,将吊杆与拱肋连接形成弹性框架,则有利于提高拱肋横向稳定性[图 3-2-11b)]。

一般在满足横向稳定性要求的情况下,宜采用少肋,以简化构造;同时,在外观上给人以清晰的感觉。上承式拱桥一般可采用双肋或多肋结构,中承式、下承式拱桥可采用单肋结构(图 3-2-12)、双肋结构[图 3-2-10c)]或三肋 [图 3-1-13a)] 结构。拱肋的截面形式,根据跨径的大小、肋数量等,综合考虑施工和截面的受力特点等因素,可采用矩形、I形、箱形、管形和劲性骨架混凝土等截面形式(图3-2-13)。矩形截面构造简单、施工方便,一般仅用于中、小跨径的肋拱($L \leqslant 40m$)。当肋拱桥的跨径大、桥面宽时,拱肋还可采用I形($40m < L \leqslant 90m$)、箱形($L > 100m$)等截面,这样可以使用较少的材料,获得更大的拱肋刚度。

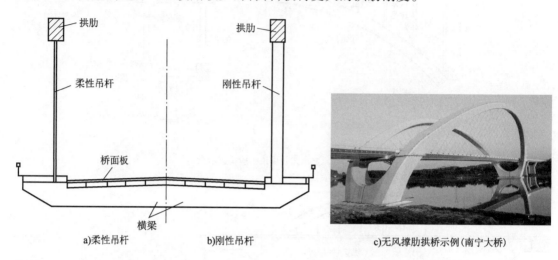

图3-2-11　无风撑肋拱桥

图3-2-12　单肋结构示例(浙江义乌宾王桥)

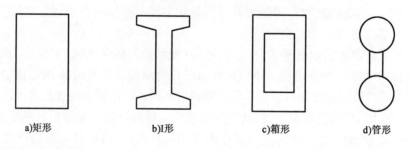

图3-2-13　拱肋截面形式

(1)钢筋混凝土肋拱

中承式、下承式拱桥的中、小跨径的钢筋混凝土矩形拱肋的高度约为跨径的1/60~1/40,桥宽在20m以内时,拱肋宽度为拱肋高度的0.5~2.0倍;当不设置横向风撑时,肋宽应取大值;大、中跨径钢筋混凝土拱肋常用工形截面,拱肋高度一般为跨径的1/35~1/25,肋宽约为肋高的0.4~0.5倍,腹板厚度常为30~50cm;当肋拱桥的跨径大、桥面宽时,拱肋可采用箱形截面(图3-2-14),以减少更多的圬工体积,肋高度一般为跨径的1/50~1/40。

图3-2-14 钢筋混凝土肋拱示例(广东流溪桥)

钢筋混凝土矩形拱肋和工形拱肋的配筋应综合考虑受力和施工的需要。当采用整体支架浇筑法施工时,按素混凝土计算承载力和稳定性通过后,可仅按构造要求配筋,否则应按钢筋混凝土结构进行计算和配筋。当采用无支架吊装时,仍按素混凝土计算,如满足承载力和稳定性要求,则纵向受力钢筋根据吊装受力确定,否则应同时考虑吊装和使用阶段的需要。纵向钢筋一般在截面上、下缘对称通长布置,并弯成拱形。对无铰拱,纵向钢筋应嵌入墩台拱座内,使其与墩台牢固地固结。嵌入深度应满足:矩形肋不小于拱脚截面高度的1.5倍,工形肋不小于拱脚截面高度的一半。其余钢筋按构造要求设置,同时,拱肋纵向箍筋间距不得大于纵向主筋直径的15倍。

(2)钢管混凝土拱肋

钢管混凝土拱肋是在薄壁圆形钢管内填充混凝土而形成的构件,它借助内填混凝土增强钢管壁的稳定性,同时利用钢管对核心混凝土的套箍作用,使核心混凝土处于三向受压状态,从而具有更高的抗压强度和抗变形能力。

钢管混凝土拱肋具有如下优点:

①钢管本身就是耐侧压的模板,因此在浇筑混凝土时,可省去支模、拆模等工序,并可适应先进的泵送混凝土工艺。

②钢管本身起钢筋的作用,兼起到纵向钢筋和横向箍筋的作用,既能受压,又能受拉。

③钢管本身是劲性承重骨架,在施工阶段可起劲性钢骨架的作用,在使用阶段是主要的承重结构,可以节省脚手架,缩短工期,减少施工用地,降低工程造价。

④在受压构件中采用钢管混凝土,可节省材料。钢管混凝土与钢结构、普通钢筋混凝土相比,在保持结构重力相近和承载力相同的条件下,有较好的性价比。

钢管混凝土拱拱肋横截面形式,按钢管的根数及布置方式,通常分为以下四种:

①单肢形断面[图3-2-15a)]构造简单,受力明确,但跨径过大,相应地要求增大钢管直径和壁厚,对钢管制作和混凝土浇筑不太方便,适用于跨径80m以内的拱桥。

②双肢哑铃形截面[图3-2-15b)],由上、下两根钢管通过缀板连接而成,缀板内混凝土可根据计算确定。双肢哑铃形截面抗压刚度大,由于承压面距中心轴较远,纵向抗弯刚度大,占用桥面空间少,是一种理想的截面形式。其缺点是侧向刚度相对较小,因此桥面以上必须设置风撑,以确保拱肋横向稳定,适用于跨径80~120m的拱桥。

③四肢格构形截面根据钢管的布置方式,又分为四肢矩形格构形[图3-2-15c)]和四肢梯形格构形[图3-2-15d)]。它由钢管(又称弦杆)、腹杆(多为空钢管)和横联组成,是大跨径钢管拱桥常用的一种形式。

④三角形格构形截面[图3-2-15e)]纵、横向刚度大,适用于无风撑钢管混凝土拱桥。黑龙江牡丹江大桥净跨100m,由3根直径600mm钢管混凝土弦杆和直径180mm的竖杆及直径500mm的水平横杆组成,确保了拱肋截面的整体刚度。

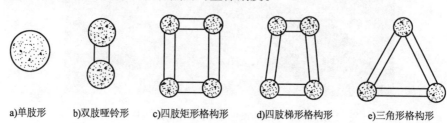

a)单肢形　b)双肢哑铃形　c)四肢矩形格构形　d)四肢梯形格构形　e)三角形格构形

图3-2-15　钢管混凝土拱拱肋横截面形式

钢管混凝土拱肋截面形式选定后,拱肋的高度一般为跨径的1/65~1/45。钢管直径及壁厚尺寸将直接影响结构的强度,考虑到防腐等要求,壁厚不宜小于12mm。钢管与混凝土面积之比称为含钢率α_s。含钢率α_s不宜小于5%,否则不能发挥钢管混凝土弦杆的套箍作用,但也不宜大于10%,以免耗用过多的钢材,造成浪费。

钢管可采用Q235、Q345、Q390钢材,宜采用卷制焊接直缝管。当钢管径厚比不满足卷制要求时,可采用符合国家和行业现行相关标准的螺旋焊接管或无缝钢管。卷制焊接直缝管制造精度高,质量可靠,成本较低。

钢管内灌注的混凝土应采用自密实补偿混凝土,其强度等级宜为C30~C80。钢管内混凝土一般采用泵送顶升灌注,依靠混凝土的自重而密实,有利于施工控制和桥梁结构的稳定。混凝土选用高强度等级,与钢管钢号和含钢率匹配,以充分发挥钢管混凝土构件的套箍作用。钢管混凝土应采用泵送,为了保证混凝土能填满钢管,应采用减水剂和膨胀剂,同时掺入适量的粉煤灰,以降低混凝土的水化热,减少水泥用量,提高混凝土的和易性和可泵性,减少收缩。

通常把$A_a f_a / A_c f_c$(建议解释字母含义)称为套箍指标。该指标是钢管混凝土构件的一个重要参数,宜控制在0.3~3.0范围内,以确保钢管混凝土构件在使用荷载作用下处于弹性工作阶段,且在破坏前具有足够的延性。若套箍指标小于0.3,当混凝土强度等级较高时,会因钢管的套箍能力不足而引起脆性破坏;若套箍指标大于3.0,当混凝土强度等级过低时,结构会在使用荷载下产生塑性变形。

3. 吊杆

中承式和下承式拱桥的吊杆有刚性吊杆、半刚性吊杆和柔性吊杆三种构造方式,吊杆截面如图3-2-16所示。

刚性吊杆一般采用预应力混凝土矩形截面[图3-2-16a)],早期也采用钢筋混凝土材料,但因耐久性等问题已很少采用。半刚性吊杆则为钢管混凝土圆形截面[图3-2-16b)],管内预应力钢筋可采用镦头锚的高强碳素钢丝、精轧螺纹钢筋、夹片锚的高强低松弛钢绞线。刚性吊杆、半刚性吊杆两端与拱肋和横梁均采用刚性联结构造,吊杆内的预应力筋通常穿透拱肋与横梁,锚具一般嵌入拱肋与横梁,所以吊杆除承担轴向拉力还受到节点弯矩的作用。但半刚性吊杆的钢管外径小,主要起预应力钢筋的外护套作用,节点弯矩相对较小。需要注意,若钢管混凝土吊杆采用高强低松弛钢绞线,预应力须在混凝土浇筑之后施加,以免低应力下夹片锚失效。一般情况下,钢管混凝土吊杆宜设计成钢管基本不受拉、焊缝处于受压的状态。柔性吊杆常用高强钢丝束制成[图3-2-16c)]。钢丝束外采取防护措施,两端用镦头锚具。目前,高强钢丝束吊杆已成品化生产,为了钢丝束的防腐、保证其耐久性,钢丝束外采用热挤高密度聚乙烯(HDPE)工艺形成护套(图3-2-17)。柔性吊杆的锚具可嵌入拱肋及横梁,或外露于拱肋及横梁并设置防护罩。

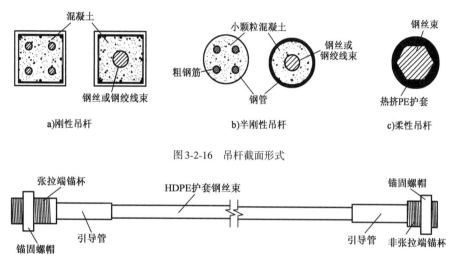

图3-2-16 吊杆截面形式

图3-2-17 柔性吊杆构造

4. 横(系)梁

(1)上承式肋拱桥的拱肋间需设置横(系)梁,既可以增强肋拱横向整体稳定性,又可以起到横向分布荷载的作用。横(系)梁要具有足够的强度和刚度,并与拱肋牢固联结。横(系)梁一般可采用矩形、I形、桁片式梁或箱形。图3-2-18所示为箱形肋拱三种常用的横(系)梁截面形式。I形和桁片式横(系)梁,重量轻,预制安装方便,但在拱轴切平面内的刚度都较小;箱形横(系)梁在拱轴切平面、法平面内的刚度均较大,有利于提高肋拱的横向稳定性。横(系)梁的截面尺寸应根据构造和对拱的横向稳定要求确定。一般横(系)梁高度与拱肋高相同,截面短边应不小于其长度的1/15。对箱形截面的横(系)梁的壁厚常为80~100mm。横(系)梁按构造要求配筋。横(系)梁与拱肋间的联结,可采用干接头或湿接头。干接头主要采用预埋钢板焊接连接,湿接头则分别在拱肋侧面与横(系)梁端留出连接钢筋,待横系梁安装就位后焊接钢筋并现浇接缝混凝土。对I形横(系)梁,其腹板与拱肋横隔板相对应,上、下翼板分别与拱肋顶底板对应,两者应在对应位置留出连接钢筋;对箱形横(系)梁,要求其顶底板与拱肋顶底板对应,由于具有两个腹板,为使其具有对应的联结位置,要求拱肋在横系梁腹板对应位置设置双横隔板,同时在两者对应位置留出连接钢筋。对桁片式系梁,则需在系梁上、下弦与拱肋顶底板对应位置留出连接钢筋。肋间横(系)梁纵向位置应与拱上的立柱对应。

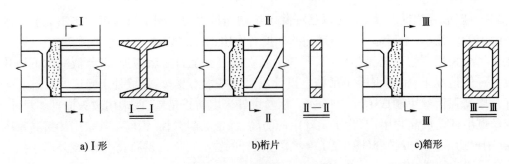

图 3-2-18 箱形肋拱横(系)梁构造形式

(2)中承式和下承式肋拱桥的吊杆处设置横系梁。横系梁决定着桥面结构的建筑高度,采用钢筋混凝土或预应力混凝土材料。肋拱横系梁常用矩形、凸字形、工字形、带凸形工字形截面(图3-2-19),对于桥宽与吊杆间距较大的大型横系梁也可采用箱形截面。横系梁的受力截面高度约为吊点间距的 1/15～1/10。

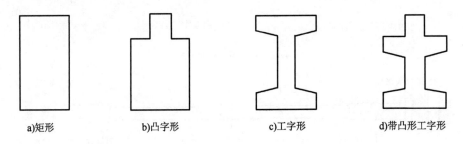

图 3-2-19 肋拱横梁截面构造形式

对于中承式拱桥,在桥面结构与拱肋相交处,桥面结构由拱肋间刚性联结的横系梁支承。由于此横系梁受力较复杂,其截面通常比吊杆处横系梁强大,可设计成对称或不对称的工字形、三角形等(图3-2-20)。

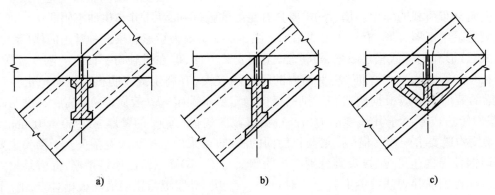

图 3-2-20 拱肋与桥面结构相交处的横梁截面形式

四 双曲拱

双曲拱桥拱圈通常由拱肋、拱波、拱板和横向联系等部分组成(图3-2-21)。由于拱圈的纵向(拱肋)和横向(拱波)均呈曲线形,故称为双曲拱桥。双曲拱桥拱圈截面的抗弯惯矩比板拱大,因此可节省材料,减轻自重。

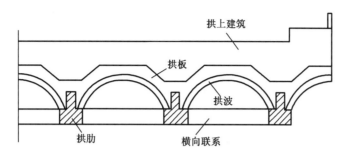

图 3-2-21　双曲拱桥拱圈截面

施工时,首先,分别预制拱肋、拱波和横向联系;其次,吊装拱肋,并与横向联系构件组成拱形框架,在拱肋间安装横向拱波;最后,在拱波上浇筑拱板混凝土,形成拱圈;在拱板上修建拱上建筑。由于施工工序多,构件接头多,整体性差,容易产生裂缝。双曲拱桥的特点是将拱圈化整为零预制,构件重量小,施工时,可以不要拱架。双曲拱桥仅适用于中、小跨径,且拱圈易开裂,目前新建桥梁已较少采用,既有桥梁中实例较多,如图 3-2-22 所示。

图 3-2-22　双肋单波双曲拱桥示例(无锡卫东桥)

第二节　拱上建筑

上承式拱桥的主要承重结构拱圈是曲线形,车辆无法直接在弧面上行驶,需要在桥面系和拱圈之间设置传递荷载的构件或填充物,以使车辆能在平顺的桥面上行驶。桥面系与这些传力结构或填充物统称为拱上建筑。

拱上建筑按采用的不同构造方式可分为实腹式拱桥和空腹式拱桥。由于实腹式拱桥拱上建筑构造简单,施工方便,而填料的数量较多,恒载较重,一般情况下,小跨径拱桥多采用实腹式拱桥;为减小恒载重量,大、中跨径拱桥多采用空腹式拱桥。

一　实腹式拱桥拱上建筑

实腹式拱桥拱上建筑由侧墙、拱上填料、护拱以及变形缝、防水层、泄水管和桥面等部分组成,其构造示意如图3-2-23所示。

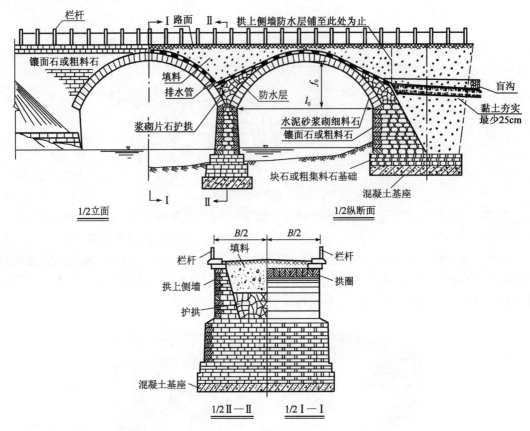

图3-2-23 实腹式拱桥构造

拱上填料的施工方法有填充和砌筑两种。

填充是指在拱圈两侧砌筑侧墙,以承受拱上填料及汽车荷载所产生的侧压力(推力)。侧墙一般用块石或片石砌筑,也可用混凝土浇筑或砌块。为了更美观,可用粗料石或细石镶面。填充用的材料尽量做到就地取材,通常采用砾石、碎石、粗砂或卵石夹黏土并加以夯实。这些材料不仅透水性较好,成本较低,而且能减小对侧墙的推力。在地质条件较差的地区,为了减小拱上建筑的重量,可以采用其他轻质材料(如炉渣、石灰、黏土等混合料)作填料。当填充材料不易取得时,可采用砌筑的方式,即采用干砌圬工或浇筑贫混凝土作为拱上填料。当采用贫混凝土时,往往可以不另设侧墙,而在外露混凝土表面用砂浆饰面或设置镶面。

在多孔拱桥中,为了便于敷设防水层和排除积水,可以设置护拱。护拱一般采用现浇混凝土或砌筑块石、片石修筑。

二 空腹式拱桥拱上建筑

大、中跨径的拱桥,特别是当矢高较大时,实腹式拱上建筑的填料用量多、重量大,可以采用空腹式拱上建筑。空腹式拱上建筑除具有实腹式拱上建筑相同的构造外,还具有腹孔和腹孔墩。空腹式拱桥拱上建筑构造示意图如图3-2-24所示。

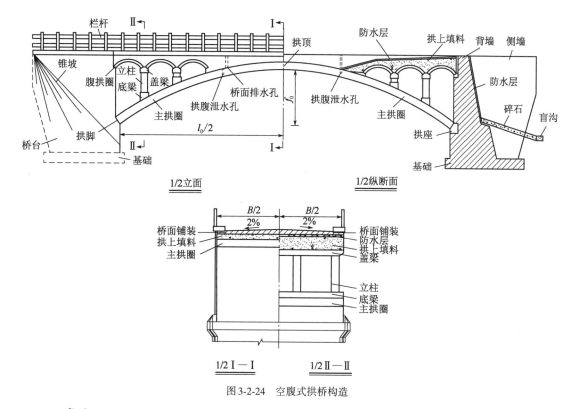

图 3-2-24 空腹式拱桥构造

1. 腹孔

腹孔的结构形式可分为拱式腹孔和梁式腹孔。在圬工拱桥中,为了节省钢材,大多采用拱式腹孔。在大跨径拱或无支架施工的拱桥中,为了进一步减小重量,降低拱轴系数(使拱上建筑的恒载分布接近于均布荷载),以改善拱圈在施工过程中的受力状况,通常采用钢筋混凝土梁或板式结构的腹孔。腹孔形式和跨径的选择,遵循因地制宜、就地取材的原则,应考虑既能尽量减小拱上建筑的重量,又不致因荷载过分集中于腹孔墩处,给拱圈受力状况造成不利影响。在改善拱圈受力性能和便于施工的同时,还要使拱桥外形更加协调和美观。腹孔通常对称布置在拱圈两侧结构高度所容许的范围内。

(1)拱式腹孔

拱式腹孔(腹拱)一般布设在每半跨内不超过拱圈跨径的 1/4～1/3,腹孔跨径一般为 2.5～5.5m,不宜大于拱圈跨径的 1/15～1/8,比值随拱圈跨径的增大而减小。腹拱宜设计成等跨,以利于腹拱墩的受力和方便施工。腹拱的拱圈,可采用石砌、混凝土预制或现浇的圆弧形板拱,矢跨比一般为 1/6～1/2。

(2)梁式腹孔

梁式腹孔可以设计成简支腹孔、连续腹孔和框架式腹孔等形式(图 3-2-25)。

①简支腹孔由底梁(座)、立柱、墩帽和纵向铺设的桥面板(梁)等组成,由于桥面板(梁)简支在盖梁上,基本上不存在拱与拱上结构的联合作用,受力明确。当腹孔跨径在 10m 以下时,常采用钢筋混凝土空心板构成∏形板;当腹孔跨径在 10m 以上时,常采用预应力空心板或 T 形梁。

②连续腹孔由立柱、纵梁、实腹段垫墙及桥面板组成。荷载通过横铺在连续纵梁和拱顶垫墙上的桥面板,传递给拱上立柱,再经过拱圈传递给墩台。这种形式可用于肋拱或板拱桥中。其特点是桥面板横置,拱顶上只有一个板厚(含垫墙)及桥面铺装,高度小。连续腹孔适合于建筑高度受限制的拱桥。

③框架式腹孔在横桥向根据需要设置,每片间通过系梁联结形成整体。

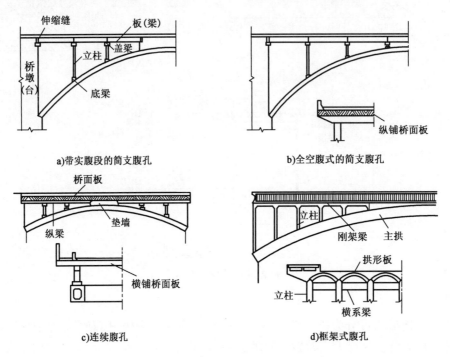

图 3-2-25 梁式腹孔构造

2. 腹孔墩

腹孔墩由底梁、墩身和墩帽组成。腹孔墩按墩身的构造形又可分为横墙式腹孔墩和立柱式腹孔墩两种。

(1)横墙式腹孔墩

对于砖、石拱桥,多采用圬工材料砌筑或现浇混凝土做成的横墙式(实体墙)腹孔墩[图 3-2-26a)]。为了便于维修、减轻重量,可在横向挖一个孔或几个孔。横墙式腹孔墩自重较大,但节省钢材,施工方便。对于腹孔墩的厚度,当用浆砌片(块)石时,不宜小于600mm;当用混凝土砌筑时,一般也应大于腹拱圈厚度的1倍。底梁能使横墙传下来的压力较均匀地分布到拱圈上,每边尺寸较横墙宽50mm,高度则以使较矮一侧为50~100mm为原则来确定。底梁常采用素混凝土结构。墩帽宽度宜大于墙宽50mm,也采用素混凝土。

(2)立柱式腹孔墩

立柱式腹孔墩[图 3-2-26b)]是由立柱和墩帽组成的钢筋混凝土排架结构。为了使立柱传递给拱圈的压力不至于过分集中,通常在立柱下面设置底梁。立柱一般由2根或多根钢筋混凝土立柱组成。当立柱较高时应在各立柱间设置横系梁,以确保立柱的稳定。立柱和横梁常采用矩形截面。截面尺寸及钢筋配置除了满足结构受力需要之外,还应考虑和拱桥的外形及构造相协调。底梁可以与拱圈一起施工完成。若采用混凝土浇筑时,可按构造要求布置钢筋。在河流有漂流物或流冰时,如果拱圈会被部分淹没,不宜采用立柱式腹孔墩。腹孔墩的侧面一般设计成竖直的,以方便施工。如果采用斜坡式,则坡度以不超过30:1为宜。

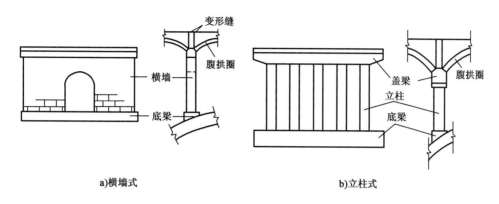

图 3-2-26　腹孔墩

对于框架结构形式的空腹式拱上建筑,拱上结构与拱圈联结成整体,在温度变化或活载等因素作用下,将引起拱上结构变形(图3-2-27),并在立柱中产生附加弯矩。由于矮立柱的刚度较大,附加弯矩也大,立柱上、下节点附近的混凝土极易开裂。为了避免拱上结构参与拱圈受力后引起不利因素作用,可在靠近跨中1~2排矮立柱的上、下端设置铰(图3-2-28),释放节点弯矩,使其成为主要承受轴向压力的构件。另外,对于较容易发生裂缝的桥面结构与拱顶相接处,可采取设置横向贯通缝的构造形式,以减小联结刚性。

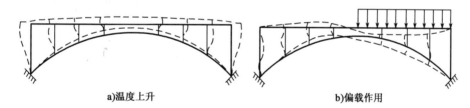

图 3-2-27　拱上结构变形示意

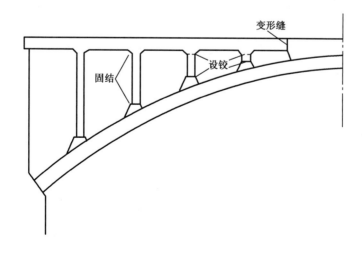

图 3-2-28　拱上立柱连接方式

第三节　其他细部构造

一　拱顶填料、桥面铺装及人行道

拱上建筑物的填料,不仅可以扩大汽车荷载作用的面积,还可以减小汽车荷载对拱圈的冲击,但也增加了拱桥的恒载重量。无论是实腹拱,还是空腹拱(除无拱上填料的轻型拱桥),在拱顶截面上缘以上都作了拱上填充处理,即拱顶填料,在拱顶填料以上才是桥面铺装。拱上填料示意图如图3-2-29所示。一般情况下,拱圈及腹拱圈的拱顶处,填料厚度(包括路面厚度)均不宜小于300mm。在地基条件很差的情况下,为了进一步减小拱上建筑重量,可减轻拱上填料的厚度,甚至可不设拱上填料,而直接在拱顶截面上缘以上铺筑混凝土桥面,但要求行车道边缘的厚度至少为80mm,同时应在拱顶部分的混凝土中设置钢筋网,以分布车辆重力。

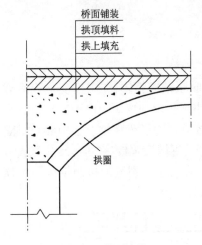

图3-2-29　拱上填料

拱桥桥面铺装应根据桥梁所在的公路等级、使用要求、交通量大小以及桥型等条件综合考虑确定。对于低等级公路上的中、小跨径拱桥,可采用混合碎(砾)石桥面;对于大跨径拱桥和高等级公路上的拱桥,应采用沥青混凝土或设有钢筋网的混凝土桥面。

值得一提的是,对于中承式、下承式肋拱桥,必须设置桥面系,再在其上施工桥面构造。若设有边纵梁,可将边纵梁与横梁联结成平面框架,然后再铺设桥面板(实心板或空心板)形成整体桥面系[图3-2-30a];或者采用多根肋板式的纵梁与横梁联结组合成桥面系[图3-2-30b];也可采用将桥面板(实心板或空心板)或肋板梁支承在横梁上[图3-2-30c]组成桥面系。

为便于排水,桥面应设置横坡。横坡坡度一般设置为1.5%~2.0%。

行车道的两侧,根据需要可设置人行道板、栏杆、护栏或防撞墙等防护设施。为减小拱圈宽度,人行道一般外挑,人行道板预制装配。

二　伸缩缝与变形缝

在温度作用及墩台位移等影响下,拱圈、拱上结构都会产生变形,两者的变形还会相互影响,在超静定拱圈和拱上结构内产生附加内力(图3-2-31),导致拱上结构开裂。为避免这种不良影响,可以把墩台和拱上结构用一条横桥向的贯通缝完全隔离。贯通缝有一定宽度时称为伸缩缝;贯通缝无宽度或宽度较小(<10mm)时称为变形缝,如图3-2-32所示。虽然拱上结构与拱圈共同作用,能提高结构的承载力,但拱上结构对拱圈的变形起约束作用,使拱圈和拱上结构内产生附加内力。当拱上结构与拱圈刚性连接时,温度变形在拱上结构中会产生很大的附

加内力,可能导致拱上结构开裂。为了避免拱上结构不规则地开裂,以保证结构的安全使用和耐久性,还需在构造上采取必要的措施。通常可在相对变形(位移或转角)较大的位置处设置伸缩缝,而在相对变形较小处设置变形缝。实腹式拱桥的伸缩缝通常设在拱脚的上方,并在横桥向贯通、向上延伸侧墙全高直至人行道、栏杆及护栏等。伸缩缝一般形成直线形[图 3-2-32a)],以使构造简单、施工方便。空腹式拱桥拱式拱上结构,一般将紧靠桥墩(台)的第一个腹拱圈设计成三铰拱,并在靠墩台的腹拱拱铰上方的侧墙、人行道及栏杆上设置伸缩缝,在其余两拱铰上方的侧墙、人行道及栏杆上设置变形缝[图 3-2-32b)]。在大跨径拱桥中,根据温度变化情况和跨径大小,在必要时需将靠近拱顶的腹拱圈或其他腹拱也设计成两铰拱或三铰拱,拱铰上面的侧墙也需要相应地设置变形缝,以减小拱上建筑与拱圈的相互约束作用。

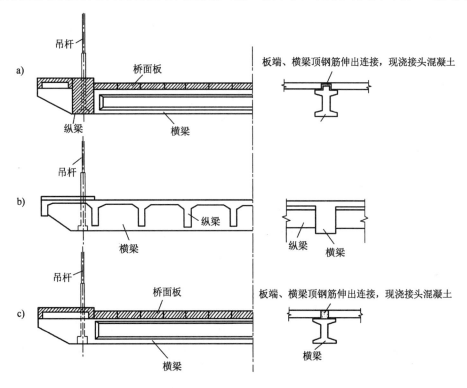

图 3-2-30 中、下承式肋拱桥桥面系构造

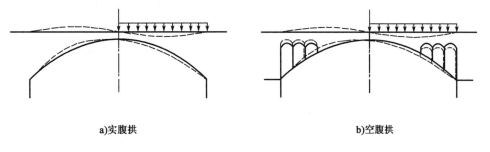

图 3-2-31

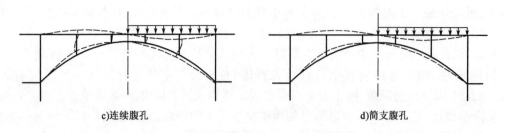

图 3-2-31 拱上建筑对拱圈变形的约束

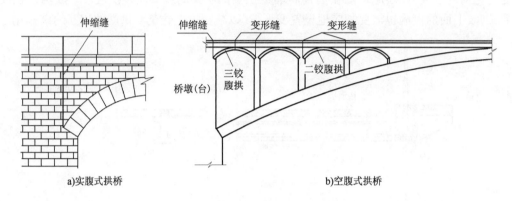

图 3-2-32 拱桥伸缩缝和变形缝设置

梁式拱上结构可采用连续式桥面构造,在拱脚上方伸缩缝应通过腹孔墩,使其能相对于桥墩(台)伸缩变形,在近拱顶处的连续桥面也应设置伸缩装置。梁或板与腹孔墩的支承连接宜采用铰接,以适应拱圈的变形需求。

伸缩缝宽度一般为 20～30mm。缝内填料可采用沥青砂等材料并在上缘设置能活动而不透水的覆盖层。变形缝不留缝宽,缝可干砌、用油毛毡隔开或用低强度等级的砂浆砌筑。

三 排水及防水层

1. 排水

对于拱桥,不仅要求将桥面雨水(积水)及时排除,而且要求将透过桥面铺装渗入拱腹内的雨水(积水)及时排除。桥面雨水(积水)的排除,除了设置纵坡和横坡外,一般还沿桥面两侧缘石边缘设置泄水管。通过桥面铺装渗入到拱腹内的雨水(积水),应由防水层汇集于预埋在拱腹内的泄水管排出。防水层和泄水管的设置方式,与上部结构的形式有关。

对于实腹式拱桥,防水层应沿拱背护拱、侧墙铺设。如果是单孔拱桥,可不设泄水管,积水沿防水层流至两个桥台后面的盲沟,然后沿盲沟排出路堤。如果是多孔拱桥,可在 $l/4$ 跨径处设泄水管[图3-2-33a)]。对于空腹式拱桥,防水层应沿腹拱上方与拱圈跨中实腹段的拱背设置,泄水管也宜布置在实腹段拱圈的最低点 [图 3-2-33b)]。

对跨线桥、城市桥或其他特殊桥梁,应设置全封闭式的排水系统。

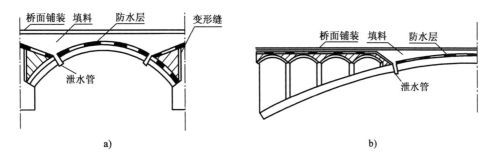

图 3-2-33 排水方式

泄水管可以采用钢管、铸铁管、混凝土管或树脂材料管。泄水管的内径一般为 60～100mm；在严寒地区需适当加宽，但不宜超过 150mm。泄水管应伸出结构表面 50～100mm，以免雨水（积水）顺着结构物的表面流下。为便于泄水，泄水管尽可能采用直管，并尽量减小管节的长度。

2. 防水层

防水层有粘贴式和涂抹式两种。前者是由 2～3 层油毛毡与沥青胶或其他有效防水材料交替贴铺而成。后者采用沥青、柏油或其他有效防水剂直接涂抹于结构表面。设计时应根据雨水量及防水层性能进行合理选择。

防水层在全桥范围内不宜断开，通过伸缩缝或变形缝处时应妥善处理，使其既能防水又能适应变形。伸缩缝（变形缝）处防水层构造示意图如图 3-2-34 所示。

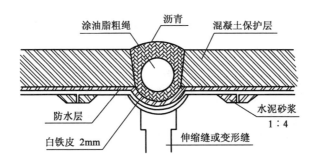

图 3-2-34 伸缩缝（变形缝）处防水层构造

四 拱铰

拱铰按其作用可分为永久性铰和临时性铰两种。其中，永久性铰主要用在三铰拱或两铰拱桥体系中，或者空腹式拱上建筑的腹孔拱圈按构造要求需要采用两铰拱或三铰拱。永久性拱铰除要满足设计计算的要求外，还要能保证长期的正常使用，因此，其构造比较复杂，造价高。临时性铰是在施工中为消除或减少拱圈附加内力，以及对拱圈内力做适当调整时设的铰。由于临时性铰在施工结束后封闭，因此构造较简单，但必须可靠。

拱铰按所处的位置、作用、受力大小、使用材料等条件划分，常用的有弧形铰、铅垫铰、平铰、不完全铰、钢铰等。

1. 弧形铰

弧形铰(图3-2-35)由两个具有不同半径弧形表面的块件组成,一个为凹面(半径为R_2),另一个为凸面(半径为R_1)。R_2与R_1的比值常在1.2~1.5范围内取用。弧形铰的宽度应等于构件全宽,沿拱轴线方向的长度取厚度的1.15~1.20倍。铰的接触面应精确加工,以保证紧密结合。

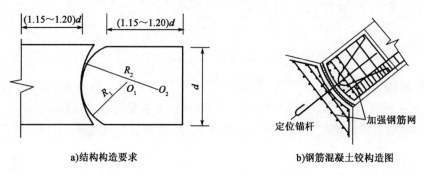

a) 结构构造要求　　b) 钢筋混凝土铰构造图

图3-2-35　弧形铰构造

弧形铰可用石料、混凝土或钢筋混凝土做成。由于构造复杂,加工铰面既费工,又难以保证质量,所以弧形铰主要用作拱圈的拱铰。石拱桥的拱铰可用石料加工而成,但由于铰石尺寸大,开采石料、加工成型、运输安装就位困难,多采用现浇混凝土铰代替石铰。当跨径较大,要求承压强度更高时,可采用钢筋混凝土铰,钢筋布设按计算结果及构造要求确定。

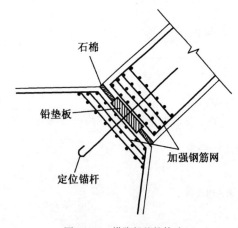

图3-2-36　拱脚铅垫铰构造

2. 铅垫铰

铅垫铰(图3-2-36)是在铰缝间设置厚度15~20mm的铅垫板,外部包10~20mm厚的锌或铜薄片制成,利用铅垫板的塑形变形实现铰的功能。铅垫铰横桥向分段设置,总宽度为拱圈宽度的1/4~1/3,其他构造要求与钢筋混凝土弧形铰相似。铅垫铰主要用作中、小跨径的板拱或肋拱,也可用作临时铰。

3. 平铰

对于中、小跨径钢筋混凝土整体式拱桥,为简化拱脚铰的构造,通常采用将拱脚直接插入拱座、砂浆填缝的平铰构造。

对于跨径较小的空腹式拱上建筑的腹拱圈,可以采用构造简单的平铰。平铰是平面直接抵承,铰间可铺砌一层强度等级较低的砂浆,也可垫衬油毛毡或直接采用干砌(图3-2-37)。

4. 不完全铰

小跨径或轻型钢筋混凝土拱圈、预制吊装的腹拱圈,为了便于整体安装,还可以采用图3-2-38所示的不完全铰(或称假铰)。这种铰构造连续,但在使用时能起到拱铰作用。

在钢筋混凝土空腹式拱桥腹孔立柱上、下端设置的铰,一般可采用构造简单的平铰或不完全铰。连接处腹孔墩截面的减小(达全截面的1/3~2/5),因而保证了支承截面的转动,支承截面应按局部承压进行构造和计算。平铰或不完全铰用于拱圈时,为提高其使用安全性,可将部分钢筋伸入墩台帽,如图3-2-39所示。

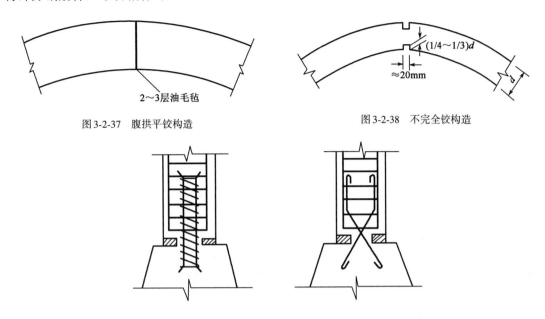

图3-2-37 腹拱平铰构造　　　　图3-2-38 不完全铰构造

图3-2-39 空腹式拱桥的柱铰构造

5. 钢铰

由于钢材的可塑性,钢铰通常可做成理想铰,除用于少数有钢拱桥的永久性铰外,更多用作施工需要的临时铰。

第三章 简单体系拱桥设计

第一节 总体设计

与其他桥型一样,拱桥的总体布置十分重要。在通过必要的桥位方案比较,确定了桥位之后,再根据桥址地形、水文、地质等具体情况,合理地拟定拱桥的长度、结构形式及结构体系、跨径及跨数、桥面高程及拱圈的矢跨比等,是拱桥总体设计的主要内容。

一 桥长及孔跨布置

设计拱桥时,应根据桥址地形、水文、地质等具体情况,结合技术、经济、美观等,确定两岸桥台台口之间的总长度,再考虑桥梁与两端路线的衔接及桥台的施工等因素,确定桥台的位置和长度,桥梁的全长便确定了。

在桥梁全长确定后,再根据桥址地形、水文、地质及有无通航等具体情况,并结合结构体系、结构形式和施工条件,对拱桥进行合理分跨,确定选择单跨拱桥还是多跨拱桥。

对于多跨拱桥,如果拱桥跨越的是通航河流,在确定跨数与跨径时,一般分为通航孔和非通航孔两部分,并确定通航跨数。通航孔的桥下净空尺寸应满足航道等级规定的要求,并与航道部门协商,必要时应进行通航论证。通航孔的位置一般布置在常水位时的河床最深处或正常航行时的航道上,不应由于桥梁的修建而使航道位置有大的改变。对于变迁性河流,鉴于航道位置可能发生变化,应多设几个通航孔,这样,即使主河道位置变迁,也能保证通航要求。非通航孔或非通航河段,孔跨布置可按经济原则考虑,尽量使桥梁总造价最低。

在拱桥分跨时,应本着经济适用的原则。有时为了避开深水区或不良地质地段(如软土层、溶洞、岩石破碎带等),可根据具体情况将跨径加大。在水下基础结构复杂、施工困难的地方,为了减少基础工程,也可以考虑采用较大跨径。对跨越高山峡谷、水流湍急的河道或宽阔的水库,由于基础及墩台施工困难或费用太多,可考虑采用大跨径跨越。

无特殊需求时,如通航、跨越深水区或不良地质段等,一般全桥宜采用等跨或分组等跨的分跨方案,这样,施工方便且可改善下部结构的受力并节省材料。

此外,在拱桥分跨时还需注意全桥的造型和美观,特别是建在城市及风景区的拱桥,应从美学上保证桥梁与环境协调。

二 设计高程

拱桥的设计高程主要包括桥面高程、拱顶底面高程、起拱线高程、基础顶面高程等(图3-3-1)。在拱桥总体布置中,应根据道路、通航、泄洪等具体需求,合理确定拱桥的设计高程。

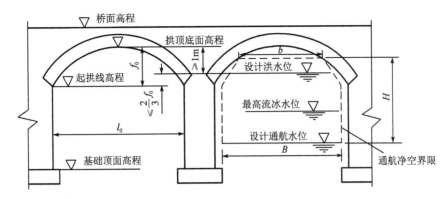

图 3-3-1 拱桥的设计高程及桥下净空

拱桥的桥面高程是指桥面与缘石相接处的高程。桥面高程代表着建桥的高度,特别是在平原区,在相同纵坡情况下,桥面高程过高会使两端的引桥或引道工程显著增加,将增加工程的总造价;反之,如果桥面高程过低,不但易遭受洪水冲毁,而且影响桥下通航,致使桥梁建成后产生难以挽救的缺陷。位于山区河流上的拱桥,由于两岸公路路线的位置一般较高,桥面高程一般由两岸线路的纵断面设计所控制。对跨越平原区河流的拱桥,为了保证桥梁的安全,桥下必须留有足够的泄洪净空,桥面高程一般由桥下净空所控制。对于有淤积的河床,桥下净空还应适当加高。对于通航河流,通航孔的最小桥面高程,除满足以上要求外,还应满足对不同航道等级所规定的桥下净空限界的要求。设计通航水位,一般是按照一定的设计洪水频率,按照《公路工程水文勘测设计规范》(JTG C30—2015)中的公式进行计算,并与航运部门具体协商确定。因此,拱桥桥面高程一方面由两岸线路的纵断面设计来控制,另一方面要保证桥下净空能满足通航、泄洪及立交要求。设计时应综合考虑有关因素,并与有关部门(航运、防洪、水利等)商定。

拱顶底面高程是在桥面高程确定后,由桥面高程减去拱顶处的建筑高度得到的。拟定起拱线高程时,为了减小墩(台)身底面的弯矩,节省墩台的圬工数量,一般宜选择低拱脚的设计方案。但在具体设计时,拱脚的位置可能会受到通航净空、排洪、流水等条件限制。对于无铰拱桥,可以将拱脚置于设计水位以下,但通常淹没深度不得超过净矢高的 2/3。为了保证漂浮物能通过,在任何情况下,拱顶底面至少应高出设计洪水位 1.0m。对于有铰拱桥,拱脚需高出设计洪水位不少于 0.25m。为了防止冰害,有铰或无铰拱拱脚均应高出最高流冰面不少于 0.25m。当洪水带有大量漂浮物时,若拱上建筑采用立柱,宜将起拱线高程提高,使拱圈不要淹没过多,以防漂浮物对立柱的撞击或挂留。

拱桥基础顶面高程主要根据河流的冲刷深度、桥址处地质情况、通航情况、基础埋置深度要求等因素确定。有时为了美观,应避免就地起拱,而应使墩台露出地面一定高度。

三 矢跨比

拱桥拱圈的计算矢高 f 与计算跨径 l 之比(f/l),称为矢跨比(图 3-3-2)。用于表征拱的坦陡程度,一般将矢跨比小于 1/5 的拱桥称为坦拱,大于或等于 1/5 的称为陡拱。矢跨比不但影响拱圈内力的大小,还影响拱桥的构造形式和施工方法的选择,与整个拱桥的造价密切相关。同时,矢跨比还影响整个桥梁的视觉效果。

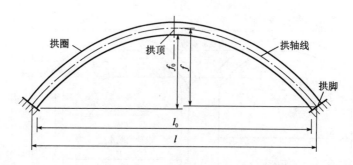

图 3-3-2 拱桥矢跨比 f/l

当拱桥的高程确定后,根据拱桥的跨径即可确定拱圈的矢跨比。

由结构力学可知,拱脚的恒载水平推力与垂直反力之比随矢跨比的减小而增大。对于简单体系拱桥,当矢跨比减小时,拱的推力增大,相应地,在主拱圈内产生的轴向压力也增大,对主拱圈自身的受力状况是有利的,但对墩台基础是不利的。同时,矢跨比越小,在弹性压缩、混凝土收缩徐变、温度变化及基础变位等因素影响下,主拱圈内产生的附加内力也较大,对主拱圈是不利的。在多孔情况下,矢跨比小的连拱作用较矢跨比大的显著,对主拱圈也不利。在设计时,矢跨比的大小应经过综合比较进行选择。

对于简单体系拱桥,圬工板拱桥、双曲拱桥的矢跨比一般可取 1/8 ~ 1/4,不宜小于 1/8;钢筋混凝土箱形拱桥的矢跨比一般为 1/8 ~ 1/5,不宜小于 1/10。对于组合体系拱桥,钢筋混凝土刚架拱桥、桁架拱桥的矢跨比一般可取 1/10 ~ 1/5,不宜小于 1/12;拱-梁(系杆)组合桥,下承式的一般可取 1/10 ~ 1/5,上承式的一般可取 1/12 ~ 1/6,中承式的一般可取 1/6 ~ 1/3.5。

四 结构形式

拱桥对设计、施工技术能力的要求要比梁桥复杂,基于技术先进的原则尽可能利用成熟先进技术,同时要选择与实际的设计、施工、监测等技术能力相适应的结构体系。简单体系拱桥与组合体系拱桥,不仅在受力、构造方面有差别,而且在造价及施工方法等方面均有差异。为了选取合适的拱桥结构,总体设计应在已知桥位自然条件、通航要求、分孔及道路等级等情况下,从经济合理性、技术可行性、耐久适用性、与周围景观协调性等方面进行综合分析,以满足经济合理性、适用性、安全性、美观性及绿色低碳环保的要求。

对于简单体系拱桥,在地基较差地区,一般可考虑采用两铰拱结构,因其仅有一次超静定,较适应不良地基引起的墩台不均匀沉降、水平位移及转动。虽然静定结构即三铰拱更适合不良地基,但因拱顶铰构造复杂、施工困难及结构整体刚度差等,现已极少采用。

对于组合体系拱桥,静定结构与超静定结构均有。当遇到不良地基时,对于结构有水平推力的单跨桁架拱桥或刚架拱桥,可以考虑拱脚设铰的两铰拱桥;对于多跨组合式拱桥,不仅可考虑拱脚设铰,而且可将桥墩处拱座与承台之间的水平约束释放,使其成为与连续梁一样的外部静定结构。当然,外部静定的组合体系拱桥更适合应用于不良地基处。

拱桥上部构造的形式受上部结构的设计高程控制。桥面系在拱圈立面中的位置直接与拱桥跨中桥面高程、拱顶底面高程和起拱线高程有关。一旦拱桥的控制高程确定,拱桥的构造形式也就基本被限定了。

对于确定的设计跨径,由上述三个控制高程和合理的矢跨比,可判断采用何种上承式结构。若桥面与拱脚高差较小,矢跨比不能满足上承式结构要求,可考虑采用中承式或下承式结构。

对于平原地区尤其是城市桥梁,由于受到地面建筑物、纵坡等影响,桥面高程是严格控制的;同时桥下净空则受到航道等级、排洪或行车等要求的限制,结构跨中底面高程也被净空下限值所控制。这时,采用中承式或下承式拱桥可降低建筑高度,提供较大的桥下净空。

五 拱轴线及拱上建筑

1. 拱轴线

拱轴线的形状不仅直接影响拱的内力及截面应力的分布,而且与结构的耐久性、经济合理性和施工安全性等都有密切的关系。因此,在拱桥设计中,选择合适的拱轴线形是一个需要考虑的重要问题。

(1)选择原则

选择拱轴线的原则就是尽可能降低由各种作用产生的拱圈弯矩值。最理想的拱轴线是与拱上各种作用产生的压力线相重合,这时拱圈截面只受轴向力,能充分利用材料强度和圬工材料的良好抗压性能,这样的拱轴线称为合理拱轴线。然而,合理拱轴线是不存在的,因为除恒载外,拱圈还要受活载、温度变化、材料收缩徐变等因素的影响,当恒载压力线与拱轴线重合时,在活载(汽车荷载和人群荷载)作用下就不再重合,对应于不同的活载作用位置,压力线也是各不相同的。

根据圬工拱桥恒载比重大的特点,实际使用一般采用恒载压力线作为拱轴线,恒载占比越大,这种选择就越趋于合理。选择混凝土拱桥和石拱桥的拱轴线时,应注意降低拱顶截面下缘拉应力;对于大跨径拱桥,应考虑拱圈弹性压缩、混凝土收缩和徐变等因素对拱轴线变形的影响。当采用悬链线作为拱轴线时宜采用较小的拱轴系数 m 值。必要时,宜对拱上结构的布置进行适当的调整。当采用无支架施工或早期脱架施工时,拱轴线应与施工阶段的压力线偏差较小,以满足裸拱强度和稳定性的要求。

(2)基本要求

①尽量减小拱圈各截面弯矩,使拱圈在计入弹性压缩、均匀降温、混凝土收缩等影响下,各主要截面的应力相差不大,尽量使各主要截面(拱顶、拱脚、四分跨)拉应力最小。

②对于无支架施工的拱桥,应能满足各施工阶段的要求,并应尽量少用或不用临时性施工措施。

③线形美观,便于施工。

(3)常用拱轴线形

目前,拱桥常用的拱轴线形有圆弧线、悬链线和抛物线。

圆弧线拱轴线与实际的恒载压力线有偏离,当矢跨比较小时,两者偏离不大,随着矢跨比的增大,偏离逐渐增大。因此,圆弧线拱轴线常用于15~20m以下的小跨径拱桥和空腹式拱桥的拱式腹拱。个别大跨径钢筋混凝土拱桥,为简化施工,也有采用圆弧线作为拱轴线的。

抛物线拱轴线可采用二次抛物线或高次抛物线作为拱轴线。二次抛物线对应于竖向均布荷载作用下拱的压力线。对于恒载强度比较接近均布的拱桥,如中承式肋拱桥、矢跨比较小的空腹式钢筋混凝土拱桥、钢筋混凝土桁架拱桥和刚架拱桥等拱桥,可以采用二次抛物线作为拱轴线。在某些大跨径拱桥中,由于特殊的支承结构构造,为了尽量使拱轴线与恒载压力线相吻合,可采用高次抛物线作为拱轴线。

实腹式拱桥的恒载集度由拱顶到拱脚接近连续分布并逐渐增大[图3-3-3a],这种荷载分布图式的拱圈压力线是悬链线,因此,实腹式拱桥可采用悬链线作为拱轴线。恒载作用下,当不计拱圈弹性压缩的影响时,拱圈截面将只承受轴向力而无弯矩。

空腹式拱桥由于拱上建筑的形式发生了变化,从拱顶到拱脚的恒载集度(单位长度的恒重)不再是逐渐增加的[图3-3-3b]。拱圈既承受着自身自重的分布荷载,又承受拱上腹孔墩立柱(横墙)传来的集中荷载,其相应的恒载压力线不再是悬链线,而是一条在腹孔墩处有转折点的多段曲线。如仍用相应的悬链线作为拱轴线,恒载压力线与拱轴线将有偏离。然而,理论分析证明,这种偏离对拱圈控制截面(拱顶、两个$l/4$截面和两个拱脚截面)的受力是有利的。另外,悬链线拱轴线对各种空腹式拱上建筑的适应性较强,并已有现成完备的计算图表可利用。因此,空腹式拱桥也广泛采用悬链线作为拱轴线。

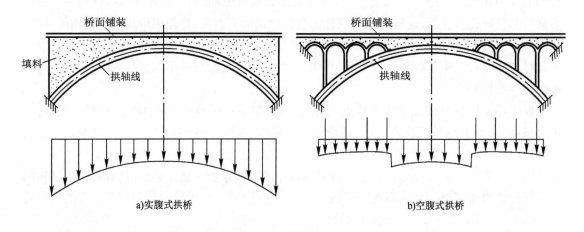

图3-3-3 悬链线拱恒载分布

2. 拱上建筑

拱上建筑的形式与布置、桥面结构的支承方式,与拱轴线选择密切相关。一般情况下可按下列方式选择。

(1)小跨径上承式拱桥,可采用实腹式的圆弧拱或悬链线拱。
(2)大、中跨径上承式拱桥,可采用空腹式的悬链线拱。
(3)组合体系拱桥,一般采用抛物线拱。

六 多跨连续拱桥

一般情况下,多孔拱桥最好选用等跨分孔。但有时会受地形、地质、通航等条件的限制,或引桥很长,考虑与桥面纵坡协调一致,以及美观要求,可以采用不等跨拱桥。

由于拱桥采用不等跨,相邻桥孔的恒载推力不相等,使桥墩和基础产生了恒载不平衡推力,不平衡推力对桥墩和基础受力不利。为此,通常有两类处理方法:一是采用无推力的系杆拱,以避免水平推力对邻跨的影响。二是采取以下措施减小不平衡推力,改善桥墩和基础的受力状况。

1. 采用不同的矢跨比

在跨径一定时,矢跨比与推力大小成反比,因此,在相邻两孔中,大跨径选用矢跨比大的拱(大拱陡),小跨径选用矢跨比小的拱(小拱坦),可使两相邻孔在恒载作用下的水平推力差减小,甚至大致相等。

2. 采用不同的拱脚高程

可以将水平推力大的拱脚放在较低的位置,水平推力相对较小的拱脚则放在较高的位置,这样可使两侧水平推力对桥墩基底产生的弯矩平衡(图3-3-4)。

3. 调整拱上建筑恒载重量

对于上承式拱桥,可以通过调整相邻两孔拱上建筑的恒载重量,来达到调整水平推力的目的。大跨径用轻质的拱上填料或采用空腹式拱上建筑,小跨径用重质的拱上填料或采用实腹式拱上建筑。

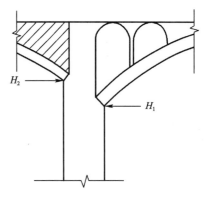

图3-3-4　不等跨拱桥拱脚高程设计

4. 采用不同类型拱跨结构

相邻跨可以采用不同类型的拱跨结构。例如,大跨采用中承式肋拱,小跨采用上承式板拱,再加上矢跨比等其他设计参数的调整,相邻跨的拱脚水平推力会得到适当调整(图3-3-5)。拱桥的种类繁多,类似调整的方法还有很多,不再一一列举。

图3-3-5　不同的拱跨结构

第二节　横截面设计

一　拱圈截面的纵向变化

拱桥横截面设计时,首先要确定拱圈截面沿拱轴线的变化。沿拱轴线拱圈截面可以设计成等截面或变截面。等截面拱就是拱圈任一法向截面的横截面形状和尺寸是相同的;变截面拱的拱圈法向截面从拱顶到拱脚是逐渐变化的。变截面拱可以是拱圈高度变化[图3-3-6a)]也可以是拱圈宽度变化[图3-3-6b)]。

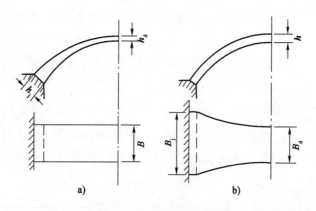

图 3-3-6 变截面拱圈构造示意

变截面拱的拱圈截面变化规律要能适应拱截面内力的变化,这将有利于充分利用拱的每个截面的材料强度;同时,截面变化形式应使其构造简单,便于设计与施工。

荷载作用下,拱圈内存在轴力 N、弯矩 M 和剪力 V。拱圈为偏心受压构件,其截面上的应力表达式为

$$\sigma = \sigma_1 + \sigma_2 = \frac{N}{A} \pm \frac{My}{I} \tag{3-3-1}$$

式(3-3-1)中,第一项为轴力 N 产生的正应力,第二项为拱圈弯矩 M 产生的应力。拱圈轴力 N 无论在哪种体系下均是自拱顶向拱脚逐渐增大的。若将拱圈截面积 A 自拱顶向拱脚逐渐增大(图 3-3-6),则可使轴力产生的正应力沿拱轴方向保持均匀。然而,拱内弯矩变化较复杂,不仅与拱的结构体系有关,而且在很大程度上取决于拱圈截面惯性矩 I 的变化规律。例如,对于无铰拱桥,随着截面惯性矩的增大,截面的弯矩也将增大。考虑到钢筋混凝土或圬工拱桥具有很强的抗压能力,而抵抗由弯矩 M 引起的拉应力的能力较弱,所以,在考虑拱的截面变化规律时,主要还是考虑惯性矩 I 的变化规律。

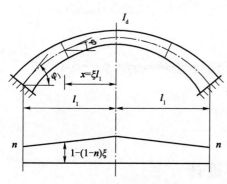

图 3-3-7 变截面拱圈的截面变化规律

惯性矩 I 的变化规律既要使拱圈各截面应力均匀,又最好是便于计算的解析函数。无铰拱桥通常采用的一种惯性矩变化规律是从拱顶向拱脚逐渐增大,采用如下的 Ritter 公式(图 3-3-7):

$$\frac{I_d}{I \cos \varphi} = 1 - (1-n)\xi \tag{3-3-2}$$

或

$$I = \frac{I_d}{[1-(1-n)\xi] \cos \varphi} \tag{3-3-3}$$

式中: I ——拱圈任意截面的惯性矩,m^4;

I_d ——拱顶截面惯性矩,m^4;

φ ——拱圈任意截面的拱轴水平倾角,(°);

n ——拱厚变化系数,可用拱脚处 $\xi=1$ 的边界条件求得,即

$$n = \frac{I_d}{I_j \cos \varphi_j} \tag{3-3-4}$$

式中：I_j——拱脚截面的惯性矩，m^4；
φ_j——拱脚截面的倾角，$(°)$。

可以看出，n值越小，截面的变化就越大，$n=1$时，$I=I_d/\cos\varphi$ 截面按余弦变化。

在设计时，可先拟定拱顶和拱脚两个截面的尺寸，求出 n，再求其他截面的 I；也可先拟定拱顶截面尺寸和拱厚变化系数 n，再求 I。在公路圬工拱桥中，空腹式拱桥的 n 值一般取 $0.3\sim0.5$，实腹式拱桥取 $0.4\sim0.6$，钢筋混凝土拱桥取 $0.5\sim0.8$。对于矢跨比较小的拱，采用上述较小的 n 值；矢跨比较大的拱，采用较大的 n 值。

二 拱圈截面尺寸

1. 板拱

(1) 实体矩形板拱

用于实腹式拱桥的实体矩形板拱的拱圈宽度主要取决于桥面宽度。当设人行道时，通常将人行道栏杆（宽 $15\sim25cm$）悬出，如图 3-3-8a) 所示；当不设人行道时，则仅将防撞栏杆悬出 $5\sim10cm$，如图 3-3-8b) 所示。

对于多孔或大跨径实腹式拱桥，可将人行道宽度部分或全部布置在钢筋混凝土悬臂上，以减小拱圈宽度和墩台尺寸。钢筋混凝土人行道悬臂的做法主要有两种：一种是设置单独的悬臂构件，如图 3-3-8c) 所示；另一种是采用横贯全桥的横挑梁，在横挑梁上再安装钢筋混凝土人行道板，如图 3-3-8d) 所示，一般可悬出 $1.0\sim2.5m$，甚至更大。

当板拱用于空腹式拱桥时，拱圈宽度的拟定则因拱上建筑形式的不同而异。对拱式腹孔，拱圈宽度的拟定与实腹式拱桥类似；对梁式腹孔，拱圈宽度通常小于桥面宽度，而通过拱上立柱盖梁将人行道或部分行车道悬臂挑出拱圈宽度以外[图 3-3-8e)、图 3-3-8f)]，以减小拱圈宽度和墩台尺寸。

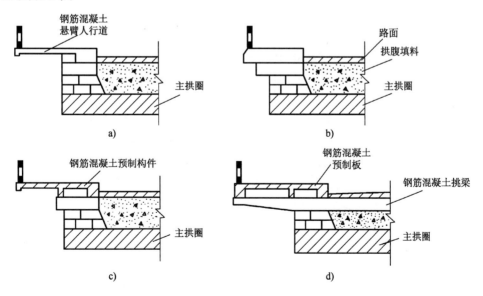

图 3-3-8

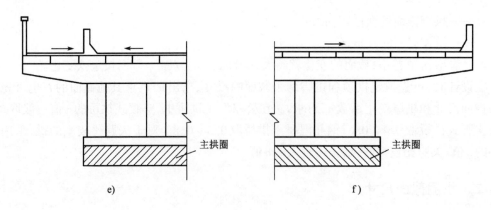

图 3-3-8 板拱宽度

在拟定拱圈宽度时,要兼顾桥面悬臂长度和宽跨比。悬臂长度太长,虽然减小了拱圈宽度和墩台尺寸,但相应增加了悬臂构件的用量。同时,过小的拱圈宽度,难以保证其横向稳定性。

拱圈厚度可以是等厚度,也可以是变厚度,其值主要根据桥梁跨径、矢高、建筑材料、荷载大小等因素通过试算确定。

对钢筋混凝土板拱,初拟时,拱顶厚度 h_d 一般采用跨径的 1/70~1/60,跨径大时取小值。若为变厚度拱,其拱脚厚度可按 $h_j = h_d/\cos\varphi$ 估算,其中拱脚截面倾角可以近似取相应圆弧拱之值,即 $\varphi_j = 2\arctan(2f/l)$,对中小跨径无铰拱,$h_j$ 可取 $(1.2 \sim 1.5)h_d$。

(2) 箱形板拱

箱形板拱的拱圈截面由多室箱构成,拱圈高度主要取决于拱的跨径,一般通过试算确定。在初拟时可取拱圈高度为跨径的 1/75~1/55,也可以按经验公式[(式 3-3-5)]估算。

$$h = \frac{l_0}{100} + h_0 \qquad (3\text{-}3\text{-}5)$$

式中:h——拱圈高度,mm;

l_0——净跨径,mm;

h_0——多室箱取 600mm,单室箱取 700mm。

拱圈高度还与拱圈所用混凝土强度有很大关系,提高拱圈混凝土的强度,可以减小截面尺寸,从而减轻拱体本身的自重或加大跨径。目前,多数拱桥采用 C35~C40 混凝土,对于特大跨径拱桥应尽量采用更高强度的混凝土,如重庆万州长江大桥拱圈就采用了 C60 混凝土。

箱形板拱拱圈宽度的拟定与实体矩形板拱相似,为了节省材料,可以采用悬挑桥面,减小拱圈宽度。拱圈宽度一般可为桥宽度的 0.6~1.0 倍,桥面悬挑可达到 4.0m,但为保证其横向稳定性,一般要求拱圈宽度不小于跨径的 1/20。对于特大跨径拱桥,拱圈宽度通常难以满足该条件,只要横向稳定性能得到保证即可,如跨径 420m 的万州桥,宽跨比为 1/26.25;跨径 390m 的克拉克桥,宽跨比为 1/30。

箱形板拱的箱肋是预制吊装施工的箱形拱桥的基本构件。确定拱圈宽度后,再横向划分为多少个箱肋,主要取决于(缆索)吊装能力。拱圈宽度一定时,箱肋宽度大,则箱肋数少,横向接缝少,整体性强,单箱肋安装时的横向稳定性好,但吊装重量增大,设计时必须充分考虑施工设备和起吊能力。箱肋宽度一般可取为 1.2~1.7m。

2. 肋拱

肋拱的拱圈截面形式主要有矩形、I形、箱形、管形等。

(1)矩形肋拱

矩形肋拱具有构造简单,施工方便等优点,但由于截面相对集中于中性轴,在受弯矩作用时难以充分发挥材料的作用,一般仅用作中、小跨径的肋拱。初拟尺寸时,矩形拱肋肋高可取跨径的1/60~1/40,肋宽可为肋高的0.5~2.0倍。

(2)I形肋拱

I形截面由于截面核心距比矩形的大,具有更大的抗弯能力,适合拱内弯矩更大的肋拱桥。I形肋拱肋高一般为跨径的1/35~1/25,肋宽为肋高的0.4~0.5倍,腹板常为300~500mm。I形肋拱虽在材料上比矩形肋拱经济,但也存在构造复杂、施工麻烦以及横向刚度小等问题。

(3)箱形肋拱

箱形肋拱截面采用箱形。它与箱形板拱相比更加节省混凝土用量,减轻了恒载重力,减少了墩台圬工数量。另外,在外观上,箱形肋拱线形清晰明快,轻盈美观,施工也比较方便(既可吊装,又可现浇,或预制与现浇相结合)。由于具有上述特点,箱形肋拱目前已在钢筋混凝土拱桥中被普遍采用。

箱形肋拱可以由双肋或多肋组成,肋间设置系梁使之形成整体。对于拱肋,则视其跨径大小、荷载等级、桥宽、施工条件等可考虑由单箱肋构成,也可由双箱肋或多箱肋构成。

箱形肋拱的肋数主要由桥梁宽度、肋形、材料性能、汽车荷载等级、施工条件、拱上结构以及技术经济等因素决定,通常以采用少肋形式为宜。一般桥宽在20m以内均可采用双肋式;桥宽大于20m时,为避免肋中距增大而使肋间系梁、拱上立柱、盖梁尺寸增大太多,可采用三肋或四肋式。多肋式拱受力复杂,且中肋长期处于高负荷状态,实际中较少采用。对高速公路上的拱桥,一般桥宽较大,通常都采用分离的双肋式拱。

箱形拱肋由单箱肋构成时,肋宽较小,与拱上立柱尺寸较为协调,结构更加轻盈美观,一次性预制(或现浇),整体性好,施工方便。其缺点是吊装施工时,吊装重量大。对此,可考虑先预制顶板为60~80mm的箱肋,待吊装成拱后,再现浇顶板不足部分的混凝土。对由双箱肋或多箱肋构成的拱肋,构成方法和构造要求基本与箱形板拱相同。当吊装能力有限时,同样先吊装顶板仅为60~80mm的箱形肋拱,待成拱后再现浇顶板厚度不足部分的混凝土。

箱形拱肋截面尺寸根据受力需要确定,初拟时一般肋高可取跨径的1/70~1/50,肋宽取肋高的1.0~2.0倍。在确定拱肋中单箱肋的尺寸时,不仅要考虑使用阶段的受力需要,也要考虑单箱肋在施工过程中的单箱肋吊运、悬挂和成拱时的强度和稳定需要。各细部尺寸拟定参见箱形板拱部分。

箱形肋拱通常采用等截面形式,以方便施工。但对于特大跨径的箱形肋拱,也可采用更为合理的变截面拱肋,通常采用变高度形式,也可根据需要同时变化高度和宽度。

(4)管形肋拱

管形肋拱是指采用钢管混凝土结构作为拱肋的拱桥。钢管混凝土肋拱的截面中钢管直径、钢管根数、布置形式等应根据桥梁跨径、桥宽及受力等具体情况确定。中、小跨径的拱桥拱肋可采用单管圆形截面(单肢型),中、大跨径一般采用双管哑铃形(双肢哑铃形)或单管圆端形截面,特大跨径常取用三管三角形(三角形格构型)或四管矩形(四肢格构型)、梯形截面(四肢格构型)。多根钢管组成的拱肋,钢管的直径为跨径的1/200~1/100或由构造与受力决定,钢管壁厚为10~16mm。钢管混凝土拱肋的高度一般为跨径的1/60~1/40,拱肋宽度一般为拱肋高度的0.5~1.0倍。由于钢管内混凝土压注时会产生较大的径向膨胀力,混凝土收缩、徐变也将使钢管的纵向压应力增大很多。因此,对于圆端形等非圆形钢管,以及其他钢管的压应力、应力幅度较大的部位,均须对管内进行加劲设计。

三 拱圈截面尺寸

我国根据多年来大量修建各类拱桥的实践经验,已总结出一些估算拱圈高度的经验公式或数据,可作为设计计算时拟定截面尺寸的参考。

1. 石拱桥

中、小跨径石拱桥的拱圈高度可按下式进行估算。

$$h = 45m \cdot k \cdot \sqrt[3]{l_0} \tag{3-3-6}$$

式中:h——拱圈高度,mm;

l_0——拱圈净跨径,mm;

m——系数,一般为4.5~6.0,取值随矢跨比的减小而增大;

k——荷载系数,对于公路—Ⅰ级为1.4,公路—Ⅱ级为1.2。

2. 其他类型拱桥

其他类型的拱桥可参考下列经验公式估算拱顶截面的拱圈高度。

$$H = \left(h_0 + \frac{l_0}{\alpha}\right) \cdot k \tag{3-3-7}$$

式中:H——拱圈(肋)的高度,mm;

l_0——拱圈净跨径,mm;

α、h_0——根据拱圈的构造形式不同分别按表3-3-1采用;

k——荷载系数,依据汽车荷载标准按表3-3-1采用。

α、h_0、k 参考值　　　　　　表3-3-1

拱圈形式	α	h_0 (mm)	k	
			公路—Ⅰ级	公路—Ⅱ级
上承式肋拱	100	矩形截面:800;I形截面:1000	1.0	1.0
中、下承式肋拱	100	I形和箱形截面:l_0<100m,h_0=600~1000;l_0=100~300m,h_0=1000~2500	1.0	1.0
箱形板拱	100	多室箱:600;单室箱:700	1.0	1.0
箱形肋拱	100	700	1.0	1.0
桁架拱桥	70	200	1.4	1.2
刚架拱桥	100	350	1.4	1.2

拓展小知识

系杆拱桥的短吊杆

中、下承式系杆拱桥的短吊杆受力远比长吊杆复杂,常常受到荷载和变形约束引起的弯曲、剪切、拉压甚至扭转作用,且容易发生疲劳破坏,因此,短吊杆是系杆拱桥的关键控制构件。为了避免短吊杆断裂导致桥面垮塌,影响正常运营,在设计中桥面宜采用纵横梁组合体系。

学习提示

板拱为实心截面,采用圬工材料建造时,可就地取材,但自重较大,因此,适用于中、小跨径拱桥。为使主拱圈受力合理应采用悬链线形拱轴线,但小跨径拱桥为了建造方便一般采用圆弧线形拱轴线,此时应在构造上采取措施弥补受力上的不足。随着跨径增大,为减轻自重,板拱可设计成空腹式的,或主拱圈采用箱形截面形成箱板拱,或肋形截面形成肋拱,空腹式板拱、箱板拱一般采用悬链线形拱轴线,肋拱可采用悬链线形或抛物线形拱轴线。对于桥位处地基承载力比较低的地区,拱桥设计可采用两种方式:一种是将拱桥结构设计得轻盈,以减轻结构自重,减小拱脚水平推力,如刚架拱桥、桁架拱桥等;另一种是采用系杆或纵梁平衡拱脚水平推力,形成拱-杆或拱-梁组合体系拱桥,组合体系拱桥一般采用抛物线形拱轴线。

思考与练习

1. 什么是有推力拱和无推力拱?
2. 简述板拱、肋拱、双曲拱和箱形拱主拱圈的组成。
3. 分析板拱桥、肋拱桥、双曲拱桥和箱形拱桥的受力特点和适用范围。
4. 根据受力需要,石板拱桥的主拱圈在构造上应满足哪些要求?
5. 双曲拱桥在施工中如何实现"化整为零"和"集零为整"?这样做有何意义?
6. 双曲拱桥主拱圈由哪几部分构造组成?各部分构造都有何作用?
7. 桁架拱与刚架拱的构造组成是什么?

8. 在拱桥设计中,有哪几个重要的设计高程?
9. 相邻不等跨拱桥,为了减少不平衡推力对下部结构的不利影响,可采取哪些措施?
10. 常用的拱轴线形有几种?分别适用于哪些桥型?
11. 拱轴线选择应满足哪些要求?
12. 大跨径钢管混凝土拱桥通常采用哪种拱轴线?为什么?空腹式钢筋混凝土拱桥常用哪种拱轴线?为什么?
13. 为什么大、中跨径简单体系无铰拱桥的拱轴线常采用悬链线拱,而不采用圆弧线拱和抛物线拱?
14. 为什么小跨径简单体系无铰拱桥的拱轴线常采用圆弧线?这样设计会导致什么问题?设计中应怎样处理?
15. 区分拱腹和腹拱,主拱圈、腹拱圈和拱波的不同。
16. 什么是变形缝、伸缩缝、沉降缝?主要设置在什么位置?
17. 在什么情况下拱桥中需要设铰?分别设置什么类型的铰?

第四章　简单体系拱桥计算

拱桥的拱圈必须借助支承结构来支承桥面系，提供行人或行车通道，因此，拱桥实际上是支承结构与拱圈密切结合的多次超静定空间结构，支承结构与拱圈连接构造的强弱必然影响到如何对拱桥结构进行力学简化，如何将复杂的拱桥结构简化为具有相当计算精度的简化分析结构模型。

拱上建筑与刚性拱圈连接成一体，拱上建筑与拱圈共同承受荷载的作用，这种现象称为"拱上建筑与拱圈的联合作用"或简称"联合作用"。研究表明，拱式拱上建筑的联合作用较大，梁板式拱上建筑的联合作用较小。在拱式拱上建筑中，联合作用的大小又与许多因素有关。例如，腹拱圈、腹拱墩对拱圈的相对刚度越大，联合作用越显著；腹拱越坦，抗推刚度越大，联合作用亦越大。此外，拱脚与 $l/4$ 截面的联合作用较大，而与拱顶的联合作用较小。随着拱上建筑的轻型化，拱上建筑对拱圈的约束减小，联合作用亦随之减小，当采用轻型的梁板式拱上建筑时，联合作用的影响可以略去不计。因此，如何在计算时考虑拱上建筑的联合作用，使这一联合作用成为有利、合理、明确的结构安全储备，是结构计算分析的难点。在简单体系拱桥的设计计算中，若采用结构力学方法进行计算，则一般不考虑联合作用的影响，即假定作用在桥上的荷载全部由拱圈承担。这种简化计算方法既减少了计算分析难度又提升了拱圈设计安全余量，因而对整体拱圈设计是有利的。

拱桥作为空间结构，虽然受力复杂，但整体受力特点明显，具有空间受力平面简化的条件。因此，除一些结构局部空间应力分析、空间稳定及动力分析等特殊问题外，为了便于设计计算，拱桥通常被简化为杆系结构。这种结构是沿拱桥纵向划分出的一条、一根或一片可以代表结构整体的部分。例如，肋拱桥可以取出一根代表性的拱肋及相应肋间范围内的结构部分将三维空间结构二维化，板拱桥可以划出某一宽度的板拱条和相应拱上结构部分而化为二维结构，整体式拱桥可取出一个平面拱片成为二维结构。其他构造的拱桥也用相似的方法，实现空间结构的简化。

通过空间受力的简化方法，就可以像梁桥一样解决拱桥活载横向受力问题。拱桥的活载横向分布与结构形式、拱上建筑的形式、拱圈的截面形式、横向联系形式及刚度等因素有关。对于上承式板式拱圈的石拱、箱形拱及拱上建筑为立墙的双曲拱，联合作用较大的拱脚与 $l/4$ 截面，横向分布比较均匀；而联合作用较弱的拱顶截面，活载横向分布影响较大。但总体而言，这些拱桥的拱圈横向受力比较均匀，设计中一般不考虑活载的横向分布，而假定活载由拱圈全宽均匀地承受。然而，肋拱桥尤其是中、下承式拱结构，活载横向分布影响较大。同样，上承式组合拱桥（整体式拱桥或拱片拱）和拱-梁组合结构桥，也是活载横向分布影响较大的结构。实际上，拱顶截面不考虑横向分布影响，往往会偏于不安全。对于拱上建筑为立墙的上承式板式拱圈的石拱、箱形拱及双曲拱桥，当活载横桥向分布未超出拱圈范围时，一般可假定活载由拱圈全宽均匀承受，不考虑横向不均匀受力影响。根据结构空间受力的特点，双肋拱桥、上承式组合拱桥、拱-梁组合结构桥一般可近似采用杠杆法计算横向分布系数；对于多肋拱桥的横向分布系数，桥宽较小时可采用偏心压力法近似计算，宽桥时则可用弹性支承连续梁法计算。

简单体系拱桥以拱圈为主要承重结构，拱轴线形状、拱圈几何性质、拱上结构布置紧密相关,互相影响,决定了拱圈内力分布,因此,简单体系拱桥结构计算应先分析拱轴线形状和拱圈几何性质,再计算。

第一节 拱轴线方程

一 圆弧线拱轴线

圆弧线拱拱轴线对应于同一深度静水压力下的压力线,拱轴方程如下(图3-4-1):

$$y_1 = R(1 - \cos\varphi) \tag{3-4-1}$$

$$x = R\sin\varphi$$

$$R = \frac{l}{2}\left(\frac{1}{\frac{4f}{l}} + \frac{f}{l}\right)$$

任一截面拱轴切线的水平倾角 φ 为

$$\varphi = \arcsin\left(\frac{x}{R}\right) \tag{3-4-2}$$

二 二次抛物线拱轴线

二次抛物线拱轴线方程为(图3-4-2):

$$y_1 = \frac{4f}{l^2}x^2 \tag{3-4-3}$$

二次抛物线拱任一截面拱轴切线的水平倾角 φ 为

$$\varphi = \arctan\left(\frac{dy_1}{dx}\right) = \arctan\left(\frac{8f}{l^2}x\right) \tag{3-4-4}$$

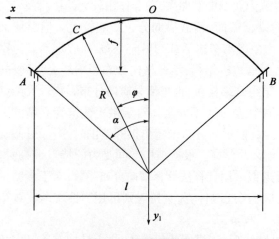

图3-4-1 圆弧形拱轴线

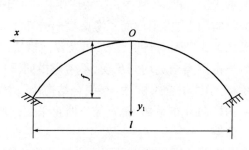

图3-4-2 二次抛物线拱轴线

三 悬链线拱轴线

1. 拱轴线方程确定

实腹式拱的恒载包括拱圈、拱上填料和桥面层自重[图 3-4-3a)],其分布规律如图 3-4-3b)所示。取图 3-4-3 所示坐标系,此时,拱轴线即为恒载压力线,故在恒载作用下拱顶截面的弯矩 $M_d=0$、剪力 $V_d=0$,于是,拱顶截面仅作用恒载水平推力 H_g。

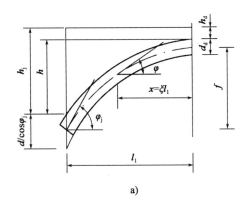 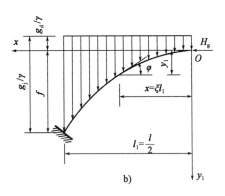

图 3-4-3 实腹式悬链线拱轴计算图式

对拱脚截面取矩有

$$H_g = \frac{\sum M_j}{f} \tag{3-4-5}$$

式中:H_g——拱的恒载水平推力(不考虑弹性压缩),kN;
$\sum M_j$——半拱恒载对拱脚截面的弯矩,kN·m;
f——拱的计算矢高,m。

对任意截面取矩可得

$$y_1 = \frac{M_x}{H_g} \tag{3-4-6}$$

式中:M_x——任意截面以右的全部恒载对该截面的弯矩,kN·m;
y_1——以拱顶为坐标原点,拱轴上任意点的竖坐标,m。

式(3-4-6)为求恒载压力线的基本方程。将上式两边对 x 求导两次得

$$\frac{d^2 y_1}{dx^2} = \frac{1}{H_g} \cdot \frac{d^2 M_x}{dx^2} = \frac{g_x}{H_g} \tag{3-4-7}$$

式(3-4-7)为求恒载压力线的基本微分方程。为了得到拱轴线(恒载压力线)的一般方程,必须知道恒载的分布规律。根据图 3-4-3b),任意点的恒载集度 g_x 可用下式表示:

$$g_x = g_d + \gamma y_1 \tag{3-4-8}$$

式中:g_d——拱顶处恒载集度,kN/m²;
γ——拱上材料单位体积重量,kN/m³。

由式(3-4-8)得

$$g_j = g_d + \gamma f = mg_d \tag{3-4-9}$$

则

$$m = \frac{g_j}{g_d} \tag{3-4-10}$$

式中：g_j——拱脚处恒载集度，kN/m^2；

m——拱轴系数，为拱脚与拱顶的荷载集度比，是悬链线拱轴桥特有的重要设计参数。

由式(3-4-9)得

$$\gamma = (m-1)\frac{g_d}{f} \tag{3-4-11}$$

将式(3-4-11)代入式(3-4-8)可得

$$g_x = g_d + (m-1)\cdot\frac{g_d}{f}\cdot y_1 = g_d\left[1 + (m-1)\frac{y_1}{f}\right] \tag{3-4-12}$$

再将式(3-4-12)代入基本微分方程(3-4-7)，并引入参数 $x = \xi l_1$，则 $dx = l_1 d\xi$，可得

$$\frac{d^2 y_1}{d\xi^2} = \frac{l_1^2}{H_g}\cdot g_d\left[1 + (m-1)\cdot\frac{y_1}{f}\right]$$

令

$$k^2 = \frac{l_1^2 g_d}{H_g f}\cdot(m-1) \tag{3-4-13}$$

则

$$\frac{d^2 y_1}{d\xi^2} = \frac{l_1^2 g_d}{H_g} + k^2 y_1 \tag{3-4-14}$$

式(3-4-14)为二阶非齐次常系数线性微分方程。解此拱轴线方程：

$$y_1 = \frac{f}{m-1}(\text{ch}k\xi - 1) \tag{3-4-15}$$

式(3-4-15)称为悬链线方程。将拱脚截面 $\xi = 1$, $y_1 = f$ 代入式(3-4-15)得

$$\text{ch}k = m$$

通常拱桥设计时可先假定 m 值，故 m 为已知值，则 k 值可由下式求得

$$k = \text{ch}^{-1}m = \ln(m + \sqrt{m^2 - 1}) \tag{3-4-16}$$

当 $m = 1$ 时，$g_x = g_d$，表示恒载是均布荷载。不难理解，在均布荷载作用下的压力线为二次抛物线，其方程为 $y_1 = f\xi^2$。

由悬链线方程(3-4-15)可以看出，当矢跨比确定后，拱轴线各点的纵坐标将取决于拱轴系数 m。各种 m 值的拱轴线坐标可以直接由附录 V 附表 V-1 查出。

2. 拱轴系数

(1)实腹式悬链线拱

根据式(3-4-10)，实腹式悬链线拱的拱轴系数为 $m = g_j/g_d$，由图 3-4-3 可知，拱顶处恒载集度为

$$g_d = h_d \gamma_1 + \gamma d \tag{3-4-17}$$

在拱脚处，$h_j = h_d + h$，则其恒载集度为

$$g_j = h_d \gamma_1 + h\gamma_2 + \frac{d}{\cos\varphi_j}\gamma \qquad (3\text{-}4\text{-}18)$$

式中：h_d——拱顶填料厚度，m，一般为 0.30~0.50m；

　　　d——拱圈厚度，m；

　　　γ——拱圈材料单位重，kN/m³；

　　　γ_1——拱顶填料及路面的平均单位重，kN/m³；

　　　γ_2——拱上填料平均单位重，kN/m³；

　　　φ_j——拱脚处拱轴线的水平倾角，(°)。

$$h = f + \frac{d}{2} - \frac{d}{2\cos\varphi_j} \qquad (3\text{-}4\text{-}19)$$

从式(3-4-17)和式(3-4-18)可以看出，除了 φ_j 为未知数外，其余均为已知数。φ_j 为未知，故不能直接算出 m 值，需用逐次逼近法确定：先根据跨径 l 和矢高 f 假定 m 值，由 m 和 f/l 查附录Ⅴ附表Ⅴ-11，得到拱脚处的 $\cos\varphi_j$ 值，代入式(3-4-18)求得 g_j 后，再连同 g_d 一起代入式(3-4-10)算得 m' 值。然后与假定的 m 值相比较，如果计算得到的 m' 值与假定的 m 值相符（误差在 0.0025 以内），则假定的 m 值即为真实值；如果两者不符，则应以计算得到的 m' 值为新的假定值（为了计算方便，m 值应按表 3-4-1 所列数值假定），重新进行计算，直至两者接近为止。

拱轴系数 m 与 $\dfrac{y_{1/4}}{f}$ 的关系　　　　表 3-4-1

m	1.000	1.167	1.347	1.543	1.756	1.988	2.240	2.514	2.814	3.142	3.500	…	5.321
$\dfrac{y_{1/4}}{f}$	0.250	0.245	0.240	0.235	0.230	0.225	0.220	0.215	0.210	0.205	0.200	…	0.180

当拱的跨径和矢高确定之后，悬链线的形状取决于拱轴系数 m，线形特性可用 $l/4$ 点纵坐标 $y_{1/4}$ 的大小表示，如图 3-4-4 所示。

拱跨 $l/4$ 点的纵坐标 $y_{1/4}$ 与 m 有下述关系：

当 $\xi = \dfrac{1}{2}$ 时，$y_1 = y_{1/4}$，代入式(3-4-15)得

$$\frac{y_{1/4}}{f} = \frac{1}{m-1}\left(\operatorname{ch}\frac{k}{2} - 1\right) \qquad (3\text{-}4\text{-}20)$$

$\because \quad \operatorname{ch}\dfrac{k}{2} = \sqrt{\dfrac{\operatorname{ch}k + 1}{2}} = \sqrt{\dfrac{m+1}{2}}$

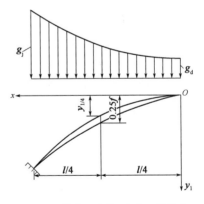

图 3-4-4　拱跨 $l/4$ 点纵坐标与 m 的关系

$\therefore \quad \dfrac{y_{1/4}}{f} = \dfrac{\sqrt{\dfrac{m+1}{2}} - 1}{m - 1} = \dfrac{1}{\sqrt{2(m+1)} + 2} \qquad (3\text{-}4\text{-}21)$

由式(3-4-21)可见，$y_{1/4}$ 随 m 的增大而减小，随 m 的减小而增大。当 m 增大时，拱轴线抬高；反之，当 m 减小时，拱轴线降低（图 3-4-4）。在实腹式悬链线拱桥中，恒载从拱顶向拱脚逐渐增加，$g_j > g_d$，因而 $m > 1$。只有在均布荷载作用下，$g_j = g_d$ 时，方能出现 $m = 1$ 的情况。

由式(3-4-21)可得,$y_{l/4}$=0.25f(图3-4-4)。$\dfrac{y_{l/4}}{f}$与m的对应关系见表3-4-1,读者可根据计算的方便,利用m值或者$\dfrac{y_{l/4}}{f}$值查表,结果是一致的。

(2)空腹式悬链线拱

在空腹式拱桥中,桥跨结构的恒载由两部分组成:一部分为拱圈与实腹段自重的分布荷载,另一部分为空腹部分通过腹孔墩(柱)传下的集中力[图3-4-5a)]。由于集中力的存在,拱的恒载压力线不再是一条悬链线,而是一条在集中力作用下有转折点的曲线。

在设计悬链线空腹式拱桥时,为使悬链线拱轴与其恒载压力线接近,一般采用"五点重合法"确定悬链线拱轴的拱轴系数m值,即要求拱轴线在拱顶、两个$l/4$点和两个拱脚与其相应的三铰拱恒载压力线重合,如图3-4-5b)所示。欲达此目的,可以根据上述五点弯矩为零的条件来确定m值。

由三铰拱拱顶弯矩为零及恒载的对称条件知,拱顶仅有通过截面重心的恒载推力H_g,弯矩和剪力均为零。

由$\sum M_A = 0$得

$$H_g = \dfrac{\sum M_j}{f} \tag{3-4-22}$$

由$\sum M_B = 0$得

$$H_g y_{l/4} - \sum M_{l/4} = 0$$

$$H_g = \dfrac{\sum M_{l/4}}{y_{l/4}} \tag{3-4-23}$$

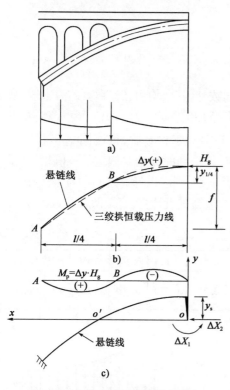

图3-4-5 空腹式悬链线拱轴计算图式

由式(3-4-22)、式(3-4-23)可得

$$\dfrac{y_{l/4}}{f} = \dfrac{\sum M_{l/4}}{\sum M_j} \tag{3-4-24}$$

式中:$\sum M_{l/4}$——自拱顶至拱跨$l/4$点的恒载对$l/4$截面的力矩,kN·m。

求得$\dfrac{y_{l/4}}{f}$之后,可由式(3-4-21)反求m,即

$$m = \dfrac{1}{2}\left(\dfrac{f}{y_{l/4}} - 2\right)^2 - 1 \tag{3-4-25}$$

空腹式拱桥的m值仍按逐次逼近法确定:先假定一个m值,定出拱轴线,作图布置拱上建筑,然后计算拱圈和拱上建筑的恒载对$l/4$截面和拱脚截面的力矩$\sum M_{l/4}$、$\sum M_j$,利用式(3-4-24)和式(3-4-25)算出m'值。如与假定的m值不符,则应以求得的m'值作为新的假定值,重新计算,直至两者接近为止。

需要指出的是,用上述方法确定的空腹式拱的拱轴线仅与其相应的三铰拱恒载压力线保

持五点重合,其他截面处的拱轴线与三铰拱恒载压力线都有不同程度的偏离。大量计算证明,从拱顶到$l/4$截面点,一般压力线在拱轴线之上,而从$l/4$截面点到拱脚,压力线则大多数在拱轴线之下,拱轴线与相应三铰拱恒载压力线的偏离类似于一个正弦波[图3-4-5b)]。这种偏离会在无铰拱中产生附加内力。对于静定三铰拱,各截面的偏离弯矩值M_p可以用三铰拱压力线与拱轴线在该截面的偏离值Δy表示($M_p = H_g \cdot \Delta y$);对于无铰拱,偏离弯矩的大小不能以三铰拱压力线与拱轴线的偏离值Δy表示,而应以该偏离弯矩值M_p作为荷载,算出M_p作用于无铰拱所产生的附加偏离弯矩值ΔM。

由结构力学可知,荷载作用在基本结构上引起弹性中心的赘余力为[图3-4-5c)]

$$\Delta X_1 = -\frac{\Delta_{1p}}{\delta_{11}} = -\frac{\int_s \frac{\overline{M}_1 M_p}{EI} ds}{\int_s \frac{\overline{M}_1^2}{EI} ds} = -\frac{\int_s \frac{M_p}{I} ds}{\int_s \frac{ds}{I}} = -H_g \frac{\int_s \frac{\Delta y}{I} ds}{\int_s \frac{ds}{I}} \quad (3\text{-}4\text{-}26)$$

$$\Delta X_2 = -\frac{\Delta_{2p}}{\delta_{22}} = -\frac{\int_s \frac{\overline{M}_2 M_p}{EI} ds}{\int_s \frac{\overline{M}_2^2}{EI} ds} = -H_g \frac{\int_s \frac{y \Delta y}{I} ds}{\int_s \frac{y^2}{I} ds} \quad (3\text{-}4\text{-}27)$$

式中:M_p——三铰拱恒载压力线偏离拱轴线所产生的弯矩,kN·m,$M_p = H_g \cdot \Delta y$;

$\overline{M}_1$、$\overline{M}_2$——$\overline{M}_1 = 1$,$\overline{M}_2 = -y$;

Δy——三铰拱恒载压力线与拱轴线的偏离值[图3-4-5b)],m。

由图3-4-5b)可知,Δy有正有负,沿全拱积分$\int_s \frac{\Delta y}{I} ds$的数值不大,由式(3-4-26)知,$\Delta X_1$数值较小,若$\int_s \frac{\Delta y}{I} ds = 0$,则$\Delta X_1 = 0$。

大量计算证明,由式(3-4-27)决定的ΔX_2恒为正值(压力)。

无铰拱任意截面的偏离弯矩值ΔM为

$$\Delta M = \Delta X_1 - \Delta X_2 y + M_p \quad (3\text{-}4\text{-}28)$$

式中:y——以弹性中心为原点(向上为正)的拱轴纵坐标,m。

对于拱顶、拱脚截面,$M_p = 0$,偏离弯矩为

$$\left.\begin{array}{l} \Delta M_d = \Delta X_1 - \Delta X_2 y_s < 0 \\ \Delta M_j = \Delta X_1 + \Delta X_2 (f - y_s) > 0 \end{array}\right\} \quad (3\text{-}4\text{-}29)$$

式中:y_s——弹性中心至拱顶之距离,m。

空腹式无铰拱桥采用"五点重合法"确定的拱轴线与相应三铰拱的恒载压力线在拱顶截面、两$l/4$截面和两拱脚截面五点重合,而与无铰拱的恒载压力线实际上并不存在五点重合的关系。由式(3-4-29)可知,由于拱轴线与恒载压力线存在偏离,在拱顶、拱脚都产生了偏离弯矩。研究证明,拱顶的偏离弯矩ΔM_d为负,拱脚的偏离弯矩ΔM_j为正,恰好与这两个截面控制弯矩的符号相反,这对拱顶、拱脚截面的受力是有利的。因此,在空腹式拱桥设计中,用"五点重合法"确定的悬链线拱轴,比用恒载压力线更加合理。

3. 拱轴线水平倾角 φ

将悬链线方程 $y_1 = \dfrac{f}{m-1}(\mathrm{ch}k\xi - 1)$ 对 ξ 求导数,则有

$$\frac{\mathrm{d}y_1}{\mathrm{d}\xi} = \frac{fk}{m-1}\mathrm{sh}k\xi \tag{3-4-30}$$

$$\tan\varphi = \frac{\mathrm{d}y_1}{\mathrm{d}x} = \frac{\mathrm{d}y_1}{l_1\mathrm{d}\xi} = \frac{2\mathrm{d}y_1}{l\mathrm{d}\xi}$$

将式(3-4-30)代入上式得

$$\tan\varphi = \frac{2fk\cdot \mathrm{sh}k\xi}{l(m-1)} = \eta\mathrm{sh}k\xi \tag{3-4-31}$$

式中:η——$\eta = \dfrac{2kf}{l(m-1)}$;

其余符号意义同前。

由式(3-4-31)可知,拱轴水平倾角与拱轴系数 m 有关。拱轴线上各点的水平倾角 $\tan\varphi$ 可查附录V附表V-2。

4. 弹性中心

无铰拱是一种超静定结构,在计算内力(恒载、活载、温度变化、混凝土收缩徐变和拱脚变位等)时,工作量大、不便于手算求解,因此在设计中为了简化计算工作,常采用结构力学中的"拱的弹性中心法"进行计算,将超静定结构的计算问题转化为静定结构的计算问题。弹性中心的确定方法详见结构力学中的相关内容。

当拱左右对称时,弹性中心在对称轴上,基本结构的算法有两种:以悬臂曲梁为基本结构,如图3-4-6a)所示,可用于恒载、温度变化、混凝土收缩徐变和拱脚变位的计算;也可取简支曲梁为基本结构,如图3-4-6b)所示,可用于活载的计算。在计算无铰拱的内力影响线时,为使积分连续,便于制表,采用简支曲梁为基本结构。

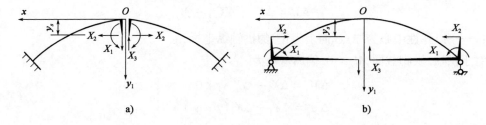

图3-4-6 拱的弹性中心

由结构力学可知,弹性中心距拱顶之距离为

$$y_s = \frac{\int_s \dfrac{y_1\mathrm{d}s}{EI}}{\int_s \dfrac{\mathrm{d}s}{EI}} \tag{3-4-32}$$

对悬链线无铰拱有

$$y_1 = \frac{f}{m-1}(\mathrm{ch}k\xi - 1)$$

$$ds = \frac{dx}{\cos\varphi} = \frac{l}{2}\frac{d\xi}{\cos\varphi}$$

式中：

$$\cos\varphi = \frac{1}{\sqrt{1+\tan^2\varphi}} = \frac{1}{\sqrt{1+\eta^2\mathrm{sh}^2k\xi}}, \quad \eta = \frac{2kf}{l(m-1)}$$

则

$$ds = \frac{l}{2}\sqrt{1+\eta^2\mathrm{sh}^2k\xi}d\xi \tag{3-4-33}$$

对等截面拱，EI 为常数，则拱的弹性中心位置为

$$y_s = \frac{\int_s y_1 ds}{\int_s ds} = \frac{f}{m-1}\frac{\int_0^1 (\mathrm{ch}k\xi-1)\sqrt{1+\eta^2\mathrm{sh}^2k\xi}\,d\xi}{\int_0^1 \sqrt{1+\eta^2\mathrm{sh}^2k\xi}\,d\xi} = \alpha_1 f$$

即

$$y_s = \alpha_1 f \tag{3-4-34}$$

系数 α_1 可由 m 查附录Ⅴ附表Ⅴ-3 得到。

第二节　拱圈内力计算

一　恒载作用下拱圈内力计算

当采用恒载压力线作为拱轴线，在不考虑拱圈弹性变形的影响时（认为拱是刚体），拱圈各截面只有轴向力而无弯矩和剪力。事实上，拱圈材料有弹性，不可能是刚体，在恒载和活载产生的轴向压力作用下都会产生弹性变形，使拱轴长度缩短，由此会在无铰拱中产生弯矩和剪力，这就是所谓的弹性压缩。为便于计算，将恒载和活载内力均分为两部分，即不考虑弹性压缩影响的内力和计入弹性压缩引起的内力，然后将两者叠加起来。如果拱轴线对恒载压力线有偏离，还要计算拱轴偏离引起的内力。

1. 不考虑弹性压缩影响

(1) 实腹式悬链线拱

实腹式悬链线拱的拱轴线与恒载压力线完全吻合，所以在恒载作用下，拱圈各截面上仅有轴向压力，可按纯压拱计算。

恒载作用下的拱脚水平推力，设 $K_g = \frac{m-1}{4k^2}$，由公式 (3-4-13) 可知：

$$H_g = \frac{m-1}{4k^2}\cdot\frac{g_d l^2}{f} = K_g\cdot\frac{g_d l^2}{f} \tag{3-4-35}$$

恒载作用下拱脚的竖向反力为半拱的恒载重力，设 $K_g' = \frac{\sqrt{m^2-1}}{2[\ln(m+\sqrt{m^2-1})]}$，即

$$R_g = \int_0^1 g_x \mathrm{d}x = \int_0^1 g_x l_1 \mathrm{d}\xi$$

将式(3-4-12)、式(3-4-15)代入上式并积分得

$$R_g = \frac{\sqrt{m^2-1}}{2[\ln(m+\sqrt{m^2-1})]} \cdot g_d l = K_g' \cdot g_d l \tag{3-4-36}$$

拱圈各截面内力为

$$\left.\begin{array}{l} N = \dfrac{H_g}{\cos\varphi} \\ M = 0 \\ V = 0 \end{array}\right\} \tag{3-4-37}$$

系数 K_g、K_g' 可由 m 或 $\dfrac{y_{1/4}}{f}$ 查附录Ⅴ附表Ⅴ-4得到。

$\cos\varphi$ 由 m 和拱圈 $\dfrac{f_0}{l_0}$ 查附录Ⅴ附表Ⅴ-11得到。

(2)空腹式悬链线无铰拱

空腹式悬链线无铰拱由于拱轴线与恒载压力线有偏离，拱顶、拱脚和 $l/4$ 拱跨点都有恒载弯矩。在设计中，为方便计算，将空腹式无铰拱桥的恒载内力又分为两部分：①不考虑偏离的影响，将拱轴线视为与恒载压力线完全吻合；②考虑偏离的影响，按式(3-4-26)～式(3-4-28)计算由偏离引起的恒载内力。两者相加，即得空腹式悬链线无铰拱不考虑弹性压缩时的恒载内力。

不考虑拱轴偏离影响，拱的恒载推力 H_g 和拱脚竖向反力 R_g 可直接由力的平衡条件求得

$$\left.\begin{array}{l} H_g = \dfrac{\sum M_j}{f} \\ R_g = \sum P \end{array}\right\} \tag{3-4-38}$$

式中：$\sum M_j$ ——半跨恒载对拱脚的力矩，kN·m；

$\sum P$ ——半跨恒载重，kN。

算出 H_g 之后，利用公式(3-4-37)，即可求出拱圈各截面的内力。

如上所述，拱轴线与恒载压力线偏离对拱圈受力是有利的。在设计小跨径的空腹式拱桥时，可偏安全地不考虑偏离弯矩的影响。对大跨径拱桥，恒载偏离弯矩是一种可供利用的有利因素，此时，应当计入偏离弯矩的影响。计算恒载偏离弯矩时，除了计算偏离弯矩对拱顶、拱脚的有利影响之外，还应计入偏离弯矩对 $l/8$ 和 $3l/8$ 截面的不利影响，尤其是 $3l/8$ 截面，其往往成为正弯矩的控制截面。

2. 弹性压缩引起的内力

在恒载产生的轴向压力作用下，拱圈的弹性压缩引起拱轴沿跨径方向缩短 Δl，为了平衡这一弹性压缩，就必须有一个作用于弹性中心而方向向外的水平力 ΔH_g（图3-4-7）。

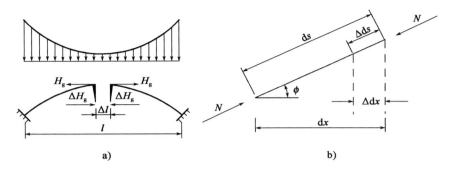

图 3-4-7 弹性压缩引起的拱轴缩短

根据变形协调条件可得

$$\Delta H_g \delta'_{22} - \Delta l = 0$$

Δl 为由于恒载轴向压力作用引起的拱轴沿跨径方向压缩(水平方向的变位),其值为

$$\Delta l \int_0^l \Delta \mathrm{d}x = \int_s \Delta \mathrm{d}s \cos\varphi = \int_s \frac{N \mathrm{d}s}{EA} \cos\varphi \quad (3\text{-}4\text{-}39)$$

将式(3-4-37)代入式(3-4-39)得

$$\Delta l = \int_s \frac{H_g \mathrm{d}s}{EA} = H_g \int_s \frac{\mathrm{d}s}{EA} \quad (3\text{-}4\text{-}40)$$

由于单位水平力作用在弹性中心,考虑轴向力影响所产生的水平位移为

$$\delta'_{22} = \int_s \frac{\overline{M}_2^2 \mathrm{d}s}{EI} + \int_s \frac{\overline{N}_2^2 \mathrm{d}s}{EA} = \int_s \frac{y^2 \mathrm{d}s}{EI} + \int_s \frac{\cos^2\phi \mathrm{d}s}{EA} = (1+\mu) \int_s \frac{y^2 \mathrm{d}s}{EI} \quad (3\text{-}4\text{-}41)$$

则

$$\Delta H_g = \frac{\Delta l}{\delta'_{22}} = \frac{H_g \int_s \frac{\mathrm{d}s}{EA}}{(1+\mu) \int_s \frac{y^2 \mathrm{d}s}{EI}} = H_g \frac{\mu_1}{1+\mu} \quad (3\text{-}4\text{-}42)$$

式中:$y = y_s - y_1$。

$$\mu = \frac{\int_s \frac{\cos^2\varphi}{EA} \mathrm{d}s}{\int_s \frac{y^2 \mathrm{d}s}{EI}} = \frac{1}{\nu} \cdot \frac{l}{EA \int_s \frac{y^2 \mathrm{d}s}{EI}} \quad (3\text{-}4\text{-}43)$$

$$\mu_1 = \frac{\int_s \frac{\mathrm{d}s}{EA}}{\int_s \frac{y^2 \mathrm{d}s}{EI}} = \frac{1}{\nu_1} \cdot \frac{l}{EA \int_s \frac{y^2 \mathrm{d}s}{EI}} \quad (3\text{-}4\text{-}44)$$

式中:E——拱圈材料的弹性模量,MPa;

A——拱圈截面面积,m^2;

I——拱圈截面抗弯惯性矩,m^4;

其余符号意义同前,如图3-4-7所示。

μ 和 μ_1、$\frac{1}{\nu}$ 和 $\frac{1}{\nu_1}$ 可由 m 和拱圈 $\frac{f_0}{l_0}$ 查附录V附表V-7~附表V-10得到。

3. 恒载作用下拱圈截面总内力

在拱桥计算中,拱内力符号习惯上采用下述规定:弯矩M以使拱圈内缘受拉为正,剪力V

以绕脱离体逆时针旋转为正,轴向力 N 以使拱圈受压为正。图3-4-8所示 M、V、N 均为正。

当空腹式拱不考虑恒载压力线偏离拱轴线的影响时,拱圈各截面的恒载内力为不考虑弹性压缩的恒载内力加上弹性压缩产生的内力,即

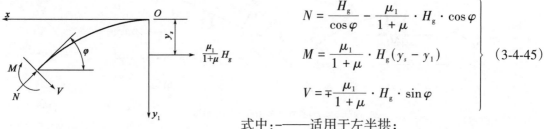

$$\left.\begin{aligned} N &= \frac{H_g}{\cos\varphi} - \frac{\mu_1}{1+\mu} \cdot H_g \cdot \cos\varphi \\ M &= \frac{\mu_1}{1+\mu} \cdot H_g(y_s - y_1) \\ V &= \mp \frac{\mu_1}{1+\mu} \cdot H_g \cdot \sin\varphi \end{aligned}\right\} \quad (3\text{-}4\text{-}45)$$

式中:— ——适用于左半拱;
+ ——适用于右半拱,以后出现时均同。

图3-4-8 拱圈内力规定

从式(3-4-45)不难看出,考虑了弹性压缩后,即使不计入偏离弯矩的影响,拱圈内仍有恒载弯矩。在拱顶产生正弯矩,该处压力线上移;在拱脚产生负弯矩,压力线下移,说明考虑弹性压缩后,不论是实腹式拱还是空腹式拱,恒载压力线与拱轴线将不可能重合。

当考虑偏离影响时,按式(3-4-26)~式(3-4-28)计算由偏离引起的恒载内力,并与式(3-4-45)叠加,这样各截面的内力为

$$\left.\begin{aligned} N &= \frac{H_g}{\cos\varphi} + \Delta X_2 \cos\varphi - \frac{\mu_1}{1+\mu}(H_g + \Delta X_2)\cos\varphi \\ M &= \frac{\mu_1}{1+\mu}(H_g + \Delta X_2)(y_s - y_1) + \Delta M \\ V &= \mp \frac{\mu_1}{1+\mu}(H_g + \Delta X_2)\sin\varphi \pm \Delta X_2 \sin\varphi \end{aligned}\right\} \quad (3\text{-}4\text{-}46)$$

偏离附加内力的大小与荷载的具体布置有关,一般地,拱上腹孔跨径越大,偏离影响也越大,对于大跨径空腹式拱桥,应该计入偏离影响。

4. 裸拱自重内力

采用支架法施工的拱圈[图3-4-9a)]在支架卸落时,采用无支架施工的拱桥[图3-4-9b)]在拱圈合龙时,须计算裸拱自重产生的内力,以便进行裸拱承载力和稳定性验算。

图3-4-9 裸拱施工示例

取悬臂曲梁为基本结构(图3-4-10),对于等截面拱,任意截面 i 的恒载集度 g_i 为

$$g_i = \frac{g_d}{\cos \varphi_i} \quad (3\text{-}4\text{-}47)$$

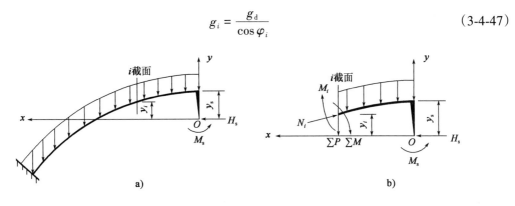

图 3-4-10 拱圈自重作用下内力计算图式

由于结构和荷载均为正对称,在弹性中心处仅有两个正对称的赘余力:弯矩 M_s 和水平力 H_s。由典型方程得

$$M_s = -\frac{\Delta_{1p}}{\delta_{11}} = -\frac{\int_s \frac{\overline{M}_1 M_p}{EI} ds}{\int_s \frac{\overline{M}_1^2}{EI} ds} = -\frac{\int_s \frac{M_p}{EI} ds}{\int_s \frac{ds}{EI}}$$

$$H_s = -\frac{\Delta_{2p}}{\delta'_{22}} = -\frac{\int_s \frac{\overline{M}_2 M_p}{EI} ds}{\int_s \frac{\overline{M}_2^2}{EI} ds + \int_s \frac{\overline{N}_2^2}{EA} ds} = \frac{\int_s \frac{M_p y}{EI} ds}{(1+\mu) \int_s \frac{y^2}{EI} ds}$$

积分后可得

$$\left. \begin{array}{l} M_s = \dfrac{A\gamma l^2}{4} V_1 \\ H_s = \dfrac{A\gamma l^2}{4(1+\mu)f} V_2 \end{array} \right\} \quad (3\text{-}4\text{-}48)$$

式中:γ——拱圈材料的重度,kN/m³;

A——拱圈截面积(净面积或实际面积),m²;

V_1、V_2——系数,由 m 和拱圈 $\dfrac{f}{l}$ 查附录V附表V-12、附表V-13。

为了简化计算,可将整个积分过程简化为计算表,通过查表得到 V_1、V_2,代入式(3-4-48)计算出弯矩 M_s 和水平力 H_s。

由静力平衡条件得任一截面弯矩和轴力[图 3-2-57b)]:

$$\left. \begin{array}{l} M_i = M_s - H_s y - \sum\limits_n^i M \\ N_i = H_s \cdot \cos \varphi_i + \sum\limits_n^i P \cdot \sin \varphi_i \end{array} \right\} \quad (3\text{-}4\text{-}49)$$

式中:$\sum\limits_n^i M$——拱顶至 i 截面间裸拱自重对该截面的弯矩,kN·m;

$\sum\limits_n^i P$——拱顶至 i 截面间裸拱自重的总和,kN;

n——拱顶截面编号。

当拱的矢跨比为 1/5～1/10 时,悬链线裸拱恒载压力线的拱轴系数 m_0=1.079～1.305,通常比拱轴线采用的 m 值小。计算表明,在裸拱的自重作用下,拱顶、拱脚一般都产生正弯矩。拱轴线的 m 与裸拱的 m_0 差得越多,拱顶、拱脚的正弯矩就越大。因此,采用无支架施工的拱桥,宜适当降低拱轴系数。

二 活载作用下拱圈内力计算

在桥梁结构计算中,活载内力计算需要先计算截面内力影响线,然后在影响线上进行加载求解。无铰拱是超静定结构,通过带刚臂的简支曲梁在刚臂端点产生赘余力 X_1、X_2 和 X_3,因此,需先求出赘余力影响线,再利用静力平衡条件和叠加方法求出计算截面的活载内力影响线,最后在内力影响线上布载,算出计算截面最不利内力。为简化计算,活载内力仍由不考虑弹性压缩影响和考虑弹性压缩影响两部分活载内力叠加而成。

1. 不考虑弹性压缩影响的活载内力

(1)赘余力影响线

采用简支曲梁作为基本结构,如图 3-4-11 所示,赘余力 X_2、X_3 作用于刚臂端点,并通过弹性中心。根据结构力学和弹性中心的特性,图 3-4-11a)中所有副变位均为零。设图 3-4-11b)所示内、外力方向及与内力同向之变位均为正值,作用在弹性中心的赘余力可按下式求解:

$$\left. \begin{array}{l} X_1 \delta_{11} + \Delta_{1P} = 0, \quad X_1 = -\dfrac{\Delta_{1P}}{\delta_{11}} \\[2mm] X_2 \delta_{22} + \Delta_{2P} = 0, \quad X_2 = -\dfrac{\Delta_{2P}}{\delta_{22}} \\[2mm] X_3 \delta_{33} + \Delta_{3P} = 0, \quad X_3 = -\dfrac{\Delta_{3P}}{\delta_{33}} \end{array} \right\} \qquad (3\text{-}4\text{-}50)$$

式中:δ_{ii}——弹性中心的常变位值,i 点作用单位荷载在 i 点产生的位移,其中 i=1,2,3;

Δ_{iP}——弹性中心的载变位值,表示移动荷载 P 在 i 点产生的位移,其中 i=1,2,3。

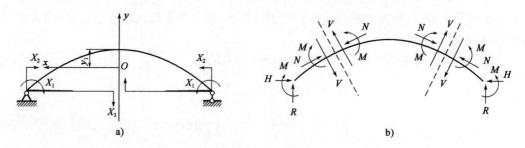

图 3-4-11 活载内力计算基本结构

如暂不考虑轴向力对变位的影响,也不计剪力和曲率对变位的影响,则有

$$\left.\begin{array}{l}\delta_{11} = \int_s \dfrac{\overline{M}_1^2}{EI}\mathrm{d}s \\[4pt] \delta_{22} = \int_s \dfrac{\overline{M}_2^2}{EI}\mathrm{d}s \\[4pt] \delta_{33} = \int_s \dfrac{\overline{M}_3^2}{EI}\mathrm{d}s\end{array}\right\} \qquad (3\text{-}4\text{-}51)$$

$$\left.\begin{array}{l}\Delta_{1P} = \int_s \dfrac{\overline{M}_1 M_P}{EI}\mathrm{d}s \\[4pt] \Delta_{2P} = \int_s \dfrac{\overline{M}_2 M_P}{EI}\mathrm{d}s \\[4pt] \Delta_{3P} = \int_s \dfrac{\overline{M}_3 M_P}{EI}\mathrm{d}s\end{array}\right\} \qquad (3\text{-}4\text{-}52)$$

式中：$\overline{M}_1$——当 $X_1 = 1$ 时，在基本结构任意截面上产生的弯矩，kN·m，$\overline{M}_1 = 1$；

$\overline{M}_2$——当 $X_2 = 1$ 时，在基本结构任意截面上产生的弯矩，kN·m，$\overline{M}_2 = y_1 - y_s$；

$\overline{M}_3$——当 $X_3 = 1$ 时，在基本结构任意截面上产生的弯矩，kN·m，$\overline{M}_3 = \pm x$；

M_P——单位荷载作用在基本结构上，任意截面所产生的弯矩，kN·m。

为简化 Δ_{1P}、Δ_{2P}、Δ_{3P} 的计算，设荷载作用在右半拱上[图3-4-12a)]，将距拱顶相对位移为 a 的单位荷载分解为正对称和反对称两组荷载，如图3-4-12b)、图3-4-12c)所示。

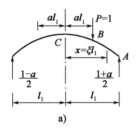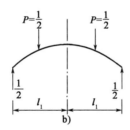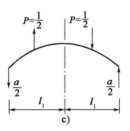

图3-4-12　将荷载分解为正、反对称

利用结构的对称性，在计算载变位 Δ_{1P}、Δ_{2P} 时，只需考虑正对称荷载作用的情况（反对称为零）；而计算 Δ_{3P} 则只考虑反对称荷载的情况（正对称为零）。

正对称时：

AB段：$\qquad M_P = \dfrac{1}{2}(l_1 - x)$

BC段：$\qquad M_P = \dfrac{l_1}{2}(1 - a)$

反对称时：

AB段：$\qquad M_P = \mp \dfrac{a}{2}(l_1 - x)$

BC段：$\qquad M_P = \mp \dfrac{x}{2}(1 - a)$

将 $\overline{M}_1 = 1$、$\overline{M}_2 = y_1 - y_s$、$\overline{M}_3 = \pm x$ 及 M_P 代入常变位公式(3-4-51)及载变位公式(3-4-52)，可得

$$\delta_{11} = \frac{l}{EI}\int_0^1 \sqrt{1+\eta^2\mathrm{sh}^2 k\xi}\,\mathrm{d}\xi = \frac{l}{EI\nu_1}$$

$$\delta_{22} = \frac{l}{EI}\int_0^1 \left[\frac{f}{m-1}(\mathrm{ch}k\xi-1)-y_s\right]\left(\frac{f}{m-1}\mathrm{ch}k\xi\right)\sqrt{1+\eta^2\mathrm{sh}^2 k\xi}\,\mathrm{d}\xi = \theta\frac{lf^2}{EI}$$

$$\delta_{33} = \frac{l^3}{EI}\int_0^1 \xi^2\sqrt{1+\eta^2\mathrm{sh}^2 k\xi}\,\mathrm{d}\xi = \gamma\frac{l^3}{EI}$$

$$\Delta_{1P} = \frac{(1-a)l^2}{4EI}\int_0^a \sqrt{1+\eta^2\mathrm{sh}^2 k\xi}\,\mathrm{d}\xi + \frac{l^2}{4EI}\int_a^1 \sqrt{1+\eta^2\mathrm{sh}^2 k\xi}\,\mathrm{d}\xi$$

$$\Delta_{2P} = \frac{l^2}{4EI}\left\{(1-a)\int_0^a\left[\frac{f}{m-1}(\mathrm{ch}k\xi-1)-y_s\right]\sqrt{1+\eta^2\mathrm{sh}^2 k\xi}\,\mathrm{d}\xi + \right.$$
$$\left. \int_a^1\left[\frac{f}{m-1}(\mathrm{ch}k\xi-1)-y_s\right](1-\xi)\sqrt{1+\eta^2\mathrm{sh}^2 k\xi}\,\mathrm{d}\xi\right\}$$

$$\Delta_{3P} = -\frac{(1-a)l^3}{8EI}\int_0^a \sqrt{1+\eta^2\mathrm{sh}^2 k\xi}\,\mathrm{d}\xi - \frac{l^3 a}{8EI}\int_a^1 \xi(1-\xi)\sqrt{1+\eta^2\mathrm{sh}^2 k\xi}\,\mathrm{d}\xi$$

$\frac{1}{\nu_1}$、θ、γ 可由 m 和拱圈 $\frac{f_0}{l_0}$ 查附录V附表V-7、附表V-5、附表V-6。

当荷载 $P=1$ 作用于不同位置时，可利用上述表达式求得 δ_{ii} 和 Δ_{iP}，代入式(3-4-46)分别求出赘余力各点的影响线，如图3-4-13所示。

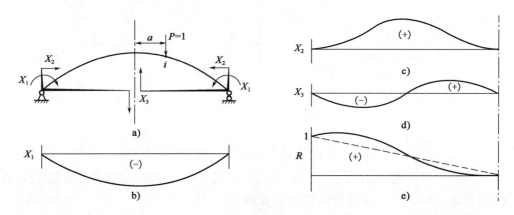

图3-4-13 赘余力影响线

(2)支点反力和内力影响线

有了赘余力影响线后，拱脚截面支点反力以及任意截面的内力影响线可利用静力平衡条件和叠加方法求得。

① 水平推力影响线

由 $\sum x = 0$ 得水平推力 $H_1 = X_2$，即 H_1 的影响线为赘余力 X_2 的影响线。

② 拱脚竖向反力影响线

由 $\sum y = 0$ 得竖向反力 $R = R_0 \mp X_3$。其中，R_0 为简支梁反力。故竖向反力 R 的影响线由 R_0 与赘余力 X_3 两条影响线叠加而成，如图3-4-13e)所示(左拱脚的竖向反力影响线)。显然，拱脚竖向反力的影响线总面积 $\omega = \frac{l}{2}$。

③任意截面的内力影响线

由图3-4-13a)可得任意截面的内力:

$$\left.\begin{array}{l} M = M_0 - H_1 y \pm X_3 x + X_1 \\ N = V_b \sin\varphi + H_1 \cos\varphi \\ V = \pm H_1 \sin\varphi - V_b \cos\varphi \end{array}\right\} \quad (3\text{-}4\text{-}53)$$

式中:M_0——简支梁弯矩,kN·m;

V_b——作用于截面以左的竖向反力总和,称为梁式剪力,kN,正值表示向上,负值表示向下,当单位荷载在截面以左时,$V_b = R_左 - 1$,$R_左$为拱的左支承竖向反力,单位为kN,当在截面以右时,$V_b = R_左$。

根据式(3-4-53)可叠加求得拱圈任意截面的内力影响线,其形状如图3-4-14所示。

任意截面i的轴向力N_i和剪力V_i的影响线,因在截面i处有突变,当集中荷载P作用在i截面的左、右两边时,轴向力N和剪力V均有较大的差异,因此,在实际计算时,一般不直接利用影响线,而是先求该截面的水平力H_1和拱脚的竖向反力R,再按下式计算轴向力N和剪力V。

轴向力 $\begin{cases} 拱顶: N = H_1 \\ 拱脚: N = H_1 \cos\varphi_j + R \sin\varphi_j \\ 其他截面: N \approx \dfrac{H_1}{\cos\varphi} \end{cases}$ (3-4-54a)

剪力 $\begin{cases} 拱顶: 数值很小,一般不计算 \\ 拱脚: N = H_1 \sin\varphi_j - R \cos\varphi_j \\ 其他截面: 数值较小,一般不计算 \end{cases}$ (3-4-54b)

拱桥属于空间结构,《圬工规》规定,拱桥应考虑活载的横向不均匀分布,但实腹式拱桥和拱上建筑为拱式结构的空腹式拱桥或拱上建筑采用墙式墩且活载横桥向布置不超过拱圈以外的拱桥,可考虑活载均匀分布于拱圈全宽。通常,石拱桥取1m拱宽作为计算单元,双曲拱取一个横波单元宽度来计算,肋拱桥以一条拱肋为计算单元,同时计入荷载横向分布系数。

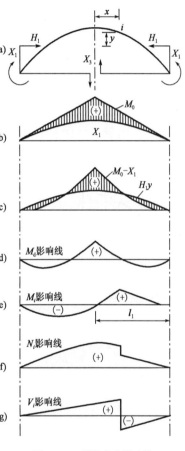

图3-4-14 拱的内力影响线

拱圈是以受压为主的结构,在承载过程中,压力线与拱轴线会产生偏离,导致拱圈截面产生弯矩。为控制受弯截面开裂影响拱桥正常使用,应计算拱圈截面最大正(负)弯矩。一般可在弯矩影响线上按最不利情况布载(图3-4-15),求得最大正(负)弯矩,然后求出与这种加载情况相应的H_1和R的数值,以求得与最大正(负)弯矩相对应的轴向力N,以便对该截面进行验算。

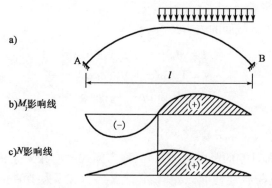

图 3-4-15 求拱脚 M_{jmax} 及相应 H_1 的布载方式

2. 活载作用下弹性压缩引起的内力

活载弹性压缩与恒载弹性压缩相似,是由活载的轴向力对变位的影响,在弹性中心产生赘余水平力 ΔH。由典型方程得

$$\Delta H = -\frac{\Delta l}{\delta'_{22}} = -\frac{\int_s \dfrac{N\mathrm{d}s}{EA}\cos\varphi}{\delta'_{22}} \tag{3-4-55}$$

取脱离体(图 3-4-16),轴力 N 可表示为

$$N = \frac{H_1 - V\sin\varphi}{\cos\varphi} = \frac{H_1}{\cos\varphi}\left(1 - \frac{V}{H_1}\sin\varphi\right)$$

式中的第二项 $V\sin\varphi/H_1$ 常可近似略去,则得 $N=H_1/\cos\varphi$,代入式(3-4-55)得

$$\Delta H = -\frac{H_1\int_s \dfrac{\mathrm{d}s}{EA}}{(1+\mu)\int_s \dfrac{y^2\mathrm{d}s}{EI}} = -H_1 \cdot \frac{\mu_1}{1+\mu} \tag{3-4-56}$$

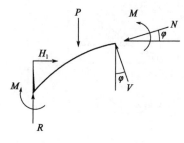

图 3-4-16 活载弹性压缩引起的内力计算图式

式中,μ 和 μ_1 可由附录Ⅴ之附表Ⅴ-10 和附表Ⅴ-8 查得。

由弹性压缩引起的内力为

$$\left.\begin{aligned}\text{弯矩}: & \Delta M = -\Delta Hy = \frac{\mu_1}{1+\mu}\cdot H_1 y \\ \text{轴向力}: & \Delta N = \Delta H\cos\varphi = -\frac{\mu_1}{1+\mu}\cdot H_1\cos\varphi \\ \text{剪力}: & \Delta V = \mp\Delta H\sin\varphi = \mp\frac{\mu_1}{1+\mu}\cdot H_1\sin\varphi\end{aligned}\right\} \tag{3-4-57}$$

将不考虑弹性压缩的活载内力与考虑弹性压缩产生的内力叠加,即可得活载作用下的总内力。

三 温度变化、混凝土收缩和拱脚位移引起的附加内力计算

作为超静定结构的无铰拱,温度变化、混凝土收缩及拱脚变位均会产生附加内力。

1. 温度变化

温度变化对拱桥内力分布影响很大,而温度变化一般按照年平均温差的方式进行计算,

即以年平均最高温度高于拱圈合龙温度的数值视为升温温差,年平均最低温度低于拱圈合龙温度的数值视为降温温差。将此温度变化值视为骤变温差,计算其在超静定拱圈上产生的附加内力(这样计算结果更不利)。温度变化引起的内力计算与弹性压缩计算的概念一样。设温度变化引起跨径方向的变位为 Δl_t,根据变形协调条件,必然在弹性中心产生一个水平赘余推力 H_t,如图3-4-17所示。

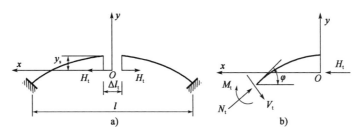

图3-4-17 温差内力计算图式

典型方程为

$$H_t = \frac{\Delta l_t}{\delta'_{22}} = \frac{\alpha l(t_2 - t_1)}{(1 + \mu) \int_s \frac{y^2}{EI} ds} \tag{3-4-58}$$

式中:α——材料的线膨胀系数,混凝土或钢筋混凝土为 $1.0 \times 10^{-5}/℃$,混凝土预制块砌体为 $0.9 \times 10^{-5}/℃$,石砌体为 $0.8 \times 10^{-5}/℃$;

t_1——拱合龙时的温度,℃;

t_2——当地最高或最低月平均温度,℃;

$\int_s \frac{y^2}{EI} ds$——可查附录Ⅴ附表Ⅴ-5。

显然,温度上升时,H_t 为正(向内作用);温度下降时,H_t 为负(向外作用)。

由温度变化引起的拱中任意截面的附加内力为

弯矩: $M_t = -H_t y = -H_t(y_s - y_1)$

轴向力: $N_t = H_t \cos\varphi$ (3-4-59)

剪力: $V_t = \pm H_t \sin\varphi$

对于箱形拱桥,温度计算内容尚应包括箱室内外温差效应。当无可靠资料时,箱室内外温差可按10℃计算。箱室内外温差效应计算方法与箱梁桥相似。

2. 混凝土收缩

混凝土在硬化过程中的收缩变形作用与混凝土降温相似。通常混凝土收缩的影响可折算为温度的额外降低。根据结构施工方法,混凝土收缩的影响可按以下建议计算:

(1)整体浇筑混凝土,一般地区相当于降低温度20℃,干燥地区为30℃;整体浇筑的钢筋混凝土,相当于降低温度15~20℃。

(2)分段浇筑的混凝土或钢筋混凝土,相当于降低温度10~15℃。

(3)装配式钢筋混凝土,相当于降低温度5~10℃。

计算拱圈的温度变化和混凝土收缩影响时,可根据实际资料考虑混凝土徐变的影响。如缺乏实际资料,计算内力可乘以下列系数:温度变化影响力取0.7,混凝土收缩影响力取0.45。考虑到目前已完全有能力将混凝土徐变效应计入结构分析,也可不采用此折减算法。因为,这种简化方法不利于对混凝土的徐变及其他效应的认识与判断。

3. 拱脚位移

建在软土地基上的拱桥,墩台发生水平位移、不均匀沉降或转动时在超静定拱中均会产生附加内力。

(1)拱脚相对水平位移引起的内力

在图3-4-18中,设左拱脚发生水平位移Δ_{HA},右拱脚发生水平位移Δ_{HB},两拱脚相对水平位移Δ_H为

$$\Delta_H = \Delta_{HB} - \Delta_{HA}$$

其中,Δ_{HA}、Δ_{HB}的正负规定为:自原位置右移为正,左移为负。

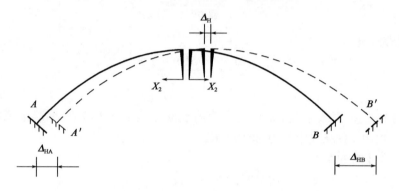

图3-4-18　拱脚水平位移引起内力计算图式

在弹性中心处也将产生Δ_H的相对水平位移,但相对转角和垂直位移均为零。由变形协调条件可得弹性中心处的赘余力X_2:

$$X_2 = -\frac{\Delta_H}{\delta_{22}} = -\frac{\Delta_H}{\int_s \frac{y^2 \mathrm{d}s}{EI}} \tag{3-4-60}$$

拱中任意截面的内力为

$$\left. \begin{aligned} M &= -X_2(y_s - y_1) = \frac{\Delta_H}{\delta_{22}}(y_s - y_1) \\ N &= X_2 \cos\varphi = -\frac{\Delta_H}{\delta_{22}} \cos\varphi \\ V &= \mp X_2 \sin\varphi = \pm \frac{\Delta_H}{\delta_{22}} \sin\varphi \end{aligned} \right\} \tag{3-4-61}$$

(2)拱脚相对垂直位移引起的内力

在图3-4-19中,设左拱脚发生垂直位移为Δ_{VA},右拱脚发生垂直位移为Δ_{VB},拱脚相对垂直位移Δ_V为

$$\Delta_V = \Delta_{VB} - \Delta_{VA} \tag{3-4-62}$$

其中,Δ_{VA}、Δ_{VB}的正负规定为:自原位置向下位移为正,上移为负。

在弹性中心处也将产生 Δ_V 的相对垂直位移,但相对转角和水平位移均为零。由变形协调条件可得弹性中心处的赘余力 X_3:

$$X_3 = -\frac{\Delta_V}{\delta_{33}} = -\frac{\Delta_V}{\int_s \frac{x^2 ds}{EI}} \quad (3\text{-}4\text{-}63)$$

式中:$\int_s \frac{x^2 ds}{EI}$——可查附录 V 附表 V-6 得到。

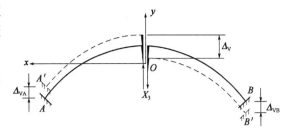

图 3-4-19 拱脚垂直位移引起内力计算图式

拱中任意截面的内力为

$$\left.\begin{array}{l} M = \pm X_3 x = \mp \dfrac{\Delta_V}{\delta_{33}} x \\[4pt] N = \mp X_3 \sin\varphi = \pm \dfrac{\Delta_V}{\delta_{33}} \sin\varphi \\[4pt] V = X_3 \cos\varphi = -\dfrac{\Delta_V}{\delta_{33}} \cos\varphi \end{array}\right\} \quad (3\text{-}4\text{-}64)$$

(3)拱脚相对转角位移引起的内力

在图 3-4-20 中,拱脚 B 发生转角 θ_B(θ_B 顺时针为正),此时,在弹性中心处除了产生相同的转角 θ_B 外,还引起相对的水平位移 Δ_H 和垂直位移 Δ_V,由变形协调条件可得弹性中心处的 3 个赘余力 X_1、X_2、X_3:

$$\left.\begin{array}{l} X_1 = -\dfrac{\theta_B}{\delta_{11}} \\[4pt] X_2 = -\dfrac{\Delta_H}{\delta_{22}} \\[4pt] X_3 = -\dfrac{\Delta_V}{\delta_{33}} \end{array}\right\} \quad (3\text{-}4\text{-}65)$$

式中:θ_B 是已知的,而水平位移 Δ_H 和垂直位移 Δ_V 可由图 3-4-20b)几何关系确定,即

$$\Delta = \theta_B \frac{l}{2} \cos\alpha', \quad \tan\alpha' = \frac{f - y_s}{\frac{l}{2}}$$

$$\Delta_H = \Delta \sin\alpha' = \theta_B (f - y_s), \quad \Delta_V = \Delta \cos\alpha' = \frac{\theta_B l}{2}$$

将 Δ_H、Δ_V 代入式(3-4-65),得

$$\left.\begin{array}{l} X_1 = -\dfrac{\theta_B}{\delta_{11}} \\[4pt] X_2 = -\dfrac{\theta_B (f - y_s)}{\int_s \frac{y^2 ds}{EI}} \\[4pt] X_3 = -\dfrac{\theta_B l}{2\int_s \frac{x^2 ds}{EI}} \end{array}\right\} \quad (3\text{-}4\text{-}66)$$

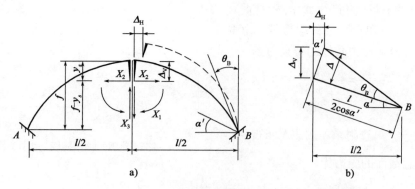

图 3-4-20　拱脚转角位移引起内力计算图式

拱脚相对转角位移引起任意截面的内力为（图3-4-21）

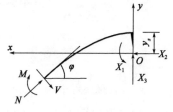

图 3-4-21　拱脚相对角变位引起各截面的内力

$$\left.\begin{array}{l}M = X_1 - X_2(y_s - y_1) \pm X_3 x \\ N = \mp X_3 \sin\varphi + X_2 \cos\varphi \\ V = X_3 \cos\varphi \pm X_2 \sin\varphi\end{array}\right\} \quad (3\text{-}4\text{-}67)$$

上述公式是假定右半拱顺时针转动推导出来的，若逆时针转动 θ_B，则式(3-4-66)中的 θ_B 以负值代入。如左拱脚顺时针转动 θ_A，则式(3-4-66)变为

$$\left.\begin{array}{l}X_1 = \dfrac{\theta_A}{\delta_{11}} \\ X_2 = \dfrac{\theta_A(f - y_s)}{\int_s \dfrac{y^2 \mathrm{d}s}{EI}} \\ X_3 = \dfrac{\theta_A l}{2\int_s \dfrac{x^2 \mathrm{d}s}{EI}}\end{array}\right\} \quad (3\text{-}4\text{-}68)$$

第三节　拱圈内力调整

拱圈计算常常会遇到各控制截面，尤其是拱顶和拱脚两个控制截面的最不利内力与所拟定的截面尺寸不相适应的情况，或者是同一截面的正负弯矩绝对值相差太大使截面配筋发生困难（钢筋混凝土拱），或者截面上下缘应力相差悬殊，合力偏心距超过限值（石拱或混凝土拱），这就需要修改截面尺寸，甚至调整拱的总体尺寸，重新进行计算。在条件允许时，可从设计或施工上采取措施，来达到改善拱圈截面应力状态的目的。

一　假载法调整内力

所谓假载法，实际上是通过改变拱轴系数来改变拱轴线，进而改善拱的内力分布。当拱顶、拱脚两个控制截面中有一个截面的弯矩过大,而另一个截面的弯矩较小时,可以采用假载法进行调整。

理论和计算表明,当拱的跨径和矢跨比一定时,拱的弯矩随拱轴系数的改变而改变。因此,可适当地增大或减小拱轴系数,人为地使拱轴线与恒载压力线有一定的偏离,这样,即使不计入弹性压缩的影响,也会产生弯矩,进而改善拱圈的应力状态。例如,当拱脚负弯矩大时,为了降低拱脚上缘的拉应力,拱轴线应向上移,即将拱轴系数 m 值增大;相反,当拱顶正弯矩大时,为了降低拱顶下缘的拉应力,拱轴线应向下移,将拱轴系数 m 值减小。

调整拱轴系数的方法是:在计算拱轴系数时,在实际的恒载以外再加上一个假想的、均布全跨的荷载,故称假载法。

对于实腹式拱桥,如拱轴系数为 $m=g_j/g_d$(图3-4-22),加上一个假想荷载 g_i 后,调整后的拱轴系数为

$$m' = \frac{g_j \pm g_i}{g_d \pm g_i} \quad (3\text{-}4\text{-}69)$$

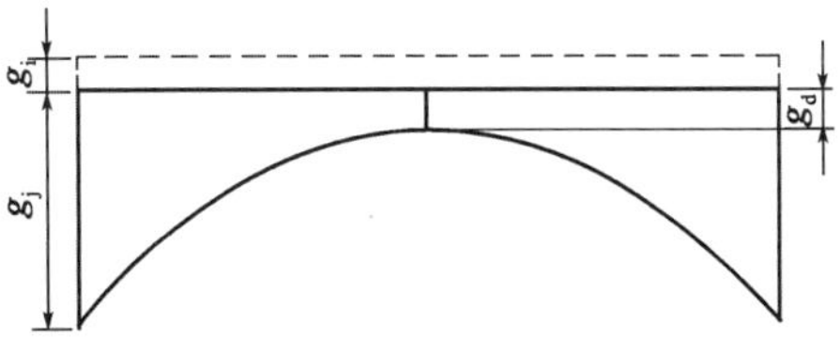

图3-4-22 假载法调整实腹式拱轴线

拱轴系数的减小或增大一般为一级或半级。减小或增大拱轴系数后,拱轴线与实际恒载压力线偏离。计算时将 g_i 视为实际荷载,在结构实际恒载及假想荷载共同作用下,拱轴线与荷载压力线重合,可以按 m' 计算结构内力,然后将假想荷载的影响从恒载内力中扣除。假想荷载 g_i 所产生的内力可用均布荷载乘以用 m' 绘制的内力影响线计算得到。

对于空腹式拱桥,也可以通过调整 $l/4$ 截面的纵坐标 $y_{1/4}$ 来实现。设拱轴系数为 m 时, $l/4$ 截面的纵坐标为 $y_{1/4}$;拱轴系数为 m' 时, $l/4$ 截面处的纵坐标为 $y'_{1/4}$,则

$$\left. \begin{array}{l} \dfrac{y'_{1/4}}{f} = \dfrac{\sum M_{1/4} \pm \dfrac{g_i l^2}{32}}{\sum M_j \pm \dfrac{g_i l^2}{8}} \\ m' = \dfrac{1}{2}\left(\dfrac{f}{y'_{1/4}} - 2\right)^2 - 1 \end{array} \right\} \quad (3\text{-}4\text{-}70)$$

拱轴系数调整后,拱的几何尺寸和内力计算应根据 m' 确定。空腹式拱的恒载内力计算方法与实腹式拱相同:先计算包括假想荷载在内的恒载作用下的水平推力 H_g 及拱圈截面内力,然后从恒载内力中扣除假想荷载引起的内力。

需要指出的是,采用调整拱轴系数法改善拱圈某一控制截面的应力状况时,对其他截面则可能引起不利的受力情况。例如,增大拱轴系数 m 后,会在拱中产生一个附加正弯矩,使拱脚截面负弯矩有所减小,但使拱顶截面正弯矩有所增加;反之,减小拱轴系数 m,使拱顶正弯矩有所减小,但拱脚负弯矩有所增加。因此,应全面考虑,适当调整。

二 千斤顶调整内力

当拱架上两个半拱形成两悬臂曲梁时,在拱顶处预留壁龛形缺口,拱上建筑施工之前,在拱顶预留接头处上、下设置两排千斤顶,形成偏心力,可使拱顶产生负弯矩,拱脚产生正弯矩,消除弹性压缩、收缩及徐变产生的内力。另外,采用拱架施工时,设置千斤顶还可以起到脱架

的作用。用千斤顶调整内力,效果显著,但施工比较复杂,国内应用较少,国外大跨径钢筋混凝土拱桥应用较多。

最不利作用组合情况下,拱脚及拱顶截面处的应力较大,往往是控制截面,拱脚外缘和拱顶内缘将出现最大拉应力。若在拱顶及拱脚之间作用一对推力 H_0,该推力将在拱顶外缘和拱脚内缘引起压应力,从而减小原来的拉应力,H_0 同时将使拱顶外缘和拱脚内缘产生拉应力。理想的 H_0 应能使拱顶和拱脚的内、外缘应力趋于均匀。

三　千斤顶调整内力

修建拱圈时,在拱顶和拱脚截面处用铅垫板做成临时铰,拆除拱架后,由于临时铰的存在,拱变成静定的三铰拱,待拱上建筑砌筑完毕,再将铰封闭,形成无铰拱,亦即拱圈的恒载内力可按三铰拱计算,活载和温度内力仍按无铰拱计算,这样就可以消除恒载弹性压缩所产生的附加内力,以及减小一部分在封铰前已发生的由墩台沉降及混凝土材料收缩所引起的附加内力。

如果将临时铰偏心安装,在拱上轴力作用下则可起到类似千斤顶调整内力的作用,可消除混凝土收缩引起的附加内力。无铰拱中混凝土收缩将在拱顶引起正弯矩 M_d,在拱脚引起负弯矩 M_j,若将临时铰中心分别对拱轴在拱顶下移 e_d 及在拱脚处上移 e_j(图 3-4-23),使拱的恒载在拱顶及拱脚处所产生的偏心弯矩恰好与混凝土收缩所引起的弯矩相等而方向相反,此时,偏心距 e_d、e_j 可由下列公式确定。

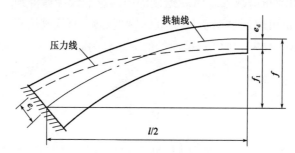

图 3-4-23　临时铰安装位置

将拱移动后的拱矢高变为

$$f_1 = f - e_d - e_j \cos \varphi_j \qquad (3\text{-}4\text{-}71)$$

恒载推力值相应地变更为

$$H'_g = H_g \frac{f}{f_1} \qquad (3\text{-}4\text{-}72)$$

式中:H_g——不设置临时铰时,拱的恒载推力,kN。

按所需调整的弯矩 M_d 及 M_j 值便可求得偏心距为

$$e_d = \frac{M_d}{H'_g} = \frac{M_d}{H_g} \cdot \frac{f_1}{f}$$

$$e_j = \frac{M_j}{H'_g \cos \varphi_j} = \frac{M_j}{H_g} \cdot \frac{f_1}{f} \cos \varphi_j$$

$$f_1 = f - \frac{M_d}{H_g} \cdot \frac{f_1}{f} - \frac{M_j}{H_g} \cdot \frac{f_1}{f} \cos \varphi_j = \frac{H_g f^2}{H_g f + M_d + M_j \cos^2 \varphi_j}$$

四 改变拱轴线调整内力

通过改变拱轴线,使拱轴线与恒载压力线形成有利的偏离,可以消除拱顶和拱脚的偏大弯矩,达到调整拱圈应力的目的。

悬链线拱轴与三铰拱恒载压力线存在近似正弦波形的自然偏离,可以不同程度地减小拱顶、拱脚的偏大弯矩。根据这个原理,可在三铰拱恒载压力线的基础上,根据桥梁实际需要叠加一个正弦波形的调整曲线作为拱轴线,如图3-4-24所示,采用逐次近似法调整,使得在恒载、弹性压缩和混凝土收缩等因素作用下,拱顶、拱脚两截面的总弯矩趋近于零。为了实现上述目的,要求调整曲线的零点通过 O' 点,并使拱轴线与三铰拱恒载压力线具有相同的弹性中心。根据弹性中心的定义,则有

$$\int_s \frac{(y - \Delta y)}{EI} \mathrm{d}s = \int_s \frac{y \mathrm{d}s}{EI} - \int_s \frac{\Delta y \mathrm{d}s}{EI} = 0$$

因为

$$\int_s \frac{y \mathrm{d}s}{EI} = 0$$

所以

$$\int_s \frac{\Delta y \mathrm{d}s}{EI} = 0$$

拱轴线偏离三铰拱恒载压力线在弹性中心产生的赘余力为

$$\left. \begin{aligned} \Delta X_1 &= 0 \\ \Delta X_2 &= H_g \frac{\int_s \frac{y \Delta y \mathrm{d}s}{EI}}{\int_s \frac{y^2 \mathrm{d}s}{EI}} \end{aligned} \right\} \quad (3\text{-}4\text{-}73)$$

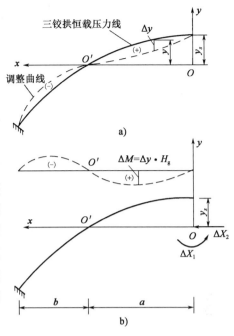

图3-4-24 改变拱轴线调整内力计算图式

由图3-4-24可知,式(3-4-73)中的 y 和 Δy 总是同号,因而式中的 ΔX_2 必为正值(压力)。弹性压缩和混凝土收缩在弹性中心产生一对水平拉力,通过适当调整曲线竖向坐标 Δy,使按式(3-4-73)算得的水平力 ΔX_2 与弹性压缩等所产生的水平力大小相等、方向相反,即可抵消弹性压缩和混凝土收缩在拱顶、拱脚产生的弯矩值,起到调整内力的作用。

第四节 有限元分析要点

随着计算机技术的迅速发展、结构有限单元分析软件功能的完善,桥梁结构电算已是一种高效、精确和实用的数值计算方法。虽然简单体系拱桥的计算相对容易,但随着桥梁跨径

的增大,大跨径拱桥控制截面及控制状态的增多,以及结构构造与施工过程的复杂、多样化等难题的出现,对大跨径拱桥必须考虑非线性的影响(包括材料非线性、几何非线性),仍采用手算配图表的方法进行结构计算,将很难满足设计要求的精度,故需采用有限元法借助计算机来完成。

采用有限元法进行分析,就是先将整个拱桥简化成板、杆、梁等构件组成的平面(或空间)结构计算模型,利用结构分析软件进行分析计算。根据拱桥构造特点,其可看成由曲板、曲梁、曲杆、平板、直杆等构件组成。整体静力分析时,可采用杆系有限元模型计算;动力及整体稳定分析时,可采用空间有限元模型计算。根据材料力学、结构力学的基本约定,拱桥的计算模型可以用构件轴线及相应约束条件组成。模型应正确模拟刚度和重量的分布,杆系有限元模型中用梁单元模拟拱圈、立柱、腹拱圈、桥面板等各种具有抗弯能力的构件,用杆单元模拟吊杆等只受轴向力的构件,支座可采用连接单元模拟。吊杆的初拉力可根据所使用计算程序的功能,采用不同方法进行模拟,如通过对单元施加初应变或对单元降温来模拟。实际工程中的吊杆只受拉,不受压,计算中如果出现受压情况,则计算结果不正确,须进行处理。

全桥结构离散需根据实际问题的需要及精度要求进行单元划分,单元建立在构件的轴线位置,节点一般应包括构件的转折点、交接点、截面变化点、关键验算截面位置和所有支承点。构件之间的连接关系必须根据实际构造合理模拟,构件之间的内部约束通过对应节点之间的变形协调关系加以实现。例如图3-4-25a)所示的梁式拱上结构,一般不计拱上结构与拱圈的联合作用,当模型中将拱上结构计入时,需正确处理拱圈与拱上结构的内部约束:拱上立柱柱底和拱圈共用节点,两者平动和转动自由度变形协调;立柱柱顶与简支桥面板两节点间的转动自由度相互无约束。在图3-4-25b)、图3-4-25c)所示的柔性吊杆中,上端节点与拱圈节点仅约束平动自由度,下端节点采用全铰或半铰的方式与桥面结构节点连接。

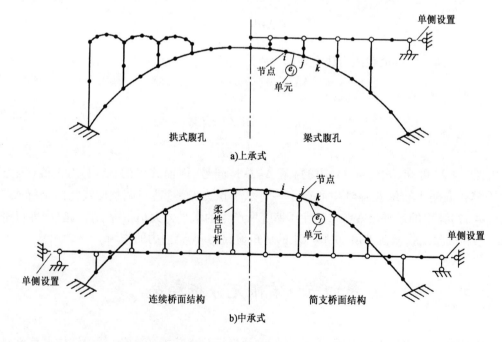

图 3-4-25

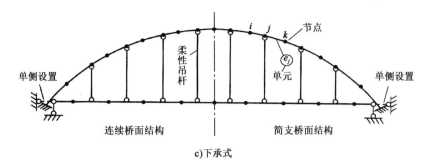

c)下承式

图 3-4-25　简单体系拱桥全桥有限元计算模型

对于施工中的裸拱,根据拱脚的约束条件,计算模型如图 3-4-26 所示。

边界条件对计算结果影响较大,应正确模拟,当拱座为刚性基础时拱脚可按固定约束处理,当拱脚仅插入桥台或拱座预留孔时可假定为铰接。

拱桥计算模型确定过程中应注意的几个问题:

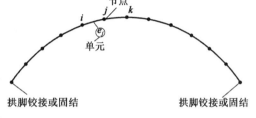

图 3-4-26　裸拱有限元计算模型

(1)一般所使用的平面杆系结构有限元分析软件对于曲线形拱圈都是采用逐段直线杆模拟的,故在单元划分时不宜分得太长。由于结构构造原因,构件连接处的各构件轴线有时不相交于一点,或即使相交于一点但在某一区域内轴线所代表的各构件实际上是一个块体,考虑到这些区域已超出杆系模拟的范围,同时不会发生像杆系那样的变形,采用刚臂(刚度很大,没有重量)连接或代替这一区域的轴线。

(2)模型可作为平面和空间结构看待,单元可以是曲杆也可以是直杆,可以是等截面也可以是变截面。当为平面模型时,没有考虑拱圈受力的横向不均匀性,分析中需考虑拱桥横向分布系数。

(3)由于有限元模型计算单元变形对结构内力影响已自动计入,所以无须像手算那样单独考虑拱圈弹性压缩、拱轴线偏离带来的影响。

(4)在分析板拱及箱形拱时,可根据实际情况将拱圈视为板壳结构,采用板单元进行分析计算,对厚度较大的实体板拱,还可采用实体单元做更为精确的分析。

(5)进行桥梁结构有限元分析时,除了应按相关规范要求考虑各种荷载因素(施工荷载、使用荷载等)、时间因素(混凝土徐变、收缩)外,还应逐阶段考虑结构施工步骤、体系变化等过程。拱桥的建成需经历一个复杂的成型、受力过程,应精细模拟。随着拱桥向大跨径方向发展、施工方法的多样化,在大跨径拱桥的结构设计和施工控制中需进行模拟施工全过程的结构受力分析,可使用商业化的桥梁分析软件通过对各施工加载阶段激活或钝化相应的单元,并模拟荷载变异、时间因素、温度、边界条件和约束条件变化的影响,进而得到符合桥梁结构实际受力状态的分析结果。

第五章 简单体系拱桥承载力与稳定性验算

第一节 拱圈截面承载力验算

在拱桥结构设计中,应根据结构特性,按可能发生的最不利情况进行作用组合,分别求出每个控制截面的最不利内力设计值及相应的其他内力设计值,即可验算控制截面的承载力和稳定性。一般无铰拱的控制截面在拱顶、$l/4$和拱脚处。对小跨径无铰拱桥只需验算拱顶和拱脚两个截面,但对无支架施工的大跨径拱桥还要加算$l/8$拱跨和$3l/8$拱跨两个截面。

作用组合可按下列方式进行:

(1)验算拱桥各阶段的截面承载力和拱的整体"强度-稳定"时,采用基本组合。

工况Ⅰ:由恒载、材料收缩、汽车荷载(包括冲击力)和人群荷载组合。

工况Ⅱ:在工况Ⅰ的基础上再加上温度变化的影响。

需要注意的是,计算应符合《圬工规》的规定:

①在计算拱圈内力时,应计入汽车荷载的冲击力。当拱上填料厚度(含桥面铺装厚度)大于或等于500mm时,设计计算中不计汽车荷载的冲击力。

②施工阶段验算时,构件自重效应分项系数为1.2,施工荷载效应分项系数为1.4。

③计算拱圈的温度变化影响时,温度作用效应可乘以折减系数0.7;计算拱圈的混凝土收缩影响时,如考虑徐变影响,作用效应可乘以折减系数0.45。

④计算超静定拱桥由相邻墩台引起的不均匀沉降或桥台水平位移引起的作用效应时,计算作用效应可乘以折减系数0.5。

⑤当采用公路—Ⅰ级、公路—Ⅱ级车道荷载计算拱的正弯矩时,各截面的折减系数宜按表3-5-1选取。

正弯矩折减系数　　　　表3-5-1

截面	跨径l(m)		
	$l \leq 60$	$60 < l < 100$	$l \geq 100$
拱顶、$l/4$拱跨	0.7	直线内插	1.0
拱脚	0.9	直线内插	1.0
其他截面	直线内插		

(2)在地震区,还应对地震作用进行验算,此时采用作用的地震组合。

(3)验算拱桥在一个桥跨范围内,频遇组合时的正负挠度绝对值之和最大值不应大于计算跨径的1/1000。

一 圬工拱桥

根据《圬工规》规定:拱圈采用分项安全系数的极限状态法设计。设计原则是:作用最不利组合的设计值应小于或等于结构抗力的设计值。

1. 拱圈截面承载力验算

根据《圬工规》规定，砌体受压构件：

$$\gamma_0 N_d < \varphi f_{cd} A \tag{3-5-1}$$

式中：N_d——轴向力设计值，kN；

f_{cd}——砌体或混凝土抗压强度设计值，MPa；

A——验算截面面积，m²；

γ_0——结构重要性系数，特大桥、重要大桥为1.1，大桥、中桥、重要小桥为1.0，小桥、涵洞为0.9；

φ——拱圈截面轴向力的偏心距e和长细比β对墩身承载力的影响系数，按《圬工规》有关规定计算。

2. 拱圈截面合力偏心距验算

任一截面应满足

$$e \leqslant [e] \tag{3-5-2}$$

式中：e——截面轴向力的偏心距，m；

$[e]$——偏心距限值，m，基本组合$[e] \leqslant 0.6s$，偶然组合$[e] \leqslant 0.7s$。

s值为截面或换算截面重心轴至偏心方向截面边缘的距离。

验算截面在各种荷载组合下的偏心距e，如果超过偏心距限值，可按下式确定截面承载力：

单向偏心：

$$\gamma_0 N_d \leqslant \varphi \frac{A f_{tmd}}{\dfrac{Ae}{W} - 1} \tag{3-5-3a}$$

双向偏心：

$$\gamma_0 N_d \leqslant \frac{A f_{tmd}}{\dfrac{Ae_x}{W_y} + \dfrac{Ae_y}{W_x} - 1} \tag{3-5-3b}$$

式中：f_{tmd}——受拉边缘的弯曲抗拉极限强度，MPa；

W——单向偏心时，截面受拉边缘的弹性抵抗矩，对于组合截面应按弹性模量比换算为截面弹性抵抗矩，m³；

W_x、W_y——双向偏心时，截面x方向受拉边缘绕y轴的截面弹性抵抗矩和截面y方向受拉边缘绕x轴的截面弹性抵抗矩，对于组合截面应按弹性模量比换算为截面弹性抵抗矩，m³；

e——单向偏心时，轴向力偏心距，m；

e_x、e_y——双向偏心时，轴向力在x方向和y方向的偏心距，m；

其余符号意义同前。

3. 拱圈正截面受剪验算

$$\gamma_0 V_d \leqslant A f_{vd} + \frac{1}{1.4} \mu_f N_k \tag{3-5-4}$$

式中:V_d——剪力设计值,kN;

　　　A——受剪截面面积,m²;

　　　f_{vd}——砌体或混凝土抗剪强度设计值,按《圬工规》有关规定采用,MPa;

　　　μ_f——摩擦系数,采用μ_f=0.7;

　　　N_k——与受剪截面垂直的压力标准值,kN;

其余符号意义同前。

二 钢筋混凝土拱桥

钢筋混凝土拱圈应进行承载能力极限状态和正常使用极限状态的计算。

1. 拱圈截面承载力验算

根据《混规》规定,钢筋混凝土轴心受压构件:

$$\gamma_0 N_d \leq 0.90\varphi(f_{cd}A + f'_{sd}A'_s) \tag{3-5-5a}$$

$$N_d = \frac{H_d}{\cos\varphi_m} \tag{3-5-5b}$$

式中:N_d——拱的轴向力设计值,kN;

　　　H_d——拱的水平推力设计值,kN;

　　　φ_m——拱顶与拱脚连线与水平线的夹角,(°);

　　　φ——轴压构件稳定系数,按《混规》有关规定采用;

　　　A——构件毛截面面积,m²,当纵向钢筋配筋率大于3%时,A应改用$A_n = A - A'_s$;

　　　A'_s——全部纵向钢筋的截面面积,m²;

其余符号意义同前。

2. 拱圈截面抗裂验算

根据截面内力计算结果,选取拱圈截面弯矩较大的截面进行抗裂验算,一般选取拱顶截面和拱脚截面,跨径较大的拱桥,可多选几个控制截面进行验算,并按照现行《混规》相关公式进行计算。抗裂验算方法已在"结构设计原理"课程中介绍,这里不再赘述。

三 钢管混凝土拱桥及钢拱桥

钢管混凝土拱桥为单管拱圈时,应进行单管受压构件(轴心受压构件、偏心受压构件)承载力验算,哑铃形拱圈应进行组合受压构件承载力验算,格构型拱圈应分别进行单管受压构件和组合受压构件承载力验算。验算方法参照现行《公路钢管混凝土拱桥设计规范》(JTG/T D65-06)相关规定进行,这里不再赘述。

钢拱桥应根据组成拱肋的各构件受力性质(轴心受压、轴心受拉、受弯、拉弯、压弯等)进行截面承载力验算,还应对构件连接处(焊接连接,栓、钉连接)进行承载力验算,对构件及构件连接处进行抗疲劳验算,等等。验算方法参照现行《公路钢结构桥梁设计规范》(JTG D64)相关规定进行,这部分知识内容将在"钢桥"课程中介绍,这里不再赘述。

第二节 拱的整体稳定性验算

拱的稳定性主要包括纵向(拱轴平面内)稳定性和横向(拱轴平面外)稳定性。

一 纵向稳定性验算

计算分析和试验均表明,竖向均布荷载作用下,无铰拱和两铰拱在拱轴平面内的失稳形式为反对称失稳,如图 3-5-1a)、图 3-5-1b)所示。三铰拱的失稳形式则取决于矢跨比 f/l,如图 3-5-1c)所示。当 $f/l \geq 0.3$ 时,发生反对称失稳;当 $f/l \leq 0.2$ 时,将发生对称失稳。

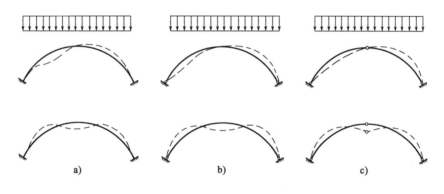

图 3-5-1 各类拱失稳形式

对长细比不大,矢跨比在 0.3 以下的拱,纵向稳定性验算一般可表达为承载力校核的形式,即将拱圈换算为相当长度的压杆,按平均轴向力计算(图 3-5-2)。

拱圈正截面稳定性的验算公式为

砌体(包括砌体与混凝土组合)受压构件:

$$\gamma_0 N_d < \varphi f_{cd} A \qquad (3-5-6)$$

混凝土受压构件:

$$\gamma_0 N_d \leq \varphi f_{cd} A_c \qquad (3-5-7)$$

钢筋混凝土构件:

$$\gamma_0 N_d \leq 0.90\varphi(f_{cd} A + f'_{sd} A'_s) \qquad (3-5-8)$$

式中:A_c——验算截面混凝土受压区面积,m^2;

N_d——拱的轴向力组合设计值,按式(3-5-5b)计算,kN;

其余符号意义同前。

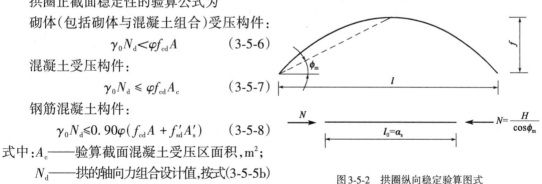

图 3-5-2 拱圈纵向稳定验算图式

二 横向稳定性验算

宽跨比小于 1/20 的拱圈以及无支架施工的拱桥,应验算拱的横向稳定性。目前,常采用以下公式来验算拱的横向稳定性。

$$K = \frac{N_L}{N_d} \geq 4 \tag{3-5-9}$$

式中：K——横向稳定安全系数；

N_L——拱丧失横向稳定性时的临界轴向力，kN；

N_d——拱的轴向力组合设计值，kN。

1. 半拱或采用单肋合龙的拱肋

半拱或采用单肋合龙的拱肋可近似用矩形等截面抛物线两铰拱，在均布竖向荷载作用下的横向稳定公式来计算临界轴向力和临界推力。

临界轴向力：
$$N_L = \frac{H_L}{\cos \varphi_m} \tag{3-5-10}$$

临界推力：
$$H_L = k \frac{E_c I_y}{8fl^2} \tag{3-5-11}$$

式中：k——临界荷载系数，与拱的矢跨比f/l及λ有关，见表3-5-2；

λ——截面抗弯刚度与抗扭刚度之比，$\lambda = \frac{E_c I_y}{G_c I_k}$；

I_y——拱圈截面对拱桥纵轴的惯性矩，m^4；

G_c——切变模量，$G_c = 0.4 E_c$，MPa；

I_k——扭转惯性矩，m^4。

等截面抛物线两铰拱横向稳定临界荷载系数k 表3-5-2

f/l	λ		
	0.7	1.0	2.0
0.1	28.5	28.5	28.0
0.2	41.5	41.0	40.0
0.3	40.0	38.5	36.5

试验与计算表明，无铰拱的临界荷载比有铰拱大。对悬链线无铰拱的横向稳定性，目前尚无成熟的计算公式，设计中可偏安全地采用两铰拱的计算公式，或者采用圆弧无铰拱计算临界轴向力。

2. 以横向联结系联结的肋拱及无支架施工时采用双肋合龙的拱桥

横向稳定计算比较复杂，近似计算时可将拱展开成一个与拱轴等长的平面桁架，按组合压杆计算其稳定性，如图3-5-3所示。临界轴向力按下式计算：

$$N_L = \frac{\pi^2 E_a I_y}{L_0^2} \tag{3-5-12a}$$

$$L_0 = \rho \cdot \alpha \cdot S \tag{3-5-12b}$$

式中：I_y——两拱肋对桥纵轴的惯性矩，m^4；

E_a——拱肋材料的弹性模量，MPa；

L_0——组合压杆计算长度，m；

α——计算长度系数，无铰拱为0.5，两铰拱为1.0。

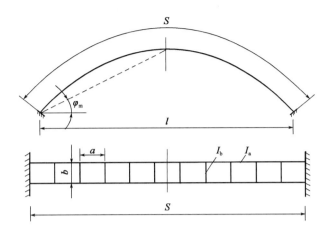

图 3-5-3 肋拱稳定计算图式

$$\rho = \sqrt{1 + \frac{\pi^2 E_a I_y}{L_j^2}\left(\frac{ab}{12E_b I_b} + \frac{a^2}{24E_a I_a} \times \frac{1}{1-\beta} + \frac{na}{bA_b G_c}\right)} \qquad (3\text{-}5\text{-}13)$$

式中：L_j——$L_j = \alpha \cdot S$，m；

　　　a——横系梁（或夹木）的间距，m；

　　　b——两拱肋中距，即横系梁的计算长度，m；

　　　I_a——单根拱肋对自身竖轴的惯性矩，m⁴；

　　　I_b——单根横系梁（或夹木）对竖轴的惯性矩，m⁴；

　　　E_b——横系梁（或夹木）的弹性模量，MPa；

　　　β——考虑节间局部稳定的有关系数，$\beta = a^2 N_L/2\pi^2 E_a I_a$，只能通过试算法求解，没有足够数目的横系梁时，可以忽略不计；

　　　n——与横系梁截面形状有关的系数，对矩形截面 $n=1.2$，对圆形截面 $n=1.1$；

$na/bA_b G_c$——考虑横系梁中剪力的影响；

　　　G_c——横系梁的切变模量，MPa；

　　　A_b——横系梁的截面面积，m²。

以上介绍了拱的面内、面外稳定性的简单验算，不考虑拱轴变形及材料非线性对拱稳定性的影响。对于复杂结构、坦拱或大跨径拱，需要利用有限元法，对拱进行非线性稳定分析。用有限元法求出拱结构的稳定系数 K，$K \geq 4 \sim 5$ 时认为稳定符合要求。

第六章 拱桥连拱计算

第一节 连拱计算的基本概念

多跨拱桥在荷载作用下,拱与墩的节点会产生水平位移和转角[图3-6-1a)]。考虑拱与墩节点产生变位的计算,称为连拱计算。在拱与墩节点的两个变位中,水平位移对拱、墩内力的影响较大,而转角对拱、墩内力的影响较小。因而,定性分析时可以用节点水平位移的大小,近似地反映连拱影响的程度。

一般而言,桥墩相对拱圈越细柔,拱墩节点的水平位移越大,连拱的影响越显著;反之,桥墩相对拱圈越刚劲,节点的水平位移越小,连拱的影响也越小。仅当桥墩相对拱圈的刚度接近无限大时,在荷载作用下,各拱墩节点才不会产生变位,即不存在连拱影响。此时,多跨拱桥可各自按拱脚固定的单跨拱计算[图3-6-1b)],称为"按固定拱计算",由此算得的内力称为"固定拱内力"。但在实际拱桥中,桥墩相对拱圈的刚度不可能无限大。即使是采用刚度较大的重力式墩,仍有一定的连拱作用,而钻孔灌注桩的柱式桥墩和轻型桥墩的连拱作用相当显著。为了更准确地反映桥梁的实际受力情况,一般多跨拱桥均应考虑连拱影响。

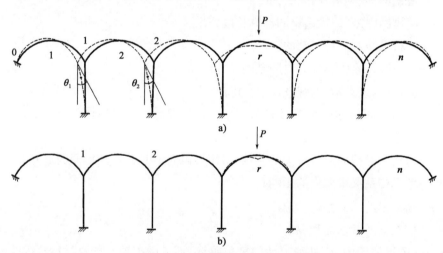

图3-6-1 多跨拱桥拱墩节点的位移图式

鉴于按连拱计算与按固定拱计算的根本区别在于拱脚是否产生变位,因此,按连拱计算的内力可视为按固定拱计算的内力加上连拱作用影响产生的内力。对上部结构而言,连拱影响主要是拱脚水平位移的影响,因而,连拱的内力也可视为固定拱内力加上拱脚水平位移产生的内力。

为了阐明连拱内力与固定拱内力的特性,以3跨拱桥[图3-6-2a)]为例进行分析图3-6-2b)~图3-6-2g)给出了3跨连拱与相应固定拱的几种主要影响线。根据各截面连拱及相应固定拱影响线,可以看出如下几个问题:

(1)连拱内力影响线与相应固定拱内力影响线不同。除了影响线的荷载长度和最大竖标位置不同[图3-6-2b)~图3-6-2e)]之外,还有与连续梁影响线相似的特点,即按固定拱计算时,一跨布载则该跨受力,其他跨不受力;按连拱计算时,一跨布载则全桥受力。

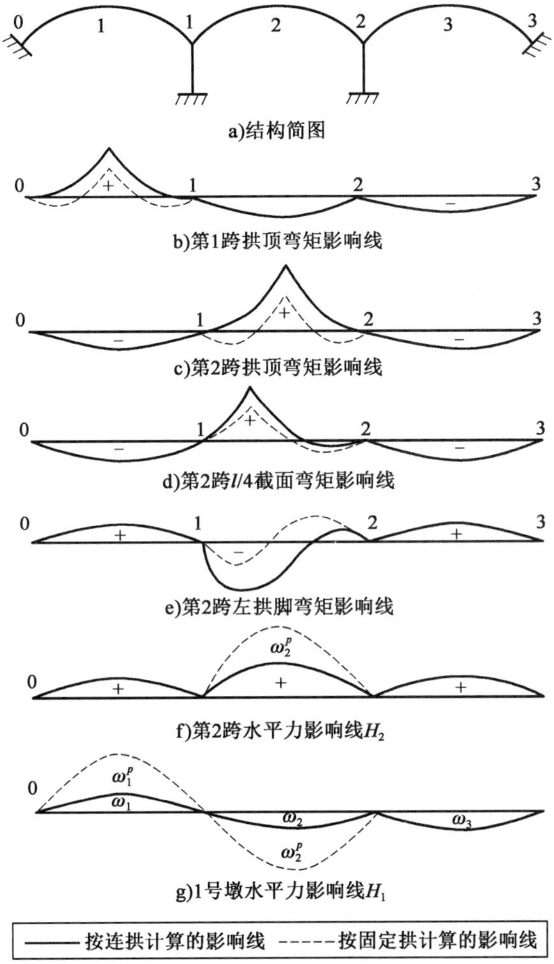

图 3-6-2 连拱内力影响线

在多跨拱桥中,连拱作用影响最大的是荷载跨。离荷载跨越远,拱墩节点的变位越小,因而连拱作用的影响也越小。

(2)计算拱脚、$l/8$ 截面最大负弯矩及拱中其他截面的最大正弯矩时,均以单跨(计算截面所在跨)布载不利[图 3-6-2b)~图 3-6-2e)];计算拱脚、$l/8$ 截面的最大正弯矩及拱中其他截面的最大负弯矩时,以多跨布载不利。计算表明,多跨布载的情况一般并不控制设计,控制设计的是布载跨拱脚的负弯矩和拱顶的正弯矩。

对于布载跨而言,由于拱脚水平位移的影响,按连拱计算时拱中水平反力[图 3-6-2f)]比按固定拱计算的小,而控制设计的拱脚负弯矩和拱顶正弯矩则比按固定拱计算的大。因而按连拱设计时需要适当地增强拱圈以承受比固定拱更大的弯矩值。

(3)按连拱计算时,墩顶水平力影响线的正、负面积均比按固定拱计算的小[图 3-6-2g)],而桥墩又常以墩顶水平力控制设计,故按连拱计算时,桥墩承受的水平力比固定拱小。

假使在图 3-6-2a)中,三跨连拱跨径相等,拱轴线相同,则在图 3-6-2g)中必有

$$\omega_1 + \omega_2 + \omega_3 = 0 \quad \text{或} \quad \omega_1 = |\omega_2 + \omega_3| \tag{3-6-1}$$

要证明式(3-6-1)的正确性,只需将图3-6-2a)中的等跨连拱同时施加均布荷载,则因1号墩墩顶水平力自相平衡,而式(3-6-1)得证。

由式(3-6-1)可知,计算1号墩墩顶最大水平力时,以荷载作用在第1跨为不利。同样,对于任意等跨连拱,计算边墩最大水平力时,以荷载作用在边跨为不利;而计算拱中最大弯矩时,则以荷载作用在中跨为不利。

不难证明,计算中墩的最大水平力时,不论是等跨还是不等跨连拱,最不利布载情况一般有两种可能性:其一,墩左各跨布载,墩右各跨无载;其二,墩右各跨布载,墩左各跨无载。这就是说,以墩顶单向水平力最大方式布载。

第二节 连拱简化计算方法

计算连拱的方法可分为精确法和简化法(近似法)两大类。《结构力学》教材中介绍的"直接刚度法"属于精确法,采用这类方法分析无铰连拱时,每个拱墩节点有两个变位未知数(水平位移和转角)。当连拱的计算跨数在3跨以上时,由于未知数较多,若采用手算,计算工作繁复。在计算机不够普及的时代,为简化连拱计算工作,便于手算,产生了多种连拱简化计算方法,主要用于工程实践的有三种:基于墩拱抗推刚度比的简化计算法、同时考虑墩顶节点位移和转角影响的总和法(简称∑法)及换算刚度法。以下仅介绍简化计算方法,其他两种方法,可阅读相关文献。

需要指出的是,连拱简化计算方法虽为手算带来了较大方便,但随着结构有限元计算方法的普及,手算方法的用途已逐渐减少。因此,介绍简化计算方法的目的主要在于使读者认识、了解连拱作用的基本概念、连拱结构的受力特点与性能。

一 计算图式

简化计算方法是根据桥墩的抗推刚度 $\bar{K}'$(按下端固结、上端铰接计算)与拱的抗推刚度 K 的不同比值,采用不同的简化计算图式。经过计算对比分析,根据 $\bar{K}'/K$ 的不同比值,采用三种不同的简化计算图式,见表3-6-1。

连拱简化计算图示　　　　　　　　　　表3-6-1

种类	计算简图	适用范围
第一种	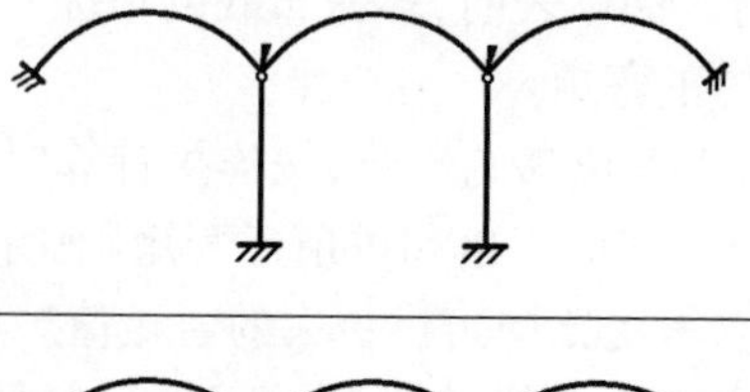	$\bar{K}'/K \leqslant 2/3$
第二种	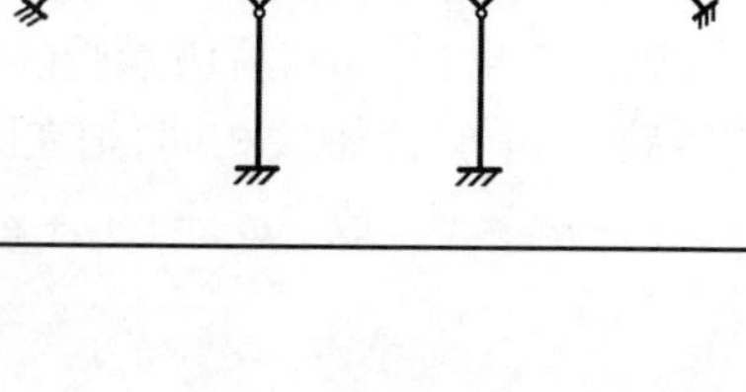	$2/3 < \bar{K}'/K \leqslant 7$

续上表

种类	计算简图	适用范围
第三种		$\bar{K}'/K > 7$

注:表中,K 为拱的抗推刚度,$\bar{K}'$ 为下端固结上端铰接墩的抗推刚度。

(1)当 $\bar{K}'/K \leqslant 2/3$ 时,无铰连拱可按表3-6-1第一种连拱简化图式计算。此时,由于拱的抗推刚度较大而墩的抗推刚度较小,在拱墩节点变位中,拱对墩有较大的约束作用,阻碍了墩顶的转动。在这种情况下,拱墩节点采用固结的图式,并假定节点的转角为零。

(2)当 $2/3 < \bar{K}'/K \leqslant 7$ 时,无铰连拱可按表3-6-1中第二种连拱简化图式计算,即将墩顶视为铰接,并假定拱脚的转角为零。

(3)当 $\bar{K}'/K > 7$ 时,无铰连拱可按表3-6-1中第三种连拱简化图式计算。此时,由于墩的抗推刚度 $\bar{K}'$ 比拱的抗推刚度 K 大了许多,拱圈已不能阻止墩顶转动,略去墩顶约束作用,则墩顶呈铰接状态。

表3-6-1中的三种连拱简化计算图式从结构力学角度讲,有着明显的共性,即在位移法的基本未知数中,只有水平位移一个未知数。因而,可用位移法建立统一的计算公式,计算节点变位和拱、墩内力。

二 内力计算

根据上述简化计算图式,连拱计算的内力可视为按固定拱计算的内力加上连拱作用影响产生的内力。由于简化计算方法只考虑了节点水平位移的影响,连拱作用的附加力系由拱脚产生的水平位移所引起。对于荷载跨而言,两拱脚所产生的水平位移都是向外的,由此引起的附加力将在拱的弹性中心产生一对水平拉力 ΔH(图3-6-3)。

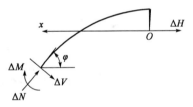

图3-6-3 连拱作用引起的附加内力

连拱作用(加载跨)引起的附加内力为

$$\left. \begin{array}{l} \Delta N = -\Delta H \cos\varphi \\ \Delta M = \Delta H \cdot y \end{array} \right\} \quad (3\text{-}6\text{-}2)$$

轴向力:
弯矩:

式中:ΔH——连拱作用引起的水平力,kN。对荷载跨而言,ΔH 为拉力,故 ΔH 又称为连拱作用引起的水平力损失。

连拱内力=固定拱内力+附加内力,即

水平力:
轴向力:
弯矩:

$$\left. \begin{array}{l} H = H^F - \Delta H \\ N = N^F - \Delta H \cos\varphi \\ M = M^F + \Delta H \cdot y \end{array} \right\} \quad (3\text{-}6\text{-}3)$$

式中:H^F、N^F、M^F——按固定拱计算的水平力、轴向力、弯矩。

考虑连拱作用后,桥墩承受的水平力 $\bar{H}$ 为

$$\overline{H} = \overline{\xi} H_{max}^F < H_{max}^F \tag{3-6-4}$$

式中：H_{max}^F——按固定拱计算的活载最大水平力，kN；

$\overline{\xi}$——小于1的系数。

上述连拱简化计算方法的优点是未知数少，计算简单。但是，这种简化计算方法由于忽略了节点转角的影响，拱、墩内力特别是墩顶与拱脚的截面内力常与精确解相差较多。

拓展小知识

拱桥的横向稳定性

拱桥宽跨比小于1/20时，应验算拱的横向稳定性，横向稳定安全系数$K \geq 4 \sim 5$。采用双肋式拱圈设计时，为满足横向稳定性需要，根据不同的宽跨比拱圈可布置成提篮式、平行式或蝴蝶式。公路拱桥由于设计车道数不同，宽跨比不同，这三种布置形式都有；铁路拱桥由于桥宽较窄（双线铁路桥桥宽10m左右，四线铁路桥桥宽20m左右），很少设计成蝴蝶式的，平行式的也采用较多肋间横撑，大跨径拱桥大多设计为提篮式的。

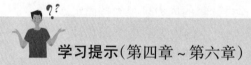

学习提示（第四章~第六章）

拱桥计算主要包括截面内力计算（含连拱计算）、截面承载力计算、稳定性计算等。

简单体系拱桥截面内力计算，三铰拱桥采用静力平衡条件求解；两铰拱桥采用力法方程求解；无铰拱桥采用结构力学的弹性中心法求解，恒载内力和附加内力计算采用悬臂曲梁计算模型，活载内力计算采用简支曲梁计算模型，利用影响线进行加载计算。

组合体系拱桥中的有推力拱桥超静定次数较多，可以采用简化计算方法，此时为近似解，也可利用大型结构分析软件采用有限元方法计算，解为数值解；无推力拱桥一般利用大型结构分析软件采用有限元方法计算。本文重点介绍了中、小跨径简单体系拱桥的计算方法，大跨径组合体系拱桥计算在"桥梁结构分析与计算"课程中介绍。

附加内力计算包括预加力、温度变化、基础变位、混凝土材料的收缩和徐变等引起结构附加内力，重点掌握产生附加内力的原因，可采用有限元计算分析。

思考与练习(第四章~第六章)

1. 解释名词：恒载压力线、拱轴线、合理拱轴线、起拱线、拱轴系数、矢跨比、拱上联合作用、连拱作用。

2. 拱桥的拱上建筑联合作用与连拱作用一样吗？

3. 拱桥计算中，什么情况下可以近似地不计荷载横向分布的影响，什么情况下必须考虑？

4. 拱轴线形有哪几种？分别对应于何种荷载？

5. 简述拱圈内力调整方法，分别说明应怎样调整。

6. 实腹式悬链线无铰拱桥的拱轴系数 m 采用什么方法计算？如何确定？

7. 空腹式悬链线无铰拱桥的拱轴系数 m 采用什么方法计算？如何确定？

8. 空腹式拱轴系数的确定为什么不能用 $m=\dfrac{g_j}{g_d}$ 进行计算？

9. 求无铰拱桥拱圈内力之前，为什么必须先求弹性中心的内力？

10. 无支架和少支架施工的简单体系无铰拱桥，为什么拱轴系数一般不宜过大？

11. 拱圈除进行截面承载力验算外，为什么还要进行截面偏心距验算？

12. 为什么要进行裸拱计算？

13. 什么情况下应考虑连拱影响？如何进行计算？

14. 结合结构力学知识绘简图说明无铰拱桥在恒载、活载作用下拱圈截面内力的计算方法。

15. 为什么说空腹式无铰拱的拱轴线采用悬链线比用恒载压力线更合理？

16. 简述中、下承式拱桥中，短吊杆与长吊杆的受力差异，并说明易破坏吊杆的损伤原因，分析斜拉桥和悬索桥有无类似问题。

17. 某单跨下承式抛物线无铰拱桥，矢跨比为1/5，跨径为80m，拱脚处设有等截面空心墩，墩高20m，拱上恒载可视为均布荷载，恒载集度为40kN/m，试计算拱桥恒载水平推力。若桥墩截面刚度为EI，请问该水平推力产生的拱脚水平位移为多少？在此位移影响下拱顶、拱脚截面受力会如何变化？

18. 试绘简图分析说明空腹式钢筋混凝土无铰拱桥，在温度变化(整体升温，整体降温)下会产生怎样的内力变化。

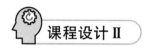

依据"附录Ⅱ-2"课程设计任务书资料，选取20~60m跨径，设计一座简单体系无铰拱桥。内容包括设计参数选定、结构尺寸拟定、拱圈控制截面内力计算(永久作用内力计算、可变作用内力计算、作用组合及作用效应设计值计算、内力包络图)、绘制一般构造图等。

第七章 组合体系拱桥

第一节 有推力组合体系拱桥

有推力组合体系拱桥的承重结构由固结为整体拱形片结构构成,通常设计为上承式结构,包括桁架拱桥和刚架拱桥。

一 桁架拱桥

桁架拱桥又称拱形桁架桥,是一种有水平推力的桁架结构,上部结构由桁架拱片、横向联结系和桥面板组成。桁架拱片是主要承重结构,是由上弦杆、下弦杆、腹杆以及跨中附近由上下弦杆靠近而形成的实腹段所组成的桁架拱片,如图3-7-1所示。

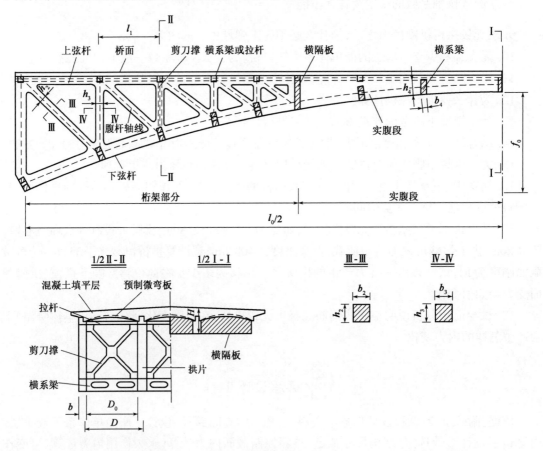

图3-7-1 桁架拱桥的主要组成构造

桁架拱桥的拱上建筑与拱肋融为一体,共同受力,整体性好。桁架部分各杆件主要承受轴向力,具有普通桁架的受力特点。实腹段具有拱的受力特点:拱的水平推力减少了跨中弯矩,使跨中实腹段在恒载作用下主要承受轴向压力;在活载作用下将承受弯矩,成为偏心受压构件。桁架拱综合了桁架和拱的有利因素,以承受轴向力为主,可采用钢筋混凝土材料修建。同时,拱上结构与拱肋已形成桁架,能充分发挥全截面材料的作用,与同跨梁桥相比,节省钢材较多,圬工用量比同跨拱桥要少。另外,由于桁架拱外部通常采用两铰结构,地基位移、温度变化等产生的附加内力较小。

桁架拱的拱上结构在施工中由于具有整体的钢筋骨架,可整体预制安装或采用分段预制、吊装就位后连接成整体。桁架拱预制构件规格少、施工工序少,因此工期短。

桁架拱各节点均为刚性连接,节点的次应力容易导致杆件两端开裂,影响耐久性;桁架拱是推力结构,支点反力大,对地基有一定的要求;桁架拱一般采用预制安装,因此安装的块件较大,运输和安装过程中需要较大的起重设备,对施工工艺要求较高。因此,桁架拱桥的应用范围以20~50m的中等跨径为宜。但是,如果采用预应力的桁架拱,可控制受拉杆件开裂的问题,并可使跨径增大。

1. 桁架拱桥分类

根据构造不同,桁架拱桥可以分为普通桁架拱桥和桁式组合拱桥。

(1)普通桁架拱桥

普通桁架拱桥中,三角形腹杆的桁架拱片腹杆根数少,杆件的总长度也短,因此腹杆用料省,整体刚度较大[图3-7-2a)]。但当拱跨较大、矢高较高时,三角形体系的节间过大,为了承受桥面荷载,就要增加桥面构件钢筋用量。因此,宜增设竖杆来缩短节间长度,形成带竖杆的三角形桁架拱[图3-7-2b)]。根据倾斜方向不同,斜杆又有斜压杆和斜拉杆两种[图3-7-2c)、图3-7-2d)]。前者斜杆受压,竖杆受拉,且斜杆的长度随矢高和节间长度的增大而显著增长,尤其是第一个节间内的斜杆长度更长。为了防止斜杆受压失稳而需增大截面尺寸,可采用不同截面尺寸的斜杆以节省材料,但施工麻烦。同时,这种斜压杆式的桁架拱桥外形不太美观,故目前较少采用。后者则相反,斜杆受拉而竖杆受压(图3-7-3)。为避免拉杆及节点开裂,并减小截面尺寸,节省材料,可采用预应力混凝土斜拉杆,外形也较美观,是常用的一种形式。

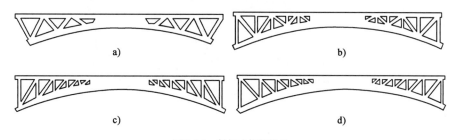

图3-7-2 斜杆式桁架拱片

(2)桁式组合拱桥

桁式组合拱桥与普通桁架拱桥的主要区别在于上弦杆断点位置不同。普通桁架拱桥的上弦杆简支于墩(台)上,上弦杆与墩(台)之间没有断缝(断点),而桁式组合拱桥上弦杆却是在墩(台)顶部至拱顶之间适当位置断开,形成一条断缝(断点),从断点至墩(台)顶部形成一个悬臂桁架,并与墩(台)固结,跨间两断点之间为一普通桁架拱,全桥下弦杆保持连续。从力学上看,相当于普通桁架拱支承于两端的悬臂桁梁上,从而形成拱梁组合体系,如图3-7-4所示,断点位置一般在$(0.5~0.6)l$处。

图3-7-3 桁架拱桥示例(浙江三门上叶桥)

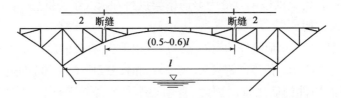

图3-7-4 桁式组合拱桥的组成
1-桁架拱部分;2-悬臂桁架部分

桁式组合拱桥常用于100m以上跨径的预应力混凝土拱桥,目前已建成的贵州江界河大桥(图3-7-5)跨径达330m,居世界首位。

图3-7-5 预应力混凝土桁式组合拱示例(贵州江界河大桥)

桁式组合拱桥的特点是保留了普通桁架拱的优点,纵、横刚度大,施工和运营阶段稳定性好,拱顶正弯矩比同跨径普通桁架拱减少30%以上,构造简单,由于上弦断开,其拉力比同跨径普通桁架拱减少200%以上。悬臂桁架在施工和运营阶段受力一致,不需额外增加施工用材,总体经济性较好。

2. 桁架拱桥计算

桁架拱桥计算可分为采用解析法计算(手算)和采用有限元方法利用结构分析软件进行计算(计算机计算)两种方法。桁架拱桥的桥面板是在预制的桁架拱片纵梁上逐步施工成型的,桥面板初期不参与拱片受力,因此,计算恒载时只考虑上弦杆或纵梁截面在施工过程中的变化及相应的徐变效应。整体式拱桥横向是由多个整体式拱片通过横向联结系形成整体的,计算中可分析一个拱片受力(手算法多用),然后考虑横向分布系数。有限元法求解目前多采用空间整体模型进行分析。拱脚处应按实际施工及使用状态模拟。

当采用力法手算桁架拱桥时,为简化计算,以单片拱片为计算对象,以各杆件的轴线形成结构计算图线,将桁架拱的节点处理为理想铰接。在桁架与实腹段连接的截面处,按平截面假定,利用刚臂将各构件计算图线相连。这样可将桁架拱桥简化为外部一次超静定、内部静定的双铰桁架拱式结构,以水平推力 H 作为赘余力,简化计算模型如图3-7-6所示。

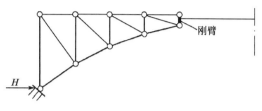

图3-7-6 桁架拱桥上部结构简化计算模型

由 H 方向的结构变形协调条件可得

$$H = -\frac{\Delta_{HP}}{\delta_{HH}} \tag{3-7-1}$$

式中:Δ_{HP}——外荷载作用下基本结构在 H 方向的变位;

δ_{HH}——基本结构在赘余力 $\overline{H}=1$ 作用下支点的水平变位。

计算 Δ_{HP}、δ_{HH} 时,桁架部分的杆件只考虑轴向力,实腹段部分只考虑弯矩(轴向力影响小,可不考虑)。因此

$$\left. \begin{array}{l} \delta_{HH} = \sum \dfrac{\overline{N_H^2} l}{EA} + \sum \dfrac{\overline{M_H^2} \Delta l}{EI} \\ \Delta_{HP} = \sum \dfrac{\overline{N_H} N_P l}{EA} + \sum \dfrac{\overline{M_H} M_P \Delta l}{EI} \end{array} \right\} \tag{3-7-2}$$

式中:$\overline{N_H}$、N_P——$\overline{H}=1$ 和外荷载作用于基本结构时桁架杆件的轴向力,kN;

$\overline{M_H}$、M_P——$\overline{H}=1$ 和外荷载作用于基本结构时实腹段截面的弯矩,kN·m;

l、A——桁架杆件的长度,m,截面面积,m^2;

Δl、I——用分段总和法计算实腹段变位时,实腹各分段的长度,m,截面惯性矩,m^4。

在进行活载内力计算时,只要将外荷载取 $P=1$,并依次作用于桁架拱上弦各节点与跨中实腹段各分段点,按式(3-7-1)求出相应的 H 值,即求得 H 的影响线。然后用静力平衡条件求得各杆件的内力影响线及实腹段的弯矩影响线。

当采用有限元法分析时,以各构件的轴线作为计算图线,同时应注意施工过程中上弦杆和实腹段截面将由预制截面变成与桥面板组合的组合截面的变化过程(图3-7-7)。各杆件之间的连接可不再假定为铰接,即视为刚结。需要注意的是,由于桁架拱桥自身的组合结构导致整体性不足的特点,国内已经较少修建,所以桁架拱有限元计算分析时往往面对的是服役多年的桁架拱桥,此类桥梁建模时应注意各杆件之间的连接是否已经开裂,从而在模拟中按照其实际状况处理。

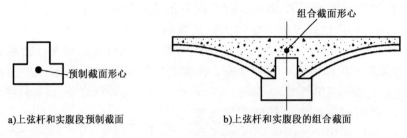

a) 上弦杆和实腹段预制截面　　　b) 上弦杆和实腹段的组合截面

图 3-7-7　桁架拱桥实腹段与空腹上弦杆组合截面

二　刚架拱桥

1. 刚架拱桥设计

刚架拱桥是在桁架拱桥、斜腿刚架桥等基础上发展起来的桥型,属于有推力的高次超静定结构。刚架拱桥由于具有构件少、重量轻、整体性好、刚度大、施工简便、造价低、造型美观等优点,被广泛用于跨径 25~70m 的桥梁。

刚架拱桥的上部结构由刚架拱片、横向联结系和桥面等部分组成(图 3-7-8),特点是:在顺桥方向,将常规的拱圈与拱上建筑部分组成整体受力的结构,拱上建筑不是单纯传递荷载,而是参与承受荷载;在横桥向,通过加腋板或微弯板将拱肋与现浇桥面组成整体的受力结构。虽为拱式体系,但恒载推力较常规拱桥要小。为控制桥梁建筑高度,可将矢跨比选择得小一些,一般在 1/10~1/7 的范围内取值。

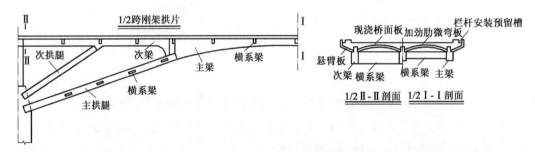

图 3-7-8　刚架拱桥的主要组成构造

刚架拱片是刚架拱桥的主要承重结构,一般由跨中实腹段的主梁、空腹段的次梁、主拱腿(主斜撑)、次拱腿(斜撑)等构成(图 3-7-9),与桥面板一起形成刚架拱的主拱片。主梁和主拱腿的交接处称为主节点,次梁和次拱腿的交接处称为次节点。节点构造一般均按固结设计,并配置钢筋。

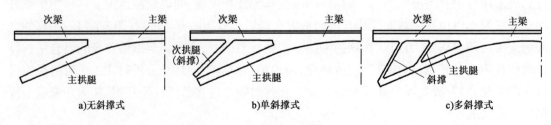

a) 无斜撑式　　　　　　b) 单斜撑式　　　　　　c) 多斜撑式

图 3-7-9　刚架拱总体布置

主梁和主拱腿构成的拱形结构的几何形状是否合理,对全桥结构的受力有显著的影响,设计原则是在恒载作用下弯矩最小。主梁和次梁的梁肋上缘线一般与桥面纵向平行,主梁下缘线一般可采用二次抛物线、圆弧线或悬链线,使主梁成为变截面构件。主拱腿可根据跨径大小和施工方法等不同,设计成等截面直杆或微曲杆。有时从美观的角度考虑,也可采用与主梁同一曲线的弧形杆,这样可改善梁、拱腿的受力性能。

横向联结系的作用是将刚架拱片连成整体,共同受力,并保证横向稳定。为了简化构造,横向联结系可采用预制装配式的横系梁或横隔梁,间距视跨径大小布置。一般在刚架拱片的跨中、主次梁端部等处设置横系梁。当跨径较大或者跨径小但桥面很宽时,为了加强跨中实腹段刚架拱片间的横向整体性,利于荷载的横向分布,可增设直抵桥面板的横隔梁。

桥面可由预制微弯板、现浇混凝土填平层、桥面铺装等部分组成,也可采用预制空心板、现浇混凝土层及桥面铺装等构成。

刚架拱桥的总体布置形式主要与桥梁跨径、荷载大小等有关。当跨径小于30m时,可采用只设主拱腿,不设次拱腿的最简单形式[图3-7-9a)]。当跨径在30~50m时,为了减小腹孔段次梁和斜撑的内力,可以设置一根次拱腿[图3-7-9b)]。随着跨径增大,为减小次梁和斜撑的内力,可设置多根斜撑。这些斜撑都可以直接支承在桥梁墩(台)上,也可以支承在主拱腿上,以缩短次拱腿的长度[图3-7-9c)、图3-1-9a)]。

刚架拱片可以采用现浇或预制安装的方法施工,应根据运输条件和安装能力确定,目前大多数采用后者。为了减轻吊装重量,可将主梁和次梁、斜撑等分别预制,用现浇混凝土连接。当跨径较大时,次梁还可分段预制。

2. 刚架拱桥计算

刚架拱桥计算基本思路与桁架拱桥相似。刚架拱桥除两个次梁为受弯构件外,其余杆件,如拱腿、次拱腿、斜撑及实腹段,均属于压弯构件,部分具有刚架的受力特点。

当采用力法计算刚架拱桥时,为简化计算,以单片刚架拱片为计算对象,以刚架拱各杆件的轴线为计算图线。在空腹、实腹交界的截面处,利用刚臂将各构件计算图线相连。假定斜撑以半铰的方式与空腹段纵梁连接(试验证明,半铰假定是合理的),可将刚架拱桥简化为五次超静定结构,恒载计算时,可按照对称性将模型进一步简化为三次超静定结构,图3-7-9b)的计算模型如图3-7-10所示。

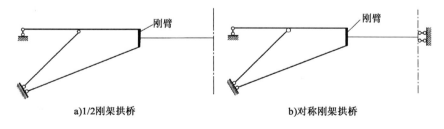

a)1/2刚架拱桥　　　　　　　　b)对称刚架拱桥

图3-7-10　刚架拱桥简化计算模型

按结构力学中的力法方程,取图3-7-10a)所示的基本结构,变形协调方程为

$$\left.\begin{array}{l}\delta_{11}X_1 + \delta_{12}X_2 + \delta_{13}X_3 + \Delta_{1P} = 0 \\ \delta_{21}X_1 + \delta_{22}X_2 + \delta_{23}X_3 + \Delta_{2P} = 0 \\ \delta_{31}X_1 + \delta_{32}X_2 + \delta_{33}X_3 + \Delta_{3P} = 0\end{array}\right\} \tag{3-7-3}$$

式中： $X_i(i = 1\sim3)$——刚架拱结构的赘余力,kN；

$\delta_{ij}(i = 1\sim3, j = 1\sim3)$——单位力在基本结构赘余力方向产生的变位；

$\Delta_{iP}(i = 1\sim3)$——外荷载在基本结构赘余力方向产生的变位。

式(3-7-3)中各项位移的计算公式可参见结构力学,此处不再列出。根据刚架拱桥的受力特点,计算位移时可以忽略轴向力对变形的影响。

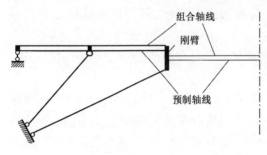

图 3-7-11 刚架拱上部结构考虑组合截面影响的简化计算模型

求出赘余力之后,求解赘余力或赘余力影响线,利用静力平衡条件求解各截面的内力及内力影响线,并最终求得结构内力。

与桁架拱桥一样,刚架拱桥的结构计算目前以有限元分析计算为主。有限元分析软件不断更新,目前多以空间整体建模为主。模型处理中刚架拱片各构件之间的连接均视为刚结,实腹段与主梁的连接、次拱腿(斜撑)与边腹孔纵梁的连接往往也处理为刚结,如图 3-7-11 所示。

第二节 无推力组合体系拱桥

一 特点

1. 结构特点

根据结构,无推力组合体系拱桥有简支式、连续式和单悬臂式,以下主要介绍简支式和连续式。

简支式无推力组合体系拱桥是下承式组合体系拱桥(图 3-7-12),由于平衡拱脚水平推力的构件不同,结构形式分为两种:第一种结构由拱肋、纵梁、吊杆、横梁与桥面板等组成,拱肋和纵梁共同受力,拱的水平推力由纵梁承担,称作拱-梁组合结构;第二种结构则由拱肋、系杆、吊杆、横梁和桥面板等组成,桥面结构悬吊在拱肋上,拱的水平推力则由与桥面结构分离的系杆承担,称作拱-系杆组合结构,也称作系杆拱。简支式无推力组合体系拱桥在结构受力、整体刚度、跨越能力、构造要求及外形协调性等方面均有一定的优势。

连续式无推力组合体系拱桥是指三跨或多跨结构连续的组合体系拱桥(图 3-7-13)。根据桥面系与拱圈的相对位置,连续式无推力组合体系拱桥分为上承式[图 3-7-13a)]、中承式[图 3-7-13b)]及下承式[图 3-7-13c)]三种结构类型。

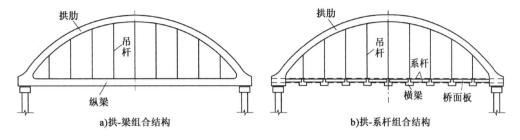

图 3-7-12 简支式组合体系拱桥

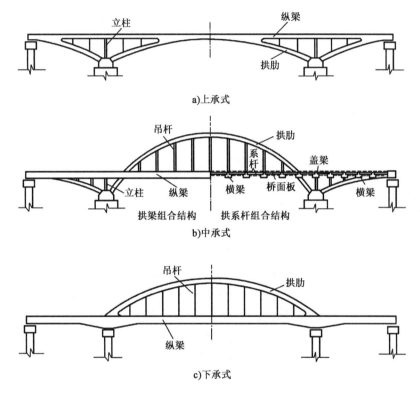

图 3-7-13 连续式组合体系拱桥

上承式结构由拱肋、立柱、纵梁、横向联系和桥面板等组成,是一种拱与梁组合的结构,梁与拱共同受力并承担拱产生的水平推力,如图 3-7-14a)所示。

中承式结构有两种形式:第一种结构由拱肋、纵梁、吊杆、立柱、横梁与桥面板等组成,拱和梁共同受力,拱的水平推力由梁承担;第二种结构由拱肋、系杆、吊杆、立柱、横梁、边纵梁、桥面板等组成,桥面结构悬吊在拱肋上,拱的水平推力则由与桥面结构分离的系杆承担,如图 3-7-14b)所示。

下承式结构为纵梁采用多跨连续梁形式,拱圈与连续梁结合,基本组成和构造形式与简支式组合体系拱桥相似,边跨采用与中跨截面相似的纵梁,如图 3-7-14c)所示。

a) 上承式(台湾碧潭桥)　　　　　　b) 中承式(泸州合江长江公路大桥)

c) 下承式五跨三拱连续系梁(青藏铁路拉萨河大桥)

图 3-7-14　连续式组合体系拱桥示例

2. 受力特点

简支式无推力组合体系拱桥是外部静定结构,对下部结构无水平推力作用。

连续式无推力组合体系拱桥与简支式无推力组合体系拱桥有很多共同之处,区别主要在于系梁为刚性连续梁,在构造上可以处理成完全无水平冗余约束或在成桥后才形成冗余约束两种方式。即使有水平冗余约束,也是在桥梁建成后才起作用,大部分永久作用并不引起水平推力,表现出连续梁桥的外部受力特点。有推力组合拱桥多为有冗余水平约束的上、中承式连续梁-拱或者刚架-拱组合桥,仍然具有连拱的某些受力特点,拱脚处还有一定的水平推力。当跨径较大时,活载引起的拱脚水平推力也较大,这时连续梁的受力特点不再明显,更多地呈现出连续刚构的受力特点。无推力组合体系拱桥的结构特点是根据结构外部受力要求布置拱与梁(或系杆)的相对位置调整结构内力分布。

从结构体系角度分析,对于单跨无推力组合体系拱桥,为外部简支体系,荷载作用下,下承式组合体系拱桥的跨中都通过拉开拱与梁(或系杆)的相对距离,利用拱、梁(或系杆)的压力与拉力形成自平衡的段,抵抗力矩,以平衡外荷载弯矩。

对于多跨无推力组合体系拱桥,当为连续下承式组合体系拱桥时,通过对中跨的加强平衡内力,中跨与边跨的相互影响大为减弱,边跨出现负反力的可能性大大减小,使非通航边跨的跨径达到最小值;当为连续上承式和中承式组合体系拱桥时,通过加强中支点旁区段(设置较长的空腹段),扩大负弯矩作用区段的范围,调整结构内力分布。

二　构造与设计

1. 总体设计

根据构造,无推力组合体系拱桥可有五种形式,每一种形式都有其特殊的总体构造特点与要求。图 3-7-15 给出了无推力组合体系拱桥的适用跨径、分跨比例、矢跨比及其他参数。

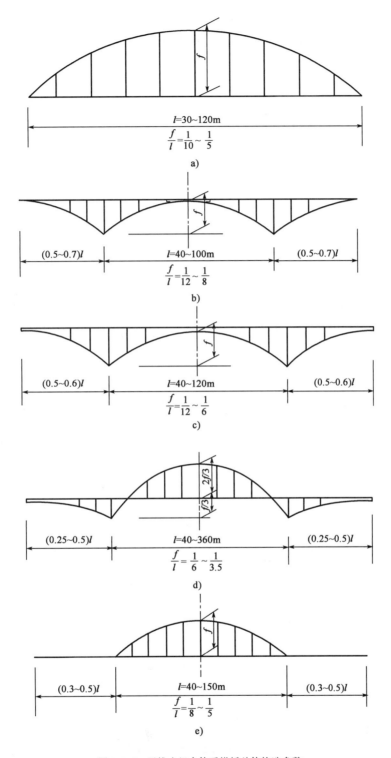

图 3-7-15 无推力组合体系拱桥总体构造参数

中承式和下承式结构可以是单拱肋式或多拱肋式。若采用多拱肋,拱肋之间横向一般需设置风撑;不设风撑时必须采用强大的端横梁,若为拱-梁组合结构则应选用抗扭刚度较大的纵梁。单拱肋的拱-梁组合结构，纵梁必须采用箱梁，以满足空间稳定的要求。

上承式结构为多肋式构造，拱肋间距一般为 4~6m，肋间应设置横向联系。空腹范围内节间长度和实腹范围内的横梁间距为 $l/16$~$l/10$，一般限制在 10m 以内。

上承式和中承式结构在拱脚处立柱间、拱脚与近拱脚的拱肋间设置剪刀撑，以保证桥梁横向及拱肋纵向的整体性。

2. 结构构造

拱肋一般采用钢筋混凝土结构、劲性钢骨混凝土结构或钢管混凝土结构，拱肋的构造参照第三篇第二章第一节"肋拱"相关部分内容。

纵梁承受着拉弯组合作用，构造上与拱肋、横梁及吊杆或立柱连接在一起。纵梁采用预应力混凝土材料，截面形式有矩形、工字形或箱形（图 3-7-16），应根据跨径、梁高、拱肋布置形式等情况选用。对于双肋式构造，当吊杆的间距较小时，常采用矩形截面。截面的构造（尤其是工字形和箱形截面）须与其他构造要求（如预应力钢筋布置等）综合考虑。为了保证拱肋的稳定性，非箱形截面的纵梁与桥面板之间须有可靠的联结，提供足够的整体刚度，确保吊杆能产生有效的非保向力效应（图 3-7-17）。对于刚拱柔梁的下承式与中承式结构，纵梁虽在构造上仍与拱肋、横梁及吊杆等联结，但已趋向主要承受拉力作用的构件（系杆）。

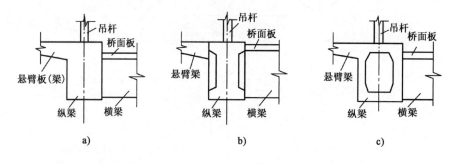

图 3-7-16 纵梁截面形式

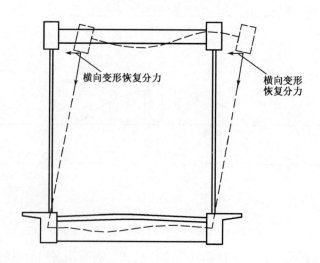

图 3-7-17 吊杆非保向力效应

系杆的构造、受力与纵梁完全不同。系杆的作用主要是承担拱肋所产生的水平推力,不承担桥面局部荷载和参与拱肋抗弯作用,故在构造上系杆一般采用抗弯刚度较小的柔性构件,并且系杆与横梁、吊杆或立柱不产生共同作用。系杆的构造方式目前常用的有三种:在横梁顶面设置纵向可自由滑动的系杆箱,内分隔成多室,穿入高强钢丝或钢绞线成品索[图3-7-18a)];在横梁顶面设置滚轮,其上放置高强钢丝或钢绞线成品索[图3-7-18b)];在横梁上预设纵向可自由滑动的系杆孔(道),内穿高强钢丝或钢绞线成品索[图3-7-18c)]。

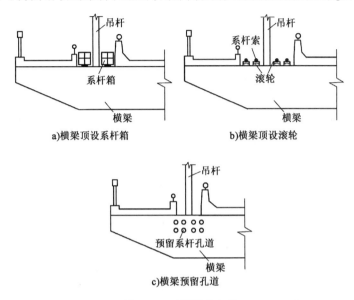

图3-7-18 系杆构造方式

横梁可以采用钢筋混凝土或预应力混凝土结构,根据纵梁或吊杆横向之间的跨径确定。截面形式有矩形、工字形、丁字形、凸字形及带凸头工字形等(图3-7-19)。为形成桥面横坡,横梁一般为变高度的。对于拱-梁组合结构,矩形、工字形、凸字形及带凸头工字形横梁,在其两端与纵梁联结后,梁顶作为桥面板的支承面,并与预制桥面板通过现浇混凝土结合成桥面结构。丁字形横梁为带翼的肋板式梁,翼板作为桥面板的一部分,同时横梁之间留有一部分现浇的桥面板。为了保证桥面以上拱肋平面外稳定性,桥面处的拱肋横梁应构造强大,起到约束拱在平面外转动的作用。在大跨径结构中,此横梁可采用箱形截面。

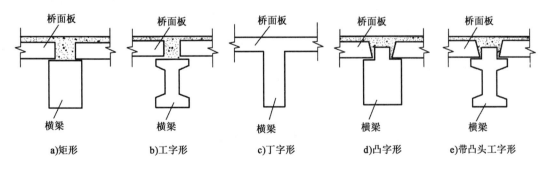

图3-7-19 横梁截面形式

对于拱-系杆组合结构,横梁与桥面板或与带(小)纵梁的桥面板等构件形成了桥面结构。为了不使桥面结构参与承担拱的水平推力,避免收缩、徐变和温度变化对结构整体受力的影响,常在近拱脚处(下承式结构)或拱肋与桥面交点的横梁处(中承式结构)设横向断缝并设置滑动支承。

吊杆可采用预应力混凝土、预应力钢管混凝土材料,也可用热挤PE(聚乙烯)护套的平行钢丝成品索。吊杆的构造参照第三篇第二章第一节"吊杆"相关部分。

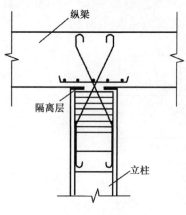

立柱为受压构件,通常采用钢筋混凝土矩形截面。在拱梁组合部分,预应力引起的拱、梁变形不协调,以及车辆荷载作用下纵梁的局部弯曲变形,都将在立柱的两端尤其是上端引起较大的弯矩。这些因素往往会造成立柱端部开裂,主要是近实腹段的短柱。因此,靠近实腹段的几根短柱的上端一般需要设铰,常用构造如图3-7-20所示。

为了保证拱肋平面外稳定,拱肋间常设置横向联结系。桥面以上的拱肋可采用风撑[图3-7-21a)],桥面以下部分的拱肋则采用横梁[图3-7-21b)]。风撑的构造主要有简单的直横联形、K形等。K形风撑能有效抵抗横向S形失稳模态,也有利于减少横向偏载引起的拱肋纵向相对错动变形。若拱肋平面外抗弯刚度较小,易出现平面外单波形横向失稳模

图3-7-20 立柱上端设铰构造

态。此时,拱顶直横联形风撑截面的长边应垂直于拱轴线,竖向刚度应取得较大,以提高拱肋横向稳定性。桥面以下拱肋之间的横系梁应设置在立柱处,以有效抵抗立柱压力对拱肋横向失稳的不利效应;横系梁截面的长边一般沿拱轴线方向布置,以加强拱肋纵向变形的整体性。

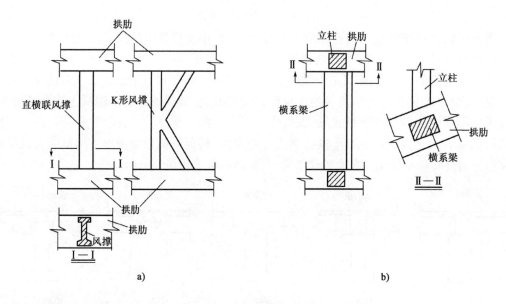

图3-7-21 拱肋间横向联系构造

对于上承式和中承式结构,在拱座顶立柱横向之间应设置斜撑或剪刀撑,拱脚与靠近拱脚第一排立柱的拱肋横向之间应设置剪刀撑,以保证桥梁横向及拱肋纵向相对的整体性(图3-7-22)。

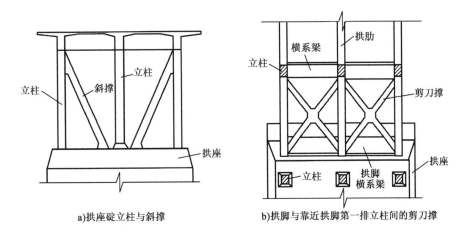

a) 拱座碰立柱与斜撑　　　　b) 拱脚与靠近拱脚第一排立柱间的剪刀撑

图 3-7-22　立柱间横向构造

另外,拱肋、纵梁及横梁的联结点,纵梁、横梁及吊杆的联结点,吊杆与拱肋的联结点,拱脚与拱座的联结点都是下承式和中承式拱梁结构的重要构造。其构造特点及细节可参阅相关文献。

三　计算方法

拱-梁组合桥主要采用有限元分析法进行计算(也称电算或者数值模拟计算)。拱-梁组合桥采用有限元分析建模时应主要注意以下问题(为简化图式,各示例均以平面杆系有限单元模型的形式显示):

(1)拱-梁组合桥主要采用柔性吊杆,因而不能受压,建模分析时应采用索单元或杆单元(不能出现压应力);施工过程中吊杆力张拉方法及其模拟可参考《公路钢管混凝土拱桥设计规范》(JTG D65-06—2015)相关内容,在此不再赘述。

(2)拱-梁组合桥是一种复杂的空间结构,因此,目前实用计算多采用空间结构模型进行整体分析。当然,由于此类桥梁纵、横构件构造很有规律,也可采用空间结构平面化的方法,并计算横向分布系数反映活载的影响来近似简化计算。

(3)对于采用刚性系杆(系梁)的组合拱,其系杆(系梁)往往为纵梁上张拉预应力实现平衡拱脚水平推力,建模时可直接建立系梁单元而无须单独考虑系杆,如图 3-7-23a)所示;拱-梁组合桥采用柔性系杆时,桥面结构与系杆应分别建模[图 3-7-23b)];模拟系杆时应注意施工过程中系杆的多次张拉问题。

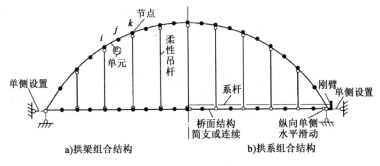

a) 拱梁组合结构　　　　b) 拱系组合结构

图 3-7-23　下承式简支拱式组合桥的有限元计算模型

(4)采用钢管混凝土结构的拱-梁组合桥,往往采用无支架法施工,建模时应充分考虑从空钢管结构到灌注管内混凝土再到桥面系结构施工及后续使用状态时拱肋截面的变化和应力的累积影响。

(5)双拱肋的中承式与下承式拱-梁组合结构的横梁与纵梁刚性联结,节点处又与吊杆联结,横梁两端的这种弹性固结作用,使横梁处于较复杂的受力状态,在局部荷载(如车辆荷载)作用下,纵梁对横梁的约束作用接近两端刚性固结[图3-7-24a)];而在满跨车道荷载作用下,纵梁对横梁的约束则接近于两端铰接[图3-7-24b)]。为了简化横梁构件的活载内力计算,可偏安全地取按上述两种计算模型得到的内力包络值;而对于恒载作用下的横梁内力,考虑到横梁的整体变形受纵梁约束的影响很小,也可采用简支计算模型进行计算。上承式、多拱肋的中承式与下承式拱-梁组合桥的横梁可考虑按弹性支承连续梁计算。

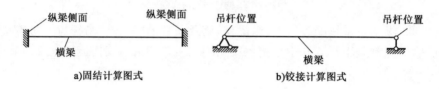

图3-7-24 横梁计算模型

四 计算模型

下承式简支拱-梁组合桥是一种外部静定、内部超静定的结构。刚性系梁与柔性系梁建模方式有所不同,前者刚性系梁与桥面作为一体纵向连续,吊杆为多点弹性支承,如图3-7-25a)所示;后者桥面结构作为附属结构悬吊于拱肋上,系杆独立锚固,系杆与拱脚用刚臂进行连接,计算模型如图3-7-23b)所示。

下承式拱-连续梁组合桥一般采用三跨连续构造,外部和内部均为超静定结构。刚性连续梁承担桥面纵向连续,其模型应纵向一体并由吊杆支撑,其计算模型如图3-7-25所示。

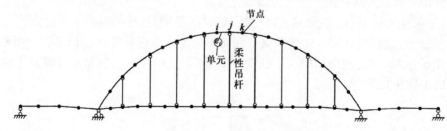

图3-7-25 下承式拱-梁组合桥的有限元计算模型

中承式连续拱-梁组合桥一般也为三跨连续构造,内部与外部均为超静定结构。刚性系杆和柔性系杆两种结构形式都常采用,可采用同上文一样的方法建立计算模型(图3-7-26);同时,梁与拱结合端(类似实腹段)应设置刚臂,并根据拱上立柱与梁的连接实际构造考虑立柱上端是否有设铰;下拱脚与拱座的联结,应考虑在施工期间是否设临时铰及封铰问题;拱座与承台之间的联结在施工期间与使用期间是否改变;桥面结构纵向在拱肋处的约束或支承条件。

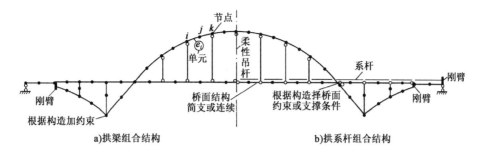

a) 拱梁组合结构　　　　　　　　　b) 拱系杆组合结构

图 3-7-26　中承式连续拱式组合桥的有限元计算模型

上承式拱-梁组合桥一般也为三跨连续,内部和外部均为超静定结构。计算模型中有关节点、轴线连接等问题的处理均同上,拱脚与拱座联结的临时设铰及其封铰问题同中承式连续拱-梁组合结构处理方法一样。上承式拱-梁组合桥的计算模型如图 3-7-27 所示。

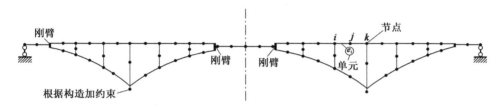

图 3-7-27　上承式拱-梁组合桥的有限元计算模型

对于刚构与拱组合的建模分析要点与上述内容基本一致,这里就不再赘述了。上述结构的计算模型,除在各构件联结点设计算节点外,还应在构件中设置适当数量的节点,尤其是一些变截面和曲线构件;在一个构件中,两相邻节点间为一个计算单元。

这里所指的拱-梁组合结构均需采用预应力。拱-梁组合结构的预应力都施加在受拉的系梁上,预应力的大小影响着梁的徐变。但拱内压应力的大小往往取决于结构的构造布置,尤其在矢跨比较小时拱内的压应力将急剧上升。拱和梁内压应力的相对水平影响着结构长期变形和受力的趋势,对于内部高次超静定的拱-梁组合结构,不协调的恒载受力状态将对结构的最终状态产生很不利的影响。因此,设计计算不仅是给出相应的计算结果,更重要的是为结构选择一种良好的永久荷载状态。需要注意的是,尽管影响拱、梁内压应力的因素很多,但拱与梁内相近的压应力水平,对结构长期变形与受力极为有利。

第八章　拱桥施工

拱桥的施工,从方法上大体可分为有支架施工和无支架施工两大类。在我国,有支架施工常用于石拱桥、混凝土预制块拱桥和现浇混凝土拱桥;无支架施工多用于肋拱、双曲拱、箱形拱、桁架拱桥等,也可采用有支架和无支架相结合的施工方法。对于无推力组合体系拱桥,上述两类施工方法均有采用,与简单体系拱桥施工的区别在于拱圈在形成受力体系过程中,系杆或纵梁内预应力要分级张拉,以平衡拱脚水平推力。

第一节　有支架施工法

一　施工方法

1. 施工工序

有支架施工拱桥的施工工序为:材料准备、拱圈放样(石拱桥包括拱石的放样)、拱架制作与安装、拱圈浇(砌)筑、拱上建筑施工等。

2. 拱架类型

采用有支架施工法时,拱架结构主要有木拱架和钢拱架。

(1)木拱架

木拱架常用于修建中、小跨径的圬工拱桥,按其构造形式可分为满布式拱架、拱式拱架(图3-8-1)等。满布式拱架通常由拱架上部(拱盔)、卸架设备、拱架下部(支架)等三个部分组成,常用的形式有立柱式[图3-8-1a)]和撑架式[图3-8-1b)],在受洪水威胁、水深流急、漂流物较多及要求通航的河流上,不能采用这种拱架施工。拱式拱架受洪水、漂流物的影响较小,在施工期间能维持通航,适用于墩高、水深、流急或要求通航的河流。三铰桁架式拱架[图3-8-1c)]是拱式木拱架中常用的一种形式,其材料消耗率低,但要求有较高的制作水平和架设能力。

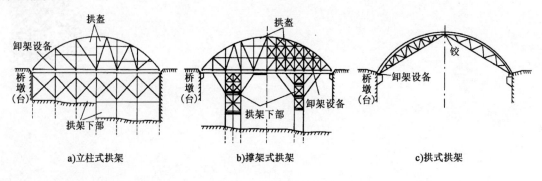

图3-8-1　木拱架构造

（2）钢拱架

钢拱架多为常备式构件组拼而成的桁架式拱架，并由几个单片拱形桁架组成整体。桁架片的数量视桥宽与荷载的大小而定。根据拱圈跨径大小，钢拱架可组拼成三铰、两铰或无铰的拱式结构。拱圈跨径小于80m时一般用三铰拱架，跨径为80～100m时常用两铰拱架，跨径大于100m时多用无铰拱架。图3-8-2所示为一种钢拱架的构造示意图。当桥址河床平坦、施工期水位很低时，也可采用着地可移动式（横桥向移动）钢拱架（图3-8-3）。

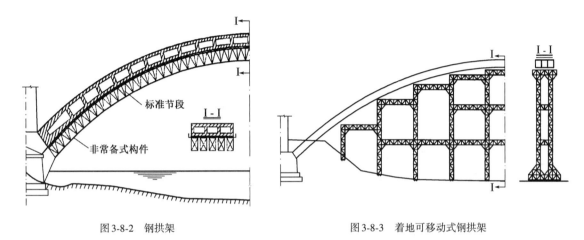

图3-8-2　钢拱架　　　　　　　　图3-8-3　着地可移动式钢拱架

二　施工计算要点

有支架施工过程中拱架的变形计算、拱圈砌筑顺序设计和支架的卸落顺序等环节是决定施工过程安全的主要控制要素，因而有支架施工计算主要进行这三个方面的计算。

1. 拱架变形计算

（1）计算内容

拱架系临时性结构，拱架变形过大将导致拱轴线偏离设计拱轴线，使结构受力严重偏离设计，进而产生不良后果。为了保证拱圈的线形符合设计要求，拱架必须具有足够的刚度；为了抵消拱架变形和拱圈在卸落拱架后产生弹性垂直变形，拱架必须预留施工预拱度。因此，需对拱架进行变形计算，并以此作为预拱度设置的依据，具体计算内容主要包括以下各项：

①拱圈自重产生的弹性下沉，拱架在拱架与拱圈自重作用下的弹性变形。

②拱架在承重后的非弹性变形，即各种接头局部间隙或压陷产生的非弹性变形，以及砂筒受压后产生的非弹性压缩。

③支架基础在受载后的非弹性下沉。

（2）预拱度设置

预拱度设置除了考虑上述拱架变形外还需考虑下列变形：

①拱圈自重产生的弹性下沉，拱架在拱架与拱圈自重作用下的弹性变形即拱架卸落后拱圈在自重作用下的弹性下沉。

②拱圈温度变化产生的弹性变形，即拱圈合龙温度与年平均温度差异引起的变形。

③墩、台水平位移产生的拱顶下沉，即拱架卸落后拱圈因墩、台水平位移而产生的弹性下沉。

拱架在拱顶处的预拱度,可根据上述下沉与拱架变形量,按可能产生的各项数值相加后得到,具体计算方法可参照桥规相关内容。由于影响预拱度的因素很多,而且不可能算得很准确,施工时应结合实践经验对计算值进行适当调整。当无可靠资料时,拱顶预留拱度也可按 $l/400 \sim l/800$ 估算(l 为拱圈的跨径,矢跨比较小时预拱度取较大值)。拱圈其他点的预拱度一般可近似地按二次抛物线规律设置[图3-8-4a)]。对于悬链线拱,裸拱圈的挠度曲线呈"M"形,即拱顶下挠而两边 $l/8$ 处上升,若采用二次抛物线分配预拱度,将会使 $l/8$ 处的拱轴线偏离设计拱轴线更远。因此,可采用减小拱轴系数 m 的方法设置预拱度,即将原设计矢高 f 加高至 $(f+\delta)$,再将原设计的悬链线拱轴系数 m 减小一级(或半级),然后以新的矢高 $(f+\delta)$ 和新的拱轴系数 m 计算施工放样的坐标。这种方法的效果实际上是在拱顶预加正值,在 $l/8$ 处预留负值(或者是较小的正值)[图3-8-4b)]。待拱圈产生"M"形变形后,刚好符合(或接近)设计拱轴线。

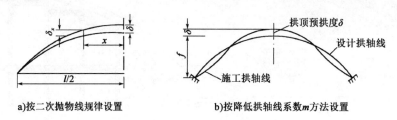

a) 按二次抛物线规律设置   b) 按降低拱轴线系数 m 方法设置

图3-8-4　拱架预拱度的设置示意

2. 拱圈施工程序对结构的影响

(1) 连续砌筑(浇筑)

① 跨径10m以内的混凝土拱圈,可按拱的全宽和全厚,自两侧拱脚起同时按顺序对称、均衡地向拱顶连续浇(砌)筑,并在拱脚处混凝土初凝以前完成。

② 跨径在 $10 \sim 15$m 的拱圈最好在拱脚预留空隙,由拱脚向拱顶按全宽、全厚进行浇(砌)筑,为了防止拱架的拱顶部分上翘,可在拱顶区段预先压重。

(2) 分段砌(浇)筑

大、中跨径拱桥一般采用分段施工或分环(分层)与分段相结合的施工方法。分段施工可使拱架变形比较均匀,并可避免拱圈的反复变形。分段位置与拱架受力和结构形式有关,一般应设置在拱架挠曲线有转折及拱圈弯矩比较大的地方,如拱顶、拱脚及拱架的节点处。拱圈分段砌(浇)筑程序一般为:

① 跨径在 $10 \sim 25$m 的拱圈,不论采用何种拱架,每半跨均应分成三段砌筑(图3-8-5):先砌筑拱脚段(Ⅰ)和拱顶段(Ⅱ),后砌筑 $l/4$ 跨径(Ⅲ),最后砌拱顶石合龙。

② 跨径大于25m的拱圈,为减少混凝土收缩应力和避免因拱架变形而产生裂缝,应采取分段浇筑的方法,分段施工程序如图3-8-6所示,拱段长度一般不超过8m。

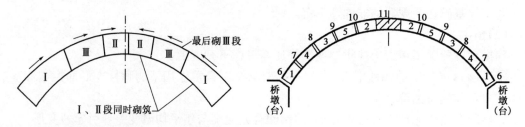

图3-8-5　$10 \leqslant L \leqslant 25$m 拱圈分段砌筑程序　　　　图3-8-6　拱圈分段施工程序

③采用组合截面施工的拱圈,在拱肋或拱箱安装成拱后,为了减轻拱肋(箱)的负担,并使后施工的截面能尽早与已建部分截面一同受力,可采用分环施工的方法。为了避免拱肋(箱)产生过大的不均匀变形,也可采用增加工作面的方法。对于大、中跨径的拱桥,在分环的同时,还应采取分段及均衡对称的方法,即在拱的两个半跨上,按需要分成若干段,并在相应部分同时进行相等数量的施工加载,如图3-8-7所示。对于坡拱桥,即同一跨两拱脚高程不同的拱,必须注意其结构受力不对称的特点,一般应使低拱脚半跨的加载量稍大于高拱脚半跨的加载量。

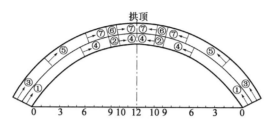

图3-8-7 拱圈分环与分段施工程序
注:图中①~⑦为施工加载顺序。

3. 拱架卸落对结构的影响

(1)落架时间

①圬工拱桥施工,应在拱圈达到设计强度后进行拱架卸落工作,否则将导致拱圈下挠变形,甚至造成桥毁人亡的事故。

②卸架时间宜在白天气温较高时进行,这样便于卸落拱架。

(2)落架程序

①单跨拱桥

为了保证拱圈或已完成拱上建筑的上部结构逐渐均匀地降落,使拱架所支承的桥跨结构重量逐渐转移至由拱圈自身承担,拱架不能突然卸除,而应按一定的卸架程序进行。卸架的程序一般是:对于中、小跨径拱桥,可从拱顶开始逐次向拱脚对称卸落;对于大跨径的悬链线拱圈,为了避免拱圈发生"M"形的变形,也可从两$l/4$处逐次对称地向拱脚和拱顶均衡地卸落。

②多跨连续拱桥

多跨连续拱桥施工时,应考虑相邻孔间的影响。若桥墩设计允许承受单孔施工荷载,就可以单孔卸架。否则应多孔同时卸落拱架,以避免桥墩不能承受单向推力而产生过大的位移,甚至发起严重的施工事故。

第二节 无支架施工法

在峡谷或水深流急的河段上,或通航河流上,或施工中可能受到漂流物撞击(洪水季节)等情况下修建拱桥,以及采用有支架的方法施工将会遇到很大困难或很不经济时,宜考虑无支架施工方法,如缆索吊装施工、劲性(钢筋、钢管)骨架施工、转体施工、悬臂施工等,下面主要介绍前三种。

一 缆索吊装施工

1. 施工方法

(1)施工工序

缆索吊装施工是指采用缆索结构(单跨或双跨)吊运、安装桥梁的施工方法。施工工序为:拱肋(箱)预制;利用塔架、缆索起吊;用扣索扣挂悬臂拱段,直至合龙;拱上结构构件预制与吊装;桥面系施工;等等。可以看出,拱桥缆索吊装施工除缆索吊装设备以及拱肋(箱)和拱上结构构件的预制、移运和吊装等几道工序外,其余工序与有支架施工方法相同(或相近)。

(2)缆索吊装设备

吊装梁桥的缆索吊装系统由主索、天线滑车、起重索、牵引索、起重及牵引绞车、主索地锚、塔架、风缆等主要部件组成。吊装拱桥的缆索吊装系统则除了上述各部件之外,还有扣索、扣索排架、扣索地锚、扣索绞车等部件。其布置形式可参照图3-8-8。

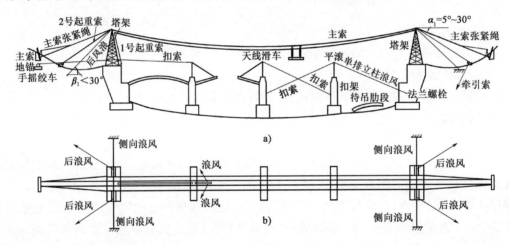

图3-8-8 缆索吊装施工

2. 施工过程受力特点

采用缆索吊装施工拱圈时,拱圈为在吊点支承下的受弯构件,因此,在自重作用下拱圈将产生竖向挠曲变形。为了减小拱圈由于吊装产生过大挠曲变形,应将拱圈分段制作和吊装,分段数根据跨径大小一般采用3~7段。

(1)起吊姿态

拱圈在支架上预制拱段时应拱背朝上、拱腹向下(图3-8-9),切不可为了节省支架和方便操作采用拱圈平躺姿态,否则,当拱段被起吊时,自重作用将导致拱圈侧面受拉及下挠变形。因此,起吊拱段应始终保持拱背朝上、拱腹向下的姿态,不要任意翻转。

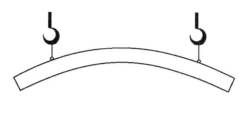

a)制作　　　　　　　　　　　　b)吊运

图 3-8-9　拱段制作与吊运

(2)拱段吊装长度划分

拱圈在成桥状态受力时是以受压为主的构件,但在吊装过程中,类似于双悬臂梁受力,主要承受正负弯矩,在吊点中间和拱段两端均产生竖向挠曲变形。为了使拱圈在吊装完成后的拱轴线形与设计拱轴线形保持一致,应尽量减小拱圈的竖向挠曲变形。因此,拱段划分长度应以控制竖向挠曲最大变形量为原则,并避开拱顶、四分跨等截面。

(3)吊装计算

保证预制拱段的安全施工,必须对吊装、搁置、悬吊、安装等状态下的拱段进行承载力验算。

①吊点(搁置点)位置确定及吊运时的内力计算

拱段的吊点及移运搁置点位置的合理选择,需要结合拱段的截面形式和配筋情况,以及在起吊、运输、安装过程中的受力情况综合考虑。

拱段一般采用两个吊点。当拱段较长或曲率较大时,可采用四个或多个吊点,使拱段受力更为均匀。

由于拱段是曲线形构件,为了保证吊装过程中的稳定性,就需使两个吊点的连线在该拱段弯曲平面重心轴以上。如果在重心轴以下,吊运时该拱段就可能出现侧向倾翻的现象。为了防止此类事故的发生,对于圆弧拱,则要求各拱段的吊环离中线的距离 l_a(图3-8-10)满足下式:

$$l_a < \sqrt{(R+h_上)^2 - \left(\frac{l}{2\theta}\right)^2} \quad (3\text{-}8\text{-}1)$$

式中:R——圆弧线半径,m;

　　　l——拱段的弦长,m;

　　　θ——拱段圆心角的一半,rad;

　　　$h_上$——拱段横截面形心至上缘的距离,m。

对于悬链线拱,可参考有关资料按精确方法确定拱肋的重心及吊环离中线的距离 l_a。也可以近似按上述圆弧拱计算,式中 R 则为换算半径。同时应根据拱段的截面形式及配筋情况,由截面应力计算来确定吊点(或搁置点)的位置。

计算吊运过程中拱段内力时,可将弧形拱段近似地按直梁计算,所承受的荷载一般仅有自重,并按《通规》规定,乘以1.2的动力系数。这样就可以通过

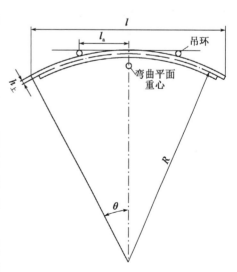

图 3-8-10　拱段吊环位置的确定

拱段内力及应力计算,确定合理的吊点位置。计算方法参照【例2-7-1】。

在实践中,常常根据以往的设计经验,再结合施工条件,先确定吊点(或搁置点)位置,然后计算内力,进行施工阶段验算。

② 边拱段的内力计算

当拱圈分三段或三段以上预制时,边拱段安装就位后需悬挂,对此必须进行悬挂状态下的拱段内力及扣索拉力计算。例如,分三段吊装拱肋的安装示意图如图3-8-11所示,边拱段的悬挂、扣索,中段拱就位计算如图3-8-12所示。由于拱脚支承处尚未用混凝土封固,仍可视为铰接,按结构力学方法计算内力并验算。

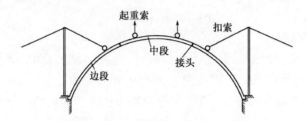

图3-8-11 分三段吊装拱肋的安装示意

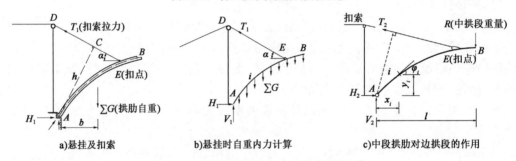

图3-8-12 边拱段的悬挂、扣索,中段拱就位计算

③ 中拱段安装时的内力计算

中拱段在吊装合龙时,由于起重索放松过程很慢,往往在起重索部分受力的情况下,接头与拱座逐渐顶紧成拱,使拱段受到轴向力作用。因此在设计时虽然中拱段仍按简支于两边拱段悬臂端部的梁来计算,但荷载可只按中拱段自重的30%~50%计算(图3-8-13),即 $g = (0.3 \sim 0.5)W/l$,式中 l 为中拱段的弧长,W 为中拱段的实际重量。内力计算后即可进行截面承载力计算。

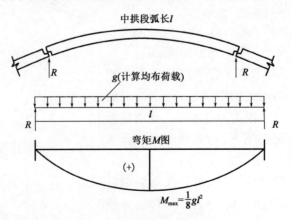

图3-8-13 中拱段的计算图式

二 劲性(钢筋)骨架法施工

1. 施工方法

(1)施工工序

劲性(钢筋)骨架施工是先将拱圈的劲性(钢筋)骨架按设计形状和尺寸制成并安装在拱圈内应有的位置,然后用系吊在劲性或全部骨架上面的吊篮逐段灌筑混凝土。施工工序为:按设计形状和尺寸制作劲性(钢筋)骨架,在桥墩(台)上将劲性(钢筋)骨架组拼成骨架拱,在劲性(钢筋)骨架拱上逐段立模、浇筑混凝土直至完成全部拱圈,拱上结构施工,桥面系施工,等等。

(2)施工要求

当劲性(钢筋)骨架全部由混凝土包裹后,即形成劲性(钢筋)混凝土拱圈或拱肋。用此种方法施工的劲性(钢筋)骨架,不但满足拱圈的需要,而且起临时拱架的作用,因此须有一定的刚性。中、小跨径拱桥施工时最好按设计拱圈的混凝土重量对钢筋骨架进行预压,以防灌筑混凝土后变形,破坏已灌筑混凝土与钢筋的结合。对于大跨径拱桥,应根据拱圈混凝土自重、拱上建筑和桥面系施工以及后续使用荷载产生的挠度进行劲性(钢筋)骨架的预拱度设计。灌筑混凝土时,应在拱圈两侧对称进行。为减小混凝土的收缩应力,灌筑应分段逐段进行(图3-8-14),中、小跨径拱桥一般选择拱脚向拱顶对称逐段进行;对于大跨径拱桥,灌注混凝土顺序需进行专门的计算,以应力[劲性(钢筋)骨架,拱圈混凝土]最优,变形最小(拱顶,$l/4$等控制截面)为优化控制目标,具体实施可参考相关工程实例。

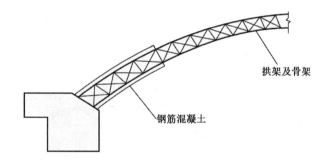

图3-8-14 劲性(钢筋)骨架浇筑拱圈

2. 施工过程受力特点

(1)劲性(钢筋)骨架合龙后即为骨架拱,既承受自身的自重荷载,又将作为灌筑拱圈混凝土的支承结构,因此,在拱圈混凝土达到设计强度前,拱圈结构重力(骨架自重+混凝土自重)将由骨架拱承担。骨架的变形将直接影响成桥状态拱圈的形状和受力特性,劲性(钢筋)骨架需考虑拱圈结构重力和温度变化产生的挠度来设置预拱度,也可按照拱圈一次落架变形并叠加20%~30%的安全裕度来进行设置。预拱度沿拱圈分布可采用图3-8-4b)方法设置。

(2)骨架拱为超静定结构,拱圈混凝土的收缩徐变将引起骨架拱内力,因此,灌筑混凝土应逐段进行。每次灌筑的分段长度应按拱圈受力和变形优化计算确定。在施工分析中,应注意考虑钢管与混凝土的传力、受力及截面组合等过程。

(3)拱-梁组合桥的柔性吊杆与斜拉桥相似,需根据施工与结构受力要求按一定的次序张拉。

张拉力大小与张拉次序均会对结构受力产生影响,故在施工分析时应考虑这一特殊施工工况。

(4)对骨架拱在拱圈混凝土施工及后续施工中的横向稳定性问题应加以重视。

(5)在施工分析中应考虑各种结构与体系变化过程。例如,纵梁在支架上分段施工、连续、张拉预应力钢筋以及截面分次组合等,上承式、中承式连续结构的梁或拱合龙前的跨中临时固结等,均应在结构施工分析中反映出来。

三 转体施工

1. 施工方法

(1)施工工序

拱桥转体施工是将拱圈或整个上部结构分成两个半跨分别在两岸施工,再利用动力装置将两个半跨拱体转动至桥轴线位置合龙成拱。施工工序为:施工转体基坑、转盘,利用两岸地形、支架现浇或预制装配半拱,利用动力装置将两个半跨拱体转动至桥轴线位置合龙成拱,拱上建筑施工,桥面系施工,等等。

(2)施工分类

转体法施工一般适用于各类单孔拱桥的施工,根据其转动方位的不同分为平面转体、竖向转体和平竖结合转体三种。

①平面转体施工

平面转体(又称平转)施工就是按照拱桥设计高程在岸边预制半拱,当混凝土结构达到设计强度后,借助设置于桥台底部的转动设备和动力装置在水平面内将其转动至桥位中线处合龙成拱。由于是平面转动,半拱的预制高程要准确。平面转体可分为有平衡重转体[(图3-8-15a)]和无平衡重转体[(图3-8-15b)]两种。

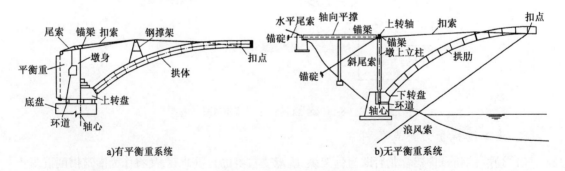

图3-8-15 平面转体系统

a.有平衡重转体。有平衡重转体是以台背墙作为平衡和拱体转体用拉杆(或拉索)的锚碇反力墙,通过平衡重稳定转动体系调整其重心位置。平衡重大小由转动体的重量大小决定。平衡重过大不经济,也增加转体困难,因此,采用本法施工的拱桥跨径不宜过大,一般适用于跨径100m以内的整体转体。

b.无平衡重转体。无平衡重转体是将有平衡重转体施工中的拉索锚在两岸的岩体中,从而节省庞大的平衡重。本方法适用于地质条件好的V形河床上的大跨径拱桥转体施工。无平衡重转动体系由锚固体系、转动体系、位控体系三部分组成。

②竖向转体施工

竖向转体(又称竖转)施工(图3-8-16)是在桥台处先预制半拱,然后在桥位平面内绕拱脚将其转动合龙成拱。竖向转体施工有两种方式:一是竖直向上预制半拱,然后向下转动成拱。其特点是施工占地少,预制可采用滑模施工,工期短,造价低。需注意的是,在预制过程中尽量保持位置垂直,以减少新浇混凝土重力对尚未结硬混凝土的弯矩,并在浇筑一定高度后加设水平拉杆,以避免拱形曲率影响,产生较大的弯矩和变形。二是在桥面以下俯卧预制半拱,然后向上转动成拱。

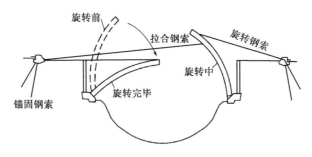

图3-8-16 竖向转体施工示意

③平竖结合转体施工

由于受到河岸地形条件的限制,拱桥采用转体施工时,可能遇到既不能按设计高程预制半拱也不能在桥位竖平面内预制半拱的情况。此时,拱体只能在适当位置预制后既需平转又需竖转才能就位。这种平竖结合转体的基本方式与前述相似。

2. 施工过程受力特点

半拱圈是以拱脚为转动支承点,拱顶附近扣索为另一(转向)支承点,在自重作用下受弯、受压的构件。拱圈在转体过程中,半拱圈既要保证正确的转动姿态,又要满足合理的截面受力。控制这两个因素的关键是安装于拱顶附近扣索的拉力。若扣索拉力过小,半拱圈截面弯矩增大;若扣索拉力过大,又将导致拱腹受拉。因此,扣索拉力调整十分重要,应按计算确定。

(1)平转施工时,半拱圈姿态始终保持成桥姿态。合龙前,扣索拉力不变。

(2)竖转施工时,半拱圈姿态发生改变,由竖直逐渐转为成桥姿态,截面内力也随之改变。因此,竖转施工应分级进行,每完成一级,调整一次扣索拉力值。

(3)平竖结合转体施工时,分别按平转、竖转计算,再进行叠加。

图3-8-17是拱桥转体施工示例。

a)拱圈准备进行转体

b)两岸拱圈相向进行转体

c)拱圈合龙

图3-8-17 拱桥转体施工示例(贵州水柏北盘江大桥)

拓展小知识

拱桥吊装施工

拱桥缆索吊装施工是将拱圈分段吊装拼接而成的,拱圈自重、拱上建筑及桥面系自重等逐步施加给墩台,拱脚水平推力将导致墩顶水平位移。若墩顶水平位移过大,拱圈将无法合龙,或导致拱轴线产生较大偏离而改变拱圈受力。因此,在施工过程中,首先应将拱脚与桥墩临时固结;其次设置临时水平拉杆或墩顶位移顶推装置,合理控制施工过程中的墩顶位移量。随着架设步骤逐步推进,分步张拉临时水平拉杆或分步顶推桥墩产生反向位移,平衡施工过程中自重产生的拱脚水平位移。

拱桥的结构类型与施工方法密切相关。板拱采用圬工材料建造,无论是石拱桥的砌筑,还是混凝土板拱桥的现浇,都需要在支架上完成,因此,采用支架法施工,施工中应注意拱圈浇筑(砌筑)顺序、拱架变形及拱架卸落对拱圈受力的影响。箱拱、肋拱也可采用支架法施工,但大多数采用吊装法施工,双曲拱桥、刚架拱桥和桁架拱桥采用吊装法施工,施工中应注意:拱段划分方式(尽量避开受力较大截面)、拱段长度的确定等直接影响施工控制精度和拱圈受力,拱段预制方式、起吊姿态、吊点位置等对拱圈受力的影响,装接顺序及拼装精度也直接影响拱圈受力。拱-梁组合结构施工可采用先施工拱圈再施工纵梁的方法(先拱后梁法),也可采用先施工纵梁后施工拱圈的方法(先梁后拱法)。需要注意的是,施工顺序不同,一期恒载产生的结构内力也不同。

思考与练习

1. 拱桥采用有支架施工时,拱圈应怎样浇筑? 拱架应怎样卸落?

2. 分析有支架施工的拱桥,为什么"卸架时间宜在白天气温较高时进行"? 怎样能够使拱架便于卸落?

3. 拱桥采用缆索吊装施工时,应如何划分拱段吊装长度? 各拱段吊点位置应如何确定?

各拱段施工阶段应关注哪些工况的内力和变形？

4.采用竖转方法施工时,在竖转拱圈过程中,拱圈截面内力发生怎样变化？

5.若拱圈采用分段预制拼装施工,分段数目和长度应根据什么条件来确定？接头宜设在什么位置？为什么？

6.矢跨比会给拱桥的内力及施工带来哪些影响？

7.钢筋混凝土肋拱桥采用缆索吊装施工时,拱肋采用平置(拱肋侧面水平放置)预制时(图3-8-18的搁置姿态),分析在吊运、安装过程中拱肋的受力与变形。

图3-8-18 拱段平置示例

本 篇 总 结

（1）拱桥在竖向荷载作用下，两端支承处除产生竖向反力外，还产生水平推力，使拱内产生轴向压力，减小了跨中弯矩。拱截面材料强度得到充分发挥，跨越能力增大。

（2）拱桥按结构体系分为简单体系拱桥和组合体系拱桥两大类。按拱圈的静力特点，简单体系拱桥又分为三铰拱、两铰拱和无铰拱。其中，无铰拱是国内外拱桥采用最多的一种结构形式。根据不同的组合方式和受力特点，组合体系拱桥又分为无推力组合体系拱和有推力组合体系拱，系杆拱是较常用的无推力组合体系拱。

（3）工程中常用的拱圈截面形式有板拱、肋拱、箱拱和双曲拱。其中，双曲拱截面受力复杂，整体性差，目前已较少采用。

（4）拱桥按拱上建筑采用的不同构造方式，可分为实腹式拱桥和空腹式拱桥。小跨径拱桥多采用实腹式，大、中跨径拱桥多采用空腹式。空腹式拱上建筑除具有实腹式拱上建筑相同的构造外，还有腹孔和腹孔墩。根据结构的不同腹孔可分为拱式腹孔和梁式腹孔。拱式腹孔拱上建筑一般用于圬工拱桥；大跨径拱桥一般都采用梁式腹孔拱上建筑。

（5）拱桥拱轴线的形状直接影响拱圈内力分布与大小，最理想的拱轴线是与拱上各种作用产生的压力线相吻合。常用的拱轴线有圆弧线、抛物线和悬链线。圆弧线主要用于小跨径拱桥，悬链线是目前大、中跨径拱桥所采用的最普遍的拱轴线形式，轻型拱桥、较坦的大跨径钢筋混凝土拱桥、各种组合体系拱桥一般采用抛物线。

（6）多跨连拱设计时，一般情况下，最好选用等跨分孔方案。在受地形、地质、通航等条件的限制或有特殊的美观要求时，可以考虑采用不等跨分孔。拱桥采用不等跨，相邻桥孔的恒载推力不相等，使桥墩和基础增加了恒载的不平衡推力，这一不平衡推力导致桥墩和基础受力不利。通常有两类处理方法：一是采用无推力的系杆拱以避免水平推力对相邻跨的影响；二是减小连拱作用，即可以采取一些措施(采用不同的矢跨比、采用不同的拱脚高程、调整拱上建筑恒载重量、采用不同类型的拱跨结构)减小不平衡推力，改善桥墩和基础的受力状况。

（7）在计算无铰拱的内力(恒载、活载、温度变化、混凝土收缩和拱脚变位)时，为了简化计算常利用拱的弹性中心。根据需要可以取悬臂曲梁或简支曲梁为基本结构，一般活载内力的计算常取简支曲梁为基本结构，其他内力的计算取悬臂曲梁为基本结构。

（8）拱圈在轴向压力作用下将产生弹性压缩变形，会在无铰拱中产生弯矩和剪力。拱圈弹性压缩的影响与恒载、活载作用下产生的内力是同时发生的，在计算时可分别按不计弹性压缩和计入弹性压缩进行计算，然后将两者叠加。

（9）悬链线无铰拱在最不利荷载组合时，常出现拱脚负弯矩或拱顶正弯矩过大的情况，可从设计和施工上采取一些措施对拱圈内力分布进行调整。这些措施包括设计中采用假载法调整内力，改变拱轴线形调整内力，施工中设置千斤顶、临时铰调整内力，等等。

(10)拱桥的施工方法与拱桥的结构形式密切相关。一般分为有支架施工和无支架施工。采用有支架施工时,注意拱架变形、拱架卸落时间和卸落顺序对拱圈受力产生的影响;采用无支架施工时,注意拱圈(或拱段)的预制姿态、吊点位置的选择及架设过程中拱圈内力变化。

第三篇学习内容概要如图3-总-1所示。

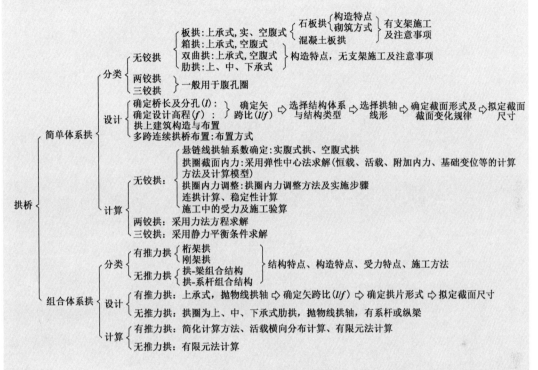

图3-总-1　第三篇学习内容概要

PART 4

▶▶▶ 第四篇

斜拉桥

第一章 概论

第一节 斜拉桥的特点

斜拉桥由斜拉索、主梁、索塔、桥墩(台)和基础等组成,以索、梁和塔三个基本承载构件共同组成桥跨结构,三者密不可分,并以不同方式影响整体结构的性能;梁、塔和墩三者连接方式不同,或外部约束方式不同,又构成斜拉桥的不同结构体系;施工方法不同也会对结构受力与变形产生影响。因此,斜拉桥在结构受力、构件材料、施工工艺等方面具有特殊性。

一 受力特点

斜拉桥的斜拉索与主梁、索塔之间构成了三角形结构来承受荷载。一般情况下,在竖向荷载作用下的传力路径为荷载→主梁→斜拉索→索塔→桥墩(台)→基础,如图4-1-1所示。主梁直接承受自重和车辆荷载,并将主要荷载通过斜拉索传递至索塔。斜拉索除了给主梁提供向上的支承力外,还提供向索塔方向的水平力使主梁受压[图4-1-2a)],因此,主梁表现为弯、压受力状态。索塔除承受自重产生的轴力外,还要承受斜拉索传递来的轴向压力和水平力[图4-1-2b)],因此,索塔同时承受巨大的轴力和较大的弯矩,属于压弯构件。斜拉索受拉,无论是施工阶段还是成桥运营阶段,通过斜拉索的索力调整,都可改变结构的受力状态。上部结构的绝大部分荷载通过索塔传递至桥墩,再传递至基础,由基础传至地基,因此,桥墩属于压弯构件,基础一般承受较大的竖向力和弯矩。对于大跨径斜拉桥,在边跨设置一个或多个辅助墩,可改善成桥状态和施工状态下的静、动力性能。

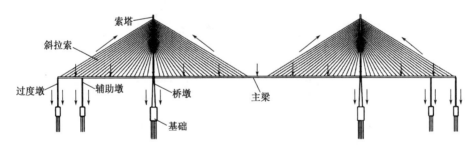

图4-1-1 斜拉桥作用(荷载)传递路径示意

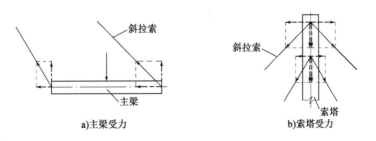

a)主梁受力 b)索塔受力

图4-1-2 斜拉桥构件受力示意

相同跨径布置的斜拉桥与连续梁桥相比具有以下特点：

(1) 跨越能力大。主梁受斜拉索支承，受力特点类似于弹性支承连续梁，主梁恒载弯矩较同跨径连续梁桥小很多，如图 4-1-3 所示。因此，主梁梁高比同跨径连续梁桥小得多，大大减少了主梁的材料用量，结构自重明显减轻，大幅度增强了桥梁的跨越能力。

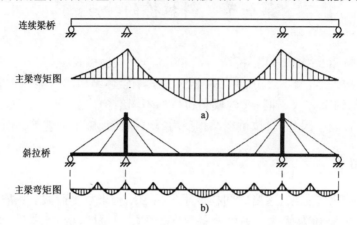

图 4-1-3 连续梁桥和斜拉桥恒载弯矩图比较（均布荷载作用下）

(2) 梁高小。与连续梁相比，拉索的多点弹性支承使主梁的弯矩峰值急剧减小，因此主梁无须像连续梁那样，通过加大梁高来抵抗外力。斜拉桥的主梁梁高常由横向受力、斜拉索间距和轴向受压稳定性确定。

(3) 斜拉索的水平分力由主梁的轴向压力平衡。如图 4-1-4 所示，由于斜拉索水平分力的作用，越靠近索塔，主梁轴力越大，斜拉索在混凝土主梁中提供了免费的预应力。但随着跨径的增大，主梁内强大的轴向压力成为设计的控制因素，阻碍了斜拉桥跨径进一步增大。

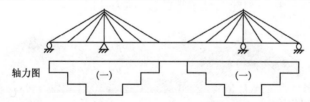

图 4-1-4 斜拉桥主梁轴力分布示意（均布荷载作用下）

(4) 斜拉索的索力可以进行人为调整，以优化恒载内力，减小混凝土收缩徐变产生的部分附加内力，使结构受力合理。

二 结构特点

斜拉桥是高次超静定结构，可以通过斜拉索的张拉来调整主梁和索塔的恒载受力状态。设计合理的斜拉桥，在恒载作用下，主梁弯矩图与剪力图更接近多跨连续梁，索塔基本只承担轴向压力。

以双塔斜拉桥[图 4-1-5a]为例，传统的双塔斜拉桥主跨完全依靠斜拉索提供弹性支承，边跨除斜拉索提供的弹性支承外，还有桥台（或边墩）支承。若在边跨最外侧设置一对斜拉索锚固在接近桥台的主梁上，索力直接传递到桥台上，这对斜拉索称为端锚索。端锚索的锚固刚度比跨内斜拉索要大,索力可有效地控制索塔及主梁的受力状态。在不对称活载作用下,斜拉索对主梁的弹性支承作用受索塔顺桥向弯曲的影响,限制塔顶纵向水平位移是控制主梁活载内力的关键,边跨的端锚索对中跨受力起着至关重要的作用。以双塔斜拉桥为例,当活载作用于中跨时[图4-1-5b)],主梁向下挠曲,中跨斜拉索的索力增加,索塔有向中跨弯曲的趋势;在边跨,由于端锚索比跨内斜拉索刚度大,端锚索的索力增大很多,而其他索的索力增加不多,强大的端锚索将限制塔顶向中跨移动,使中跨主梁正弯矩及挠度减小。当荷载作用于边跨时[图4-1-5c)],由于有桥台支承,主梁弯矩和挠度较小,引起的塔顶纵向水平位移也较小,从而中跨主梁负弯矩也较小。若边跨设有辅助墩,当活载作用于中跨时[图4-1-5d)],边跨主梁向上变位明显减小,索塔向中跨偏位也较不设辅助墩时减小约50%;当活载作用于边跨时[图4-1-5e)],边跨主梁下挠变位较不设辅助墩时减小约50%,索塔向边跨纵向位移接近0。由此可见,设置辅助墩后,活载作用于边跨时,大部分活载直接传递至辅助墩;荷载作用于中跨时,辅助墩将边跨分隔成若干较小的分跨,增加了边跨的结构刚度,从而减小了活载结构响应(应力、变形)。

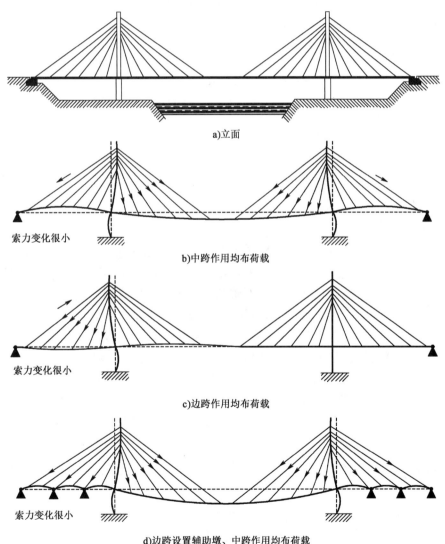

图 4-1-5

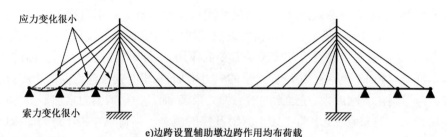

e) 边跨设置辅助墩边跨作用均布荷载

图 4-1-5　典型双塔斜拉桥受力

对于大跨径斜拉桥,风荷载、制动力作用下的纵向位移较大,可在塔梁间设置水平连接装置来约束主梁的纵向位移,主要有弹性约束和限位约束两种体系,如图4-1-6所示。弹性约束体系采用水平弹性钢索(或其他弹性元件,必要时辅以附加阻尼装置)来提高结构刚度(与阻尼耗能)。限位约束装置对小于额定行程量的慢速位移不约束,如温度、活载等引起的位移;当由无交通风荷载等引起的超出额定行程的位移发生时,装置起到限位锁定作用;当发生地震、脉动风和车辆振动等引起的不同振幅、不同速度、不同频率的动力响应时,装置起阻尼耗能、快速抑制振动的作用。

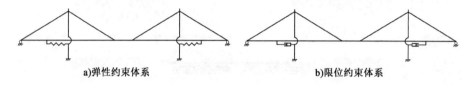

a) 弹性约束体系　　　　　　　　　　b) 限位约束体系

图 4-1-6　大跨径斜拉桥的塔梁纵向连接方式

三 施工特点

斜拉桥施工方法大体上可以归纳为有支架施工法、顶推施工法、转体施工法和悬臂施工法(悬臂拼装和悬臂浇筑)。有支架施工法有在支架上现浇、在临时支墩间设托架或劲性骨架现浇、在临时支墩上架设预制梁段、采用大节段吊装等几种施工方法,其优点是施工最简单方便,能确保结构满足设计线形要求,但仅适用于桥下净空低、搭设支架不影响桥下交通的情况。顶推施工法的特点是施工时需在跨间设置若干临时支墩,顶推过程中主梁要反复承受正、负弯矩。该法较适用于桥下净空较低、修建临时支墩造价不大、支墩不影响桥下交通、抗压与抗拉能力相同,能承受反复弯矩的钢斜拉桥主梁的施工。转体施工法将上部构造分别在两岸或一岸顺河流方向的矮支架上现浇,并在岸上完成所有的安装工序(落架、张拉、调整索力等),然后以墩、塔为圆心,整体旋转到桥位合龙。该法适用于桥址地形平坦,墩身较矮和结构体系适合整体转动的中、小跨径斜拉桥。悬臂施工法以索塔为中心向边、中跨对称平衡施工主梁。悬臂施工法能够与斜拉桥的体系特点充分结合,施工临时体系类似于多个弹性支承的悬臂梁,能够跨越河水较深、地质情况较复杂的通航河道。

四 构件材料

根据斜拉桥的基本受力构件斜拉索、主梁和索塔的受力性质,选用合理的建筑材料。斜拉索受拉,一般采用受拉性能好、耐久性强的高强钢丝或钢绞线制成。主梁受弯、受压,可采用混凝土(钢筋混凝土,预应力混凝土)梁、钢箱梁、钢桁梁、钢混凝土组合梁等,根据材料、跨径、索距、桥宽、索面数等,并综合考虑结构受力、耐久性、抗风稳定性和施工方法等进行选用。索塔受压、受弯、受剪,还要承受温度变化(日照影响)、风荷载、地震作用、混凝土收缩徐变等影响,可采用钢筋混凝土、劲性骨架混凝土、钢等材料建造。

斜拉桥的结构体系按以下方式分类。

第二节 斜拉桥的结构体系

为适应不同地形地貌特征、气象条件、水文及工程地质条件、抗震要求等,斜拉桥的塔、索、梁、墩、地基基础之间采用不同的连接方式,形成了斜拉桥的不同结构体系,影响了结构体系荷载的传递,因此,了解塔、索、梁、墩、地基基础组成哪些结构体系是十分必要的。

斜拉桥的结构体系主要涉及结构荷载的传递方式及其平衡时的内力状态,同一桥型体系的结构受力形态也是千差万别的,最主要影响因素为结构主要受力构件之间的连接(传力)形式,如索、塔、梁、墩的连接形式,其将影响结构体系的荷载传递。

斜拉桥的结构体系按以下方式分类。

一 按塔、梁、墩连接分类

常规斜拉桥(主要是指除特殊结构体系斜拉桥以外的自锚斜拉桥)体系内部连接方式的不同主要体现为塔、墩、梁的连接方式,即主梁与索塔及各个桥墩之间在竖向、纵向、横向三个方向上的连接方式。内部连接方式的改变对斜拉桥体系的结构受力特性将产生影响。

斜拉桥按照塔、墩、梁的不同连接方式可分为四种基本结构体系(图4-1-7):飘浮体系、半飘浮体系、塔梁固结体系和塔梁墩固结体系。

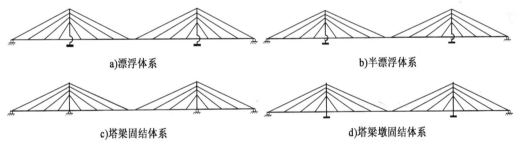

图4-1-7 斜拉桥基本结构体系

1. 飘浮体系

飘浮体系[图4-1-7a)]是塔墩固结,主梁在塔墩上不设置竖向支座,全桥不设纵向约束的结构体系。主梁除有端支承外,其余全部用斜拉索悬吊,形成多跨弹性支承连续结构;主梁在顺桥向变形不受索塔约束,主梁水平荷载不直接传递到索塔。斜拉索不能对梁提供有效的横向支承,为了抵抗由风力等引起的主梁横向水平位移,一般应在索塔和主梁之间设置一种用来限制侧向变位的板式或聚四氟乙烯盆式橡胶支座,简称侧向限位支座。

飘浮体系的主要优点是:主跨满载时,索塔处的主梁截面无负弯矩峰值;主梁可以随索塔的缩短而下降,所以温度、混凝土收缩和徐变内力均较小;密索体系(详见第四篇第二章第二节斜拉索布置)中主梁各截面的变形和内力的变化较平缓,受力较均匀;地震时允许全梁纵向摆荡,成为长周期运动,从而吸震消能。目前,采用飘浮体系斜拉桥比较多,为了防止过大的纵向变位,一般设置纵向限位或阻尼装置。

飘浮体系的缺点是:当采用悬臂施工时,索塔处主梁需临时固结,以抵抗施工过程中的不平衡弯矩和纵向剪力。

国内外采用飘浮体系的典型斜拉桥有武汉长江公路桥、重庆长江二桥、铜陵长江大桥、上海南浦大桥和杨浦大桥、岳阳洞庭湖大桥、美国哥伦比亚大桥和东亨丁顿大桥等。

2. 半飘浮体系

半飘浮体系[图 4-1-7b)]是塔墩固结,主梁在塔墩上设置竖向支座,纵向不约束或者弹性约束的结构体系。主梁在塔墩横梁上设置竖向支承成为具有多点弹性支承的多跨连续结构,可以是一个固定支座、多个活动支座,也可以是多个活动支座,一般均设活动支座,以避免不对称约束而导致不均衡温度变位。

半飘浮体系由于主梁支承在索塔的横梁上,整体刚度比飘浮体系大。半飘浮体系中,索塔对主梁的纵向水平约束刚度需根据结构受力要求通过试算确定,一般约束刚度越小,结构受到的水平地震作用也就越小,但顺桥向的水平变形增大。

半飘浮体系的不足之处是:刚度较大的支点使得主梁在该处出现比较大的负弯矩(其中温度和混凝土收缩徐变产生的主梁内力较大),若采用一般支座来处理则无明显优势。若在墩顶设置一种可以用来调节高度的支座或弹簧支承来替代从索塔中心悬吊下来的拉索(一般称"零号索"),并在成桥时调整支座反力,以消除大部分收缩、徐变等的不利影响,这样就可以与飘浮体系相媲美,并且在经济上和减小纵向位移方面将会有一定好处。

国内采用半飘浮体系的典型斜拉桥有苏通大桥、杭州湾大桥北(南)航道桥、香港昂船洲大桥、青洲闽江大桥等。

3. 塔梁固结体系

塔梁固结体系[图 4-1-7c)]是塔墩固结,主梁在墩处设置支座的结构体系,是将塔梁固结并支承在桥墩上,主梁和索塔的受力与塔梁弯曲刚度及其比值有关。这种体系的主梁一般只在一个塔墩处设置固定支座,而其余均为纵向可以活动的支座。

塔梁固结体系的优点是:显著减小索塔的弯矩和主梁中央段承受的轴向拉力,整体升降温引起的结构温度应力较小。

塔梁固结体系的缺点是:中孔满载时,主梁在墩顶处转角位移导致索塔倾斜,使塔顶产生较大的水平位移,从而显著增大主梁跨中挠度和边跨负弯矩。另外,上部结构重量和活载反力都需由支座传给桥墩,需要设置很大吨位(指承载力高)的支座。在大跨径斜拉桥中,这种支座甚至达到上万吨级,这给支座的设计、制造及日后养护、更换均带来较大的困难。

国内外采用塔梁固结体系的典型斜拉桥有上海泖港大桥、法国伯劳东纳大桥等。

4. 塔梁墩固结体系

塔梁墩固结体系[图 4-1-7d)]是塔、梁、墩固结在一起的结构体系。塔、梁、墩相互固结形成跨径内具有多点弹性支承的刚构。

塔梁墩固结体系的优点是:既免除了大型支座,结构易维护,又能满足悬臂施工的稳定要求,而且结构的整体刚度较好,主梁挠度较小。

塔梁墩固结体系的缺点是:主梁固结处负弯矩大,固结处附近截面需要加大,索塔还需要承受固结体系产生的温度应力以及水平地震作用,因此这种体系适用于独塔斜拉桥。为减小温度应力,应用于双塔斜拉桥时跨径不宜过大,且要求墩身具有一定的柔性(如采用高墩),以避免出现过大的附加内力。

采用塔梁墩固结体系的斜拉桥有广东崖门大桥、广东金马大桥、广州海印大桥、长沙湘江北大桥、法国米佑大桥(各塔独立)、美国达姆波因特大桥和阳光高架桥等。

塔梁墩固结体系较适合独塔双跨式斜拉桥。在桥墩较高的双塔三跨式斜拉桥中,可采用双薄壁柔性墩以减小温度等荷载的不利影响,如图4-1-8所示。

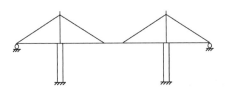

a)简化计算图式　　　　　　　　b)长沙湘江北大桥图示

图 4-1-8　塔梁墩固结体系双薄壁柔性墩

主梁除了采用连续梁体系外,早期也曾有个别斜拉桥采用在跨中无索区段设置挂梁的形式,但这有损桥梁的整体性和桥面的连续性,对行车不利,因此现已很少采用。此外,也有在主梁跨中设铰的布置(如钱塘江嘉绍大桥),这种剪力铰的功能是只传递剪力和轴力,不传递弯矩,可以起到缓解温度应力的作用,但同样对行车不利,加之剪力铰在设计、施工及养护等方面的难度,故一般很少采用。

【例 4-1-1】　某桥为主跨330m、边跨135m的双塔双索面混凝土斜拉桥,采用相同的结构尺寸,分别按上述四种基本结构体系进行结构计算,汽车荷载作用于中跨时的内力分布如图4-1-9所示。

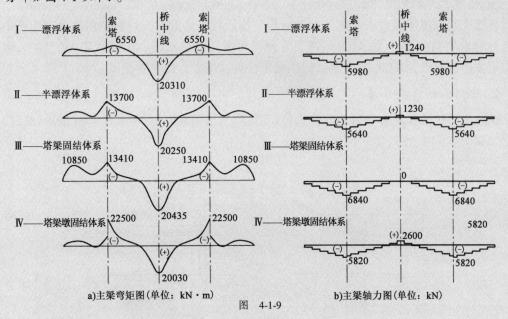

a)主梁弯矩图(单位:kN·m)　　　　b)主梁轴力图(单位:kN)

图　4-1-9

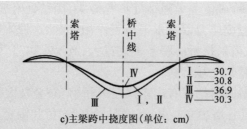

c) 主梁跨中挠度图(单位:cm)

图4-1-9 汽车荷载作用于中跨时的主梁内力与变形

由图4-1-9可以看出:飘浮体系的主梁弯矩图比较均匀,塔墩处没有突变,当中跨满布汽车荷载时边跨负弯矩与半飘浮体系、塔梁墩固结体系接近,明显小于固结体系。飘浮体系的整体刚度与半飘浮体系接近,大于固结体系,但小于塔梁墩固结体系。

半飘浮体系在塔墩处由于增加了竖向支承,主梁出现较大的负弯矩。但与飘浮体系相比,主梁跨中弯矩和挠度并未明显减小。上部结构恒载和活载仍然主要通过拉索传递到索塔和基础,在塔墩支承点的反力并不是很大,容易设置支座,有支承时施工主梁比飘浮体系方便。

固结体系的主梁轴力分布最为有利,跨中轴向拉力最小,接近零,而塔墩处压力最大,这对于混凝土斜拉桥是十分有利的。但这种体系刚度小,在中跨满布汽车荷载时边跨的负弯矩特别大。

塔梁墩固结体系的整体刚度大,但这种体系的主梁在塔梁墩固结处会产生巨大的负弯矩。

二 按斜拉桥锚固位置分类

斜拉桥根据边跨斜拉索锚固形式的不同,可分为自锚式斜拉桥(通常称为斜拉桥)、地锚式斜拉桥和部分地锚式斜拉桥体系。

1. 自锚式斜拉桥体系

自锚式斜拉桥体系索塔两侧的斜拉索均匀锚固在主梁上。双塔斜拉桥的主梁除跨中无索区外均承受轴向压力(图4-1-4),施工方便且不需要修建锚碇。但随着跨径的增加,索塔处主梁轴向压力迅速增加,成为限制斜拉桥跨径进一步增大的主要原因。

2. 地锚式斜拉桥体系

地锚式斜拉桥体系索塔后侧的拉索(以下简称后锚索)集中锚固在岩体或锚块(锚墩,锚箱)上,如图4-1-10所示。

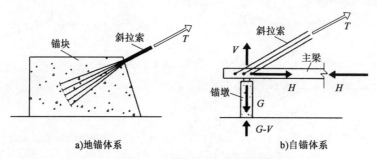

图4-1-10 斜拉桥边跨边索锚固

已建成的贵州遵义芙蓉江大桥为独塔单跨地锚式混凝土斜拉桥,为减小后锚索拉力,索塔向地锚侧倾斜,从而可减少锚体规模,如图4-1-11所示。

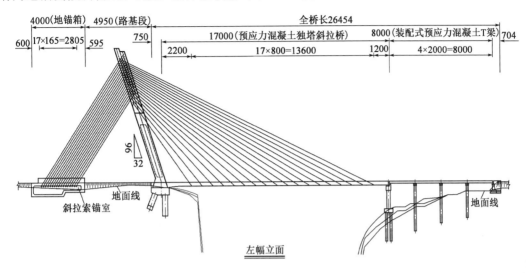

图4-1-11　贵州遵义芙蓉江大桥立面构造(尺寸单位:cm)

双塔地锚式斜拉桥在不同支承情况下的主梁轴力分布如图4-1-12所示。图4-1-12a)所示为主梁两端固定,跨中设置伸缩铰,主梁受压;图4-1-12b)所示为主梁两端可活动,主梁受拉。当然,介于这两者之间的体系也是成立的。地锚式斜拉桥体系一般应用于特殊地形条件。

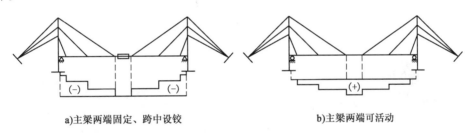

a)主梁两端固定、跨中设铰　　　　　　b)主梁两端可活动

图4-1-12　双塔地锚式斜拉桥主梁轴力分布示意

3. 部分地锚式斜拉桥体系

随着斜拉桥跨径的增大,主梁将承受更大的轴向压力。为减小主梁轴力,可以将一部分轴力转移出去,由单独设立的锚碇承担,减轻主梁的负担,从而形成了部分地锚式斜拉桥体系。部分地锚式斜拉桥体系结构受力介于自锚式和地锚式结构体系之间,双塔斜拉桥跨中一部分主梁受拉,其余均为受压(图4-1-13)。

部分地锚式斜拉桥体系还适用于边中跨比较小的情况。例如西班牙卢纳桥,跨径布置为67m+440m+67m,为避免索塔设置在水中,边跨仅为67m,边中跨比只有0.152,边跨另设35m长的地锚。又如我国湖北郧阳汉江大桥[图4-1-14a)],跨径布置为43m+414m+43m,边跨与主跨之比仅为0.203,边跨另设43.8m长地锚,塔后侧的斜拉索只有4

根锚于极短的边跨主梁上,另外21根斜拉索全部锚在大体积混凝土桥台(重力式平衡桥台)上。

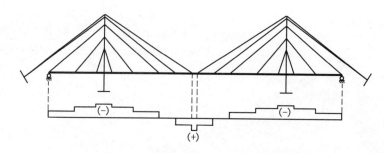

图 4-1-13 双塔部分地锚式斜拉桥主梁轴力分布示意

独塔双跨斜拉桥在特定的条件下可以布置成部分地锚式,即一部分斜拉索锚固在边跨上,其余斜拉索锚固在重力式大体积桥台上。拉索的不平衡水平力一部分由边跨梁体传递给索塔,另一部分由桥台平衡。例如,我国陕西东庄水库泾河大桥为独塔双跨斜拉桥,跨径布置为103m+27m,边主跨比为0.262,边跨另设17m地锚结构,如图 4-1-14b)所示。

部分地锚式斜拉桥的锚碇规模一般比悬索桥要小很多,对地质条件的要求较悬索桥要低。在自锚式斜拉桥跨径受限而地质条件适宜修建锚碇的情况下,跨径在1100~1600m范围内,部分地锚式斜拉桥可与悬索桥进行优选。

自锚式斜拉桥、地锚式斜拉桥、部分地锚式斜拉桥主梁轴力图比较如图 4-1-15 所示。

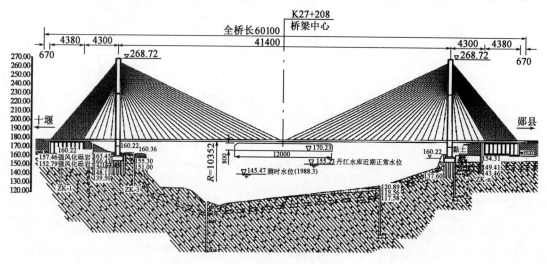

a)湖北郧阳汉江大桥立面

图 4-1-14

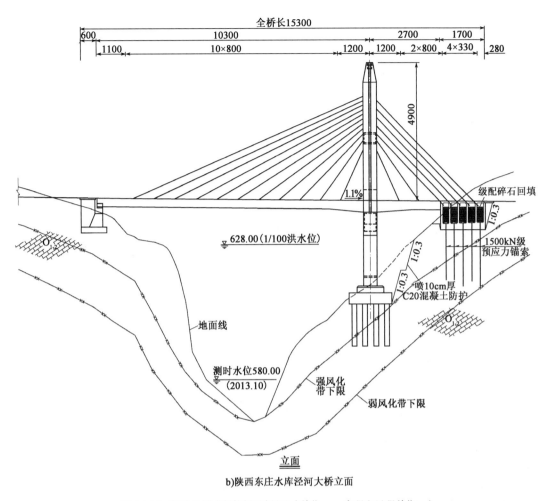

b)陕西东庄水库泾河大桥立面

图4-1-14 部分地锚式斜拉桥示例(尺寸单位:cm,高程和里程单位:m)

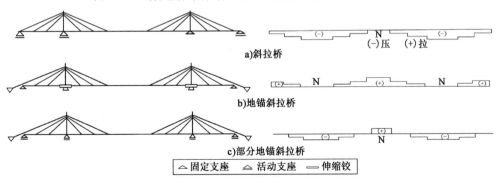

图4-1-15 不同外部约束情况下的主梁轴力比较

三 其他结构体系

1. 部分斜拉桥

常规斜拉桥中主梁被视为支承在斜拉索上的连续梁,主梁在恒载作用下只承担局部弯矩,这就要求斜拉索的倾角不能太小,所以索塔必须保持一定的高度,一般为主跨跨径的1/7~1/4。如果塔高太低,斜拉索将不能有效支承主梁,需要增加斜拉索用量从而增加造价。

如果将斜拉索视为布置在连续梁或连续刚构体外的预应力束,而索塔视为体外预应力束的转向装置,则全桥体系就变成配有体外索的梁桥。通过改变索塔的高度和斜拉索的初张力,可以改变斜拉索与主梁承担外荷载的比例关系。当索塔比较低时,斜拉索只分担部分荷载,其他荷载仍然由主梁承担,这就成为部分斜拉桥,如图4-1-16所示。法国工程师形象地将这时的斜拉索称为超剂量预应力,部分斜拉桥在国外也被称为 Extra-Dosed Prestressed Concrete Bridge(超剂量预应力混凝土桥)。

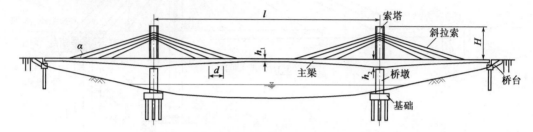

图4-1-16 部分(矮塔)斜拉桥构造

l-中跨跨径;H-索塔高度;h_1-跨中梁高;h_2-支点梁高;d-斜拉索梁上间距;α-斜拉索倾角

部分斜拉桥的塔高比常规斜拉桥矮,一般为主跨的1/13~1/8,所以,部分斜拉桥也被称作矮塔斜拉桥。由于塔高矮,斜拉索只承担总荷载效应的30%左右,其余由主梁承担。同时,斜拉索在活载作用下的应力变化幅度也较小,一般在50MPa左右,而常规斜拉桥斜拉索的活载应力变化幅度在150MPa以上。在低应力变化幅度下,斜拉索的疲劳问题可以大大缓解,从而可以提高利用钢丝的容许应力,达到节省造价的目的。因此,这种界于梁桥与常规斜拉桥之间的桥型得到了越来越广泛的应用。我国已经建成了漳州战备桥(主跨120m)等多座部分斜拉桥;芜湖长江大桥是一座公铁两用钢桁架主梁的部分斜拉桥,为了达到312m的跨径,用斜拉索承担了部分荷载,同时加强了钢桁梁的刚度。

对于100~250m跨径的桥梁,桥型采用部分斜拉桥,可以大大降低主梁高度,增加与连续梁桥和连续刚构桥的竞争能力。图4-1-17显示了由连续梁桥、连续刚构桥、T形刚构桥衍生的部分斜拉桥。

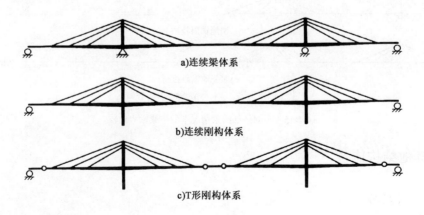

图4-1-17 部分斜拉桥的结构体系

2. 多塔斜拉桥

在需要以多个大孔径跨越宽阔的湖泊或海峡时,多塔斜拉桥可作为选择的方案之一。与传统的双塔三跨斜拉桥相比,多塔斜拉桥除边塔外,中间索塔均没有背索的锚固作用。活载作用下中间索塔将向荷载作用跨弯曲,使该跨主梁的弯矩及挠度大大增加,同时,活载作用于相邻跨主梁产生向上的弯矩及挠度,如图4-1-18所示。

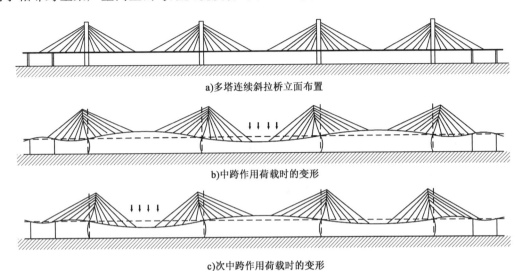

图 4-1-18 多塔斜拉桥受力性能

多塔斜拉桥设计的关键是控制中间塔顶在活载作用下的水平位移,减小主梁跨中弯矩。多塔斜拉桥的桥长一般较长,在提高结构刚度的同时保证主梁在常年温差下的自由伸缩是设计中的另一个关键问题。提高全桥结构刚度的措施主要有:提高索塔及主梁的抗弯刚度,塔顶设置加劲索[图4-1-19a)],中塔顶与边塔设置斜向加劲索[图4-1-19b)],等等。香港汀九大桥是三塔斜拉桥,主跨475m,采用图4-1-19b)的方式在中塔顶和边塔与主梁交界点之间设置了加劲索,以提高中塔在活载作用下的抗弯能力,并能显著提高施工期间和成桥状态下的抗风性能。法国米佑大桥为七塔斜拉桥(图4-1-20),墩高为77~245m,采用中间分离式双薄壁索塔以提高索塔的纵向刚度;每座塔都是独立的塔梁墩固结体系斜拉桥,减小了活载作用于跨的结构变形对其他各跨的影响;在跨中设置特殊的伸缩装置,以适应主梁温差产生的伸缩变形。

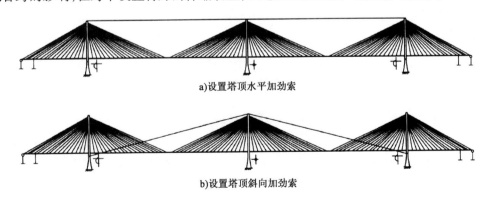

图 4-1-19 提高多塔斜拉桥刚度措施

图 4-1-20 多塔斜拉桥示例（法国米佑大桥）

3. 无背索斜拉桥

无背索斜拉桥是指将索塔一侧的斜拉索去掉，并将混凝土索塔向该侧倾斜，以索塔自重平衡主跨斜拉索索力，形成无背索斜拉桥，如图 4-1-21 所示。无背索斜拉桥常用于跨径一般不大于 200m、景观要求高的桥梁，且一般采用独塔无背索斜拉桥。

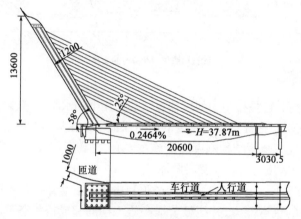

图 4-1-21 无背索斜拉桥示例（尺寸单位：cm）

拓展小知识

独塔斜拉桥

独塔斜拉桥采用非对称设计（不等跨设计）时，为平衡两跨恒载，应采取一些措施，如在小跨加平衡重，或小跨采用混凝土箱梁、大跨采用钢箱梁，或在小跨加设辅助墩、索塔向小跨倾斜等，构造上较对称设计（等跨设计）的斜拉桥复杂。

学习提示

斜拉桥的桥跨结构由主梁、索塔和斜拉索三部分组成,在竖向荷载作用下斜拉索受拉,索塔受压又受弯,主梁受弯又受压,因此,桥跨结构是受拉、受压、受弯三种受力形式的组合结构。当然,在横桥向不均衡活载作用下,主梁还将受扭,将是受拉、受压、受弯、受扭四种受力形式的组合结构。斜拉桥是多次超静定结构,应利用结构有限元分析软件进行计算,详细计算方法将在"桥梁结构分析与设计"课程中介绍,感兴趣的读者可参阅与本教材配套的《桥梁结构分析与设计》教材。

思考与练习

1. 斜拉桥的基本组成是什么?各组成部分的受力特点是什么?
2. 斜拉桥常用结构体系有哪些?适用于哪些情况?
3. 大跨径斜拉桥主要采用哪种结构体系,为什么?

第二章 斜拉桥设计

斜拉桥设计包括总体设计和结构构造设计。总体设计应根据建设条件(包括水文、气象、地质、地形、现状以及自然环境等条件)、通航要求、建设规模、技术标准、景观环境、交通流量预测以及水利、电力、航空等部门的具体要求,对斜拉桥的结构体系、跨径布置、辅助墩的设置、车道数量等进行综合考虑,合理布置。结构构造设计是对斜拉索、索塔、主梁等各部分结构进行合理的选型和细部构造设计。

第一节 总体设计

斜拉桥总体设计包含很多内容,这里所述主要指确定斜拉桥的跨径布置和结构体系。

一 跨径布置

斜拉桥跨径布置主要可分为独塔双跨式、双塔三跨式和多塔多跨式三种形式。一般按照恒载平衡的原则确定边、中跨比例。双跨斜拉桥以跨径较大者为主跨,三跨斜拉桥或多跨斜拉桥以中跨为主跨。在特殊情况下,斜拉桥也可以布置成独塔单跨式(无背索结构体系)或混合式。

1. 双塔三跨式

双塔三跨式是一种常见的斜拉桥跨径布置方式,如图4-2-1所示,通常布置成两个边跨跨径相等的对称形式,也可以布置成两个边跨跨径不等的非对称形式。双塔三跨式斜拉桥中跨跨径较大,一般适用于跨越较大的河流、山谷和海峡。双塔三跨式斜拉桥边跨与中跨的比例通常为0.3~0.5,其中混凝土梁宜为0.4~0.45,组合梁宜为0.4~0.5,混合梁宜为0.3~0.4,钢梁宜为0.3~0.5。一般来说较小的边跨使边跨斜拉索对塔顶的锚固作用增大,从而对提高主跨的刚度有利,同时有利于降低端锚索的活载应力幅,因此,从经济角度考虑大多为0.40左右。在特殊地形条件下可采用更小的边中跨比,或边跨采用地锚形式。当边中跨比较大时,应设辅助墩以提高边跨斜拉索的锚固刚度,同时可降低应力幅。

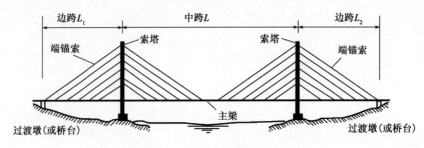

图4-2-1 双塔三跨式斜拉桥构造

2. 独塔双跨式

独塔双跨式是一种常见的斜拉桥跨径布置方式,如图4-2-2所示,可以布置成两跨不对称的形式,即分为主跨与边跨;也可以布置成两跨对称,即等跨布置形式。为利用端锚索提高刚度,以两跨不对称的形式较多,也较合理。其主跨跨径一般比双塔三跨式的主跨跨径小,故一般适用于跨越中小河流、谷地及交通道路,也可用于跨越较大河流的主航道部分。

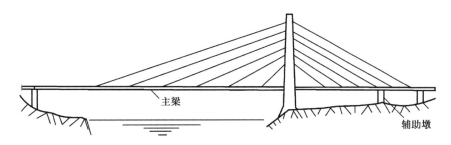

图 4-2-2　独塔双跨式斜拉桥

独塔双跨式斜拉桥的边跨与主跨跨径比例应考虑地形条件和跨越能力,通常取 0.5~1.0,但多数接近 0.8~0.9。当边跨跨径较大时,边跨设置辅助墩或者增大索塔刚度;当边跨跨径较小时,要注意设置压重,避免出现负反力。

在特殊的地形条件下,可采用无背索斜拉桥或地锚、半锚式斜拉桥。

3. 多塔多跨式

多塔多跨式斜拉桥应用较少,这是由于中间塔顶没有端锚索来有效地限制塔顶变位,结构刚度较低。增加主梁的刚度可以在一定程度上提高多塔斜拉桥的整体刚度,但会增加桥梁的自重。在必须采用多塔多跨式斜拉桥时,可将中间塔做成刚性索塔[图 4-2-3a)],此时索塔和基础的工程量将会增加很多;或用长拉索(辅助索)对中间塔顶加劲[图 4-2-3b)],分别锚固于两个边塔的塔顶或塔底,但这种长索柔度较大,且影响桥梁的美观度。

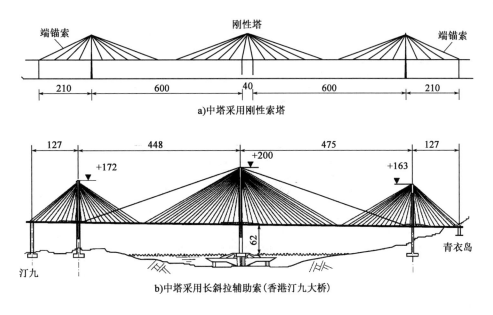

图 4-2-3　多塔多跨式斜拉桥示例(尺寸单位:m)

多塔多跨式斜拉桥边中跨比可参照双塔三跨式斜拉桥选用,一般为 0.4 左右。

4. 辅助墩及边引跨

为了提高斜拉桥的结构整体刚度,减小活载在边跨主梁端部附近产生的正弯矩和梁端转动变形,有时在边跨适当设置辅助墩,或通过加长边跨主梁以形成引跨,来约束主梁的变形,如图4-2-4所示。

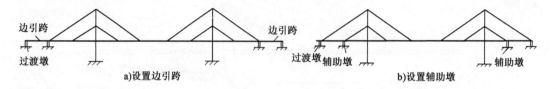

图4-2-4 辅助墩及边引跨

设置辅助墩既可以减小斜拉索应力变幅,提高结构刚度,又能缓和端支点负反力,减少施工时上部构件架设的最大双悬臂长度,是大跨径斜拉桥常用的方法。当然,辅助墩数量不宜过多,否则对提高斜拉桥刚度的效果并不显著。

在斜拉桥中,边跨还经常采用端锚索来约束索塔的变形。端锚索是最上端的背索,张力比其他拉索大,设计时一般采用截面较大的拉索。

国内、外已建成的典型斜拉桥设计资料见表4-2-1、表4-2-2。

国内斜拉桥跨径布置及索塔高度统计资料　　　　表4-2-1

桥名	跨径布置(m)	边跨/主跨	索塔高度(m)	索塔高跨比	辅助墩	主梁类型	说明
上海恒丰北路桥	77+73.8	0.96	49.97	0.65	无	混凝土梁	独塔单索面
重庆石门大桥	230+200	0.87	113.00	0.49	无		独塔单索面
广东南海九江桥	160+160	1.00	80.00	0.50	无		独塔双索面
长沙湘江北桥	105+210+105	0.50	53.72	0.26	无		双塔单索面
广州海印桥	35+85.5+175+85.5+35	0.49	56.40	0.32	无		双塔单索面
天津永和大桥	99.85+260+9.85	0.38	55.80	0.21	有		双塔双索面
番禺大桥	161+380+161	0.42	100.80	0.27	有		双塔双索面
武汉长江公路大桥	180+400+180	0.45	153.60	0.38	无		双塔双索面
湖北荆州长江大桥	200+500+200	0.40	111.90	0.22	无		双塔双索面
港珠澳大桥青州航道桥	110+236+458+236+110	0.52	163.00	0.36	有		双塔双索面
苏通长江公路大桥	2×100+300+1088+300+2×100	0.28	300.40	0.28	有	钢箱梁	双塔双索面
沪苏通长江大桥	140+462+1092+462+140	0.42	330.00	0.30	有	钢桁梁	双塔三索面

国外斜拉桥跨径布置及索塔高度等统计资料　　　　表4-2-2

桥名	跨径布置(m)	边跨/主跨	索塔高度(m)	索塔高跨比	辅助墩	说明
美国东丁亨顿桥	274.3+185.3	0.68	85.2	0.31	无	独塔双索面
法国伯劳东纳桥	143.5+320+143.5	0.45	70.5	0.22	无	双塔单索面
美国日照高架桥	164.6+365.8+164.6	0.45	73.0	0.20	无	
西班牙卢纳奥斯桥	101.7+440+101.7	0.23	90.0	0.20	无	双塔双索面
挪威斯卡恩圣特桥	190+530+190	0.36	101.5	0.19	有	
委内瑞拉马拉开波桥	160+5×235+160	0.68	42.5	0.18	无	多塔双索面

二 结构体系

1. 双塔、独塔斜拉桥

跨径较大、索距较密或在有抗震要求地区的斜拉桥,宜选择飘浮体系或者半飘浮体系。飘浮体系和半飘浮体系在双塔斜拉桥中应用广泛,特别适用于有抗震要求的密索斜拉桥,地震时可作纵向摆动,其自振频率与地震频率不一致,不会发生共振,可确保安全。

塔梁固结体系宜用于塔根弯矩小和温度内力小的斜拉桥;塔梁墩固结体系适用于独塔或双塔高墩和对变形要求较高的斜拉桥。

2. 多塔斜拉桥

多塔斜拉桥宜采用飘浮体系或半飘浮体系(有时中塔墩与梁做成塔梁墩固结体系),并可采取下列措施提高其整体刚度:

(1)增大主梁、中间索塔刚度。
(2)采用斜拉索对中间索塔顶加劲。
(3)在边孔设辅助墩,增大边孔斜拉索面积,减小边孔索距。

表4-2-3对各种体系斜拉桥的主要受力特点进行了汇总。

斜拉桥的结构体系比较　　　　表4-2-3

结构体系	飘浮体系	半飘浮体系	固结体系	塔梁墩固结体系
塔、墩、梁的组合关系	塔、墩固结,塔、梁分离	塔、墩固结,塔、梁分离	塔、墩分离,塔、梁固结	塔、墩、梁固结
塔、墩处主梁设支承情况	无,但必须设置横向约束	有,支座反力较小,设置可调高度的支座或弹簧支座	有,需设置大型支座	无
力学特性	主梁内力较均匀,温度及混凝土收缩、徐变内力较小,索塔处主梁不会出现负弯矩峰值	温度及混凝土的收缩、徐变内力较大,索塔处主梁会出现负弯矩峰值	塔梁的温度内力极小,但上部结构反力过大	结构整体刚度大,索塔和主梁变形较小,但温度及混凝土收缩、徐变内力较大

除固结体系外,其余的连接方式都可应用在大跨径斜拉桥中,一些比较典型的斜拉桥工程实例见表4-2-4。

国内外典型大跨径斜拉桥的结构体系　　　　　表4-2-4

桥名	国家	时间	主跨(m)	主梁	结构体系和主梁约束方式
杨浦大桥	中国	1993	602	组合梁	索塔处设置0号索,全飘浮
名港中大桥	日本	1996	590	钢梁	索塔处纵向钢绞线约束装置
昂船洲大桥	中国	2007	1018	混合梁	索塔处设液压缓冲限位约束装置
南京长江二桥	中国	2000	628	钢梁	索塔处设钢支座(竖向支承,纵向滑动)
多多罗桥	日本	1998	890	混合梁	索塔处设橡胶支座(竖向支承,纵向弹性约束)
鹤见航道桥	日本	1995	510	钢梁	索塔处设支座,水平拉索约束和螺旋桨式阻尼器
青州闽江桥	中国	2001	605	组合梁	索塔处设支座,水平拉索约束和螺旋桨式阻尼器
诺曼底大桥	法国	1998	856	混合梁	塔梁墩固结

第二节　斜拉索构造与设计

斜拉索是斜拉桥的重要组成部分,除必须具有高强度外,还必须具备良好的抗疲劳性能、耐久性和抗腐蚀性。斜拉索制作和施工工艺的不断进步,对斜拉桥的发展作出了重要贡献。对于混凝土斜拉桥,斜拉索的造价一般占全桥总造价的25%~30%,可见斜拉索在斜拉桥建造中的重要性。由于斜拉索与索塔及主梁组成了高次超静定结构,斜拉索的布置及张拉力的大小对斜拉桥的总体受力具有显著的影响。

一　斜拉索构造

斜拉索主要由钢索、两端的锚具、减振装置和保护措施组成。一根斜拉索可划分为两端锚固段、过渡段和中间段三个部分。锚固段用来将拉索分别锚固于索塔或主梁,分为固定端和张拉端两种;过渡段包括锚垫板、导索管和减振器、填充材料;中间段即为索体。

斜拉索应结合起重、运输和安装等条件选用,目前较常用的是平行钢丝索和钢绞线索,如图4-2-5、图4-2-6所示。

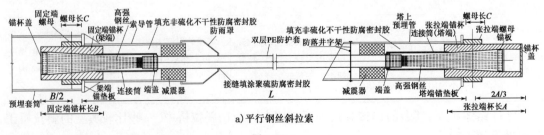

a)平行钢丝斜拉索

图　4-2-5

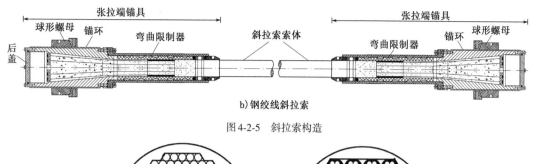

b)钢绞线斜拉索

图 4-2-5 斜拉索构造

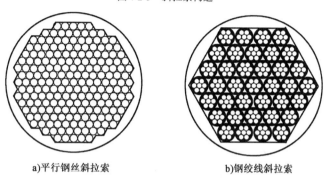

a)平行钢丝斜拉索　　　　　b)钢绞线斜拉索

图 4-2-6 斜拉索横截面构造

1. 平行钢丝索

平行钢丝索是将若干根钢丝平行并拢、扎紧而成,按照钢丝的集束方式可分为平行钢丝股索(简称PW)、平行钢丝索(简称PWC)、半平行钢丝索。钢丝采用$\phi 5mm$或$\phi 7mm$热镀锌高强钢丝,标准强度为1670MPa或1770MPa。平行钢丝索一般用冷铸锻头锚。

平行钢丝索由于钢丝未经旋扭,整索的抗拉强度和弹性模量与单根镀锌钢丝相同,没有损耗,抗疲劳性能也较好。其缺点是钢索刚度较大,不易弯曲,架设困难,易引起索内的弯曲次应力。一般斜拉索在施工现场平放制作,成束后穿入聚乙烯套管或金属套管,张拉结束后再压注水泥砂浆防护。我国早期建造的斜拉桥大部分采用这种斜拉索,由于必须现场制作,且防护效果不太好,目前已经较少使用。

为解决不能弯曲的问题,将钢丝平行并拢后同心同向作轻度扭绞,扭绞角一般为$2°\sim 4°$,再用包带扎紧,最外层直接挤裹单层或双层聚乙烯索套作防护,就成为半平行钢丝索。这种索挠曲性能好,可以盘绕,具备长途运输条件,宜于工厂机械化生产,质量易于保证,因此逐步取代了纯平行钢丝索。钢索扭绞后抗拉强度、弹性模量和抗疲劳性能均有所降低,但扭绞角小于$4°$时,损减很小。我国从20世纪90年代初开始生产成品的半平行钢丝索,最大使用索力可以达到1200kN,近几年建造的斜拉桥几乎都采用半平行钢丝索。

2. 钢绞线索

钢绞线索由多股钢绞线平行或经轻度扭绞组成,其标准强度已达1860MPa,因此,用钢绞线制作的钢索可以进一步减轻钢索的重量。钢绞线索可以平行成束,也可以扭绞一定的角度成为半平行钢绞线索。

平行钢绞线索一般在现场制作,配用夹片锚具,类似于后张法预应力钢筋,钢绞线逐根穿入预先安装在斜拉索位置处的套管内单根张拉,安装时起吊重量小,张拉力也小,可以采用小千斤顶张拉大斜拉索,因此,平行钢绞线索比较适用于超长斜拉索。单根张拉钢绞线斜拉索时索力控制难度较大,有时在单根张拉形成初应力后,再用大千斤顶调整索力。由于上述原因,在小跨径斜拉桥中应用时不如半平行钢丝成品索好。我国福州青州闽江605m跨度斜拉桥即使用平行钢绞线索,采用自带聚乙烯包皮钢绞线穿入聚乙烯套筒,张拉后套筒内灌注油脂进行多重防腐。

平行钢绞线索也可以在工厂制作好后运至工地,一般将多股钢绞线并拢后再做一定角度的扭转使斜拉索便于盘绕,编索完成后同样在外侧热挤聚乙烯进行保护。

值得注意的是,部分斜拉桥的斜拉索在索塔处可不锚固,而是通过塔中设置的索鞍,将斜拉索两端锚固于主梁。索鞍可采用双套管索鞍或分丝管索鞍,如图4-2-7所示。

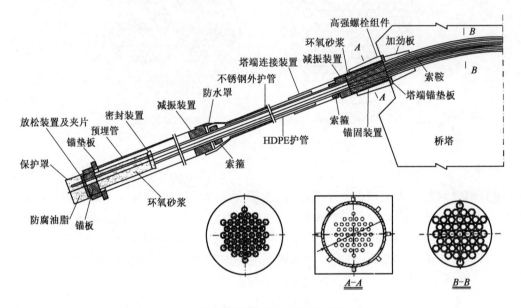

图4-2-7 部分斜拉桥的斜拉索和索鞍构造示意

二 斜拉索布置

1. 布置形式

(1)斜拉索横桥向布置

斜拉索横桥向布置可采用单索面、双索面或多索面,如图4-2-8所示。索面布置可采用空间索面布置或平行索面布置。

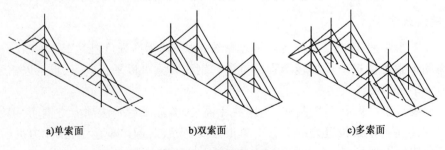

图4-2-8 斜拉索索面形式

从美学和景观方面来看,单索面斜拉桥无论从哪个角度观看斜拉索都简洁明了,而双索面或多索面斜拉桥从侧面的某些角度看会出现斜索交错零乱的视觉。但是,采用单索面时,斜拉索对抗扭不起作用,因此主梁应采用抗扭刚度较大的截面。采用双索面时,斜拉索空间索力可以协助主梁抵抗不对称荷载产生的扭矩,使抗扭刚度小的边主梁甚至板式主梁截面成为可能。由于上述原因单索面斜拉桥也不能用于大跨径斜拉桥。

从桥面宽度的利用方面来看,单索面斜拉桥由于斜索下端锚固于主梁中心线上,除了构造要求需要一定宽度的锚固区外,还需考虑保护斜索不受车辆意外碰撞的问题,故桥面中央部必然有一部分宽度(拉索锚固防护区)不能利用,这部分宽度常用作上下行方向车道的隔离带。双索面斜拉桥在横桥向有两种布置方式,即斜索下锚固点位于桥面之内(一般位于机非分隔处)或位于桥面两侧的外缘。前者有左右两部分宽度(双面拉索锚固防护区)不能利用的问题,后者则必须由伸臂向梁体传递剪力和弯矩。采用双索面时索塔位于桥面两侧,这就增加了基础的横向宽度,增加了造价。多索面往往应用于超宽桥面(桥宽一般超过40m)或桥面恒、活载很大的斜拉桥。

理论和试验证明,斜向双索面(空间索)对主梁抵抗风力扭振特别有利,因此,在大跨径斜拉桥中得到了广泛的应用,目前建成的600m跨径以上的斜拉桥均采用斜向双索面。

(2)斜拉索纵桥向(立面)布置

斜拉索纵桥向(立面)布置可采用辐射形、竖琴形、扇形等,如图4-2-9所示。

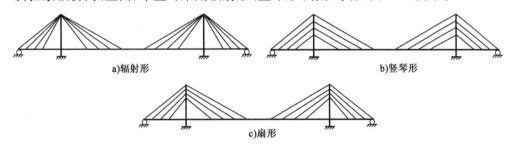

图4-2-9 斜拉索顺桥向布置

辐射形与竖琴形相比,索的利用率较高,但辐射形的斜拉索集中交会于塔顶,塔顶构造细节较为复杂,一般需设置结构复杂的钢锚箱,如美国的帕斯柯-肯尼威克桥[图4-2-10a)]。竖琴形由于所有斜拉索的斜角相同、拉索平行,塔上锚固点的间距大,且所有斜拉索在梁端与塔端的锚固点结构细节相同,便于施工。因此,跨度不大的斜拉桥多采用竖琴形布置。

扇形布置则介于辐射形与竖琴形之间,索力的垂直分力虽小于辐射形但大于竖琴形,水平分力则相反。此外,塔上锚固点的间距也同样介于辐射形和竖琴形之间。从力学观点来看,扇形布置还具有以下优点:

①斜拉索与水平面的平均交角较大,索力垂直分力较大,而对主梁产生的轴力较小,因此斜拉索使用效率高,节约拉索用量。

②斜拉索的水平分力在塔顶基本平衡,索塔承受弯矩较小。

③边跨端锚索索力可以影响主跨所有斜拉索,因此结构总体活载刚度较高。

因此,在大跨径斜拉桥中扇形布置得到了广泛的应用。采用扇形布置时,拉索的倾角一般为25°~65°,最小不宜小于22°。

2. 斜拉索间距

斜拉索间距与索力相关,索距越大每根索的索力越大,而索的数量比较稀少。根据斜拉索在主梁上的间距,有稀索[图4-2-10b)]与密索之分。在早期的斜拉桥中都为稀索体系(超静定次数少),一方面利用斜拉索为主梁提供弹性支承,另一方面受制于当时的计算能力。随着计算机的应用,计算能力已经不是设计中的障碍,索距越来越小,斜拉索越来越密,现代斜拉桥则多为密索体系。密索优点是:索距小,主梁弯矩小;索力较小,锚固构造简单;锚固点附近应力流变化小,补强范围小;利于悬臂架设;易于换索;拉索断面纤细,美感度提高。但密索也存在一些缺点:端锚索刚度较小,且应力幅较大;在活载作用在中跨时边跨主梁可能产生较大的负弯矩;每根斜拉索的刚度较小,可能会产生风振问题。为克服这些缺点,可以将边跨跨径减小,将边跨斜拉索集中到边墩处或将边跨的一部分斜拉索集中为端锚索。

a)密索布置(美国华盛顿州帕斯柯-肯尼威克桥)　　b)稀索布置(荷兰鹿特丹哈姆森桥)

图4-2-10　斜拉索布置示例

稀索在主梁上的间距一般为30~60m(钢梁)及15~30m(混凝土梁),故主梁的弯矩及剪力仍相当大,需要有较大的梁高。斜拉索的内力与截面相对来说较大,因此架设比较困难,斜拉索锚固点的构造细节也较复杂,锚固点附近的主梁常需作大规模的补强,耗料较多。

密索体系斜拉索在主梁上的间距为8~24m(钢梁)或4~12m(混凝土梁)。斜拉桥采用悬臂法架设时,斜拉索标准间距宜为6~10m(混凝土梁)或8~16m(钢梁、钢-混凝土组合梁)。

3. 部分斜拉桥斜拉索布置

部分斜拉桥的索塔矮而刚,因而一般不需要设置端锚索。由于主梁刚度较大,索塔附近无索区长度与主跨跨径之比在0.11~0.22,多数为0.15~0.2;跨中及边跨无索区长度与主跨跨径之比为0.07~0.4,多数为0.2~0.35。斜拉索可按体外索设计,应力限值可采用$0.6f_{pk}$。

三　斜拉索锚固

斜拉索锚固部位的构造与斜拉索的布置、根数和形状、主梁和索塔形状构造、拉索的牵引和张拉等因素有关,因此应从设计、施工、养护维修及拉索的更换等各个方面综合考虑斜拉索锚固的合理形式与构造。

斜拉索锚固分为斜拉索与索塔锚固和斜拉索与主梁锚固,详见本章"索塔构造与设计"和"主梁构造与设计"小节,这里不再详述。

四　斜拉索防撞

拉索设计必须考虑事故造成的危险,如车辆撞击、火灾、爆炸和破坏等,为此应考虑:

(1)斜拉索下部2m范围内用钢管防护,生根于桥面并和拉索管道相接。
(2)钢管的尺寸(厚度、间距)和锚固区的加强要足以抵抗火灾和破坏的危险。
(3)锚固区要予以加强,以抵抗车辆撞击。
(4)防护构件的替换不影响拉索本身,并尽可能不影响交通。

五 斜拉索防护

斜拉索是由钢材组成并长期暴露在自然环境下,空气、水、氯离子以及持续作用于高强钢丝的拉应力等,都会引起钢材腐蚀,产生应力腐蚀和氢脆断裂。因此必须针对斜拉索腐蚀原因,采取相应措施。斜拉索防护主要包括斜拉索索体的防护、索体与锚具结合部位的防护和安装后的防护等。

1. 索体的防护

(1)成品索防腐

成品索主要是指平行钢丝索,由5mm或7mm的钢丝制成,钢丝之间相互接触并长期处于高应力状态,对电化腐蚀十分敏感。这种腐蚀主要表现为氧的去极化作用,所以要防止斜拉索腐蚀,就要防止表面形成可作为电解液的水膜。镀锌技术的防腐机理是牺牲阳极的阴极保护法,在腐蚀介质中,锌原子失去电子变成阳离子发生腐蚀,钢作为阴极受到保护。对于平行钢丝索可直接采用镀锌钢丝,整体扭转后,再缠绕一层纤维带或钢带扎紧,最外层用挤塑机热挤高密度聚乙烯护套做防护,依靠高密度聚氯乙烯材料气密性、水密性、抗紫外线性能好的特点,达到防护效果,如图4-2-11所示。

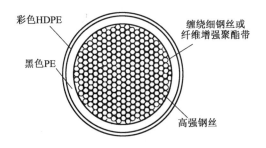

图4-2-11 成品索(平行钢丝索)截面构造示意

平行钢丝索的整捆钢丝与聚乙烯热熔黏结,所以只能进行整体防腐,这也是平行钢丝索防腐的一个弱点。钢丝与护套紧紧握裹,钢丝受力时可传递给聚乙烯护套,处于高应力状态下的聚乙烯护套经反复热胀冷缩,拉伸变形后,会出现细微裂纹,进一步发展会导致索体聚乙烯护套表面网裂,从而影响防护。另外,镀锌层易在运输及制索时损坏,镀锌层受损时,极易发生电极反应,加速镀锌层的腐蚀。针对上述原因可采用分级降温冷却措施来降低护套的温度应力,采用锌铝合金或者锌铝镁合金镀层钢丝保护技术,选取抗老化性能更佳的材料,如高密度聚乙烯与高密度聚氨酯的混合材料,而且必须优化和改进斜拉索生产工艺,控制斜拉索内部环境以确保钢丝的工作环境处于C1标准,对缆索内部进行除湿处理,同时做好斜拉索安装期间的保护,完善斜拉索的后期管养。

(2)钢绞线防腐

钢绞线索是由多根高强钢丝(一般为5根或者7根)拧成一股成为钢绞线,再由平行钢绞线制成斜拉索,使用的钢绞线可以是光面钢绞线、镀锌钢绞线、环氧涂层钢绞线和超耐久性钢绞线。

环氧涂层钢绞线是采用静电喷涂或低温熔涂技术,将熔融的环氧雾化后喷涂到钢丝表面,经过烘干后形成环氧涂层,从而将钢绞线与空气分隔开,达到防腐的目的。对每一根钢绞线先热挤聚乙烯护套作为内部护套,并填充防腐油脂或石蜡,最后在整束外包双层同步挤压成型的高密度聚乙烯护套,形成4层防护,如图4-2-12所示。平行钢绞线索,由于防护套与内部聚乙烯防护套之间可自由滑动,因此日照产生的热胀冷缩仅发生在外部高密度聚乙烯防护套上,不会使平行钢绞线拉索体系的防护套产生应力。斜拉索防护体系是制约斜拉桥发展的关键技术,其重要性甚至已经超越了钢丝的力学性能,实用中衍生出多种不同防护结构系统,见表4-2-5。

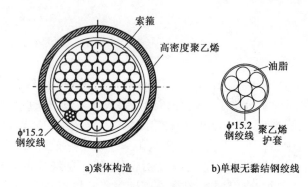

图4-2-12 平行钢绞线索截面构造示意(单位:mm)

斜拉索索体防护形式　　　　　　　　　　表4-2-5

索体结构	基本防护	外层防护
平行钢丝索	热镀锌钢丝	热挤黑色高密度聚乙烯
	热镀锌钢丝	热挤黑色高密度聚乙烯+高密度聚乙烯
	热镀锌钢丝	热挤黑色聚乙烯内层+彩色高密度聚乙烯外层
平行钢绞线索	钢绞线+油脂或石蜡+热挤聚乙烯	高密度聚乙烯护套
	热镀锌钢绞线+油脂或石蜡+热挤聚乙烯	高密度聚乙烯护套
	热镀锌钢绞线+环氧涂层	高密度聚乙烯护套
	钢绞线+环氧涂层+热挤聚乙烯	高密度聚乙烯护套

(3)高密度聚乙烯护套的防护

高密度聚乙烯护套主要形式有外圆光面护套、外表带螺旋线的护套(抗风雨激振型)、整圆式护套、分半式护套。生产时采用双腔共挤、一次成型技术。高密度聚乙烯护套基本可保证索体的完全密封和防腐,改善拉索的振动状况,并可选择适合的颜色达到美观要求。

作为拉索最外侧的保护层,高密度聚乙烯护套也难免损伤,原因主要有:①施工过程遗留的损伤;②运营过程风吹日晒,高密度聚乙烯护套老化,失去韧性;③当日照引起温度变化时,钢丝与聚乙烯两种材料的热膨胀系数不同,聚乙烯防护层无法纵向延伸,只有向径向发展,造成聚乙烯防护层表面产生龟裂现象;④爬索机器人使用不当会刮伤高密度聚乙烯护套。针对上述原因,可采取以下措施:①选取低模量、高强度的高密度聚乙烯原材料,降低施工过程中的护套应力;②可在护套内添加抗氧剂、抗老化剂和抗紫外线老化剂;③在生产过程中,严格保护钢丝镀层,完善分丝板的倒角,确保热挤聚乙烯护套的均匀性和完整性。

2. 索体与锚具结合部位的防护

平行钢丝索结合部位是冷铸锚(或热铸锚)锚固,由于镦头锚本身的构造,聚乙烯防护层是位于镦头锚内部的,一旦聚乙烯防护层在运营过程中发生龟裂,而防水罩又易在振动下失效,则雨水或水汽将从聚乙烯防护层破损处进入索体,并沿着索体进入镦头锚,进而引起锚头的锈蚀和失效。故采用填充料是耐蚀性能较好的环氧铁砂配方料(或锌铜合金)。考虑到聚乙烯剥开区特点,利用抗疲劳结构的连接管在管内用耐蚀的填料密封聚乙烯剥开区段。在连接管和聚乙烯索体分界处用橡胶密封圈或热收缩管密封。

平行钢绞线索是夹片群锚锚固,结合部位应用过环氧树脂或水泥砂浆密封,考虑到换索需要,在锚固区用防腐油脂保护。在室外环境中长期使用的防腐油脂需具备滴点高、漏失量小、防腐蚀、耐候抗氧化等性能。主要保护区是锚具延伸管内的钢绞线聚乙烯剥开区和锚具端口为此专门设计锚具防护配件使夹片端口浸在油脂中用密封配件将剥开聚乙烯的一段钢绞线密封在延伸管内保持结合区内的防腐油脂隔绝水和空气延伸管内的防护油脂采用专用具和工艺注入。

3. 安装后的防护

安装完成后对锚具外部一般采用涂料涂装防护,选用高质量的涂料分层对锚具进行涂装,同时用高性能密封胶对端盖、连接筒口等进行密封。锚具一般都采用表面镀锌冷铸锚和夹片锚多为电镀锌在镀层上涂料涂装要考虑底层处理,选用性能合适的底漆。

在斜拉索的桥面锚固区要设置锚板和锚管结构通常雨水会顺索体下流,一旦安装在锚管内的减振橡胶圈和端口的将军帽结构密封不严下锚管内容易积水,进而腐蚀索体和锚具结合部位。某桥在检查中发现下锚管积水造成锚具连接筒、密封圈等浸在水中,如果密封不严,积水可能进入连接筒锈蚀钢丝,为此开发了锚管内聚氨酯泡沫材料填充技术,聚氨酯与钢材和聚乙烯材料都有良好的黏性,经发泡注入锚管,形成的填充层能吸收能量,减少振动且抗老化、密水密气,在端口安装止水圈,并用止水硅胶密封。

六 斜拉索减振

随着斜拉桥跨径的增加,斜拉索变得越来越长,柔度大、重量小以及阻尼低等特点易导致出现各种类型的振动。斜拉索是斜拉桥关键构件,频繁发生大振幅振动会破坏斜拉索防腐系统、引起斜拉桥静(动)力性能变化,影响结构耐久性,甚至发生疲劳断裂。

1. 振动形式

斜拉索振动形式主要有涡激振动、风雨激振、参数共振,还有结冰索驰振、尾流驰振、脉动风致抖振以及各种形式的复合振动。

涡激振动是斜拉索从风中吸收能量,产生一种带有自激振动性质的强迫振动,是在低风速发生,且一旦发生将在一定风速范围内保持的振动。涡激振动对结构断面形状较为敏感,其振幅对阻尼有较大的依赖性。

风雨激振是斜拉索一种特殊的振动现象,通常发生在风雨不大的气象条件下。1984年日本名港西大桥发生了斜拉索风雨振动,之后许多斜拉桥的拉索相继出现了此类强烈的风雨振动。

当斜拉桥的主梁或索塔在车辆、风等作用下发生振动时,如果振动频率与斜拉索的某阶振动频率成整数倍,将诱发斜拉索大振幅的参数振动。

2. 减振措施

目前,对斜拉索各类振动机理的研究提出了两类主要减振措施,即采取改变斜拉索表面形状的空气动力学措施(简称气动减振措施)和增加斜拉索阻尼的机械减振措施。

(1)气动减振措施

气动减振措施多用于抑制斜拉索的风雨激振,主要通过在斜拉索表面压制点状凹坑[图4-2-13a)]、设置螺旋线[图4-2-13b)]、椭圆线等措施,干扰降雨在斜拉索表面形成规则水线而达到减振或抑振的目的。

a) b)

图4-2-13 斜拉索气动减振措施

(2)机械减振措施

机械减振措施主要是安装阻尼器,提高斜拉索阻尼进行减振。由于导致斜拉索振动的原因不同,各类减振或制振措施的适用条件、功能和效果也不相同,需要根据桥梁的特性、斜拉索振动产生的原因,选择合理的减振措施。机械减振措施多采用辅助索、阻尼器等方法。

①安装辅助索

辅助索(或连接器)将斜拉索用高强钢丝绳连接,缩短索的有效长度,提高斜拉索的固有频率,使得各斜拉索之间产生耦合作用,形成有干扰效应的索网,获得刚度、重量和阻尼效应,达到抑制振动的目的。这种方法设计复杂,连接件容易产生疲劳破坏,且影响桥梁景观。

②安装阻尼器

在斜拉索桥面锚固端附近安装阻尼器,可以提高斜拉索阻尼从而减振。这类措施结构设计简单,附加阻尼效果好,被国内外桥梁广泛采用。根据形式不同,阻尼器又分黏性剪切阻尼器(图4-2-14所示为长安大学桥梁抗风研究团队研制开发的黏性剪切阻尼器,已应用于国内多座桥梁,取得了明显的减振效果)、液体黏滞阻尼器(图4-2-15)和磁流变阻尼器(图4-2-16)等。

a)安庆长江大桥阻尼器

b)宁波招宝山大桥阻尼器

图 4-2-14　黏性剪切阻尼器示例

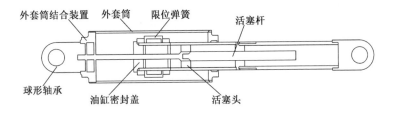

图 4-2-15　液体黏滞阻尼器构造示意

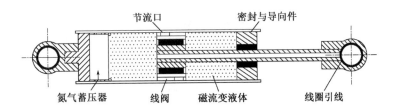

图 4-2-16　磁流变阻尼器构造

第三节　索塔构造与设计

　　索塔通过斜拉索与主梁相连，索塔自身承担主梁的恒载与活载，同时索塔与斜拉索及主梁共同形成高次超静定结构，因此还承担温度变化、支座沉降、混凝土收缩和徐变等因素引起的次内力。此外，作用在主梁上的风力、地震力也通过索塔传至地基。斜拉索传递到索塔的力主要是垂直力和水平分力，通常在自重作用下索塔两侧水平力基本平衡，索塔主要承担轴向压力，但是在活载和次内力作用下索塔将承担不平衡水平力，从而处于偏心受压状态。因此，索塔必须具有足够的强度和刚度来保证体系的稳定，同时索塔的刚度以及与主梁连接形式又影响体系的受力性能。

　　索塔设计包括索塔造型设计、索塔构造设计、索塔锚固点设计等。索塔的顶部通常有一些附属建筑，如观光厅等旅游设施、避雷针、航空与航道用的标志灯等，设计时也应予考虑。

在设计中根据不同需要,索塔可布置为独塔、双塔或多塔形式,可采用混凝土索塔、钢索塔或钢-混凝土组合索塔。

一 索塔造型设计

索塔造型形式较多,分为顺桥向与横桥向等不同形式。索塔造型不仅与斜拉索索面数有关,还与结构体系、斜拉桥跨径、桥面宽度、索塔高度、塔底支承形式等有关,同时应考虑美观性。

1. 顺桥向结构形式

索塔顺桥向造型和相应的受力条件必须同时满足足够的纵向稳定性和在运营条件下发挥正常功能的要求。索塔顺桥向形式选择与结构体系、索塔高度、塔底支承形式等有关,常用的有单柱式、倒V形(A形)及倒Y形等,如图4-2-17所示。单柱式索塔造型简单,一般设计成竖直式,也可根据需要设计成倾斜式(如无背索斜拉桥的索塔);倒V形(A形)、倒Y形在顺桥向索塔刚度大,有利于抵抗索塔两侧拉索的不平衡拉力,能承受较大的顺桥向弯矩,并有更良好的抗震能力,但由于施工较复杂,这类索塔采用不多,主要用于多塔斜拉桥。

a)单柱式　　b)倒V形　　c)倒Y形

图4-2-17　索塔顺桥向结构形式

2. 横桥向结构形式

索塔的横桥向形式选择与斜拉索索面数、斜拉桥结构体系、桥面宽度、索塔高度、塔底支承形式等有关。

(1)单索面

单索面斜拉桥索塔横桥向结构形式通常可设计成单柱式、倒Y形和倒V形,如图4-2-18所示。单柱式通常用于主梁抗扭刚度较大的单索面斜拉桥,塔、梁固结体系或塔梁墩固结体系斜拉桥。倒V形和倒Y形索塔的特点是结构横向刚度大,常用于抗风、抗震要求较高的大跨径斜拉桥。

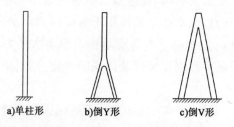

a)单柱形　　b)倒Y形　　c)倒V形

图4-2-18　单索面索塔横桥向结构形式

(2)双索面

双索面斜拉桥索塔横桥向结构形式通常可设计成双柱式、门式、H形(斜腿H形)、倒V形和倒Y形,如图4-2-19所示。门形和H形索塔抵抗横向水平荷载的能力较强,横梁起到提高横向刚度的作用,适用于桥面宽度不大的双索面斜拉桥;斜腿H形的索塔一般在折点处设置横梁,横梁除承担自重弯矩外还将承担水平压力或拉力,用于塔高较高、桥面较宽的平行双索面斜拉桥;倒V形和倒Y形常用于抗风、抗震要求较高的大跨径非平行双索面斜拉桥。

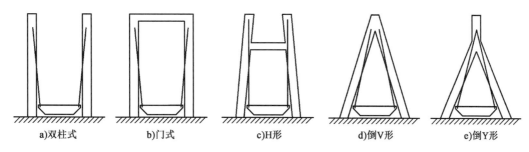

a)双柱式　　b)门式　　c)H形　　d)倒V形　　e)倒Y形

图4-2-19　双索面索塔横桥向结构形式

(3)梁体高出塔基较多

在梁体高出塔基较多时,斜拉桥索塔所采用的横桥向形式可设计成图4-2-20的形式。为了减小基础的横向宽度,可以在桥面以下将两墩柱靠拢形成宝石形。采用半飘浮体系主梁时,主梁一部分重量支承在下横梁上。

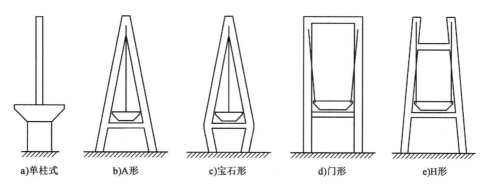

a)单柱式　　b)A形　　c)宝石形　　d)门形　　e)H形

图4-2-20　高出塔基较多的索塔横桥向结构形式

二　索塔构造设计

1. 索塔高度

索塔高度H是指从主梁与索塔交界处以上的有效高度,与斜拉索的倾角有关。索塔的有效高度越高,斜拉索的倾角越大,索力垂直分力对主梁的弹性支承效果也越好,但索塔与斜拉索的长度也要增加,因此,索塔的适宜高度H要通过技术经济比较来决定。根据已有统计资料,最外侧斜拉索的倾角,无论是双塔三跨式或独塔两跨式斜拉桥,宜控制在25°～45°范围内,竖琴形布置较多取26°～30°,放射形或扇形布置,倾角在21°～30°范围内,以25°最为普遍。

索塔高度H的确定应根据索塔形状、拉索布置、主梁断面形式,从结构分析、施工方法、降低材料用量及造价,结合景观要求等综合考虑。双塔、多塔斜拉桥桥面以上索塔的高度H

与主跨跨径l_2之比H/l_2宜为1/7~1/4；独塔斜拉索塔高通过外索控制，H/l_2宜为1/4.7~1/2.7，外索水平倾角不宜小于22°。索塔在桥面上的高度如图4-2-21所示。

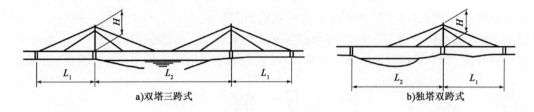

a)双塔三跨式　　　　　　　　　　　　b)独塔双跨式

图4-2-21　索塔在桥面上的高度

景观要求是决定塔高的另一主要因素，一般在城市或宽阔的水面上较高的塔高可以使全桥显得更加雄伟，相比之下我国斜拉索塔高的取值比国外略高。

对于部分斜拉桥，塔高与跨径之比为1/14~1/7.4，多数为1/12~1/8。

2. 索塔截面形式

组成索塔的索塔及横梁的截面形状和截面尺寸应根据结构强度、刚度、稳定性要求，并结合拉索在索塔上的锚固构造要求和桥梁美学要求来确定。索塔可采用不同的材料建造，有混凝土索塔、钢索塔或钢-混凝土组合索塔。混凝土索塔可采用实心或空心截面，截面形式有矩形、工字形或箱形，沿塔高又可采用等截面或变截面布置。索塔截面基本形状采用矩形[图4-2-22a)]，纵桥向(桥轴方向)采用长边L，横桥向(塔轴方向)采用短边B。

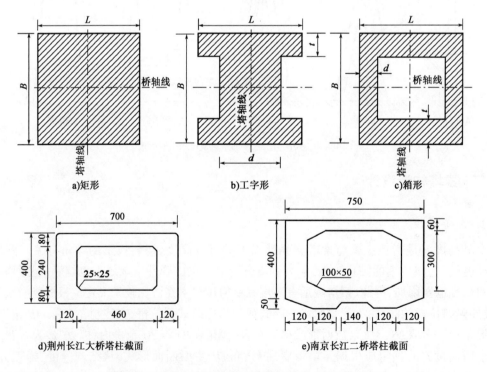

a)矩形　　　　b)工字形　　　　c)箱形

d)荆州长江大桥塔柱截面　　　　e)南京长江二桥塔柱截面

图4-2-22　混凝土索塔截面形式及构造示例(尺寸单位：cm)

采用实体索塔时,斜拉索在索塔中作交错锚固,因此,索塔上部的斜拉索锚固区可在塔轴线两侧布置斜拉索锚头的部位各挖一槽口,使截面成为图4-2-22b)所示的H形。实体索塔一般适用于中、小跨径的斜拉桥,小跨径时可采用等截面,中等跨径时可采用变截面。一般情况下仅变化长边尺寸L,而将短边尺寸B维持等值。

采用空心索塔时,斜拉索在索塔的箱室中锚固,故一般在塔轴线的两侧可以不挖槽口,而是改在箱室内壁增设锚固斜索用的锯齿形凸块(也称锚固齿块),为了改善外观,常在箱形柱体外面的四周增设一些线条。空心箱形索塔一般用于较大跨径的斜拉桥,故一般采用变截面,并且较多的是只变化长边尺寸L,如图4-2-22c)所示。

为了增加线条以改善外观,且有利于抗风,索塔矩形截面的四个角应设计成倒角或圆角图4-2-22d)。具有两根索塔时,每根在横桥向可做成非矩形的五角形、六角形或八角形截面,如图4-2-22e)所示。

索塔之间的横梁以及索塔之间的其他连接构件,截面形式由索塔截面形式决定,一般采用矩形、T形、工字形等实体截面,受力较大时采用矩形空心截面。

表4-2-6列出了国内外已建成的典型混凝土斜拉桥索塔截面资料,供参考。

国内外混凝土斜拉桥索塔截面资料 表4-2-6

索面	桥名	主跨跨径(m)	索塔形式(桥面以上)	索塔截面形式	索塔高度H(m)	截面尺寸(m) L	截面尺寸(m) B	壁厚(m) δ_1	壁厚(m) δ_2	高跨比 H/l_{max}
双索面	荆州长江大桥	500	斜腿H形	箱形	150.2	7.0	4.00	80	120	0.30
	上海南浦大桥	423	斜腿H形	箱形	150.0	8.0~10.0	4.00	70	70	0.35
	武汉长江公路大桥	400	斜腿H形	H形	94.0	6.0~7.0	4.00	80~100	100~150	0.24
	鄂黄长江大桥	480	斜腿梯形	箱形	172.3	7.0	4.80	100 100	150 100	0.36
	天津永和桥	260	斜腿梯形	箱形	55.6	3.0	3.00	60	60	0.21
	番禺大桥	380	倒Y形	箱形	140.3	7.0	7.00~7.40	70~80	150~100	0.37
	海口世纪大桥	340	倒V形	箱形	106.9	7.0	4.00	70	70	0.31
	美国P-K桥	299	门形	箱形	69.0	3.35	3.05~4.57	41	81	0.23
	东营黄河桥	288	门形	箱形	69.7	3.4	2.80	45	160	0.24
单索面	法国伯劳东纳桥	320	单柱形	箱形	70.5	4.8(最大)	2.60	40	123	0.22
	重庆石门大桥	230	单柱形	箱形	113.0	9.5	4.00~4.50	—	—	0.49
	长沙湘江北桥	210	倒Y形	H形	53.7	2.6	3.50	60	270	0.26

三 索塔锚固构造

1. 斜拉桥

斜拉索与混凝土索塔锚固的主要形式有交错锚固、侧壁锚固、钢锚梁锚固、钢锚箱锚固等,如图4-2-23所示。

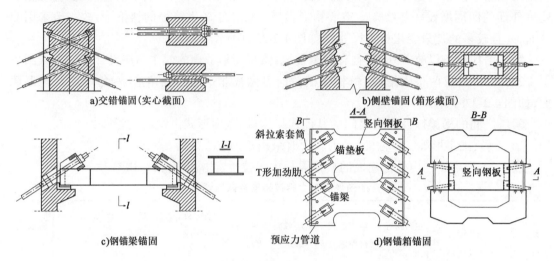

图4-2-23 混凝土索塔斜拉索锚固形式

（1）交错锚固,一般用于实心断面索塔,应在索塔中埋设钢管、设置锚垫板,但不需要在混凝土塔壁上配置预应力钢筋,如图4-2-23a)所示。

（2）侧壁锚固,一般用于空心断面索塔,要在混凝土塔壁上配置环向预应力钢筋,防止混凝土拉裂,如图4-2-23b)所示。

（3）钢锚梁锚固,要在混凝土索塔壁板内侧设置牛腿,放置钢锚梁,如图4-2-23c)所示。

（4）钢锚箱锚固,斜拉索锚固在钢箱上,钢箱间焊接,并用剪力钉与混凝土索塔连成整体,实际上是钢-混凝土组合塔,如图4-2-23d)所示。

2. 部分斜拉桥

部分斜拉桥采用鞍孔式索塔锚固区结构形式,如图4-2-24所示。由于部分斜拉桥索塔较矮,为了最大限度地利用塔高使拉索水平倾角变大,拉索通过塔顶的位置尽可能密集地布置在索塔上部区段；同时,部分斜拉桥拉索倾角一般较小,使得拉索连续通过索塔时可以采用较大的弯曲半径,因此,索塔上一般不设置锚固端,而是在混凝土索塔上设置鞍孔,使斜拉索连续穿过索塔。

部分斜拉桥索塔一般采用混凝土实心截面,索塔内埋设钢管构成鞍孔。鞍孔构造简单,占用空间较小,弯曲形状相似,因而可以将塔上索距设置得很小,最大限度地提高拉索使用效率。

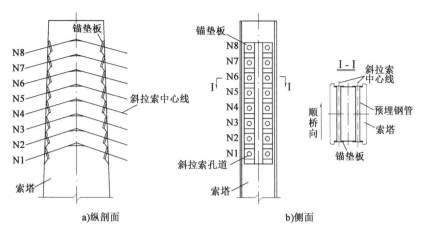

图 4-2-24 部分斜拉桥索塔鞍孔构造示意

第四节 主梁构造与设计

斜拉桥按主梁按材料分为混凝土梁、钢箱梁、钢桁梁、钢-混凝土组合梁等,如图 4-2-25 所示。主梁截面形式应根据材料、跨径、索距、桥宽、索面数等,并综合考虑结构受力、耐久性、抗风稳定性和施工方法进行选用。不同材料的主梁适用范围见表 4-2-7,主跨在 400m 以下的双塔斜拉桥宜采用混凝土主梁,预应力混凝土梁的混凝土强度等级不宜小于 C50;主跨在 600m 以上的斜拉桥宜采用钢主梁或钢-混凝土混合梁;主跨在 400~600m 的斜拉桥,应对组合梁、钢主梁、混凝土梁、混合梁等类型主梁进行经济技术比较后采用。本节重点介绍斜拉桥混凝土主梁的构造,其他材料建造的主梁将在"钢桥"课程中介绍。

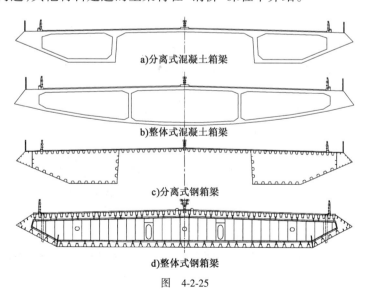

图 4-2-25

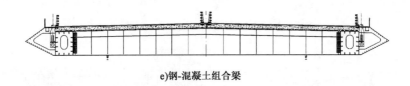

e)钢-混凝土组合梁

图 4-2-25 主梁截面构造形式

不同材料主梁的使用范围 表 4-2-7

主梁类型	预应力混凝土梁	钢-混凝土组合梁	钢-混凝土混合梁	钢梁
受力特点	混凝土主梁抗压能力较强,抗拉能力较差	钢主梁与预应力混凝土桥面板结合共同受力,发挥各自材料的特性优点	对中、大跨采用钢主梁,边跨采用混凝土梁,发挥各自材料的特性优点,有效提高结构刚度	行车道板采用正交异性板,能够较好地适应弯曲和变形
优点	结构刚度大,抗风稳定性好,后期养护简单,造价低	具有钢主梁的优点,能节省钢材用量且刚度及抗风稳定性均优于钢梁	加大边跨主梁的刚度,增加重量,减小了主跨内力及变形,能减小边跨梁端支反力,缩短钢梁长度,降低造价	跨越能力大,构件可以在工厂制作,质量可靠,施工速度快
缺点	主梁自重大,跨越能力受限制,施工速度慢	预制混凝土桥面板与钢主梁的联结工艺较复杂	钢、混凝土结合面连接工艺较复杂	钢材需求量较大,造价较高,后期养护工作量大及抗风稳定性差
适用跨径(m)	200～400	400～600	600～1000	600～1000

一 主梁截面形式

混凝土主梁由于受到斜拉索的支承作用,特别是密索斜拉桥中主梁的受力以压力为主,弯矩较小,因此主梁受力特性已经不同于传统的梁桥,主梁高度可以大大降低。斜拉索的索力调整可以使恒载弯矩减小到很小的程度,引起主梁弯矩的主要因素是活载及温差等附加荷载。影响活载及温度附加荷载弯矩的主要因素是索塔的刚度、主梁与索塔的连接方法、索的面积及索型。在双索面情况下主梁在两边均有斜拉索支承,主梁横向受力以正弯矩为主;而采用单索面时主梁横向受力基本为负弯矩,同时要承担不对称活载扭矩,因此索面的空间形式对主梁截面有决定性的影响。所以主梁的设计必须综合考虑主梁、索塔、拉索三者之间的相互关系。在大跨径斜拉桥中,由于采用密索体系,主梁相对刚度越来越小,抗风稳定性问题越来越突出,往往成为决定现代斜拉桥主梁截面形状的主要因素,一般而言,主梁截面必须有较好的流线型和较大的抗扭刚度。

斜拉桥混凝土主梁截面有实心板截面、肋板式截面、边箱梁(PK梁)截面、箱形截面、带斜撑箱形截面等(图4-2-26)。设计中应考虑纵、横向受力情况,合理选择截面形式。下面主要介绍前面四种形式。

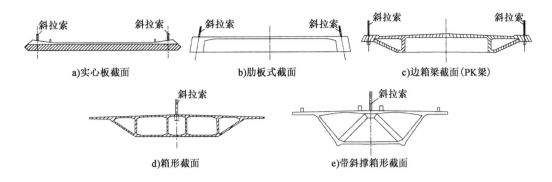

图 4-2-26 混凝土斜拉桥主梁典型截面

(1)实心板截面适用于跨径200m以下的混凝土斜拉桥,截面最简单,迎风面积小。为了锚固斜拉索需要,边缘厚度适当加厚。在索距较密而桥梁跨径、宽度不大的情况下,可采用这种形式的主梁。

(2)肋板式截面及边箱梁(PK梁)截面适用于双索面斜拉桥。由于单索面的结构扭转刚度比较小,一般采用抗扭刚度较大的箱形截面,有单箱单室、单箱多室两种形式。

(3)箱形截面有较大的抗弯和抗扭刚度,将外侧腹板做成倾斜式,既可改善空气动力性能,又可减小桥墩(台)宽度。其缺点是节段重量较大。

当桥面很宽时,主梁截面可考虑设为单箱多室截面、肋板式截面及边箱梁(PK梁)截面,必要时适当增加在中间板部分的梁肋数。

二 合龙段

采用悬臂施工时,一般混凝土斜拉桥合龙段长度小一些,可取2.0~3.0m,工程上大多采用2.0m;钢或钢-混凝土组合梁斜拉桥合龙段长一些。

三 主梁高度

斜拉桥主梁是弹性支承连续梁,在密索体系中恒载弯矩只与索距有关,而与桥梁跨径无关,只有活载内力与跨径有关,在大跨径桥梁中活载弯矩的绝对值较小,因此,斜拉桥的主梁高度不像其他体系桥梁的梁高随跨径增大而明显增大,而是与索塔刚度、索距、索型、拉索刚度、主梁的结构体系及截面形式等因素相关,特别是与索距大小有直接关系。对于密索体系且索距沿纵向等距布置时,通常主梁可做成等高度形式,以简化施工。

双塔三跨斜拉桥梁高与跨径之比,双索面或单索面的混凝土主梁宜采用1/220~1/100,组合梁宜采用1/200~1/125,钢主梁宜采用1/330~1/150,跨径越大,相对梁高越低。双索面密索体系相对梁高较低,而单索面体系则用较高值,同时高宽比一般不宜小于1/10。不同的主梁截面形式,梁高的取值会有所不同,如选用实体双主梁截面,且取主梁高度等于横梁高,则主梁高度将取决于横向弯矩的大小,即主梁高度与桥宽和横向索距相关。

独塔斜拉桥梁高因主跨长度、索面数、截面形式等变化较大,可略低于同跨径的双塔斜拉桥。

国内以混凝土斜拉桥有关资料见表4-2-8、表4-2-9。

国内混凝土斜拉桥有关资料 表4-2-8

桥名	主跨 l(m)	主梁宽 B(m)	结构体系	主梁截面形式	主梁高 h(m)	高跨比 h/l	宽高比 B/h	宽跨比 l/B	梁上标准索距(m)
广东西樵大桥	125	20.42	塔梁固结	肋板式	2.08	1/60	9.8	6.1	8.0
长沙湘江北大桥	210	30.10	双薄壁墩连续刚构	单箱三室	3.40	1/62	8.9	7.0	6.2
山东济南黄河桥	220	19.50	飘浮(连续)	单箱三室	2.75	1/80	7.1	11.3	8.0
上海沏港桥	225	12.50	塔梁固结(带挂梁)	边箱梁	3.50	1/64	3.6	18.0	6.5
重庆石门大桥	230	25.50	刚构	单箱三室	4.00	1/58	6.4	9.0	7.5
四川犍为桥	240	14.10	刚构(跨中铰)	单箱三室	2.40	1/100	5.9	17.0	8.0
涪陵长江大桥	330	22.10	飘浮(连续)	实心板	2.30	1/143	9.6	14.9	6.0
海口世纪大桥	340	34.40	半飘浮(连续)	实心板	2.10	1/162	16.4	9.9	7.2
番禺大桥	380	37.70	飘浮(连续)	实心板	2.20	1/173	17.1	10.1	6.0
郧阳汉江桥	414	15.60	刚构(跨中铰)	单箱三室	2.00	1/207	7.8	26.5	8.0
安徽铜陵长江大桥	432	23.00	飘浮(连续)	实心板	1.70	1/254	13.5	18.8	8.0
重庆长江二桥	444	24.00	飘浮(连续)	肋板式	2.50	1/178	9.6	18.5	9.0
重庆大佛寺长江大桥	450	30.60	飘浮(连续)	实心板	2.70	1/167	11.3	14.7	8.1
湖北鄂黄长江大桥	480	27.70	飘浮(连续)	实心板	2.40	1/200	15.7	12.7	8.0
湖北荆州长江大桥	500	27.00	飘浮(连续)	实心板	2.40	1/208	15.4	13.5	8

国外混凝土斜拉桥有关资料 表4-2-9

桥名	主跨 l(m)	主梁宽 B(m)	结构体系	主梁截面形式	主梁高 h(m)	高跨比 h/l	宽高比 B/h	宽跨比 l/B	附注
委内瑞拉马拉开波桥	235.0	17.4	刚构(带挂梁)	单箱三室	5.00	1/47	3.5	13.5	双索面
阿根廷科林特斯桥	245.0	14.5	刚构(带挂梁)	边箱梁	3.50	1/70	4.1	16.9	双索面
荷兰塔伊尔桥	267.0	31.5	刚构(带挂梁)	边箱梁	3.50	1/76	9.0	8.5	双索面
美国东亨丁顿桥	274.3	12.2	飘浮(连续)	实心板	1.52	1/180	8.0	22.5	双索面
利比亚威得库尔夫桥	282.0	13.3	刚构(带挂梁)	单室箱	3.50~7.00	1/81~1/40	3.7~1.9	21.2	双索面
法国伯劳东纳桥	320.0	19.2	塔梁固结(连续)	单室箱	3.80	1/84	5.1	16.7	单索面
阿根廷巴拉那河桥	330.0	22.6	飘浮(连续)	单箱三室	2.60	1/127	8.7	14.6	双索面
美国达姆岬桥	396.3	32.2	刚构(跨中铰)	单室箱	1.55~1.88	1/256~1/211	20.8~19.3	12.3	双索面
法国艾龙河桥	400.0	23.1	塔梁固结	实心板	3.47	1/115	6.7	17.3	单索面
西班牙卢纳奥斯桥	440.0	22.5	刚构(跨中铰)	单箱三室	2.50	1/176	9.0	19.6	双索面

对于部分斜拉桥,边、主跨跨径比为 0.36~0.76,多数为 0.50~0.65,与混凝土连续梁的边、中跨跨径比非常接近。梁高与主跨之比为 1/45~1/35,多数为 1/40~1/35(平均梁高),较常规斜拉桥大;跨径较大时,靠近塔处梁高可增大,形成变截面。

四 主梁宽度

主梁宽度 B 主要取决于使用要求与构造要求（图 4-2-27、图 4-2-28），即宽度由行车道、人行道、分隔带、防护栏、索梁锚固区等宽度构成。但是，在大跨径斜拉桥中抗风稳定性有时成为决定性因素，从提高主梁横向抗风稳定性考虑，主梁全宽 B 与主梁高度 h 的比值（宽高比）宜大于等于 8，B 和主跨 l 的比值（宽跨比）不宜小于 1/30。

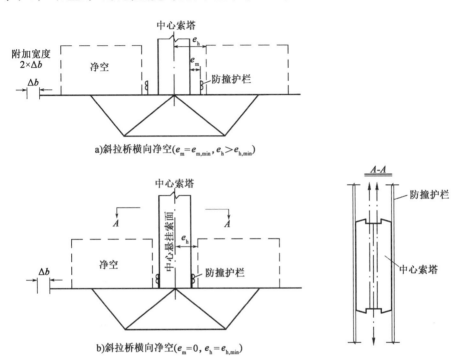

图 4-2-27 单索面斜拉桥净空条件

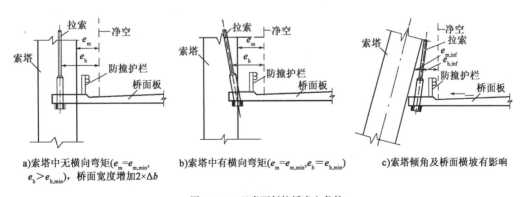

图 4-2-28 双索面斜拉桥净空条件

五 横梁和桥面板

在密索斜拉桥主梁上，一般在斜拉索锚固点处设置主要横梁，在纵桥向两个锚固点之间可设置次要横梁。横梁主要承担横向弯矩,可以按简支梁或悬臂梁进行设计,同时按空间结构进行验算。

一般可以根据桥面局部荷载按常规方法确定横梁和桥面板的尺寸。由主梁所承受的轴向力及构造要求确定主梁截面积大小,进而确定主梁截面各细部构造尺寸。

六 主梁锚固构造

主梁腹板壁较薄,斜拉索强大的锚固力必须通过实体的锚固块分散传递到主梁的顶底板及腹板上。斜拉索与混凝土主梁锚固形式有梁底锚固、箱梁内锚固、梁体两侧锚固、顶板锚固和斜隔板锚固,如图4-2-29所示,下面主要介绍前三种形式。

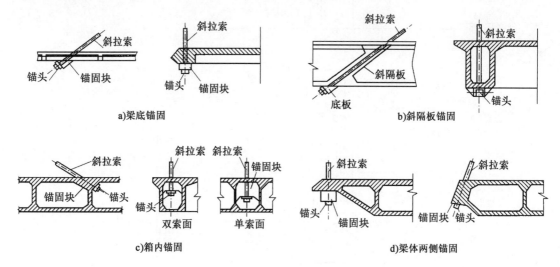

图4-2-29 混凝土梁斜拉索锚固形式

1. 梁底锚固

当采用带实心边缘的三角形主梁、实心双主梁或板式主梁时,斜拉索穿过主梁锚固在梁底上,构造如图4-2-29a)所示。由于主梁高度比较低,一般不宜在梁底开槽,而在梁底设置锚固块,直接将锚头锚固在锚固块上,张拉完成后用保护罩保护锚头。

当主梁截面采用箱梁,拉索穿过边箱梁锚固时,一般在锚点处要设置斜横隔梁,如图4-2-29b)所示。锚头可以直接锚固在设置于底板上的锚固块上,也可以锚固在底板的齿槽内,以使主梁底面平整。

2. 箱梁内锚固

在箱梁内锚固时,斜拉索锚头一般锚固在横梁与顶板交接处的后方,如图4-2-29c)所示。锚点处的横隔梁一般比非锚点处强大,以抵抗斜拉索的锚固力。

3. 梁体两侧锚固

梁体两侧锚固是设置横贯主梁全宽的横梁,横梁与主梁浇筑在一起,倾斜设置于主梁内,两端悬出主梁外侧,斜拉索锚固在横梁两端。由于横梁悬出主梁且局部受力很大,横梁的断面一般比较大,需设置横向预应力筋予以加强。斜拉索通过在横梁端部内的钢管锚固在横梁的下缘,如图4-2-29d)所示。这种锚固方式的锚固力较大,同时斜拉索不占用桥面,但是锚固横梁材料用量多,且从侧面看景观效果较差。

一般斜拉索穿过主梁处应设钢套筒,如图4-2-30所示。套筒下端设锚垫板,上端伸出桥面一段距离以保护斜拉索不被车辆撞击,套筒上一般要焊接多道剪力环以帮助锚垫板传力。

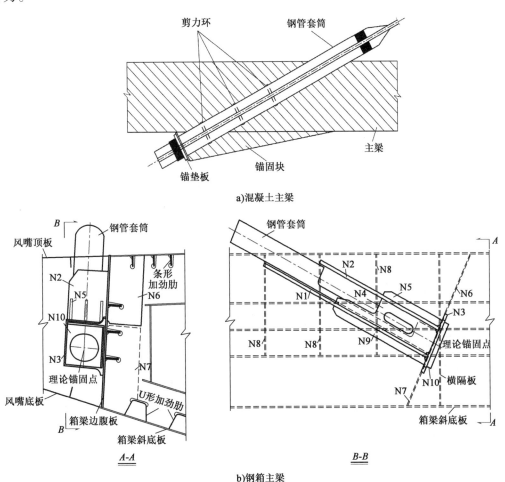

图4-2-30 斜拉索穿过主梁处的钢套筒

学习提示

斜拉桥设计，首先根据地形、地质、水文、气象、通航等条件确定桥位、桥高、桥长、合理分跨等。其次选择合适的结构体系：高地震烈度区可采用飘浮体系或半飘浮体系；在主跨跨径不是很大、单索面设计时，一般采用塔梁固结体系；当地震烈度小于7度，桥高较高时，可采用塔梁墩固结体系。最后是各构件设计、主梁类型选择与截面设计、索塔形式选择与截面设计、拉索形式确定与类型（成品索）选择、支座类型（成品支座）选择或特别设计、塔墩设计、基础设计等。

思考与练习

1. 斜拉桥的主梁常采用哪些形式，各有何特点？如何考虑选择不同材料的主梁？
2. 斜拉桥拉索的锚固方式有哪些？部分斜拉桥与斜拉桥斜拉索的锚固有何区别？
3. 斜拉桥索塔高度如何确定？拉索倾角的确定应考虑哪些因素？
4. 不等跨独塔斜拉桥，为满足桥跨结构受力要求和行车舒适要求，设计中可采取哪些措施？
5. 独塔双跨式斜拉桥受桥下通航限制采用不等跨设计时，主跨跨径为边跨跨径的2倍，应如何设计？（绘简图分析说明）

第三章 斜拉桥计算

第一节 概述

斜拉桥是超静定结构,施工阶段受力复杂,体系转换过程较多,几何非线性效应显著,斜拉桥受力行为的分析计算依赖于数值仿真分析。计算内容主要包括静力分析(包括整体分析、局部分析)、稳定性分析和动力分析(包括抗风分析、抗震分析)。斜拉桥计算一般应按以下原则进行:

(1)斜拉桥整体分析时,除进行静力分析外,还应进行动力分析(包括抗风、抗震分析等)和稳定性分析,确保结构的强度、刚度和稳定性满足要求。

(2)斜拉桥结构计算图式、几何特性、边界条件应反映实际结构状况和受力特性。斜拉桥是通过施工各阶段逐步形成的,因此,计算时必须根据施工各阶段确定受力图式及边界条件,才能取得较满意且与实际相符的计算结果。

(3)斜拉桥索塔锚固区等构件的局部计算,可采用圣维南原理或其他假设,在选取足够的计算区域的基础上,分析构件的局部受力特征。

(4)斜拉桥结构计算图式分平面结构计算图式和空间结构计算图式,现代斜拉桥多采用空间结构计算图式。

平面结构计算图式主要用于斜拉桥结构方案设计计算、施工过程控制计算,包括结构形成、体系转换、斜拉索的张拉力和索力调整,以及永久、可变及偶然作用。

空间结构计算图式主要用于成桥结构作用效应的计算、动力分析(包括抗风、抗震分析等)和稳定分析。由于存在面内、面外和扭转耦合的问题,对于跨径大、桥面宽、梁柔性较大、平面曲线梁等斜拉桥,也需要采用空间计算图式计算空间静力问题。

斜拉桥结构的局部构件计算可采用空间结构计算图式,但必须取足够的计算区域,以确保计算分析结果能反映实际结构的作用效应。

第二节 计算方法

一 静力计算

1. 计算步骤

斜拉桥结构静力计算总体上包括以下步骤(图4-3-1)。
(1)建立结构计算图式及数值分析模型,确定计算参数和计算荷载(组合)。
(2)确定斜拉桥的合理成桥状态,通过正装或倒拆分析确定斜拉索初始拉力。
(3)进行施工全过程分析,计算结构在各种作用组合情况下的作用效应设计值和变形。
(4)进行成桥状态受力分析,计算结构在各种作用组合情况下的作用效应设计值和变形。

(5)验算结构在各种作用组合情况下的承载力、应力、变形和稳定性等。

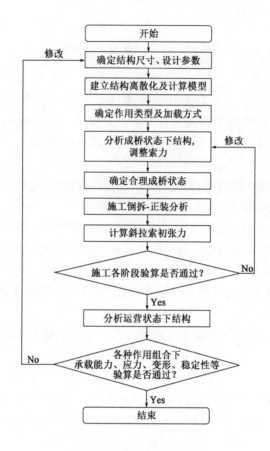

图 4-3-1　斜拉桥静力计算流程

2. 计算方法

由于斜拉桥结构变形大、斜拉索长,计算中应考虑几何非线性和材料非线性影响;混凝土收缩、徐变对结构内力及变形的影响随时间的推移而不断变化,应对结构进行时效分析;当主梁采用箱形截面时,箱梁变形对结构的影响是不可忽略的;斜拉索的更换因素对结构受力影响在设计阶段应充分考虑等。

(1)非线性影响

对于跨径不大的斜拉桥,非线性影响可按经典结构力学或线弹性有限元方法计算。对于跨径较大的斜拉桥(如钢梁斜拉桥、钢-混凝土组合梁斜拉桥),由于主梁刚度相对较小,应力计算应计入结构的几何非线性影响,必要时还应计入材料非线性对结构的影响。斜拉桥非线性包括几何非线性和材料非线性。

几何非线性影响主要包括结构的大位移效应、主梁或索塔在巨大的轴压力作用下的 $P\text{-}\Delta$ 效应(也称梁柱效应、弯矩轴力组合效应)和斜拉索垂度效应,对于混凝土主梁斜拉桥,跨径小于 200m 时,一般可以不计几何非线性的影响,当采用柔性主梁(如板梁)时,则要酌情考虑;跨径大于 200m 及采用轻型截面(如高度很小的肋板式桥面)时,则要考虑几何非线性的影响。

材料非线性影响主要是指混凝土材料的 σ、ε 并非线性关系,一般在新桥设计时可不考虑。

目前斜拉桥非线性分析中,大位移效应通过 CR 或 UR 列式分析;P-Δ 效应一般通过稳定函数考虑;斜拉索垂度效应的非线性计算方法主要有等效弹性模量法、多链杆单元法、等参数曲线有限元法和索单元法等。其中,等效弹性模量法计算的换算(或修正)弹性模量为

$$E = \frac{E_0}{1 + \frac{(\gamma S \cos \alpha)^2}{12\sigma^3} E_0} \tag{4-3-1}$$

式中:E——考虑垂度影响的斜拉索换算弹性模量,MPa;

E_0——斜拉索钢材弹性模量,MPa;

γ——斜拉索单位体积重力,kN/m^3,取每米斜拉索及防护结构重力除以斜拉索面积,m^2;

S——斜拉索长度,m;

α——斜拉索与水平线的夹角,(°);

σ——斜拉索应力,kPa。

由式(4-3-1)可知,换算弹性模量 E 与斜拉索初应力 σ 有关,σ 越小,E 就越小。该方法的优势在于计算简便,但对于大跨径斜拉桥,采用等效弹性模量法往往在拉索应力水平较低的状态下存在过大误差,且对斜拉索分次张拉模拟存在困难。其余方法将在"桥梁结构分析与设计"课程中介绍,这里不再赘述。

(2)时效分析

时效指结构在一定时期内发生的效应。混凝土斜拉桥从施工到成桥过程中结构的几何特性、材料特性、承受的荷载等均随时间的推移而不断变化,混凝土的收缩、徐变必将影响结构的内力和变形,因此,应对混凝土斜拉桥进行时效分析。

对于钢-混凝土组合梁斜拉桥,由于混凝土收缩、徐变的影响,在承受活载、温度作用以及预应力时,会产生内力重分布,因此结构计算中必须考虑主梁上、下两种材料的不一致引起的结构内力重分布。

(3)箱梁变形

主梁采用箱形截面时,应考虑箱梁约束扭转变形的影响,计算箱梁扭转、翘曲和畸变影响。

(4)换索或断索

在斜拉桥结构计算中,应考虑至少确保一根斜拉索脱落,或断索,或换索情况下,主梁最大应力增加不超过相应设计应力的10%,并避免主梁应力的过大波动。

3. 计算内容

斜拉桥计算内容主要包括整体分析、局部分析、承载力验算、疲劳计算、应力与变形计算与验算等。

(1)整体分析

①结构离散化

斜拉桥整体分析利用有限元分析软件进行数值仿真分析时,各构件可采用以下空间离散方法(图4-3-2)。

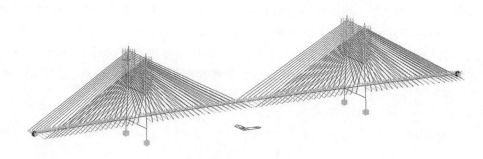

图 4-3-2 某双塔斜拉桥全桥整体有限元分析模型

a. 主梁采用单梁或梁格模型(梁格模型多用于宽幅斜拉桥的分析),主梁与斜拉索下锚固点通过刚臂连接。

b. 索塔采用梁单元,索塔与斜拉索上锚点通过刚臂连接。

c. 斜拉索采用杆单元或索单元模拟。

索塔一般采用小变形理论,在塔纵向变位较大时,才需计入附加内力。计算风荷载等横向荷载对索塔的作用时,可将索塔作为平面框架来进行分析。

对于300m以上跨径的斜拉桥,由于主梁多采用扁平钢箱梁结构,薄壁钢箱梁受力和变形呈现空间分布特性,钢箱梁的空间受力行为包括约束扭转、畸变、横向弯曲和剪力滞效应等。

②合理成桥状态

a. 确定在成桥状态下,梁、塔的线形符合设计要求,索力相对均匀,梁、塔受力合理。

b. 合理成桥状态的确定目前已有较多实用方法,如刚性支承连续梁法、最小弯曲能量法、影响弯矩法、考虑活载效应的分步计算法、内力平衡法、最小弯矩法、零支反力法和用索量最少法等,其中前两种不能考虑活载效应,须与其他方法结合使用。这些方法将在"桥梁结构分析与设计"课程中介绍,这里不再赘述。

c. 合理成桥状态必须与合理施工状态相结合,通过合理施工状态来实现和逼近。

d. 确定合理成桥状态时,除恒载外,还应考虑汽车荷载效应;而混凝土梁斜拉桥和钢-混凝土组合梁斜拉桥,还须计入收缩、徐变影响及预应力效应。

③斜拉索初张力和调整力

以合理成桥状态为基础,结合合理施工状态,确定施工阶段斜拉索的初张力,使合理成桥状态和合理施工状态耦合。确定方法有正装法、倒拆法、正装-倒拆迭代法、无应力状态控制法等(这些方法将在"桥梁结构分析与设计"课程中介绍,这里不再赘述),一般要经过多次试算才能得到满意结果。

初张力是指斜拉索安装时的拉力,可以一次施加,也可分次施加到位。例如,有些悬臂浇筑的混凝土主梁在挂篮安装后、浇筑梁段混凝土一半、梁段混凝土浇筑完成各张拉一次,这是初张力分三次实施,最终张拉的力即初张力。

为了有效控制线形,控制主梁、索塔合理受力,以及索力符合合理成桥状态要求,有时需对索力进行调整。索力的调整尽可能一次完成,避免过多调整,以缩短工期、降低施工工艺的复杂程度。

(2)局部分析

对结构除了进行整体分析外,尚应对一些特殊部位进行局部分析,尤其是锚下应力区、钢-混凝土组合梁剪力键、钢-混凝土组合梁的钢-混凝土结合部及塔墩梁固结等部位的分析。在局部分析中应计入结构整体荷载效应的非线性影响。

斜拉桥的拉索锚固区、塔墩梁固结部位、钢锚箱等部位局部构造复杂,应进行结构局部分析和应力计算。一般通过空间有限元法进行局部应力分析,结合节段模型试验以获得结构的真实应力状态。可采用有限元分析程序中实体单元模型进行局部数值仿真分析(图4-3-3),所取计算区域应能确保分析点的应力与实际相符。局部应力分析时,边界条件施加位置需要尽量远离计算分析所关心的部位,以避免边界对计算结果产生较大的影响,需计入结构总体荷载效应的非线性影响。钢箱梁、组合梁锚固部位,除计算应力外,还应进行局部稳定和疲劳分析。对于混凝土结构,可通过主拉应力、主压应力等指标进行分析;对于钢结构,还需通过米塞斯应力进行分析。分析时也可按《混规》的规定,采用拉杆-压杆模型进行局部构造的结构验算。

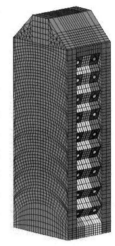

图4-3-3 斜拉桥锚固区局部分析模型

(3)承载力及疲劳验算与计算

斜拉桥的基础、索塔、主梁等构件的承载能力计算,根据各构件控制截面作用组合效应设计值按"结构设计原理"课程中介绍的钢筋混凝土及预应力混凝土构件(或钢构件)进行计算和验算,计算结果应符合《混规》《公路桥涵地基与基础设计规范》(JTG 3363—2019)及现行《公路钢结构桥梁设计规范》(JTG D64)的规定,这里不再赘述。斜拉索的承载力计算应按现行《公路斜拉桥设计规范》(JTG/T 3365-01)推荐方法进行计算,斜拉索的疲劳计算应符合现行《公路钢结构桥梁设计规范》(JTG D64)的规定。

(4)应力与变形计算与验算

由结构有限元分析计算得到各控制截面应力,按"结构设计原理"课程中介绍的钢筋混凝土及预应力混凝土构件(或钢构件)进行验算,计算结果应符合《混规》、现行《公路钢结构桥梁设计规范》(JTG D64)的相关规定和要求,这里不再赘述。

由结构有限元分析计算得到各构件变形值,应进行以下校核:

①斜拉桥主梁在汽车荷载作用下的最大竖向挠度:

混凝土梁 $\quad f \leqslant l/500$

钢梁 $\quad f \leqslant l/400$

组合梁和混合梁 $\quad f \leqslant l/400$

式中:f——汽车荷载(不计冲击力)引起的竖向挠度,当汽车荷载作用于一个跨径内引起该跨径正负挠度时,f取正负挠度绝对值之和;

l——主跨跨径,m。

②混凝土行车道板在车辆荷载作用下的最大竖向挠度:

$$f \leqslant \frac{l_j}{600}$$

式中：l_j——板的行车方向计算跨径，m。

二 稳定性计算

斜拉桥墩、塔、梁承受巨大的轴向压力和弯矩，在施工阶段或运营阶段可能会出现失稳现象。这里所指的稳定是指静力稳定（包括恒、活载作用），而并非指风和地震的稳定性。

1. 稳定系数

斜拉桥稳定分析一般分为第一类稳定问题和第二类稳定问题。第一类稳定问题为非线性弹性屈曲稳定（面外稳定），第二类稳定问题为计入材料非线性影响的稳定（面内稳定），两类稳定的安全系数 K 表示如下：

$$K = \frac{N_1}{N_0} \qquad (4\text{-}3\text{-}2)$$

式中：N_0——设计荷载，kN；

N_1——在第一类稳定即弹性屈曲稳定中，N_1 为弹性屈曲荷载，稳定安全系数 K 不小于 4；在第二类稳定即计入材料非线性影响的弹塑性强度稳定中，N_1 为极限强度，kN；

K——稳定安全系数，混凝土主梁不小于 2.5，钢主梁不小于 1.75。

2. 稳定分析的基本规定

在方案设计和初步设计阶段，可用常规的稳定分析方法估算索塔和主梁的面内稳定和面外稳定；在施工图设计阶段，应根据不同的工况状态，详细计算整体稳定和局部稳定。

（1）斜拉桥稳定分析中，应计入斜拉索垂度影响。

（2）对钢梁、钢索塔的受压板件进行局部稳定分析时，屈曲应力验算应符合现行公路桥涵设计规范的相关规定。

（3）钢-混凝土组合梁斜拉桥稳定分析中，主梁混凝土桥面板稳定应力验算时，应计入桥面板局部荷载引起的应力。

三 动力计算

斜拉桥的跨径大，结构刚度小，自振频率低，在抗震、抗风以及车辆荷载的冲击振动等方面的动力学问题尤为突出。斜拉桥的动力学分析是斜拉桥计算中的重要内容，结构计算模式应正确反映斜拉桥质量、刚度的实际分布，并计入几何非线性影响。

1. 动力特性计算

动力特性计算即进行动力模态分析，计算振型及振动频率。这既是确定桥梁冲击系数的依据，也是进行抗风、抗震计算的基础数据。动力特性计算应符合《公路桥梁抗风设计规范》（JTG/T 3360-01—2018）的规定，自振频率及相应的振型宜采用有限元方法计算。动力特性分析时需要考虑初始应力引起的刚度、几何变形引起的刚度以及结构刚度总体效应，并在此基础之上通过振型模态分析获取结构的动力特性。

2. 空气动力稳定性计算

在斜拉桥设计计算中,应进行空气动力稳定性分析,包括进行颤振和驰振稳定性分析、风致振动幅度计算、斜拉索风振、风雨振计算等,具体分析方法和计算内容详见《公路桥梁抗风设计规范》(JTG/T 3360-01—2018),必要时还需进行风洞模型试验。当结构的抗风性能不满足承载能力极限状态或正常使用极限状态设计要求时,应通过优化构件气动外形(如调整腹板倾角、风嘴形状以及改变基本断面等)、增设气动措施(如附加导流板、抑流板、中央稳定板等)、附加阻尼装置(如设置调谐式和非调谐式阻尼器)、改变结构体系或刚度(如塔梁连接方式、索面布置、支承条件等)等措施予以满足。

3. 抗震计算

斜拉桥的抗震设防性能目标均应按 A 类桥梁要求执行,即在 E1 地震作用下,结构应基本不发生损伤,保持在弹性范围内;在 E2 地震作用下,斜拉索应基本不发生损伤,主塔、基础和主梁等重要受力构件可发生局部轻微损伤,震后不需修复或经简单修复可继续使用。

斜拉桥的地震反应分析可采用时程分析法、多振型反应谱法或功率谱法,按《公路桥梁抗震设计规范》(JTG/T 2231-01—2020)的相关规定进行计算。在 E2 地震作用下,索塔截面由地震组合产生的弯矩设计值应小于截面等效抗弯屈服弯矩(考虑轴力)。

斜拉桥的抗震性能主要取决于结构体系,在烈度较高的地区要避免采用塔梁固结体系,应优先考虑飘浮体系;为了避免梁端位移反应过大,可能引起碰撞等问题,应在塔与梁之间增设适当的减振装置(如阻尼器),形成塔、梁弹性约束体系或阻尼约束体系,以有效降低地震反应。同时,塔、梁相交位置宜在横桥向梁体两侧设置缓冲装置。

四 施工阶段计算

1. 计算方法

大、中跨径斜拉桥一般多采用悬臂施工方法,施工过程中结构体系随着施工进展不断改变,采用混凝土主梁、钢-混凝土组合梁时,混凝土收缩、徐变等时间效应也将导致结构内力发生改变,因此,为了获得成桥状态的结构内力及变形,需进行施工过程的结构计算分析,通过各施工步骤的应力累计以及与施工期间的混凝土收缩、徐变效应组合,最终得到成桥状态的应力和变形。同时,施工阶段结构计算也是预测桥梁结构线形变化的主要手段。

斜拉桥施工过程的结构分析包括正装计算和倒拆计算,各施工阶段的划分应与施工流程一致。

(1)正装计算

正装计算方法是根据施工确定的工艺计算每个阶段的变形和应力,如图4-3-4所示。

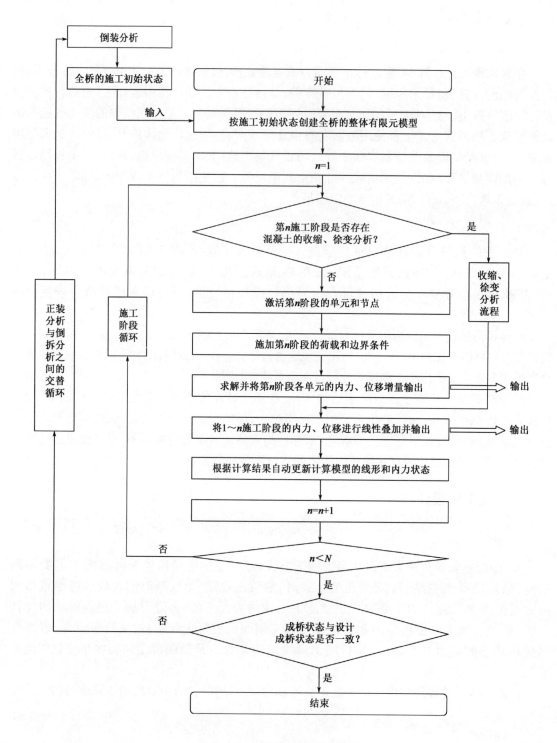

图4-3-4 斜拉桥正装分析流程

(2)倒拆计算

倒拆计算方法是逆施工过程,从成桥状态开始逐个倒拆各施工过程中安装的构件,根据拆除后的结构平衡状态确定高程(预拱度),并确定相应的索力,如图4-3-5所示。

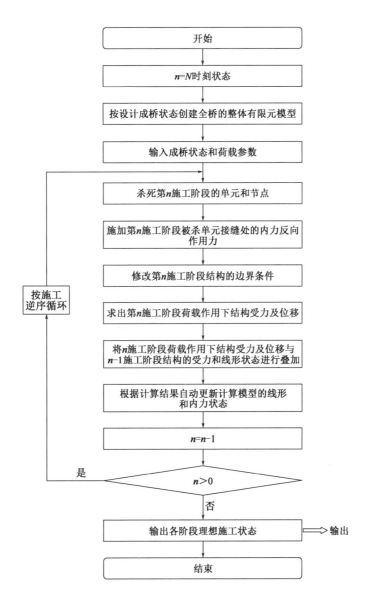

图 4-3-5 斜拉桥倒拆分析流程

2. 计算内容

(1)施工阶段计算内容

施工阶段计算内容包括斜拉索索力、塔梁索等结构内力和截面应力、支座反力、索塔和主梁变位。施工阶段截面验算应遵照现行公路桥涵设计规范相关条文的规定执行。

(2)体系转换计算

体系转换计算包括临时支架的拆除、临时支座(墩)的拆除、悬臂施工挂篮(桥面起重机)的安装及拆除、合龙施工悬臂施工挂篮(桥面起重机)的安装及拆除,计算边跨合龙及主跨合龙工况。

(3) 不平衡荷载计算

斜拉桥悬臂施工过程中应考虑以下一些不平衡荷载：主梁悬臂两端不平衡自重、临时施工荷载、不平衡模板、不平衡索力等。如果有必要可考虑一端挂篮脱落对结构内力的影响。

(4) 施工抗风验算

①索塔浇筑完成但还未拆模板，在纵、横向风力作用下的静力验算。

②裸塔静风稳定分析，必要时进行风洞模型试验。

③主梁最大悬臂（单悬臂或双悬臂）时，计算索塔两侧主梁横向风力或底面产生不同升力，当最大悬臂施工状态的颤振稳定性指数 $I_f \geq 4.0$ 时，宜通过适当模型风洞试验作抗风稳定性检验。

3. 主梁预拱度

主梁预拱度是指成桥高程与理论设计高程之差。斜拉桥的主梁成桥预拱度不宜小于主梁由于混凝土收缩徐变、斜拉索松弛产生的竖向挠度和 1/2 汽车荷载产生的竖向挠度之和，并拟合成平顺曲线。拟合曲线可选用高次抛物线或余弦曲线。

混凝土梁斜拉桥主要考虑主梁混凝土收缩徐变、斜拉索松弛对竖向挠度产生的影响；钢主梁斜拉桥主要考虑斜拉索松弛对竖向挠度产生的影响；对组合梁斜拉桥，主要考虑混凝土收缩徐变、斜拉索松弛对竖向挠度产生的影响；混合梁的边跨混凝土梁和中跨钢主梁的预拱度计算分别按上述混凝土梁斜拉桥和钢主梁斜拉桥的相关规定计算。

4. 合理成桥状态和施工过程分析

斜拉桥在分析时需根据结构受力行为（包括主梁、索塔弯矩、索力分布与支座反力）等确定合理成桥状态。该状态是指斜拉桥成桥状态下，梁、塔的线形符合设计要求，索力相对均匀，梁塔受力合理，这是设计中首先应当确定的。"受力合理"需依赖设计者的经验和水平，斜拉桥设计时应综合考虑结构体系的受力特征，即使在完全相同的结构构造特征下，也可通过主动索力设置，得到更优的成桥状态。

大跨径混凝土斜拉桥多采用悬臂拼装或悬臂浇筑施工，施工以成桥后达到设计理想成桥状态为目的，分析时还需提前对施工过程中的斜拉索控制张力、主梁线形（制造线形和安装线形）等进行精确分析和计算，在计算分析时应充分考虑斜拉桥的几何非线性与混凝土材料的时变效应。

广义上的合理成桥状态应包括合理成桥线形和合理成桥内力状态两个方面。由于前者一般通过设置施工预拱度来满足成桥设计线形的要求，后者通过斜拉索的索力调整、跨中合龙前的顶推、临时约束的解除时机等手段实现。

确定斜拉桥合理内力状态的核心是确定合理的恒载索力。比较有代表性的确定合理恒载索力的方法有基于应力平衡的分步算法、影响矩阵法、零位移法、相对刚对变化法和刚性支承连续梁法等（这些方法将在"桥梁结构分析与设计"课程中介绍，这里不再赘述）。确定斜拉桥合理成桥状态的原则如图 4-3-6 所示，确定斜拉桥合理成桥状态的方法如图 4-3-7 所示。值得注意的是，即使采用零位移法等高阶算法，合理成桥状态的确定结果只能作为参考，实际应用中采用某一单一方法得到的斜拉桥成桥状态往往是不合理的。例如，采用"用索量最小法"得到了一组索力最小条件下的斜拉桥成桥状态，索力最小可能意味着主梁内力较大，节约了索的用量，但可能导致主梁内力增加；采用零位移法使得主梁在恒载作用下位移处处为零,此时往往得到了一组非常不合理的斜拉索索力。因此,应综合分析各构件的合理受力状态。

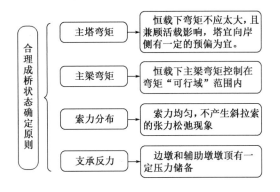

图4-3-6 斜拉桥合理成桥状态确定原则

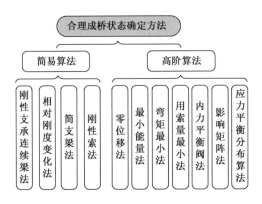

图4-3-7 斜拉桥合理成桥状态确定方法

每种确定斜拉桥合理成桥状态的方法都有优点和局限性。例如,弯曲能量最小法人为地加大塔梁索的轴向刚度或减小其抗弯刚度;有限元模型中计算截面刚度时会产生偏差,故模型计算与实际结构的变形不符,计算得到的应力状态不准确,只能通过内力状态初步衡量受力状况是否合理;应力平衡分布算法在预应力布置确定时虽然可以直接计入预应力的影响,并且兼顾结构各构件的受力状态,但由于这种方法计算的烦琐性,对于密索结构计算量过大,且计算结构也易出现不均匀现象;而影响矩阵法往往难以合理确定综合考虑恒、活载综合作用下的主梁、索塔和斜拉索受力要求的受调向量,但影响矩阵法可以使索力准确达到设计者所期望的索力值以及成桥状态。

随着斜拉桥结构不断向大跨径密索体系发展,部分过于烦琐的设计方法已经逐渐被淘汰,单纯地采用某一种理论方法很难得到较符合实际的精确解析结果,也难以通过一次计算确定一组能为工程使用的成桥索力。更合理的做法是:采用两种或以上的方法综合确定斜拉桥合理成桥索力,避免单一使用某一种方法引起的局部应力超限等问题;或者在一种计算方法的基础上,采用其他方法进行验算与调整,使得结果满足规范要求。只有通过多种方法综合确定的合理成桥索力才可最终使用于实际结构。

确定合理成桥受力状态后,斜拉桥的实际建造是通过漫长而又复杂的施工阶段和结构体系转化,最终达到或逼近合理成桥状态的。需在考虑施工阶段几何非线性和混凝土时变效应的基础上,基于合理的分析理论确定合理施工状态。

目前,斜拉桥施工全过程仿真分析方法主要有以下三种:倒退分析法(BackAnalysis)、正装分析法(ForwardAnalysis)和无应力状态分析法(Non-stressStateAnalysis)。倒退分析法早期主要用于确定斜拉索的初拉力。目前,随着计算机非线性求解能力的增强,在斜拉桥施工控制全过程仿真分析中,常采用正装分析法,利用成桥斜拉桥斜拉索索力作为合理施工状态控制张拉索力的迭代初值,通过正装分析反复迭代确定终张索力。分批次张拉索力则根据中间施工阶段临时荷载、结构受力安全性确定。

五 施工控制

斜拉桥的施工方法和安装程序与成桥后的主梁线形及结构恒载内力有着密切的联系,在施工阶段随着斜拉桥结构和荷载状态的不断变化,结构内力和变形也随之不断变化。因此,对每一施工阶段需要进行详细的分析,对施工工序作出明确规定,对施工过程加以有效控制,才能确保施工过程中结构受力状态和变形始终处于安全的范围,成桥后线形符合设计预期,结构处于最优受力状态。首先应对原设计文件的约定施工过程进行验算分析,其次应根据施工组织设计进行模拟分析。斜拉桥的施工控制流程如图4-3-8所示。

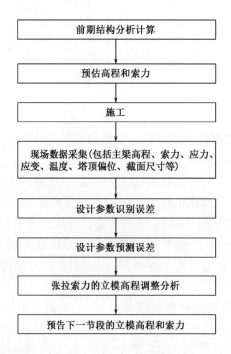

图 4-3-8 斜拉桥施工控制流程

另外,对斜拉桥索塔承台、索塔和主梁实心段等大体积混凝土应控制温度。通过优化混凝土的配合比,辅以温控设计与工艺等技术措施,确保混凝土在凝结硬化过程中的应力应变被控制在合理的范围内,混凝土不因温度应力而发生开裂。

索力测试是斜拉桥施工控制过程中重要的测试内容之一,现场常采用振动法进行测试。用振动法测试索力计算时,应通过信号处理分析获得索的至少五阶自振频率值,按每一阶自振频率计算索力,取其均值作为最终索力。对于长索按下述公式计算索力 T 值:

$$T_n = \frac{4WL^2 f_n^2}{n^2 g} - \frac{n^2 EI\pi^2}{L^2} \tag{4-3-3}$$

$$T = \frac{1}{5}\sum_{n=1}^{5} T_n \tag{4-3-4}$$

式中:T_n——对应于第 n 阶自振频率计算的索力,kN;

f_n——索的第 n 阶自振频率;

L——索的计算长度,m;

n——索的振动阶数;

W——每米索长的重量,kN;

g——重力加速度,m/s²;

EI——索的抗弯刚度,对于柔性索,索的抗弯刚度可以忽略,$EI = 0$。

六 部分斜拉桥计算简介

部分斜拉桥的力学性能介于连续体系梁桥与常规斜拉桥之间,因此部分斜拉桥可被认为是上述两种结构体系的一种组合结构形式。索梁活载比是界定部分斜拉桥与常规斜拉桥的常用参数之一。由于部分斜拉桥的主梁刚度大,采用弹性地基梁的简化计算方法,可用于部分斜拉桥的理论计算。部分斜拉桥在设计计算时与常规斜拉桥的区别主要有以下几点:

(1)部分斜拉桥由于"塔矮、梁刚"的特点,在合理成桥状态分析时,一般以部分斜拉桥的斜拉索竖向荷载分配比例或索力应力幅为控制条件,也可采用综合能量法或最小用索量法确定合理成桥状态。

(2)部分斜拉桥主梁无索区长度较长,分析计算时还需关注施工过程中无索区的受力状态。

(3)部分斜拉桥设计计算时,由于斜拉索倾角小、水平分力大且主梁预应力钢束多,分析时应考虑结构的 $P\text{-}\Delta$ 效应。

第三节 斜拉桥结构分析案例

斜拉桥采用悬臂施工时,主梁选用材料不同,施工方法不尽相同,在进行结构分析时,所考虑的因素也略有区别。采用混凝土主梁时,大跨径混凝土斜拉桥多采用悬臂施工。施工过程中,主梁在恒载及斜拉索张力共同作用下,梁体弯矩较小,梁体内预应力钢束大多按直线布置,下弯束较少;分析计算时,应特别注意斜拉索的张拉时机与节段混凝土浇筑龄期以及预应力束张拉时机的关系。采用钢箱主梁时,大跨径钢箱梁斜拉桥多采用悬臂拼装施工。施工过程中,需考虑悬拼吊机自重等施工临时荷载,分析时应正确模拟斜拉索的张拉时机与钢箱梁节段连接的关系;同时,由于钢箱梁截面细部构造复杂,分析时需特别注意截面剪切刚度的正确模拟。下面以某座斜拉桥为例,简要介绍斜拉桥的计算方法。

一 工程概况

某桥为双塔双索面钢箱梁斜拉桥(在此仅提供钢箱梁斜拉桥的简要计算方法,对混凝土斜拉桥感兴趣的读者请参考《桥梁结构分析与设计》教材相关内容),全桥采用半飘浮体系。跨径布置为110m+236m+458m+236m+110m,全长1150m。仅在中跨和次边跨布设斜拉索,边跨不布设斜拉索。斜拉索采用双索面扇形式布置,标准索距为15m。全桥总体布置如图4-3-9所示。

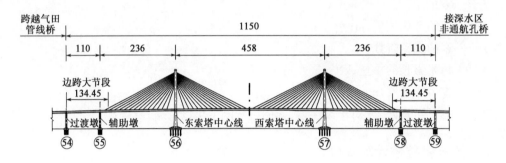

图4-3-9 全桥总布置(尺寸单位:m)

主梁采用带风嘴的扁平流线型截面,截面构造如图4-3-10所示。钢箱梁梁顶宽33.8m(不计风嘴),底板宽21.2m,梁高4.5m,风嘴长度为2.6m,在钢箱梁外侧边腹板锚固。主梁结构除边跨跨中梁段采用Q420qD外,其余均为Q345qD。根据构造,全桥钢箱梁划分为A~S共18种类型、85个梁段,索区梁段采用悬臂拼装法安装,索塔塔区节段和边跨区梁段安装采用大节段整体吊装法架设。

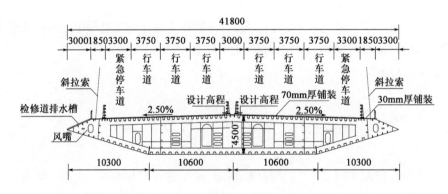

图4-3-10 钢箱梁截面构造(尺寸单位:mm)

索塔采用横向H形框架,总高163m。索塔为钢筋混凝土构件,采用C50混凝土;下横梁为预应力混凝土构件,为底缘呈圆弧形的变高度结构;上横梁剪力撑采用钢结构,采用中国结造型;索塔锚固结构采用内置钢锚箱构造。钢锚箱根据构造不同分为A、B、C三类钢锚箱,共分12节。单节钢锚箱长5.2m,宽1m,A、B类钢锚箱高2.5m,C类钢锚箱高3m。钢锚箱总高度为30.5m,向索塔内侧倾斜5.10°。索塔、钢锚箱节段划分如图4-3-11所示。

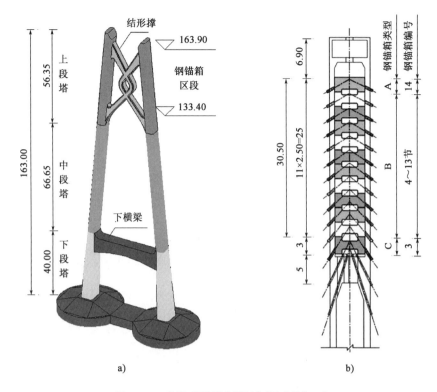

图 4-3-11　索塔、钢锚箱节段划分(尺寸单位:m)

二　数值分析模型

在斜拉桥静力分析中,往往将主梁模拟为空间梁单元,采用鱼骨梁模型、双主梁模型或三主梁模型。采用鱼骨-单梁模型模拟主梁,采用悬链线索单元模拟斜拉索,杆系有限元模型如图 4-3-12 所示。

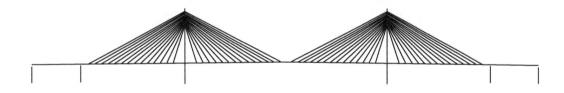

图 4-3-12　杆系有限元模型

在杆系有限元模型中,本桥主要的边界条件有:

(1)索塔墩底采用固结形式。

(2)斜拉索与主梁、索塔之间采用刚臂连接,下横梁与索塔之间采用刚臂连接,结形撑与上索塔采用刚臂连接。

(3)施工过程中索塔区主梁与下横梁的两排临时固结采用弹性连接模拟,约束竖向、横向及纵桥向线位移自由度;成桥阶段主墩塔梁支座采用弹性连接模拟。

(4)索塔、辅助墩和过渡墩对钢箱梁的支撑按多点弹性支承处理。

三 非线性效应

大跨径桥梁结构非线性主要涉及几何非线性和材料非线性两方面的内容。斜拉桥作为高次超静定柔性结构,在施工过程和正常使用阶段,影响其非线性的主要因素是几何非线性和索塔混凝土的收缩、徐变。因此在施工监控结构分析中考虑的非线性因素包括:

(1)斜拉索垂度效应:以精确悬链线单元(可带刚臂)模拟斜拉索的垂度效应。
(2)结构大位移:通过拖动坐标法计入大位移效应。
(3)P-Δ效应:引入梁单元的几何刚度矩阵。
(4)索塔混凝土收缩徐变采用公路桥规中收缩徐变计算模式。

四 施工阶段划分

根据本桥设计思路与施工组织设计中的施工流程,该桥施工阶段仿真分析共分为136个阶段,主要施工流程图4-3-13所示。

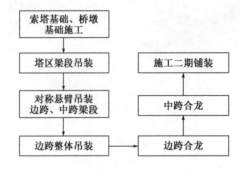

图4-3-13 主要施工流程

钢箱梁标准梁段悬拼施工工序主要流程有以下四步:
(1)采用桥面吊机对当前施工梁段起吊,完成与相邻节段的临时匹配连接。
(2)精准调整当前梁段,完成与相邻节段的工地连接。
(3)安装当前梁段拉索,并进行初次张拉。
(4)吊机前移就位,当前梁段拉索第二次张拉。

为准确分析本桥成桥、运营和施工状态空间受力行为,分别采用空间梁单元模型与三维实体、板壳精细化模型,对成桥状态、运营阶段和施工阶段进行仿真分析,对比分析空间杆系有限元与三维实体、板壳有限元的计算结果,以分析本桥静力性能。

五 成桥状态受力行为分析

本桥合理成桥状态下梁单元模型与板单元模型内力与变形计算结果如图4-3-14所示。由计算结果可知,梁单元与板单元模型中索塔分别偏向边跨侧117mm和120mm,相差2.5%;钢箱梁跨中上挠值分别为220mm和240mm,相差8.3%;索塔塔底弯矩、主梁弯矩值和斜拉索索力较为接近,相差不超过1.7%;主梁弯矩最大值出现在边跨跨中位置。梁单元分析结果与板单元模型分析结果较为接近,结构受力与变形差异很小。

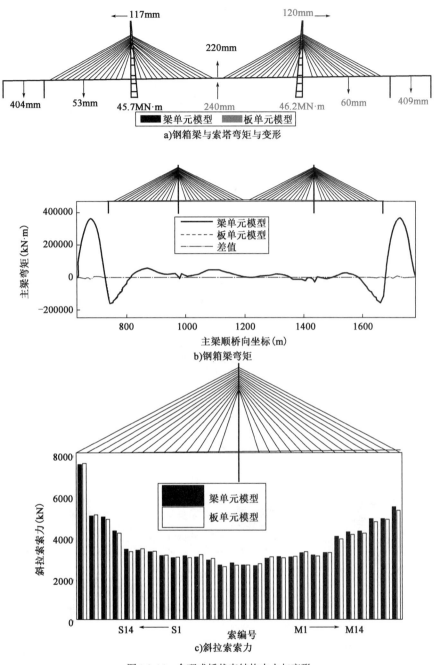

图4-3-14 合理成桥状态结构内力与变形

六 运营阶段受力行为分析

本桥运营状态下梁单元模型与板单元模型内力与变形计算结果如图4-3-15所示。由计算结果可知,梁单元与板单元模型中索塔偏位分别偏向中跨侧255mm、261mm,相差2.3%;钢箱梁跨中上挠值分别为557mm和573mm,相差2.8%。杆系有限元变形计算结果小于精细有限元模型;索塔塔底弯矩、主梁弯矩值和斜拉索索力较为接近,相差不超过3.5%。

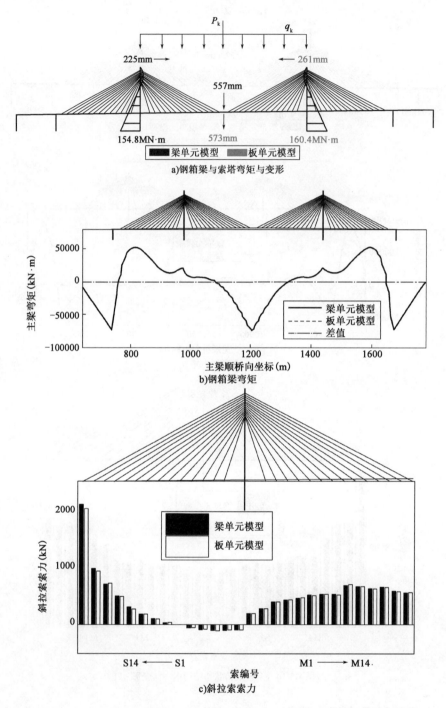

图 4-3-15　运营阶段结构内力与变形

七　施工阶段受力行为分析

进行斜拉桥分析时,需对每个施工阶段结构受力状态进行分析,选取具有代表性的最大双悬臂、最大单悬臂和正装成桥状态三个典型施工阶段分析结果进行展示。

1. 最大双悬臂状态

本桥在最大双悬臂状态梁单元模型与板单元模型内力与变形计算结果如图4-3-16所示。由计算结果可知,梁单元与板单元模型中索塔分别偏向中跨侧6mm和8mm,索塔偏位值较小;钢箱梁中跨大悬臂端上挠值分别为125mm和134mm,边跨大悬臂端上挠212mm和217mm;索塔塔底弯矩、主梁弯矩值和斜拉索索力相差不超过7.0%。

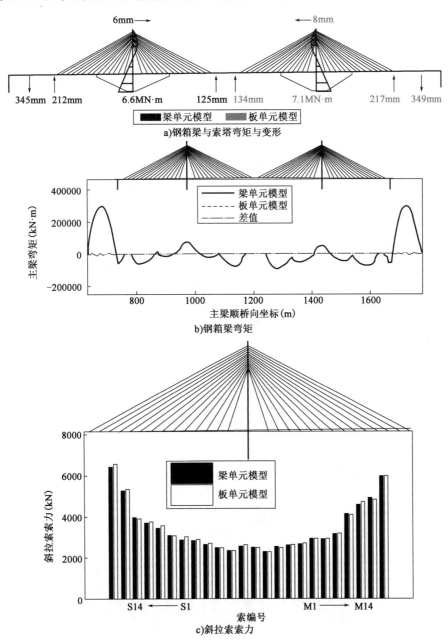

图4-3-16 最大双悬臂状态结构内力与变形

2. 最大单悬臂状态

本桥在最大单悬臂状态梁单元模型与板单元模型内力与变形计算结果如图 4-3-17 所示。由计算结果可知,梁单元与板单元模型中索塔分别偏向边跨侧 400mm 和 410mm。由于最大单悬臂状态结构不对称的影响,索塔偏位值较大;钢箱梁中跨大悬臂端上挠值分别为 1239mm 和 1258mm,钢箱梁变形较大;索塔塔底弯矩、主梁弯矩值和斜拉索索力相差不超过 6.7%。

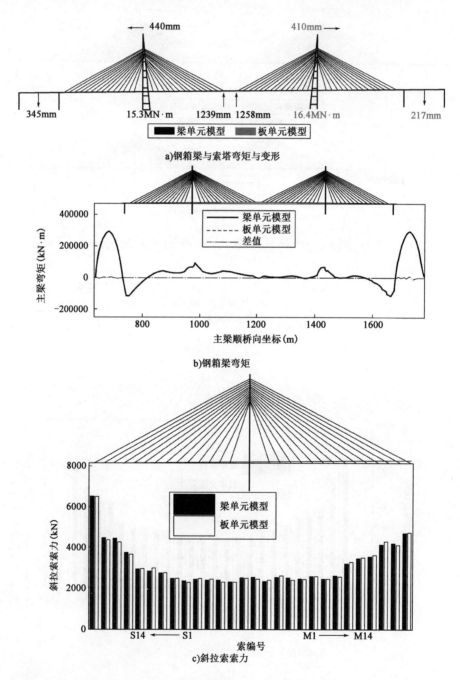

图 4-3-17 最大单悬臂状态结构内力与变形

3. 成桥状态

采用正装分析,本桥成桥状态的梁单元模型与板单元模型内力与变形结果对比如图 4-3-18 所示。由计算结果可知,梁单元与板单元模型中索塔分别偏向边跨侧279mm 和 285mm,相差2.1%;钢箱梁跨中上挠值分别为 770mm 和 789mm,相差2.4%;索塔塔底弯矩和主梁弯矩值较为接近,相差不超3.4%。

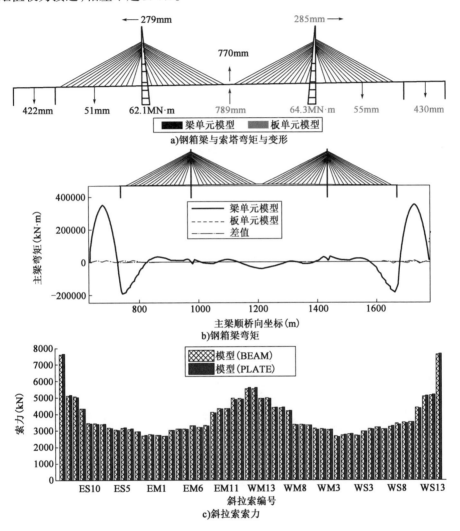

图 4-3-18　正装成桥状态结构内力与变形

根据以上计算结果,按照第一篇第三章介绍的作用组合方法与《通规》规定,对索塔、斜拉索和主梁各构件控制截面内力进行作用组合,并计算组合效应设计值,从而进行相关项目验算。

学习提示

斜拉桥设计，首先根据地形、地质、水文、气象、通航等条件确定桥位、桥高、桥长、合理分跨等。其次是选择合适的结构体系，高地震烈度区可采用飘浮体系或半飘浮体系；在主跨跨径不是很大、单索面设计时，一般采用塔梁固结体系；当地震烈度小于7度，桥高较高时，可采用塔梁墩固结体系。最后是各构件设计，包括主梁类型选择与截面设计、索塔形式选择与截面设计、拉索形式确定与类型（成品索）选择、支座类型（成品支座）选择或特别设计、塔墩设计、基础设计等。

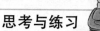

思考与练习

1. 斜拉桥计算包括哪些内容？分别解决什么问题？
2. 试简述倒拆计算方法。
3. 试说明本章第三节所述的斜拉桥在施工期和运营期的整体稳定、局部稳定分析可能包括的施工阶段及结构模型。
4. 斜拉桥分析时，斜拉索的分析模型有哪些？

第四章 斜拉桥施工

斜拉桥的施工工序为索塔基础施工、索塔施工、主梁施工、斜拉索施工等,有时也可与塔梁同步施工。索塔基础可以是沉井、沉箱、桩基础等,施工方法将在"基础工程"课程中介绍。

第一节 索塔施工

一 施工方法

斜拉桥的索塔施工方法应根据索塔的结构形式、材料、规模、桥位地形条件、设计要求、机具设备等因素综合确定。钢塔可采用预制拼装法施工,混凝土塔施工则有搭架现浇、预制拼装、滑升模板浇筑、翻转模板浇筑、爬升模板浇筑等多种施工方法。索塔采用内倾设计时,由于爬模施工塔根会产生较大弯矩,需设置临时横撑以满足施工过程中的结构安全,横撑数量及横撑顶推力通过计算分析确定,如图4-4-1所示。

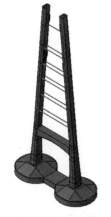
a)内倾设计索塔设置临时横撑计算模型

b)青州航道桥示例

c)均安水道特大桥示例

图4-4-1 索塔施工过程中临时横撑设置

二 受力特点

斜拉桥索塔主要承受巨大的竖向轴力,还要承受部分弯矩。斜拉桥设计对成桥后索塔的几何尺寸和轴线位置的准确性要求都很高。混凝土索塔施工过程受施工偏差、混凝土收缩徐变、基础沉降、风荷载、温度变化等因素影响,必将产生附加内力。因此,不管是何种结构形式的索塔,采用哪种施工方法,施工过程中都必须进行严格的施工控制,按照制定的施工顺序,采用临时措施(如在索塔间加横杆支承)确保索塔施工过程中的作用效应满足设计及规范要求。

由于混凝土收缩徐变,索塔在运营阶段会发生偏离。因此,宜将索塔设置一定的预偏,以抵消收缩徐变的不利影响。

第二节 主梁施工

梁桥主梁的施工方法一般均适用于斜拉桥的主梁施工,常用施工方法有顶推法、支架法、平转法和悬臂法等。

一 顶推法

1. 施工方法

斜拉桥采用的顶推法与连续梁桥类似。顶推法特别适用于桥下净高小、临时墩造价较低、支墩不影响通航、能反复承受正负弯矩的钢主梁斜拉桥施工。图4-4-2所示为法国米佑大桥整体顶推法施工。

图4-4-2 整体顶推法施工示例(法国米佑大桥)

2. 受力特点

斜拉桥采用顶推法施工时需要在跨间设置若干临时墩,顶推过程中主梁要反复承受正负弯矩。对于混凝土主梁的斜拉桥,一般在斜拉索张拉前先顶推主梁,即主梁先就位,然后张拉斜拉索。挂索张拉前主梁的受力状态与连续梁桥相同。临时墩间距如不能满足主梁负担自重弯矩,需在主梁内设置临时预应力束。

二 支架法

1. 施工方法

支架法施工有在支架上现浇、在临时墩间设托架或劲性骨架现浇、在临时墩上架设预制梁段等方法。支架法适用于桥下净空小、搭设支架不影响桥下交通的情况。

施工工序：在支架上施工主梁、安装斜拉索、张拉并调整索力、拆除支架、第二次张拉并调整索力、桥面系施工等。图4-4-3所示为西安浐灞二号桥支架法施工示例。

图4-4-3　支架法施工主梁示例（西安浐灞二号桥）

2. 受力特点

斜拉桥主梁、斜拉索安装完毕后，拆除支架前，主梁结构自重落在支架上，结构还未开始受力。张拉并调整索力时以控制主梁上、下缘应力为主，主梁线形应在立模时调整。混凝土截面主梁线形若靠斜拉索拉力调整，很难实现，并且易导致斜拉索拉力过大而断丝或主梁应力过大而开裂。拆除支架后，结构开始承受自重作用，主梁在拉索支承下类似于弹性支承的多跨连续梁，应控制好梁的上、下缘应力在限值范围内。第二次调整索力时也应以控制主梁上、下缘应力为主。

三　平转法

1. 施工方法

施工工序：分别在两岸或一岸顺河流（或下方路线）方向的支架上现浇主梁、安装斜拉索、张拉并调整索力、拆除支架、以塔墩为圆心整体旋转到桥位、合龙、第二次张拉并调整索力、桥面系施工等。该方法适用于桥址地形平坦、墩身较低、穿越铁路或不宜封闭交通的道路和结构体系适合整体转动的中、小跨径斜拉桥施工。图4-4-4所示为平转法施工示例。

2. 受力特点

斜拉桥主梁安装完毕后，拆除支架前，主梁结构自重落在支架上，结构还未开始受力。张拉斜拉索过程中主梁结构的部分自重会逐渐转移给斜拉索，拆除支架后，主梁在斜拉索支承下类似于弹性支承的多跨连续梁。斜拉索初张拉以及合龙后的第二次张拉要求同支架法。

图 4-4-4 平转法施工示例

四 悬臂法

1. 施工方法

悬臂法分为悬臂浇筑法和悬臂拼装法,与连续梁的悬臂施工方法类似。悬臂法较其他方法具有明显优势,是大跨径斜拉桥应用广泛的施工方法。

(1)主梁悬臂浇筑法施工工序:

①支架上浇筑 0 号块主梁(墩顶主梁段)、塔梁临时固结、安装挂篮。

②挂篮浇筑悬臂段主梁、张拉主梁预应力束、前移挂篮、安装斜拉索、张拉并调整索力(图 4-4-5)。

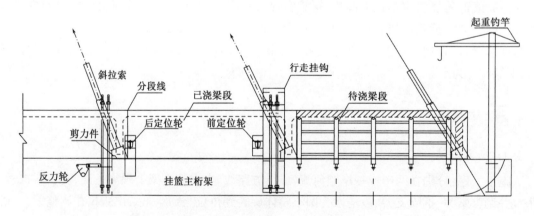

图 4-4-5 悬臂浇筑法施工示意

③重复步骤②,在辅助墩位置与辅助墩连接。

④边跨合龙。

⑤中跨合龙:按合龙段重量进行配重、合龙段劲性骨架安装、拆除塔墩临时固结、浇筑合龙段混凝土、逐步拆除配重、主梁其余预应力束张拉等。

⑥第二次调整索力(如果需要),桥面系施工等。

悬臂浇筑法主要用在预应力混凝土主梁的斜拉桥上,如图 4-4-6 所示。主梁混凝土的悬臂浇筑与一般预应力混凝土梁式桥的基本相同。这种方法的优点是结构的整体性好,施工中不需要用大吨位悬臂吊机和运输预制节段块件的驳船;但不足之处是在整个施工过程中必须严格控制挂篮的变形和混凝土收缩徐变的影响,相对于悬臂拼装法,施工周期较长。

图4-4-6　悬臂浇筑法施工示例

(2)主梁悬臂拼装法施工工序:
①支架上浇筑0号块主梁。
②将预制好的梁段运至现场。
③从索塔两侧依次对称拼装梁段,同时逐段安装斜拉索并调整索力。
④边跨合龙。
⑤中跨合龙。
⑥第二次调整索力(如果需要),桥面系施工等。

悬臂拼装法主要用在钢主梁(钢桁梁、钢箱梁、钢-混凝土组合梁的钢梁部分)的斜拉桥上,如图4-4-7所示。钢主梁一般先在工厂加工制作,再运至桥位处吊装就位。钢梁预制节段长度应从起吊能力和方便施工角度考虑,一般以布置1~2根斜拉索和2~4根横梁为宜,节段与节段之间的连接分全断面焊接和全断面高强螺栓连接,连接之后必须严格按照设计精度进行预拼装和校正。悬臂拼装法的优点是钢主梁和索塔可以同时施工,因此具有施工快捷和方便的特点。

图4-4-7　主梁悬臂拼装法施工示例

2. 受力特点

(1) 主梁悬臂浇筑法施工

① 在进行索力调整时,应控制好主梁面板受力大小,不可因索力调整导致开裂。

② 线形调整以立模高程控制,不能仅靠拉索调整线形,否则易导致拉索拉力过大而断丝或主梁应力过大而开裂现象。

(2) 主梁悬臂拼装法施工

① 在施工过程中注意钢梁预制节段的吊装受力和连接拼装精度控制。

② 由于施工不可能做到完全对称,成桥后解除临时固结时,主梁会发生纵向摆动,应予注意。

第三节 斜拉索施工

斜拉索施工工序为斜拉索安装、张拉(索力调整)、锚固。

一 斜拉索安装

斜拉索可采用卷扬机组安装或起重机安装。根据斜拉索安装位置,可分为索塔部位安装和主梁部位安装。

1. 索塔部位安装

斜拉索在索塔部位安装一般采用吊点法、起重机安装法及分步牵引法,如图4-4-8、图4-4-9所示。吊点法施工简便、安装迅速,缺点是起重索需要的拉力大,斜拉索在吊点处弯折角度较大,故一般适用于较柔软的拉索。采用起重机安装法,拉索前端由索塔孔道内伸出的牵引索引入索塔拉索锚孔,下端用移动式起重机提升,操作简单快速,不易损坏拉索,但要求起重机有较大的起重能力。

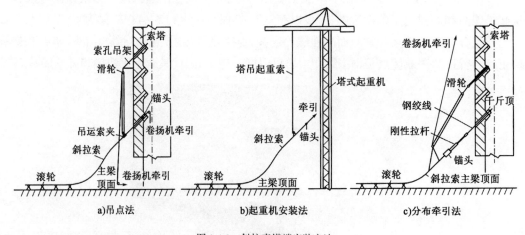

图 4-4-8 斜拉索塔端安装方法

2. 主梁部位安装

斜拉索在主梁部位的安装大多采用吊点法和拉杆接长法,如图4-4-10、图4-4-11所示。

图 4-4-9 斜拉索塔端起重机安装法示例

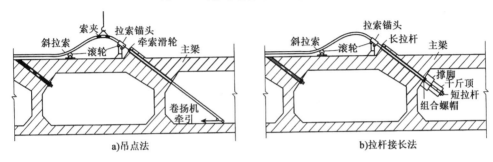

图 4-4-10 斜拉索梁部安装

图 4-4-11 斜拉索梁部安装示例

二 斜拉索张拉

斜拉索的张拉一般可分为拉丝式(钢绞线夹片群锚)锚具张拉和拉锚式锚具(冷铸锚)张拉。其中,拉锚式锚具张拉因施工操作方便及现场工作量较少等优点被更多工程采用。根据设计要求及现场实际情况,有采用塔部一端张拉的,也有采用梁部一端张拉的,还有采用塔、梁部两端张拉的,其中以塔部一端张拉使用最为广泛。

三 受力特点

斜拉索为受拉构件,斜拉索的成桥索力一般由合理成桥状态决定,初始张拉力可通过倒拆分析模型结合施工过程结构受力状态综合确定。在调整索力时应严格控制拉力大小,防止张拉断丝现象发生。

1. 支架法施工

主梁采用支架法施工的斜拉桥,斜拉索张拉可采用一次张拉到位或多次分批张拉的方法。张拉时机一般选择在主梁梁体预应力施工完成后,由塔身向外依次对称张拉斜拉索,上、下游侧斜拉索应同步张拉。斜拉索张拉完成后,可拆除满堂支架。落架后可对局部拉索的索力进行二次调整(必要时)。

2. 悬臂法施工

主梁采用悬臂法施工的斜拉桥,斜拉索安装完成,张拉时多为单个悬臂节段施工完成后,通过斜拉索的张拉,确保悬臂施工过程中主梁及索塔受力合理(主梁上、下缘不开裂,索塔偏位小)。对于大跨径预应力混凝土斜拉桥,当单个悬臂节段较长时,可采用前支点挂篮施工,斜拉索初次张拉采用三阶段张拉法,即空挂篮状态斜拉索一次张拉、节段混凝土浇筑过程中斜拉索二次张拉、节段混凝土强度形成后斜拉索三次张拉,如图4-4-12所示。

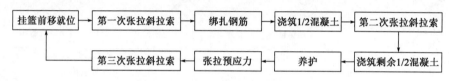

图4-4-12 三次张拉斜拉桥节段施工流程

学习提示

斜拉桥施工方法可参照梁桥施工,所不同的是斜拉索的挂索和索力调整,索力调整过程与施工方法有关,需计算确定。

思考与练习

1. 简述斜拉桥悬臂法的施工工序。
2. 斜拉桥施工时为什么要进行二次调整索力?一般在哪个阶段调整?
3. 斜拉桥设计与建造综合练习,见二维码。

本篇总结

(1) 斜拉桥的桥跨结构主要由主梁、索塔和斜拉索三大部分组成。主梁一般采用混凝土结构、钢结构、钢-混凝土组合结构或钢-混凝土混合结构；索塔大多采用混凝土结构，也可采用钢结构或组合结构；斜拉索采用高强材料（高强钢丝或钢绞线）。主梁在斜拉索支承作用下，如同多跨弹性支承的连续梁，使弯矩值得以大幅降低；斜拉索轴力产生的水平分力可以对主梁产生预压力，这样不但节省了工程材料，又能增大桥梁的跨越能力。同时主梁内强大的轴向压力成为控制因素，也阻碍了斜拉桥跨径的进一步增大。

(2) 斜拉桥常见的孔跨布置方式有双塔三跨式和独塔双跨式，三塔四跨式和多塔多跨式也有应用，但相对较少。

(3) 斜拉索在立面上的布置方式常用的有辐射形、竖琴形和扇形三种基本形式，其中，扇形布置在设计中获得广泛应用。

(4) 斜拉桥的梁、塔、墩有三种结合方式，即塔墩固结、塔梁固结和塔梁墩固结，并由此组成四种不同的结构体系，即飘浮体系、半飘浮体系、塔梁固结体系和塔梁墩固结体系（塔梁墩固结体系）。

(5) 斜拉桥主梁施工适宜的方法是悬臂法施工，即悬臂拼装法（多用于钢主梁、钢-混凝土组合梁）或悬臂浇注法（用于混凝土主梁）。施工时大多采用塔与梁之间临时固结。钢塔采用预制拼装法施工，混凝土塔则有支架现浇、预制拼装、滑模浇注、翻转模板浇注、爬升模板浇注等多种施工方法可供选择，混凝土索塔的预制拼装也在实践中。斜拉索的张拉工艺、索力大小及桥面高程控制是斜拉桥施工的关键。斜拉索张拉采用千斤顶直接张拉、用临时钢索将主梁前端拉起、在支架上将主梁前端向上顶起等方法，索力测量的主要方法有压力表测定法、压力传感器测定法和频率振动法等。

第四篇学习内容概要如图4-总-1所示。

```
                                                                    ┌ 预应力混凝土梁：截面形式选择及适用范围(实心板梁、肋板式主梁、边箱式主梁、箱形主梁、
                                                                    │                              带斜撑箱形主梁等)
                                              ┌ 主梁 ─┤ 钢箱梁、钢桁梁
                                              │       │ 钢-混凝土组合梁  ⎱ 在"钢桥"课程中介绍
                                              │       └ 钢-混凝土混合梁  ⎰
                                              │
                                              │       ┌ 索塔形式选择 ─┬ 立面形式：单柱式、倒V形、A形、倒Y形等
                                              │       │               └ 横桥向形式：单柱式、双柱式、门形、H形、宝石形、倒V形、倒Y形等
                            ┌ 组成 ───────────┤ 索塔 ─┤ 索塔截面形式选择：实心矩形、工字形、箱形等
                            │                 │       └ 索塔高度确定：外索倾角控制索塔高度
                            │                 │
                            │                 │       ┌ 斜拉索布置形式及适用范围 ─┬ 立面布置：辐射形、竖琴形、扇形
                            │                 │       │                           └ 横桥向布置：单面索、双面索、多面索
                            │                 └ 斜拉索┤ 斜拉索间距确定：梁上间距(密索间距、稀索间距)、塔上间距
                            │                         │ 斜拉索类型选择：刚性索、柔性索、成品索选择等
                            │                         └ 斜拉索锚固：与主梁锚固、与索塔锚固
                            │
                            │                         ┌ 漂浮体系：塔墩固结、塔梁分离，主梁除两端有支承外，其余全部由拉索悬吊；主梁在顺桥
                            │                         │           向变形不受索塔约束，为防止过大纵向变位，一般设置纵向限位或阻尼装置
                            │                         │ 半漂浮体系：塔墩固结，主梁除两端有支承外，主梁在塔(横梁)上设置竖向支承并在顺桥向
                            │                 ┌常规结构│             有一定水平约束
                            │                 │ 体系  ─┤ 塔梁固结体系：塔与梁固结并支承在桥墩上，主梁由斜拉索悬吊；主梁一般只在一个塔墩处
                            │                 │        │             设置固定支座，其余均为纵向活动支座
                   斜       │                 │        └ 塔梁墩固结体系：塔、梁、墩相互固结，形成跨径内具有多点弹性支承的刚构。结构整体刚
                   拉 ──────┤ 结构体系 ───────┤                       度好，主梁挠度较小
                   桥       │                 │
                            │                 │        ┌ 部分斜拉桥：边索倾角小于常规斜拉桥，塔高较低，梁上无索区较长，拉索一般采用在塔上
                            │                 │其他结构│             矮塔斜拉桥)通过的形式多采用塔梁固结体系和塔梁墩固结体系
                            │                 │ 体系  ─┤ 地锚式斜拉桥：受地形限制，边跨斜拉索全部或部分锚固在地锚上，仅在极少数桥梁上使用
                            │                 │        └ 无背索斜拉桥：边跨无斜拉索，为平衡主跨斜拉索索力，索塔向边跨倾斜。多用于200m以下
                            │                                          桥梁或景观桥
                            │
                            │ 结构设计：跨径布置、结构体系选择、斜拉索设计、桥塔设计、主梁设计、墩台及基础设计等。基础设计在"基础
                            │           工程"课程中介绍
                            │ 计算方法：采用结构有限元法计算，包括静力计算(整体计算、局部分析计算)、稳定性计算、动力计算(抗风计算、抗震计算)等
                            │                       ⇩
                            │           在"桥梁结构分析与设计"课程中介绍
                            └ 施工方法：主要有悬臂法、支架法、平转法、顶推法等
```

图4-总-1　第四篇学习内容概要

PART 5
▶▶▶ 第五篇
悬索桥

第一章 概论

第一节 悬索桥的特点

悬索桥是以受拉的主缆作为主要承重构件的桥梁，由主缆、索塔、锚碇、吊索和加劲梁五大承重构件组成，主要连接和转向构件有索夹、鞍座（又称主索鞍）和散索鞍。悬索桥以跨越能力大、受力合理、能发挥材料强度优势、整体造型美观和施工安全快捷等优点在大跨径、超大跨径桥梁中广受推崇。

一 受力特点

悬索桥在桥面竖向荷载作用下的传力路径为荷载→加劲梁→吊索→主缆→锚碇（索塔及基础）→地基，如图5-1-1所示。加劲梁直接承受桥面自重和汽车荷载，并防止桥面发生过大的挠曲变形和扭转变形。吊索将活载和加劲梁（包括桥面系）的恒载通过索夹传递到主缆上，吊索上端与索夹相连，下端与加劲梁相连。索夹是主缆与吊索的连接构件，位于每根吊索和主缆的连接点，以套箍的形式紧箍在主缆上，夹紧后产生一定的摩阻力来抵抗吊索向下滑移，从而固定了吊索与主缆的相对位置。主缆是通过塔顶鞍座悬挂在索塔上，并通过散索鞍锚固于两端锚碇中的柔性承重构件，通过索夹和吊索承受活载和加劲梁的恒载，同时承受横向风荷载。索塔除承受自重引起的轴力外，还要承受悬索桥的活载和恒载（包括桥面系、加劲梁、吊索、索夹、主缆、索鞍及附属结构重力等）。散索鞍在主缆进入锚碇前起分散主缆和转向作用。锚碇是锚固主缆并将主缆拉力传递给地基的构件。悬索桥构件受力如图5-1-2所示。

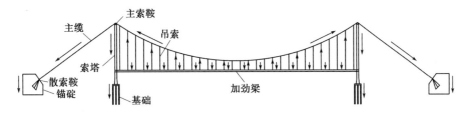

图5-1-1 悬索桥作用（荷载）传递路径

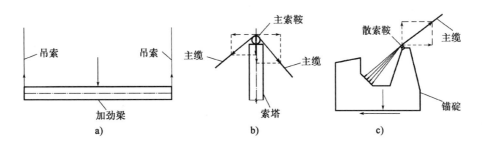

图5-1-2 悬索桥构件受力

悬索桥各构件受力还有以下特点：

(1) 主缆是通过塔顶鞍座悬挂在索塔上并锚固于固体中的柔性承重构件，通过索夹和吊索承受活载和加劲梁(包括桥面系)的恒载，此外，还承担部分横向风荷载并传递到塔顶。主缆在恒载作用下具有很大的初始张拉力，使主缆维持一定的几何形状，并对后续结构形状提供强大的"重力刚度"，这是悬索桥跨径得以不断增大，加劲梁高跨比得以减小的根本原因。主缆是几何可变体，可以通过自身几何形状的改变来影响体系平衡，表现出大位移非线性的力学特征，这是悬索桥区别于其他桥梁结构的重要特征之一。

(2) 索塔是支承主缆的重要构件，在恒载作用下，索塔基本无弯曲内力，以轴向受压为主，并尽量使外荷载在主塔中产生的弯曲内力减小，以减小混凝土索塔因为徐变而使塔形改变，增加结构抵抗外载的能力。在活载作用下，索塔以压弯为主，呈梁柱构件特征。索塔的抗推刚度相对较小，塔顶水平位移主要由中、边跨主缆平衡条件决定。

(3) 加劲梁的功能是为悬索桥提供桥面和防止桥面发生过大的挠曲变形与扭曲变形。加劲梁是悬索桥保证车辆行驶、提供结构刚度的二次结构，主要承受加劲梁自重、桥面系自重和汽车荷载等产生的弯曲内力。一期恒载作用下，加劲梁呈多跨弹性支承连续梁的弯矩分配；二期恒载作用下，加劲梁协同主缆共同承载。大跨径悬索桥加劲梁的挠度是从属于主缆的，随着跨径的增大，加劲梁的功能退化为将汽车荷载等传至主缆，自身抗弯刚度对结构刚度的影响也逐渐减小。加劲梁在横桥向没有多点约束，因此需要足够的横向抗弯刚度和扭转刚度。

(4) 吊索是将活载和加劲梁(包括桥面系)恒载通过索夹传递到主缆的传力构件，是联系加劲梁和主缆的纽带，承受轴向拉力。吊索内恒载轴力的大小既决定了主缆在成桥状态的真实索形，也决定了加劲梁的恒载弯矩，是研究悬索桥成桥状态的关键。

(5) 锚碇是将主缆的拉力传递给地基的构件，通常采用重力式锚碇和隧道式锚碇。重力式锚碇依靠巨大的自重来抵抗主缆的竖向分力，主缆水平分力则由锚固体与地基之间的摩阻力或嵌固阻力来抵抗。隧道式锚碇则直接将主缆拉力传给周围基岩，靠隧道式锚碇和锚杆与岩体的摩阻力抵抗主缆拉力。

二 结构特点

悬索桥的吊索大多设计成竖直吊索，吊索对加劲梁只提供竖向支承力，无水平力，这与斜拉桥的斜拉索不仅给加劲梁提供竖向支承力，还提供向索塔方向的水平力不同，因此，悬索桥能实现比斜拉桥更大的跨径。

悬索桥的主要承重构件主缆是柔性的，为了满足桥梁的动力稳定性、抗风稳定性和抗震性能，以及行车舒适性，作为行车桥面的梁应设计成加劲梁。

悬索桥索塔对缆索提供支承和转向的作用，因此，索塔顶端需设置鞍座支承缆索。而斜拉桥的斜拉索是锚固在索塔上的，这也是悬索桥索塔与斜拉桥索塔在构造设计上的区别。

三 施工特点

悬索桥施工主要包括锚碇、索塔、主缆、吊索和加劲梁等的制作和安装。根据悬索桥的构造特点，施工主要分以下五步进行：

(1)施工索塔、锚碇的基础,同时加工制造上部结构施工所需构件,为上部施工做好准备。

(2)施工索塔和锚体,包括鞍座、锚碇钢框架安装等施工。混凝土索塔采用爬模或翻板模等方法现浇施工,钢索塔采用预制拼装法施工。

(3)缆索系统安装架设,其中包括安装主鞍、散索鞍、先导索过江、牵引系统架设、猫道的架设、主缆索股预制、架设、紧缆、索夹、吊索安装等。

(4)加劲梁节段的吊装架设,包括整体化焊接或栓接等。

(5)桥面系及附属工程的施工,包括伸缩缝、桥面铺装、护栏灯柱、检查车、防腐涂装等。

四 材料特点

现代大跨径悬索桥主缆采用钢缆索,加劲梁有钢箱梁、钢桁梁、钢-混凝土组合梁等(中、小跨径可采用混凝土梁),吊索采用钢吊索,索塔有混凝土塔和钢塔,锚碇采用钢筋混凝土或预应力混凝土锚碇。

五 景观特点

悬索桥的缆索系统悬垂于蓝天碧水之间,构成纤柔轻巧的曲线元素。吊索细长,长短适度,排列有序,远看似有若无,透视效果极佳,行车途中视觉所及宛如两架巨型竖琴,伴随滚滚车流奏出欢乐的乐章。悬索桥的行车道凌空飘浮于碧波之上,虚悬飞架在青山之间,犹如长虹卧波。索塔则是悬索桥艺术魅力的重要象征,高耸的索塔直入云天,给人一种雄伟、恢宏的感觉;挺拔的风姿、高昂的塔冠,足以诱发诗人和艺术家的灵感和激情,促成境界的升华;置于深海巨浪中的承台和基础,蕴藏着坚强有力、牢不可摧的气势。

第二节 悬索桥的结构体系

若不考虑吊索的支承作用,悬索桥的加劲梁实际上是支承在索塔或者桥墩上的梁式结构。根据跨数和支承点类型,悬索桥可分为单跨简支体系、双跨连续体系、三跨简支和三跨连续体系、多跨连续体系和自锚式体系如图5-1-3所示。

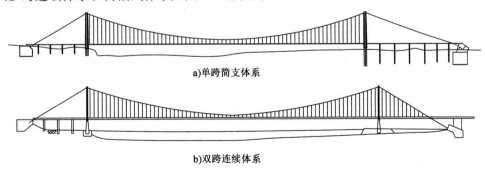

a)单跨简支体系

b)双跨连续体系

图 5-1-3

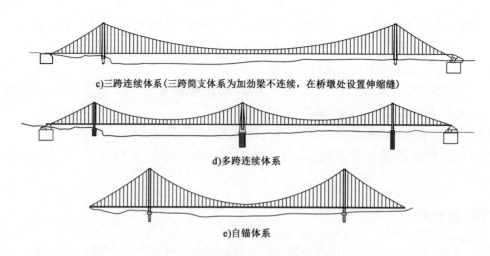

c)三跨连续体系(三跨简支体系为加劲梁不连续,在桥墩处设置伸缩缝)

d)多跨连续体系

e)自锚体系

图5-1-3 悬索桥的类型(按加劲梁支承体系)

一 单跨简支体系

单跨简支体系悬索桥[图5-1-4a)]常用于高山峡谷地区或两岸地势较高的地区,采用桥墩支承边跨的梁体结构更为经济(如江阴长江公路大桥),或者道路的接线受到限制,使得平曲线布置不得不进入大桥边跨的情况(如日本来岛海峡三桥)。就结构特性而言,由于边跨主缆未悬吊加劲梁,故垂度较小,缆索长度相对较短,对于悬索桥的整体刚度有明显提高,对中跨荷载变形控制更为有利。如果锚碇位置受到限制,使边跨过小,导致边跨主缆倾角增大,拉力增加的同时,水平分力减少,此时边跨主缆需要增加相应的背索以抵抗主缆的拉力。

二 双跨连续体系

双跨连续体系悬索桥[图5-1-4b)]常用于只有一岸、边跨地面较高或不适合设桥墩的情况,即一个边跨与主跨的加劲梁是悬吊的,另一边跨的梁体是由桥墩支承的形式(如舟山西堠门大桥、香港青马大桥),结构整体受力介于单跨简支体系悬索桥和三跨简支体系悬索桥之间。

三 三跨简支和三跨连续体系

三跨简支和三跨连续体系悬索桥[图5-1-4c)、图5-1-4d)]不仅结构受力特征较为合理,而且其流畅对称的建筑造型更符合人们的审美,是目前国际工程实例中应用较多的桥型,世界上大跨径悬索桥大多采用这种形式。三跨简支和三跨连续体系的主要区别在于加劲梁是否连续,三跨连续体系除在索塔附近增加特殊吊索外,行驶更为舒适、流畅,同时可以省去索塔处的支座及伸缩缝,减小加劲梁梁端转角变形以及跨中的挠度(包括竖向和横向挠度),但连续加劲梁和非连续的双铰加劲梁在其他方面有以下缺点:

(1)索塔附近增加特殊吊索。
(2)中间支点(索塔处)附近产生较大的弯矩。

（3）加劲梁的制造及架设误差以及桥墩的不均匀沉降对加劲梁应力有一定的影响。

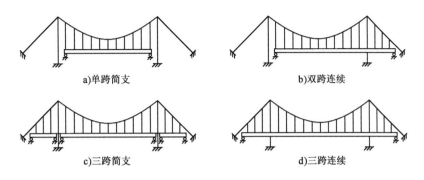

图5-1-4 悬索桥结构体系

四 多跨连续体系

相对于三跨悬索桥,四跨或者五跨悬索桥又称多跨悬索桥。多跨连续体系悬索桥由于结构柔性大,固有振动频率较低。同时,为了提高悬索桥的整体刚度,多跨连续体系必须增大中间索塔的纵向刚度和主缆的矢跨比。在两跨不对称荷载作用下索塔顶将会承受不平衡水平力,造成塔根巨大的纵向弯矩,而且可能造成主缆在鞍座内滑移影响桥面平顺;同时不平衡水平力在索塔刚度不大时,塔顶水平位移过大也会影响桥面平顺,索塔刚度和水平力大小与塔顶位移有直接的关系。在建桥条件需要采用连续、大跨布置桥型时,有时可以采用两个三跨悬索桥联袂布置,中间共用一座锚碇锚固这两座桥的缆索。

我国已建成的泰州长江大桥采用主跨 $2 \times 1080m$ 的三塔悬索桥,中塔采用强度高且受力相对较好的"纵向人字形、横向门形"钢索塔结构(图5-1-5),以满足三塔悬索桥的受力要求。

图5-1-5 纵向人字形、横向门形钢塔示例(泰州长江大桥)

五 自锚式体系

自锚式体系悬索桥是相对于地锚式悬索桥而言的,不需要另外设置锚碇(重力式锚碇或隧道式锚碇),而是把主缆直接锚固在边跨的加劲梁端,主缆的水平拉力由加劲梁提供轴向压力自相平衡。为了承受主缆拉力,加劲梁必须是连续梁。这种桥型施工步骤受到了限制,必须在加劲梁、索塔施工完成之后再吊装缆索、安装吊索,因此需要搭建大量临时支架以安装加劲梁,经济性较差。另外,上部结构体系转换较复杂。该桥型适用于较小跨径的悬索桥,即在土质不良的河段上建桥,或为了避免影响景观或河流冲刷、涌潮等不允许修建大体积的锚碇(或桥台)的情况下建桥。我国已建成的青岛海湾大桥主桥为自锚式悬索桥,如图5-1-6所示。

图5-1-6 自锚式悬索桥示例(青岛海湾大桥主桥)

学习提示

悬索桥的缆索在竖向荷载作用下承受拉力。缆索锚固于两端锚碇时为地锚式悬索桥(通常称为悬索桥),适用于大跨径和超大跨径悬索桥;缆索锚固于加劲梁两端时为自锚式悬索桥,该类悬索桥的特点是不需要庞大的锚固构造,桥梁整体观感更为独立,但由于加劲梁承受的轴向压力会随着自锚式悬索桥跨径的增大而增大,一般适用于300m以下跨径。汽车荷载并不行走在缆索上,因此,需要在缆索上设置吊索悬挂加劲梁,以供车辆行驶。由于承重结构缆索是柔性结构,为使车辆平稳行驶,吊索悬吊的梁不仅要满足活载作用下的挠曲变形,还应具有足够的抗扭转性能,以保持在风荷载作用下的气动稳定性,因此,应设计为加劲梁。缆索在自重和吊索自重、加劲梁自重等作用下产生垂度,并且要保证加劲梁下净空要求,因此,主跨两端应设置索塔支承起缆索。

悬索桥按悬吊跨数可分为单跨悬索桥、双跨悬索桥、三跨悬索桥、多跨悬索桥,其中单跨悬索桥和三跨悬索桥较为常用。

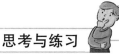

思考与练习

1. 悬索桥的基本组成是什么？各部分的受力特点是什么？
2. 悬索桥有哪些类型？
3. 自锚式悬索桥和地锚式悬索桥的主要区别是什么？

第二章 悬索桥构造与设计

第一节 总体设计

悬索桥总体设计主要包括桥跨布置、结构体系确定、抗风设计和景观设计等设计内容。

一、桥跨布置

悬索桥的桥跨布置主要受桥位处地形、地貌和工程地质与水文条件制约。首先,应根据功能要求确定主跨跨径,即索塔的位置;其次,根据两岸地形和工程地质条件选择锚碇位置,基本确定桥跨布置;最后,视结构受力合理性和经济性确定边中跨比、垂跨比、宽跨比、加劲梁的高宽比与高跨比等重要参数。

1. 边中跨比

边中跨比是指边跨跨径与主跨跨径的比值,一般取 1/3.5~1/2。对于单跨悬索桥,边跨跨径可视为索塔至锚碇散索鞍处的距离,一般为 1/5~1/3。世界上已建成的悬索桥实例中,边主跨比一般为 1/4~1/2。

从总体受力角度来讲,要求边跨与主跨的缆索水平分力在塔顶处互相平衡,即保证边跨与主跨的缆索在塔顶两侧的夹角尽量相近,但实际设计时往往受锚碇位置及锚固点高程等客观条件限制。当边中跨比较小时,悬索桥刚度增加,主跨竖向挠度减小,边跨缆索拉力加大,因而缆索截面尺寸增加,缆索用钢量增大。大多数大跨径悬索桥特别是单跨悬索桥,多采用适当减小缆索跨径、加大缆索截面尺寸的方式来提高结构刚度。

2. 垂跨比

悬索桥的垂跨比是指缆索在主跨内的垂度与主跨跨径的比值,一般为 1/12~1/9,自锚式悬索桥可增大一些,可达 1/5。垂跨比的大小对缆索中的拉力有很大的影响,影响缆索的用钢量、结构整体刚度、中跨竖向和横向的挠度。垂跨比与缆索中的拉力和塔承受的压力成反比;与塔高成正比;垂跨比越大,悬索桥竖向挠度和横向挠度越大。

悬索桥的缆索垂跨比除了对结构整体刚度有影响以外,对结构振动特性也有一定的影响。悬索桥的竖向弯曲固有频率将随垂跨比的增加而降低;悬索桥的扭转固有频率随垂跨比的增大而提高;悬索桥扭转与竖向弯曲固有频率之比随垂跨比的增加而显著提高。

悬索桥主缆跨中与加劲梁间的最小竖向净距应满足加劲梁安装时施工机械对净空的要求。

3. 宽跨比

悬索桥的宽跨比是指桥面系的宽度(或缆索中心距)与中跨跨径的比值,一般取值 1/60~1/40。宽跨比是悬索桥横向刚度的重要指标,直接影响悬索桥的抗风性能。梁宽跨比对结构抗扭性能的影响比较明显,宽跨比越大,加劲梁的扭转角越小。经统计,国内外30余座已建成悬索桥的宽跨比,除英国亨伯尔桥为1/64外,其他均大于1/60。

4. 加劲梁的高宽比与高跨比

加劲梁的高宽比是梁高和梁宽之比，高跨比是梁高与主跨跨径之比。由于加劲梁的受力状态是多跨弹性支承连续梁，表面上看梁高和主跨跨径关系不是那么密切，但是从风动稳定性来看，还要考虑加劲梁有足够的抗扭刚度，以抵抗涡激共振。

加劲梁常有桁架式和箱梁式。20世纪80年代以前建成的悬索桥以桁架梁为主，对布置双层桥面的适应性较好，加劲梁的梁高为6~14m，高跨比为1/180~1/70。单层桥面的加劲梁多数采用箱梁，加劲梁高一般为2.50~4.50m，高跨比为1/400~1/300；为了有比较好的流线型，加劲梁的高宽比一般为1/11~1/7。

实际上高宽比和高跨比是存在一定的矛盾的。在桥面宽度确定以后，梁高小一些，断面的流线型可以好一些，有利于风动稳定，但高度太小（截面过于扁平）会削弱加劲梁的抗扭刚度，容易产生涡振和抖振，导致结构疲劳、行车舒适度降低和行车不安全。为此还应控制过小的高跨比。在设计中初选加劲梁断面方案后，对于特大桥可在风洞节段模型试验的基础上对初选加劲梁断面进行修改。

二 结构体系确定

悬索桥的结构体系主要是确定加劲梁的支承约束体系，一般三跨悬索桥的加劲梁多数是非连续的，即三跨简支体系。三跨简支体系悬索桥在结构受力方面比较合理，但跨中挠度、梁端伸缩量和梁端转角均较大，给行车舒适度带来影响。对桥面变形量（包括梁端转角变形、伸缩量和跨中挠度）和行车舒适度要求较高的桥梁，则采用三跨连续体系悬索桥，如厦门海沧大桥。也有因地形或线形限制而采用双跨连续体系的，如香港青马大桥和舟山西堠门大桥。

悬索桥结构体系需要综合大桥的使用功能、建设条件、工程规模和经济合理性等确定，与相应的支承约束措施和构造措施相配套，以满足刚度要求，即汽车荷载（不计冲击力）引起的加劲梁最大竖向挠度值不宜大于跨径的1/300，风荷载引起的加劲梁最大横向位移不宜大于跨径的1/150。各体系悬索桥适用性见表5-2-1。

各类悬索桥的适用性　　表5-2-1

结构类型	单跨简支	双跨连续	三跨简支	三跨连续
优点	线形美观，单跨悬索桥由于边跨主缆的垂度较小，主缆长度相对较短，桥塔水平变形较小，对中跨荷载变形控制更为有利	造型新颖	造型美观，结构受力比较合理，加劲梁可不从索之间通过，索塔可竖直布置，索塔处梁段施工简便	造型美观，结构受力比较合理，加劲梁变形小
缺点	美观性与三跨结构相比稍差	自锚式或地锚式，施工工艺复杂，经济性一般，桥塔水平变形较大	相邻跨的梁端相对转角及伸缩量较大，加劲梁横向变位大，跨中挠度较大	索塔处加劲梁弯矩较大，索塔基础相对较大，加劲梁制造、架设误差及桥墩的不均匀沉降对加劲梁应力影响较大
适用性	边跨地形较高或平曲线进入边跨，适用范围较广	两岸地形较高，江中有洲，跨径较小	边跨地形平坦，水深较深，布置桥墩很高，适用范围较广	边跨地形平坦，水深较深，布置桥墩很高，适用范围较广

三 抗风设计

抗风设计是悬索桥设计中非常重要的一环,需要与结构设计同步进行。在初步设计阶段需要根据桥址处的气象参数,确定抗风设计要求,选择结构体系、加劲梁形式等,开展动力特性计算、风洞试验等工作以满足悬索桥抗风设计要求。

加劲梁的抗风稳定性是抗风设计的主要内容。抗风设计要求不高时,一般选择经济性好、易施工、扭转刚度相对较低的加劲梁截面,如肋板式开口截面。而当抗风设计要求高时,一般选择扭转刚度大的闭口截面,如闭口钢箱梁形式。为了满足更高的抗风设计要求,一般通过风洞试验对截面进行优化,在设计截面上附设一些非承重的构件,如中央稳定板等,进一步提高悬索桥抗风稳定性,如图5-2-1所示。

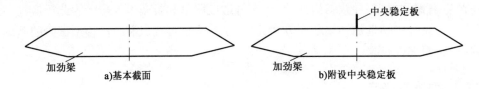

图5-2-1 设置中央稳定板气动措施示意

四 景观设计

悬索桥是非常突出于周围环境的大型桥梁工程建筑物,景观设计显得尤为重要。悬索桥以刚劲挺拔的主塔、流畅起伏的主缆和凌空飞渡的加劲梁构成了几何线形清晰、形态生动的建筑景观,充分体现了结构简洁、建筑比例匀称、功能与形式统一的优美形态。

悬索桥的景观设计通常主要包含总体造型、索塔建筑造型、锚碇外观、结构色彩与景观照明等。

1. 总体造型

在对桥梁进行总体景观设计时,应使桥梁总体造型与周围环境相适应,并满足工程地质和桥涵水文条件、引桥接线条件和抗风受力等要求,尽量使悬索桥各主要受力构件之间的比例均衡,总体布局对称和谐,做到结构造型的美观性与内在的受力实用性相统一,在充分利用材料和高科技创新获取总体设计经济效益的同时,达到总体形态的美观要求。可见,要设计出整体美观及结构合理的悬索桥,比例选择极为重要,设计要点如下:

(1)边跨跨径的比率越小,整体刚度越好,同时主跨更引人注目。
(2)桥下空间应为扁平形式,所以桥面离水面越高,跨径应越长。
(3)加劲梁应选择比例合适且空气动力性能好的扁平横断面,远望显得所悬吊的桥面轻巧而纤柔。

2. 索塔建筑造型

索塔以高耸挺拔的风姿格外引人注目,往往对全桥起着象征性和标志性作用,是悬索桥景观设计的重点。

索塔立面(顺桥向)基本为直立立柱形态。侧面(横桥向)通常为两根立柱,立柱之间设置横向联系,是索塔横向的主要造型形象。横向联系部分的设计既不能烦琐多余,显得过于杂乱,又不能太过单薄,给人以不安全感,同时要注意处理横向联系与立柱尺寸之间的比例关系,做到均衡和谐,并使桥面上方净空适宜,减少联结系对通行者造成的空间压抑感。

索塔立柱横截面形式可多样化,如矩形、工字形、丁字形、十字形、凹形、凸形等。不同截面形式的采用,在外形上通过线条和光线效果的变化丰富索塔的景观形象,给人视觉印象深刻。国内外悬索桥示例如图5-2-2所示。

a)矮寨特大悬索桥

b)日本明石海峡大桥

c)美国金门大桥

图5-2-2 国内外悬索桥示例

3. 锚碇外观

根据受力要求,锚碇通常为较庞大的混凝土构造物,若不进行景观设计,通常会影响悬索桥的整体美学形象,在设计中要结合地形地貌进行结构美化修饰。若地质条件适合隧道式锚设计,则锚体隐于岩层,融于周围环境之中;若地质条件适合重力式锚设计,而地形地貌无遮挡,锚碇大部分突兀可见[图5-2-3a)],应注重锚体的外形处理,适当增设线条或空透措施[图5-2-3b)],提升视觉观赏效果。

a)

b)

图5-2-3 悬索桥锚碇示例

4. 结构色彩与景观照明

结构色彩应与自然环境相协调,表现地域性、文化性、主题性与亲切感,体现桥梁建筑的风格,增强桥梁的标志和象征作用,创造更美的新景观。

对夜间景观照明效果的设计,应结合周边环境突出结构物的主题,表现悬索桥夜间特有的视觉效果,让公众从不同的时空角度欣赏大桥的美学艺术。

五 结构防护与耐久性设计

1. 结构防护与耐久性问题

桥梁使用性能退化、结构耐久性降低、服务寿命缩短等问题将严重影响其正常服务功能的发挥,并且给养护、维修等运营管理带来难以承受的经济负担,也使桥梁的建设管理面临着极大挑战。悬索桥结构寿命期内存在的问题主要表现为以下几方面:

(1)混凝土结构:悬索桥中混凝土结构材料主要为普通钢筋混凝土,有局部构件为预应力混凝土。钢筋混凝土及预应力混凝土的腐蚀对悬索桥混凝土结构的破坏和影响最为突出,特别是跨海悬索桥梁。

(2)缆索结构:悬索桥的主缆、吊索等主要承重构件一般直接暴露在大气中,且处于高应力状态,缆索体系防护的好坏直接关系到桥梁的使用寿命和性能。主缆、吊索构件均为钢结构构件,对外界侵害比较敏感,若防护不好,将出现锈蚀或因为耐久性不足而更换,会造成经济损失。

(3)钢结构:悬索桥中包含大量的钢结构构件,主要有钢加劲梁、钢桥面系、钢桥塔、索鞍、索夹以及其他钢制桥梁附属设施,如支座伸缩缝、检查车以及各处的爬梯、通道、平台等。决定悬索桥钢结构耐久性的物理因素为疲劳和腐蚀,在大多数情况下钢结构的腐蚀是影响耐久性、引起结构功能退化的主要原因。所以,防腐设计是确保桥梁钢结构耐久性的关键。

2. 防护设计

(1)混凝土结构

混凝土结构防护设计主要采取以下措施:
①提高混凝土保护层厚度。
②采用高性能混凝土。
③增设混凝土涂层或封闭层,阻绝腐蚀介质与混凝土接触。
④改善钢筋材质和钢筋涂层。
⑤混凝土中掺加钢筋防腐抑制剂(阻锈剂)。
⑥混凝土结构使用阴极保护(防护)系统。

(2)钢结构

悬索桥钢结构防护设计主要采取以下措施:
①油漆涂装。
②在钢结构表面热喷涂金属锌、铝或它们的合金,再涂覆高性能的氟碳树脂类面涂层,形成高效能防护体系。

③采用耐候钢。

④人为改善钢结构构件的使用环境。

各种防护方法都有其应用条件以及优缺点,因此,无论是对混凝土结构的防护还是对钢结构的防护,单独采用某一种防护措施,往往都很难达到理想的防护效果。完善的悬索桥结构防护设计应是多种措施的优化组合。

第二节 缆索系统设计

悬索桥的缆索系统主要包括主缆、索鞍、吊索与索夹。其中,主缆有时也被称为"缆索"或"大缆";吊索采用刚性拉杆时,可被称为"吊杆"。

一 主缆

1. 主缆构造

主缆先后历经了钢结构眼杆式缆链、钢丝绳缆、封闭钢绞索缆,目前应用较多的是平行钢丝缆。平行钢丝缆由高强度镀锌平行钢丝束组成,为便于施工安装和锚固,主缆被分成若干束股(每根束股由若干钢丝组成)编制架设,并在两端锚碇处分别锚固,主缆的其余区段则挤紧成规则的圆形,然后缠以软质铜丝捆扎并进行外部涂装防腐。主缆在全桥的布置一般是每座桥2根,分别布置在加劲梁两侧吊点之上,也有采用4根主缆的布置形式,如图5-2-4所示,即在大桥每侧并排布置2根主缆,共用同一个吊点。主缆索股两端设置锚头或锚靴,并通过锚杆或拉杆、连接器与锚固系统连接。

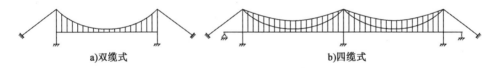

a)双缆式　　　　　　　　b)四缆式

图5-2-4 悬索桥缆索设置

2. 主缆截面

主缆一般由 $\phi 5$ mm 左右的镀锌钢丝组成钢丝束股,再由若干根钢丝束股构成一根主缆。每根主缆截面大小是由每座悬索桥主缆拉力大小确定的,一旦钢丝直径选定,主缆所含钢丝总数 n 即随之而定。

采用AS法的钢丝束股(由空中纺线法现场拽拉单根钢丝组成的钢丝束股)较大,每根钢丝束股所含丝数为300~500根。单股锚固吨位大,锚固空间相对集中。

采用PPWS法的钢丝束股(由高强镀锌钢丝预制组成的平行钢丝束股)通常按正六边形平行排列定型,每根钢丝束股的丝数通常取值61、91、127、169,组成形状稳定的正六边形,如图5-2-5所示。每缆钢丝束股数为100~300束,缆索锚固空间大。多采用工厂预制,现场架索施工时间相对缩短,气候因素影响小,成缆施工效率高。

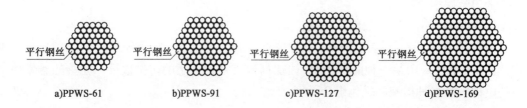

图 5-2-5 预制束股常用截面

3. 主缆材料

主缆材料可为镀锌高强钢丝、镀锌钢丝绳。大跨径悬索桥宜采用弹性模量较大的镀锌高强钢丝,钢丝直径宜为 5.0~5.5mm,钢丝公称抗拉强度不宜小于 1570MPa,现在国内设计的悬索桥,主缆普遍采用 1670MPa 级别及以上的高强度钢丝。

4. 主缆设计参数

(1) 空隙率

空隙率是主缆设计的重要参数之一,直接影响主缆在索夹内、外的直径,是索夹设计的重要依据。索夹内空隙率一般为 18%,索夹外空隙率一般为 20%。表 5-2-2 列出了国内外几座悬索桥的空隙率。

国内外几座悬索桥主缆空隙率　　　　　表 5-2-2

桥名	国家	主缆直径(mm)	施工方法	设计值(%)		成桥实测值(%)	
				一般部位	索夹部位	一般部位	索夹部位
乔治·华盛顿桥	美国	914.4	AS	—	—	22.7	21.2
金门大桥	美国	909.3	AS	—	—	19.4	17.4
福斯公路桥	英国	596.0	AS	—	—	21.7	18.9
关门大桥	日本	660.0	PPWS	20	19+2	19.5	16.8
南备赞濑户桥	日本	—	PPWS	20	18+4	19.9	17.8
明石海峡大桥	日本	1122.0	PPWS	20	—	20.0	16.0
江阴长江公路大桥	中国	897.0	PPWS	20	18+2	18.0	16.0
阳逻长江公路大桥	中国	837.0	PPWS	20	18+2	—	—

(2) 安全系数

国内悬索桥通常要求在主要荷载作用下,对主缆抗拉强度至少保证不小于 2.5 的安全系数;包括次内力在内,至少不小于 2.0 的安全系数。随着施工水平的不断提高,主缆各钢丝受力的不均匀性进一步降低,以及更高强度钢丝的采用,可考虑适当降低安全系数,但不应小于 2.2。表 5-2-3 列出了国内外几座悬索桥的安全系数。

国内外几座悬索桥主缆安全系数　　　　　表 5-2-3

桥名	国家	标准强度(MPa)	容许应力(MPa)	安全系数
乔治·华盛顿桥	美国	1517	565	2.68
金门大桥	美国	1517	565	2.68

续上表

桥名	国家	标准强度(MPa)	容许应力(MPa)	安全系数
福斯公路桥	英国	1544	618	2.50
塞文桥	英国	1544	709	2.30
博斯普鲁斯一桥	土耳其	1570	680	2.30
明石海峡大桥	日本	1800	820	2.20
江阴长江公路大桥	中国	1600	640	2.50
阳逻长江公路大桥	中国	1670	668	2.50

(3)设计温度

设计温度是进行结构计算及主缆线形计算的重要参数。根据我国的气候条件,通常取设计温度为20℃。

(4)钢丝的标准强度

现代悬索桥已普遍选用高强度钢丝作为主缆材料,并进行热镀锌防腐。主缆用高强度钢丝(吊索与此相同)是以较粗的盘条为原材料通过冷拉工艺制成的,盘条的强度和品质直接决定了钢丝的强度。

随着钢铁冶炼水平的不断提高,盘条的标准强度已从20世纪30年代的1500MPa提高到现在的1800MPa,并且在研制更高强度等级的材料。目前我国所用的盘条部分依赖进口(冷拉钢丝的工艺已经成熟,形成行业标准的主缆用高强度钢丝的标准强度有1570MPa和1670MPa两种),国内上海宝山钢铁公司发扬自主创新的精神,现已可以生产1770MPa级的盘条(已在舟山西堠门大桥应用)。现在国内设计的悬索桥,主缆普遍采用1670MPa级别的高强度钢丝。

(5)主缆索股根数及钢丝直径

悬索桥主缆索股外形多按正六边形配置,按此确定主缆索股的根数及排列。钢丝的直径一般为5.0~5.5mm。根据主缆受力情况,主缆索股的根数及钢丝直径统一考虑,选择合理的索股根数及钢丝直径。

二 索鞍

1. 索鞍类型

悬索桥索鞍形式有设置于索塔顶端的主索鞍(鞍座)、设置于锚跨与边跨间的散索鞍或散索套及为满足缆索转折需要设置于边跨的转索鞍,下面主要介绍主索鞍、散索鞍或散索套。

(1)主索鞍

主索鞍置于塔顶用以支承缆索,并将缆索所受竖向力传向索塔。塔顶鞍座主要由鞍槽、座体和底板三大部分组成。根据吊装需要,主索鞍可设计成整体式或分体式,并可采用滑动式或滚动式等不同的摩擦副。

根据采用材料及成型方法的不同,主索鞍可分为全铸式[图5-2-6a)]、铸焊组合式[图5-2-6b)]及全焊式。

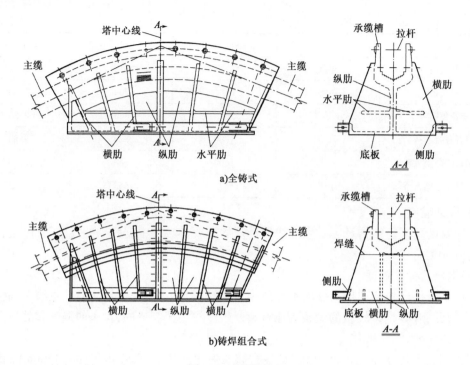

图 5-2-6 主索鞍构造

(2) 散索鞍或散索套

散索鞍或散索套置于锚碇前,起支承转向及分散束股便于缆索锚固的作用。与主索鞍不同的是,散索鞍在缆索受力或温度变化时要随缆索同步转动或移动,因而其结构形式上又有摆轴式(图5-2-7)和滚轴式(图5-2-8)两种基本类型。散索套常用于缆索直径较小又不需转向支承时,代替散索鞍分束锚固用,整体为喇叭形,为两半拼合的铸钢结构。

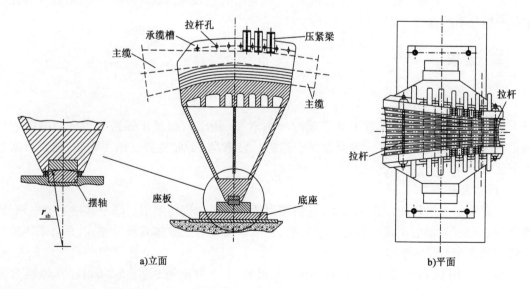

图 5-2-7 摆轴式散索鞍构造

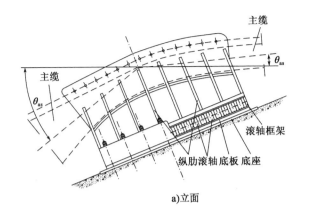
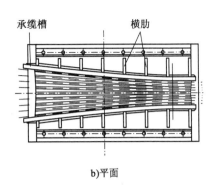

图 5-2-8 滚轴式散索鞍构造

2. 索鞍材料

索鞍本体材料采用铸钢时,技术条件应符合现行国家标准《一般工程用铸造碳钢件》（GB/T 11352）、《焊接结构用铸钢件》（GB/T 7659）、《冶金设备制造通用技术条件 铸钢件》（YB/T 036.3）的规定。

3. 索鞍设计参数

(1) 成桥线形及空缆线形对鞍座设计的影响

鞍座是支撑主缆的构件,因此主缆的线形对鞍座设计的几何尺寸乃至结构构造都会产生重大影响。而悬索桥的主缆线形在空缆状态、成桥后的永久荷载状态、运营状态下均是不同的,尤其是在运营状态下,在可变荷载、各向风荷载及温度作用下,主缆线形都会改变。在设计时,通常以成桥时永久荷载状态下的主缆线形参数为基础进行鞍座设计,并以各个状态下的主缆线形参数对鞍座进行尺寸、鞍槽线形角度以及结构强度进行校验,最终完成设计。

根据悬索桥主缆设计及计算假定,无论主缆的荷载状况如何,一旦调整完毕,装入鞍槽,即与索鞍形成永久固结。因此,主缆线形(包括成桥线形及空缆线形)对主索鞍及散索鞍设计有以下两大方面的影响：

①为了最大限度地减小索塔和锚碇前支墩承受的不平衡力,主索鞍和散索鞍应按主缆的空缆线形及成桥线形设置初始位置预偏,并设计相应的构造来调控预偏值。

②主缆线形直接影响鞍槽曲线线形、曲线包角及曲线起始点的设计,合理的鞍槽曲线应能满足主缆在各个荷载工况的线形并与其相切,不使主缆产生剧烈弯折。鞍槽曲线的设置应按主缆在各个荷载工况的线形综合考虑,设计时需要建立相应的合理假定,并通过正确的关系式求解。

(2) 主缆在鞍座上的转弯半径

主缆在鞍座上转弯半径的大小直接关系到主缆钢丝中弯曲次应力的大小。按照国内外的设计经验,当主缆材料采用直径为 5mm 左右的高强度镀锌平行钢丝,主缆在鞍座以外的任意处对主要荷载组合的安全度不小于 2.5 时,主缆在鞍座上的竖向转弯半径推荐采用 8~12

倍的主缆直径(主缆中的空隙率按20%计)。

(3)主缆在散索鞍上竖向弯曲与水平向弯曲的关系

组成主缆的索股都是按确定的位置排列的,无论在塔顶主鞍处、散索鞍处还是锚碇中的锚固面处,每根索股都有自己的确定位置,如图5-2-9所示。

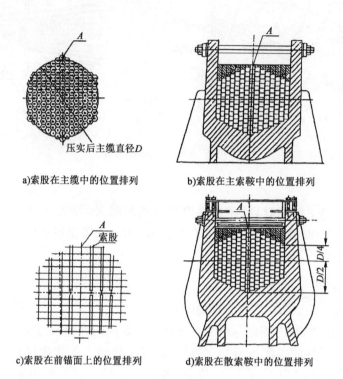

a)索股在主缆中的位置排列　　b)索股在主索鞍中的位置排列

c)索股在前锚面上的位置排列　　d)索股在散索鞍中的位置排列

图5-2-9　索股的位置排列

由于主缆索股必须分股在前锚面上锚固,锚固点之间需留有必要的操作和维护空间,在散索鞍至前锚面之间的主缆索股是呈放射状散开的,因此,主缆在鞍座上除了有竖向弯曲外,还伴有水平向弯曲。主缆在散索鞍处的形状为:

①在竖向平面内[图5-2-10a)]应保证主缆的最顶部索股经过散索鞍后仍然有一个向下的转角,即 $\delta - \zeta - \theta > 0$,其中 δ 为主缆出散索鞍的转角,ζ 为主缆入散索鞍的切线角,θ 为散索角。而 δ、ζ、θ 等角度与整个悬索桥的总体方案布置有关,也与锚面布置以及散索长度有关。

②在 $C-C$ 平面内[图5-2-10b)],由于锚固需要,索股必须在锚面上散开。散开的范围大小与锚面尺寸大小、散索长度有关。

③主缆在散索鞍处,各个索股既有竖向弯曲,又有平面弯曲。各索股平面弯曲半径的大小与竖向弯曲半径大小存在一定关系。

以上三方面均与桥梁总体方案设计所确定的索塔、散索鞍、锚碗等位置参数以及主缆线形密切相关。这些位置参数的选择是否合理也会对散索鞍的设计、锚面设计等产生影响。

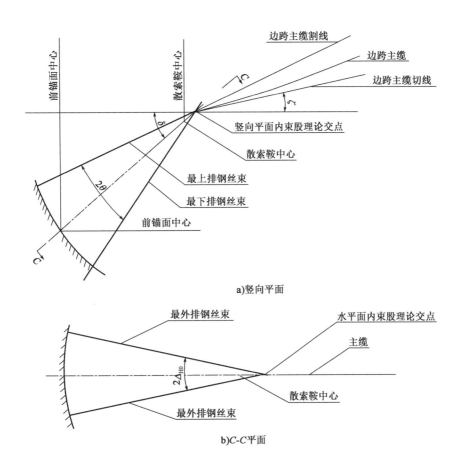

图 5-2-10 散索鞍处主缆索股的布置角度

三 吊索

1. 吊索类型

吊索是连接主缆与加劲梁并将加劲梁竖向力向主缆传递的构件,吊索上端通过索夹与主缆连接,下端通过锚头与梁体两侧的吊索点连接。

吊索与索夹的连接方式分为骑跨式[图 5-2-11a)]和销接式[图 5-2-11b)]两种。骑跨式吊索是用两根两端带锚头的钢丝绳索绕在索夹顶部的嵌索槽里,然后将四个锚头与加劲梁连接,需用水平方向的高强预应力杆将左右分成两半的索夹紧固在一起,利用摩阻力使吊索在主缆上固定位置。销接式吊索是用两根下端带锚头、上端带连接套筒的钢丝绳索或平行钢丝索,将吊索上端通过销接与索夹下方的耳板(吊板)连接,下端通过销头或同样的销接方式与加劲梁连接,需用竖向高强预应力杆将上下分成两半的索夹紧固在一起,耳板从下半部分的索夹伸出。吊索与加劲梁连接方式有锚头承压式[图 5-2-12a)]和销接式[图 5-2-12b)]两种。

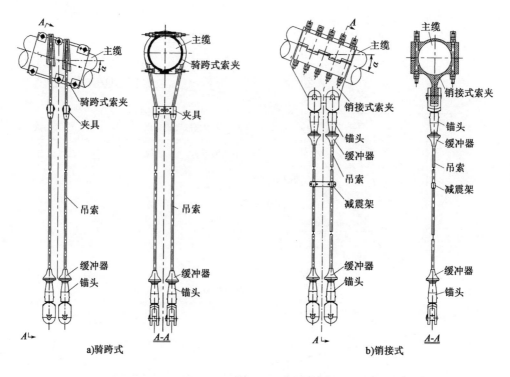

图 5-2-11 吊索与主缆连接构造

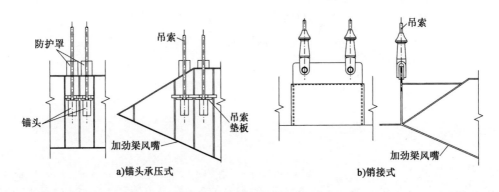

图 5-2-12 吊索与加劲梁连接构造

吊索通常采用镀锌扭绞钢丝绳、封闭锁口钢丝绳或平行镀锌钢丝束制作,表面涂装油漆或包裹高密度聚乙烯护套防腐。吊索通常为等截面,按等间距布置。

吊索在立面布置上有竖直吊索和斜向吊索两种形式。采用加劲钢箱梁时,梁重减轻,结构阻尼较钢桁梁小,为提高悬索桥整体振动时的结构阻尼值而采用斜吊索。斜吊索与直吊索相比,索力较大,可以提高振动能量的衰减率,但斜吊索的抗疲劳强度不如竖直吊索,因此,目前悬索桥已很少采用斜吊索形式。

2. 吊索设计参数

(1)安全系数

吊索承受的荷载包括永久作用、汽车荷载(考虑冲击力)、温度作用、制造及架设误差的影响、吊索弯曲次内力的影响,对上述作用进行不同工况组合时,应相应选取不同的安全系数。骑跨式钢丝绳吊索的安全系数一般取4.0,销接式吊索采用平行钢丝吊索的安全系数取3.0。吊索是可更换构件,设计时应考虑日后更换吊索时的情况,即在同一吊点两根吊索中更换(或断、缺)一根时,考虑在限制车辆通行时安全系数取1.7。表5-2-4列出了国内外已建成悬索桥吊索安全系数。

国内外已建成悬索桥吊索安全系数　　　　表5-2-4

桥名	国家	完成时间(年)	吊索类型	安全系数	荷载组合
乔治·华盛顿桥	美国	1931	钢丝绳	4.3	恒载+活载+温度
旧金山-奥克兰海湾大桥	美国	1936	钢丝绳	3.0	
关门大桥	日本	1973	钢丝绳	4.0	恒载+活载+温度
因岛大桥	日本	1983	钢丝绳	4.0	恒载+活载+温度
大鸣门桥	日本	1985	钢丝绳	3.0	恒载+活载+温度+制造误差+架设误差+弯曲应力
虎门大桥	中国	1997	钢丝绳	4.0	恒载+活载+温度
江阴长江公路大桥	中国	1997	平行钢丝	3.0	恒载+活载+温度
阳逻长江公路大桥	中国	—	平行钢丝	3.0	恒载+活载+温度

(2)设计温度

设计温度是进行结构计算及吊索无应力长度及线形计算的重要参数,根据我国的气候条件,通常与主缆相同,取20℃。

(3)钢丝的标准强度

为便于材料的采购,降低造价,同一座悬索桥的吊索通常采用与主缆相同强度的盘条制造钢丝,并同样进行热镀锌防腐。不同的是:吊索钢丝要求采用低松弛率的钢丝(主缆一般采用普通松弛率钢丝),两者的标准强度相同,吊索采用的钢丝屈服强度略大。

(4)钢丝数量及直径

根据单根吊索在控制工况下的拉力、吊索钢丝的标准强度、选用的安全系数,计算钢丝总面积。吊索为可更换构件,为减少日后更换的费用,建议采用5.0mm规格的钢丝。计算得到钢丝根数后,按照正六边形排列确定吊索截面尺寸。

四　索夹

1. 索夹类型

对于中、小跨径的悬索桥,由于索股数量不多,常排列成正六边形截面,可采用正六边形索夹。对于大跨径悬索桥,主缆常采用圆形截面的平行钢丝,索夹也采用圆形索夹。大跨径悬索桥的主缆直径较大,能保证吊索的弯曲半径,可选择骑跨式索夹,而销接式索夹的适用范围更广。

2. 索夹及紧固件设计参数

（1）安全系数

当螺杆拉力损失至安装拉力的70%时，索夹对主缆的抗滑安全系数应≥3.0。索夹材料受力安全系数≥3.0（考虑夹紧力及制造、安装误差引起的吊索力作用）。

在永存应力状态下（初始拉力损失至70%时），螺杆安全系数≥2.0；螺杆在初始张拉力作用下，安全系数≥1.4。

（2）空隙率

主缆在索夹内空隙率取18%（在全部荷载作用下）；两半索夹间的嵌口取4.0mm，使两半索夹的嵌合量满足索夹内主缆的空隙率在≤±2%的误差范围内变化。

螺杆有效长度＞0.70D（D为索夹内主缆直径）使两半索夹的嵌合量满足索夹内主缆的空隙率在≥±2%的误差范围内变化。

（3）摩阻系数

验算索夹对主缆抗滑时，摩阻系数取0.15。

第三节 加劲梁设计

加劲梁类型主要有钢桁梁、钢箱梁、混凝土梁、钢-混凝土组合梁等结构形式，典型截面如图5-2-13所示，各截面特点及适用情况见表5-2-5。

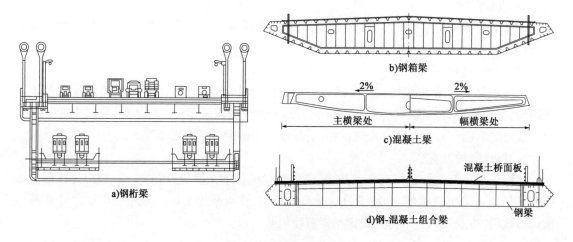

图5-2-13 加劲梁典型截面

加劲梁类型　　　　　　　　　　　　　　　　　　表5-2-5

加劲梁类型	适用情况	结构特点
钢桁架	适用于跨径比较大的悬索桥、超重载等要求较高的悬索桥、交通困难的山区悬索桥	具有良好的综合抗风性能，建筑高度较高，适合上下层双层交通。与钢箱梁相比，用钢量大、自重大；与混凝土梁相比自重轻，刚度高、抗弯承载力强。但结构组件多，构造较复杂，制造安装较烦琐

续上表

加劲梁类型	适用情况	结构特点
钢箱梁	适用于跨径比较大的悬索桥和超大跨径悬索桥	具有良好的综合抗风性能,建筑高度较低,用钢量省、自重轻,整体抗弯、抗扭刚度好,结构构造及制造安装均较简单,但构件庞大,不适用于山区悬索桥
混凝土梁	适用于中等跨径、中等荷载的悬索桥	具有自重大、耐久性好等特点
钢-混凝土组合梁	适用于大跨径悬索桥	结构组合灵活,既具备钢结构的优点,也具备混凝土结构的优点

一 钢加劲梁

大跨径悬索桥较多采用钢加劲梁。这是因为钢材强度高,承载能力大;结构轻巧,施工安装便捷;工厂化制造,质量易得到保证。钢加劲梁有钢桁梁和钢箱梁两种形式。根据悬索桥所在的环境条件及运输条件合理选择加劲梁结构形式:跨越峡谷、深沟的山区大跨径悬索桥,公路水路运输条件不具备运输大块件梁段,宜采用钢桁梁;跨越大江大河、海湾的大跨径悬索桥一般具有良好的水上运输条件,宜采用钢箱梁。

1. 钢桁梁

钢桁梁是悬索桥较常采用的加劲梁形式,它具有很高的截面抗扭刚度和透空的迎风截面,因而提供了良好的抗风稳定性,并可充分利用截面空间提供双层桥面以实现公铁两用或多车道布置。

钢桁梁的梁高与跨径之比一般为 $H/l=1/200\sim1/70$。单层桥面的钢桁加劲梁截面构造通常将桥面设在上弦处,双层道路桥面的钢桁加劲梁截面构造则采用两侧主受力桁架连接上下两层桥面,形成稳定可靠的结构体系。为了保证受力、刚度和稳定性,在上下层桥面下都设置主横梁,并与两侧主桁架构成刚性横向框架。由于要满足下层行车净空要求,上下层主横梁之间不布置连接杆件。

2. 钢箱梁

扁平钢箱式加劲梁结构的截面基本上由四部分组成:上下翼缘板、腹板和加劲构件。其中上翼缘板又兼做桥面板之用,为了增加箱式加劲梁的整体性,往往采用正交异性钢桥面板。

为了增强扁平钢箱的整体性,每隔一定间距应设置横向联系。框架式横向联系的周边用电焊与翼缘板及腹板焊接。当横向联系的间距较大时,为防止受压翼缘局部失稳,可在两相邻横向联系之间加设横向加劲肋(或横隔梁)。

为保证翼缘板及腹板的屈曲稳定,在受压区均应加设纵向加劲肋,简称纵肋。纵肋截面的基本形式有开口式和闭口式。开口式纵肋易于工厂制造,肋与肋之间的连接也较方便。闭口式纵肋有较大的抗扭刚度,屈曲稳定性较好。横肋的截面形式通常采用倒T形。为使纵肋能连续通过,横肋上应设置槽口。腹板沿长度方向需要设置焊接或栓接的竖向接头,并设纵肋和横肋,防止腹板局部屈曲。

钢箱梁具有良好的空气导流特性和较高的抗扭刚度,保证了钢箱加劲梁的空气动力稳定性。同时,正交异性桥面板既是箱梁的组成部分又是行车道板,有效地节省了用钢量,与桁架加劲梁相比可降低用钢量20%左右。

3. 桥面系构造

钢桥面板和钢筋混凝土桥面板是悬索桥常用的两种桥面系结构。钢桥面板具有自重轻、刚度大、耐腐蚀等优点,适用于钢桁加劲梁或钢箱加劲梁。现代悬索桥发展的趋势是使用焊接正交异性钢桥面板,钢板厚一般在14mm左右,桥面铺装多为沥青混凝土。钢筋混凝土桥面板具有自重大、刚度小、易受冰灾盐害等缺点,对钢筋和钢梁造成腐蚀。国外在20世纪30年代前后修建的悬索桥多采用此种结构,如美国的金门大桥等。我国在20世纪70年前后修建的悬索桥也多为此种结构。金门大桥在1954年加固改造时将原来的钢筋混凝土桥面板改为钢桥面板,以减轻恒载重量并增设下弦平纵联。

二 混凝土加劲梁

混凝土梁自重大,对提高加劲梁抗风稳定性十分有利,但混凝土梁裂缝不易控制,裂缝的发展会降低结构的耐久性,同时混凝土梁的自重大于钢梁,会增加缆索、吊索用钢量,索塔、锚碇规模亦加大,当悬索桥跨径较大时,采用混凝土梁将导致整体方案不经济。因此,混凝土梁适用于中、小跨径悬索桥。

混凝土梁体的收缩徐变特性会使结构随时间产生较大的变形和预应力损失,并在超静定结构中产生附加次内力,影响结构的正常使用及受力安全。

三 钢-混组合加劲梁

钢-混凝土组合梁也称钢-混凝土叠合梁,是指上部混凝土桥面板与下部钢梁通过抗剪连接件连接而组成的结构形式。钢-混凝土组合梁能充分发挥两种材料的优点,使构件在受力上更为合理,突破了单一材料的局限性。随着材料科学的发展,出现了一系列性能优越的新型复合材料,但是因成本较高,钢-混凝土组合结构仍然是未来桥梁发展的主要方向。

四 加劲梁设计参数

1. 钢桁加劲梁设计参数

钢桁加劲梁的设计参数主要包括钢桁梁的高度、钢桁梁吊装重量及现场接头间长度、桥面宽度及主桁片数、钢桁节间长度、横联间距、正交异性板构造参数等。

(1)钢桁梁高度

钢桁梁高度主要由吊索间距、桥梁宽度、最少用钢量和满足刚度条件等要求来确定。在上承式钢桁梁中,还要考虑容许建筑高度的要求,下承式应保证净空要求。钢桁梁的用钢量主要反映在弦杆和腹杆与桁高的关系上。增加桁高,弦杆受力变小,从而弦杆截面面积减小;相反,腹杆长度增加,腹杆用钢量增加。降低桁高,将会出现相反情况。因此,可按钢桁梁用钢量最少的经济条件来确定有利的钢桁梁高度,称为经济梁高。钢桁梁的梁高与跨径之比一般为$H/l=1/200\sim1/70$。

(2)钢桁梁吊装重量及现场接头间长度

钢桁梁可考虑分节段制造运输到桥下,利用缆载吊机吊装节段到位后,与已完成节段进行现场连接的方法施工;也可以仅在工厂制造杆件,运输到现场后利用杆件拼装成桥。

施工方法的选择主要取决于桥位处运输及吊装条件,原则上宜尽量采用节段运输拼装的方法。节段长度的划分一方面取决于制造、运输、吊装设备的能力,另一方面宜与吊索在梁上的索距一致,以使节段尽量标准化。跨径在500~1000m的悬索桥的节段长度一般在10~16m。

(3)桥面宽度及主桁片数

桥面宽度主要根据车道数及相关规范确定,对于悬索桥需考虑在吊索附近留有检修通道;主桁片数主要根据桥梁宽度及下层空间要求选择。主桁的横向间距由横向刚度和稳定性来决定。

(4)桁架节间长度

主桁架的节间长度直接影响主桁架斜腹杆的倾角和桥梁跨径。桁架的剪力靠斜杆承受,倾角大小影响腹杆受力大小。一般合理的斜杆倾角(与竖杆的夹角)在30°~50°范围内。从构造角度出发,斜杆的倾角也不宜超出30°~50°的范围,因为斜杆与竖杆的夹角过大或过小会造成节点板过高或过长,节点构造将较复杂。

主桁高度用h表示,合理的节间长度为$(0.6~0.8)h$(对带有竖杆的三角形体系)和$(1.0~1.2)h$(对纯三角形腹杆体系)。我国多座悬索桥在确定桁高和节间长度时还考虑了尽量利用现有工厂的节点模型样板设备,节间长度均为8m或8m的2倍。

(5)横联间距

一般在设置有吊索的位置均需设置主横联,副横联的设置间距取决于桁梁横向稳定、纵梁及桥面板受力,并设置于节点板处。

(6)正交异性板构造参数

正交异性板的设计参数主要包括板厚、加劲肋形式、尺寸及布置间距。这些参数的选择主要取决于桥面板受力及变形控制,既要满足强度要求,又要具有足够的刚度,以满足钢桥面的铺装要求。

国内外已建成的长大跨悬索桥的钢桁架加劲梁相关设计参数见表5-2-6。

国内外已建的长大悬索桥的钢桁加劲梁设计参数 表5-2-6

桥名	主跨长 L(m)	桁高 H(m)	桁宽 B(m)	H/l	B/l	B/H	单位用钢量 (t/m)	用途	竣工年 (年)
明石海峡大桥	1991	14.0	35.5	1/142	1/56	2.5	28.70	公铁两用	1998
香港青马大桥	1377	7.6	41.0	1/181	1/33.6	5.4	27.80	公铁两用	1998
维拉扎诺桥	1298	7.3	30.6	1/177	1/42	4.2	22.20	双层桥面	1964
金门大桥	1280	7.6	27.4	1/168	1/47	3.6	11.09	单层桥面	1937
麦基纳克桥	1158	11.6	20.7	1/100	1/56	1.8	4.10~6.15	单层桥面	1957
南备赞濑沪桥	1100	13.0	30.0	1/85	1/37	2.3	26.33	公铁两用	1988
乔治·华盛顿桥	1067	9.1	32.3	1/117	1/33	3.5	19.85	双层桥面	1931
萨拉查大桥	1013	10.7	21.0	1/95	1/48	2.9	5.59~7.13	公铁两用	1966
福斯公路桥	1006	8.4	23.8	1/120	1/4.4	2.0	11.80	单层桥面	1964

续上表

桥名	主跨长 L(m)	桁高 H(m)	桁宽 B(m)	H/l	B/l	B/H	单位用钢量 (t/m)	用途	竣工年 (年)
北备赞濑沪桥	990	13.0	30.0	1/76	1/33	2.3	26.33	公铁两用	1988
下津井濑户桥	940	13.0	30.0	1/12	1/31	2.3	26.33	公铁两用	1984
大鸣门桥	876	12.5	34.0	1/72	1/31	2.1	—	公铁两用	1985
塔科玛新桥	853	10.1	18.3	1/85	1/47	1.8	—	单层桥面	1950
因岛大桥	770	9.0	26.0	1/86	1/30	2.9	10.65	单层桥面桥	1983

2. 钢箱加劲梁设计参数

钢箱梁加劲梁设计参数主要包括梁高、箱梁吊装重量及现场接头间长度、风嘴的倾角、横隔梁间距、正交异性板构造参数等。

(1) 梁高

加劲梁梁高的选择主要考虑加劲梁在横向风压作用下的静力效应，以及静力发散、风动力稳定性。表5-2-7列出了国内外大跨径悬索桥钢箱加劲梁高跨比、高宽比的有关资料。

国内外大跨径悬索桥钢箱加劲梁高跨比、高宽比 表5-2-7

桥名	国家	建成时间	跨度 (m)	梁高 (m)	梁宽 (m)	高跨比	高宽比
大贝尔特东桥	丹麦	1998	420+1624+420	4.0	31.0	1:378	1:7.2
亨伯尔桥	英国	1981	530+1410+280	4.5	22.0	1:313	1:4.9
江阴长江公路大桥	中国	1999	336.5+1385+309.3	3.0	32.5	1:462	1:10.8
博斯普鲁斯二桥	土耳其	1988	210+1090+210	3.0	33.8	1:363	1:11.3
博斯普鲁斯一桥	土耳其	1973	231+1074+255	3.0	28.2	1:358	1:9.4
西陵长江大桥	中国	1996	225+900+225	3.0	20.5	1:300	1:6.9
塞文桥	英国	1966	304.8+987.55+304.8	3.05	22.86	1:324	1:7.5
厦门海沧大桥	中国	1999	230+648+230	3.0	35.0	1:216	1:11.7
小贝尔特桥	丹麦	1970	240+600+240	3.0	28.1	1:200	1:9.4
大岛大桥	日本	1988	140+560+140	2.2	23.7	1:255	1:10.8

(2) 箱梁吊装重量及现场接头间长度

钢箱梁一般采用节段制造运输到桥下，利用缆载起重机吊装节段到位后，与已完成节段进行现场连接的方法施工，节段长度的划分取决于制造、运输、吊装设备的能力，宜与吊索在梁上的索距一致，以使节段尽量标准化。跨径为500~1000m的悬索桥的节段长度一般为10~16m。

(3) 风嘴的倾角

风嘴的形式及倾角直接影响箱梁截面的风阻系数，影响桥梁的风动力性能，同时风嘴倾角选择还应考虑保证制造焊接作业空间要求，风嘴的倾角需经过风洞试验后确定。

(4) 横隔梁间距

一般在设置有吊索的位置均需设置横隔梁，其他位置的横隔梁间距应能保证箱梁横向受力,保证箱梁截面不发生变形,利于桥面板受力。已建成桥梁横隔梁间距一般为3.0~4.5m。如横隔梁内距较大时,可在两相邻的两个横隔梁之间增加横肋以加强桥面板的刚度。

(5)正交异性板构造参数

正交异性板的设计参数主要包括板厚、加劲肋形式、尺寸及布置间距。这些参数的选择主要取决于桥面板受力及变形控制,既要满足强度要求,又要具有足够的刚度,满足钢桥面铺装的要求。

3. 钢-混凝土组合式加劲梁设计参数

钢-混凝土组合式加劲梁设计参数与钢桁梁设计参数基本一致,只是组合式加劲梁采用混凝土桥面板,需综合考虑桥面板受力,最终确定混凝土板的厚度。

4. 加劲梁约束条件设计参数

加劲梁约束条件三个参数的设计如下:①纵向阻尼参数的确定;②三跨连续体系如考虑在索塔处设置弹性支撑弹簧刚度的确定;③横向支承、横向抗风支座、刚性限位挡块或横向阻尼器确定。

第四节 索 塔 设 计

一 结构形式

1. 顺桥向形式

索塔的顺桥向结构形式按力学性质可分为刚性塔、柔性塔和摇柱塔三种,如图5-2-14所示。

a)刚性塔 b)柔性塔 c)摇柱塔

图5-2-14 索塔的顺桥向结构形式

刚性塔是指塔顶水平变位量相对较小的索塔。刚性塔可以作成单柱形状,也可以作成A字形状,多用于早期较小跨径的悬索桥和现代多跨悬索桥,为提高结构刚度时采用。

柔性塔是指塔顶水平变位量相对较大的桥塔。柔性塔是大跨径现代悬索桥最常用的结构,为下端固结的单柱形式。

摇柱塔仅用于跨径较小的悬索桥,下端为铰接式单柱结构。

2. 横桥向形式

索塔的横桥向结构形式有桁架式、刚架式、混合式结构三种,如图 5-2-15 所示。这些形式都是为了抵抗横桥向的风荷载或地震作用。

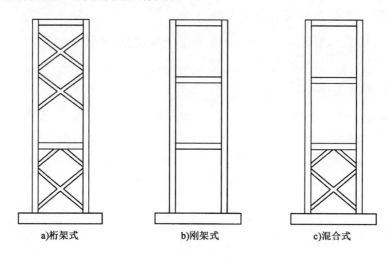

图 5-2-15　索塔的横桥向结构形式

二　材料

现代悬索桥索塔一般采用混凝土或钢材建造。美国悬索桥的索塔一般采用钢结构,欧洲各国及中国悬索桥的索塔多采用混凝土结构。

混凝土索塔一般采用空心矩形截面形式,混凝土强度等级不应低于C40,多采用C50。钢索塔可采用单室箱形(图 5-2-16)或多室箱形、十字形和T形截面等形式。钢材应采用国标规定的《桥梁用结构钢》(GB/T 714—2015)、《优质碳素结构钢》(GB/T 699—2015)、《低合金高强度结构钢》(GB/T 1591—2018)或其他适用于桥梁结构的碳素钢和低合金钢。

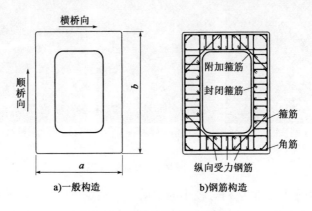

图 5-2-16　索塔单室箱形截面构造

三 主要设计参数

影响索塔设计的参数主要有材料参数、环境参数、结构尺寸参数。

1. 材料参数

(1)混凝土索塔

混凝土索塔在材料选择时除了应满足受力及耐久性要求外,还应考虑混凝土施工泵送的流动性、和易性,以满足混凝土的泵送高度,同时不会发生离析现象。索塔一般采用滑模、翻模或爬模施工,要求混凝土应具有一定的早强性,确定混凝土收缩徐变设计参数时应考虑这些因素。混凝土索塔一般采用不低于C50级的混凝土,主要设计参数有弹性模量、线膨胀系数、密度、泊松比、轴心抗压设计强度、抗拉设计强度、标准抗压强度、标准抗拉强度以及收缩徐变参数等。这些参数在设计阶段可根据规范规定取值,在施工控制阶段根据实际施工的混凝土配合比,经试验确定。

钢筋材料的选用一般应考虑索塔强度需要,以及施工时为确保索塔线形所需的刚度要求。索塔主筋一般应选择强度不小于HRB400等级的钢筋,并且钢筋直径不宜小于28mm。钢筋材料设计参数有抗拉设计强度、抗压设计强度及标准强度。这些参数根据规范规定取值。

预应力材料一般采用符合现行《预应力混凝土用钢绞线》(GB/T 5224),公称直径为15.2mm的钢绞线。预应力材料设计参数有标准强度、抗拉设计强度、弹性模量、松弛率、实际线径等。设计阶段根据规范规定取值,施工阶段参照工厂及监理检测试验结果取值。

(2)钢索塔

钢索塔材料的选择应考虑强度、刚度及可焊性,一般选择现行《低合金高强度结构钢》(GB/T 1591)规定的钢材。钢索塔钢材的设计参数有弹性模量、线膨胀系数、密度、泊松比、屈服强度、抗拉强度、板厚等,可采用规范规定的值。

2. 环境参数

(1)温度参数

设计需要的桥位区域温度参数应通过专题研究确定。不同的索塔材料采用不同的温度参数,如混凝土索塔采用最大、最小月平均气温作为体系升降温的计算参数,钢索塔则采用极端最高、最低气温作为体系升降温的计算参数。设计计算需要的温度参数有极端最高温度、极端最低温度、月平均最高温度、月平均最低温度、施工合龙温度、索塔截面内外温差等。

(2)风参数

通过桥位区域风速梯度观测以及与附近具有长期风速资料的气象风速观测站进行同步观测,经专题研究后确定各设计风参数。风参数往往是索塔设计计算的控制性参数,必须认真研究确定。设计风参数有设计基本风速、风速随高度变化规律、阵风系数、索塔断面形状系数、与活载组合的桥面风速等。根据现行《公路桥梁抗风设计规范》(JTG/T 3360-01),设计基本风速采用10m高度100年一遇10min平均最大风速值。施工阶段的设计风速一般采用10~30年一遇10min平均最大风速值。与活载组合的桥面风速一般采用25m/s。

(3)地震动参数

地震动参数是高耸索塔设计十分重要的计算参数,应通过专门的地震安全性评价,取得索塔位置处的各项地震动参数。地震动参数有抗震设防标准、基岩及各土层峰值加速度、加速度反应谱等。根据桥梁重要性等级，一般采用二级设防水准，采用100年超越概率10%作为强度设计标准，100年超越概率2%或3%作为结构延性校核计算标准。

3. 结构尺寸参数

索塔整体结构尺寸参数主要由主跨跨径、垂跨比、桥下通航净空、通航水位、桥面净宽、两根主缆的横桥向间距、主索鞍及鞍罩构造等因素决定。主要的尺寸参数有塔高、桥面处索塔横桥向净距、塔顶横桥向间距、索塔在塔顶的平面尺寸、索塔底截面的尺寸、横梁或斜腹杆的高度和宽度、混凝土索塔的索塔、横梁壁厚、钢桥塔的钢板厚度等。国内外已建成悬索桥索塔结构尺寸参数见表5-2-8～表5-2-10。

国内外已建成悬索桥混凝土索塔构造 表5-2-8

序号	桥名	建成年份（年）	主跨跨径（m）	垂跨比	塔高（m）	索塔底中距（m）	索塔顶中距（m）
1	坦克维尔桥(法国)	1959	608	1/9.0	123.000	24.700	—
2	小贝尔桥(丹麦)	1970	600	1/9.0	112.700	36.020	28.100
3	亨伯尔桥(英国)	1981	1410	1/10.6	155.500	24.400	22.900
4	香港青马大桥	1997	1377	1/11.0	195.900	40.000	36.000
5	汕头海湾大桥	1996	452	1/10.0	95.100	27.700	28.200
6	湖北西陵长江大桥	1996	900	1/10.0	128.000	26.920	—
7	广东虎门大桥	1997	888	1/10.5	147.550	40.600	33.000
8	江苏江阴长江大桥	1998	1385	1/10.5	183.800	39.300	32.500
9	湖北宜昌长江大桥	2000	900	1/10.5	112.415/142.770	—	24.400
10	江苏润扬长江大桥	2005	1490	1/10.5	207.580	41.437	34.300
11	武汉阳逻长江大桥	2007	1280	1/10.5	164.215/167.215	43.000/43.100	35.000
12	舟山西堠门大桥	2008	1650	1/9.5	211.286	42.050	31.400
13	广州珠江黄埔大桥	2008	1108	1/10.5	190.476	47.694/47.740	36.397
14	贵州坝陵河大桥	2008	1080	1/10.5	191.488/207.016	40.560	28.000

国内外已建成悬索桥混凝土索塔截面尺寸 表5-2-9

序号	桥名	建成年份（年）	主跨跨径（m）	矢跨比	塔顶截面宽(m)		塔底截面宽(m)	
					顺桥向	横桥向	顺桥向	横桥向
1	坦克维尔桥(法国)	1959	608	1/9.0	4.65	3.05	4.65	6.55
2	小贝尔桥(丹麦)	1970	600	1/9.0	4.50	4.00	4.50	6.55
3	亨伯尔桥(英国)	1981	1410	1/10.6	4.75	4.50	6.00	6.00
4	香港青马大桥	1998	1377	1/11.0	9.00	6.00	18.00	6.00
5	汕头海湾大桥	1996	452	1/10.0	6.00	3.50	6.00	3.50
6	湖北西陵长江大桥	1996	900	1/10.0	6.00	4.00	8.46	4.00

续上表

序号	桥名	建成年份（年）	主跨跨径（m）	矢跨比	塔顶截面宽(m) 顺桥向	塔顶截面宽(m) 横桥向	塔底截面宽(m) 顺桥向	塔底截面宽(m) 横桥向
7	广东虎门大桥	1997	888	1/10.5	5.60	5.60	8.46	5.60
8	江苏江阴长江大桥	1999	185	1/10.5	8.50	6.00	14.50	6.00
9	湖北宜昌长江大桥	2000	900	1/10.5	6.00	5.00	8.84	5.00
10	江苏润扬长江大桥	2005	1490	1/10.5	6.00	9.50	6.00	12.50
11	武汉阳逻长江大桥	2007	1280	1/10.5	8.70	6.30	11.00	8.30
12	舟山西堠门大桥	2009	1650	1/9.5	8.50	6.50	12.00	11.00
13	广州珠江黄埔大桥	2008	1108	1/10.5	8.50	5.50	11.50	9.00
14	贵州坝陵河大桥	2009	1080	1/10.5	8.50	6.00	12.00	9.00

国外已建成悬索桥钢索塔截面尺寸　　　　表 5-2-10

序号	桥名	建成年份（年）	国家	主跨跨径（m）	塔顶截面宽(m) 顺桥向	塔顶截面宽(m) 横桥向	塔底截面宽(m) 顺桥向	塔底截面宽(m) 横桥向
1	乔治·华盛顿桥	1931	美国	1067	11.43	11.05	17.07	14.48
2	金门桥	1937	美国	1280	7.49	3.23	13.89	7.49
3	旧金山奥克兰海湾桥	1936	美国	705	4.57	3.66	9.57	5.79
4	布朗克斯怀特通桥	1939	美国	701	3.66	4.88	5.49	4.88
5	塔科玛旧桥	1940	美国	852	3.96	3.96	5.79	3.96
6	塔科玛新桥	1950	美国	852	3.58	3.58	5.69	5.33
7	特拉华纪今二桥	1951	美国	655	4.11	4.57	6.10	4.57
8	瓦尔特惠特曼桥	1957	美国	610	4.27	3.66	6.71	4.88
9	麦基诺水道桥	1957	美国	1158	4.57	4.42	9.30	7.62
10	福斯湾桥	1964	美国	1006	5.49	2.90	7.32	2.90
11	维拉扎诺海峡桥	1961	美国	1298	10.67	8.71	14.94	10.84
12	塞文桥	1966	英国	988	5.18	2.90	5.18	3.66
13	4月25日桥	1966	葡萄牙	1013	5.49	3.82	9.14	3.82

第五节　锚碇设计

一　锚碇类型及选择

1. 锚碇类型

悬索桥的锚碇分为重力式锚碇和隧道式锚碇两种结构形式，如图 5-2-17 所示。

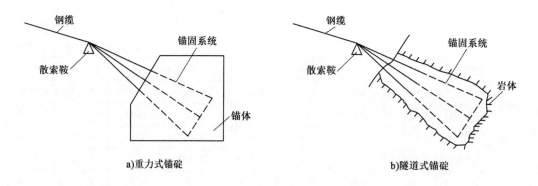

图 5-2-17 锚碇结构形式

(1)重力式锚碇

重力式锚碇由锚体、散索鞍支墩、锚室和基础组成。锚体为一庞大的混凝土结构,依其自重实现对主缆拉力的锚固;在锚体内预埋锚固主缆束股用的钢结构锚杆和钢结构锚固架,束股通过锚头与锚杆连接,再由锚杆将束股拉力传至锚固架后分散至混凝土锚体。锚体混凝土强度等级不应低于C25,局部高应力区域混凝土强度等级不应低于C30,但也不宜过高,以减少水泥用量,防止锚碇大体积混凝土出现开裂。重力式锚碇从受力机理上可分为完全重力锚和重力嵌岩锚。

①完全重力锚以混凝土自重及其产生的基底摩阻力来平衡主缆拉力,没有或不计锚前地基岩土的水平抗力,仅作为整体稳定性安全储备。完全重力锚设有浅埋的扩大基础、深埋的沉井基础及通过各种工法开挖基坑后浇筑底板、隔墙(或填芯混凝土)、顶板形成深埋的基础等刚性基础,这类基础均有底板,土体全部挖除,刚性很大,设计时可以不计基础周边地基岩土的水平抗力。

②重力嵌岩锚以混凝土自重为主来平衡主缆拉力,同时考虑锚前岩石地基的水平抗力作用。嵌岩锚一般不单设基础,锚体直接坐落在较好的岩石地基上。

(2)隧道式锚碇

隧道式锚碇由锚塞体、散索鞍支墩、锚室组成。当锚碇处地形、地质等自然条件较好时,在山体开挖隧洞,将混凝土锚块(称锚塞体)或锚板设置于隧道底部,锚块嵌固在隧洞中与岩体形成整体抵抗主缆拉力。主缆通过锚固系统将拉力传递给锚塞体或锚板,再通过锚塞体与隧道岩体的黏结力传递给周边围岩或通过锚板以压力形式直接传给岩体,从而实现主缆索股的锚固。

2. 锚碇类型选择

隧道式锚碇混凝土用量较重力式锚碇大为节省,经济性能更为显著。仅从适用性角度来讲,重力式锚碇几乎适用于所有场合。当锚址处综合地质条件较好、地形有利于全桥总体布置,且施工条件能满足隧洞开挖及出渣时,从经济性角度出发,应首先考虑修建隧道锚的可能性。只有在全面考虑建设条件、经综合技术经济比较认为隧道锚明显不合适时,才选择修建重力锚。

二 锚固系统

锚固系统包括置于锚体混凝土内的锚固结构和主缆束股间的连接结构。

1. 锚固结构

锚固结构有钢构架和预应力钢绞线两种基本形式。钢构架由背梁和钢锚杆组成,钢锚杆的前端伸出前锚面,与主缆束股直接相连,如图5-2-18所示。锚碇预应力锚固结构常采用高强度预应力钢绞线,如图5-2-19所示。

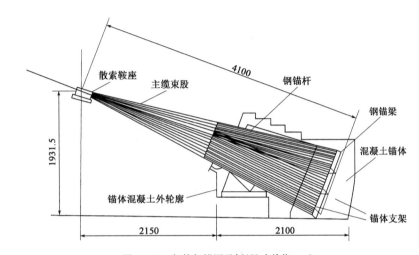

图5-2-18 钢构架锚固示例(尺寸单位:cm)

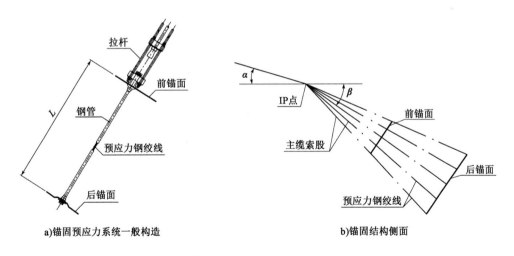

a)锚固预应力系统一般构造　　　　b)锚固结构侧面

图5-2-19 预应力钢绞线锚固

2. 连接结构

AS法纺丝成缆的锚固连接方式如图5-2-20所示,由半圆形蹄靴和高强度可调式拉杆构成。PPWS法成缆的锚固连接方式有H形或箱形锚杆与束股锚头直接连接,目前多采用预应力锚固系统与束股锚头连接,如图5-2-21所示。

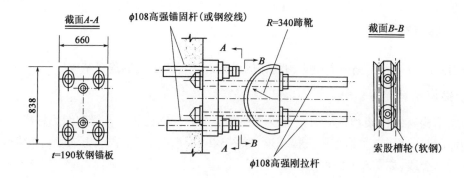

图 5-2-20 蹄靴式锚固示例(尺寸单位:mm)

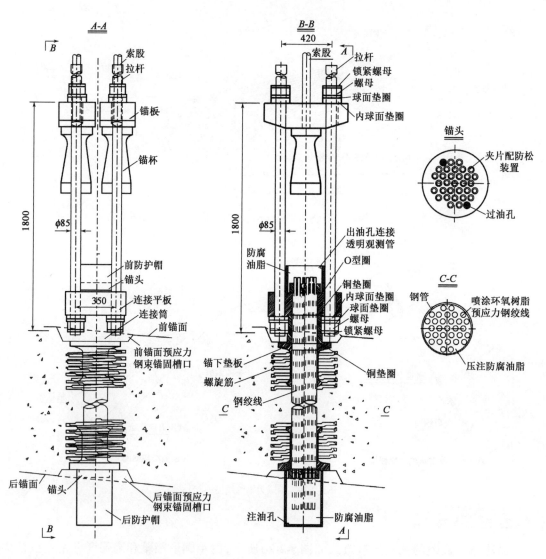

图 5-2-21 锚碇预应力锚固单元构造示例(尺寸单位:mm)

三 锚碇设计参数

1. 重力式锚碇

(1)地基承载力安全系数

地基承载力安全系数即地基竖向承载力极限值与承载力特征值的比值。

(2)基底摩擦系数

基底摩擦系数即基础底面与地基岩土之间的静摩擦系数。

(3)整体抗滑动稳定安全系数

$$K_h = \frac{H_u}{H} \geq 2 \quad (5-2-1)$$

式中:K_h——整体抗滑动稳定安全系数;
　　H_u——平行于滑动面的所有抵抗力之和,kN;
　　H——平行于滑动面的所有滑动力之和,kN。

(4)整体抗倾覆稳定安全系数

整体抗倾覆稳定安全系数一般有两种算法:

第一种:
$$K_q = \frac{e}{\rho} \leq 1 \quad (5-2-2)$$

式中:K_q——整体抗倾覆稳定安全系数;
　　e——基底以上外力合力作用点对基底重心轴的偏心距,m;
　　ρ——基底底面核心半径,m。

第二种:
$$K_q = \frac{M_u}{M} \geq 2 \quad (5-2-3)$$

式中:M_u——相对于基础前趾点的抗倾覆力矩,kN·m;
　　M——相对于基础前趾点的倾覆力矩,kN·m;
　　其余符号意义同前。

(5)沉降及变位指标

沉降及变位指标主要指由于基底地基沉降及锚体的结构变形导致的理论散索点在竖向及水平向的位移值,取值视结构承受能力确定。

(6)锚块斜截面抗剪强度指标

对剪应力的验算结果为 $\tau < [\tau]$。

对锚块基底倾斜时,抗滑稳定性的验算结果为:$K > 1.5$。其中,K表示基底斜面抗滑动稳定安全系数,计算方法参考式(5-2-1)。

2. 隧道式锚碇

(1)主要构造尺寸

隧道式锚碇主要构造尺寸包括锚塞体长度、横断面尺寸、散索长度等。其中,锚塞体长度是指锚塞体沿主缆轴线方向的长度,即主缆索股锚固长度。

(2)抗拔出安全系数

抗拔出安全系数(或强度安全储备系数),即在进行锚体与围岩共同作用整体稳定性分析时,围岩在失稳破坏前锚碇所达到的极限承载力与设计缆力的比值,相当于重力式锚碇的抗滑动安全系数。

(3)周边围岩平均剪应力

将岩体视为匀质体,在缆力作用下,锚固长度范围内岩体发生以锚塞体尾部断面为界面的筒体受剪破坏,从而可计算围岩的平均剪应力。

3. 锚固系统

(1)自由长度

自由长度指主缆索股经散索鞍(或散索套)后沿轴线至前锚面的垂直距离。

(2)锚固长度

锚固长度指沿主缆中心轴线方向锚块内锚固系统的长度。

(3)前锚面布置

前锚面布置指在前锚面内各锚固点之间垂直和水平方向的距离。

(4)安全度

①锚固系统设计安全系数。
②预应力钢束施加的有效力与索股拉力的比值。
③锚下混凝土的应力安全系数。
④疲劳性能指标。

拓展小知识

一、加劲梁

加劲梁又称为刚性梁。悬索桥加劲梁主要起支承和传递荷载的作用,是承受风荷载和其他横向水平力的主要构件。采用抗扭性能较强的桁架做桥面,可通过提高桁架梁的高度,来增强桥梁刚度,但会产生较大的迎风侧阻力,从而对整个桥梁的空气动力稳定性产生很大的影响。降低桁架梁的高度可以减小迎风侧阻力,风振响应在顺风向也会相应地减小,但桥梁刚度会降低,若桥面过柔可引发风致颤振。加劲梁采用经风洞试验选取的近乎流线型的闭口箱梁是空气动力稳定性能良好的新型悬索桥形式。

二、悬索桥的抗风设计

抗风设计是悬索桥设计中非常重要的一环,为了提高截面的抗风性能,除了改变加劲梁的截面形式,选择扭转刚度大的闭口截面外,还可以从以下几个方面进行改进:

(1)调整主缆位置:大跨悬索桥的结构刚度主要来自主缆,通过调整主缆同加劲梁的相对位置可以达到提高结构抗扭刚度和扭转振动频率的目的。

(2)增加水平辅助索:水平辅助索可以提高悬索桥的抗扭刚度从而提高扭转频率,抑制主缆的反对称抖动,从而提高结构的抗扭刚度。

(3)增加横向辅助索:横向辅助索的作用在于将加劲梁的扭转振动同侧向水平振动在一定程度上耦合起来,从而提高结构总体抗扭刚度。

学习提示

悬索桥设计首先是根据地形、地质、水文、气象、通航等条件确定桥位、桥高、桥长、合理分跨等；其次是确定悬索桥的跨度比、垂跨比、宽跨比、加劲梁的高宽比与高跨比、加劲梁的支承体系、吊索及中央扣、锚碇设置等，并考虑抗风稳定性、控制风致结构变形以及景观设计等内容；最后是对缆索、索塔、锚碇、加劲梁、索鞍、吊索及索夹等各部分结构进行合理的选型和细部构造设计。

悬索桥加劲梁的抗风稳定性是抗风设计的主要内容，抗风设计要求不高时，一般选择经济性好、易施工、扭转刚度相对较低的加劲梁截面，如肋板式开口截面。而当抗风设计要求高时，一般选择扭转刚度大的闭口截面，如闭口钢箱梁形式。

悬索桥的结构防护与耐久性问题主要包括钢筋混凝土及预应力混凝土的腐蚀、缆索结构的锈蚀、钢结构的疲劳和腐蚀。

悬索桥加劲梁形式多采用钢加劲梁，这是因为钢材强度高，承载能力大；结构轻巧，施工安装便捷；工厂化制造，质量易得到保证。

在我国，悬索桥索塔多采用混凝土结构，索塔截面一般采用空心矩形，混凝土多采用C50。

隧道式锚碇混凝土用量较重力式锚碇大为节省，经济性能好，当锚碇处地形、地质等自然条件较好时，应优先考虑隧道式锚碇。

思考与练习

1. 悬索桥的总体设计包括哪些内容？
2. 混凝土结构防护设计措施有哪些？
3. 悬索桥缆索系统由哪些部分组成？各部分如何进行设计？
4. 加劲梁主要类型有哪些？各类型加劲梁的结构特点是什么，适用于哪些情况？
5. 悬索桥的锚碇类型如何选择？
6. 悬索桥的垂跨比是什么？垂跨比的大小对悬索桥设计有哪些影响？
7. 自锚式悬索桥与地锚式悬索桥受力及构造有何区别？为何大跨径悬索桥采用后者？

第三章 悬索桥结构计算

第一节 概 述

悬索桥的结构分析计算与跨径密切相关。早期悬索桥由于跨径较小，主缆自重较轻，结构刚度主要由加劲梁提供，结构分析采用(线弹性理论)(不考虑结构体系变形对内力的影响，按普通结构力学方法计算)。随着跨径增大，加劲梁的刚度相对降低，结构非线性突出，由此产生了(挠度理论)(假定结构在荷载作用下的变形不可忽略，即在使用荷载的作用下结构的形状将发生改变，结构将在恒载与使用荷载共同的作用下达到新的平衡位置)，悬索桥的跨径也因此突破了1000m。随着计算机的普及和大型结构分析软件的应用，基于计算机的(有限位移理论)(将悬索桥作为由各个单根构件组成的结构体系进行分析的方法，可以比较真实地模拟结构，全面考虑结构的各种非线性因素和变形状态，计算结果与实际非常接近)得到蓬勃发展，使得悬索桥的结构计算分析更快速、准确。

悬索桥结构计算内容主要包括：精确合理地确定悬索桥成桥状态的内力与变形，合理确定悬索桥施工阶段的受力状态与变形，精确分析悬索桥在活载及其他附加荷载作用下的静力响应，精确分析悬索桥的动力特性。一般应按以下原则进行计算：

(1)作用于悬索桥的设计荷载有永久作用、可变作用(汽车荷载、风荷载、温度作用)、地震作用等，分析时一般把这些设计荷载分成三个方向独立的荷载，即竖向荷载、水平荷载和扭转荷载。悬索桥在竖向荷载作用下的计算是悬索桥结构分析的主要内容；在水平荷载作用下的计算不仅对结构强度有影响，更重要的是对结构刚度有很大的影响；悬索桥在偏心荷载作用下，可以分别按照竖向(或横向)荷载和扭转荷载的作用进行计算，然后进行应力叠加，一般用于构件设计验算。

(2)主缆的应力限值一般根据材料抗拉强度确定，主缆材料应具有一定的延伸率。

(3)在进行悬索桥成桥状态加劲梁的结构分析时，为简化计算且不致带来过大的误差，可采用等刚度法计算加劲梁的等效刚度，把加劲梁模拟成具有等效刚度的实心截面。加劲梁的真实内力与施工过程密不可分，在进行成桥状态分析时，应该考虑每一施工过程的影响。

(4)索塔主要承受缆力对其产生的不平衡水平分力、竖向压力和风荷载作用。边跨的主缆一端固定在锚碇上，一端固定于塔顶的鞍座上。在汽车荷载和温度变化的作用下边跨主缆的长度将产生变化，锚碇不会产生位移，这就迫使鞍座和塔顶发生纵向位移。因此，悬索桥的索塔将承受主缆不平衡力的作用，成为一个纵向偏心受压构件。

第二节 计算方法

悬索桥结构计算一般分为整体分析估算和整体分析精算。整体分析估算是利用一定的简化模型通过解析方法估算结构尺寸，估算悬索桥的成桥状态，了解悬索桥的受力机理。估算内容包括主缆系统的近似计算、加劲梁系统的近似计算和索塔系统的近似计算,这些近似计算方法将在"桥梁结构分析与设计"课程中介绍,这里不再详述。整体分析精算是采用以有限位移理论为基础的几何非线性有限元法,利用有限元结构分析软件进行全桥建模分析计算,得到精确的数值分析结果,计算流程如图 5-3-1、图 5-3-2 所示。以下将简要介绍整体分析精算采用结构分析软件进行有限元分析的简要计算方法。

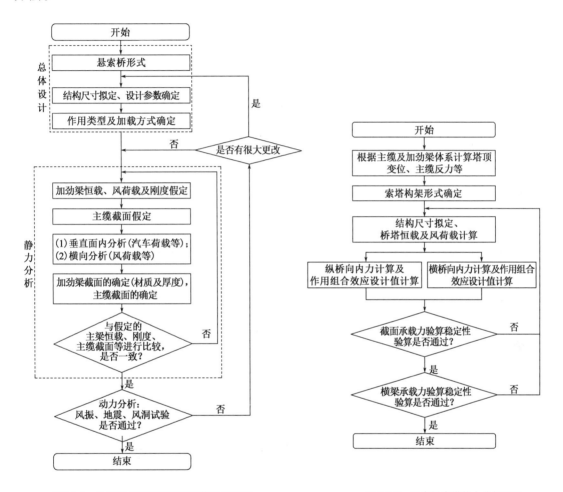

图 5-3-1　悬索桥主缆及加劲梁计算分析流程　　　　图 5-3-2　悬索桥索塔静力分析流程

一　静力计算

根据悬索桥布置形成的纵断面线形和由此确定的控制主缆几何线形基本点的位置,来分析主缆、加劲梁及索塔成桥时的受力状态,求出主缆、吊索的线形和无应力索长。静力计算主要包括整体计算、局部计算、构件承载力计算、加劲梁变形计算、稳定性计算等。

1. 整体计算分析

整体计算分析采用以有限位移理论为基础的几何非线性有限元法,利用大型结构分析软件并借助计算机进行分析。首先要简化计算模型,将全桥划分为若干个单元进行计算。悬索桥的简化计算模型主要有三种：平面杆系模型、空间杆系模型和块、壳、梁组合模型。

(1)平面杆系模型

在概念设计阶段，主要研究结构的设计参数，以获得理想的结构布置，因此对结构内力精度要求不高，可以采用平面杆系模型。在技术设计阶段，若仅仅计算恒载、活载作用下总体结构的内力，仍可选用平面杆系模型，此时活载的空间效应用横向分布系数或偏载系数来表达。常见的悬索桥平面杆系模型如图5-3-3所示。其中的加劲梁和索塔采用梁单元模拟，吊索和短刚臂用带刚臂的杆单元模拟，主索用杆单元或索单元来模拟。

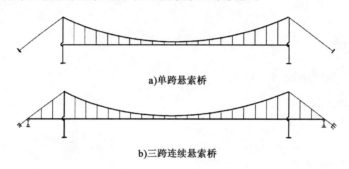

图5-3-3　悬索桥平面杆系模型

(2)空间杆系模型

在横向风荷载、汽车偏载以及其他空间荷载作用下，悬索桥应按空间模式进行有限位移理论分析。计算悬索桥在空间荷载(风载、地震荷载、局部温差等)作用下的静力响应时，一般采用空间杆系模型，并注意实际结构与计算模式间的刚度等效性。一般来讲，悬索桥主缆及吊索的抗弯刚度较小，主要承受拉力，因此可作为空间索单元处理；索塔及加劲梁可作为空间梁单元处理；加劲梁的杆模型要根据具体的截面形式来定。

根据加劲梁的单元划分类型，悬索桥的有限元空间杆系模型主要有鱼骨式、双梁式、三梁式三种形式，如图5-3-4所示。

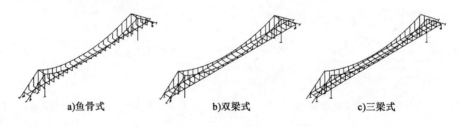

图5-3-4　悬索桥空间杆系模型

①鱼骨式模型

对自由扭转刚度较大的闭口箱梁截面，常采用单脊梁模拟，单脊梁的轴线通过加劲梁截面的扭心，单脊梁通过短刚臂与吊索相连，形状酷似一鱼骨，故称鱼骨式模型。这是目前计算中使用较多的一种模型，把桥面系的刚度(竖向、横向挠曲刚度，扭转刚度)和质量(平动质量和质量惯性矩)都集中在中间节点上，节点和吊索之间采用刚臂连接或处理为主从关系。这种模式的优点是加劲梁的刚度系统和质量系统是正确的。但是横梁的刚度和加劲梁的翘曲刚度不能充分体现。如果采用刚臂连接，杆件增多；同时如果刚臂的刚度取值不当，则对自振频率的值会有所影响。

②双梁式模型

双梁式模型由两片加劲梁组成,中间用横梁连接,加劲梁间距取两索面的距离,横梁间距取索距。每片加劲梁的面积和竖弯惯性矩分别取全截面计算值的1/2,横向刚度采用挠度相等原理计算等代加劲梁刚度。横梁刚度采用实际刚度(包括桥面共同作用的部分),桥面系质量堆聚在两侧加劲梁和中间横梁上,通过调整它们之间的质量分布比值,使平动质量和转动质量满足全截面的要求。这种模型的优点是横梁刚度与实际结构比较符合。加劲梁分布在两侧,可提供部分翘曲刚度,而且节点数、杆件数少;缺点是截面的横向刚度失真。这种模型在横向挠曲时相当于一个剪切桁架,但实际截面(有强大的桥面板连接)基本为弯曲振型,虽然可以用单位力作用下的跨中横向挠度相等的原理求得梁的等代横向挠曲惯性矩,但是仅根据跨中一点的挠度作为计算得到的桥面横向挠曲线形状与实际的形状并不相同。

③三梁式模型

三梁式模型是由在桥轴线上的中梁和位于索面的两片边梁组成。三片梁之间通过刚性横梁或节点间的主从关系连接。把加劲梁的面积和侧向挠曲惯性矩全部集中于中梁上,把原加劲梁的竖向挠曲惯性矩分配于三片梁上,设加劲梁截面作刚性扭转,截面周边不变形,此时约束扭转刚度将由两个边梁的竖向刚度提供。质量系统的处理有两种方式:第一种方式是将全部平动质量及质量惯性矩均集中在中梁上,两边梁不提供平动质量和质量惯性矩;第二种方式是将平动质量分配到三片梁上,质量惯性矩由边梁提供,三梁形式能考虑部分翘曲效应。

(3)块、壳、梁组合模型

若要计算全桥构件的应力分布特性,可选用空间板壳、块体和梁单元的组合模型,如图5-3-5所示。选用这类模式必须注意不同单元结合处的节点位移协调性。采用板、梁、壳及其组合单元来仿真全桥实际结构可以获得更为精确的结果,但这种方法工作量大,处理混凝土徐变、预应力等比较麻烦。

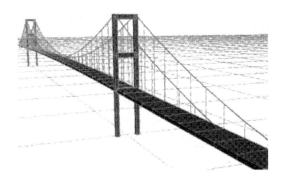

图5-3-5 板、壳、梁组合模型

事实上无论采用哪种计算模型,与实际结构间都有一定差异,由此会带来模型误差。因此,计算中应抓住主要矛盾,忽略次要因素的影响,减少计算步骤,减小模型误差。

2. 局部计算分析

为了研究悬索桥结构中特殊部件(如吊索锚索区、塔梁固接区)的应力集中现象,可进行局部应力有限元分析。根据圣维南原理,将特殊构件从整体结构中取出,细分结构网格,将整体结构在分离断面处的内力、位移作为被分析子结构的边界条件进行二次分析。分析模型可参照斜拉桥局部分析计算方法,这里不再赘述。

3. 其他计算

构件承载力验算、加劲梁变形限值计算、稳定性计算等可参照斜拉桥计算的相关内容,这里不再赘述。

二 动力计算

悬索桥除承受风荷载的静力作用外,还承受风荷载带来的动力作用,风作用导致的静力失稳或颤振、驰振、涡激共振、抖振等动力失稳都会带来巨大的经济、生命、财产损失,悬索桥进行抗风性能计算尤为重要。悬索桥的抗震计算也是十分必要的。

1. 动力特性计算

动力特性计算即进行动力模态分析,计算振型及振动频率。这既是确定桥梁冲击系数的依据,也是进行抗风、抗震计算的基础数据。动力特性计算应符合现行《公路桥梁抗风设计规范》(JTG/T 3360-01)的规定,自振频率及相应的振型宜采用有限元方法计算。

2. 空气动力稳定计算

在悬索桥设计计算中,应进行空气动力稳定性分析,包括颤振和驰振稳定性分析、风致振动幅度计算、涡激共振、抖振等动力失稳计算等,具体分析方法和计算内容详见现行《公路桥梁抗风设计规范》(JTG/T 3360-01)。必要时应进行风洞模型试验。

3. 抗震计算

按现行《公路桥梁抗震设计细则》(JTG/T 2231-01)的相关规定进行计算。

三 施工阶段计算

悬索桥在施工过程中,非线性行为十分突出,随着加劲梁的吊装,结构的线形和内力不断发生变化。此外,不同的加劲梁刚接次序对结构的内力也会产生很大影响。为确保悬索桥成桥恒载状态尽可能符合设计理想状态,并保证施工中结构的安全,需要对施工过程进行精细分析,以确定每个施工阶段的结构内力和线形。因此,对悬索桥进行施工阶段分析是十分必要的。悬索桥在施工阶段需对主缆的空缆线形和索鞍的预偏值进行分析计算。

1. 主缆的空缆线形分析

研究表明,当确定了悬索桥结构的荷载、约束条件及各构件的无应力长度以后,主缆成桥线形是唯一确定的。反之,当确定了成桥主缆线形和结构内力后,空缆线形也是唯一的,与施工阶段相关性较低。结合有限元分析软件,运用倒拆法计算空缆线形,根据逆施工次序,将二期铺装、加劲梁、吊索及其初张力依次钝化,最终使主缆仅承受自重荷载,从而得到空缆线形。为了得到索鞍预偏值,在倒拆过程中应该释放主缆和索塔间的纵桥向约束。再将得到的空缆线形作为初始主缆线形,进行正装施工阶段分析,得到主缆成桥线形,直至正装计算得到的主缆成桥线形与设计线形相吻合。

2. 索鞍的预偏值分析

设计恒载成桥状态的边、中跨主缆水平分力相等,但中跨长度较长,总荷载较重,而边跨长度短、荷载轻。空缆状态时加劲梁等外荷载还未施加于主缆上(索夹、吊索等还没有施工),此时的主缆内力相当于设计恒载成桥状态的主缆内力减去外荷载所产生的内力,显然中跨减小总量比边跨减小总量大得多,如果索鞍仍然处在设计恒载成桥状态的几何位置处,会产生较大的不平衡力。由此可能会发生如下情况:①主缆丝股张力太大,将克服索鞍槽内的摩擦力而发生滑动,使施工极为困难,无法保证架设精度;②索鞍的固定限位装置必须有极高的限制位移能力,因而造成施工复杂,临时费用高;③索塔在不平衡力作用下使得索塔成为承受压弯作用的细长构件,从而使得索塔施工状态极为危险。因此,需要在架设主缆之前就对索鞍设置预偏量。

计算预偏量数值的假设条件:
(1)各跨间无应力索长与设计恒载成桥时无应力索长保持一致。
(2)在主缆自重作用下,中、边跨主缆张力的水平分力相等。
(3)在计算空缆线形时必须考虑加劲梁的弹性压缩而增设预长量。

索鞍预偏值的数值计算方法将在"桥梁结构分析与设计"课程中介绍,这里不再详述。

第三节 悬索桥结构设计计算示例

悬索桥的施工工序为锚碇和索塔施工、猫道架设、缆索架设、加劲梁安装及桥面系施工等。在完成主缆施工并安装吊索后,即可进行加劲梁安装施工。悬索桥加劲梁可采用先从跨中节段开始向两侧索塔方向推进的架设方法。加劲梁的架设须考虑主缆变形对加劲梁线形的影响。应在施工前做加劲梁施工架设的模型分析,据此来验证或修正架设工序。一般在架设中,为使加劲梁的线形适应主缆大变形,架设上的各加劲梁节段之间先临时铰接,待某一区段或全桥加劲梁吊装完毕后,再作永久性连接。加劲梁架设方案应根据悬索桥所在环境条件及运输条件合理选用。跨越大江大河、海湾的大跨径悬索桥,一般具有良好的水上运输条件,宜采用钢箱梁。同时,由于钢箱梁截面细部构造复杂,分析时还需特别注意截面剪切刚度的正确模拟。下面以某钢箱梁悬索桥为例,简要介绍计算流程与方法。

一 工程概况

某桥为双塔单跨钢桁架悬索桥,跨径布置为248m+1088m+228m,加劲梁总长为1088m。左侧边中跨比为0.228,纵坡为2.2%;右侧边中跨比为0.210,纵坡为1.0%。全桥总体布置如图5-3-6所示。

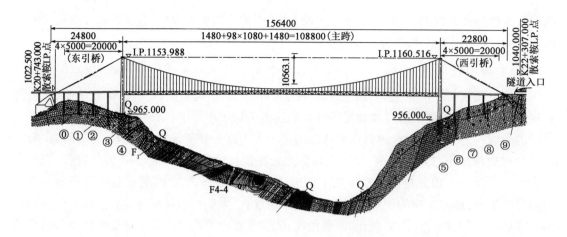

图 5-3-6　全桥总体布置(尺寸单位:cm,里程和高程单位:m)

二　静力计算

1. 计算模式

静力计算采用有限元结构分析软件。应用有限位移理论,采用三维有限元模型计算,全桥共分为 2984 个节点、4814 个单元,全桥结构模型如图 5-3-7 所示,中央扣局部模型如图 5-3-8 所示。

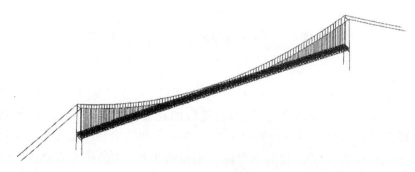

图 5-3-7　全桥结构离散化

图 5-3-8　中央扣局部模型

全桥计算模型由钢桁架、索塔、主缆和吊索等构成空间结构;主缆和吊索采用索单元,索塔和钢桁梁采用空间梁单元。边界条件:主桥采用单跨简支体系,钢桁梁在端部设有竖向和横向线位移约束,索塔根部及主缆锚固位置均为固定约束(未考虑索塔基桩刚度影响)。

2. 结构几何特性及物理力学参数

主缆参数见表5-3-1,索塔混凝土材料特性见表5-3-2。

主缆参数 表5-3-1

项目		单位	数量	备注
主缆跨长	中跨长	m	1088	
	边跨长	m	248,228	
	边中跨比		1/4.387,1/4.772	
中跨垂度		m	105.631	成桥垂跨比1/10.3
主缆根数/间距/架设方法			2/28m/PPWS	
主缆钢绞线直径/钢绞线强度		mm/MPa	$\phi 5.20/1670$	
单缆	股数		208	
	截面积	m^2	0.4019	
	限值应力	MPa	668	
	弹性模量	MPa	2.0×10^5	计算值
吊索	弹性模量	MPa	1.1×10^5	

索塔混凝土材料特性 表5-3-2

项目	单位	数值
重度	kN/m^3	260
混凝土强度等级		C50
弹性模量	MPa	3.45×10^4
剪切模量	MPa	1.38×10^4
泊松比		0.2

3. 计算荷载

(1)汽车荷载

根据《通规》,汽车荷载采用公路—Ⅰ级,横桥向按6车道布置计算,横向折减系数取0.55,纵向折减系数取0.93。

(2)下检修道人群荷载

下检修道人群荷载标准值采用2.5kN/m^2,考虑下检修道荷载计算宽度1.6m。

(3)温度荷载

温度作用见表5-3-3,合龙温度一般采用设计温度(20±2)℃。

温度作用 　　　　　　　　　　　　　　　　表5-3-3

材料	升温(℃)	降温(℃)
混凝土	8.8	-8.7
钢	22.3	-29.1

(4)风荷载

①桥位处百年一遇风荷载

按照桥位处百年一遇——桥面风速25.9 m/s计算：

$$v_{梁} = 25.9 \text{m/s}, \quad v_{塔} = 26.3 \text{m/s}$$

②与汽车荷载组合的风荷载

按照桥位处行车——桥面风速25.0 m/s计算：

$$v_{梁} = 25.0 \text{m/s}, \quad v_{塔} = 25.3 \text{m/s}$$

4. 作用组合

组合一:永久作用+汽车荷载+人群荷载;
组合二:永久作用+汽车荷载+人群荷载+运营风;
组合三:永久作用+百年风;
组合四:永久作用+汽车荷载+人群荷载+升温+运营风;
组合五:永久作用+汽车荷载+人群荷载+降温+运营风。

5. 计算结果

(1)主缆轴力

主缆轴力计算结果见表5-3-4。

主缆轴力(单侧)(单位:kN) 　　　　　　　　　　　　　　　　表5-3-4

荷载	位置						
	左锚处	左塔边跨侧	左塔中跨侧	跨中	右塔中跨侧	右塔边跨侧	右锚处
恒+汽+人群	268256	272660	256979	240596	258036	272545	268508
	236852	241258	225964	212536	226892	240920	236882
恒+汽+人群+运营风	268355	272759	257266	240190	258319	272658	268621
	236951	241356	226251	212130	227175	241033	236995
恒+百年风	236955	241361	226267	212096	227191	241039	237001
恒+汽+人群+升温+运营风	265762	270166	255575	238296	256625	270206	266170
	234359	238764	224560	210236	225481	238581	234544
恒+汽+人群+降温+运营风	271790	276196	259503	242685	260560	275909	271872
	240386	244793	228488	214626	229415	244285	240246

(2)吊索拉力

吊索拉力计算结果见表5-3-5。

吊索拉力(单侧)(单位:kN) 表5-3-5

荷载	位置				
	中跨$l/8$处	中跨$l/4$处	跨$3l/8$处	中跨$l/2$处	右塔侧
恒+汽+人群	1612	1596	1600	589	1147
	1285	1264	1255	201	976
恒+汽+人群+运营风	1626	1566	1656	707	1137
	1298	1234	1312	318	967
恒+百年风	1315	1250	1328	368	1001
恒+汽+人群+升温+运营风	1626	1568	1653	710	1041
	1298	1236	1310	326	871
恒+汽+人群+降温+运营风	1626	1564	1650	702	1273
	1298	1233	1315	313	1103

(3)钢桁梁杆件轴力

杆件轴力计算结果见表5-3-6。

主桁杆件轴力(单位:kN) 表5-3-6

荷载	位置					
	主桁上弦杆	主桁下弦杆	主桁斜腹杆	主桁竖腹杆	上平联	下平联
恒+汽+人群	7913	4686	3900	1409	1843	1843
	-4777	-7958	-2423	-400	-1300	-2068
恒+汽+人群+运营风	12819	10159	4075	2003	2352	2600
	-10046	-12998	-2583	-567	-2251	-2595
恒+百年风	6396	-6487	1279	1283	1256	1023
恒+汽+人群+升温+运营风	13226	9755	4389	2001	2205	2611
	-9617	-13392	-2595	-1151	-2470	-2585
恒+汽+人群+降温+运营风	12283	10692	3631	2005	2646	2853
	-10611	-12476	-2603	-1155	-2177	-2611

注:压为正,拉为负。

(4)钢桁梁挠度

钢桁梁竖向挠度计算结果见表5-3-7,横向位移计算结果见表5-3-8。

钢桁梁竖向位移（单位：m）　　　　　表 5-3-7

工况	位置			
	中跨 $l/8$ 处	中跨 $l/4$ 处	中跨 $3l/8$ 处	中跨 $l/2$ 处
活载	0.82	1.03	0.66	0.31
	−1.34	−1.91	−1.74	−1.47
温升	−0.33	−0.59	−0.74	−0.79
温降	0.44	0.78	0.98	1.04
Z_{max}（活+温）	−1.67	−2.50	−2.48	−2.26
Z_{max}/l	1/651	1/435	1/439	1/481

钢桁梁横向位移（单位：m）　　　　　表 5-3-8

工况	位置			
	中跨 $l/8$ 处	中跨 $l/4$ 处	中跨 $3l/8$ 处	中跨 $l/2$ 处
运营横风——行车	1.46	2.63	3.28	3.47
运营横风——百年	1.57	2.82	3.52	3.72
Y_{max}（横风）	1.57	2.82	3.52	3.72
Y_{max}/l	1/693	1/386	1/309	1/292

(5) 梁端水平位移

梁端水平位移计算结果见表 5-3-9。

梁端水平位移（单位：m）　　　　　表 5-3-9

位置	工况						
	活载		温升	温降	纵向风	活载+温度	
	Δx_{max}	Δx_{min}				Δx_{max}	Δx_{min}
左梁端	0.26	−0.25	−0.14	0.18	0.036	0.44	−0.39
右梁端	0.25	−0.25	0.14	−0.18	0.036	0.39	−0.43

(6) 塔顶水平位移

塔顶水平位移计算结果见表 5-3-10。

塔顶水平位移（单位：m）　　　　　表 5-3-10

位置	工况					
	活载		温升	温降	活载+温度	
	最大	最小			最大	最小
左塔顶	0.10	0	0.07	−0.09	0.17	−0.09
右塔顶	0	−0.09	−0.06	0.08	0.08	−0.15

(7)塔顶最大不平衡水平力

塔顶最大不平衡水平力计算结果见表5-3-11。

塔顶最大不平衡力(单位:kN)　　　　　　　表5-3-11

位置	工况					
	活载		温升	温降	活载+温升	活载+温降
	最大	最小				
左塔顶	1563	-2839	-546	733	-3397	2312
右塔顶	2553	-1542	424	-573	2990	-2129

(8)设置中央扣—梁端水平位移比较

设置中央扣—梁端水平位移比较见表5-3-12。

设置中央扣—梁端水平位移比较(单位:m)　　　　　　　表5-3-12

位置	工况						
	活载		温升	温降	纵向风	活载+温度	
	Δx_{max}	Δx_{min}				Δx_{max}	Δx_{min}
无中央扣	0.31	-0.30	-0.14	0.18	0.208	0.49	-0.44
设一对中央扣	0.26	-0.25	-0.14	0.18	0.044	0.44	-0.39
设三对中央扣	0.25	-0.25	-0.13	0.18	0.036	0.43	-0.38

(9)中央扣内力

按六车道计算中央扣内力,计算结果见表5-3-13。

中央扣内力(单侧)(单位:kN)　　　　　　　表5-3-13

荷载	左侧中央扣(左)	左侧中央扣(右)	中间中央扣(左)	中间中央扣(右)	右侧中央扣(左)	右侧中央扣(右)
恒载+活载+升温	1623	2085	1689	1681	2090	1611
	461	1210	1015	1001	1222	44
恒载+活载+降温	1888	1982	1832	1825	1989	1877
	726	1107	1158	1145	1121	711

根据以上计算结果,按照现行《公路悬索桥设计规范》(JTG/T D65-05)规定,可对主缆、吊索、加劲梁(钢桁梁各构件)、索塔、中央扣等进行相关项目验算。

拓展小知识

弹性计算理论不适合大跨径悬索桥计算的原因

采用弹性计算理论设计悬索桥时,假定主缆形状在加载前后不发生变化,没有考虑结构体系变形对内力的影响,这与实际是不符的。对于大跨径悬索桥,采用弹性理论设计时,在计算中未考虑恒载对悬索桥刚度的有利影响及悬索桥结构非线性大位移影响,导致设计太过保守,偏安全,浪费材料。因此,对于跨径小于200m的悬索桥,采用弹性理论设计是合适的;对于跨径大于200m的悬索桥,为了计入结构体系变形对内力的影响,应采用挠度理论或者有限位移理论进行设计。

学习提示

悬索桥在偏心荷载作用下,可以分别按照竖向(或横向)荷载和扭转荷载的作用进行计算,然后进行应力叠加。

悬索桥索塔由于需要承受主缆不平衡力的作用,迫使鞍座和塔顶发生纵向位移,是一个纵向偏心受压构件。

悬索桥在设计完成后,应根据桥梁设计技术标准进行最不利荷载组合验算,主要验算内容有缆索应力验算、加劲梁验算、吊索及索夹应力验算、索塔验算、锚碇验算等。

计算悬索桥在空间荷载(风载、地震荷载、局部温差等)作用下的静力响应时,一般采用空间杆系模型,根据加劲梁的单元划分类型,悬索桥的有限元空间杆系模型主要有鱼骨式、双梁式、三梁式三种形式。

悬索桥在承受风荷载时,风荷载的动力作用会导致悬索桥出现颤振、驰振、涡激共振、抖振等动力失稳,所以在计算时必须考虑风荷载带来的动力作用。

思考与练习

1. 悬索桥结构计算内容主要包括哪几部分?
2. 悬索桥结构计算的整体分析估算和整体分析精算内容有什么区别?

3. 悬索桥静力计算包括哪些部分？
4. 悬索桥的简化计算模型有哪些？
5. 悬索桥计算索鞍预偏值的假设条件有哪些？
6. 若悬索桥在施工时索鞍不进行预偏，会出现什么后果？

第四章 悬索桥施工

悬索桥的施工工序为锚碇基础施工、锚碇施工、索塔基础施工、索塔施工、主缆施工、加劲梁施工、桥面系和桥面构造施工等。锚碇基础和索塔基础根据地基岩性采用不同类型,施工方法将在"基础工程"课程中介绍。

第一节 锚碇施工

锚碇施工包括锚碇体施工和主缆锚固体系施工。锚碇体施工又分为重力式锚碇施工和隧道式锚碇施工。

一 重力式锚碇施工

重力式锚碇一般为大体积混凝土浇筑施工,必须注意解决混凝土的水化热及分块浇筑的施工问题。水化热引起体积变形和变形不均,从而产生温度应力及收缩应力,导致混凝土开裂,影响混凝土质量。因此,在施工中应注意解决好两个问题:

(1)分块分层浇筑,主要是为解决混凝土供料振捣施工以及散热等问题,应结合锚体结构特点将锚体混凝土分块分层施工,一般最大层厚不超过4.0m。

(2)采取措施减小水化热的影响,如合理的混凝土配合比、混凝土浇筑入仓温度、施工养护及温度监控措施等。

二 隧道式锚碇施工

隧道式锚碇是利用岩体强度对混凝土锚体形成嵌固作用,达到锚固缆索拉力的目的,因而岩体强度和完整性是保障锚碇锚固缆索拉力的关键。为此在施工中应采取以下措施:

(1)施工前做好防水、排水措施,并对岩体裂隙进行必要的处理。

(2)在岩体开挖过程中应注意爆破的药量,尽量保护岩石的整体性,使隧洞围岩坚固可靠。

(3)采取合理的支护体系对隧洞围岩进行防护。

(4)在混凝土中应掺入微膨胀剂,防止混凝土收缩与洞顶基岩分离。

(5)锚体大体积混凝土施工技术要求与重力式锚碇基本相同。

三 主缆锚固系统施工

悬索桥主缆在锚块中的锚固位置可分为后锚式和前锚式。后锚式即将索股直接穿过锚块,锚固于锚块后端[图5-4-1a];前锚式是索股锚头在锚块前锚固,通过锚固系统将主缆拉力作用到锚体[图5-4-1b]。前锚式因具有主缆锚固容易、检修保养方便等优点而广泛运用于大跨径悬索桥。

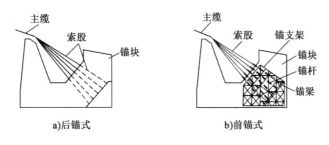

图5-4-1 主缆锚固系统

对于前锚式锚固系统,锚梁、锚杆采用工厂制造,现场拼装锚支架、后锚梁、锚杆、前锚梁等,安装中锚梁托架要有足够的刚度,避免支架变形影响锚杆位置的精度;锚杆在施工中应精确定位。锚杆、锚梁为永久性受力构件,制作时必须严格按设计要求进行除锈、表面涂装和焊接件的超声波探伤等工作。

第二节 索塔施工

一 施工方法

悬索桥索塔施工视钢索塔和混凝土索塔而有不同的施工方法。

1. 钢索塔施工

(1)依据钢索塔的规模、类型、施工地点的地形条件并考虑经济适用性,主要有浮式起重机施工法、塔式起重机施工法、爬升式起重机施工法等。

(2)浮式起重机施工法是将索塔施工的钢构件或钢索塔节段由水上浮运吊装架设施工。采用该方法可缩短施工工期,依据浮式起重机的起吊能力和起吊高度,对于塔高在80m以下的中等跨径悬索桥较为适用。

(3)塔式起重机施工法是在索塔侧旁预先安装塔式起重机,作为索塔节段的起吊架设施工设备。因为施工机具和设备与索塔无关,所以索塔施工的垂直度容易得到控制。

爬升式起重机施工法是在索塔柱上安装爬升轨道,爬升式起重机沿此轨道,随索塔的施工增高而向上爬升的施工方法。因为施工中起重机的重力和吊机的爬升是靠索塔支撑的,所以索塔施工中的垂直度应严格控制。采用爬升式起重机施工时先进行爬升式吊机的安装,然后进行索塔底部的施工,再进行索塔的施工和附属工程的施工。

2. 混凝土索塔施工

混凝土索塔塔身常采用的施工方法有翻模法、滑模法、爬模法和提升支架法等。施工方法与斜拉桥索塔施工类似,可参照第四篇第四章"斜拉桥施工"相关内容,这里不再详述。

在索塔施工完毕后,安装已制作好的主索鞍。

二 受力特点及技术措施

钢索塔施工对塔的垂直度和钢材焊接质量要求很高。若塔在施工过程中垂直度有偏差不能满足规范要求,不仅会导致索塔受弯,甚至会引起失稳破坏。钢索塔都是通过若干块件组拼而成的,在块件拼装过程中,若焊接工艺和焊缝质量达不到设计要求,将导致结构损伤,甚至引起垮桥事故。索塔主体工程完成后,主缆尚未架设前,索塔为上端自由的悬臂梁,因索塔固有周期长,在低风速下易发生振动,此时的振动虽然使索塔产生的应力很小,但塔上施工人员会感到眩晕,使施工效率降低。当风速大时,索塔会有明显的振动,给施工带来很大威胁。因此,应安装索塔抗风减振装置。

混凝土塔在施工中的受力特点可参照第四篇第四章"斜拉桥施工"相关内容,这里不再详述。

第三节 主缆施工

主缆施工工序:准备工作、架设导索、架设猫道、安装架设索股的机具、架设索股、紧缆、安装索夹、安装吊索(加劲梁架设)、缠丝、涂装主缆。

在架设缆索之前的准备工作包括安装塔顶起重机、塔顶鞍座、锚固体附近的散索鞍、各种绞车和转向设备等的驱动装置。导索是主缆施工过程中最先拉过江河湖海的钢丝绳索,从一岸到另一岸架设完毕后,即可由导索来架设牵引索。牵引索是布置在两岸之间的一根连接成环状的无端头的钢丝绳索,可由两岸的驱动装置来使牵引索走动,从而一来一往地引拉其他需要架设的缆绳。

一 猫道施工

猫道相当于一个临时轻型索桥,作用是在主缆架设期间提供一个空中工作平台。猫道由猫道承重索、猫道面板系统及横向天桥和抗风索等组成,一般宽 3～5m,每根主缆下设一个,为方便工人操作,猫道面层距主缆中心线的高度一般为 1.3～1.5m,且一般沿主缆中心线对称布置。此外,有全桥中、边跨猫道为整体式的,也有中、边跨猫道为分离式的。

1. 施工方法

施工工序:起吊猫道索一端,与拽拉器相连,牵引至另一端、一端入锚,另一端牵拉入锚并调整其垂度,锁定两端的锚头,调整猫道索矢度,铺设猫道面板,安装栏杆立柱以及扶手索等。猫道架设程序如图 5-4-2 所示。

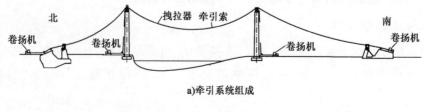

a)牵引系统组成

图 5-4-2

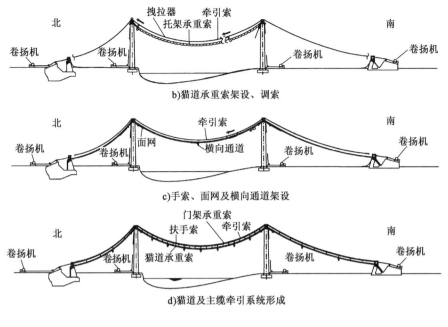

图 5-4-2 猫道架设程序

2. 受力特点

由于猫道索所用钢丝在使用中会产生一定量的永久伸长,在架设前应根据猫道受力状况进行预拉,消除其非弹性变形,这样,架设之后的猫道矢度较易于控制。

猫道抗风问题必须高度重视,可采用设置抗风缆、横向联系天桥来解决。在大多数情况下,可通过仅设置适当数量的横向联系天桥来满足抗风要求,这也是经济、方便的一种做法。

猫道索的架设一般先在一端塔顶(或锚碇)吊起先导索的一端,与拽拉器相连后牵引至另一端塔顶(或锚碇),然后用卷扬机或手动葫芦等设施牵引拉入锚并调整其垂度,最后将导索两端头的锚头锁定,并调整矢度,形成牵引系统。在牵引系统的基础上逐步搭设托架承重索,然后在猫道索上铺设猫道面板,一般先将横木和面材分段预制,成卷提升至塔顶,沿猫道索逐节释放,并随之把各段相连,然后将横木固定在承重索上,并在横木端部安装栏杆立柱以及扶手索等。此外,若架设主缆的拽拉系统用门架支撑和导向时,还须在猫道上每隔一定距离架设猫道门架;若拽拉系统用支撑索横梁系统支撑和导向,则同样应将其架设于猫道之上。

二 主缆架设

主缆的架设方法一般有两种,即 AS 法和 PPWS 法。

1. AS 法

AS 法是先在猫道上将单根钢丝编制成主缆索股,多束索股再组成主缆。

(1)施工方法

AS 法施工工序为:

①将待架的钢丝卷入专用卷筒,然后运至悬索桥一岸的锚碇旁。

②从卷筒抽出一钢丝头,将该钢丝头固定在靴跟(用以缠绕钢丝的构件)A上,这一头称为死头。

③抽出钢丝套于连接在牵引索上的送丝轮槽路中(这一头称为活头),卷扬机带动牵引索将送丝轮上的钢丝引送至另一岸。

④将钢丝套于设在另一岸锚碇处的靴跟B上,再让送丝轮带动钢丝返回鞋跟A端。

⑤如此循环多次,则可按设计要求的数量将一束索股捆扎成束,剪断活头,并将该活头与上述死头用钢丝连接器连接起来。

(2)受力特点

①调丝:在编缆前应先放一根基准丝来确定第一批索股的高程,基准丝在自由悬挂状态仅承受自重荷载,所呈线形为悬链线。基准丝应在下半夜温度稳定的情况下测量设定。此后牵引的每根钢丝均需调整成与基准丝相同的跨度和垂度,则其所受拉力、线形及总长应与基准丝一样。成股钢丝束应在梳理调整后,用手动液压千斤顶将其挤成圆形,并每隔2~5m用薄钢带捆扎。

②调股:为使每束索股的长度符合设计要求,利用调丝时设在索鞍梨形蹄铁处的千斤顶调整整束索股的垂度,并随即在锚碇的梨形蹄铁处填塞销片,调整完成后将索股整束落于索鞍上,使千斤顶回油。

为了保证施工精度,调丝和调股都应在夜间温度均匀时进行,并将已完成的缆索用粗钢丝绳和棘轮紧线器或紧线夹系在猫道上。

2. PPWS法

PPWS法是在工厂或桥址旁的预制场事先将钢丝预制成平行索股,然后利用拽拉设施将其通过猫道拽拉架设。

(1)施工方法

PPWS法施工工序:架设索股牵引、测调垂度、调整锚跨拉力。

(2)受力特点

与AS法比较,PPWS法每次牵拉上猫道的是索股而不是单根钢丝,故重量要大数倍,所需牵引能力也要大得多。每索股牵引完成后,调整主跨及边跨的垂度,调整应在夜间温度稳定时进行。

不论是AS法,还是PPWS法,在主边跨索股垂度调整后,都必须调整锚跨内索股的拉力。具体方法为:用液压千斤顶拉紧索股,并在锚梁与锚具支承面间插入支承垫板,即可通过索股的伸长导入拉力。实际控制时是采用位移(伸长量)和拉力"双控"。

第四节 加劲梁施工

加劲梁施工方案应根据悬索桥所在环境条件及运输条件合理选用。在完成主缆施工并安装吊索后,即可进行加劲梁施工。

一 施工方法

悬索桥加劲梁的架设方法一般分为两种:一种方法是从索塔处节段吊装架设开始,分别向主跨跨中和两侧桥台方向推进[图5-4-3a)],在跨中段和连接桥台段合龙;另一种方法是从主跨跨中节段及两侧桥台开始,分别向两个桥塔方向推进[图5-4-3b)]。

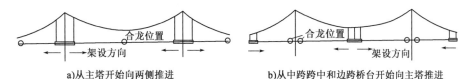

a) 从主塔开始向两侧推进　　　　　　b) 从中跨跨中和边跨桥台开始向主塔推进

图 5-4-3　悬索桥加劲梁施工示意

第一种架设方法的特点是：在架设过程中主缆和加劲梁的变形大，架设铰的位置和吊索的张力调整等都比较烦琐，但塔基部位可作为作业基地，有利于施工操作和管理。在设备条件等受限制或海（江）面不能停航等情况下，采用这种架设顺序比较合适。从结构特点上来讲，三跨连续悬索桥更适合按这种顺序进行架设。

第二种架设方法的特点是：对设备的设置、海（江）面使用等都有不便之处，另外在抗风方面应进行考虑。该方法的优点是靠近索塔的梁段是主缆刚达到最终线形时就位的，这样靠近索塔的吊索索夹最后夹紧，可推迟到塔顶处主缆仅留有很小的永久角变位阶段，所以能减少主缆内的次应力。从结构特点上来讲，单跨悬索桥可按这种顺序进行架设。

无论采用哪种架设方法，均需考虑主缆变形对加劲梁线形的影响。在一般架设中，为使加劲梁的线形适应主缆变形，架设上的各加劲梁梁段之间不应马上作刚性连接，待某一区段或全桥加劲梁吊装完毕后，再作永久性连接。

二　受力特点及技术措施

加劲梁的架设须考虑主缆变形对加劲梁线形的影响。应在施工前作加劲梁施工架设的模型试验，根据试验资料来验证或修正架设工序。一般在架设中，为使加劲梁的线形适应主缆变形，架设上的各节段加劲梁之间不应马上作刚性连接，待某一区段或全桥加劲梁吊装完毕后，再作永久性连接。在加劲梁下部约束施工完成后，悬索桥的结构体系形成。在二期恒载（桥面系自重等）、活载作用下，加劲梁承受与主缆共同作用下的弯曲内力。

拓展小知识

悬索桥先导索的架设方法

先导索是悬索桥主缆安装的关键性环节，它的主要作用是牵引主缆架设，起到"穿针引线"的作用。先导索架设有陆地牵引架设、水上牵引架设和空中牵引架设三种架设方法。

陆地牵引架设法是通过人工、机械拖拉架设，适用于地形有利、跨度不大、无地面障碍物的情况。水上牵引架设法包括自由悬挂架设法、分段牵引江中对接法、浮索牵引法。广东虎门大桥、宜昌长江大桥采用此类方法架设先导索。空中牵引架设法包括火箭发射牵引法、直升飞机牵引法、其他飞行器牵引法（如载人动力伞、热气球、无人机等）。日本明石海峡大桥、浙江西堠门大桥先导索皆采用此类方法架设。

学习提示

在进行锚碇大体积混凝土施工时,需要对温度进行监控,以便于了解混凝土内的温度变化情况,进而有利于确定每层混凝土的浇筑时间和通水冷却等养生方法。

锚固系统的锚杆、锚梁为永久性受力构件,为保证施工质量及后续使用阶段的安全,制作时必须严格按设计要求进行除锈、表面涂装和焊接件的超声波探伤等工作。

悬索桥在索塔主体工程完成后,由于主缆尚未架设,索塔为上端自由的悬臂梁,为避免索塔在风荷载作用下发生明显的振动,应安装索塔抗风减振装置。

猫道是在主缆架设期间提供的一个空中工作平台,由猫道承重索、猫道面板系统及横向天桥和抗风索等组成。猫道有全桥中、边跨整体式的,也有中、边跨猫道为分离式的。

加劲梁的架设须考虑主缆变形对加劲梁线形的影响,在架设中,架设上的各节段加劲梁之间不应马上作刚性连接,待某一区段或全桥加劲梁吊装完毕后,再作永久性连接,以使加劲梁的线形适应主缆变形。

思考与练习

1. 大体积混凝土的水化热效应在施工时可采取哪些措施来进行降低?
2. 为保证隧道式锚碇锚固缆索拉力,在施工时应注意哪些问题?
3. 悬索桥主缆在锚块中的锚固位置有哪些,分别是怎么进行锚固的?
4. 悬索桥钢索塔和混凝土索塔施工方式分别有哪些?
5. 悬索桥主缆架设方法有哪些?各种方法是如何施工的?
6. 悬索桥加劲梁的施工方法有哪些?

本篇总结

1. 悬索桥的组成与分类

(1)悬索桥是以受拉的主缆作为主要承重构件的桥梁,由主缆、索塔、锚碇、吊索和加劲梁等五大承重构件组成,主要连接和转向构件有索夹、鞍座和散索鞍。当设计的桥梁跨径在600m及以上时,悬索桥是首选桥型。悬索桥是目前所有桥型中跨越能力较大的一种桥型。

(2)悬索桥根据跨数和支承点类型,可分为单跨简支体系、双跨连续体系、三跨简支体系、三跨连续体系、多跨连续体系和自锚式体系。

2. 悬索桥的构造与设计

(1)悬索桥总体设计主要包括桥跨布置、结构体系确定、抗风设计和景观设计等内容。桥跨布置的主要设计参数包含边中跨比、垂跨比、宽跨比、加劲梁的高宽比与高跨比等,大跨径悬索桥设计一般都需要进行风洞试验,以便获得合理的设计参数。抗风设计主要为加劲梁的抗风稳定性设计。景观设计包含总体造型、索塔建筑造型、锚碇外观以及结构色彩与景观照明设计等。

(2)悬索桥的缆索系统主要包括主缆与吊索。主缆一般由高强度镀锌平行钢丝束组成,钢丝直径宜为5.0~5.5mm,钢丝公称抗拉强度不宜小于1570MPa。主缆在索夹内的空隙率一般为18%,索夹外空隙率一般为20%。主缆的设计温度通常取20℃。国内悬索桥通常要求在主要荷载作用下,对主缆抗拉强度至少保证不小于2.5的安全系数。吊索通常采用镀锌扭绞钢丝绳、封闭锁口钢丝绳或平行镀锌钢丝束制作,表面涂装油漆或包裹高密度聚乙烯护套防腐,通常按等间距和等截面进行布置。

(3)悬索桥的加劲梁类型主要有钢桁梁、钢箱梁、混凝土梁、钢-混凝土叠合梁等结构形式,分别适用于不同跨径的悬索桥。其中,钢桁梁是悬索桥较常采用的加劲梁形式,其具有良好的抗风稳定性,并可充分利用截面空间提供双层桥面以实现公铁两用或多车道布置。钢箱梁具有良好的空气导流特性和较高的抗扭刚度。同时,正交异性桥面板既是箱梁的组成部分又是行车道板,有效地节省了用钢量。混凝土梁自重大,对提高加劲梁抗风稳定性十分有利,但混凝土梁裂缝不易控制,裂缝的发展会降低结构的耐久性,同时混凝土梁的自重大于钢梁,会增加主缆、吊索用钢量,索塔、锚碇规模亦加大,当悬索桥跨径较大时,采用混凝土梁将导致整体方案不经济。因此,混凝土梁适用于中、小跨径悬索桥。钢-混凝土叠合梁能充分发挥两种材料的优点,使构件在受力上更为合理,突破了单一材料的局限性。

(4)悬索桥索塔按力学性质可分为刚性塔、柔性塔和摇柱塔三种结构形式。刚性塔是指塔顶水平变位量相对较小的索塔,多用于早期较小跨径的悬索桥和现代多跨悬索桥。柔性塔是指塔顶水平变位量相对较大的索塔,是大跨径现代悬索桥最常用的结构。摇柱塔下端为铰接式单柱结构,仅适用于跨径较小的悬索桥。横桥向索塔采用的形式有桁架式、刚架式、混合式结构等。

(5)悬索桥的锚碇分为重力式锚碇和隧道式锚碇两种结构形式。仅从适用性角度来讲,重力式锚碇几乎适用于所有场合。但从经济性角度出发,当锚址处综合地质条件较好、地形有利于全桥总体布置,且施工条件能满足隧洞开挖及出渣时,应首先考虑修建隧道锚的可能性。

3. 悬索桥结构计算方法

(1)悬索桥结构的计算理论根据时间发展可分为线弹性理论、挠度理论和有限位移理论。早期悬索桥由于跨径较小,主缆自重较轻,结构刚度主要由加劲梁提供,结构分析采用线弹性理论。随着跨径增大,加劲梁的刚度相对降低,结构非线性突出,由此产生了挠度理论,悬索桥的跨径也因此突破了1000m。随着计算机的普及和大型结构分析软件的应用,基于计算机的有限位移理论得到蓬勃发展,使得悬索桥的结构计算分析更快速、准确。

(2)悬索桥的计算主要包括静力计算和动力计算。静力计算包含整体分析计算、局部分析计算和其他计算。整体计算模型可分为平面杆系模型、空间杆系模型和块、壳、梁组合模型。动力计算包含动力特性计算、空气动力稳定计算和抗震计算。

(3)悬索桥的成桥状态计算是指精确合理地确定悬索桥成桥状态的内力与变形,主要计算内容包含主缆线形计算、加劲梁线形计算、吊索内力计算以及主塔内力计算。悬索桥的施工阶段计算是指合理确定悬索桥施工阶段的受力状态与变形,主要计算内容包含空缆线形计算、索鞍预偏量计算以及主缆和吊索的无应力索长计算等。

(4)悬索桥主缆在初始恒载作用下,具有较大的初始拉力,使主缆保持一定的几何形状。但在外荷作用下,主缆不仅几何形状将发生改变,而且索力发生改变,充分反映出主缆的几何非线性性质。这种几何形状非线性的改变对悬索桥受力的影响是不可忽略的,因此,结构体系的平衡应该建立在变形后的状态上。

4. 悬索桥的施工方法

(1)悬索桥的施工工序为锚碇基础施工、锚碇施工、索塔基础施工、索塔施工、主缆施工、加劲梁施工、桥面系施工等。

(2)锚碇施工分为重力式锚碇施工和隧道式锚碇施工。重力式锚碇一般为大体积混凝土浇筑施工,必须注意解决混凝土的水化热及分块浇筑的施工问题。隧道式锚碇利用岩体强度对混凝土锚体形成嵌固作用,达到锚固缆索拉力的目的,因而岩体强度和完整性是保障锚碇锚固缆索拉力的关键。

(3)悬索桥索塔根据钢索塔和混凝土索塔采用不同的施工方法。依据钢索塔的规模、类型、施工地点的地形条件并考虑经济适用性,施工方法主要有浮式吊机施工法、塔式起重机施工法、爬升起重机施工法等。混凝土索塔常采用的施工方法为翻模法、滑模法、爬模法和提升支架法等。

(4)悬索桥的主缆施工主要分为猫道施工和缆索施工两部分。猫道有整体式猫道和分离式猫道，其施工方法为：起吊猫道索一端，与拽拉器相连，牵引至另一端，一端入锚，另一端牵拉入锚并调整其垂度，两端的锚头锁定，调整猫道索矢度，铺设猫道面板，安装栏杆立柱以及扶手索等。主缆的架设方法一般有两种，即AS法和PPWS法。AS法是先在猫道上将单根钢丝编制成主缆索股，多束索股再组成主缆。PPWS法是在工厂或桥址旁的预制场事先将钢丝预制成平行索股，然后利用拽拉设施将其通过猫道拽拉架设。

(5)悬索桥加劲梁的架设方法一般分为两种：一种是从索塔附近的节段吊装架设开始逐渐向跨中及桥台推进，另一种是从跨中节段开始向两侧索塔方向推进。前者的优点是可以减少主缆内的次应力，后者的优点是便于施工操作和管理。

第五篇学习内容概要如图5-总-1所示。

- 悬索桥
  - 组成
    - 悬索桥
      - 主缆：采用平行钢丝主缆，为便于施工安装和锚固，主缆被分成束股编制架设，并在两端锚碇处分别锚固，其余区段挤紧成圆形
      - 索塔
        - 结构形式：横桥向有门形框架式、桁架式、混合式等，顺桥向独柱、A形、倒Y形等
        - 索塔材料：钢筋混凝土、钢、钢-混凝土组合等
        - 塔高确定：为主跨跨径的1/11~1/9
      - 加劲梁
        - 钢加劲梁：用于大跨径悬索桥
        - 混凝土加劲梁：用于中、小跨径悬索桥
        - 结构体系：单跨或多跨简支体系、连续体系
      - 锚碇
        - 重力式锚碇：靠自重平衡主缆拉力
        - 隧道式锚碇：利用岩体强度对混凝土锚体形成的嵌固作用平衡主缆拉力
      - 索鞍：主索鞍(设置于塔顶，用于支承主缆)和散索鞍或散索套(设置于锚碇前起支承转向及分散束股便于主缆锚固的作用)
      - 吊索及索夹：将加劲梁竖向力传递给主缆的构件
    - 自锚式悬索桥
      - 主缆：采用平行钢丝主缆，主缆锚固在两端加劲梁上
      - 加劲梁：钢加劲梁，混凝土加劲梁
      - 索塔：同上
      - 索鞍：主索鞍(设置于塔顶，用于支承主缆)和散索鞍(设置在加劲梁两端，起分散束股便于主缆锚固的作用)
      - 吊索及索夹：同上
  - 结构体系：单跨双铰体系、双跨双铰体系、三跨双铰体系、多跨双铰体系，三跨连续体系、多跨连续体系、自锚式体系
  - 结构设计
    - 总体设计：孔跨布置，跨径比、垂跨比、高跨比、加劲梁高宽比等确定，结构体系确定，约束条件布置，景观设计等
    - 构造设计：缆索系统设计、索塔设计、锚碇设计、加劲梁设计、索鞍设计、桥面系设计等
  - 计算方法：采用结构有限元法计算，包括静力计算(整体计算、局部分析计算)、动力计算(抗风计算、抗震计算)、稳定性计算等，
    ⇩
    将在“桥梁结构分析与设计”课程中学习
  - 施工方法：包括锚碇施工、索塔施工、主缆架设、猫道架设、加劲梁施工、桥面系施工等

图5-总-1　第五篇学习内容概要

PART 6
▶▶▶ 第六篇

桥梁支座与墩台

第一章 桥梁支座

第一节 概　　述

支座是设置在桥梁墩台上、支承桥跨结构的传力装置。支座的基本功能是：传递上部结构的支承力,包括恒载和活载引起的竖向力和水平力;保证结构在活载、温度变化、混凝土收缩和徐变等因素作用下的自由变形,以使上、下部结构的实际受力情况符合结构的静力计算图式,如图6-1-1所示。对于抗震设计的桥梁,支座还应具有抗震附加功能,如减隔震的作用等,如图6-1-2所示。

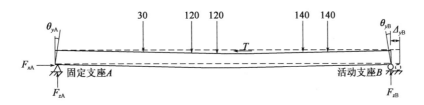

图6-1-1　简支梁静力图式(汽车轴重单位:kN)

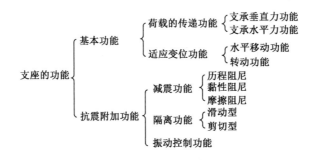

图6-1-2　支座功能分类

支座在设置时应满足以下要求：
(1)支座必须具有足够的承载力,以保证力的传递安全可靠;
(2)支座对桥梁变形(位移和转角)的约束应尽可能地小,以适应梁体自由伸缩和转动的需要;
(3)支座应便于安装、养护和维修,并在必要时方便更换。

对于具有抗震功能的支座还应满足：
(1)减震支座应能提供较高的附加阻尼,用以耗散地震能量;
(2)隔震支座在强震下具有柔性,可以有效延长结构自振周期,降低地震力;
(3)具有足够的初始刚度,保证结构在汽车及风等荷载作用下不产生有害振动。

作用于支座的反力、位移和转角在直角坐标系中可分别用6个力(F_x、F_y、F_z、M_x、M_y、M_z)和6个变位(Δ_x、Δ_y、Δ_z、θ_x、θ_y、θ_z)来表示,如图6-1-3所示。选择支座的形式必须根据支座所承受力和变形的自由度来确定。由于支座的位移和转角将对支座产生附加反力,使支座反力的大小和方向发生相应的改变,为此需要设计不同类型的桥梁支座,以尽量减小由于支座位移和转角所产生的附加力。

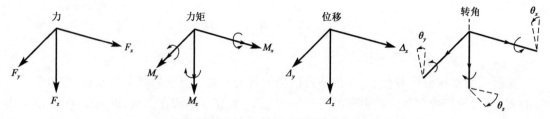

图 6-1-3 作用于桥梁支座的反力、位移和转角

早期,对于跨径小于10m的简支梁(板)桥,梁(板)端部直接支承在墩、台顶部用油毛毡或石棉做成的简易垫层上,未设专门的支座结构。随着对桥梁行车舒适度的要求提高及桥梁跨径的增大,为防止墩、台顶部前缘被压碎,并避免梁(板)端部下缘被顶裂,一般均须在墩、台顶设专门的支座结构。

根据不同桥跨结构的需要,支座在满足不同功能要求的情况下,有不同种类型与构造,本章将着重介绍公路桥梁常用支座的构造与设计计算原理。

一 支座分类

公路桥梁支座可分别按变形的可能性和结构形式进行分类。

1. 按支座容许变位方式划分

支座按其容许变位方式分为固定支座与活动支座,活动支座又分为单向活动支座与双向活动支座(图6-1-4、图6-1-5)。

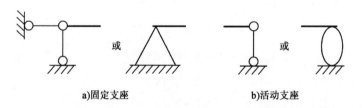

a)固定支座   b)活动支座

图 6-1-4 支座立面图式

a)固定支座   b)单向活动支座   c)多向活动支座

图 6-1-5 支座平面图式

固定支座是容许桥梁上部结构支承处能在竖直平面内转动($\theta_y \neq 0, \theta_x \neq 0$),而不能在水平方向移动($\Delta_x = 0, \Delta_y = 0$)的支座。除承受竖向压力($F_z \neq 0$)外,还能承受因车辆制动力、风力、支座摩阻力等引起的水平力($F_x \neq 0, F_y \neq 0$),如图6-1-1左端和图6-1-4a)所示。反力为F_z和F_x、F_y,变形为θ_x和θ_y。

活动支座是容许桥梁上部结构支承处既能在竖直平面内转动($\theta_y \neq 0, \theta_x \neq 0$),又能在桥梁平面内水平移动($\Delta_x \neq 0$,或(和)$\Delta_y \neq 0$)的支座。容许水平移动的目的是不使桥梁因受活载、温度变化等作用而产生过大的附加水平反力,如图6-1-1右端和图6-1-4b)所示。活动支座按活动方式可分为滑动支座、滚动支座和摆动支座等。活动支座传递的反力与变形为:

纵向活动支座:

反力:$F_z \neq 0, F_x = 0, F_y \neq 0$;

变形:$\Delta_x \neq 0, \Delta_y = 0, \theta_x \neq 0, \theta_y \neq 0$。

横向活动支座:

反力:$F_z \neq 0, F_x \neq 0, F_y = 0$;

变形:$\Delta_x = 0, \Delta_y \neq 0, \theta_x \neq 0, \theta_y \neq 0$。

双向活动支座:

反力:$F_z \neq 0, F_x = 0, F_y = 0$;

变形:$\Delta_x \neq 0, \Delta_y \neq 0, \theta_x \neq 0, \theta_y \neq 0$。

2. 按支座的结构形式划分

支座按其结构构造形式分为弧形钢板支座、辊轴支座、摇轴支座、板式橡胶支座、盆式橡胶支座、铅芯橡胶支座、高阻尼橡胶支座、球冠支座等。

支座是一种承受高应力的构件。上部结构的作用通过支座时集中分布在一个很小的面积上,由于支座构造形式的不同,支座反力的力流分布如图6-1-6所示。辊轴支座的反力通过辊轴与滚动平面的线接触部分传力,力流产生明显的应力集中现象,因此要求接触面能承受较高的接触应力。而板式橡胶支座、盆式橡胶支座和球型支座等支座反力的传递,通过平面传递到平面,传力通顺,不发生力流的颈缩现象,因而是一种比较合理的传力方式。公路桥梁大多采用板式橡胶支座和盆式橡胶支座(图6-1-7),这两种类型支座是本章介绍的重点。

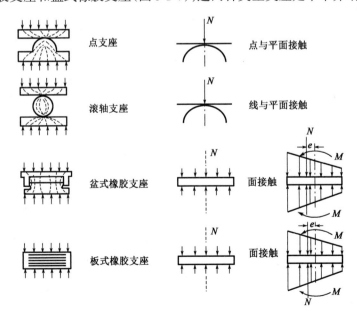

图6-1-6 支座反力的力流分布

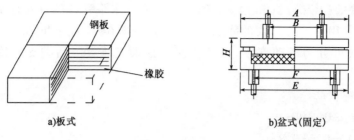

图 6-1-7 橡胶支座

二 支座设置

1. 设置原则

按照静力图式,简支梁桥应在每跨的一端设置固定支座,另一端设置活动支座。连续梁桥应在每联中的一个桥墩(或桥台)上设置固定支座,其余墩台上均应设置活动支座。由于结构设计需要支座传递竖向拉力时,应设置能够承受拉力的支座。

固定支座和活动支座的设置,应以有利于墩台传递纵向水平力为原则:

(1)对于多跨简支梁桥,相邻两跨简支梁的固定支座不宜集中设置在一个桥墩上。

(2)桥梁位于坡道的固定支座设置,简支梁桥一般应设在下坡方向的前端[图6-1-8a)];连续梁桥一般应设在下坡方向的桥台上。

(3)当桥梁位于平坡上时固定支座的设置,简支梁桥宜设在主要行车方向(或重载行车方向)的前端[图6-1-8b)];连续梁桥宜设在主要行车方向的前端桥台上。

图 6-1-8 支座立面设置示意

(4)联长较长连续梁桥的固定支座宜设在桥长中间部位的桥墩上,以使固定支座两侧的自由伸缩长度比较均衡。位于山谷区时,固定支座宜设在线刚度较大的桥墩上,并尽量向中间墩设置。

(5)固定支座宜设置在具有较大支座反力处的桥墩上。

(6)墩顶横梁的横向刚度较小时,应设置横向宜转动的桥梁支座。

(7)在同一桥墩上的几个支座应具有相近的转动刚度。

(8)对于斜桥及横向易发生变形的桥梁,不宜采用辊轴和摇轴等线支座。

(9)宽桥、弯桥,应根据全桥总设置图、线形、桥梁受力等情况综合布设。当横向有两个以上支座时,应考虑桥的横向变形;当纵向为固定支座时,其相邻横向支座为单向活动支座;当纵向为单向活动支座时,其相邻横向支座为双向活动支座。

(10)在地震区要满足桥梁防震、减震的需要。

2. 设置方式

支座的设置方式分为立面设置和平面设置。在立面设置上应保证桥跨结构的纵向位移和转动,使上、下部结构的实际受力情况与理论计算图式相符合。由于公路桥梁装配式结构在横桥向由多片梁组成或整体式结构梁体较宽,一般在横桥向需设置多排支座,这就要求支座在平面设置上不但要与立面设置相一致,还应考虑横桥向的位移和转动。下面介绍几种常用桥跨结构的支座设置方式。

(1)简支梁桥

①立面设置

简支梁桥是静定结构,相邻各跨单独受力。因此,简支梁的一端设置固定支座,另一端设置活动支座,如图6-1-9a)所示。

②平面设置

公路装配式T梁桥,每片T梁两端均需设置一个支座。由于多片T梁组成的桥面较宽,因而要考虑支座横向位移的可能,即在固定支座设置的桥墩上,一般设置一个固定支座,相邻支座设置为横向可动、纵向固定的单向活动支座;而在活动支座设置的桥墩上,一般设置一个纵向活动支座(与固定支座相对应),其余均设置为双向活动支座。公路装配式简支梁桥支座设置示意如图6-1-9b)所示。

(2)连续梁桥

①立面设置

对于连续梁桥,在墩顶沿立面一般设单排支座,即在每一联的一个墩或台上设置一个固定支座,其他墩、台上均需设置活动支座,如图6-1-10a)所示。当连续长度较长时,固定支座宜设在桥长中间部位的桥墩上,以使固定支座两侧的自由伸缩长度比较均衡。

②平面设置

对于连续直梁桥,若梁体下横向设置有两个或多个支座,则应根据需要设置固定支座和单向活动支座或双向活动支座,以满足结构纵、横向变位的需要,如图6-1-10b)所示。

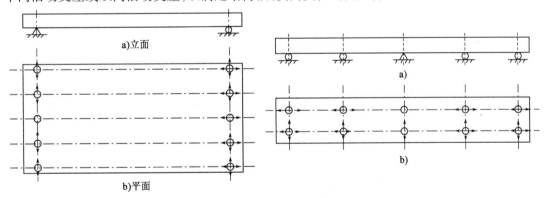

图6-1-9 公路装配式简支梁桥支座设置   图6-1-10 连续梁桥支座设置

对于连续弯梁桥,根据结构需要朝一固定点沿径向位移或结构沿曲线半径的切线方向位移来确定(图6-1-11)。

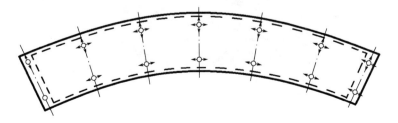

图6-1-11 连续弯梁桥支座平面设置

(3)斜桥

①立面设置

根据桥跨结构的结构体系,参照上述简支梁桥、连续梁桥等进行设置。

②平面设置

对于横向刚度较大的斜桥,由于伸缩方向与转动方向不一致,选择的活动支座应满足伸缩与转动的要求,且不应产生约束力。在设置支座时,支座位移的方向应平行于行车道中心线,而不能与斜桥的桥台(支承中心线)或桥墩(支承中心线)相垂直(图6-1-12)。

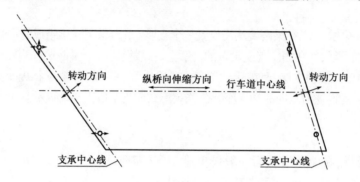

图6-1-12 斜桥支座平面设置

(4)坡桥

坡桥(位于坡道上的桥梁)支座的设置,立面设置时宜将固定支座布置在高程较低的墩台上,并满足上述设置原则的要求。平面设置时根据桥跨结构的结构体系,参照上述方法进行。

3. 设置要求

(1)板式橡胶支座

梁体受桥面纵、横坡影响不能水平搁置,或墩、台顶帽顶面设置横坡时,要求设置在每片梁梁端的板式橡胶支座尽可能受力均匀,不得有个别支座脱空现象,以免支座受力后产生滑移和脱落。设置要求为:

①当板桥桥面横坡小于2%时,板式橡胶支座可直接设于墩、台顶帽的顶面横坡上。

②当板桥桥面横坡大于2%时,应采取措施予以调整,例如在墩(台)帽上设置支座垫石(图6-1-13),支座垫石采用钢筋混凝土材料,材料强度等级不得低于墩(台)帽。

图6-1-13 桥墩顶帽上设置支座垫石示例

③当桥梁纵坡小于1%时,板式橡胶支座可直接设于墩(台)帽上;

④当桥梁纵坡大于1%时,应在梁底和墩(台)顶面采取措施使支座保持水平,通常是在墩(台)帽上设置支座垫石,在梁底支座位置预埋调平钢板(图6-1-14)。

图6-1-14 梁底预埋调平钢板(支座位置)示例

(2)盆式橡胶支座

大跨径桥梁采用盆式支座时,要求盆式支座必须保持水平设置。

①当梁底坡度与支座水平面之间的最大高差小于6cm时,梁底应设置用钢板预制的楔形块(图6-1-15)。

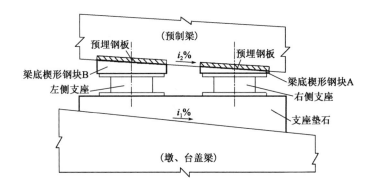

图6-1-15 梁底调平楔形钢块横桥向设置一般构造

②当梁底坡度与支座水平面之间的最大高差大于6cm时,梁底应设置与主梁同标号的钢筋混凝土楔形块(图6-1-16),并与主梁同时施工。

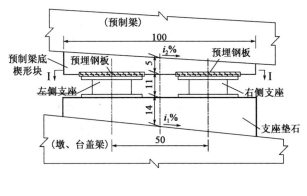

图 6-1-16

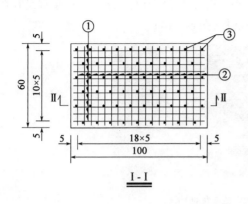
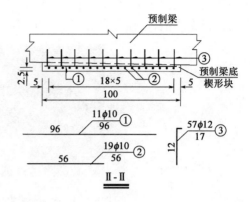

图6-1-16 梁底调平楔形混凝土块横桥向设置钢筋构造(尺寸单位:cm)

③当墩(台)帽(或盖梁)顶面设置横坡时,应设置支座垫石(图6-1-15、图6-1-16)。
④梁底楔形块与墩台顶支座垫石应同时满足桥梁纵、横坡度的要求。

拓展小知识

支座类型

公路梁桥常采用板式橡胶支座或盆式橡胶支座,养护方便,但耐久性不如钢支座,需定期更换。铁路桥梁常采用钢支座,由于钢材容易生锈,需定期养护,只要保养得当,耐久性优于橡胶支座,不需频繁更换。

学习提示

不是所有桥梁都要设置支座,如刚架桥、无铰拱桥、涵洞等。对于需要设置支座的桥梁,设置支座后不可改变桥跨结构的受力和变形,因此,支座主要分为固定支座和活动支座(单向活动支座,多向活动支座)。不同用途的桥梁根据需要采用不同材料制作的支座,公路桥梁通常采用橡胶支座,例如,板式橡胶支座和盆式橡胶支座。

在一跨简支梁(或一联连续梁)桥上只设置一个固定支座,其余均为活动支座(单向活动支座,多向活动支座),固定支座设置的位置与多种因素有关,应有所了解并加以掌握。

思考与练习

1. 桥梁支座的作用是什么？
2. 桥梁支座是怎样分类的？各类支座分别适用于什么情况？
3. 按支座变形可能性分类，桥梁支座一般可分为哪两种，如何区别？
4. 桥梁支座的基本布置原则是什么？
5. 简支梁桥与连续梁桥支座的立面布置有什么异同？
6. 简支梁的一端设置固定支座，另一端设置活动支座。若在施工中安装错误，两端都安装成了固定支座，或两端都安装成了活动支座，将分别导致什么后果？
7. 连续梁桥在桥墩墩帽上设置支座时，顺桥向一般设置一个固定支座，其他墩、台帽上均需设置活动支座。若在施工中安装错误，安装了两个固定支座，其余安装的活动支座，将导致什么后果？

第二节 支座构造与安装

为保证不同类型支座正确使用，使其在桥梁结构中真正发挥作用，对支座的构造特点和工作原理应加以了解，并正确安装。现将公路桥梁使用最广泛的板式橡胶支座和盆式橡胶支座做详细介绍，并对减隔震支座中常见的铅芯橡胶支座、高阻尼橡胶支座和摩擦摆式支座进行简要介绍。

一 支座构造与工作原理

1. 板式橡胶支座

（1）工作原理

板式橡胶支座又称弹性支座，在竖向应具有足够的刚度，以保证在最大竖向荷载作用下产生一定的压缩变形，并能将上部结构的反力可靠地传递给墩台；在水平方向应具有良好的弹性，以适应由于车辆制动力、温度、混凝土收缩和徐变以及活载作用下梁体的水平位移；支座的厚度以能适应梁体转动的需要为准。板式橡胶支座还具有构造简单、安装方便、养护简便、易于更换、建筑高度低、有隔振作用等优点。

板式橡胶支座的活动机理是：利用橡胶的不均匀弹性压缩实现转角θ，利用其剪切变形实现水平位移Δ（图6-1-17）。

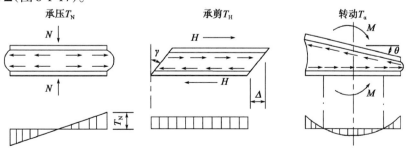

图6-1-17 板式橡胶支座的应力状态

（2）一般构造

板式橡胶支座一般分为无加劲支座和加劲支座两种。无加劲支座只有一层纯橡胶板,容许承压应力约为3000kPa,故只适用于小跨径桥梁。加劲支座则在几层橡胶片内嵌入刚性加劲物质组成,常用薄钢板作为刚性加劲物。桥梁上常用的板式橡胶支座每层橡胶片厚5mm,橡胶片间嵌入2mm厚的薄钢板(图6-1-18)。由于钢板的加劲,阻止橡胶片的侧向膨胀,从而提高了橡胶片的抗压能力,支承反力达7000kN,适用于跨度小于30m、位移量较小的桥梁。

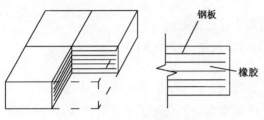

图6-1-18 加劲板式橡胶支座构造

板式橡胶支座可以设计成固定支座与活动支座,也可以设计成不分固定端与活动端的支座。从构造上无固定支座与活动支座之分,固定支座一般厚度相对较薄,能满足梁体支承竖向荷载及梁端自由转动要求即可,梁体的水平位移主要由活动支座的橡胶剪切变形来完成,其高度则取决于水平位移量的大小。

板式橡胶支座的平面形状有矩形和圆形,如图6-1-19所示。应根据不同的桥跨结构采用不同的平面形状,一般情况下,正交桥梁采用矩形支座,曲线桥、斜交桥及圆柱墩宜用圆形支座。

图6-1-19 板式橡胶支座示例

支座的橡胶材料以氯丁橡胶为主,也可采用天然橡胶或三元乙丙橡胶。应根据地区气温条件选用,$-25 \sim +60$℃地区可选用氯丁橡胶支座,$-40 \sim +60$℃地区可选用天然橡胶支座或三元乙丙橡胶支座。根据试验分析,橡胶压缩弹性模量、容许压应力和容许剪切角的数值,均与支座的形状系数S有关,形状系数S按下式计算,并应在$5 \leq S \leq 12$范围内取用。

矩形支座:
$$S = \frac{l_{0a}l_{0b}}{2t_{es}(l_{0a}+l_{0b})} \tag{6-1-1}$$

圆形支座:
$$S = \frac{d_0}{4t_{es}} \tag{6-1-2}$$

式中:l_{0a}——矩形支座加劲钢板短边尺寸,mm;

l_{0b}——矩形支座加劲钢板长边尺寸,mm;

t_{es}——支座中间层单层橡胶厚度,mm;

d_0——圆形支座钢板直径,mm。

为满足较大位移量的需要,通常采用聚四氟乙烯板式橡胶支座(图6-1-20)。该支座是在普通板式橡胶支座上按照支座尺寸大小粘贴一层厚2~4mm的聚四氟乙烯板,除具有普通板式橡胶支座的竖向刚度与压缩变形,且能承受竖向荷载及适应梁端转动外,还能利用聚四氟乙烯板与梁底不锈钢板间的低摩阻系数(聚四氟乙烯板与不锈钢板之间的摩擦系数为0.06,橡胶与普通钢板之间的摩擦系数为0.10~0.15,橡胶与混凝土之间的摩擦系数为0.20~0.30),使桥梁上部结构水平位移不受限制。聚四氟乙烯板式橡胶支座适用于大跨度、多跨连续梁、简支梁桥面连续的结构及由简支安装再转为连续体系的先简支后连续梁桥等大位移量桥梁,还可在顶推、横移等施工中作滑板使用。

图6-1-20 聚四氟乙烯板式橡胶支座示例

2. 盆式橡胶支座

(1)工作原理

盆式橡胶支座是在板式橡胶支座的基础上进一步改进后更为完善的一种橡胶支座(图6-1-21),其工作原理是:利用底钢盆对橡胶块的三向约束来获得较大的承载能力;利用中间衬板上的聚四氟乙烯板与顶板上不锈钢板的低摩擦系数获得较大的水平位移;利用钢盆中三向受力的弹性橡胶块的不均匀压缩获得较大的转角。

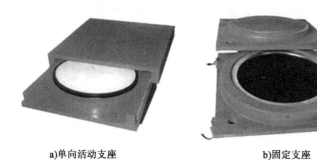

a)单向活动支座   b)固定支座

图6-1-21 盆式橡胶支座示例

(2)一般构造

盆式橡胶支座按其工作特征可分为固定支座[图6-1-22a)]、双向活动支座[图6-1-22b)]和单向活动支座[图6-1-22c)]三种。固定支座由上支座板、下支座板、承压橡胶板、橡胶密封圈、钢紧箍圈和支座锚栓等组成[图6-1-22b)]。双向活动支座由上支座板、下支座板、承压橡胶板、橡胶密封圈、钢紧箍圈、中间钢衬板、聚四氟乙烯板、不锈钢滑板和支座锚栓等组成,用于承受支座竖向反力及转角,并能适应桥梁纵向及横向位移的需要。单向活动支座构造基本与双向活动支座相同,但在支座两侧或中央设置导槽,以限制支座横向(或纵向)的位移[图6-1-22a)]。

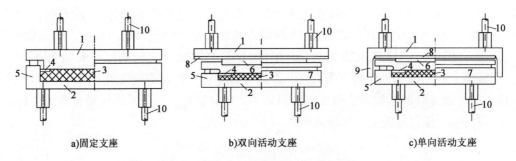

a)固定支座　　　　　b)双向活动支座　　　　　c)单向活动支座

图6-1-22　盆式橡胶支座构造类型

1-上支座板;2-下支座板(钢盆);3-承压橡胶板;4-橡胶密封圈;5-钢紧箍圈;6-中间衬板;7-聚四氟乙烯板;8-不锈钢滑板;
9-侧向限位板;10-支座锚拴

盆式橡胶支座的上支座板与桥梁上部结构联结,随梁的运动而运动;下支座板固定在桥墩或桥台顶帽上,承受上部构造的作用力并传递给桥墩或桥台(图6-1-23)。上支座板上的不锈钢板与下支座板的聚四氟乙烯板组成一摩擦系数很小的摩擦件,实现水平位移,并以很小的水平推力通过下支座板而作用在桥墩上。

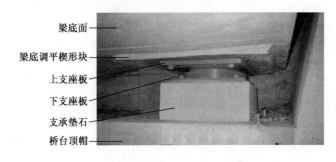

图6-1-23　实桥桥台上的盆式橡胶支座

3. 抗震支座

(1)铅芯橡胶支座

①工作原理

铅芯橡胶支座由胶层总厚度很大的板式橡胶支座及其中间的高纯度铅芯组合而成。支座的橡胶层提供竖向承载力和水平柔性及恢复力,高纯度铅芯利用其良好塑性性能吸收并耗散地震能量。铅的屈服应力约为10MPa,并且具有较高的初始剪切模量、理想弹塑性性能以及常温下再结晶的能力,因此,铅芯橡胶支座能够同时满足正常使用时提供足够的刚度和强震下提高耗能的需求。

②一般构造

铅芯橡胶支座一般由支座本体和外连接钢板及锚固连接构件组成(图6-1-24)。支座本体与外连接钢板间用内六角螺栓和剪力键连接,外连接钢板通过锚固套筒螺栓分别与桥梁上部结构、墩台顶部的支承垫石连接。支座的橡胶材料选用天然橡胶,水平剪切模量0.8~1.2MPa,极限剪切应变不小于300%,等效阻尼比15%~22%。因需要较大的水平变位使铅芯充分产生塑性变形来耗散地震能量,因此,铅芯橡胶支座的单片橡胶层厚度及橡胶层总厚度均远大于相同承载力规格的普通板式橡胶支座。橡胶层内加劲钢板厚度不小于3mm,当支座本体尺寸大于1000mm时,加劲钢板厚度不小于5mm。铅芯面积与支座有效面积之比在3%~10%的范围内。

(2)高阻尼橡胶支座

①工作原理

高阻尼橡胶支座中的橡胶是采用添加纤维塑料或石墨及其他添加剂的高阻尼橡胶材料制成。当支座产生剪切变形时,高阻尼橡胶中的纤维塑料或石墨细颗粒物通过摩擦生热耗散能量,其阻尼比一般在10%~20%,约为普通板式橡胶支座的2~4倍。因此,高阻尼橡胶支座不仅具有与普通板式橡胶支座同等的力学性能,更具备阻尼比高、减震耗能性能突出的优点。

②一般构造

高阻尼橡胶支座一般由支座本体和上下封层钢板、上预埋钢板及锚固连接构件组成(图6-1-25)。支座本体与上、下封层钢板硫化黏结。支座底面不设预埋钢板,与墩台之间通过下封层钢板采用套筒、锚固螺栓连接。支座利用上封层钢板与梁底的上预埋钢板通过套筒、锚固螺栓连接。高阻尼橡胶的水平剪切模量0.8~1.2MPa,极限剪切应变不小于300%。

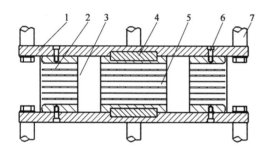

图6-1-24 铅芯橡胶支座构造
1-外连接钢板;2-加劲钢板;3-铅芯;4-剪力键;5-橡胶层;
6-内六角螺栓;7-锚固套筒螺栓

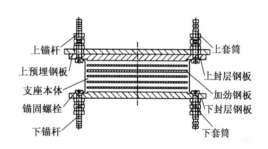

图6-1-25 铅芯橡胶支座构造

(3)摩擦摆式支座

①工作原理

摩擦摆式支座源于滑动摩擦型支座,利用不锈钢板与聚四氟乙烯(PTFE)材料之间滑动摩擦系数小、水平位移量大的优点,常作为桥梁的活动支座使用。在地震作用时,当支承在滑动摩擦型支座上的梁体受到的惯性力大于摩擦阻力时,梁体与支座滑动面之间开始滑移,桥梁上部结构的自振周期延长,从而避开了地震力较大的短周期区段。梁体通过支座传递给桥墩的水平力仅为较小滑动摩阻力,从而保护了桥梁墩台免受强大地震力的冲击。但这类支座是没有自复位能力的,震后残余变位大,需要与其他能够提供回复力的装置配合使用。摩擦摆式支座将滑动面由平面改为凹曲面,利用滑动块在凹曲面内做钟摆运动延长桥梁上部结构自振周期、降低结构地震响应,并利用结构自重在凹曲面上的切向分力提供一定的自复位能力。

②主要类型与构造

摩擦摆式支座与盆式橡胶支座和球型钢支座一样,按正常使用状态下的工作特征分为固定支座、双向活动支座和单向活动支座三种,且位移限制方式和构造相同,此处仅以固定支座为例进行简要介绍。摩擦摆隔震支座由锚固螺栓、上支座板、上耐磨板、球冠、下耐磨板、下支座板及限位装置等组成(图6-1-26)。固定支座各向、单向活动支座限位方向的初始水平限位力在一般情况下设计为支座竖向设计承载力的10%,活动方向的水平摩擦力为支座竖向设计承载力的1%~6%。支座设计位移为温度位移与地震位移叠加后的综合位移,一般为±100~±300mm,设计转角为±0.02rad。需要指出的是,摩擦摆式支座无成品支座可选,需要根据桥梁设计和抗震要求进行专门设计。

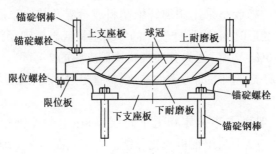

图6-1-26 摩擦摆式支座构造

二 支座安装与更换

1. 板式橡胶支座

(1)安装

板式橡胶支座一般直接安装在墩台的顶面或钢筋混凝土支撑垫石上,而梁就直接安放在支座上。为使橡胶支座受力均匀,支座安装位置要正确。

(2)安装要求

①支座安装时要避免过大的剪切变形,支座处梁的底面和墩台顶面要清洁平整,使支座与梁底及墩台密贴,必要时可铺设一层薄薄的水泥砂浆。

②如果支座比梁肋底面宽,则应在梁与支座之间设置钢垫板。

③通常情况下,支座无须与墩台或支承垫石固定,在水平荷载较大时,为防止支座滑动,可借助支座顶面、底面上的定位孔来固定。此时,应注意锚钉不能深入支座太多,以免削弱支座的活动性。

④活动支座应设置防尘罩,以确保支座正常工作。

(3)更换

板式橡胶支座由于开裂、老化、剪切变形过大等原因不能正常工作时,需更换新的支座。更换步骤为设置千斤顶、顶升梁体、支座更换、落梁、拆除千斤顶。

①在墩、台帽(或盖梁)顶面安放千斤顶。若墩、台帽(或盖梁)顶面没有安放千斤顶的空间,则需搭设支架和施工平台,安置千斤顶。

②梁体同步顶升。顶升高度为可拆除既有支座和安装新支座所需的工作空间。顶升到位后将梁体由千斤顶转落至临时支撑上。

③支座更换。取出旧支座,并对支座垫石表面进行清洁、平整等处理工作。将新的橡胶支座安放在垫石上,使新支座的中心线与墩台的设计位置中心线重合,保证支座就位准确。

④落梁。开启同步顶升系统,平稳降落梁体。如果支座出现偏心受压、不均匀支承或托空等现象,则应重新顶升梁体,并在支座下加设抄垫钢板进行微调(厚度不超过3mm),直至支座上下面全部密贴。

⑤支座检查合格后,拆除千斤顶、临时支承钢板等顶升设备。

(4)耐久性

板式橡胶支座耐久性主要受支座设计、生产质量、施工安装、养护维修等四方面因素影响。

①支座设计

板式橡胶支座设计时如果规格选取不当,往往会出现平面尺寸、支座厚度和容许倾角偏小。支座平面尺寸不足会导致橡胶层与加劲钢板连接的边缘处存在着较高的应力集中现象,支座没有足够的疲劳强度储备。当支座的工作应力大于临界疲劳应力时,在周期载荷下橡胶层可能发生裂纹并扩展。支座厚度不足,容易造成支座剪切变形能力不足,导致使用中支座剪切变形过大。若梁底面与支座承压平面不平行,使得支座与梁底面不贴合,将导致支座局部承压,当梁端产生转角位移时将引起支座顶面倾斜。

支座设计时应注意支座生产规格更新带来承载力的变化,选择合理的平面尺寸、支座厚度和容许倾角。支座平面尺寸对应的承载力应略大于实际桥梁结构的支承反力;严格控制橡胶支座的设计应力上限,适当降低板式橡胶支座的设计应力水平,确保有足够的疲劳强度储备。支座厚度按照上部结构在支座处的水平位移量确定;支座转动产生的位移应小于支座竖向压缩变形。

②生产质量

橡胶材料受温度、氧、臭氧、外部荷载等作用,会呈现出逐年老化现象。温度变化会使橡胶材料产生热老化,其强度和刚度出现退化,降低橡胶的吸能效果。氧和臭氧的侵蚀会导致橡胶的化学键断裂而产生表面裂纹;表面裂纹的出现增大了橡胶与空气的接触面积,进一步加剧了氧和臭氧对橡胶的侵蚀。受交变荷载的作用,材料易产生疲劳。

橡胶与加劲钢板的黏结质量低导致橡胶与钢板的剥离强度降低,容易在支座内部留下如残余气泡形成的空穴、胶层夹杂等初始缺陷。加劲钢板位置定位错位和不平行及橡胶层厚薄不均会导致橡胶支座局部胶层力学性能大幅降低。

支座设计时应根据桥位环境类别正确选择天然橡胶、氯丁橡胶和三元乙丙橡胶等橡胶支座。不得使用任何再生胶或粉碎的硫化橡胶,硫化时应严控加劲钢板的嵌入位置以及层间平行度,保证橡胶层的厚度均匀。

③施工安装

支座的安装施工工艺、质量直接影响其受力状态和耐久性。板式橡胶支座安装施工中目前主要存在以下问题:

a. 支座垫石与梁底支承楔块的位置、尺寸、高程的施工偏差较大,内部钢筋缺漏或保护层厚度过大。

b. 支座垫石混凝土顶面水平度不足、不平整。

c. 支座安装的位置、方向的施工偏差大。

d. 支座上、下表面未与梁底支承面、垫石顶面完全密贴或支座顶面不水平、支座顶高程的施工偏差过大,出现支座局部脱空、偏压等现象。

e. 四氟乙烯滑板与不锈钢滑板划伤、表面脏污、硅脂未注满。

为解决上述问题,应保证支座施工工艺规范,严控施工质量。例如,施工中控制墩台垫石及梁底支承面混凝土强度、施工平整度、位置尺寸和高度等施工误差。支座安装前,应先将垫石顶面清理干净,确保垫石顶面无浮砂、灰尘、油污,并采用水平尺检查支座的水平度,确保支座顶面水平。当施工中发现某种支座缺乏或规格型号不对时,严禁对各处的支座随意调换,不得以大代小以强代弱,更不能以小代大、以弱代强。施工中支座安装工艺、质量符合规范及设计要求,将有效保证支座使用寿命和耐久性。

④养护维修

在日常巡检与养护中未能及时发现支座的功能损伤和老化,会导致支座功能降低、老化速度加快。因此,应根据支座的应用功能、功能降低的可能程度,据此确定日常检查频率、内容以及恢复已降低功能的管理计划。根据支座变化程度和变形发展情况,参考维护管理的有关资料,预测支座功能的降低,准确判断支座使用状况、制定详细的养护修补措施,选定修补方法及实施时间。

2. 盆式橡胶支座

(1)安装

盆式橡胶支座的上、下支座板与梁体、墩台的连接方式,可以焊接,也可以用地脚螺栓锚固,或两种办法同时使用,即上支座板焊接、下支座板锚固,或上支座板锚固、下支座板焊接。安装要求为:

①当采用焊接时,必须预埋钢板,预埋钢板的厚度和平面尺寸,均应大于支座顶板或底板的厚度和平面尺寸,并有可靠的锚固措施。支座定位后用断续焊接将支座顶、底板与预埋钢板焊在一起并逐步焊满周边。

②当采用地脚螺栓连接时,支座的上支座板与地脚螺栓应按设计要求做好,再浇注梁体混凝土。支座的下支座板与墩台的连接则应预留地脚螺栓孔。孔的尺寸应大于或等于三倍地脚螺栓的直径,深度稍大于地脚螺栓的长度。孔中浇注环氧树脂砂浆,于初凝前插进地脚螺栓并带好螺母,其外露螺母顶面的高度不得大于螺母的厚度,待砂浆完全凝固后再拧紧螺母。

(2)更换

采用盆式橡胶支座的桥梁需更换新支座时,更换步骤与板式橡胶支座相同,只是在"③支座更换"的操作方法上,由于两者在构造与安装上的不同而有差别。一般有两种更换方法:

①如果上支座板能够与下支座板脱离取出,则先拆除上支座板,再拆除下支座板,更换新支座。

②如果上支座板不能与下支座板脱离取出,则先拆除下支座板(将支座垫石凿除,下支座板降低取出),再拆除上支座板,更换新支座(下支座板降低高程安装)并修复支座垫石。

(3)耐久性

盆式橡胶支座与板式橡胶支座不同,盆式橡胶支座中的承压橡胶板内置于钢盆中,与空气接触少,橡胶材料的老化现象没有板式橡胶支座突出。盆式橡胶支座经常出现钢件裂纹、变形、锚栓剪断、钢件脱焊、锈蚀、位移转角超限、密封圈或承压板挤出等病害。同时长期运营也会导致滑板材料磨损,支座摩擦系数增大、活动性能降低。

为提升盆式橡胶支座的耐久性,应在支座生产环节就注重提升材料的工作寿命。如选用含铬、镍、锡、钛等高抗腐蚀性合金钢材,构件成型后采用热喷锌、热镀锌、防腐涂层覆盖等表面处理工艺,提升钢构件的抗腐蚀性能。针对滑板材料磨损,目前多采用强度更高、磨耗率更低的超高分子聚合物替代。

盆式橡胶支座在日常巡查养护时应注意检查支座各部位是否保持完整、清洁,及时消除支座周围的垃圾杂物、积雪和冰块,保证支座正常工作。同时应进场清扫污水、油脂,及时排除墩、台帽积水。当四氟滑板与不锈钢板接触面间进入泥沙或硅脂干涸时,要及时清理,并注入新的硅硅脂。

拓展小知识

支座安装

板式橡胶支座普遍应用于公路桥梁中,安装方法看似简单,操作容易,但很多梁桥在后期运营中梁出现了问题,大多因为支座安装不合格导致的。支座安装不正确,桥跨结构受力不协调,将影响桥梁的使用寿命,甚至造成安全事故。因此,支座的正确安装(尤其是坡道上的桥梁、弯桥、斜桥等的支座安装)是保证桥梁安全运营的关键。

学习提示

板式橡胶支座靠其剪切变形实现水平位移。盆式橡胶支座由于钢盆侧向约束了橡胶块的剪切变形,因此,其水平位移是靠上支座不锈钢板与下支座聚四氟乙烯板之间的低摩阻系数实现水平位移;同时,钢盆也约束了橡胶块的侧向变形,使其承载力大于板式橡胶支座。

应特别注意斜桥、坡桥、弯桥上支座的设置与安装要求。

思考与练习

1. 板式橡胶支座的构造及工作机理是什么?
2. 盆式橡胶支座的构造及工作机理是什么?
3. 如何区分板式橡胶支座的固定支座与活动支座?
4. 如何区分盆式橡胶支座的固定支座、单向活动支座与多向活动支座?
5. 对盆式支座而言,墩、台顶设置的支座垫石所起的作用是什么?

第三节 支座设计与计算

在桥梁设计中,通常根据支座处的设计最大支承反力和变形量选定成品支座型号,无须对支座进行专门设计计算,尤其是中、小跨径桥梁。对于大桥、特大桥和特殊结构桥梁,当无成品支座可选或需要特殊设计支座时,根据支座处的设计最大支承反力和变形量进行支座设计。

一 支座形式选择

从桥梁支座适应变形的功能来讲,有固定支座、单向活动支座和双向活动支座三大类。支座的选择形式与桥梁结构形式有关,支座选择不当会使支座过早破坏,因此,对一座桥梁上的各个位置所选用的支座形式,应考虑以下因素:

(1)竖向作用(或荷载)。
(2)水平作用(或荷载)。
(3)位移要求。
(4)转动要求。
(5)桥墩(或桥台)和上部结构的宽度。
(6)各支承点所需要支座的数量。
(7)地基条件和沉降的可能性。
(8)桥梁的长度。
(9)桥梁的结构形式。

综合上述因素后,应使选用的支座除了能可靠地传递垂直力和水平力外,还能适应顺桥向和横桥向的变形。同时,选用的支座应使由于梁体变形所产生的纵向和横向位移及转角尽可能地不受约束等。

1. 支座类型选择

对于具体桥型,应根据桥跨结构特点合理选择支座形式。

(1)简支梁桥或连续梁桥直桥

对于简支梁桥或中等跨径的连续梁桥,除有特殊考虑外,通常选用板式橡胶支座或盆式橡胶支座。不论从经济上还是施工方便程度上讲都要考虑使用的支座形式,特别是由于支座高度相对较低,稳定性好,支座弹性对地震力的分散、吸收具有一定作用。

(2)弯桥

弯桥的移动方向与转动方向不一致,因此,一般希望采用可以全方位移动和转动的支座形式。作为适应这种情况的支座形式,目前可以考虑橡胶支座(如圆形板式橡胶支座等)、球冠支座等。

(3)斜桥

斜桥活动部位的伸缩和转动都可能出现在不同方向上,因此,在活动支座处可考虑与弯桥一样采用全方位移动和转动支座形式。

2. 成品支座选择

目前,国内有多家支座生产企业专门从事支座的研发、设计与生产工作,制作出不同规格、型号的桥梁支座,能够满足一般桥梁的设计使用需要。在桥梁设计中,根据支座处的设计最大支承反力和变形量,选定成品支座型号。在选择成品支座时应注意以下几点:

(1)支座平面尺寸的大小尽量不要大于梁底的平面尺寸,例如装配式T梁梁底宽度较窄,若支座平面尺寸大于梁底宽度,会导致支座局部承压,影响支座的使用寿命;

(2)支座的最大承压力要大于结构的设计最大支承反力,并留一定的安全储备值,避免支座超负荷承压,降低使用寿命;

(3)一座桥梁相同功能的支座,当承载力相近时,规格应一致,以便维修更换。

【例6-1-1】 某装配式预应力混凝土T形梁桥,位于寒冷地区,下翼缘(马蹄)宽450mm,支座处的设计最大支承反力为1384kN,确定板式橡胶支座型号。

解:

成品支座选择方法:

(1)根据梁底截面形式,采用矩形板式橡胶支座;

(2)根据T形梁下翼缘(马蹄)宽度450mm,确定所选用的支座宽度应≤450mm;

(3)成品支座的最大承压力应>1384kN;

(4)查成品支座目录,见表6-1-1,确定选用型号为"400×400"。

矩形板式橡胶支座规格系列选用参数　　　　表6-1-1

序号	平面尺寸 $l_a \times l_b$ (mm)	最大承压力 R_{ek}(kN)	支座总厚度 t(mm)	最大位移量(mm) 不计制动力 Δt_1	最大位移量(mm) 计入制动力 Δt_2	允许转角正切值$\tan\theta$(θ单位为rad) 温热地区	允许转角正切值$\tan\theta$(θ单位为rad) 寒冷地区	允许转角正切值$\tan\theta$(θ单位为rad) 严寒地区
1	350×400	1326	69	22.0	30.8	0.0081	0.0069	0.0058
2	350×450	1496	69	22.0	30.8	0.0074	0.0064	0.0053
3	400×400	1521	69	22.0	30.8	0.0063	0.0054	0.0050
4	400×450	1716	69	22.0	30.8	0.0057	0.0050	
5	450×450	1936	69	22.0	30.8	0.0050		

在实际工程中,连续梁桥大多采用盆式橡胶支座,选用方法与上述例题相似,根据连续梁桥的支座反力、支座类型(固定支座、单向活动支座、双向活动支座等)选择成品支座型号。值得注意的是,盆式橡胶支座有固定支座与活动支座之分,一般连续梁桥中应该有固定支座、单向活动支座、双向活动支座等规格,在型号及数量确定时要正确。

二　支座设计计算

在无成品支座可选,或需专门设计特殊需要的支座时,应根据支座受力及变形等因素进行支座设计。以下着重介绍公路桥梁常用的板式橡胶支座和盆式橡胶支座的设计计算方法。

1. 板式橡胶支座

板式橡胶支座的设计与计算包括确定支座几何尺寸、验算支座受压偏转情况以及验算支座的抗滑稳定性。

(1)确定支座几何尺寸

①支座的平面尺寸

板式橡胶支座的平面尺寸由橡胶板的抗压强度和梁底部或墩台顶混凝土的局部承压强度来确定,一般由橡胶支座的抗压强度控制设计。其有效承压面积按下式计算:

$$A_e = \frac{R_{ek}}{\sigma_e} \qquad (6\text{-}1\text{-}3)$$

式中：A_e——支座有效承压面积（承压加劲钢板面积），mm²；

R_{ek}——支座压力标准值，N，为使用阶段桥上全部恒载与活载（包括冲击力）所产生的最大支座反力；

σ_e——支座使用阶段的平均压应力限值，N/mm²，$\sigma_e=10.0$ N/mm²。

② 支座的厚度

梁的水平位移是通过全部橡胶片的剪切变形来实现的，如图 6-1-27 所示。因此要确定支座的厚度，首先要知道主梁由于温度变化等因素预计将产生的纵向最大水平位移 Δ。显然，橡胶片的总厚度 t_e 与水平位移 Δ 之间满足下列关系：

$$\frac{\Delta}{t_e} \leqslant \tan\alpha$$

即

$$t_e \geqslant \frac{\Delta}{\tan\alpha} \tag{6-1-4}$$

式中：t_e——橡胶片的总厚度，mm；

$\tan\alpha$——橡胶支座剪切角正切值的限值，应按规范规定取用，根据是否计入活载制动力而取不同值；

Δ——荷载、温度变化等所引起的支座顶、底面的相对水平位移，mm。

橡胶片的总厚度 t_e 确定后，再加上加劲薄钢板的总厚，即为所需的橡胶支座的厚度 h。

(2) 验算支座的偏转情况

主梁受荷挠曲时，梁端将出现转动，但不允许与支座产生脱空现象。挠曲时梁端转角为 θ （图 6-1-28），此时支座表面将产生不均匀的压缩变形，一端为 ΔS_1，另一端为 ΔS_2，其平均压缩变形为

$$\Delta S = \frac{1}{2}(\Delta S_1 + \Delta S_2) \tag{6-1-5}$$

$$\Delta S_1 = l_a \cdot \tan\theta + S_2 \tag{6-1-6a}$$

$$\Delta S_2 = \frac{R_{\max} t_e}{E_e A} \tag{6-1-6b}$$

式中：$R_{\max}$——支座的最大设计反力，N；

E_e——橡胶支座的弹性模量，N/mm²；

A——橡胶支座的毛面积，mm²，$A = l_a \times l_b$，l_a 和 l_b 分别表示橡胶支座的顺桥向长度和横桥向宽度；

θ——橡胶支座的偏转角，(°)。

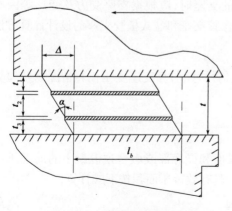

图 6-1-27 支座厚度的计算图式

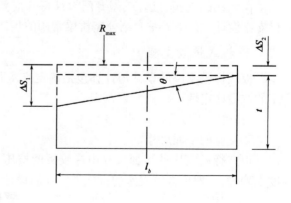

图 6-1-28 支座偏转图式

(3)验算支座的抗滑性能

板式橡胶支座一般直接搁置在墩台与梁底之间,在受到梁体传来的水平力后,应保证支座不致滑动,即支座与混凝土间要有足够大的摩阻力来抵抗水平力,故应满足下式要求:

不计汽车制动力时
$$\mu R_{Gk} \geq 1.4 G_e A \frac{\Delta_l}{t_e} \tag{6-1-6}$$

计入汽车制动力时
$$\mu R_{ck} \geq 1.4 G_e A \frac{\Delta_l}{t_e} + T_{bk} \tag{6-1-7}$$

式中:R_{Gk}——由结构自重引起的支座反力标准值,N;

R_{ck}——由结构自重标准值和0.5倍汽车荷载标准值(计入冲击系数)引起的支座反力,N;

Δ_l——由上部结构温度变化、混凝土收缩和徐变等作用标准值引起的剪切变形和纵向力标准值(不包括汽车制动力)产生的支座剪切变形,以及支座直接设置于不大于1%纵坡的梁底面下,在支座顶面由支座承压力标准值顺纵坡方向分力产生的剪切变形,mm;

G_e——支座剪变模量,N/mm²;

T_{bk}——由汽车荷载引起的制动力标准值,N;

μ——支座与不同接触面的摩擦系数,支座与混凝土接触时$\mu=0.3$,支座与钢板接触时$\mu=0.2$,聚四氟乙烯板与不锈钢板接触时$\mu_f=0.06$,当温度低于$-25℃$时,μ_f值增大30%,当不加硅脂时,μ_f值应加倍,当有实测资料时,也可按实测资料采用;

其余符号意义同前。

2. 盆式橡胶支座

盆式橡胶支座的设计计算内容和其构造形式有关。通常需要进行以下内容的设计计算:确定聚四氟乙烯板和氯丁橡胶的尺寸,计算中间衬板,验算上下支座板、梁底和支座支承垫石、钢盆顶板偏转的控制、紧箍圈和防水圈的设计,以及螺栓连接和焊接计算等。

在实际工程中,设计人员主要根据盆式橡胶支座产品目录选配适合具体桥梁的支座,极少情况下需要进行支座设计。因此,下面仅介绍底盆式构造的盆式橡胶支座计算方法。

(1)基本尺寸的确定方法

①聚四氟乙烯板尺寸

聚四氟乙烯板的最小直径D_1由下式确定:

$$D_1 = \sqrt{\frac{4R_{max}}{\pi [\sigma_1]}} \tag{6-1-8}$$

式中:$[\sigma_1]$——聚四氟乙烯板的容许承压应力,N/mm²;

其余符号意义同前。

聚四氟乙烯板的厚度图6-1-29,一般可取$h_1 = \left(\frac{1}{40} \sim \frac{1}{80}\right) D_1$,直径越大取值越小,对于大直径板选取的比值还可再小些。

②氯丁橡胶板尺寸

氯丁橡胶圆板的最小直径由下式确定:

$$D_2 = \sqrt{\frac{4R_{\max}}{\pi[\sigma_2]}} \qquad (6\text{-}1\text{-}9)$$

式中：$[\sigma_2]$——钢盆内橡胶板的容许承压应力，N/mm²；
其余符号意义同前。

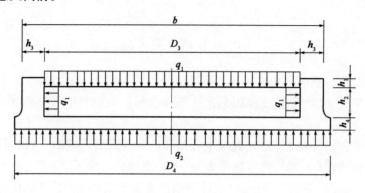

图 6-1-29　下支座板的计算图式

橡胶板厚度（图6-1-29）一般可取 $h_2 = \left(\dfrac{1}{10} \sim \dfrac{1}{18}\right)D_2$。

③下支座板尺寸

由于下支座板钢盆内放置橡胶板，因此，下支座板钢盆的内径 D_3 由橡胶板的直径确定。为使橡胶板置入钢盆内紧贴密合，一般取等于橡胶板直径或比橡胶板直径小 0.5~1mm。下支座板的计算图式如图 6-1-29 所示。

下支座板钢盆壁厚度应保证盆壁在橡胶板的环向应力下不致产生裂缝。可以按厚壁圆筒应力公式估算壁厚。中间衬板受到并传给橡胶板的应力 q_1 为

$$q_1 = \frac{R_{\max}}{A} \qquad (6\text{-}1\text{-}10)$$

式中：A——橡胶板的受压面积，mm²；
其余符号意义同前。

下支座板所受的环向拉力 P 为

$$P = \frac{q_1 D h_2}{2} \qquad (6\text{-}1\text{-}11)$$

式中：D——下支座板钢盆初估内、外直径的平均值，mm；
其余符号意义同前。

于是，可求得下支座板钢盆壁的最小厚度 h_3 为

$$h_3 = \frac{P}{h[\sigma]} \qquad (6\text{-}1\text{-}12)$$

式中：h——钢盆壁高度，mm，$h = h_1 + h_2$，预估时可取 $h = 1.5h_2$；
$[\sigma]$——钢盆材料的容许应力，N/mm²。

在忽略橡胶板对钢盆壁内侧压力及盆壁环向拉力作用的条件下，假定盆底反力均匀分布，近似以钢盆底受弯的要求作为计算依据确定钢盆底厚度 h_4。

在初估盆壁厚度时,同时按厚壁圆筒公式验算下支座板钢盆壁顶面的切向应力 σ_τ 为

$$\sigma_\tau = \frac{q_1}{\frac{b^2}{a^2}-1}\left(1+\frac{b^2}{r^2}\right)\frac{h_2}{h} \leqslant [\sigma] \tag{6-1-13}$$

式中:a——下支座板钢盆内半径,mm;
b——下支座板钢盆外半径,mm;
r——应力计算点至钢盆圆心的距离,mm;
其余符号意义同前。

下支座板盆底中央截面的弯矩按下式计算:

$$M_1 = \frac{R_{\max}}{2} \cdot \frac{2}{3\pi}(D_4 - D_3) \tag{6-1-14}$$

式中:M_1——下支座板盆底中央截面的弯矩,N·mm;
D_3——下支座钢盆内径,mm;
D_4——下支座钢盆外沿直径,mm;
其余符号意义同前。

通过计算底部应力确定厚度,也可先假定厚度,再进行应力验算。

$$\sigma = \frac{6M_1}{D_4 h_4^2} \leqslant [\sigma] \tag{6-1-15}$$

式中:σ——下支座板底部应力,N/mm²;
h_4——下支座板的底厚,mm(图 6-1-29)。

当钢盆两个主轴方向的弯矩不同时,可按顺桥向和横桥向两个主轴方向分别计算,选取其中较不利值计算 h_4。

实际上,按照悬臂板计算底板弯曲应力的方法是过于保守的,使得下支座板比较笨重,往往很不经济。因此,对于承载能力大的盆式橡胶支座的设计计算,往往采用有限元等分析计算法,更符合实际受力状态。

④中间衬板厚度

中间衬板的顶部嵌入聚四氟乙烯板,下面为橡胶板,中间衬板的计算图式如图 6-1-30 所示。同样,圆形的中间衬板的计算可按悬臂板的受力状态考虑。

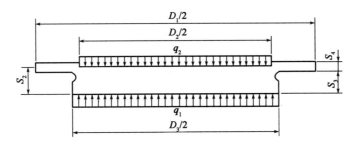

图 6-1-30 中间衬板的计算图式

中间衬板的顶面中央截面的弯矩计算式为

$$M_2 = \frac{R_{\max}}{2} \cdot \frac{2}{3\pi}(D_2 - D_1) \tag{6-1-16}$$

式中：M_2——中间衬板的顶面中央截面的弯矩，N·mm；
　　　D_2——橡胶圆板直径，mm（图6-1-30）；
　　　D_1——中间衬板直径，mm。

先假设中间衬板的厚度，再进行应力计算，则

$$\sigma = \frac{6M_2}{D_2 S_1^2} \leq [\sigma] \tag{6-1-17}$$

式中：S_1——中间衬板的厚度，mm；
　　　其余符号意义同前。

计算中间衬板顶面的弯矩时应考虑两个主轴方向分别求算，并考虑桥梁上部结构纵向移动时的弯矩组合。

⑤上支座板尺寸

盆式橡胶支座的上支座板往往直接与梁底或梁底楔形调平块接触，其平面尺寸主要取决于支座的最大位移量、下支座板盆环的直径和螺栓连接位置所需要的尺寸总和。直线桥梁的上、下支座板顺桥向长度主要取决于前两项，横桥向宽度需要考虑连接螺栓的位置。

上支座板的厚度可采用与下支座板类似的方法。对于盆式橡胶滑动支座，其水平位移要通过上支座板与聚四氟乙烯板发生相对位移来实现。因此，应考虑上支座板与聚四氟乙烯板对中和发生位移两种情况进行应力验算。发生位移时，要考虑滑动摩擦力产生的弯矩。

以上的计算方法是比较粗略的，但是偏安全。从试验和有限元分析的结论可知，支座板的受力为中间大，边缘小。在板上除产生支承压力外，还有环向应力和径向应力。

(2)中间衬板偏转控制

盆式橡胶支座中，要求在梁偏转时中间衬板与橡胶板的接触面不能出现脱空现象，即不允许出现局部承压的状态，则要求

$$\sigma = \frac{R_{\max}}{A} - \frac{M_1}{W} \geq 0 \tag{6-1-18}$$

与板式橡胶支座的偏转验算一样，要求 $\Delta S_2 \geq 0$，即

$$\Delta S_2 = \frac{Nh_2}{AE_2} - \frac{D_2 \theta}{2} \geq 0 \tag{6-1-19}$$

式中：σ——橡胶板接触面的正应力，N/mm²；
　　　W——橡胶板截面受拉边缘的截面抵抗矩，mm³；
　　　A——与下支座板钢盆或中间衬板接触的橡胶板面积，mm²；
　　　E_2——有侧向约束的橡胶板弹性模量，N/mm²，可取530N/mm²；
　　　ΔS_2——盆式橡胶支座产生转角时，橡胶板的最小压缩量，mm；
　　　其余符号意义同前。

(3)梁底与支座垫石的局部承压验算

盆式橡胶支座反力大，支承垫石内需设置钢筋，应按配置间接钢筋的局部承压构件进行验算。可参照"结构设计原理"课程中"局部承压区的计算"相关内容进行计算，计算结果应满足《混规》要求，这里不再详述。

学习提示

一般情况下一座桥梁的支座无须设计与计算,而是根据桥跨结构支承反力大小和变形量要求,按照成品支座目录选择支座型号。只有在所设计桥梁采用的支座无成品可选时,才单独设计专用支座。

支座设计首先应满足承载力要求,其次是变形要求,最后还应考虑耐久性问题,频繁更换支座不仅要投入大量人力和物力,而且正常交通也受影响,支座失效对桥跨结构也将产生影响。

思考与练习

1. 简述板式橡胶支座的计算要点。
2. 简述盆式橡胶支座的计算要点。
3. 试对算例【例2-4-7】主梁选择合适的板式橡胶支座。

本章总结

桥梁支座是设置在桥梁上、下部结构之间的传力装置,必须满足上部结构的变形要求,使桥梁的实际受力情况符合结构计算图式。

桥梁支座按其容许变位方式分为固定支座与活动支座,活动支座又分为单向活动支座与多向活动支座。

支座按其结构构造形式分为弧形钢板支座、辊轴支座、摇轴支座、板式橡胶支座、盆式橡胶支座、铅芯橡胶支座、高阻尼橡胶支座、球冠支座等。

公路桥梁常用的支座主要有板式橡胶支座和盆式橡胶支座。板式橡胶支座从构造上一般无固定支座与活动支座之分,但在外观上可以区分,固定支座一般较薄,活动支座较厚。盆式橡胶支座的固定支座和多向活动支座在构造上是有区别的,但从外观上难以区分,多向活动支座的下支座中间衬板上有聚四氟乙烯板、上支座底面有不锈钢滑板,而固定支座的下支座中间衬板上无聚四氟乙烯板、上支座底面亦无不锈钢滑板。本章学习内容概要如图6-总-1所示。

- 桥梁支座
  - 功能⇨荷载传递功能、适应变位功能、抗震附加功能
  - 分类
    - 板式橡胶支座
      - 固定支座
      - 活动支座
      - ⇨构造特点、工作原理、适用范围、图示方式
    - 盆式橡胶支座
      - 固定支座
      - 活动支座
        - 单向活动支座
        - 双向活动支座
    - 抗震支座
    - 构造特点、工作原理、适用范围、图示方式
  - 设置⇨设置原则、设置方式、设置要求⇨掌握
  - 安装与更换
    - 安装⇨基本要求
    - 更换⇨板式橡胶支座更换相对容易,盆式橡胶支座更换相对复杂
  - 设计与计算
    - 成品支座⇨选型⇨掌握
    - 专用支座设计计算
      - 板式橡胶支座⇨基本尺寸确定、承载力验算、支座偏转验算、支座抗滑验算
      - 盆式橡胶支座⇨基本尺寸确定、承载力验算、中间衬板偏转控制、梁底与支座垫石局部承压验算

图6-总-1　桥梁支座学习内容概要

第二章 桥墩

第一节 概述

桥墩是多跨桥梁的重要组成部分(图6-2-1),除了承受桥跨结构的荷载外,可能还承受流水压力(冰压力)、风荷载以及可能出现的地震作用或汽车、漂流物和船舶的撞击作用等,此外,还应考虑施工时桥墩承受的临时荷载。因此,桥墩应具有足够的强度、刚度和稳定性。

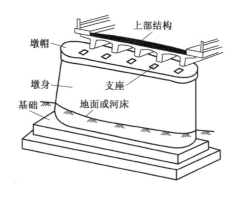

图6-2-1 桥墩构造

一 桥墩一般特点

桥墩通常由墩帽、墩身和基础三部分组成。墩帽也称作帽梁或盖梁,上面放置支承桥跨结构的支座,并且将支座传递的竖向反力、水平反力传递至墩身,因此,一般采用钢筋混凝土结构或钢结构。墩身上托墩帽、下接基础,除承受墩帽传递的荷载外,还承受流水压力、冰压力、风荷载等,以及汽车、或漂流物、或船舶的撞击作用,因此,墩身类型选择、建筑材料选用等应全面考虑荷载影响。基础是连接墩身并坐落在土或岩石地基上的构造物,对地基的承载能力、沉降量、地基与基础之间的摩擦力等都有一定的要求,避免在荷载作用下产生危害桥梁整体结构安全的水平位移、竖向位移和转角位移。在桥梁设计中,墩帽、墩身和基础是作为一个整体进行设计的,但在课程学习中,墩台基础将在"基础工程"课程中介绍。

在桥梁总体设计中,除遵循安全、耐久等原则外,桥梁美学设计也日渐被重视。桥墩结构的美学设计,在桥梁总体造型中起着相当重要的作用。对于拱桥、斜拉桥等造型优美、独具风格的桥跨结构,桥墩美学设计需与之相协调,配合桥跨结构的整体建筑风格。对于结构造型相对平淡的梁桥,桥墩的美学设计与变化能够形成不同的风格,给人以鲜明印象(图6-2-2)。特别是在城市桥梁与高架桥中,桥墩结构的适宜造型,彰显桥墩在桥梁美学中的独特功能。

a) 奥地利维也纳普拉特高架桥(X形、V形)

b) 澳大利亚芒特亨瑞桥(V形)

图 6-2-2　桥墩造型示例

二　主要类型及适用情况

由于桥梁结构形式不同及所处工程环境不同,桥墩设计成不同的构造类型,与之相对应的施工方法也不尽相同。要设计出适合桥梁结构的桥墩,应根据路线、地形、地质、水文、气象、环境、桥跨结构、作用效应、材料、施工条件和经济等因素综合考虑。本节将重点介绍工程中几种常用桥墩类型的构造。

桥墩从总体上可分为两大类:重力式桥墩和轻型桥墩。桥位所处环境的地形地貌、工程地质条件、水文条件、航道等级、上部结构形式、抗震设计等因素都将影响桥墩类型选择、墩身截面形式选择和建筑材料选用。

1. 重力式桥墩

重力式桥墩又称作实体式桥墩,在承受外力时,依靠自身及作用于其上的重力获得稳定的桥墩。由墩帽、实体墩身、基础组成,如图 6-2-3 所示。墩帽采用钢筋混凝土材料建造;墩身采用圬工材料(混凝土、石材)建造,取材方便,施工简易,坚固耐久,节约钢材。重力式桥墩墩身外形粗大,圬工体积较大,对船、漂流物、山坡落石、滚石的撞击、磨损或冰压力作用等的抵御能力较强。但阻水面积较大,增大地基负荷。适用于地基良好的大、中型桥梁,或流冰、漂浮物较多的河流中。

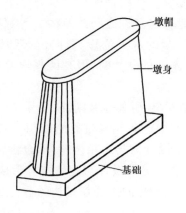

图 6-2-3　梁桥重力式桥墩示意(圆端形墩身)

重力式桥墩按墩身截面形状可分为矩形墩、圆形墩、圆端形墩、尖端形墩等(图6-2-4)。矩形墩[图6-2-5a)]具有圬工量少,施工方便的优点,广泛用于无水或流量较小的旱桥、立交桥和不受水流方向影响、不受流冰撞击且靠近岸边的桥墩以及基础建筑在岩层上、桥孔无压缩和不通航的有水河流上的跨河桥。圆形墩适用于河流急弯,流向不固定和与水流斜交角度≥15°的桥梁上。圆端形墩[图6-2-5b)]适用于与水流斜交角度<15°的桥梁。尖端形墩[图6-2-5c)]适用于与水流斜交角度<5°及河床不允许有严重冲刷的小跨径桥梁。

图6-2-4 重力式桥墩墩身截面形式

图6-2-5 重力式桥墩示例

2. 轻型桥墩

为减小地基负荷,或为增大桥下净空,或为加快施工进度采用拼装结构,或美观要求等因素,需要减小墩身尺寸,降低桥墩自重,改变桥墩结构形式和受力状况,采用钢筋混凝土或预应力混凝土材料建造的桥墩为轻型桥墩。轻型桥墩较重力式桥墩自重轻,刚度小,受力后允许在一定范围内发生弹性变形。

轻型桥墩主要形式有柱式桥墩、板式桥墩、薄壁墩、框架墩等,墩身形式不同,墩帽形式也有差异,选用时必须根据结构构造要求、环境条件、美观要求等因素综合考虑确定。

(1)柱式桥墩

柱式桥墩是指墩身由单根或多根柱状体组成的桥墩。若柱下是桩基础,则称为桩柱式桥墩。柱式桥墩以结构轻盈、节省材料,对桥宽变化的适应性强而广泛应用于桥梁结构中,尤其是梁桥结构中。柱式桥墩的形式主要有单柱式、双柱式、多柱式、哑铃式以及混合双柱式,如图6-2-6所示。柱的截面形式有圆形、椭圆形、矩形、多边形等。

单柱式桥墩[图6-2-6a)],适用于水流与桥轴斜交角大于15°的桥梁,或河流急弯、流向不固定的桥梁。在具有抗扭刚度的桥跨结构中,这种单根立柱还能一起参与承受桥跨结构的扭力。在水流与桥轴斜交角小于15°,仅有较小的漂流物或轻微的流冰河流中,可采用双柱式[图6-2-6b)、图6-2-7a)]或多柱式墩[图6-2-6c)],配以桩基础,具有施工便利、速度快、圬工体积小、工程造价低和比较美观等优点,是桥梁建筑中较多采用的形式之一。在有较多的漂流物或较严重的流冰河流上,当漂流物卡在两柱中间可能使桥梁发生危险,或有特殊要求时,在双柱间加做400~600cm厚的横隔墙,成为哑铃式桥墩[图6-2-6d)、图6-2-7b)]。在有严重的漂流物或流冰的河流上,当墩身较高时,可把高水位以上的墩身做成双柱式,高水位以下部分做成实体式的混合双柱式墩[图6-2-6e)],这样既减少了水上部分的圬工体积,也增加了抵抗漂流物撞击的能力。在桥宽较大的城市桥梁和立交桥中,则常采用多柱式桥墩。

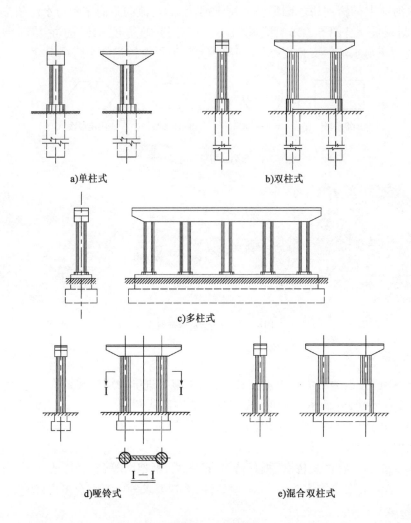

a)单柱式　　　　　b)双柱式

c)多柱式

d)哑铃式　　　　　e)混合双柱式

图6-2-6　柱式桥墩

a)双柱式　　　　　b)哑铃式

图6-2-7　柱式桥墩示例

（2）板式桥墩

板式桥墩是指墩身由钢筋混凝土材料建成的矩形或圆端形（纵向等厚）桥墩。与重力式桥墩相比，墩身截面积小，结构轻盈美观。为满足景观设计要求，墩身可以设计成不同的形式（图6-2-8）；与柱式桥墩相比，墩身截面刚度大，抗撞击能力强，更适合于跨线高架桥。板式桥墩为实心截面，墩身高度一般不高，当墩高超过20m后，为减轻桥墩自重，减少墩身圬工工程量，可考虑采用空心截面，即空心墩。

 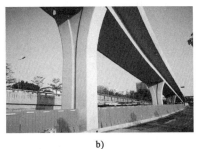

图6-2-8 板式桥墩示例

板式桥墩一般采用现浇法施工，当没有现浇条件或受工期限制时，可采用预制拼装法施工。适用于大桥的引桥、城市高架桥，以及主桥与匝道桥的结合墩等。

（3）薄壁墩

薄壁墩有空心薄壁墩（图6-2-9）和实心薄壁墩（以下称薄壁墩），是重力式桥墩轻型化发展的产物，能够充分利用材料的强度，因此可节省材料，减轻桥墩自重，进而减少基础工程量，对于高桥墩更显出其优越性。随着国家高速公路建设的迅速发展，由于设计速度大、线形要求高，跨越深沟峡谷的高桥墩增多，高桥墩绝大部分采用是薄壁墩。近年来，随着连续刚构桥的迅速发展，推动了钢筋混凝土薄壁墩的发展，连续刚构桥的桥墩纵向抗推刚度小，受力后允许在一定的范围内发生弹性变形，以适应结构变形和内力重分布的要求。连续刚构桥墩身结构形式大多采用单肢薄壁墩[图6-2-10a)]、双肢薄壁墩[图6-2-10b)]、V形刚构墩[图6-2-10c)]和Y形刚构墩（非高桥墩）等。

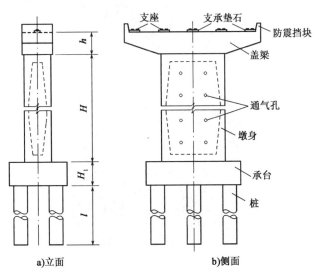

图6-2-9 空心薄壁墩

a)单肢薄壁墩(石板坡长江大桥)

b)双肢薄壁墩(红河大桥)

c)V形刚构墩(连续刚构桥)

图6-2-10 薄壁墩示例

薄壁墩一般采用钢筋混凝土材料建造,对于超高桥墩,也可以采用钢-混凝土组合结构,例如雅泸高速公路腊八斤特大桥,采用的是钢管混凝土叠合柱高墩(图6-2-11)。

图6-2-11 腊八斤沟特大桥桥墩示例

钢筋混凝土薄壁墩的墩身截面形式有长方形、圆形、圆端形等,如图6-2-12所示。钢筋混凝土薄壁墩不适用于流速大并夹有大量泥沙的河流,或可能有船舶、冰、漂浮物撞击的河流。

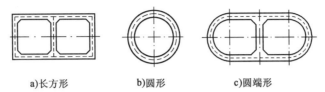

a)长方形　　　b)圆形　　　c)圆端形

图6-2-12　空心薄壁墩的墩身截面形式

(4)框架墩

框架墩采用压弯和弯曲构件组成平面框架支承桥跨结构,可做成钢筋混凝土或预应力混凝土结构的单层、双层或多层框架支承体系。框架墩结构轻巧,可以适应城市桥梁对不同空间位置的需求,建成门形框架墩(图6-2-13)、大悬臂框架墩(图6-2-14)、异形墩(图6-2-15)等。

图6-2-13　门式框架墩示例

图6-2-14　大悬臂框架墩示例

图6-2-15　异形框架墩示例

钢筋混凝土和预应力混凝土纵向V形墩、X形墩[图6-2-16a)]、Y形墩[图6-2-16b)]常与连续梁桥配合使用,在同样跨越能力的情况下,这类桥墩结构轻巧、外形优美并有减小桥跨结构计算跨度、降低梁高的优点,因此多用于城市跨线桥和风景区桥梁中。但V形墩、X形墩、Y形墩的结构构造较为复杂,施工相对较为麻烦。

a)安康东坝汉江大桥(X形墩)

b)扬中夹江二桥(Y形墩)

图6-2-16　X形墩和Y形墩示例

学习提示

单跨桥梁中没有桥墩,多跨桥梁中才设有桥墩,桥墩个数为跨数减1。桥墩在支承桥跨结构的同时,还要承受流水压力、风荷载以及可能出现的地震作用或浮冰、漂流物和船只的撞击作用等,此外,桥墩还要承受施工过程中的临时荷载。靠自身重量平衡所有外力的桥墩为重力式桥墩,采用圬工材料建造,但因其自重大,对地基承载力要求较高,当桥墩较高时,为减轻自重可设计为空心墩;在地基承载力不高的地区,需减轻桥墩自重,设计为轻型桥墩,采用钢筋混凝土材料建造。

思考与练习

1. 简述桥墩的作用、组成及其分类。
2. 说明重力式桥墩和轻型桥墩的特点及适用范围。为什么在通航河流上宜采用实体墩,而不宜采用轻型桥墩?

第二节　桥墩构造与设计

桥墩设计与桥墩施工方法有关,采用现浇法施工时,桥墩设计包括一般构造设计和钢筋构造设计两部分;采用预制装配法施工时,桥墩设计包括一般构造设计、钢筋构造设计和连接构造设计三部分。根据桥跨结构形式、桥墩所处工程环境等因素可选定桥墩类型,如有公路桥梁标准设计图可直接采用,若没有,则需参照已建工程实桥桥墩和工作经验拟定桥墩各部分尺寸和截面配筋,并应满足《圬工规》《混规》等规定的材料等级要求、结构构造要求、配筋要求等,再通过结构验算结果最终确定桥墩结构的设计参数。

一 重力式桥墩

重力式桥墩设计包括墩帽设计和墩身设计两部分,基础设计在"基础工程"课程中介绍。

1. 墩帽

(1)一般构造

墩帽直接承受桥跨结构,应力较集中,因此桥梁的墩帽一般采用钢筋混凝土材料;小跨径桥梁的墩帽除严寒地区外,可采用素混凝土或石料圬工材料砌筑。《混规》规定,对于特大、大跨径桥梁的墩帽厚度不应小于50cm,对于中、小跨径桥梁的墩帽厚度不应小于40cm。墩帽顶面常做成10%的排水坡(图6-2-17),墩帽的四周较墩身出檐5~10cm,并在其上做成沟槽形滴水。在墩帽顶放置支座的部位,应设置支承垫石,支承垫石的形式及尺寸视上部构造要求、支座大小和形式确定,与支座底板边缘相对应的支座垫石边缘应向外延伸10~20cm,支座垫石顶面应高出墩帽顶面排水坡的上棱。若采用板式橡胶支座,应考虑更换支座所需的位置。当桥墩上相邻两跨的支座高度不同时,可用混凝土垫石调整。

当桥面较宽时,为了节省桥墩圬工,减轻结构自重,常利用挑出的悬臂或托盘来缩短墩身横向长度,做成悬臂式墩帽[图6-2-18a)]或托盘式墩帽[图6-2-18b)]。悬臂式墩帽一般采用钢筋混凝土材料,墩帽长度和宽度由上部构造形式和尺寸、支座尺寸和施工吊装要求等条件确定;墩帽高度由结构受力和钢筋排列的需要确定;悬出部分高度向两端头可逐渐缩小,悬臂两端的高度通常采用不小于40cm。

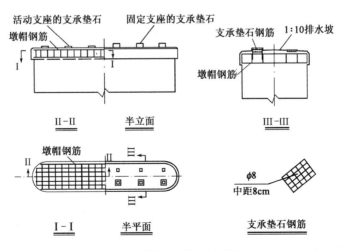

图6-2-17 墩帽一般构造和钢筋构造

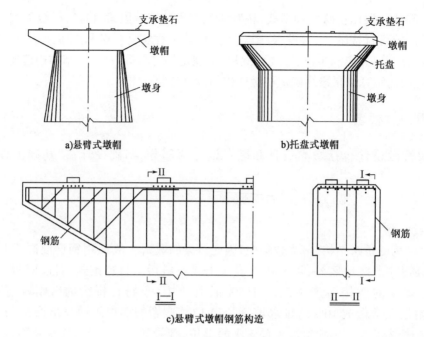

图 6-2-18　悬臂式和托盘式墩帽

拱桥拱圈的拱脚大多为倾斜面,不是水平放置在墩帽上,因此,在桥墩顶面的边缘设置呈倾斜面的拱座(或五角石)(图6-2-19),直接承受由拱圈传来的压力。无铰拱桥的拱座设计成与拱轴线呈正交的斜面。当桥墩两侧跨径相等时,则拱座均设置在桥墩顶部的起拱线高程上,有时考虑桥面纵坡,两侧的起拱线高程可以略有不同。当桥墩两侧的跨径不相等、永久作用水平推力不平衡时,将拱座设置在不同的起拱线高程上,以减小不平衡水平推力引起的基底反力偏心距。

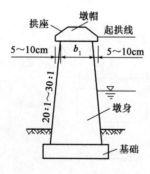

图 6-2-19　拱桥重力式桥墩

(2)钢筋构造

钢筋混凝土墩帽内一般配有适量的构造钢筋(图6-2-17),钢筋间距与直径由局部承压受力确定。悬臂式墩帽钢筋构造由受力计算确定,并满足规范规定的要求。托盘式墩帽内配置受力钢筋需要考虑主梁着力点位置和托盘扩散角大小确定。设置支承垫石的墩帽,在支承垫石内应设置一层或多层水平钢筋网[图6-2-18c)]。

拱桥重力式桥墩,由于拱座承受着较大的拱圈压力,故一般采用钢筋混凝土、圬工材料砌筑。肋拱桥的拱座由于压力比较集中,一般采用钢筋混凝土结构。无铰石板拱桥的桥墩一般采用石材砌筑,拱圈与桥墩连接处设置五角石筋。

2. 墩身

墩身是桥墩的主体,重力式桥墩的墩身一般采用圬工材料或少筋混凝土(仅配置护面钢筋)材料。梁式桥的墩身顶面宽度,小跨径桥不宜小于80cm,中等跨径桥不宜于小于100cm,大跨径桥梁由上部结构构造类型及抗震需要确定。墩身的侧坡一般采用20:1~30:1,对小跨径桥的桥墩,当高度不高时也可不设置侧坡,做成竖直墩身。

重力式桥墩的墩身截面形式有矩形、圆形、圆端形、尖端形等,如图6-2-20所示。从水力特性和桥墩阻水来看,圆形、圆端形及尖端形较好。圆形截面对各方向的水流阻水和导流情况相同,适应于潮汐河流和流向不定的桥位,为了便于水流和漂浮物通过,墩身可做成圆端形或尖端形截面。无水的岸墩或高架桥墩可以做成矩形截面;在有强烈水流或大量漂浮物、流冰的河道(冰厚大于0.5m,流冰速度大于1m/s)上,桥墩的迎水端应做成破冰棱体(图6-2-21),破冰棱可由强度较高的石料砌成[图6-2-21a)],多用于圬工墩;也可以用高标号的钢筋混凝土加固[图6-2-21b)],多用于钢筋混凝土桥墩。

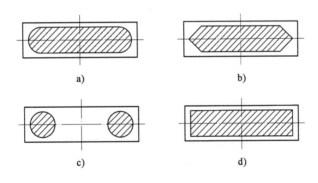

图6-2-20 重力式桥墩墩身截面形式

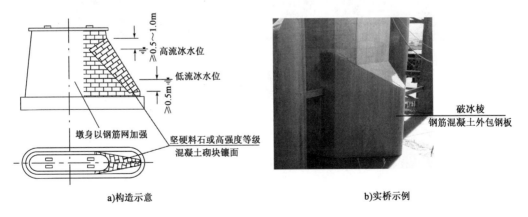

图6-2-21 桥墩破冰棱

当重力式桥墩用于拱桥时，由于拱桥是一种有推力的结构，拱圈传给桥墩上的力，除了竖向力以外，还有较大的水平推力。从抵御永久作用水平力的能力来看，拱桥桥墩又可分为普通墩和单向推力墩两种。普通墩除了承受相邻两跨结构传来的竖向反力外，一般不承受永久作用水平推力，或者当相邻跨不相同时只承受经过相互抵消后尚余的不平衡推力。单向推力墩又称制动墩，主要作用是在一侧桥跨因某种原因遭到毁坏时，能承受住单向的永久作用水平推力，以保证另一侧的拱桥不致发生连续坍塌。同时，当施工时为了拱架的多次周转，或者当缆索吊装设备的工作跨径受限时，为了能按桥台与某桥墩之间或者按两个桥墩之间作为一个施工段进行分段施工，在此情况下也需要设置能承受部分永久作用单向推力的制动墩。为了满足结构强度和稳定的要求，普通墩的墩身可以做得薄一些[图6-2-22a)、图6-2-22b)]，单向推力墩则要做得厚实一些[图6-2-22c)]，如图6-2-22e)所示。当桥墩两侧跨径相等时，墩身两侧边坡与梁桥相同也采用20∶1～30∶1(图6-2-19)；当桥墩两侧跨径不相等时，桥墩墩身可在推力小的一侧变坡或增大边坡，以减小不平衡推力引起的基底反力偏心距，从外形美观上考虑，变坡点一般设在常水位以下[图6-2-22d)]。墩身采用材料与梁桥一样。

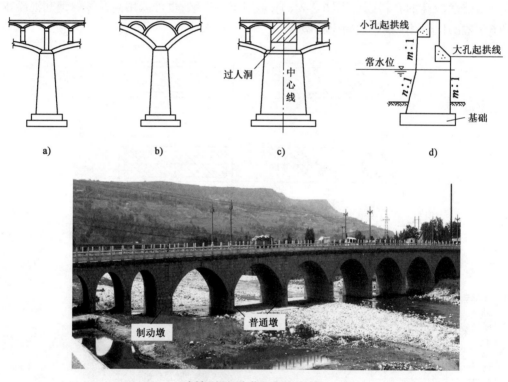

图6-2-22 拱桥重力式桥墩

二 柱式桥墩

柱式桥墩是目前公路桥梁中广泛采用的桥墩形式，特别是在桥宽较大的城市桥梁和立交桥中,采用柱式桥墩可以减轻墩身重量。柱式桥墩一般由墩帽或盖梁与墩柱组成,下接桩基础或扩大基础。

1. 盖梁

(1)一般构造

当桥跨结构为预制装配式梁桥时,柱式墩墩帽采用盖梁式的(图6-2-23),便于预制装配式梁安放支座。盖梁横截面形状一般为矩形或T形,底面形状有直线形[图6-2-23a)]和曲线形两种[图6-2-23b)]。直线形盖梁施工较简单;曲线形施工较复杂,但材料较为节省。盖梁一般采用支架现浇,施工及设计条件允许时,也可采用预制安装的盖梁。盖梁一般设计成钢筋混凝土构件,当盖梁较长时也可设计成预应力混凝土构件。

a)底面直线形盖梁　　　　　　　　　　　b)底面曲线形盖梁

图6-2-23　装配式梁桥盖梁构造示例

当桥跨结构为整体式梁桥时,柱式墩墩帽一般不采用盖梁式的,墩顶根据设置支座的需要可设计成带帽梁和不带帽梁两种(图6-2-24)。

图6-2-24　整体式梁桥墩帽构造示例

盖梁宽度依上部构造形式、支座间距和尺寸、支座边缘至盖梁边缘的最小距离拟定,并满足现行《公路桥梁抗震设计规范》(JTG/T 2231-01)的有关规定。盖梁高度一般为盖梁宽度的0.8~1.2倍。盖梁长度应大于桥跨结构两侧边梁(或边肋)间的距离,并应满足桥跨结构安装时的要求。设置橡胶支座的桥墩应预留更换支座所需的位置和空间,即支座垫石的高度根据端横隔板底缘与墩帽顶面之间的距离以能安置千斤顶来确定。支座下应设置钢筋网以分布应力。盖梁悬臂端高度 h 不小于30cm,各截面尺寸与配筋需通过计算确定。盖梁的一般构造如图6-2-25所示。

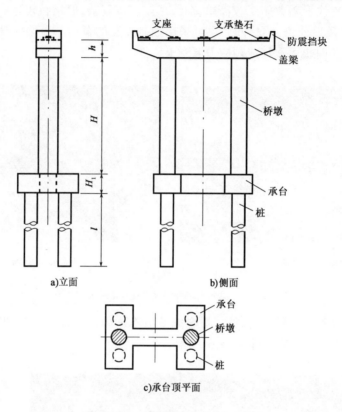

图6-2-25 双柱式桥墩一般构造

(2)钢筋构造

柱式墩的盖梁根据桥跨结构传递的外力、盖梁悬臂端长度、柱距等因素设计成钢筋混凝土结构或预应力混凝土结构。钢筋种类及数量由设计计算确定,并应满足规范规定的要求。钢筋混凝土盖梁钢筋构造如图6-2-26所示。

2. 墩柱

(1)一般构造

柱式桥墩一般由钢筋混凝土构件组成。墩柱与桩连接构造如图6-2-27所示。当墩柱钢筋伸入盖梁或承台进行连接时,为使墩柱和盖梁或承台有较好的整体性,墩柱顶面或底面一般应嵌入盖梁或承台15~20cm。当柱式墩纵向为单排桩且桩顶不设承台时,应在桩顶设置横系梁加强桩与墩的整体性,横系梁高度可取为桩(柱)径的0.8~1.0倍。

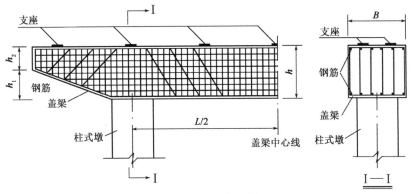

a) 钢筋混凝土盖梁

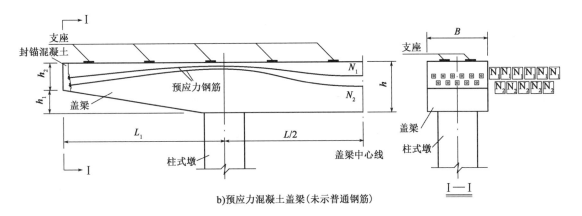

b) 预应力混凝土盖梁(未示普通钢筋)

图 6-2-26　盖梁钢筋构造示例

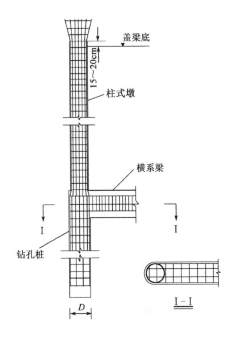

图 6-2-27　柱式墩与桩钢筋构造

(2)钢筋构造

墩柱配筋一般要求纵向受力钢筋截面积应不小于混凝土验算截面的0.5%,也不宜超过5%,净距应不小于50mm,且不应大于350mm,并要求纵向受力钢筋应伸入承台和盖梁,伸入长度不小于规范规定的锚固长度。箍筋直径不应小于纵向钢筋直径的1/4,且不小于8mm;箍筋间距应不大于纵向钢筋直径的10倍,不大于构件短边尺寸(圆形截面采用0.8倍直径),并不大于20cm(图6-2-26)。

桩柱顶露出的主筋可弯成150°倾斜角的喇叭形,伸入盖梁或承台;若受盖梁或承台尺寸的限制,也可不弯成喇叭形,但钢筋的伸入长度(算至弯钩切点)应符合《混规》中关于钢筋最小锚固长度的规定。单排墩柱的主筋应与盖梁主筋连接。此外,在喇叭形主筋外围还应设置间距为10~20cm的箍筋。

横系梁一般不直接承受外力,可不做截面设计,按横截面面积的0.1%配置构造钢筋即可,构造钢筋伸入桩内并与桩内主筋连接。四角应设置直径不小于16mm的纵向钢筋,并设直径不小于12mm的箍筋,箍筋间距不应大于横系梁的短边尺寸或40cm。

单柱式桥墩带帽梁和不带帽梁两种形式的配筋构造可参照图6-2-28和图6-2-29。

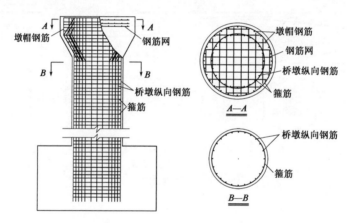

图6-2-28 单柱式有帽梁桥墩钢筋构造

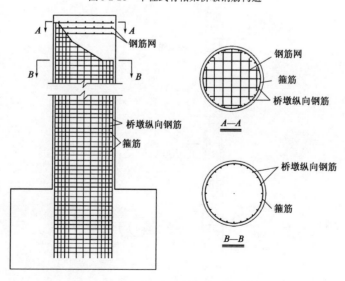

图6-2-29 单柱式无帽梁桥墩钢筋构造

三 薄壁墩

在设计桥墩时,采用薄壁墩(图 6-2-30)主要是为了节省材料,减轻地基的负荷,进而减少基础的材料用量,同时可以减少地震时惯性力。以下重点介绍空心薄壁墩。

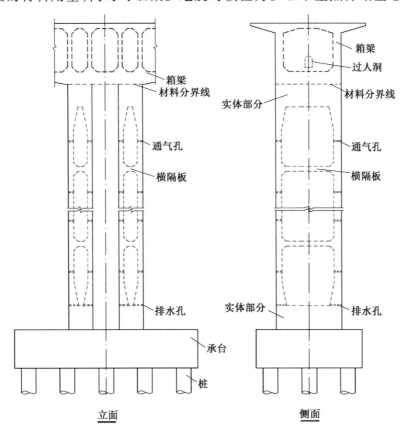

图 6-2-30 双肢空心薄壁墩构造

采用空心薄壁墩时需要注意以下几点:

(1)在陆上或不受撞击及不受冰冻侵害的高水位以上部分宜于采用空心截面,同时应避免空心截面因渗水、积水、冻胀而损坏墩壁。

(2)墩帽下应有足够高度的实体部分,以使支座反力能够均匀地传递到墩壁。

(3)空心部分墩壁与实体部分衔接处应设置必要的构造(倒角)或做成斜肋,避免在施工时因受温度影响产生局部应力而在转角处产生裂纹。

(4)空心薄壁墩的设计应根据墩高、上部结构的跨度、结构尺寸、线路、河流情况、地质条件、施工方法等因素,选择空心墩的截面和立面形状。

(5)空心薄壁墩的墩帽设计同重力式桥墩。

(6)空心薄壁墩在墩帽下墩身顶部需有一实体过渡段,使荷载均匀分布到侧壁,其实体段厚度大致在 1.0~2.0m。陆上墩身应设交错的通气孔与排水孔(图 6-2-30),直径 10cm 左右,以减少内外温差、保持内外气压平衡和利于排水。

空心薄壁墩按壁厚分为厚壁和薄壁两种，一般用壁厚 t 与中面直径 D（同一截面的中心线直径或宽度）（图6-2-31）的比来区分：$t/D \geq 1/10$ 为厚壁，$t/D < 1/10$ 为薄壁。墩身最小壁厚，采用钢筋混凝土时不宜小于30cm，一般在50cm左右。

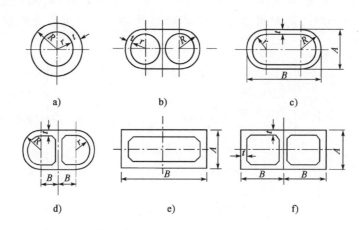

图6-2-31 空心薄壁墩墩身截面形式

空心薄壁墩中每隔一定高度应设置一段隔梁（图6-2-30），对结构的抗扭性能有明显提高，但空心薄壁墩所受扭矩一般很小。空心薄壁墩的隔梁有横隔梁和纵隔梁两种。通常对40m以上的高桥墩，可设置一定的横隔梁，以增大结构的抗扭性能。

双肢薄壁墩是现阶段我国大、中跨径公路桥梁比较常用的桥墩形式，其构造特点是在墩位上有两个相互平行的墩壁与主梁铰接或刚接的桥墩（图6-2-32）。双肢薄壁墩可增加桥墩刚度，减小主梁支反力峰值，增加桥梁美观。预应力混凝土连续刚构桥采用墩梁固结体系，此时双肢薄壁高墩是一种理想的柔性墩，既能支承桥跨结构、保持桥墩稳定，又有一定柔性，适应桥跨结构位移的需要。为了减轻墩身的自重以及增加墩身的柔度，可采用空心的薄壁结构（图6-2-33）。

图6-2-32 双薄壁墩示例（沅水河大桥）

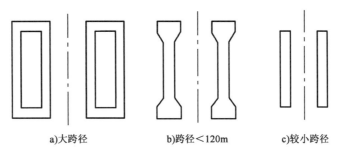

图 6-2-33 双肢薄壁墩截面形式

拓展小知识

桥墩设计

车行驶在桥上,车辆荷载大小和桥墩线刚度变化对车桥耦合系统自振频率特性会产生较大影响。列车荷载较大,对铁路桥梁的动力效应影响较大,车桥耦合现象突出,由于重力式桥墩抗震性能好,因此,常用于铁路简支梁桥。汽车荷载的动力效应和车桥耦合现象对桥梁的影响没有铁路桥梁突出,因此公路简支梁桥常采用柱式桥墩。

学习提示

桥墩墩身类型取决于桥墩所处环境,位于通航河流、有大漂浮物撞击河流、运输繁忙道路两侧的桥墩,宜采用重力式桥墩,墩身截面形状取决于斜交角度,截面尺寸应满足受力及构造要求;其他环境可采用轻型桥墩,如使用广泛的柱式桥墩。重力式桥墩的墩帽尺寸由支座位置、支座大小、桥跨结构施工架设方式、规范要求等条件拟定。柱式桥墩墩帽类型及尺寸大小取决于桥跨结构,当桥跨结构为整体式箱梁时,非伸缩缝处的柱式墩,可不设置墩帽,伸缩缝处的柱式墩根据支座设置需要,需设置墩帽。当桥跨结构为装配式梁桥时,柱式墩的墩帽为盖梁,盖梁尺寸由支座位置、支座大小、受力计算、规范要求等条件拟定。对于连续刚构桥,墩身形状及尺寸由结构受力计算确定。

思考与练习

1. 简述柱式桥墩的构造,分析柱式桥墩和桩柱式桥墩在桥梁中得到广泛应用的原因。

2. 拱桥的桥墩与梁桥桥墩有哪些区别？
3. 在什么情况下拱桥需设置单向推力墩？
4. 如何拟定桥墩尺寸？
5. 对于中、小跨径的不等跨结构，桥跨结构采用简支梁或拱桥时，重力式桥墩的设计有何不同？

第三节　桥墩计算

桥墩计算的目的在于确定经济合理的结构尺寸，并保证桥墩在施工和使用阶段的安全。桥墩计算分为作用计算和结构验算两部分内容。

作用计算包括桥墩所受外力计算、外力作用（包括永久作用）下的桥墩截面内力计算、作用组合及其效应设计值计算。外力计算时需要分析桥墩所受外荷载的种类、作用形式等，确保计算正确，不漏项。截面内力计算是分析桥墩在外荷载作用下的总体内力分布情况，找出受力控制截面（一个或几个）进行各种可能的最不利作用组合。

结构验算是由控制截面的最不利作用组合效应设计值验算截面承载力、圬工结构截面偏心距（钢筋混凝土结构验算抗裂性）、墩顶弹性水平位移、墩身受压纵向弯曲稳定性、桥墩稳定性等。根据不同桥墩结构类型选取验算项目，确保不漏项。本节在介绍作用计算的基础上，仅介绍空心薄壁墩的墩顶弹性水平位移、墩身受压纵向弯曲稳定性计算方法，截面承载力和圬工结构截面偏心距（钢筋混凝土结构验算抗裂性）计算已在"结构设计原理"课程中介绍，本节不再赘述。

一　设计荷载

以下各种作用（荷载）的具体计算方法可参见《通规》相关规定。

1. 作用于桥墩上的永久作用

（1）桥跨结构的永久作用对墩帽或拱座产生的支承反力，包括上部构造混凝土收缩及徐变作用。

（2）桥墩自重。

（3）预加力，如对装配式预应力混凝土空心桥墩所施加的预应力、预应力混凝土盖梁的预应力等。

（4）基础变位作用。

对于支承于非岩石地基上的超静定结构，应当考虑由于地基压密等引起的支座长期变位的影响，并根据最终位移量按弹性理论计算构件截面的附加内力。

（5）水浮力。在计算水下部分桥墩时，基础承受着水的浮力，其值等于桥墩浸入水中的体积乘以水的密度。位于完整岩石上的桥墩，基础的混凝土与岩石接触良好时，可不考虑水浮力。位于透水性地基上的桥墩，当验算稳定时，应计算设计水位时水的浮力；当验算地基应力时，仅考虑低水位时的浮力。对位于无法肯定是否为透水地基上的桥墩，为安全考虑，应分别按透水与不透水两种情况验算而取其不利者。

（6）土侧压力。斜坡上的桥墩应计入斜坡土压力对桥墩的作用。

2. 作用于桥墩上的可变作用

(1)汽车荷载。

(2)人群荷载。

(3)汽车冲击力。对轻型桥墩,如钢筋混凝土柱式墩或排架墩,在截面验算时应计入汽车荷载行驶所产生的冲击力;但由于冲击力对重力式桥墩的作用衰减很快,因此,重力式桥墩验算时不计冲击力。

(4)汽车离心力。

(5)汽车制动力。汽车在桥上制动减速或停车时,汽车向前的惯性水平力使车轮与桥面产生滑动摩擦阻力,这种阻力就是制动力;作用方向与汽车前进的方向相同,是桥墩承受的主要顺桥向水平力之一;桥跨结构通过各类支座向桥墩传递的制动力,详见本教材第一篇第三章。

(6)作用在桥跨结构与桥面系,以及墩身上的纵、横向风荷载。

(7)作用于墩身上的流水压力、冰压力。

(8)温度作用。桥跨构造因温度变化对桥墩产生的水平力。

(9)支座摩阻力。

3. 作用于桥墩上的偶然作用

(1)船舶的撞击作用(如通航河流上的桥)。

(2)漂浮物的撞击作用(如泄洪河流上的桥)。

(3)汽车撞击作用(如立交桥)。

4. 作用于桥墩上的地震作用

对于特大桥、抗震设防烈度高于6度地区的桥梁需计算地震作用。

5. 作用组合

依据《通规》《圬工规》《混规》和桥墩需要验算的项目列出作用组合形式。例如,对于圬工墩,需进行基本组合、偶然组合、地震组合(特大桥、抗震设防烈度高于6度地区的桥梁)计算;对于钢筋混凝土或预应力混凝土墩,需进行基本组合、偶然组合、频遇组合、准永久组合、地震组合(特大桥、抗震设防烈度高于6度地区的桥梁)计算。

在每种形式的组合中,以基本组合为例,会有不同种工作状况(简称工况)。例如,汽车荷载的变动对作用组合起着支配作用,应根据不同的验算内容(如墩身截面承载力、作用在墩身截面上合力的偏心矩及桥墩的稳定性等)布置汽车荷载,选择各种可能的最不利作用组合。在作用组合过程中还应注意,不同时出现在结构上的荷载,不可进行组合,参照第一篇第三章相关内容。

桥墩计算时,预先很难确定哪一种作用组合对桥墩的影响最不利,通常需要对各种可能的作用进行组合,并纵向(顺桥向,与行车方向平行)和横向分别计算效应设计值。

1)重力式桥墩作用组合及组合效应设计值计算

(1)基本组合

①桥墩在顺桥向承受最大竖向荷载的组合,如图6-2-34a)所示。这种组合用来验算墩身

截面承载力和基底最大应力。因此,除了计算永久作用外,应在相邻两桥跨满布汽车荷载或人群荷载的一种或两种。

②桥墩在顺桥向承受最大水平荷载的组合,如图6-2-34b)所示。在这种组合情况下,桥墩各截面在顺桥向可能产生最大偏心和最大弯矩,用来验算墩身截面承载力、偏心距、基地应力及桥墩的稳定性。因此,除了计算永久作用外,应在相邻两跨的一跨上(当为不等跨桥梁时则在跨径较大的一跨上)布置汽车荷载或人群荷载的一种或两种,以及可能产生的其他可变作用,例如纵向风荷载、汽车制动力等。

③桥墩承受最大横桥向的偏载、最大竖向荷载,如图6-2-34c)所示。在这种组合情况下,桥墩各截面在横桥向可能产生最大偏心和最大弯矩,用来验算横桥方向上的墩身承载力、基地应力、偏心以及桥墩的稳定性。因此,除了计算永久作用外,应将汽车荷载或人群荷载的一种或两种偏于桥面的一侧布置,并且还应考虑其他可变作用,例如横向风荷载、流水压力或冰压力等。

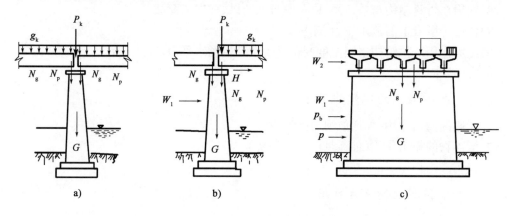

图6-2-34 桥墩汽车荷载布置图式

(2)偶然组合

①通航河流上的桥墩,永久作用+汽车荷载或人群荷载的一种或两种(偏于桥面的一侧布置)+流水压力+船舶的撞击作用。

②泄洪河流上的桥墩,永久作用+汽车荷载或人群荷载的一种或两种(偏于桥面的一侧布置)+流水压力+漂流物的撞击作用。

对于有凌汛的河流(如黄河西北地区段)还应验算冰压力的作用组合,即永久作用+汽车荷载或人群荷载的一种或两种(偏于桥面的一侧布置)+冰压力。

应当注意,流水压力(设计洪水位时的计算值)与冰压力(凌汛期的最不利计算值)不同时发生,因此,应取两种组合对桥墩产生最不利影响的一种组合进行结构设计。

③对于立交桥,永久作用+汽车荷载或人群荷载的一种或两种(偏于桥面的一侧布置)+汽车撞击作用。

(3)地震组合

永久作用+地震作用。

2)柱式桥墩作用组合及组合效应设计值计算

(1)基本组合

参照重力式桥墩计算方法。

(2)频遇组合、准永久组合

柱式桥墩一般采用钢筋混凝土或预应力混凝土结构形式,在结构计算中需对盖梁和柱身进行抗裂性计算,故应进行频遇组合和准永久组合计算。

(3)偶然组合

参照重力式桥墩计算方法。

二 重力式桥墩计算

重力式桥墩一般设计成圬工结构,计算依据《通规》和《圬工规》进行。桥梁墩台各部分的详细尺寸拟定,根据具体情况可采用标准设计图,也可通过力学计算确定。

1. 拟定桥墩各部分尺寸

(1)墩帽

墩帽尺寸拟定应考虑主梁间距(或支座间距)、支座大小、支座边缘至墩身边缘的最小距离、施工架梁所需尺寸、更换支座所需尺寸等。

顺桥向墩帽最小宽度b(图6-2-35)应满足以下条件:

$$b \geq f + \frac{a}{2} + \frac{a'}{2} + 2c_1 + 2c_2 \tag{6-2-1}$$

式中:f——相邻两跨支座间的中心距,即

$$f = \frac{1}{2}(L_K - l_0) + \frac{1}{2}(L_K' - l_0') \tag{6-2-2}$$

式中:L_K、L_K'——相邻两桥跨的标准跨径;

l_0、l_0'——相邻两桥跨的计算跨径,mm;

a、a'——相邻两桥跨支座垫板的顺桥向宽度,mm;

c_1——出檐宽度,mm;

c_2——支座外边缘至墩身边缘的最小距离,mm。为了避免支座过于靠近墩身侧面边缘,造成应力集中,提高混凝土的局部抗压能力,考虑施工误差及预留锚栓孔的要求,支座边缘到墩身边缘的最小距离可按跨径大小查表6-2-1。

横桥向墩帽最小宽度B(图6-2-35)应满足以下条件:

$$B \geq d + \frac{b}{2} + \frac{b'}{2} + 2c_1 + 2c_2 \tag{6-2-3}$$

式中:d——桥跨结构两侧边主梁外侧支座间的中心距,mm;

b、b'——桥跨结构两侧边主梁支座垫板的横桥向宽度,mm;

c_1、c_2意义同前。

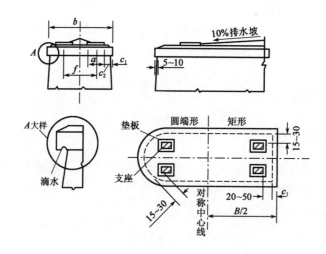

图 6-2-35 墩帽一般构造(尺寸单位:cm)

支座边缘至墩、台身边缘的最小距离 表 6-2-1

跨径 l (m)	顺桥向 (cm)	横桥向(cm)	
		圆弧形端头(自支座边角量起)	矩形端头
$5 \leqslant l < 20$	15	15	20
$20 \leqslant l < 50$	20	20	30
$50 \leqslant l < 150$	25	25	40
$l \geqslant 150$	30	30	50

注:采用钢筋混凝土或预应力混凝土悬臂墩帽时,可不受本表限制,应以便于施工、养护和更换支座而定。

(2) 墩身

实体墩身尺寸主要包括墩高、墩身顶面、底面尺寸及墩身侧坡等项。墩高由基础顶面及桥面高程或设计洪水位控制。墩身顶面尺寸,由墩帽控制。

墩身侧面坡度常用 20:1~30:1,一般应对称设置,只有在承受不对称推力时,才考虑用不对称的墩身坡度,墩身底截面尺寸受墩帽尺寸、墩高、墩身坡度控制。

用以上方法拟定的墩身尺寸,应按作用于其上的外力来验算,如需改变截面尺寸,可改变墩身坡度,如仍不符合要求,则需调整墩帽尺寸。

2. 作用计算

计算桥墩的永久作用,并根据不同的验算项目布置汽车荷载、人群荷载等可变作用,以得到最不利荷载布置,分别按顺桥向和横桥向计算出各验算截面的最不利作用组合及其效应设计值(弯矩、轴向力、水平力等)。

3. 墩身截面验算

重力式桥墩为圬工结构,按照概率极限状态法设计,并满足《圬工规》的要求。墩身截面验算包括截面承载力验算和截面合力偏心距验算,验算方法已在"结构设计原理"课程中介绍,这里不再赘述。

【例6-2-1】 一座2跨16m装配式预应力混凝土空心板简支梁桥(图6-2-36),墩高8m,试对桥墩进行一般构造设计。桥跨结构设计资料如下:

(1)预制梁长15.96m,计算跨径l=15.60m。

(2)桥面宽:净−9m+2×0.50m防撞护栏(二车道)[图6-2-36a)]。

(3)设计荷载:公路—Ⅰ级(q_k = 10.50kN/m,P_{kM} = 291.20kN,P_{kV} = 349.44kN)。

(4)每块空心板外轮廓尺寸为1050mm×700mm(含企口缝宽10mm),重182.50kN。

(5)桥面铺装:采用先在空心板上现浇一层100mm厚的C30混凝土,再在其上铺设沥青混凝土层60~130mm[图6-2-36a)]。

(6)护栏重:3.20kN/m。

(7)支座:采用板式橡胶支座,桥墩上相邻两跨分别设置一个固定支座和一个活动支座。

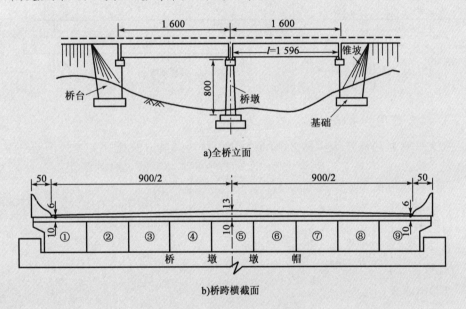

图6-2-36 2跨16m简支梁桥(尺寸单位:cm)

解:

1. 桥墩形式

本桥墩高8m,拟采用圆端形重力式桥墩,墩帽采用C30钢筋混凝土,墩身采用C25混凝土。

2. 桥墩尺寸拟定

桥墩尺寸拟定如图6-2-37所示,从墩身顶面至墩身底面每隔2~3m选一个截面进行验算,本算例仅列出A-A截面和B-B截面的作用计算、作用组合及组合效应设计值计算,其他截面计算方法相同。由计算出的组合效应设计值对相应截面进行验算,截面验算方法已在"结构设计原理"课程中介绍,这里不再赘述。

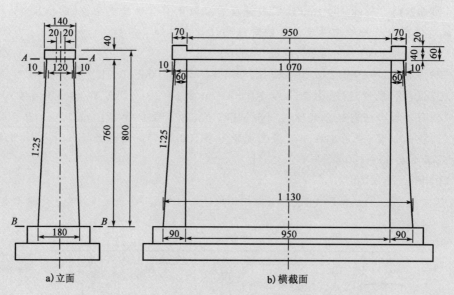

图 6-2-37 重力式桥墩一般构造(尺寸单位:cm)

3. 永久作用标准值

永久作用包括桥跨结构自重、桥墩自重。桥跨结构自重通过支座传递至墩帽,需计算支座反力;桥墩自重为验算截面以上的桥墩圬工体积乘以材料重度。

① 桥跨结构自重

$$q_G = \frac{182.50 \times 9}{15.96} + (0.50 + 9 + 0.50) \times 0.10 \times 25 + \frac{0.06 + 0.13}{2} \times 9 \times 24 + 3.2 \times 2$$
$$= 154.83 \ (kN/m)$$

$$R_G = \frac{q_G \times 15.96}{2} \times 2 = \frac{154.83 \times 15.96}{2} \times 2 = 2471.09 (kN)$$

② 桥墩自重

墩帽:$G_1 = \left(\frac{\pi}{4} \times 1.40^2 \times 0.60 + 9.50 \times 1.40 \times 0.40\right) \times 25 = 156.09(kN)$

墩身:$G_2 = \left[\frac{7.60}{3} \times \frac{\pi}{4} \times (1.20^2 + 1.8^2 + 1.20 \times 1.8) + 7.60 \times 9.50 \times \left(\frac{1.20 + 1.8}{2}\right)\right] \times 24$
$= 2925.83 \ (kN)$

③ 验算截面中心处永久作用

A-A 截面:标准值 $N_{Gk} = 2471.09 + 156.09 = 2627.18(kN)$

设计值 $N_{Gd} = \gamma_{G_1} \cdot N_{Gk} = 1.2 \times 2627.18 = 3152.62(kN)$

B-B 截面:标准值 $N_{Gk} = 2471.09 + 156.09 + 2925.83 = 5553.01(kN)$

设计值 $N_{Gd} = \gamma_{G_1} \cdot N_{Gk} = 1.2 \times 5553.01 = 6663.61(kN)$

4. 可变作用标准值

可变作用包括汽车荷载、汽车制动力,实体墩不计汽车冲击力。暂不考虑风荷载、流水压力等。

(1)单跨、双车道布载

桥墩单跨布载示意如图6-2-38所示。

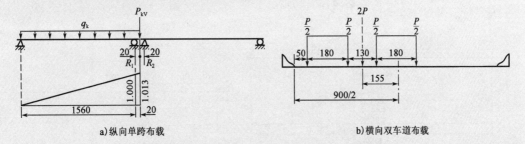

a)纵向单跨布载   b)横向双车道布载

图6-2-38　桥墩单跨布载图式(尺寸单位:cm)

①墩顶截面中心处可变作用标准值

$$R_1 = \left(\frac{1}{2} \times 15.80 \times 1.013 \times q_k + P_{kV} \times 1.013\right) \times 2$$

$$= \left(\frac{1}{2} \times 15.80 \times 1.013 \times 10.50 + 349.44 \times 1.013\right) \times 2 = 876.02 \text{ (kN)}$$

$R_2 = 0$

$\sum R = R_1 + R_2 = 876.02 + 0 = 876.02 \text{(kN)}$

一个车道制动力:墩顶分别设置一排固定支座和一排活动支座,加载跨为设置固定支座侧桥跨。

$$H_x = (q_k \cdot l + P_{kV}) \times 10\% = (10.5 \times 15.80 + 349.44) \times 10\% = 51.53 \text{ (kN)} < 165.00 \text{ (kN)}$$

故取　　　　　　　　　　$H_x = 165.00 \text{(kN)}$

两个车道制动力:　　　$H_x = 165.00 \times 2 = 330.00 \text{(kN)}$

②验算截面中心处的可变作用标准值

A-A截面:　　　　　　$N_{Q,k} = \sum R = 876.02 \text{(kN)}$

$$H_{xAk} = 330.00 \text{(kN)}$$

$$H_{yAk} = 0$$

$$M_{xQ_1Ak} = R_1 \times 0.20 + R_2 \times 0.20 = 876.02 \times 0.20 + 0 \times 0.20 = 175.20 \text{(kN·m)}$$

$$M_{xQ_2Ak} = H_x \times 0.40 = 330.00 \times 0.40 = 132.00 \text{(kN·m)}$$

$$M_{yQ_1Ak} = \sum R \times 1.55 = 876.02 \times 1.55 = 1357.83 \text{(kN·m)}$$

B-B截面:　　　　　　$N_{Q,k} = \sum R = 876.02 \text{(kN)}$

$$H_{xBk} = 330.00 \text{(kN)}$$

$$H_{yBk} = 0$$

$$M_{xQ_1Bk} = R_1 \times 0.20 + R_2 \times 0.20 = 876.02 \times 0.20 + 0 \times 0.20 = 175.20 \text{(kN·m)}$$

$$M_{xQ_2Bk} = H_x \times 8.00 = 330.00 \times 8.00 = 2640.00 \text{(kN·m)}$$

$$M_{yQ,Bk} = \sum R \times 1.55 = 876.02 \times 1.55 = 1357.83(\text{kN}\cdot\text{m})$$

(2)双跨、双车道布载

桥墩双跨布载示意图如图 6-2-39 所示。

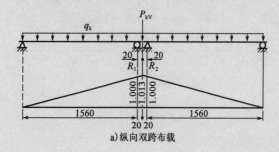
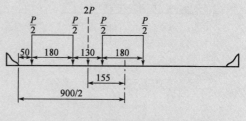

a) 纵向双跨布载 　　　　　　　　b) 横向双车道布载

图 6-2-39　桥墩双跨布载图式(尺寸单位:cm)

① 墩顶截面中心处的可变作用标准值

$$R_1 = \left(\frac{1}{2} \times 15.80 \times 1.013 \times q_k + \frac{P_{kV} \times 1.013}{2}\right) \times 2$$

$$= \left(\frac{1}{2} \times 15.80 \times 1.013 \times 10.5 + \frac{349.44 \times 1.013}{2}\right) \times 2 = 522.04\,(\text{kN})$$

$R_2 = R_1 = 522.04(\text{kN})$

$\sum R = R_1 + R_2 = 522.04 + 522.04 = 1044.08(\text{kN})$

一个车道制动力:墩顶分别设置一排固定支座和一排活动支座,加载跨为桥墩两侧桥跨。

$$H_x = \left(q_k \cdot l + \frac{P_{kV}}{2}\right) \times 10\% + 0.3 \times \left(q_k \cdot l + \frac{P_{kV}}{2}\right) \times 10\%$$

$$= \left(\frac{10.5 \times 15.80 + 349.44}{2}\right) \times 10\% + 0.3 \times \left(\frac{10.5 \times 15.80 + 349.44}{2}\right) \times 10\%$$

$$= 44.28\,(\text{kN}) < 165.00\,(\text{kN})$$

故取　　　　　　　　　　　　　$H_x = 165.00(\text{kN})$

两个车道制动力:　　　　　　　$H_x = 165.00 \times 2 = 330.00(\text{kN})$

② 验算截面中心处的可变作用标准值

$A\text{-}A$ 截面:$N_{Q,k} = \sum R = 1044.08(\text{kN})$

$H_{xAk} = 330.00(\text{kN})$

$H_{yAk} = 0$

$M_{xQ_1Ak} = R_1 \times 0.20 - R_2 \times 0.20 = 522.04 \times 0.20 - 522.04 \times 0.20 = 0(\text{kN}\cdot\text{m})$

$M_{xQ_2Ak} = H_x \times 0.40 = 330.00 \times 0.40 = 132.00(\text{kN}\cdot\text{m})$

$M_{yQ,Ak} = \sum R \times 1.55 = 1044.08 \times 1.55 = 1618.32(\text{kN}\cdot\text{m})$

$B\text{-}B$ 截面:$N_{Q,k} = \sum R = 1044.08(\text{kN})$

$H_{xBk} = 330.00(\text{kN})$

$H_{yBk} = 0$

$M_{xQ,Bk} = R_1 \times 0.20 - R_2 \times 0.20 = 522.04 \times 0.20 - 522.04 \times 0.20 = 0(\text{kN}\cdot\text{m})$

$$M_{xQ_2Bk} = H_x \times 8.00 = 330.00 \times 8.00 = 2640.00(\text{kN} \cdot \text{m})$$
$$M_{yQ_1Bk} = \sum R \times 1.55 = 1044.08 \times 1.55 = 1618.32(\text{kN} \cdot \text{m})$$

5. 作用组合及其效应设计值

依据《通规》相关规定,或本教材第一篇第三章相关内容对上述计算进行作用组合及其效应设计值计算,验算截面作用标准值及验算截面作用组合及其效应设计值见表6-2-2(a)、表6-2-2(b)。本桥为2跨16m,多跨跨径总长为32m,属于中桥,设计安全等级为"一级",结构重要性系数 $\gamma_0 = 1.1$。

结构设计使用年限荷载调整系数 $\gamma_L = 1.0, \gamma_{L2} = 1.0$。

作用的分项系数 $\gamma_{G_1} = 1.2; \gamma_{Q_1} = 1.4; \gamma_{Q_2} = 1.4$。

可变作用的组合值系数 $\psi_c = 0.75$。

基本组合:$S_{ud} = \gamma_0 S(\gamma_{G_1} \cdot G_{1k}, \gamma_{Q_1} \cdot \gamma_L \cdot Q_{1k}, \psi_c \cdot \gamma_{Q_2} \cdot \gamma_{L2} \cdot Q_{2k})$。

验算截面作用标准值 表6-2-2(a)

验算截面		永久作用标准值	可变作用标准值					
		N_{Gk}	$N_{Q,k}$	H_{xk}	H_{yk}	$M_{xQ,k}$	$M_{yQ,k}$
		kN	kN	kN	kN	kN·m	kN·m
单跨双车道	A-A	2627.18	876.02	0	0	175.20	1357.83
			0	330.00	0	132.00	0
	B-B	5553.01	876.02	0	0	175.20	1357.83
			0	330.00	0	2640.00	0
双跨双车道	A-A	2627.18	1044.08	0	0	0	1618.32
			0	330.00	0	132.00	0
	B-B	5553.01	1044.08	0	0	0	1618.32
			0	330.00	0	2640.00	0

验算截面作用组合及其效应设计值 表6-2-2(b)

验算截面		永久作用设计值	可变作用设计值					基本组合效应设计值				
		N_{Gd}	$N_{Q,d}$	H_{xd}	H_{yd}	$M_{xQ,d}$	$M_{yQ,d}$	N_{ud}	H_{xud}	H_{yud}	M_{xud}	M_{yud}
		kN	kN	kN	kN	kN·m	kN·m	kN	kN	kN	kN·m	kN·m
单跨双车道	A-A	3152.62	1226.43	0	0	245.28	1900.96	4816.95	381.15	0	422.27	2091.06
			0	462.00	0	184.80	0					
	B-B	6663.61	1226.43	0	0	245.28	1900.96	8679.04	381.15	0	3319.01	2091.06
			0	462.00	0	3696.00	0					
双跨双车道	A-A	3152.62	1461.71	0	0	0	2265.65	5075.76	381.15	0	152.46	2492.21
			0	462.00	0	184.80	0					
	B-B	6663.61	1461.71	0	0	0	2265.65	8937.86	381.15	0	3049.20	2492.21
			0	462.00	0	3696.00	0					

三 柱式桥墩计算

柱式桥墩一般设计成钢筋混凝土结构或预应力混凝土结构,计算依据《圬工规》、《混规》进行。

1. 盖梁计算

(1)计算图式

桥跨结构为装配式结构时,柱式墩设有盖梁。在构造上,墩柱的纵向受力钢筋应伸入到盖梁内,并与盖梁钢筋绑扎成整体,因此盖梁与墩柱为刚接,宜按刚架计算,盖梁的计算跨径宜取支承中心间的距离。

(2)作用计算

作用计算包括桥跨结构永久作用支点反力、盖梁自重和可变作用。可变作用布载要使各种组合为桥上最不利情况,求出支点最大反力。荷载的横向分布计算,当汽车荷载对称布置时,按杠杆法计算;当汽车荷载非对称布置时,按刚性横梁法(或偏心受压法、刚接板梁法或G-M法)计算。在盖梁截面内力计算时,可考虑墩柱支承宽度对削减负弯矩峰值的影响。

盖梁在施工过程中,荷载的不对称性很大,各截面将产生较大的弯矩,因此要根据当时的施工方案对各截面的受弯、受剪进行验算。

公路桥梁桩柱式墩的盖梁通常采用双悬臂式,计算控制截面选在支点和跨中截面。在计算支点负弯矩时,采用非对称布置可变作用;在计算跨中正弯矩时,采用对称布置可变作用。桥墩沿纵向的水平力以及当盖梁在沿顺桥向设置两排支座时,应计入桥跨结构可变作用的偏心对盖梁产生的扭矩。

(3)配筋计算

盖梁的配筋计算方法与钢筋混凝土梁配筋类同,即根据弯矩包络图配置受弯钢筋,根据剪力包络图配置弯起钢筋和箍筋。在配筋时,还应计算各控制截面扭矩所需要的箍筋及纵向钢筋。当采用预应力混凝土盖梁时,预应力钢筋及普通钢筋的配置同预应力混凝土梁。验算方法已在"结构设计原理"课程中介绍,这里不再赘述。

(4)抗裂验算

钢筋混凝土盖梁的最大裂缝宽度按《混规》进行计算,验算方法已在"结构设计原理"课程中介绍,这里不再赘述。

2. 墩柱计算

(1)作用计算

施加于墩柱的作用有永久作用(包括桥跨结构重力、盖梁、系梁及墩身重力)、可变作用(按设计荷载进行最不利荷载布置),计算最不利作用组合。桥墩的水平力有支座摩阻力和汽车制动力等。

桩柱式墩按桩基础的有关内容计算桩柱的内力和桩的入土深度。对于单柱墩,计算弯矩应考虑两个方向弯矩的合力,纵、横方向弯矩合力值为

$$M = \sqrt{M_x^2 + M_y^2} \tag{6-2-4}$$

其余计算同双柱墩。

(2)配筋验算

在计算最不利内力组合之后,先配筋,再验算,验算方法按"结构设计原理"课程中介绍的钢筋混凝土偏心受压构件计算,这里不再赘述。

(3)抗裂验算

柱式桥墩抗裂验算方法参照盖梁计算。

【例6-2-2】 一座双跨25m装配式预应力混凝土简支梁桥(图6-2-40),墩高7.5m,试对桥墩进行一般构造设计。桥跨结构设计资料如下:

(1)预制梁长24.94m,计算跨径l=24.30m。

(2)桥面宽:采用上、下行分幅设计,每幅桥宽为净-11m+1.0m(内侧防撞护栏)+0.50m(外侧防撞护栏)(二车道)。

(3)设计荷载:公路—Ⅰ级(q_k = 10.50kN/m,P_{kM} = 308.60kN,P_{kV} = 370.32kN)。

(4)每跨采用五片T梁,中梁支座反力为379.34kN,边梁支座反力为396.80kN,$1+\mu$=1.20。

(5)支座:板式橡胶支座,摩擦系数为f=0.05。

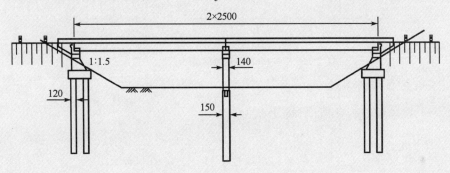

图6-2-40 双跨25m简支梁桥立面(尺寸单位:cm)

解:

1. 桥墩形式

本桥墩高7.5m,拟采用双柱式桥墩,盖梁、墩身均采用C30钢筋混凝土,系梁、桩基均采用C25钢筋混凝土。

2. 桥墩尺寸拟定

桥墩尺寸拟定如图6-2-41所示。桥墩计算包括盖梁计算和墩柱计算两部分。

(1)盖梁

盖梁计算跨径l:墩柱中距为7.00m,净距为5.60m,按《混规》第8.2.3条规定,$1.15 \times 5.60=6.44(m)$,6.44m<7.00m,故l=6.44m。

盖梁跨高比l/h=6.44/1.50=4.29<5.0,依据《混规》,按钢筋混凝土双悬臂梁计算。本算例盖梁计算从略。

(2)墩柱

从墩柱顶面至墩柱底面每隔2~3m选一个截面进行计算,本算例仅列出墩底A-A截面的计算结果,其他截面计算方法相同。

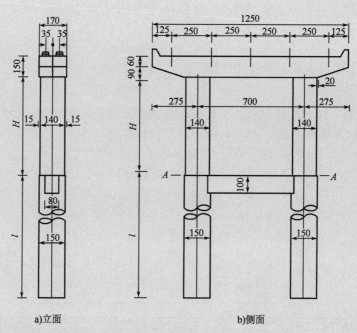

a)立面　　　　　　　　　　　b)侧面

图6-2-41　双柱式桥墩一般构造示例(尺寸单位:cm)

3. 永久作用标准值

(1)一跨上部结构自重:3898.16kN。

(2)盖梁自重(半边盖梁):363.14kN。

(3)一根墩柱自重:$G_1 = \dfrac{\pi}{4} \times 1.4^2 \times 6 \times 25 = 230.91$（kN）。

作用于验算截面 A-A 中心的永久作用标准值:$N_{Gk} = \dfrac{3898.16}{2} + 363.14 + 230.91 = 2543.13$（kN）。

4. 可变作用标准值

可变作用包括汽车荷载、汽车制动力、汽车冲击力,暂不考虑风荷载、流水压力等。

(1)单跨、双车道布载

桥墩单跨布载图式如图6-2-42所示。

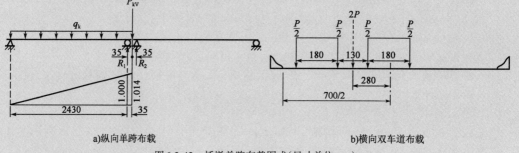

a)纵向单跨布载　　　　　　　b)横向双车道布载

图6-2-42　桥墩单跨布载图式(尺寸单位:cm)

①作用于单根墩柱顶截面中心的可变作用

$$R_1 = \left(\frac{1}{2} \times 24.65 \times 1.014 \times q_k + P_{kV} \times 1.014\right) \times 2$$
$$= \left(\frac{1}{2} \times 24.65 \times 1.014 \times 10.5 + 370.32 \times 1.014\right) \times 2 = 1013.46(kN)$$

$R_2 = 0$

$\sum R = R_1 + R_2 = 1013.46 + 0 = 1013.46(kN)$

一个车道制动力:墩顶分别设置一排固定支座和一排活动支座,加载跨为固定支座。

$H_{xk} = (q_k \cdot l + P_{kV}) \times 10\% = (10.5 \times 24.65 + 370.32) \times 10\% = 62.91(kN) < 165(kN)$

故取 $H_{xk} = 165(kN)$

两个车道制动力:$H_{xk} = 2 \times 165 = 330(kN)$

由于墩顶采用的固定支座形式相同,可按双柱平均分配汽车制动力考虑,因此,一根单柱承受的制动力为 $H_{xk} = 330/2 = 165(kN)$。

②作用于验算截面 A-A 中心的可变作用标准值

桥墩单柱荷载分配示意如图6-2-43所示,横向双车道布载,双柱反力横向分配系数:

$K_1 = \dfrac{2.80 + 3.50}{7.00} = 0.900, K_2 = 1 - 0.900 = 0.100$

$N_{Q_{1k}} = R_1' \cdot (1 + \mu) = K_1 \sum R \cdot (1 + \mu) = 0.9 \times 1013.46 \times 1.2 = 1094.54(kN)$(考虑冲击力)

$H_{xAk} = 165(kN)$

$H_{yAk} = 0$

$M_{xQ_{1Ak}} = N_{Q_{1k}} \times 0.35 = 1094.54 \times 0.35 = 383.09(kN \cdot m)$

$M_{xQ_{2Ak}} = H_{xAk} \times (6 + 1.50) = 165 \times 7.50 = 1237.50(kN \cdot m)$

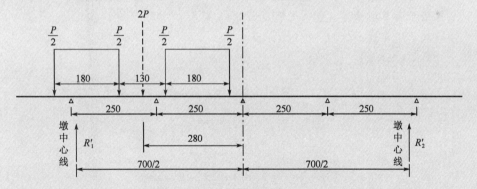

图6-2-43 桥墩单柱荷载分配(尺寸单位:cm)

(2)双跨、双车道布载

桥墩双跨布载图式如图6-2-44所示。

①作用于单根墩柱顶截面中心的可变作用标准值

$$R_1 = \left(\frac{1}{2} \times 24.65 \times 1.014 \times q_k + \frac{P_{kV} \times 1.014}{2}\right) \times 2$$
$$= \left(\frac{1}{2} \times 24.65 \times 1.014 \times 10.5 + \frac{370.32 \times 1.014}{2}\right) \times 2 = 637.95(kN)$$

$$R_2 = R_1 = 637.95(\text{kN})$$
$$\sum R = R_1 + R_2 = 637.95 \times 2 = 1275.90(\text{kN})$$

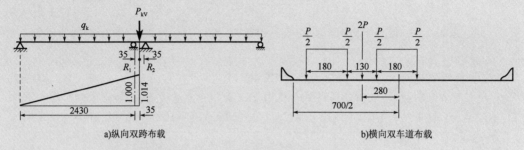

a)纵向双跨布载　　　　　　　　　　b)横向双车道布载

图6-2-44　桥墩双跨布载图式(尺寸单位:cm)

一个车道制动力:墩顶分别设置一排固定支座和一排活动支座。

$$H_{xk} = \left(q_k \cdot l + \frac{P_{kV}}{2}\right) \times 10\% + 0.3 \times \left(q_k \cdot l + \frac{P_{kV}}{2}\right) \times 10\%$$
$$= \left(10.5 \times 24.65 + \frac{370.32}{2}\right) \times 10\% + 0.3 \times \left(10.5 \times 24.65 + \frac{370.32}{2}\right) \times 10\%$$
$$= 57.72(\text{kN}) < 165.00(\text{kN})$$

故取 $H_{xk} = 165.00(\text{kN})$

两个车道制动力: $H_{xk} = 165.00 \times 2 = 330.00(\text{kN})$

由于墩柱顶采用相同的固定支座形式或相同的活动支座形式,可按双柱平均分配汽车制动力考虑,因此,一根单柱承受的制动力为: $H_{xk} = 330/2 = 165(\text{kN})$。

②作用于验算截面A-A中心的可变作用标准值

横向双车道布载,双柱反力横向分配系数:

$$K_1 = \frac{2.80 + 3.50}{7.00} = 0.900, K_2 = 1 - 0.900 = 0.100$$
$$N_{Q_{1k}} = R'_1 \cdot (1 + \mu) = K_1 \sum R \cdot (1 + \mu) = 0.9 \times 1275.90 \times 1.2 = 1377.97(\text{kN})(考虑冲击力)$$
$$H_{xAk} = 165(\text{kN})$$
$$H_{yAk} = 0$$
$$M_{xQ_{1Ak}} = 0$$
$$M_{xQ_{2Ak}} = H_{xAk} \times (6 + 1.50) = 165 \times 7.50 = 1237.50(\text{kN} \cdot \text{m})$$

5. 作用组合及其效应设计值

依据《通规》相关规定,或本教材第一篇第三章相关内容对上述计算进行作用组合及其效应设计值计算。本桥为2孔25m,多孔跨径总长为50m,属于中桥,设计安全等级为"一级",结构重要性系数$\gamma_0 = 1.1$。A-A截面作用标准值、A-A截面基本组合效应设计值、A-A截面频道组合效应设计值及A-A截面永久组合效应设计值见表6-2-3(a)、表6-2-3(b)及表6-2-3(c)、表6-2-3(d)。

结构设计使用年限荷载调整系数$\gamma_L = 1.0, \gamma_{L2} = 1.0$。

作用的分项系数$\gamma_{G_1} = 1.2$，$\gamma_{Q_1} = 1.4$，$\gamma_{Q_2} = 1.4$。

可变作用的组合值系数$\psi_c = 0.75$。

基本组合：$S_{ud} = \gamma_0 S(\gamma_{G_1} \cdot G_{1k}, \gamma_{Q_1} \cdot \gamma_L \cdot Q_{1k}, \psi_c \cdot \gamma_{Q_2} \cdot \gamma_{L2} \cdot Q_{2k})$

频遇组合：$S_{fd} = S(G_{1k}, \psi_{f1} \cdot Q_{1k}, \psi_{q2} \cdot Q_{2k})$，汽车荷载（不计汽车冲击力）频遇值系数$\psi_{f1} = 0.7$。

准永久组合：$S_{qd} = S(G_{1k}, \psi_{q1} \cdot Q_{1k}, \psi_{q2} \cdot Q_{2k})$，汽车荷载（不计汽车冲击力）准永久值系数$\psi_{q1} = 0.4$。

A-A截面作用标准值 表6-2-3(a)

计算工况	永久作用标准值	可变作用标准值				
	N_{Gk}	$N_{Q_{ik}}$	H_{xk}	H_{yk}	$M_{xQ_{ik}}$	$M_{yQ_{ik}}$
	kN	kN	kN	kN	kN·m	kN·m
单跨双车道	2543.13	1094.54	0	0	383.09	0
		0	165.00	0	1237.50	0
双跨双车道	2543.13	1377.97	0	0	0	0
		0	165.00	0	1237.50	0

A-A截面基本组合效应设计值 表6-2-3(b)

计算工况	永久作用设计值	可变作用设计值					基本组合效应设计值				
	N_{Gd}	$N_{Q_{id}}$	H_{xd}	H_{yd}	$M_{xQ_{id}}$	$M_{yQ_{id}}$	N_{ud}	H_{xud}	H_{yud}	M_{xud}	M_{yud}
	kN	kN	kN	kN	kN·m	kN·m	kN	kN	kN	kN·m	kN·m
单跨双车道	3051.76	1532.36	0	0	536.33	0	5042.53	190.58	0	2019.27	0
		0	231.00	0	1732.50	0					
双跨双车道	3051.76	1929.16	0	0	0	0	5479.01	190.58	0	1429.31	0
		0	231.00	0	1732.50	0					

A-A截面频遇组合效应设计值 表6-2-3(c)

计算工况	永久作用标准值	汽车荷载频遇值（不计冲击力） 汽车制动力准永久值					频遇组合效应设计值				
	N_{Gk}	$N_{Q_{1fd}}$	$H_{xQ_{1fd}}$	$H_{yQ_{1fd}}$	$M_{xQ_{1fd}}$	$M_{yQ_{1fd}}$	N_{fd}	H_{xfd}	H_{yfd}	M_{xfd}	M_{yfd}
		$N_{Q_{2qd}}$	$H_{xQ_{2qd}}$	$H_{yQ_{2qd}}$	$M_{xQ_{2qd}}$	$M_{yQ_{2qd}}$					
	kN	kN	kN	kN	kN·m	kN·m	kN	kN	kN	kN·m	kN·m
单跨双车道	2543.13	638.48	0	0	268.16	0	3181.61	165.00	0	1505.66	0
		0	165.00	0	1237.50	0					
双跨双车道	2543.13	803.31	0	0	0	0	3346.44	165.00	0	1237.50	0
		0	165.00	0	1237.50	0					

A-A 截面准永久组合效应设计值　　　　　　表 6-2-3(d)

计算工况	永久作用标准值	可变作用准永久值(不计汽车冲击力)					准永久组合效应设计值				
	N_{Gk}	$N_{Q_{1qd}}$ / $N_{Q_{2qd}}$	$H_{xQ_{1qd}}$ / $H_{xQ_{2qd}}$	$H_{yQ_{1qd}}$ / $H_{yQ_{2qd}}$	$M_{xQ_{1qd}}$ / $M_{xQ_{2qd}}$	$M_{yQ_{1qd}}$ / $M_{yQ_{2qd}}$	N_{qd}	H_{xqd}	H_{yqd}	M_{xqd}	M_{yqd}
	kN	kN	kN	kN	kN·m	kN·m	kN	kN	kN	kN·m	kN·m
单跨双车道	2543.13	364.85	0	0	153.24	0	2907.98	165.00	0	1390.74	0
		0	165.00	0	1237.50	0					
双跨双车道	2543.13	459.03	0	0	0	0	3002.16	165.00	0	1237.50	0
		0	165.00	0	1237.50	0					

四 空心薄壁墩计算

空心薄壁墩一般设计成钢筋混凝土结构或预应力混凝土结构,计算依据《通规》和《混规》进行。

空心薄壁墩属于壳体结构,其受力与重力式桥墩有所不同,可视为空间壳体或组合板结构(一般按壁厚区分)。依据理论分析和模型试验,对于空心高墩,可按悬臂梁式长壳结构进行计算。从我国已建成的混凝土和钢筋混凝土空心墩来看 t/D 一般为 1/8～1/6,略大于薄壁判据数值 1/10,不必按壳体计算,如按薄壳结构处理,也只能是近似的。通常空心墩设计计算可按一般材料力学计算其应力和墩顶位移。计算内容除包括一般重力墩的计算内容外,尚应验算空心墩的承载力、整体稳定性和局部稳定性、墩顶位移等。

1. 承载力与整体稳定性计算

在承载能力计算中,按钢筋混凝土偏心受压构件验算截面承载力和整体稳定性,当构件长细比 $l_0/i>17.5$ 时,应考虑偏心受压构件的轴向力承载能力极限状态偏心距增大系数 η;同时除应计算弯矩作用平面抗压承载力外,尚应按轴心受压构件验算垂直于弯矩作用平面的抗压承载力,此时不考虑弯矩的作用,但应考虑稳定系数 φ 的影响;验算方法按《混规》中的相关规定进行。该部分内容已在"结构设计原理"课程中"钢筋混凝土偏心受压构件验算截面承载力和整体稳定性"计算中介绍,这里不再赘述。

2. 局部稳定性计算

空心墩的局部稳定与桥墩壁厚及是否设置横隔板有关。通过对圆柱形、圆锥形和矩形空心墩混凝土模型试验和理论分析表明:空心墩的局部稳定可按板壳空间结构进行分析,而且局部失稳在弹塑性范围内发生,因此,可以近似地用中心受压作用下的弹塑性临界应力计算。在实际工程中大多采用有限元结构分析软件进行计算。

3. 墩顶位移计算

空心墩墩顶位移应包括离心力、制动力、偏心作用的竖向力、风荷载等引起的水平位移;

日照作用下向阳面与背阳面温差引起的位移;以及地基不均匀沉降产生的墩顶位移。计算方法如下:

(1)位移计算

设计时将墩视为固定在地基上的一个等截面(或变截面)悬臂杆件。

①制动力及梁上风力作用下墩顶位移计算[图6-2-45a)]

$$y_1 = \frac{PL^3}{3EI} \tag{6-2-5}$$

②风力作用下墩顶位移计算[图6-2-45b)]

$$y_2 = \frac{qL^4}{8EI} \tag{6-2-6}$$

③弯矩作用下墩顶位移计算[图6-2-45c)]

$$y_3 = \frac{M_0 L^2}{2EI} \tag{6-2-7}$$

式中:P——制动力及梁上风力作用下墩顶集中力,kN;

L——桥墩高度,m;

E——弹性模量,MPa;

I——截面惯性矩,m⁴;

q——风力作用的均布荷载,kN·m;

M_0——墩顶集中弯矩,kN·m。

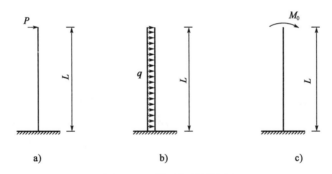

图6-2-45 墩顶位移计算图式

(2)温度位移

日照引起的桥墩温度位移是不可忽视的,但目前尚无统一的计算公式。当墩顶无支承约束时,墩顶最大位移Δ_{max}常按下式近似计算:

$$\Delta_{max} = -\frac{\alpha T_0 H^2}{2I_0}(bK_4 - b_0 C_4) \tag{6-2-8}$$

式中:H——墩高;

α——钢筋混凝土的线膨胀系数,$\alpha = 1 \times 10^{-5}$℃;

T_0——墩身截面的最大温差;

b_0、b——截面宽度与空心部分截面宽度;

K_4、C_4——常数。

C_4 按式(6-2-9)计算:

$$C_4 = C_1(n - C_3) \tag{6-2-9}$$

其中,$C_1 = \dfrac{e^{-a\delta} - e^{-a(h-\delta)}}{a}$,$C_3 = \dfrac{C_2}{C_1}$,$C_2 = \dfrac{e^{-a\delta}(1+a\delta) - e^{-a(h-\delta)}[1+a(h-\delta)]}{a^2}$;式中:$n = \dfrac{h}{2}$。

K_4 按式(6-2-10)计算:

$$K_4 = K_1(n - K_3) \tag{6-2-10}$$

其中,$K_1 = \dfrac{1 - e^{-ah}}{a}$,$K_3 = \dfrac{K_2}{K_1}$,$K_2 = \dfrac{1 - e^{-ah}(1+ah)}{a^2}$。

式中:h——桥墩顺桥向宽度,m;

δ——墩壁厚度,m;

a——指数,取$a=10$。

符号意义如图6-2-46所示。

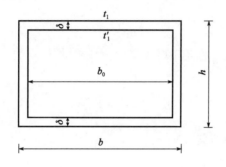

图6-2-46 符号意义

4. 固端干扰力计算

根据混凝土空心墩模型试验和光弹模型试验以及圆柱薄壳应力分析的结果,在距墩顶和墩底实体段一定距离[$(0.5\sim1.0)R$]外的截面上,其应力分布尚符合材料力学的计算结果,故可把空心墩视为一偏心受压杆件,用结构设计原理有关公式进行计算。但在两端部分[$(0.5\sim1.0)R$]则应考虑固端应力的影响。由于空心墩承受偏心荷载和横向弯曲荷载,受力情况要比上述中心受压的情况复杂得多,故目前多根据试验资料估算空心墩的固端干扰应力。在一些设计中建议,垂直方向的固端干扰应力按弯曲应力平均值的50%计算。

5. 温度应力计算

在桥梁中,温度变化能产生相当大的温度应力,在某种情况下,可与永久作用、可变作用产生的应力属同一个数量级。日照作用下,钢筋混凝土桥墩向阳壁的表面温度,因太阳光辐射而急剧升高,背阳面温度随着气温变化而缓慢地变化,待向阳壁表面温度达到最高温度时,由于钢筋混凝土热传导性能很差,箱形桥墩墩内表面温度比向阳面温度低得多,而与墩内气温相近。当向阳壁温度较小时,向阳壁内表面温度比相邻两壁的内表面温度高一些,两侧壁靠近向阳壁一端温度也比另一端要高些。总之,箱形桥墩沿截面的温度分布,略去两侧壁内外表面的很小温度差别,以向阳面为基线,随距离的增大而迅速地减小,并按指数函数规律递减。

6. 空心墩墩帽计算

空心墩墩帽是周边支承的厚板,除满足构造要求外,还应通过计算确定墩帽高度。如果墩帽的刚度不够,其弯曲变形将会对空心墩壁产生附加弯矩,并使空心墩颈口处压弯破坏,因此,应从刚度要求确定墩帽高度。

7. 桥墩自振周期计算

空心墩应特别注意风荷载和地震作用,应考虑风振的影响,并计算其自振周期。空心墩自振周期的计算方法,可参考《结构力学》教材中有关部分,这里不再详述。

第四节 桥墩施工

桥梁施工中桥墩受力分为桥墩主体在施工过程中的受力、桥墩主体施工完成后的受力。

一 桥墩主体在施工过程中的受力

桥墩主体部分的施工方法通常分为两大类:现场就地浇筑(或砌筑)法和预制拼装法。

1. 现场浇(砌)筑法

1)施工工序

桥墩现场施工包括现场浇筑法和现场砌筑法,施工工序为桥墩定位与放样→在基础襟边上立模板和支架→浇(砌)筑墩身→绑扎墩帽钢筋→浇筑墩帽混凝土并预留支座锚栓孔。

该方法主要用于圬工桥墩和钢筋混凝土桥墩,并且有现场施工条件的桥址处,目前大部分工程采用这种施工方法。其优点是工序简便,机具较少,技术操作难度不大,易于实施;缺点是施工工期较长,耗费劳动力和物力较大。

2)浇(砌)筑方法

(1)桥墩采用石块或混凝土块材料建造时,采用砌筑法施工。施工中应遵照现行桥梁施工规范要求进行,并严格控制施工误差。图6-2-47所示为石砌墩身砌筑方法,台身砌筑方法类同。

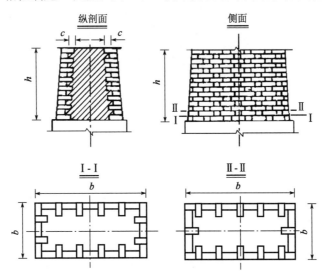

图6-2-47 石砌桥墩砌筑方法

h-石料高度及灰缝厚度;b-石料尺寸及灰缝宽度;c-错缝尺寸

(2)桥墩采用混凝土、片石混凝土、钢筋混凝土等材料建造时,采用浇筑法施工。施工中需要立模浇筑(图6-2-48),模板种类有木模、钢模等。木模和钢模一般用于高度不大的桥墩,在设计时,墩身高度尽量采用模板模数,多余部分单独制作木模补高差。滑模[图6-2-49a)]、爬模[图6-2-49b)]、翻模[图6-2-49c)]的施工方法一般用于高墩施工,其中主要以爬模和翻模施工方法应用较为广泛。

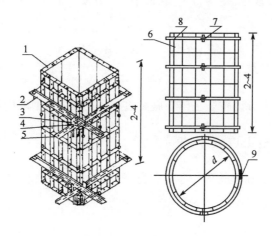

图6-2-48　立模板浇筑示意

1-模板;2-柱箍;3-定位销;4-卡具;5-夹具臂;6-模板;7-横肋;8-连接销子;9-可调螺钉

a)滑模施工

b)爬模施工

c)翻模施工

图6-2-49　高墩桥梁施工方法

3)结构受力特点

(1)重力式桥墩

重力式桥墩采用圬工材料建造,由于截面尺寸相对较大,自重较大,一般在施工中能够满足施工荷载作用下的受力要求。

(2)轻型桥墩

轻型桥墩为一般为钢筋混凝土结构,墩身截面尺寸相对较小,结构轻柔,在桥墩施工中一般能够满足受力要求。

(3)薄壁墩

薄壁墩一般长细比较大,在施工中可能出现纵向位移较大、受压失稳等情况。

①施工控制验算

a. 施工荷载作用下受压稳定性验算。

b. 风荷载作用下墩顶位移验算和抗风稳定性验算。

c. 悬臂施工桥梁的0号块时,支架结构的支承在墩身上的局部承压计算。

d. 悬臂施工的不均衡性对桥墩的受力影响。

②改善结构受力措施

a. 在施工薄壁高墩时,桥墩处于悬臂受力状态,风荷载将对桥墩的墩顶位移产生较大影响。施工中应对墩身采取增加临时横向联系等措施保障墩身不发生过大侧向位移,尤其是不发生失稳现象,确保桥墩安全,为桥跨结构施工打好基础。

b. 连续刚构桥桥墩在施工过程中,可通过一些方法改善连续刚构桥的桥墩受力。通常改善桥墩受力的措施有:合龙前顶推主梁;边跨合龙前配重、中跨合龙时逐步卸载等。

2. 预制拼装法

(1)施工工序

预制拼装法施工桥墩又称为装配式桥墩。其施工分为两部分:拼装部分墩身施工和现场就地浇筑实体部分墩身施工。施工工序为制梁厂(场)预制桥墩→将成品墩移运至桥位处→采用起吊设备架设→安装→现浇湿接缝。

该方法主要用于预应力混凝土、钢筋混凝土空心薄壁墩,或现场现浇施工有困难的地区(如深沟峡谷和海洋湖泊等特殊条件地区),其特点是在确保工程质量的前提下,克服了现场施工面临的困难,实现了工厂化预制,提高了施工质量,加速了工程进度,提高了工程效益。随着施工机具(如起重机械、运输机械、架设机械等)的进步与创新,采用预制装配构件建造桥墩的施工方法有了飞速发展。

(2)架设方法

装配式桥墩架设安装所采用的起吊设备应根据预制墩重量及桥址环境条件选用,常见的架设方法有:陆地架设法和浮式起重机架设法。图6-2-50所示为东海大桥预制装配墩的施工过程。

a)预制场预制桥墩和箱梁　　b)龙门吊将桥墩运至岸边　　c)桥墩装运至岸边浮吊船

图 6-2-50

d) 桥墩运至墩位处并安装　　　　e) 预制桥墩安装就位

图 6-2-50　东海大桥桥墩施工过程示例

(3) 结构受力特点

装配式桥墩在吊运过程中,应设计合理吊点位置,保障桥墩在运送过程中的平稳性。在安装时,应做好墩身节段间的连接,确保墩身就位后连接牢固可靠。装配式桥墩节段间的连接方式主要有钢筋灌浆套筒连接、钢筋灌浆波纹钢管连接、构件承插式连接、钢筋插槽式连接、湿接缝式连接和预应力钢筋连接等连接方式,具体可参阅现行《公路装配式混凝土桥梁设计规范》(JTG/T 3365-05)的规定。

二　桥墩主体施工完成后的受力

无论是采用现场就地浇筑(或砌筑)法还是预制拼装法,桥墩主体施工完成后,都要在墩顶现浇或架设桥跨结构。当采用架桥机架梁时(图6-2-51),桥墩将承受偏载作用,桥墩顶部产生纵向水平位移。因此,必须对桥墩进行施工偏载计算与验算,既要保障架梁安全,又要确保桥墩在施工过程中墩身截面承载力、偏心距(或截面抗裂)和墩顶纵向位移满足设计要求。图 6-2-51所示为②号桥墩最不利受力状况。此时,第二跨梁架设完毕,第三跨的第一片梁(装配式主梁)或整跨梁(整体式主梁)运至第二跨梁上,架桥机一端支承在第二跨梁上,另一端支承在③号墩上,应验算在这种状态下②号桥墩的截面承载力、偏心距(或截面抗裂)和墩顶纵向位移。

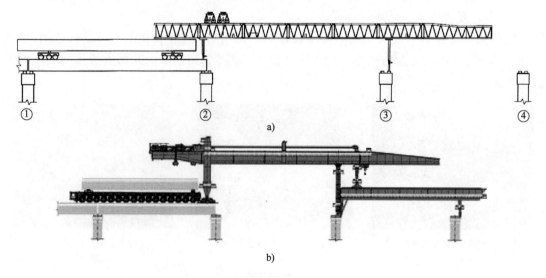

图 6-2-51　架桥机架梁

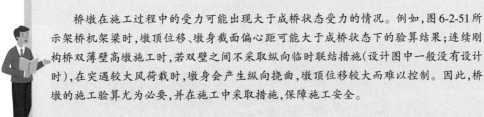

拓展小知识

桥墩施工验算

桥墩在施工过程中的受力可能出现大于成桥状态受力的情况。例如，图 6-2-51 所示架桥机架梁时，墩顶位移、墩身截面偏心距可能大于成桥状态下的验算结果；连续刚构桥双薄壁高墩施工时，若双壁之间不采取纵向临时联结措施（设计图中一般没有设计时），在突遇较大风荷载时，墩身会产生纵向挠曲，墩顶位移较大而难以控制。因此，桥墩的施工验算尤为必要，并在施工中采取措施，保障施工安全。

学习提示

桥墩主体的施工方法分为现浇法和预制拼装法，现浇法施工结构整体性好，但工期长；在不影响交通、无条件现浇施工条件下可采用预制拼装法施工。

高墩施工时应注意严格控制墩顶位移，必要时采取临时控制措施；采用架桥机架梁时，注意对桥墩受力及变形的影响；系杆拱桥施工时对墩顶位移的控制及临时固结措施等。根据不同桥型的具体施工情况，应对桥墩进行严格验算，包括墩顶位移、截面承载力、截面偏心距（或截面抗裂）计算、稳定性计算等。

思考与练习

以一座 3 跨 20m 连续梁桥，桥跨结构采用等截面连续箱梁，桥面宽度 10m；下部结构采用独柱墩，墩身高度 5.5m；支座为板式橡胶支座。分析在超载情况下，导致桥跨结构侧翻的受力机理。①若桥上行驶一辆超载车导致桥跨结构发生侧翻，该超载车的重量；②若桥上行驶一列超载车队（每辆车重约 1300kN）导致桥跨结构发生侧翻，该超载车队有几辆车？③为避免桥跨结构发生侧翻事故，应采取哪些补救措施？

第三章 桥台

第一节 概述

桥台是桥梁的重要组成部分,位于全桥两端,除了支承桥跨结构外,还应使桥梁和路堤连接匀顺,并要支挡路基填土,抵御路堤土压力,保证桥台不发生滑移和倾覆。桥台示意如图6-3-1所示。

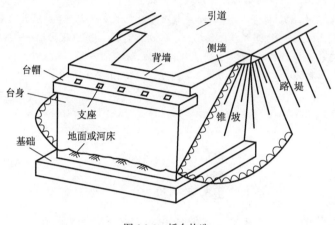

图6-3-1 桥台构造

一 桥台一般特点

桥台通常由台帽、台身和基础三部分组成。台帽也称帽梁,一般为钢筋混凝土厚板(梁),台帽上面放置支承桥跨结构的支座,并且将支座传递的竖直反力、水平反力均匀分布到台身的整个截面,最终传递到基础上。

桥台不仅是主要的传力构件,还承受一定的外荷载作用,因此,应具有足够的强度、刚度和稳定性。桥台基础是连接台身并坐落在土或岩石地基上的构造物,对地基的承载能力、沉降量、地基与基础之间的摩擦力等都提出一定的要求,避免在上述荷载作用下产生危害桥梁整体结构的水平位移、竖向位移和转角位移。在桥梁设计中,应对台帽、台身和基础进行整体设计,但在课程学习中,桥台基础将在"基础工程"课程中学习。

由于桥梁结构形式不同及所处工程环境不同,桥台将设计成不同构造类型,与之相对应的施工方法也不尽相同。为设计出适合桥梁结构的桥台,应根据路线、地形、地质、水文、气象、环境、桥跨结构、作用效应、材料、施工条件和经济等因素进行综合考虑。本章将重点介绍工程中几种常用桥台类型的构造、设计、计算和施工方法。

二 主要类型及适用情况

桥台按结构形式可分为重力式(实体式)桥台、轻型桥台、组合式桥台等。

重力式桥台主要依靠自重来平衡台后的土压力,一般采用圬工材料或钢筋混凝土材料建造,主要采用就地砌筑或浇筑的方法施工。重力式桥台依据桥梁跨径、桥台高度及地形条件的不同有多种形式,工程中常用的类型为U形桥台[图6-3-2a)]和埋置式桥台[图6-3-2b)]。U形桥台的台身是由前墙和两个侧墙构成的U字形结构而得名,适用于填土高度在4~10cm的桥梁,缺点是桥台体积和自重较大,增加了地基的负荷,此外,桥台的两个侧墙之间填土容易积水,结冰后冻胀,使侧墙产生裂缝,所以,宜用渗水性较好的土夯填,并做好台后排水措施。埋置衡重式桥台主要利用衡重平台及其上的填土重力平衡部分土压力,材料相对比较节省,适用于跨径大于20m,高度大于10m的跨越深沟及山区特殊地形桥梁。

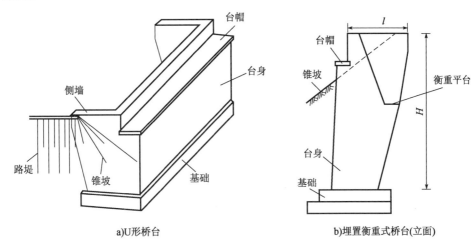

a)U形桥台   b)埋置衡重式桥台(立面)

图6-3-2 重力式桥台

轻型桥台的体积轻巧、自重较小,一般由钢筋混凝土材料建造,借助桥台结构的整体刚度和材料强度承受外力,从而可节省材料,降低对地基承载力的要求,适用于软土地基上的桥台修建。常用形式有埋置式桥台、钢筋混凝土薄壁桥台等。埋置式桥台是将台身埋在锥形护坡中,只露出台帽在外以安置支座及上部构造。这样,桥台所受的土压力大为减小,桥台的体积也就相应地减少。但是由于台前护坡是用片石作表面防护的一种永久性设施,存在着被洪水冲毁而使台身裸露的可能,故设计时必须对强度和稳定进行验算。埋置式桥台的缺点是,由于护坡伸入到桥孔,压缩了河道而减少排洪面积,或者为了不压缩河道,就要适当增加桥长;同时,锥坡脚也易受到流水冲刷。按台身的结构形式,埋置式桥台可以分为:后倾式(图6-3-3)、肋形埋置式(图6-3-4)、柱式(图6-3-5)和框架式(图6-3-6)等。柱式桥台一般在填土高小于5m时采用,大于5m时采用肋形埋置式或框架式,框架式桥台适用于地基承载力较低、台高大于4m、跨径大于10m的桥梁。钢筋混凝土薄壁桥台是由扶壁式挡土墙和两侧的薄壁侧墙构成,如图6-3-7b)所示,挡土墙由一般厚度不小于150~300mm的前墙和间距2.5~3.5m的扶壁所组成。台顶由竖直小墙和支于扶壁上的水平板构成,用以支承桥跨结构。两侧薄壁可以与前墙垂直,有时也做成与前墙斜交。前者称U字形薄壁桥台,后者称八字形薄壁桥台,如图6-3-7c)所示。常用的形式有悬臂式、扶壁式、撑墙式及箱式等,如图6-3-7a)所示。这种桥台不仅可以减少圬工体积40%~50%,同时因自重减轻而减小了对地基的负荷。故适用于软弱地基的条件,但其构造和施工比较复杂。

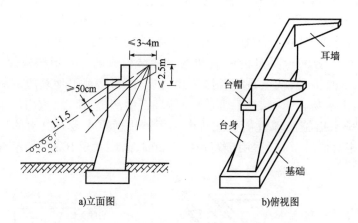

图 6-3-3 后倾式桥台

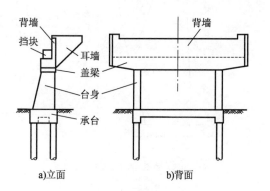

图 6-3-4 肋形埋置式桥台

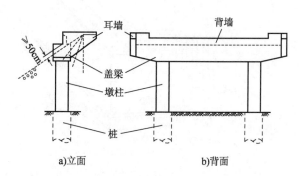

图 6-3-5 双柱式桥台

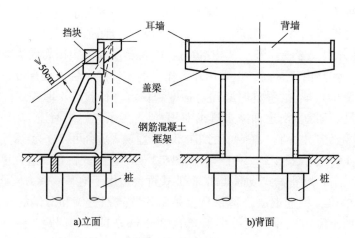

图 6-3-6 框架式桥台

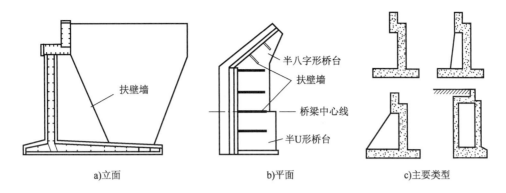

图 6-3-7　钢筋混凝土薄壁轻型桥台

为使桥台轻型化,桥台本身主要承受桥跨结构传来的竖向力和水平力,而台后的土压力由其他结构来承受,形成组合式的桥台。主要类型有桥台与挡土墙组合、过梁式、框架式组合桥台、无伸缩缝桥台等形式,一般用于中等跨径的桥梁。桥台与挡土墙组合桥台是由轻型桥台支承桥跨结构,台后设挡土墙承受土压力,台身与挡土墙分离,上端作伸缩缝,使受力明确。当地基条件较好时,也可将桥台与挡土墙放在同一个基础之上,如图6-3-8所示。这种组合式桥台可以不压缩河床,但构造较复杂,是否经济,需通过比较确定。过梁式桥台是桥台与挡土墙用梁结合在一起的桥台,当梁与桥台、挡土墙刚接时,则形成框架式组合桥台,如图6-3-9所示,框架的长度及过梁的跨径,由地形及土方工程比较确定,桥台越长,梁的材料用量就越多,而桥台及挡土墙的材料数量也相应地有所减少。无伸缩缝桥台(图6-3-10)直接利用钢筋将混凝土接线路面板与桥头搭板连接起来,取消搭板尾端与道路间的接缝,将梁体变形分散并传递到接线路面上。无伸缩缝桥台中主梁的温度等伸缩变形一部分由主梁吸纳,另一部分则由搭板引到与接线路面相接处(搭板末端)。

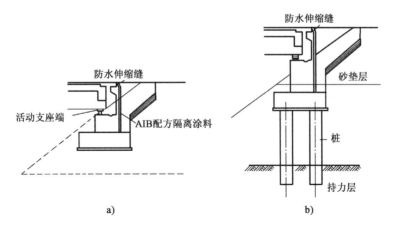

图 6-3-8　桥台与挡土墙组合桥台

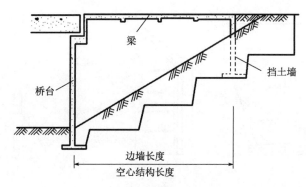

图6-3-9 框架式组合桥台

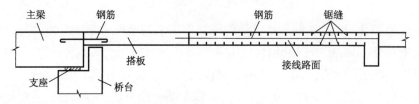

图6-3-10 无伸缩缝桥台

学习提示

一座桥梁的桥台一般是成对设置的。桥台不仅要支承桥跨结构,还应与路堤顺接,因此,桥台在承受桥跨结构传递荷载的同时,还承受路堤土压力及路堤破坏棱体上的荷载。靠自身重量平衡外力的桥台为重力式桥台,采用圬工材料建造,但因其自重大,对地基承载力要求较高;在地基承载力不高的地区,需减轻桥台自重,为轻型桥台,可采用钢筋混凝土材料建造;将桥台支承桥跨结构部分与支挡路基土部分分开设计的桥台,为组合式桥台。

桥台的完整构造除了台帽和台身外,还包括其基础,当地基为坚质基岩时,可不设基础,基础设计在"基础工程"课程中介绍。

思考与练习

1. 简述桥台的作用、组成及其分类。
2. 说明重力式桥台和轻型桥台的特点及适用范围。

第二节 桥台构造与设计

一 重力式桥台

常用的重力式桥台为U形桥台,从梁桥(图6-3-11)与拱桥(图6-3-12)的U形桥台构造比较来看,二者除在台帽部分有所差别外,其余部分基本相同;从一般构造设计来讲,拱桥桥台一般较梁桥桥台要大,这是因为拱桥桥台要承担相当大的水平推力。

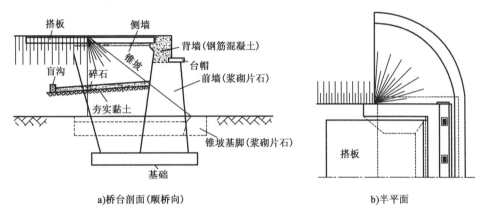

图6-3-11 梁桥U形桥台

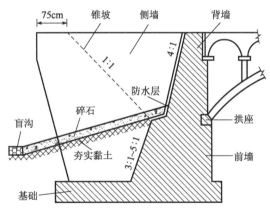

图6-3-12 拱桥U形桥台纵剖面

1. 台帽

(1)一般构造

梁桥台帽的构造和尺寸要求与相应的桥墩墩帽有许多共同之处,不同的是台帽顶面只设单排支座,在另一侧则要浇筑背墙以支挡路堤填土。背墙顶宽,采用圬工材料建造时不得小于50cm;采用钢筋混凝土材料建造时,由计算确定。背墙一般设计成垂直(钢筋混凝土材料建造时),也可设计成与前墙背面同坡度(圬工材料建造时),并与两侧侧墙连接。在台帽放置支座部分的构造尺寸、钢筋配置及混凝土强度等级可按相应的墩帽构造进行设计。

拱桥桥台只在前墙桥跨一侧设置拱座,其构造和尺寸可参照相应拱桥桥墩的拱座拟定。对于空腹式拱桥,在前墙顶面上还要砌筑背墙,用来支挡路堤填土和支承腹拱。

(2)钢筋构造

同重力式桥墩墩帽设计。

2. 台身

台身由前墙和侧墙构成,二者结合成一体,兼有挡土墙和支撑墙的作用。侧墙正面一般是直立的,其长度视桥台高度和锥坡坡度而定。桥台越高,侧墙越长。侧墙尾端,应有不小于0.75m的长度伸入路堤内,以保证与路堤有良好的衔接。台身宽度通常与路基宽度相同。

《圬工规》规定,无论是梁桥还是拱桥,桥台前墙顶面宽度不宜小于0.50m,其任一水平截面的宽度,不宜小于该截面至墙顶高度的0.4倍。桥台侧墙顶面宽度不宜小于0.50m,其任一水平截面的宽度,对于片石砌体不宜小于该截止面至墙顶高度的0.4倍;对于块石、粗料石砌体或混凝体不宜小于0.35倍;若桥台内填料为中、粗砂或砾砂时,则上述两项可分别相应减为0.35和0.30倍,如图6-3-13所示。

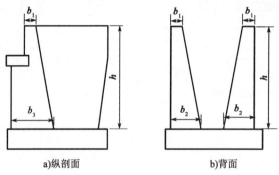

图6-3-13　U形桥台一般构造

$b_1 \geq 0.50$；$b_2 \geq (0.3 \sim 0.4)h$；$b_3 \geq 0.4h$

两个侧墙之间应填以渗透性较好的土壤。为了排除桥台前墙后部积水,应于侧墙间在略高于高水位的平面上铺一层向路堤方向设有斜坡的夯实黏土作为不透水层,并在黏土层上再铺一层碎石,将积水引向设于台后横穿路堤的盲沟[图6-3-11a)、图6-3-12]内。

二　轻型桥台

轻型桥台中应用较广的是埋置式桥台,是由台帽(或盖梁)、背墙、耳墙、台身和基础组成,不需要侧墙,仅附有短小的钢筋混凝土耳墙,耳墙厚一般不小于25cm。台帽部分的内角到护坡表面的距离不应小于50cm,否则应在台帽两侧设置挡块,用以挡住护坡的填土,并防止土、雪等拥入支承平台上去,影响支座正常工作;或增加耳墙长度,使路堤填土后移。耳墙与路堤衔接,伸入路堤的长度一般不小于75cm。台帽(或盖梁)设计可参照桥墩墩帽(或盖梁)的相关内容,不再详述。埋置式桥台有多种类型(图3-3-3~图3-3-6),主要区别在于墩身形式,当桥墩采用柱式墩时,桥台一般采用柱式桥台(图6-3-14)。图6-3-15为肋形埋置式桥台一般构造示意图,图6-3-16为桥台耳墙和背墙钢筋构造图,仅供参考,台帽钢筋构造图可参照桥墩墩帽钢筋构造图。

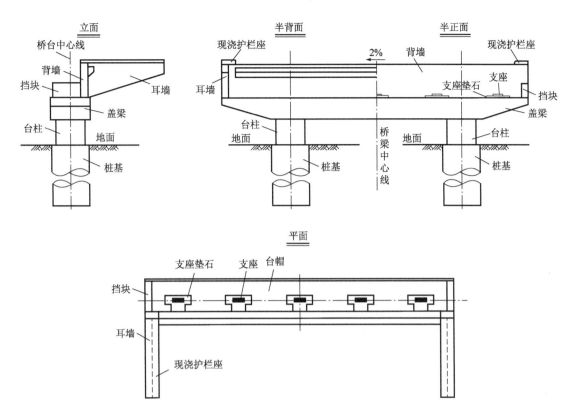

图 6-3-14 双柱式桥台一般构造

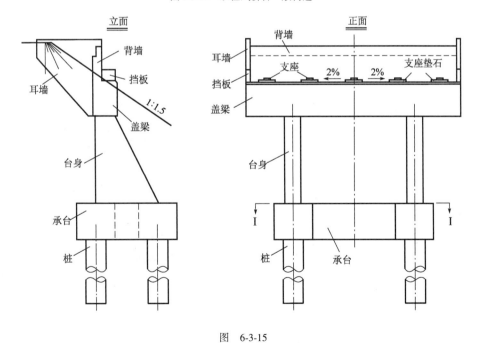

图 6-3-15

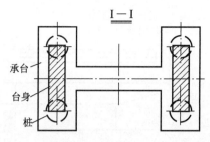

图6-3-15 钢筋混凝土肋形埋置式桥台一般构造

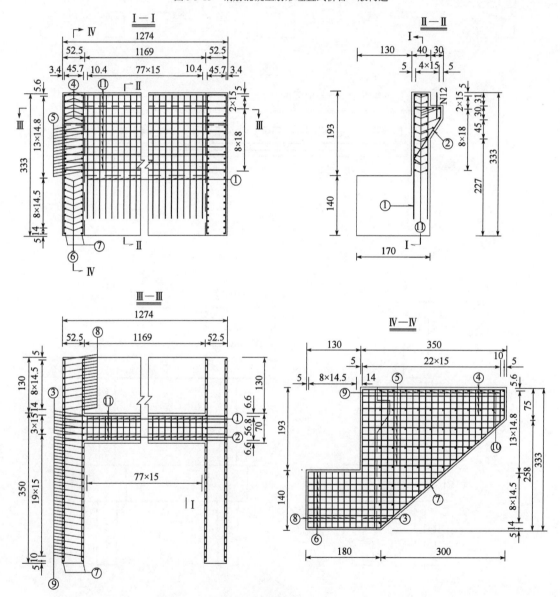

图6-3-16 桥台耳墙、背墙钢筋构造示例（尺寸单位：cm）
注：图中①~⑪表示钢筋编号。

无论是重力式桥台还是轻型桥台，桥台背墙后端一般设置桥头搭板，以使刚性桥墩平稳过渡到相对柔性的路基上，如图6-3-11a)所示。

学习提示

桥台构造包括台帽、台身、基础,本章主要介绍台帽和台身,桥台基础在"基础工程"课程中介绍。

桥台台身类型取决于桥、路分界处路基填土高度、工程地质和桥涵水文条件等。重力式桥台墩帽尺寸拟定方法参照重力式桥墩;柱式桥台盖梁尺寸拟定方法参照柱式桥墩,注意耳墙的设置。

思考与练习

1. 梁桥桥台与拱桥桥台有哪些区别?
2. 如何拟定桥台尺寸?
3. 桥头搭板的作用是什么?

第三节 桥台计算

桥台计算分为作用计算和结构验算两部分内容。

作用计算包括桥台所受外力计算、外力作用(包括永久作用)下的桥台截面内力计算、作用组合及其效应设计值计算。计算方法与桥墩计算相似。

结构验算是由控制截面的最不利作用组合效应设计值验算截面承载力、圬工结构截面偏心距(钢筋混凝土结构验算抗裂性)、桥台抗滑移稳定性、桥台抗倾覆稳定性等。应根据不同桥墩结构类型选取验算项目,确保不漏项。截面承载力和圬工结构截面偏心距(钢筋混凝土结构验算抗裂性)计算已在"结构设计原理"课程中介绍;桥台抗滑移稳定性和抗倾覆稳定性将在"基础工程"课程中介绍,本章不再赘述。

一 桥台设计荷载

以下各种作用(荷载)的计算方法可参见本教材第一篇第三章和《通规》相关规定。

1. 作用于桥台上的永久作用

(1)桥跨结构的永久作用对台帽或拱座产生的支承反力,包括上部结构混凝土收缩及徐变作用。

(2)桥台自重。

(3)预加力,如对预应力混凝土盖梁的预加力等。

(4)基础变位作用。

(5)水浮力。在计算水下部分桥台(一般为地下水位以下)时,水浮力的计算方法同桥墩计算。

(6)土侧压力。在计算桥台时,应考虑桥台台背主动土压力和台前静土压力的作用。

2. 作用于桥台上的可变作用

(1)汽车荷载。

(2)人群荷载。

(3)汽车冲击力。对轻型桥台,如钢筋混凝土桩柱式或排架式桥台,进行截面验算时,应计入汽车荷载行驶所产生的冲击力;但由于冲击力对实体式桥台的作用衰减很快,因此,实体式桥台验算时不计冲击力。

(4)汽车离心力。

(5)汽车制动力。

计算方法同桥墩计算。

(6)温度作用。上部结构因温度变化对桥台产生的水平力。

(7)支座摩阻力。

(8)作用于桥台上的汽车荷载引起的土侧压力。

3. 作用于桥台上的地震作用

对于特大桥、抗震设防烈度高于6度地区的桥梁需计算地震作用。

4. 桥台作用组合

与桥墩一样,桥台计算也应根据各种可能出现的情况进行荷载的最不利组合,而汽车荷载可按以下三种情况布置。

(1)车辆荷载仅布置在台后填土的破坏棱体上[图6-3-17a)]。

(2)车道荷载仅布置在桥跨结构上[图6-3-17b)]。

(3)车道荷载同时布置在桥跨结构、桥台和台后填土的破坏棱体上[图6-3-17c)]。

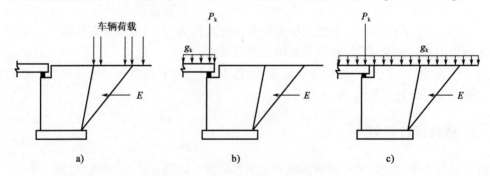

图6-3-17 梁桥桥台汽车荷载布置图式

此外,在个别情况下,还要考虑在架梁之前,台后已填土完毕,在其上布置有施工荷载的作用组合情形。一般重力式桥台以第(1)种和第(3)种组合控制设计,但需根据具体情况进行分析比较后才能确定。

需要指出的是,台后的土侧压力,一般按主动土压力计算,其大小与土的压实程度有关。因此,在计算桥台前端的最大应力,向桥跨一侧的偏心和向桥跨方向的倾覆与滑动时,按台后填土尚未压实考虑;当计算桥台后端的最大应力,向路堤一侧的偏心和向路堤方向的倾覆与滑动时,则按台后填土已经压实考虑。

二 重力式U形桥台计算

1. U形桥台主要尺寸的拟定

U形桥台台帽尺寸可参照梁式桥实体桥墩墩帽尺寸来拟定(图6-3-18)。

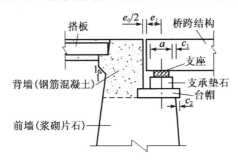

图6-3-18 台帽构造(顺桥向)

U形桥台的背墙、前墙、侧墙宽度按上述《圬工规》规定拟定,如图6-3-13所示。

2. 作用计算

计算结构的永久作用,并根据不同的验算项目布置汽车荷载、人群荷载等可变作用,以得到最不利荷载布置,分别计算出各验算截面的最不利作用组合及其效应设计值(弯矩、轴向力、水平力等)(图6-3-17)。

【例6-3-1】 一座标准跨径8m的装配式钢筋混凝土矩形板桥,填土高度3.5m,试对桥台进行一般构造设计。桥跨结构设计资料如下:

(1) 预制梁长7.96m,计算跨径$l=7.50$m。

(2) 桥面宽:净—7m+2×0.75人行道。

(3) 设计荷载:公路—Ⅰ级($q_k=10.50$kN/m,$P_{kM}=275.00$kN,$P_{kV}=330.00$kN,两车道),人群荷载$q_r=3$kN/m²。

(4) 钢筋混凝土矩形板厚0.45m,每块宽0.99m(板间企口缝宽10mm),全跨采用8块,总重88.50kN。

(5) 桥面铺装:采用先在矩形板上现浇一层100mm厚的C30混凝土,再在其上铺设沥青混凝土层60~130mm。

(6) 人行道重:3.75kN/m。

(7) 支座:板式橡胶支座。

(8) 地基:土的内摩擦角$\phi=35°$,土的重度$\gamma=18$kN/m³,地基土基本承载力$[\sigma_0]=250$kPa。

解:

1. 桥台形式

采用重力式U形桥台,填土高3.50m,台帽采用C20钢筋混凝土,台身采用MU10砂浆块石。

2. 桥台尺寸拟定

桥台尺寸拟定如图6-3-19所示,从台身顶面至台身底面选择受力不利截面进行计算,本算例仅列出台身底面A—A截面的计算结果,其他截面计算方法相同。

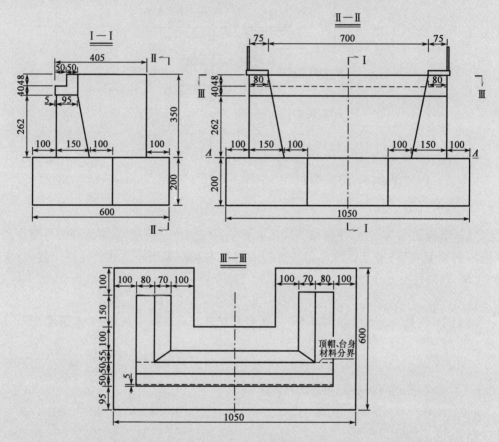

图6-3-19 桥台一般构造(尺寸单位:cm)

A—A截面(图6-3-20)特性计算:

截面面积 $A = 4.00 \times 8.50 - 2.5 \times 5.5 = 34.00 - 13.75 = 20.25 (m^2)$

截面纵向前墙边缘的面积距 $S = 34.00 \times \dfrac{4.00}{2} - 13.75 \times \left(\dfrac{2.50}{2} + 1.50\right) = 30.1875 (m^3)$

截面重心至台身前墙边缘的距离 $x = \dfrac{S}{A} = \dfrac{30.1875}{20.25} = 1.49(m)$,截面重心在横向位于x轴上。

截面惯性矩 $I_x = \dfrac{1}{12} \times 4.00 \times 8.50^3 - \dfrac{1}{12} \times 2.50 \times 5.50^3 = 170.0469(m^4)$

$$I_y = \frac{1}{12} \times 8.50 \times 4.00^3 + 34.00 \times \left(\frac{4.00}{2} - 1.49\right)^2 - \frac{1}{12} \times 5.50 \times 2.50^3 -$$
$$13.75 \times \left(\frac{2.50}{2} + 1.50 - 1.49\right)^2 = 25.1858(\mathrm{m}^4)$$

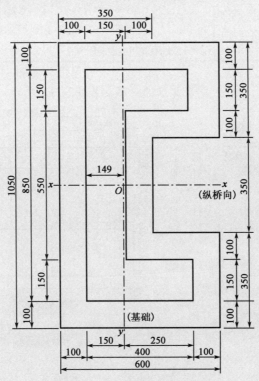

图6-3-20 A—A截面(尺寸单位:cm)

3. 永久作用标准值

永久作用计算包括桥跨结构自重、桥台自重。

(1)桥跨结构永久作用反力

桥跨结构重 $g_1 = \dfrac{88.50 \times 8}{7.96} + 8 \times 0.10 \times 25 + \dfrac{0.06 + 0.11}{2} \times 7 \times 24 = 123.23(\mathrm{kN/m})$

人行道重 $g_2 = 3.75 \times 2 = 7.50(\mathrm{kN/m})$

$R_g = \dfrac{1}{2} \times (g_1 + g_2) \times L = \dfrac{1}{2} \times (123.23 + 7.50) \times 7.96 = 520.31(\mathrm{kN})$

作用于A—A截面重心弯矩: $M_{R_g} = 520.31 \times (1.49 - 0.25) = 645.18(\mathrm{kN \cdot m})$

(2)桥台自重

台帽: $G_1 = (0.50 \times 0.40 + 0.50 \times 0.88) \times 8.50 \times 25 = 136.00（\mathrm{kN}）$

台身: $G_2 = \left[4.00 \times 8.50 \times 3.50 - 3.05 \times \dfrac{7.00 + 5.50}{2} \times 3.50 - 0.95 \times 8.50 \times 0.88 + \right.$
$\left. \dfrac{2.62 \times 0.55}{6} \times (2 \times 5.50 + 6.90)\right] \times 24$
$= (119.00 - 66.72 - 7.11 + 4.30) \times 24 = 1187.28(\mathrm{kN})$

G_2 重心至台身前墙距离：

$$C = \frac{119.00 \times \frac{4.00}{2} - 66.72 \times \left(\frac{3.05}{2} + 0.95\right) - 7.11 \times \frac{0.95}{2} + 4.30 \times \left(\frac{0.55}{3} + 0.95\right)}{119.00 - 66.72 - 7.11 + 4.30} = 1.50(\text{m})$$

G_2 重心至 A—A 截面重心距离：$1.49 - 1.50 = -0.01(\text{m})$

桥台总重：$G = G_1 + G_2 = 136.00 + 1187.28 = 1323.28(\text{kN})$

作用于 A—A 截面重心弯矩：$M_G = 136.00 \times (1.49 - 0.54) + 1187.28 \times (-0.01) = 117.33(\text{kN}\cdot\text{m})$

(3) 台后填土土压力

台后填土土压力 E_T 沿桥台高度土压力分布如图 6-3-21a)所示。

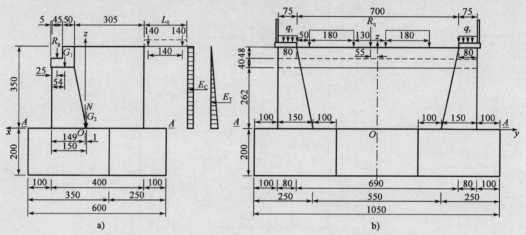

图 6-3-21 荷载作用示意(尺寸单位：cm，荷载单位：kN)

$$E_T = \frac{1}{2} \gamma H^2 B \tan^2\left(45° - \frac{35°}{2}\right) = \frac{1}{2} \times 18 \times 3.50^2 \times 8.50 \times 0.271 = 253.96(\text{kN})$$

土压力 E_T 对台身 A—A 截面重心弯矩 M_{E_T}：

$$M_{E_T} = E_T \cdot e_T = 253.96 \times \frac{3.50}{3} = 296.29(\text{kN}\cdot\text{m})$$

(4) 作用于 A—A 截面重心永久作用合力

$N_{Gk} = R_g + G = 520.31 + 1323.28 = 1843.59(\text{kN})$

$\sum M_{Gk} = M_{R_g} + M_G + M_{E_T} = 645.18 + 117.33 + 296.29 = 1058.80(\text{kN}\cdot\text{m})$

$H_{xk} = E_T = 253.96(\text{kN})$

4. 可变作用标准值

可变作用计算主要考虑汽车在行驶过程中，汽车荷载作用于桥跨结构、桥台和台后破坏棱体上时导致桥台受力不利情况进行计算，如图 6-3-17 所示。

(1) 工况一：汽车荷载、人群荷载均作用于桥跨结构上

①汽车荷载

采用图 6-3-17b)所示加载方式进行计算，两车道加载。

$$R_{q1} = \left(\frac{1}{2} \times q_k \times L + P_{kV}\right) \times 2 = \left(\frac{1}{2} \times 10.50 \times 7.96 + 330.00\right) \times 2 = 743.58(\text{kN})$$

作用于 A—A 截面重心弯矩:
$M_{R_{q1}x} = 743.58 \times (1.49 - 0.25) = 922.04 (\text{kN·m})$
$M_{R_{q1}y} = 743.58 \times 0.55 = 408.97 (\text{kN·m})$

②人群荷载

仅作用于桥跨结构上,两侧人行道均加载,则:

$R_{q,I} = \left(\frac{1}{2} \times q_r \cdot b \cdot L\right) \times 2 = \left(\frac{1}{2} \times 3 \times 0.75 \times 7.96\right) \times 2 = 17.91(\text{kN})$

作用于 A—A 截面重心弯矩:
$M_{R_{q,I}x} = 17.91 \times (1.49 - 0.25) = 22.21 \ (\text{kN·m})$
$M_{R_{q,I}y} = 0$

(2)工况二:汽车荷载作用于台后破坏棱体上、人群荷载作用于桥跨结构上

①汽车荷载

$R_{q\text{II}} = 0, M_{R_{q\text{II}}x} = 0, M_{R_{q\text{II}}y} = 0$

②汽车荷载引起的土压力

台后破坏棱体长度 $L_0 = H \cdot \tan\left(45° - \frac{35°}{2}\right) = 3.50 \times 0.521 = 1.82(\text{m})$

在 L_0 范围内采用车辆荷载进行加载[图 6-3-17a)],可以布置两个后轴,车辆荷载将对桥台产生土压力 E_c,如图 6-3-21 所示。

车辆荷载换算成等代土层厚度: $h = \frac{\sum P}{BL_0\gamma} = \frac{2 \times (140 + 140)}{8.50 \times 1.82 \times 18} = 2.01(\text{m})$

$E_C = \frac{1}{2}\gamma H(H+2h) B \tan^2\left(45° - \frac{35°}{2}\right) = \frac{1}{2} \times 18 \times 3.50 \times (3.50 + 2 \times 2.01) \times 8.50 \times 0.271 = 545.65(\text{kN})$

土压力 E_C 对 A—A 截面重心弯矩 $M_{E_C} = E_C \cdot e_C = 545.65 \times \frac{3.50}{2} = 954.89(\text{kN·m})$

③人群荷载

仅作用于桥跨结构上,两侧人行道均加载,则:

$R_{q,\text{II}} = R_{q,\text{I}} = 17.91(\text{kN})$

作用于 A—A 截面重心弯矩:$M_{R_{q\text{II}}x} = M_{R_{q,\text{I}}x} = 22.21(\text{kN·m}), M_{R_{q\text{II}}y} = 0$。

(3)工况三:汽车荷载作用于桥跨结构、桥台和台后破坏棱体上

①汽车荷载

采用图 6-3-17c)所示加载方式进行计算,两车道加载。

$R_{q\text{III}} = \left[\left(\frac{1}{2} \times g_k \times L + P_{kV}\right) + g_k \times l\right] \times 2$

$= \left[\left(\frac{1}{2} \times 10.50 \times 7.96 + 330.00\right) + 10.50 \times 3.55\right] \times 2$

$= (371.79 + 37.28) \times 2 = 818.14 \ (\text{kN})$

作用于 A—A 截面重心弯矩:

$$M_{R_{q\text{II}}x} = \left[371.79 \times (1.49 - 0.25) - 37.28 \times \left(\frac{3.55}{2} + 0.50 - 0.05 - 1.49\right)\right] \times 2$$
$$= (461.02 - 27.40) \times 2 = 867.24\,](\text{kN·m})$$
$$M_{R_{q\text{II}}y} = R_{q\text{II}} \times 0.55 = 818.14 \times 0.55 = 449.98(\text{kN·m})$$

②汽车荷载引起的土压力

在 L_0 范围内采用 q_k 加载，将对桥台产生土压力 E_C'，E_C' 分布图与图 6-3-21 中 E_C 类似。

q_k 换算成等代土层厚度：$h' = \dfrac{q_k l}{BL_0 \gamma} = \dfrac{2 \times 10.50 \times 3.55}{8.50 \times 1.82 \times 18} = 0.27(\text{m})$

$$E_C' = \frac{1}{2}\gamma H(H+2h')B\tan^2\left(45° - \frac{35°}{2}\right) = \frac{1}{2} \times 18 \times 3.50 \times (3.50 + 2 \times 0.27) \times 8.50 \times 0.271 = 293.14(\text{kN})$$

土压力 E_C 对 A—A 截面重心弯矩 M_{E_C}：

$$M_{E_C} = E_C \cdot e_C = 293.14 \times \frac{3.50}{2} = 513.00(\text{kN·m})$$

③人群荷载

人群荷载作用于桥跨结构上和桥台上，两侧人行道均加载，则：

$$R_{q,\text{II}} = R_{q,\text{I}} + q_r \cdot b \cdot l \times 2 = 17.91 + 3 \times 0.75 \times 3.55 \times 2 = 17.91 + 15.98 = 33.89(\text{kN})$$

作用于 A—A 截面重心弯矩：

$$M_{R_{q\text{II}}x} = 17.91 \times (1.49 - 0.25) - 15.98 \times \left(\frac{3.55}{2} + 0.50 - 0.05 - 1.49\right)$$
$$= 22.21 - 11.75 = 10.46(\text{kN·m})$$
$$M_{R_{q\text{II}}y} = 0$$

5. 作用组合及其效应设计值

依据《公路桥涵设计通用规范》相关规定，或本教材第一篇第三章相关内容对上述计算进行作用组合及其效应设计值计算。本桥为两跨 8m，多跨跨径总长为 16m，属于小桥，位于一级公路上，故设计安全等级为"一级"，结构重要性系数 $\gamma_0 = 1.1$。A—A 截面作用标准值、作用设计值及基本组合效应设计值见表 6-3-1(a)、表 6-3-1(b) 及表 6-3-1(c)。

结构设计使用年限荷载调整系数 $\gamma_L = 1.0, \gamma_{L2} = 1.0, \gamma_{L3} = 1.0$。

作用的分项系数 $\gamma_{G_1} = 1.2, \gamma_{Q_1} = 1.4, \gamma_{Q_2} = 1.4, \gamma_{Q_3} = 1.4$。

可变作用的组合值系数 $\psi_c = 0.75$。

基本组合：$S_{ud} = \gamma_0 S[\gamma_{G_1} \cdot G_{1k}, \gamma_{Q_1} \cdot \gamma_L \cdot Q_{1k}, \psi_c \cdot (\gamma_{Q_2} \cdot \gamma_{L2} \cdot Q_{2k} + \gamma_{Q_3} \cdot \gamma_{L3} \cdot Q_{3k})]$。

A—A 截面的作用标准值　　　　表 6-3-1(a)

作用类型	永久作用标准值	可变作用标准值		
		工况一	工况二	工况三
N_k(kN)	1843.59	743.58(汽)	0(汽)	818.14(汽)
		17.91(人)	17.91(人)	33.89(人)
H_{xk}(kN)	253.96	0(土)	545.65(土)	293.14(土)
H_{yk}(kN)	0	0	0	0

续上表

作用类型	永久作用标准值	可变作用标准值		
		工况一	工况二	工况三
$M_{xk}(kN \cdot m)$	1058.80	922.04(汽)	0(汽)	867.24(汽)
		22.21(人)	22.21(人)	10.46(人)
		0(土)	954.89(土)	513.00(土)
$M_{yk}(kN \cdot m)$	0	408.97(汽)	0(汽)	449.98(汽)
		0(人)	0(人)	0(人)
		0(土)	0(土)	0(土)

A—A 截面的作用设计值　　　　　　　　　　　表6-3-1(b)

作用类型	永久作用设计值	可变作用设计值		
		工况一	工况二	工况三
$N_d(kN)$	2212.31	1041.01(汽)	0(汽)	1145.40(汽)
		25.07(人)	25.07(人)	47.45(人)
$H_{xd}(kN)$	304.75	0(土)	763.91(土)	410.40(土)
$H_{yd}(kN)$	0	0	0	0
$M_{xd}(kN \cdot m)$	1270.56	1290.86(汽)	0(汽)	1214.14(汽)
		31.09(人)	31.09(人)	14.64(人)
		0(土)	1336.85(土)	718.20(土)
$M_{yd}(kN \cdot m)$	0	572.56(汽)	0(汽)	629.97(汽)
		0(人)	0(人)	0(人)
		0(土)	0(土)	0(土)

A—A 截面的基本组合效应设计值　　　　　　　表6-3-1(c)

作用类型	基本组合效应设计值		
	工况一	工况二	工况三
$N_{ud}(kN)$	3599.34	2454.23	3732.63
$H_{xud}(kN)$	335.23	965.45	673.81
$H_{yud}(kN)$	0	0	0
$M_{xud}(kN \cdot m)$	2843.21	2526.17	3337.76
$M_{yud}(kN \cdot m)$	629.82	0	692.97

三　轻型桥台计算

埋置式桥台由盖梁、台身和基础就组成一钢筋混凝土框架结构(图6-3-22)。应分别对这三部分进行计算。

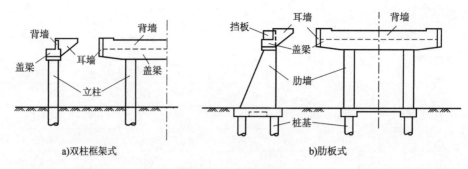

图 6-3-22 埋置式桥台

1. 台帽

(1)框架式桥台台帽由盖梁、背墙、耳墙和挡板组成。盖梁视为双悬臂梁,计算时如不考虑背墙与盖梁共同受力,此时,背墙仅起挡土墙作用;必要时,如考虑背墙与盖梁共同受力,则盖梁为L形截面。盖梁计算方法参照"柱式桥墩"相关部分。

(2)耳墙视为单悬臂固结梁,水平方向承受土压力和车辆荷载引起的水平压力。

(3)挡板仅起侧面挡土作用,常用厚度为0.15~0.25m,因其受力很小,不必计算,可按构造配筋。若考虑挡板在地震力作用时能起到防止梁体侧移的作用,则其厚度与配筋应予适当增强。

2. 台身

(1)墙式台身

①墙式台身由两片或多片梯形墙(肋板)组成,台墙承受上部构造自重、车辆荷载、支座摩阻力、汽车制动力(固定支座)、台后土压力、溜坡主动土压力等外力。

②计算墙身车辆荷载反力时,车辆荷载在桥上靠边排列,找出车辆荷载合力位置,按杠杆法计算。

③支座摩阻力或制动力由墙体(肋板)平均承受。

④计算土压力及车辆荷载水平压力时,墙承压宽度可参照桩柱式桥墩台土压力计算关于承压宽度的规定。为便于各种情况作用组合计算,车辆荷载水平力与土压力应分开计算。

⑤台前溜坡主动土压力仅在溜坡不致被冲毁时才予以考虑。

⑥计算墙身作用效应时,应分别按盖梁底面、墙身中部、墙身底面、承台底面等处进行计算,每处截面作用效应包括垂直力、垂直力偏心弯矩、水平力、水平力所产生的弯矩。

⑦验算墙身各处截面应力时,先按纯混凝土计算,若作用最不利组合的效应设计值大于构件抗力效应设计值时,再设置受拉钢筋。

⑧承台按顺桥向与横桥向分别计算,在一般情况下,按简支梁计算。

⑨台顶水平位移计算式如下:

$$\Delta = \alpha_0 + \beta_0 h_0 \tag{6-3-1}$$

式中:α_0——承台水平位移(参见《基础工程》中多排桩计算);

β_0——承台角变位(参见《基础工程》中多排桩计算);

h_0——台帽至承台底面距离。

(2)柱式台身

荷载计算与墙式台身计算方法相同,作用效应计算可参见《基础工程》桩基础部分。

学习提示

桥台计算包括荷载计算(永久作用计算、可变作用计算、作用组合)、截面验算(截面承载力验算、截面偏心验算或截面抗裂验算)、稳定性验算(抗滑移稳定性、抗倾覆稳定性)等。

桥台可变作用计算也是通过在桥跨结构上加载进行计算的,与桥跨结构计算所不同的是,桥跨结构计算是在所选定的桥跨结构截面影响线上加载进行截面计算,得到截面内力值;而桥台的计算是在桥跨结构的支点反力影响线或刚架桥墩顶反力及弯矩影响线上加载进行计算,得到桥台支点反力。

思考与练习

1. 桥台与桥墩的受力区别是什么?
2. 简述桥台的可变作用内力计算方法。如何进行盖梁式台帽的简化计算?

第四节 桥台施工

桥台施工方法主要有现场就地浇筑(或砌筑)施工和预制拼装施工两种,其中主要以现场就地浇筑(或砌筑)施工为主,可参考桥墩的现场浇(砌)筑施工方法,具体参见本篇第2章第5节桥墩施工,本节不再详述。

思考与练习

桥台主体施工完成后,桥跨侧需要架梁,路基侧需要填筑台后填土顺接路基。分析先填筑台后填土后架梁与先架梁后填筑台后填土,哪种施工顺序对桥台受力更有利?

第二章、第三章总结

　　桥梁墩台是桥梁的下部结构，其作用在于墩台承担着上部结构的荷载，并连同自身重力有效地传给基础。桥墩是多跨桥梁中处于相邻桥跨之间的构造物，除承受上部结构的荷载外，还要承受流水压力、风力以及可能出现的地震力或浮冰、船只和漂流物的撞击力等。桥台是在岸边或桥跨尽端与路堤连接处的构筑物，一般具有连接、支承和挡土的功能，使桥梁和路堤连接平顺，行车平稳。桥梁的墩台通常由墩(台)帽、墩(台)身、和基础三部分组成。

　　桥墩分为实体墩、空心墩、轻型墩等。实体墩适用于荷载较大的大、中型桥梁或流冰、漂浮物较多的河流中；空心墩适用于高桥墩；桩柱式墩常为配合桩基础而采用；柔性排架墩多用于墩高较低、跨径较小的多跨梁桥。重力式桥墩按墩身截面形状可分为矩形墩、圆形墩、圆端形墩、尖端形墩、工字型墩等，矩形墩被广泛用于无水或流量较小的旱桥、立交桥和不受水流方向影响、不受流冰撞击且靠近岸边的桥墩，以及基础建筑在岩层上、桥孔无压缩和不通航的有水河流上的跨河桥。圆形墩适用于河流急弯，流向不固定和与水流斜交角度或大于等于15°的桥梁上。圆端形桥墩适用于与水流斜交角度小于15°的桥梁上。尖端形桥墩适用于与水流斜交角度小于5°及河床不允许有严重冲刷的小跨径桥梁上。

　　桥墩、桥台的分类、设计、计算、施工方法等内容概要如图6-总-2所示。

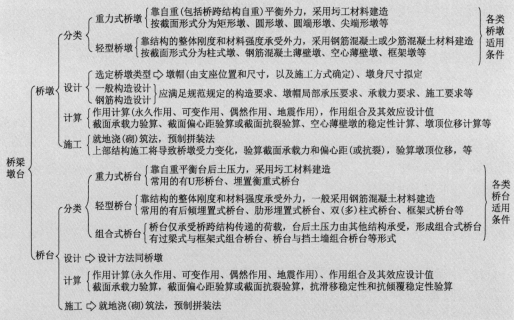

图6-总-2　桥梁墩台学习内容概要

附 录

附录 I 课程试验任务书

课程试验 I -1　装配式简支 T 梁桥荷载横向分布试验

一　采用教材

试验采用《桥梁工程(第 2 版)》(刘龄嘉王晓明编著)教材作为试验指导参考书。

二　试验教学目的

利用小比例结构模型,模拟装配式 T 梁桥横向连接计算分析理论的假定,通过对横向加载试验测定各片梁在跨中截面的应变和挠度,验证桥梁横向分布系数的计算分析方法及各梁的内力,加深学生对课堂所学理论知识的理解,初步培养学生的试验研究动手能力及结构计算分析能力。

三　试验内容及要求

1. 通过对装配式 T 梁桥结构模型的试验,模拟在工程实际应用中 T 梁桥单梁横向连接(有或无横隔板)的刚度不同而采用不同计算分析方法,其结果反映了各主梁的内力和挠度。本试验属于综合设计型试验项目,要求学生在上试验课前应认真复习《桥梁工程》和《结构设计原理》)教材中的横向分布系数分析理论和几种计算分析方法等相关内容。

2. 每个班级按学生人数分成几个小组,每组 8~9 人。

3. 由试验指导教师介绍相关教材内容、试验仪器的使用和注意事项,并由试验指导教师作演示试验,然后分组让学生动手试验。

4. 按试验室条件和设施、教学模型配置以及试验室容纳情况组织学生轮流完成本项试验。

5. T 梁桥单位荷载逐梁(加荷仅完成跨中一个断面)测定模型跨中的应变,跨中及 $l/4$ 两个断面挠度。

四　试验条件

1. T 梁桥结构模型一般构造如附图 I -1-1 所示。

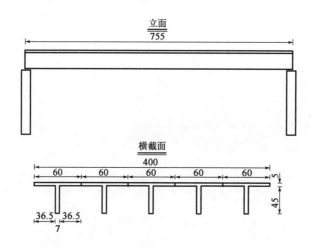

附图Ⅰ-1-1 T梁桥结构模型一般构造(尺寸单位:cm)

2. 主要仪器与设备:应变片、静态数据采集系统、千分表或位移计、力传感器、加载系统等。

五 试验实施步骤

1. 量测模型各部几何尺寸,标出荷载和测点位置,贴应变片。
2. 选择并安装千分表(或位移计)、力传感器等。
3. 安装加载系统,并进行调试,以检查仪表正常工作情况和测试线路连接情况。
4. 加载测试,并做好数据记录工作(附表Ⅰ-1-1、附表Ⅰ-1-2)。

装配式刚接T梁桥试验测试原始记录 附表Ⅰ-1-1

加载数值(kg)	加载位置	测点位置	跨中挠度(mm)				$l/4$挠度(mm)			
			初读数	第一次	第二次	备注	初读数	第一次	第二次	备注
3	1号梁顶跨中	1号梁底								
		2号梁底								
		3号梁底								
		4号梁底								
		5号梁底								
	2号梁顶跨中	1号梁底								
		2号梁底								
		3号梁底								
		4号梁底								
		5号梁底								
	3号梁顶跨中	1号梁底								
		2号梁底								
		3号梁底								

续上表

加载数值(kg)	加载位置	测点位置	跨中挠度(mm)				l/4挠度(mm)			
			初读数	第一次	第二次	备注	初读数	第一次	第二次	备注
3	3号梁顶跨中	4号梁底								
		5号梁底								

装配式铰接T梁桥试验测试原始记录　　　　　　　　　　　附表Ⅰ-1-2

加载数值(kg)	加载位置	测点位置	跨中挠度(mm)				l/4挠度(mm)			
			初读数	第一次	第二次	备注	初读数	第一次	第二次	备注
3	1号梁顶跨中	1号梁底								
		2号梁底								
		3号梁底								
		4号梁底								
		5号梁底								
	2号梁顶跨中	1号梁底								
		2号梁底								
		3号梁底								
		4号梁底								
		5号梁底								
	3号梁顶跨中	1号梁底								
		2号梁底								
		3号梁底								
		4号梁底								
		5号梁底								

六　试验报告

根据附图Ⅰ-1-1所给结构尺寸,从理论上分别计算出跨中截面上5片梁的荷载横向分布系数并填入附表Ⅰ-1-3,与试验测试结果进行对比分析,说明采用哪种方法的计算结果更接近模型试验的测试结果(计算过程中所绘示意图需附在报告后)。

T梁桥单位荷载横向分布系数计算　　　　　　　　　　　附表Ⅰ-1-3

计算方法	1号梁	2号梁	3号梁	4号梁	5号梁
杠杆法					
偏心压力法					
铰接梁法					

七 思考问题

1. 量测模型几何尺寸、确定模型材料的物理力学性质的目的是什么？
2. 为什么要调试和标定仪器、仪表？
3. 为什么实际量测的值与理论值存在差异？

课程试验Ⅰ-2　无铰裸拱结构模型试验

一 采用教材

试验采用《桥梁工程(第2版)》(刘龄嘉王晓明编著)教材作为试验指导参考书。

二 试验教学目的

1. 增强对拱式体系桥梁结构基本构造特性、传力过程、受力特性和内力分布情况等的理解。
2. 根据荷载作用在拱圈不同截面上缘时，对拱圈内力和挠度的影响，特别是连拱作用的影响，验证拱桥的设计理论。
3. 培养结构试验测试的动手能力和科学研究的分析能力。
4. 整理分析试验数据，计算控制截面的内力和挠度，并与理论计算结果进行对比分析。

三 试验条件

1. 主要仪器与设备

应变片、静态数据采集系统、千分表或位移计、力传感器、加载系统等。

2. 模型试验

试验用结构模型为等截面圆弧无铰拱，墩、台座用螺栓固结，分别采用单跨圆弧无铰拱(附图Ⅰ-2-1)和三跨圆弧无铰拱(附图Ⅰ-2-2)两种模型进行试验测试。

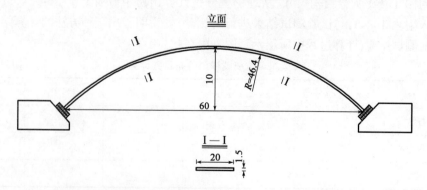

附图Ⅰ-2-1　单跨等截面圆弧无铰拱结构模型一般构造(尺寸单位:cm)

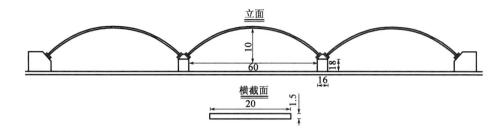

附图Ⅰ-2-2 三跨等截面圆弧无铰拱结构模型一般构造(尺寸单位:cm)

四 试验实施步骤

1. 量测模型各部几何尺寸,标出荷载和测点位置,贴应变片,如附图Ⅰ-2-3和附图Ⅰ-2-4所示。

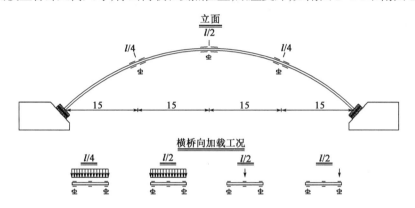

附图Ⅰ-2-3 单跨等截面圆弧无铰拱结构试验加载位置及测点布置

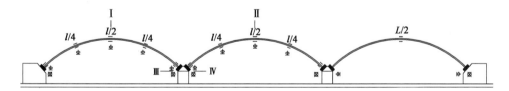

附图Ⅰ-2-4 三跨等截面圆弧无铰拱结构试验加载位置及测点布置

2. 选择并安装千分表(或位移计)、力传感器等。
3. 安装加载系统,并进行调试,以检查仪表正常工作情况和测试线路连接情况。
4. 加载测试,并做好数据记录工作。
(1)单跨无铰裸拱模型应变和挠度测试
①单个集中力作用在$l/2$处(桥梁中心线)。
②单个集中力作用在$l/4$处(桥梁中心线)。
(2)三跨连拱模型应变和挠度测试
①单个集中力作用在第一跨$l/4$处(桥梁中心线)。
②单个集中力作用在第一跨$l/2$处(桥梁中心线)。

③单个集中力作用在第一跨$3l/4$处(桥梁中心线)。
④单个集中力作用在第二跨$l/4$处(桥梁中心线)。
⑤单个集中力作用在第二跨$l/2$处(桥梁中心线)。

五 试验报告

根据附图Ⅰ-2-3、附图Ⅰ-2-4所给的结构尺寸,从理论上分别计算出测试点位置的应变和挠度,与模型试验测试结果(计算过程的示意图需附在报告后)进行对比分析。

六 思考题

1. 连拱作用说明了什么问题?在什么情况下应考虑连拱作用的影响?
2. 集中力在拱圈截面横向移动时,沿桥宽方向的截面内力分布是否均匀变化?板拱理论不考虑荷载横向分布的影响是否合理?

附录Ⅱ 课程设计任务书

课程设计Ⅱ-1 2孔简支梁桥或先简支后连续梁桥设计

一 基本要求

1. 设计内容

(1)桥面板计算。
(2)主梁内力计算:恒载、活载(m_c计算采用相应的修正偏心压力法、横向铰接梁法、G-M法)、荷载组合,跨中截面设计与验算(选做)。
(3)横隔梁内力计算。
(4)桥墩计算(墩高10m)。
(5)桥台计算(台高4m)。

2. 绘制设计图

(1)全桥立面图。
(2)桥跨结构横截面设计图。
(3)主梁设计图(一般构造图)。
(4)桥墩、桥台设计图(一般构造图)。

3. 提交文件

(1)计算单:包括以上各项计算、必要的计算简图。
(2)手工绘制A4设计图:按工程制图标准的要求正规绘制(不绘图框)。
(3)文件组成:封面、目录、A4设计图、计算单(手写)。

二 设计资料

1. 装配式简支T梁桥

装配式简支T梁设计参数见附表Ⅱ-1-1。

装配式简支T梁设计参数　　附表Ⅱ-1-1

标准跨径(m)		16	20	25	35	40
主梁全长(m)		15.96	19.96	24.96	34.96	39.96
计算跨径(m)		15.50	19.50	24.50	34.00	39.00
设计荷载	汽车荷载	公路—Ⅱ级			公路—Ⅰ级	
	人群荷载	3.0kN/m²				

续上表

桥面净空(m)	净-9+2×1.00(人行道)=11.00		净-11+2×1.50(人行道)=14.00	净-14+2×2.00(人行道)=18.00	
设计车道数	2车道	2车道	3车道	4车道	
主梁片数	5	5	6	7	7
主梁间距(cm)	200	200	220	250	250
梁高(cm)	130	150	180	210	230
肋宽(cm)	18	18	18	18	18
翼板 h_1、h_2(cm)	10,14	10,14	10,16	10,18	10,20
混凝土强度等级	C30	C30	C40	C40	C40
跨中主筋根数及规格	8Φ32	12Φ32	4-6ϕ^s15.20	6-6ϕ^s15.20	6-7ϕ^s15.20
限定条件	梁间铰接,跨内无中横隔板	5m左右设一道中横隔板	5~6m设一道中横隔板	5~6m设一道中横隔板,计主梁抗扭刚度影响	

注:跨径16m、20m为钢筋混凝土T形梁,其余均为预应力混凝土T形梁。

2. 装配式先简支后连续小箱梁桥

装配式先简支后连续小箱梁设计参数见附表Ⅱ-1-2。

装配式先简支后连续小箱梁设计参数 附表Ⅱ-1-2

标准跨径(m)		20	25	30	35	40
主梁全长(m)		19.96	24.96	29.96	34.96	39.96
计算跨径(m)		19.50	24.50	29.50	34.00	39.00
设计荷载	汽车荷载	公路—Ⅱ级			公路—Ⅰ级	
	人群荷载	0				
桥面净空(m)		净-11+2×0.50(防撞护栏)=12.00				
设计车道数		2车道+紧急停车带				
主梁片数		4				
主梁间距(cm)		290				
顶板宽度(含翼板)(cm)		中梁:240+2×25(湿接缝)=290 边梁:165+120+25(湿接缝)=310				

续上表

设计荷载	汽车荷载	公路—Ⅱ级		公路—Ⅰ级		
	人群荷载	0				
底板底面宽(cm)		100				
梁高(cm)		120	140	160	180	200
顶板厚(cm)		18				
底板厚(cm)		跨中:18;支点:30			跨中:18;支点:36	
腹板厚		跨中:18;支点:30	跨中:20;支点:30		跨中:20;支点:32	
腹板斜率(竖向:横向)		3:1	3.5:1	4:1		
翼板 h_1、h_2(cm)		18,25				
混凝土强度等级		C50				
跨中主筋根数及规格		3-2×3ϕ^s15.20	4-2×3ϕ^s15.20	4-2×4ϕ^s15.20	5-2×4ϕ^s15.20	6-2×4ϕ^s15.20
限定条件		梁间湿接缝宽度为50cm。 跨中设一道中横隔板,支点设端横隔板(中间跨与现浇连续段合并设计)				

注:1. 表中未给出负弯矩束。
2. 表中每片梁"跨中主筋根数及规格"以"3-2×3ϕ^s15.20"为例说明表示方法。
3. 钢束规格有3种,为N1、N2、N3。
4. 每种钢束(N1、N2、N3)有2根,在两侧腹板位置对称设置。
5. 每根钢束由3股ϕ^s15.20钢绞线组成。

三 设计依据

1.《公路桥涵设计通用规范》(JTG D60—2015)。
2.《公路圬工桥涵设计规范》(JTG D61—2005)。
3.《公路钢筋混凝土及预应力混凝土桥涵设计规范》(JTG 3362—2018)。

四 设计题目

授课教师可针对学生实际情况提出不同要求,可以做2孔等跨简支T梁桥设计,或2孔不等跨简支T梁桥设计,或2孔等跨先简支后连续小箱梁设计。

课程设计Ⅱ-2 2孔等跨空腹式悬链线无铰拱桥设计

一 基本要求

1. 设计内容

(1)拱轴系数计算。
(2)拱圈内力计算:恒载、活载、荷载组合,拱顶、拱脚、$l/4$截面验算(选做)。
(3)桥墩计算(墩高3m)。
(4)桥台计算(台高2m)。

2. 绘制设计图

(1)全桥立面图。
(2)桥跨结构横截面设计图。
(3)主拱圈设计图(一般构造图)。
(4)桥墩、桥台设计图(一般构造图)。

3. 提交文件

(1)计算单:包括以上各项计算、必要的计算简图(手工绘制)。
(2)用CAD绘制A4设计图:按工程制图标准的要求正规绘制(不绘图框)。
(3)文件组成:封面、目录、A4设计图、计算单(手写)。

二 设计资料

1. 设计荷载:公路—Ⅰ级,人群荷载4.0kN/m²。
2. 净跨径:l_0=50m。
3. 矢跨比:1/5。
4. 桥宽:2m(人行道)+9m(行车道)+2m(人行道)。
5. 合龙温度15℃,最高月平均温度35℃,最低月平均温度0℃。
6. 材料参数:
拱顶填土包括桥面的平均高度h'_d=0.55m。
桥面铺装为8cm钢筋混凝土(γ_4=25kN/m³)+6cm沥青混凝土(γ_2=23kN/m³)。
拱顶填土材料重度γ_1=22.5kN/m³。
护拱及拱腔为M10砂浆砌筑MU60片石,γ_2=23kN/m³。
腹拱圈为C30混凝土预制圆弧拱,γ_3=24.5kN/m³。
腹拱墩为C30钢筋混凝土矩形截面排架式墩,γ_4=25kN/m³。
主拱圈为C40钢筋混凝土箱形截面,γ_5=25.5kN/m³。

三 设计依据

1.《公路桥涵设计通用规范》(JTG D60—2015)。
2.《公路圬工桥涵设计规范》(JTG D61—2005)。
3.《公路钢筋混凝土及预应力混凝土桥涵设计规范》(JTG 3362—2018)。

四 设计题目

授课教师可针对学生实际情况提出不同要求。

附录 Ⅲ 认识实习任务书

一 实习进度安排

1. 实习动员与准备(第一天)

任课教师讲解实习的重要性,并提出实习要求。

(1)实习须知

①注意安全

在实习中,首先要注重自身安全,禁止到老师没有要求的地方去,要遵守纪律、听从指挥,有事及时请假;注意过往车辆,站在安全处观察;严禁危险、过激的行为等。要抱着一种认真学习,而非游山玩水的态度参加实习,希望同学们能真正有所收获。

②注意观察

按照桥梁的受力体系,对梁桥、拱桥、斜拉桥从构造上仔细观察并加以区别,搞清楚桥梁的构造与组成,例如主梁截面形式,桥面部分的构造,支座的设置等;搞清楚相同体系桥梁的不同结构形式之间的区别(例如简支梁桥中,有装配式空心板梁桥、装配式小箱梁桥、装配式钢筋混凝土T梁桥和装配式预应力混凝土T梁桥;连续梁桥中有等截面连续箱梁桥、变截面连续箱梁桥、先简支后连续梁桥,注意观察他们在构造上的区别)和不同类型的拱桥在构造上的区别(例如空腹式钢筋混凝土箱形拱桥、双曲拱桥、刚架拱桥、系杆拱桥、钢管混凝土肋拱桥等)以及斜拉桥在结构体系上的区别(例如飘浮体系、半飘浮体系);斜交桥梁与正交桥梁的区别等。

③注意理论联系实际

在观察中注意将实物与课本中的插图和知识要点结合起来,通过实践认识将课本中的理论知识加以理解和巩固。

(2)实习要求

实习时要带上课本和记录本,每天及时整理实习日记。

(3)大桥施工视频

观看2~4个著名大桥视频,了解大桥设计与建造过程。

2. 现场参观(第二天~第四天)

外出三天的实习路线选择由天气情况确定。

(1)北线参观——渭河、长大周边桥(一天)。

(2)浐灞参观——浐灞新区(一天)。

(3)东线参观——临潼、浐河(一天)。

3. 实习总结(第五天)

(1)实习指导教师对现场参观内容做总结。

(2)回答学生疑问,重点讲解疑难问题。

(3)辅导学生书写实习报告。

二 实习内容

1. 观看大桥视频

(1)杭州复兴大桥施工——双层拱桥
(2)重庆菜园坝大桥施工——刚构拱桥
(3)南宁大桥设计施工——蝴蝶拱桥
(4)法国密佑大桥施工——多跨高塔斜拉桥
根据学校教室时间安排,选择2~4个大桥视频放映,并做答疑。

2. 北线参观(渭河上桥梁,长安大学周边公桥、城市道路梁路、高速铁路桥梁)

(1)渭河
①西三线农用桥——双曲拱桥(跨径约50m)。
②铁路北联络线跨西铜高速大桥——主桥:带加劲拱的T型刚构桥(48m+48m);
　　　　　　　　　　　　　　　　　引桥:32m预应力混凝土简支T梁。
③铁路北联络线渭河大桥——铁路装配式预应力混凝土简支箱梁桥(64m)。
④西铜高速公路改扩建渭河大桥——(连续刚构桥,连续梁桥)。
⑤西铜高速公路草滩渭河大桥——公路简支装配式小箱梁桥。
(2)长安大学周边桥梁
①西安机场高速跨尚苑路立交桥——变截面连续梁桥(含抗震连梁装置)。
②西安机场高速南环路高架桥匝道桥——等截面连续弯箱梁桥。
③北客站车场上跨尚宏路立交桥(长安大学渭水校区南侧)——4跨斜交框架桥。
④铁路西宝客运专线(简支T梁桥)、银西高速铁路高架桥(简支箱梁桥)等。

3. 浐灞参观(浐灞新区)

①灞河广运大桥——5跨系杆拱桥。
②浐河1号桥——人行及非机动车桥。
③浐河2号桥——人行及非机动车桥。
④浐灞1号桥——80m钢箱蝴蝶拱桥。
⑤欧亚一路跨浐河桥——V型墩连续刚构桥。
⑥浐灞2号桥——转体施工的独塔(拱形塔后倾15°)双索面斜拉桥。
⑦灞河兴运大桥——变高双层钢桁梁桥。
⑧灞河元朔大桥——空间双索面自锚式悬索桥。

4. 东线参观(临潼,浐河)

(1)临潼
①西安临潼凤凰池北桥——(18.8+19.4+78.2+19.4+18.8)m五跨钢筋砼箱形拱桥。
②西安临潼凤凰池南桥——主跨132m上承式钢管混凝土拱桥。
③西安临潼紫霞三路桥——3×45m三跨钢筋混凝土箱形拱桥。

(2)浐河

华清路浐河桥——(17+3×32+17)m 五孔预应力连续梁拱组合桥。

5. 实习总结

(1)实习考勤

外出实习每天由班长点名签到,班长签字。

(2)实习日记

对所看到的每一座桥梁,根据"观察要求",仔细观察并附相应照片,在照片中应注明各部分构造名称,分析结构类型与结构构造原理,分析实桥设计中的力学原理,必要时插入手绘示意图(按制图要求绘制)。要求图文并茂,并手写完成。

(3)实习对比分析

对实习中所看到的相似结构类型,利用所学知识分析导致构造区别的原因,以灵活掌握桥梁结构构造原理。

(4)实习心得

以端正的态度参加本次实习,根据实习所见翔实总结实习所得,对今后学习有何帮助。

指导教师:刘龄嘉
辅导教师:刘　江

桥梁工程认识实习报告编写要求扫二维码查阅。

附录Ⅳ 横向分布计算参考图表

1. 附录Ⅳ-1　铰接板荷载横向分布影响线竖标表(附表Ⅳ-1-1~附表Ⅳ-1-28)
2. 附录Ⅳ-2　G-M法 K_0、K_1、μ_0、μ_1 值的计算用图(附图Ⅳ-2-1~附图Ⅳ-2-13)
3. 附录Ⅳ-3　刚接板、梁桥荷载横向分布影响线(G_η)表(附表Ⅳ-3-1、附表Ⅳ-3-2)

以上图表详细内容请扫二维码查阅。

附录Ⅴ 等截面悬链线无铰拱计算用表(部分)

1. 附录Ⅴ-1　拱轴坐标 $\dfrac{y_1}{f}$ 值；

2. 附录Ⅴ-2　拱轴斜度 $1000\dfrac{l}{f}\tan\varphi$ 值；

3. 附录Ⅴ-3　弹性中心位置 $\dfrac{y_s}{f}$ 值；

4. 附录Ⅴ-4　不考虑弹性压缩时由于恒载产生的水平推力及垂直反力；

5. 附录Ⅴ-5　$\displaystyle\int_s \dfrac{y^2 \mathrm{d}s}{EI}$；

6. 附录Ⅴ-6　$\displaystyle\int_s \dfrac{x^2 \mathrm{d}s}{EI}$；

7. 附录Ⅴ-7　$\dfrac{1}{\nu_1}$ 值；

8. 附录Ⅴ-8　μ_1 值；

9. 附录Ⅴ-9　$\dfrac{1}{\nu}$ 值；

10. 附录Ⅴ-10　μ 值；

11. 附录Ⅴ-11　悬链线拱各点倾角的正弦及余弦函数表(m=2.240～3.893)。

以上表格详细内容请扫二维码查阅。

附录Ⅵ 国内外已建成桥梁设计参数参考表

1. 附录Ⅵ-1 连续梁桥设计参数参考表；
2. 附录Ⅵ-2 连续刚构桥设计参数参考表；
3. 附录Ⅵ-3 拱桥设计参数参考表；
4. 附录Ⅵ-4 斜拉桥设计参数参考表；
5. 附录Ⅵ-5 悬索桥设计参数参考表。

以上表格详细内容请扫二维码查阅。

附录 Ⅶ 综合练习

一 基本概念

1. 桥梁是由上部结构、_____、下部结构和附属设施组成的,上部结构包括_____和_____,下部结构包括_____和_____。

2. 结构工程上的基本构件受力总离不开拉、压和弯三种主要受力方式,由基本构件所组成的各种桥梁结构物在力学上可归结为_____、_____和_____三种基本结构体系以及它们之间的各种组合。

3. 按照桥跨结构的受力特点,桥梁的基本体系为_____、_____、_____和_____。其中主跨最大的桥型是_____。

4. 按桥梁上部结构行车道的位置,桥梁分为_____、_____、_____三类。

5. 按桥梁工程规模分类,公路桥涵可分为_____、_____、_____、_____和_____。

6. 桥梁设计的基本原则是_____、_____、_____、_____、_____和_____。

7. 技术复杂的大型桥梁采用三阶段设计,即_____设计、_____设计和_____设计。

8. 桥梁纵断面(立面)设计包括确定_____、_____、_____、_____等。

9. 桥梁横断面设计主要是确定_____和_____。

10. 公路桥涵设计规范规定的桥梁设计荷载中,作用可分为四类:_____、_____、_____和_____。水浮力属于_____作用,基础底面位于透水地基上的桥梁墩台,当验算稳定时,应考虑_____水位的浮力;当验算地基承载力时,可仅考虑_____水位的浮力。

11. 桥梁设计规范规定的桥梁设计荷载中,汽车荷载分为_____和_____两个等级,且由_____和_____组成;桥梁结构的整体计算采用_____,桥梁结构的局部加载计算采用_____。

12. 公路桥梁结构进行截面承载力验算(不考虑偶然作用和地震作用)时需计算作用的_____组合,进行挠度计算时需计算作用的_____组合,进行裂缝宽度验算时需计算作用的_____组合。

13. 汽车荷载是桥梁可变作用的重要部分,其荷载模式可分为_____荷载、_____荷载。前者采用均布荷载加集中力的形式,其中集中力的大小与桥梁_____有关,主要用于桥梁整体分析计算;后者主要用于_____或_____计算,对于中小跨径桥梁_____(前者、后者)产生的效应更为不利。

14. 公路桥涵结构按承载能力极限状态设计时,对持久设计状况和_____设计状况应采用作用的_____组合;按正常使用极限状态设计时,应根据不同的设计要求,采用作用的_____组合或_____组合。

15. 汽车荷载是竖向力,汽车荷载引起的土压力是_____力,汽车荷载引起的桥台后土压力是按_____(车轮重力为集中力,车轮重力换算成等代均布土层厚度)计算,纵向加载长度是_____长度,横向加载宽度是_____。

16. 某一级公路上有一座500m长的大桥,设计车道数为4,若采用整幅桥设计,桥面宽度为18.5m,在进行荷载横向分布计算时,应按_____(4、5、6)车道加载计算。

17. 公路桥梁桥面构造主要包括_____、_____、_____、_____等。

18. 桥面铺装的作用是_____、_____,因此,其必须具有_____、_____以及_____和_____特性,同时应具有防水性以及对温度变化的适应性。

19. 桥面排水方式主要有_____和_____,并设置_____。

20. 桥面横向排水坡的设置形式有_____、_____、_____等。

21. 为了迅速排除桥面雨水,泄水管的设置方式主要有_____、_____、_____等。

22. 桥梁伸缩装置的作用是_____、_____。

23. 桥梁伸缩装置的伸缩量计算主要包括_____、_____及_____。

24. 桥梁伸缩装置的安装温度通常_____(等于、不等于)设计温度,因此,伸缩装置安装_____(前、后)应根据_____(安装温度、设计温度)调整好伸缩装置间隙,以确保伸缩装置能正常工作。

25. 为保障行人安全过桥,在人行道外侧应设置_____,高度不应小于_____m;在人行道(或非机动车道)与行车道之间设置_____;对于汽车专用桥,行车道的外侧应设置_____。

26. 影响斜板桥受力的主要因素有_____、_____、_____。

27. 在垂直荷载作用下,斜板桥受力与正交板桥相比一般具有以下特性:_____、_____、_____、_____。

28. 根据斜板桥的受力,当采用斜交斜做时,应按_____(正交板桥、斜交板桥)设计;当采用斜交正做时,应按_____(正交板桥、斜交板桥)设计。

29. 装配式板桥横向连接方式有_____连接和_____连接。

30. 装配式简支梁桥,块件划分方式分为_____、_____、_____。块件划分要满足受力要求,拼装接头尽量设置在_____处。

31. 装配式T梁桥横向连接方式有_____连接、_____连接和_____连接,桥规规定装配式T梁宜采用_____连接。

32. 横隔梁在装配式梁桥中的作用是_____。装配式T梁应设置_____横隔梁和_____横隔梁,装配式组合箱梁应设置_____横隔梁,_____横隔梁宜根据结构的具体情况设置。

33. 对于后张法预应力混凝土简支梁,纵向主筋若采用直线配束,将会产生_____。

34. 连续梁桥,为了适应向着支点逐渐增大的负弯矩和剪力的需要,一般采取以下措施:_____、_____、_____。

35. 大跨径变截面连续梁桥在恒载作用下控制截面的内力,中支点为_____控制,受力钢筋布置在截面_____;主跨跨中为_____控制,受力钢筋布置在截面_____。

36. 为减小应力集中,提高截面的抗扭和抗弯刚度,减小箱梁的畸变变形,在箱梁顶板与腹板之间需设置_____,在底板与腹板之间需设置_____。

37. 箱梁内设置三向预应力钢筋,纵向预应力钢筋用以保证_____,横向预应力钢筋用以保证_____,竖向预应力钢筋用以提高_____。

38. 采用V形墩支承的连续梁,将会使支点截面处负弯矩_____(增大、减小),跨中截面正弯矩_____(增大、减小)。

39. 行车道板的受力与_____和_____有关,可分别简化为_____、_____、_____和_____四种计算图式。

40. 计算单向板支点剪力时_____。

    A. 必须考虑板和主梁的弹性固结作用

    B. 荷载靠近跨中布置增大了有效工作宽度因而更为有利

    C. 有效工作宽度往往非常数

    D. 可不考虑有效工作宽度

41. 对于装配式简支T梁桥,主梁翼板采用企口连接时,边梁外侧翼板的受力图式按_____进行计算,边梁内侧翼板和中梁翼板的受力图式按_____进行计算。主梁翼板采用现浇湿接缝连接时,边梁内侧翼板和中梁翼板的受力图式按_____进行计算。

42. 荷载横向分布计算方法主要有_____、_____、_____、_____和_____。其中,主梁支点截面荷载横向分布计算采用_____,跨中截面荷载横向分布计算应根据装配式梁桥不同的_____,采用_____、_____、_____和_____。

43. 装配式简支梁桥各梁荷载横向分布系数之和_____(小于1、等于1、大于1、都有可能)。

44. 超静定结构影响力是由_____导致桥梁结构产生附加内力,产生结构影响力的因素有_____、_____、_____和_____等。

45. 钢筋混凝土简支梁预拱度的设置,通常取_____恒载和_____活载所产生的竖向挠度值。

46. 三跨连续梁桥分别采用悬臂法施工和满堂支架法施工,支点负弯矩_____(前者大于后者、后者大于前者),中跨跨中正弯矩_____(前者大于后者、后者大于前者)。

47. 采用悬臂法施工的连续梁桥,箱梁内设置的齿块(齿板)是用于箱梁_____(合龙前、合龙后)张拉预应力束时的锚固。

48. 预应力混凝土连续梁桥采用顶推施工时,各截面将反复出现负弯矩和正弯矩,其最大负弯矩_____最大正弯矩。

    A. 等于　　　　B. 小于　　　　C. 大于　　　　D. 不确定

49. 按照主拱圈与桥面系结构之间的联结构造方式、_____和影响程度,可将拱桥分为_____和_____两大类。前者按照不同的静力图式又可分为_____、_____和_____,后者根据不同的构造方式和受力特点又可分为_____和_____。

50. 简单体系拱桥是指_____的拱桥,组合体系拱桥是_____的拱桥。

51. 根据行车道的位置,拱桥的桥跨结构可以设计成_____、_____和_____三种类型。

52. 拱桥按主拱圈的横截面形式可分为_____、_____、_____和_____。

53. 双曲拱桥的双曲是指_____为一曲,_____为另一曲。

54. 石板拱桥拱圈与墩台连接处,应采用_____(石材)或_____(混凝土材料)来改善连接处的受力。空腹式拱上建筑的腹孔墩与主拱圈连接处,应采用_____(石材)或_____(混凝土材料)来改善连接处的受力。

55. 板拱桥均为_____(上、中、下)承式拱桥,桁架拱桥和刚架拱桥为_____(上、中、下)承式拱桥,双曲拱桥为_____(上、中、下)承式拱桥,肋拱桥为_____(上、中、下)承式拱桥。

56. 在工程结构中,为满足变形要求,可设置伸缩缝、变形缝、沉降缝等,拱桥拱上建筑与墩台之间设置_____,腹孔圈拱上建筑在立柱(或横墙)顶设置_____。拱涵涵节之间设置_____。

57. 拱桥中的铰分为_____和_____两种。

58. 刚架拱桥是在_____、_____等基础上发展起来的一种桥型,属于_____推力的高次超静定结构。

59. 桁架(刚架)拱桥的上部结构是由_____、_____和_____等部分组成。

60. 常见的拱轴线形有_____、_____、_____。小跨径拱桥常采用_____,大、中跨径拱桥大多采用_____,中承式肋拱桥、钢筋混凝土桁架拱桥和刚架拱桥一般采用_____。

61. 拱桥上部结构形式选择,受上部结构的设计高程控制。采用上承式、中承式或下承式结构,将直接与拱桥_____高程、_____底面高程和_____高程有关。

62. 相邻不等跨拱桥为了改善不平衡推力对下部结构的不利影响,可采取的措施有:_____、_____、_____、_____。

63. 无铰拱桥在恒载作用下控制截面的内力,拱顶截面为_____控制、拱脚截面为_____控制。

64. 实腹式拱桥拱轴系数采用_____方法确定,空腹式拱桥拱轴系数采用_____确定。

65. 无铰拱桥拱圈内力计算采用弹性中心法,将超静定结构计算变为静定结构计算,恒载计算采用_____作为基本结构,活载计算采用_____作为基本结构,附加内力计算采用_____作为基本结构。

66. 多跨拱桥在荷载作用下,拱与墩的节点会产生水平位移和转角。水平位移对拱、墩内力影响_____,转角对拱、墩内力影响_____。

67. 拱圈内力调整方法有_____、_____、_____和_____。

68. 拱式结构为_____结构体系,而悬索桥可视为倒置的拱桥,因而为_____结构体系。决定拱桥水平推力的设计参数为_____之比;类似地,悬索桥决定主缆拉力的参数为_____。当拱桥的宽跨比大于_____时可不进行横向稳定性计算,而对于大跨径悬索桥,其宽跨比一般都_____(大、小)于拱桥。

69. 无铰拱桥降温时,将导致_____,拱脚产生_____。

70. 某钢筋混凝土箱形无铰拱桥在 $L/8$ 处作用有重车时,拱顶出现_____弯矩,离荷载作用点最近的一端拱脚出现_____弯矩。

71. 拱桥矢跨比一定时,进行拱轴系数 m 大小的比较,其中正确的是_____。

  A. 高填土拱桥的 m > 低填土拱桥的 m,空腹拱的 m > 实腹拱桥的 m

  B. 高填土拱桥的 m < 低填土拱桥的 m,空腹拱的 m > 实腹拱桥的 m

C. 高填土拱桥的 m > 低填土拱桥的 m,空腹拱的 m < 实腹拱桥的 m

D. 高填土拱桥的 m < 低填土拱桥的 m,空腹拱的 m < 实腹拱桥的 m

72. 桥跨结构和墩台_____的桥梁称为刚架桥,其受力介于_____和_____之间。

73. 门式刚架桥在相同梁柱刚度比的情况下,基础固结形式的角隅弯矩_____基础铰接形式,基础固结形式的主梁跨中弯矩_____基础铰接形式。

74. 门式刚架桥角隅节点和主梁(或立柱)相连接的截面承受很大的_____,对角隅节点产生不利的_____。

75. 连续刚构桥的桥墩不宜太矮,否则_____内力较大,对结构受力不利。

76. 在通航河流上_____(宜、不宜)建造连续刚构桥,应注意_____问题,并采取相应措施。

77. 斜拉桥是由_____、_____、_____、墩和基础等组成的。其中_____是其承重结构,按照_____相互结合方式,斜拉桥可划分为不同的结构体系。

78. 斜拉桥根据塔、梁、墩之间的不同结合关系,其基本结构体系主要有_____、_____、_____、_____。其中大跨径斜拉桥常用的是_____体系,无背索斜拉桥一般采用_____体系。

79. 斜拉桥按照斜拉索的立面布置形式分为_____、_____、_____和_____。

80. 悬索桥是由_____、缆索、吊杆、索塔和_____基础等组成,其中_____是其承重结构。

81. 悬索桥是以_____为主要承重结构的桥梁,其桥塔在受力上可简化为_____构件。

82. 悬索桥中的受拉构件主要有_____、_____、_____等。

83. 桥墩从总体分类上有_____、_____。对于多跨连续拱桥,为防止一跨破坏引起全桥倾塌,应每隔3～5跨设置_____。

84. 重力式(实体式)桥墩主要靠_____(包括_____)平衡外力,保证桥墩稳定。桥轴线与水流斜交角度大于15°时,应采用_____形墩。

85. 柱式桥墩一般由墩帽(或盖梁)、墩柱和基础组成。当桥跨结构为_____梁桥时,采用盖梁式的;当桥跨结构为_____梁桥时,一般采用有帽梁或无帽梁式的。

86. 耳墙式桥台的作用是_____,耳墙长度取决于_____。

87. 计算汽车制动力对桥墩产生的_____(横桥向、顺桥向、侧向)水平力时,不与支座_____同时计算。

88. 重力式桥墩除了验算墩身截面承载力外,还应验算截面偏心距,目的是_____;当该桥墩采用扩大基础时,除了验算地基承载力外,还应基底截面偏心距,目的是_____。

89. 墩帽或台帽尺寸拟定主要由_____、_____、_____等因素控制。

90. 板式橡胶支座的工作机理是_____、_____。

91. 梁桥支座一般分为_____和_____两种,对于板式橡胶支座一般无_____与_____之分,采用_____的橡胶板来调节各支座传递的水平力和位移。

92. 公路桥梁支座的作用是_____、_____。国内桥梁常用的橡胶支座有_____和_____。

93. 普通板式橡胶支座依靠支座内橡胶片的_____来实现梁体在支座处产生的纵向水

平位移,依靠支座的_____来实现主梁受荷挠曲而在梁端产生的转角。

二 综合应用

1. 按照附图Ⅶ-1填空,写出各数字所表示的桥梁各部位名称(专业术语):
1-_____;2-_____;3-_____;4-_____;5-_____;6-_____;7-_____;
8-_____。

附图Ⅶ-1中第一跨与第四跨的标准跨径为16m,第二跨与第三跨为25m。
(1)请给出各跨适用的主梁结构截面形式。
(2)图中从左至右分别为0号台、1~3号墩、4号台。1号墩与3号墩在设计中应如何设计?
(3)若将桥跨结构全部改成石拱桥,1号墩与3号墩应如何设计?
(4)若河道中间通航宽度为32m,应如何修改设计?

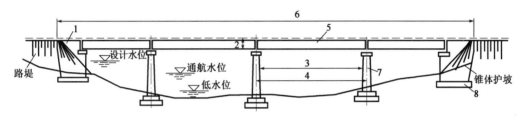

附图Ⅶ-1 四跨简支梁桥立面图

2. 根据附图Ⅶ-2所示装配式T梁(横隔梁间距>2倍主梁间距)翼板的连接方式,画出相应的翼板(桥面板)计算图式。

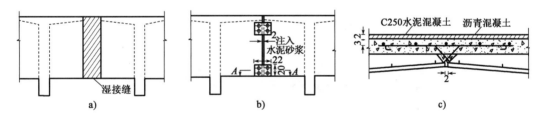

附图Ⅶ-2 装配式T形梁翼板连接方式

3. 附图Ⅶ-3中a)为装配式T梁,b)为装配式组合T梁,根据两者的应力图比较,绘图说明两者受力特点有何不同。

附图Ⅶ-3 装配式T梁和装配式组合T梁横截面

4. 某城市高架桥为跨越道路立交而设,跨越道路路面高程0.00m、路面宽B=16m,立交净空5.50m(含桥跨结构下挠变形及安全值等)。桥跨结构设计为20m跨径先简支后连续小箱梁,桥面铺装厚0.10m。方案一,桥面设计纵坡采用3%;方案二,桥面设计纵坡采用2%。以主梁梁底最低点距地面不小于0.10m且不大于0.50m为界,分别进行孔跨布置和桥梁总长计算(暂不考虑竖曲线的设置)。

5. 56m+100m+56m连续梁桥,采用悬臂灌注法施工,试进行梁段划分计算,并画出梁段划分示意图。

6. 某大桥桥长300m,拟设计为三跨连续梁桥,采用悬臂灌注法施工。试进行梁段划分计算,说明划分原则,并画出梁段划分示意图。绘图分析边跨合龙段为什么不宜太长或太短,否则将造成怎样的后果?

7. 某一级公路上有若干汽车专用桥(标准跨径10m小桥一座,标准跨径30m中桥一座,标准跨径50m大桥一座),设计车道数为2车道。现有某特种荷载重200t(如发电机组等)需要运输,应如何保证其安全过桥?通过每座桥梁应采取什么措施?(非加固措施)

8. 附图Ⅶ-4中a)、b)分别为何种结构类型?一般常采用哪种拱轴线形?

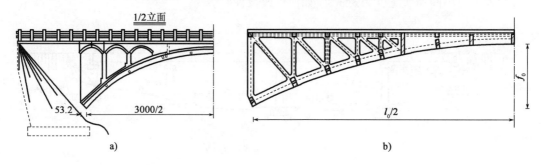

附图Ⅶ-4　拱桥立面(尺寸单位:cm)

9. 附图Ⅶ-5所示为_____体系_____桥,在图中标出桥梁全长(L),标准跨径(l_K),计算跨径(l),①~⑤名称,计算矢高(f)。

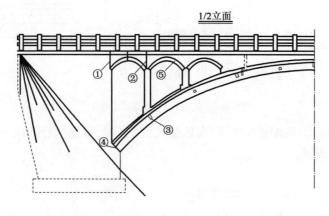

附图Ⅶ-5　大桥立面

10. 分析附图Ⅶ-6所示的两种拱桥结构:
(1)写出两种拱桥的名称。
(2)哪种可用于地基不够坚固之处?为什么?
(3)两种拱桥的拱脚截面在自重作用下分别承受哪几种力?传递给台帽顶面有哪几

种力?

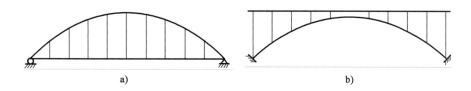

附图Ⅶ-6 拱桥结构简图

11. 计算跨径为20m的钢筋混凝土肋拱桥,矢跨比为1/5,拱轴线为圆弧线,拱肋架设采用吊装施工。

施工方案一:每片拱肋分三段(均分)吊装;

施工方案二:每片拱肋整体吊装。

上述两个方案均采用两点吊装时,分别计算吊点位置。(假设拱肋截面为矩形,上、下缘配筋面积相同,并且不考虑吊装动力系数。)

12. 某运输车队行至一座实腹式拱桥时,发现拱顶截面下缘开裂严重,在实施维修加固前,为保障车辆安全过桥(减小拱顶开裂宽度),并且不发生垮桥事故,可采取什么措施?绘简图定性分析。

13. 同等跨径的钢筋混凝土拱桥和钢筋混凝土梁桥,哪个承载力高?为什么?

14. 跨径为16m的跨线立交桥,为什么一般采用钢筋混凝土门式刚架桥,而不采用钢筋混凝土简支梁桥?绘简图定性分析。

15. 附图Ⅶ-7所示为_____桥,在图中标出桥梁总长(L_1),桥梁高度(H_1),①~③名称。

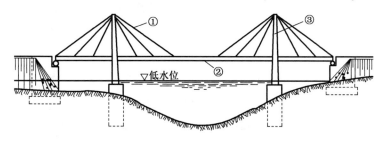

附图Ⅶ-7 桥梁立面示意

16. 附图Ⅶ-8中a)、b)分别为何类结构体系?简述两者受力特点和适用情况。

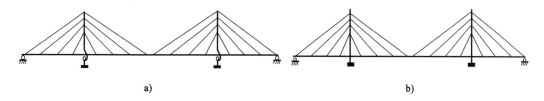

附图Ⅶ-8 结构体系简图

17. 某桥位于8度地震烈度区,拟设计一座100m+80m独塔斜拉桥,试绘制方案设计立面图(结构体系、塔高、布索区与无索区长度、梁段索距划分、拉索布置形式等,塔上索距不得小于1.50m)。

18. 装配式梁桥的横隔梁主要作用是什么？通常在哪里设置？采用混凝土Π梁的斜拉桥是否也需要主梁内设置横隔梁？如需设置通常设置在哪里？

19. 附图Ⅶ-9为青马大桥立面简图，该桥为_____跨_____桥，在图中标出受拉构件的名称。

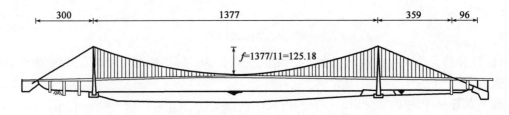

附图Ⅶ-9　青马大桥立面(尺寸单位:m)

20. 17.5m×40m连续箱梁桥，采用上下行分幅设计，桥面纵坡2.8%，试进行两幅桥的支座立面及平面布置，绘制支座布置示意图。

21. 在附图Ⅶ-10中，图a)所示为_____侧面图，图b)所示为_____侧面图，当桥跨结构为梁式桥时，图a)、图b)分别适用于哪种类型主梁？

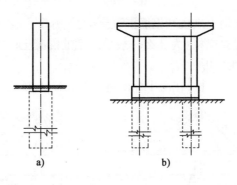

附图Ⅶ-10　桥墩构造示意

22. 某桥一结合墩，左跨设计为20m跨径，右跨设计为40m跨径，为减小墩身受力，应如何设计？（绘简图进行受力分析说明。要求：①该桥为简支梁桥；②该桥为简单体系拱桥。）

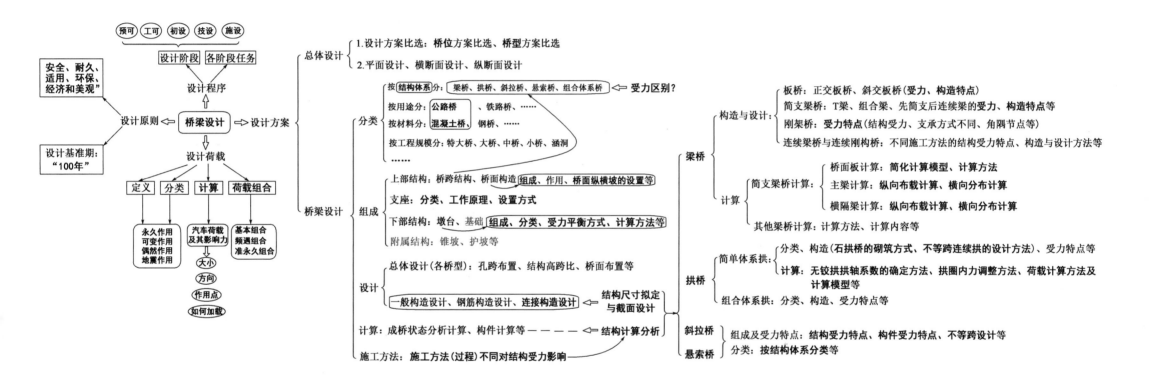

附图Ⅶ-11 课程总结

附录Ⅷ 常用名词与术语

一 总论

1. 桥梁(bridge)：供铁路、公路、渠道、管线、行人等跨越河流、山谷、海湾，以及其他线路或障碍时的架空建筑物，由桥跨结构、桥墩、桥台及附属设施等部分组成。

2. 桥跨结构(superstructure)：在道路中断时跨越障碍的主要承载结构，包括桥面系构造、主梁、拱、悬索等，其作用是承受桥上的车辆和行人。

3. 桥面系(floor system)：桥梁中由桥面板或纵横梁及其联结系组成的直接承受交通荷载的行车系统，如中、下承式拱桥的拱下悬吊结构等。

4. 桥面构造(deck construction)：能满足使用荷载在桥面上安全、有效和顺畅地通过的构造设施。公路桥梁的桥面构造包含桥面铺装、伸缩缝、人行道(或安全带)、栏杆、路缘石、防(排)水设施、灯柱照明设备等。

5. 桥墩(pier)：多孔桥梁中处于相邻桥孔之间支承上部结构并将荷载传递到基础，再由基础传递至地基的构造物。

6. 桥台(abutment)：在桥孔尽端与路堤连接处、支承桥梁上部结构并将荷载传到基础，再由基础传递至地基的构造物。桥台一般具有支承和挡土的功能，抵御路堤土压力，防止路堤填土的滑坡和坍塌。为使桥梁和路堤连接匀顺，行车平稳，一般在台后设置搭板以平衡桥台与路堤之间过大的刚度差异。

7. 基础(foundation)：承受桥墩(台)传来的全部荷载，并将荷载传至地基的结构，是确保桥梁能安全使用的关键。

8. 支座(bearing)：设置在桥墩(台)上、支承桥跨结构的传力与连接装置。

9. 锥体护坡(quadrant revetment)：又称锥坡，是桥梁的防护设施。当桥台布置不能完全挡土或采用埋置式、桩式、柱式桥(涵)台时，为了保护桥(涵)两端路堤土坡稳定，防止冲刷，在桥台两侧路堤与桥台衔接处设置的锥形护坡。锥体护坡横桥向坡度与路堤边坡一致，顺桥向坡度应根据填土高度、土质情况，结合坡前冲刷和铺砌情况而定。跨越水流的桥梁，锥体护坡宜采用浆砌片石铺砌，大、中跨径桥的铺砌高度应高出设计水位不小于50cm，小跨径桥应高出壅水位25cm。

10. 附属设施(ancillary facilities)：在桥梁建筑工程中，除了上部结构、下部结构、支座等主体工程外，根据需要修筑防护设施(如锥体护坡、护岸、河床铺砌、导流结构物等)和其他附属设施(如检修道、避雷设施、减振设施、监测设施等)。

11. 特大桥(super major bridge)：单孔跨径 $L_K > 150m$，或多孔跨径总长 $L > 1000m$ 的公路桥梁。

12. 大桥(major bridge)：单孔跨径 $40m \leqslant L_K \leqslant 150m$，或多孔跨径总长 $100m \leqslant L \leqslant 1000m$ 的公路桥梁。

13. 中桥(medium bridge)：单孔跨径 $20m \leqslant L_K < 40m$，或多孔跨径总长 $30m < L < 100m$ 的公路桥梁。

14. 小桥(minor bridge):单孔跨径 $5m \leqslant L_K < 20m$,或多孔跨径总长 $8m \leqslant L \leqslant 30m$ 的公路桥梁。

15. 涵洞(culvert):单孔跨径 $L_K < 5m$,横穿并埋设在路堤中供排泄洪水(排洪涵)、灌溉道路两侧农田(灌溉涵)或作为通道(立交涵)的小型构筑物,一般由洞身、基础、洞口建筑组成。

16. 组合体系桥(composite-system bridge):根据结构的受力特点,由几个不同体系的结构组合而成的桥梁称为组合体系桥。组合体系桥的种类很多,如拱-梁(杆)组合体系桥、钢桁架拱桥、斜拉-悬索组合桥等,但究其实质不外乎利用梁(杆)、拱、吊索三者的不同组合形成新的结构。组合体系桥梁一般都可以用钢筋混凝土来建造,对于大跨径桥梁以采用预应力混凝土或钢材修建为宜。

17. 主桥(main bridge):对于规模较大的桥梁,通常把跨越主要障碍物(如大江、大河、深谷等)的桥梁称为主桥。由于通航等原因,主桥常需有一定的高度与跨径,一般采用跨越能力较大的结构体系。是整个桥梁工程的重点。

18. 引桥(approach span):将主桥与路堤以合理的坡度连接起来的这一部分桥梁称作引桥。引桥与引道分界点的高度取决于工程地质条件和经济分析。

19. 标准跨径(standard span):梁式桥和板式桥是指相邻两桥墩中线之间桥梁中心线长度,或桥墩中线与桥台背墙前缘之间桥梁中心线长度;拱桥和涵洞为净跨径。标准设计或新建桥涵,当跨径小于或等于50m时,宜采用标准跨径,直接套用公路桥涵通用标准设计图,以加速设计进程并便于施工。当桥梁设计跨径未能采用标准跨径时,则不能套用公路桥涵通用标准设计图,需进行单独设计。

20. 计算跨径(calculated span):对于有支座的桥梁,为桥跨结构的相邻两支座中心之间的距离;无支座的桥梁,为支承中心之间的距离。

21. 净跨径(clear span):设计洪水位线或通航水位线上相邻两桥墩(或桥台)间的水平距离。

22. 总跨径(overall clear span):多孔桥梁中各孔净跨径的总和。

23. 桥梁全长(overall length of bridge):有桥台的桥梁为两岸桥台侧墙或八字墙尾端间的距离,无桥台的桥梁为桥面系行车道长度。

24. 桥梁总长(overall span length of bridge):梁桥和板桥为两桥台背墙前缘之间的距离,即多孔标准跨径的总长;拱桥为两端桥台内起拱线间的距离;其他结构体系桥梁为桥面系车道长度。

25. 桥梁高度(bridge height):简称桥高,是指桥面与低水位(有水河流)之间的高差,或桥面至桥下路线路面(跨线桥)之间的距离,或桥面至桥下沟底(旱桥)之间的距离。

26. 桥梁建筑高度(construction depth of bridge):桥面至桥跨结构最下缘之间的竖向距离,不仅与桥梁结构体系和跨径的大小有关,而且因行车部分在桥上布置的高度位置而异。公路(或铁路)定线中所确定的桥面(或轨顶)高程,与通航净空顶部高程之差,又称为建筑限界高度。显然,桥梁的建筑高度不得大于建筑限界高度,否则就不能保证桥下的通航要求。

27. 桥下净空(clearance under bridge superstructure):为保证水流、船只、流筏、流木、其他水上漂流物、泥石流、车辆、行人等安全通过所保持的桥下最小空间,是设计水位或计算通航水位至桥跨结构最下缘之间的距离。

28. 桥面净空(clearance above bridge deck):又称桥面建筑限界,为保证列车、车辆、行人等安全通行,在桥面一定高度和宽度范围内不容许有任何建筑物或障碍物的空间限界。在桥梁横截面设计中应予以考虑,主要决定桥面宽度和桥跨结构横截面布置。

29. 经济跨径(economical span length):一般桥梁跨径布置,经技术经济分析,既能满足功能和安全要求,又能达到总投资最低的跨径。例如梁桥,每孔跨径相等,地基情况大致相同,则桥梁上部结构总造价大约等于下部结构总造价时,所选择的跨径是最经济的。

30. 可行性研究(feasibility study):对工程项目投资决策前进行技术经济论证,确定其是否可行的一种综合性科学方法,是基本建设程序的重要组成部分。通过可行性研究后编制可行性研究报告,作为有关建设部门的决策依据。

31. 初步设计(preliminary design):按照基本建设程序,为使工程取得预期的经济效益或达到预期目的而编制的第一阶段设计文件。内容一般应包括设计依据、设计指导思想、建设规模、技术标准、设计方案、主要工程数量和材料设备供应、征地拆迁面积、主要技术经济指标、建设程序和期限、总概算等方面的图纸和文字说明。

32. 技术设计(technical design):基本建设工程设计分为三阶段设计时的中间阶段设计文件。技术设计是在已批准的初步设计的基础上,通过详细的调查、测量和计算而进行的。内容主要为协调编制拟建工程中有关工程项目的图纸、说明书和概算等。经过审批的技术设计文件是进行施工图设计及订购各种主要材料、设备的依据,且为基本建设拨款(或贷款)和对拨款的使用情况进行监督的基本文件。

33. 施工图设计(construction drawing design):设计部门根据鉴定批准的技术设计(三阶段设计),或扩大初步设计(两阶段设计),或设计(计划)任务书(一阶段设计),所编制的设计文件。此设计文件应提供为施工所必需的图纸、材料数量表及有关说明。施工图设计和绘制应有更加详细、具体的细部构造和尺寸、用料和设备等图纸的设计和计算工作,主要内容有平面图、立面图、构件截面图、结构构件详图等,工程设计计算书,工程数量表等。

34. 作用(action):施加在结构上的集中力或分布力(直接作用,也称荷载)和引起结构外加变形或约束变形的原因(间接作用)。

35. 永久作用(permanent action):在设计基准期内始终存在且其量值变化与平均值相比可以忽略不计的作用,或其变化是单调的并趋于某个限值的作用。

36. 可变作用(variable action):在设计基准期内其量值随时间变化,且变化值与平均值相比不可忽略不计的作用。

37. 偶然作用(accidental action):在设计基准期内不一定出现,而一旦出现其量值很大,且持续时间很短的作用。

38. 作用的标准值(characteristic value of an action):作用的主要代表值。可根据对观测数据的统计、作用的自然界限或工程经验确定。

39. 作用的代表值(representative value of an action):极限状态设计所采用的作用值。可以是作用的标准值或可变作用的伴随值。

40. 作用的设计值(design value of an action):作用的代表值与作用分项系数的乘积。

41. 可变作用的伴随值(accompanying value of a variable action):在作用组合中,伴随主导作用的可变作用值。可以是组合值、频遇值或准永久值。

42. 可变作用的组合值(combination value of a variable action):使组合后的作用效应的超越概率与该作用单独出现时其标准值作用效应的超越概率趋于一致的作用值,或组合后使结构具有规定可靠指标的作用值。可通过组合值系数对作用标准值的折减来表示。

43. 可变作用的频遇值(frequent value of a variable action)：在设计基准期内被超越的总时间占设计基准期的比率较小的作用值，或被超越的频率限制在规定频率内的作用值。可通过频遇值系数对作用标准值的折减来表示。

44. 可变作用的准永久值(quasi-permanent value of a variable action)：在设计基准期内被超越的总时间占设计基准期的比率较大的作用值，可通过准永久值系数对作用标准值的折减来表示。

45. 作用效应(effect of action)：由作用引起的结构或结构构件的反应。

46. 作用组合(combination of actions)：在不同作用的同时影响下，为验证某一极限状态的结构可靠度而采用的一组作用设计值。

47. 作用基本组合(fundamental combination of actions)：承载能力极限状态设计时，永久作用设计值与可变作用设计值的组合。

48. 作用偶然组合(accidental combination of actions)：承载能力极限状态设计时，永久作用标准值与可变作用某种代表值、一种偶然作用设计值的组合。

49. 作用频遇组合(frequent combination of actions)：正常使用极限状态设计时，永久作用标准值与主导可变作用频遇值、伴随可变作用准永久值的组合。

50. 作用准永久组合(quasi-permanent combination of actions)：正常使用极限状态设计时，永久作用标准值与可变作用准永久值的组合。

51. 分项系数(partial safety factor)：用概率极限状态法设计时，为保证所设计的结构具有规定的可靠度，在设计表达式中采用的系数。分为作用分项系数和抗力分项系数两类。

52. 结构重要性系数(factor for importance of struture)：对不同安全等级的结构，为使其具有规定的可靠度而采用的分项系数。

53. 设计基准期(design reference period)：为确定可变作用等的取值而选用的时间参数。

54. 桥面铺装(deck pavement)：又称桥面保护层，保护桥面结构系统免遭损伤和侵蚀的构造措施。包括行车道铺装和人行道铺装。

55. 桥面防水层(waterproof layer of deck)：防止桥面雨水向主梁渗透的隔水措施。一般设置在行车道铺装层以下，将透过铺装层的渗入水隔绝。

56. 桥面排水(deck drainage)：排除桥面积水的措施。排水措施有：在桥面铺装内浇筑防水混凝土或铺设防水层以隔离或排除渗入水；在桥面上设置纵、横坡以排除表面水；当桥长大于50m、纵坡小于2%时，在桥上设置泄水管等；在两岸桥台台尾设置泄水槽；等等。

57. 桥面横坡(lateral slope of deck)：为了桥面排水所设置的横坡。

58. 桥面纵坡(grade of deck)：为使桥面最高点与桥头引道连接而设置的桥面纵向坡度。

59. 桥面连续(continuous deck)：多跨简支梁桥，为减少桥面伸缩缝道数，提高行车舒适度而采用的多跨连续桥面。

60. 桥梁伸缩装置(expansion joint)：为适应桥跨结构在温度变化和活载作用所引起的变形而设置的装置。

61. 桥上照明(bridge lighting)：桥上夜间照明的灯光设置。包括交通照明和观赏照明。

62. 人行道(sidewalk)：位于行车道两侧，专供行人行走的路幅或桥面部分。

63. 安全带(safety belt)：为保证车辆在桥上靠边行驶时的安全而设置的带状构造物。

64. 栏杆(railing)：设置在桥面两侧以利车辆、行人安全过桥的防护设施。

65. 护栏(guard railing)：为使车辆与车辆或车辆与行人分道行驶,以防止车辆驶离规定行车道位置而设置的安全防护设施。分为防护栏和防撞护栏。

二 梁桥

1. 梁桥(beam bridge)：主要承重结构用梁来承受弯矩和剪力的桥梁。当梁通过支座支承在下部结构上时,在竖向荷载作用下,支座处不产生水平反力。

2. 简支梁桥(simple beam bridge)：上部结构由两端简单支承在墩台上的主要承重结构组成的桥梁。

3. 板桥(slab bridge)：上部结构在竖向荷载作用下双向受力的板状桥梁。按制造方法分为整体式板桥和装配式板桥,按横截面形式分为实心板桥和空心板桥;按建造材料分为钢筋混凝土板桥和预应力混凝土板桥等。

4. 肋梁桥(ribbed beam bridge)：由多根主梁与桥面板连成整体作为主要承重结构的桥梁。主梁由翼缘板和梁肋构成,如T形梁、工字形梁、Π形梁等。上翼缘板承压,梁肋抗剪,设于混凝土梁肋下部的钢筋抗拉。

5. 翼缘板(flange plate)：钢板梁或混凝土T形梁、工字形梁、Π形梁和箱形梁等截面上、下缘的水平悬出部分。

6. 梁肋(rib)：T形梁或工字形梁截面中连接上翼缘板或下翼缘板的肋形截面部分。梁肋宽度在跨中段取决于构造要求,在梁端则应按抗剪要求进行加宽。

7. 横隔板(diaphragm)：又称横隔梁,装配式梁桥的梁与梁之间(或整体式箱梁腹板之间)沿梁长间隔设置的横向隔板。

8. 箱形梁桥(box girder bridge)：桥跨结构采用薄壁箱形截面梁构成的梁桥。由顶板、底板与腹板组成封闭式的横截面,分单箱单室、单箱多室、双箱单室、双箱多室等。

9. 混凝土组合梁桥(concrete composite beam bridge)：用预制的混凝土微弯板与混凝土主梁组合而成的一种装配式梁桥。

10. 钢-混凝土组合梁桥(steel-concrete composite beam bridge)：在架设好的钢主梁上现浇或预制安装混凝土桥面板的一种装配式梁桥。

11. 承托(haunch)：又称托承、梁腋,梁支点处的加高部分。

12. 漫水桥(overflow bridge)：又称过水桥,洪水期容许桥面过水的桥梁。

13. 刚架桥(rigid frame bridge)：上部结构(主梁及桥面系)与下部结构(支柱)固结成整体,状如框架的桥梁。

14. 门式刚架桥(portal rigid frame bridge)：由水平纵梁和竖直支柱构成主要承重结构的刚架桥。

15. 斜腿刚架桥(slant-legged rigid frame bridge)：由水平纵梁和两个斜置支柱构成主要承重结构的刚架桥。

16. 连续梁桥(continuous beam bridge)：上部结构由连续跨过三个以上支座的梁作为主要承重结构的桥梁。

17. 连续刚构桥(continuous rigid frame bridge)：上部结构连续梁与桥墩固结,桥墩顺桥向抗弯刚度较小的桥梁。连续刚构桥既保持了连续梁桥的优点，又减小了桥墩尺寸，并且不设置支座，降低了工程造价，适用于高墩大跨径桥梁。

18. 行车道板(deck slab)：桥面构造中直接承受车辆轮载的承重构件。在构造上常搁置在主梁上或与主梁相连，可作为主梁的翼缘板组成部分，保证全桥的整体受力作用。其从结构受力上可分为单向板、双向板、悬臂板、铰接悬臂板等。荷载横向分布系数计算方法有杠杆原理法、偏心压力法、铰接(刚接)板梁法、G-M法等。

19. 荷载横向分布系数(lateral distribution coefficient of live load)：公路车辆荷载在桥梁横向各主梁间分配的百分数。荷载横向分布系数与各主梁间的联结方式(铰接或刚接)、有无内横隔梁及其数目、主梁截面的抗弯刚度和抗扭刚度、车辆荷载在桥上的位置等有关。

20. 梁格法(grillage simulation)：将桥面板看成由纵、横梁组成的体系，按节点的弹性挠度和扭角的关系找出节点力，进而解出主梁(纵梁)和横梁所受的内力。是计算正交异性桥面板结构空间内力的一种方法。

三　拱桥

1. 拱桥(arch bridge)：主要承重结构是拱圈或拱肋，结构在竖向荷载作用下，桥墩或桥台承受水平推力，这种水平推力将显著抵消荷载在拱圈内产生的弯矩作用，并使拱圈主要承受压力。

2. 拱圈(arch ring)：也称主拱圈或主拱，是支承于墩、台之间，用以承受桥上全部荷载的弧形构件，在横桥向有整体式和分离式两种构造形式。整体式拱圈为上承式拱桥，一般情况下车辆都无法直接在拱圈弧面上行驶，所以在桥面系与拱圈之间需要有传递压力的构件或填充物，以便车辆能在平顺的桥面上行驶。

3. 拱顶(arch crown)：指对称拱的拱圈跨中截面，不对称拱的拱圈最高处截面。

4. 拱脚(springing)：拱圈与墩台或其他支承结构连接处的拱圈截面。拱的自身重量和拱上承受的其他荷载都通过拱脚传递给墩、台或其他支承结构。拱脚的支承方式必须与拱桥设计图式一致，如为两铰拱或三铰拱，拱脚采用铰支，若为无铰拱则拱脚固结。

5. 拱腹(soffit)：拱圈的下缘曲面，即拱圈的向下凹面。在上承式拱桥中，拱腹以下的空间即为桥下净空范围。

6. 拱背(back of arch)：拱圈的上缘曲面，即拱圈的向上凸面。对于实腹拱桥，拱背上支承侧墙和填料；对于空腹拱桥，拱背上筑有横墙或立柱。

7. 起拱线(springing line)：拱圈的拱脚截面下缘线，即拱脚截面与拱腹相交的直线。

8. 拱上建筑(spandrel structure)：又称拱上结构，上承式拱桥桥跨结构中主拱圈以上结构的总称，包括桥面系和向主拱圈传递荷载的构件或填充物。拱桥桥面系包括行车道、人行道及两侧的栏杆或砌筑的矮墙(又称雉墙)等构造。

9. 拱肩(spandrel)：上承式拱桥拱圈两侧拱背以上、桥面系以下的空间，即拱上建筑的腹部。有填料的为实肩拱(或实腹式拱)，具有构架体系的为敞肩拱(或空腹式拱)。

10. 实腹式拱桥(solid spandrel arch bridge)：拱上建筑设计成实体结构的拱桥。通常在拱圈横桥向两侧设置拱上侧墙(挡土墙)，侧墙间填筑砂石，再在之上建造桥面。实腹式拱桥由于自重大，多用于30m以下拱桥。

11. 空腹式拱桥(open spandrel arch bridge)：拱上建筑由腹拱、梁-柱(墙)或刚架构成的拱桥。

12. 腹孔(spandrel span)：上承式拱桥采用空腹式拱上建筑时，在主拱拱肩上所设的孔。

13. 腹拱(spandrel arch)：空腹式拱桥桥面以下，主拱圈以上部分所采用的小拱，即拱式腹孔。

14. 腹孔墩(pier for spandrel arch)：空腹式拱上建筑中把腹孔上荷载传递给主拱的构件，分为横墙式和立柱式。

15. 拱座(arch seat)：在拱圈与墩台及拱圈与空腹式拱上建筑的腹孔墩连接处设置的现浇混凝土构造物。

16. 护拱(arch protection)：在拱桥中为加强拱圈的拱脚段而用块石、片石等砌筑的扩大部分。实腹式圆弧拱中，拱脚附近往往会产生较大弯矩，故需设置护拱。在多孔拱桥中设置护拱还便于布设防水层和泄水管。

17. 伸缩缝(expansion joint)：为适应桥跨结构在温度变化和活载作用下引起的变形而设置的装置。拱桥的伸缩缝设置在主拱圈与墩台连接处，伸缩缝的宽度由计算确定。

18. 变形缝(deformation joint)：在结构因变形而可能发生开裂的部位，在构造上设置断缝。一般只是断开，没有缝宽。例如，腹拱为两铰拱或三铰拱时，为避免侧墙出现不规则裂缝，在腹拱的拱脚或拱顶以上的侧墙上设置变形缝。

19. 拱铰(arch hinge)：拱桥中设置于主拱圈或腹拱的拱顶或拱脚处，使两部分能相对转动的连接部件。分为永久性铰和临时性铰。永久性铰用于三铰拱或两铰拱体系中；临时性铰用于拱桥施工过程中，消除或减小主拱的部分附加内力以及对主拱内力作适当调整，施工结束时被封固。常用的拱铰形式有弧形铰、铅垫铰、平铰、钢铰和不完全铰等。

20. 板拱桥(barrel arch bridge)：拱圈横截面的宽度大于高度，呈矩形板状的拱桥。常用于石拱桥和钢筋混凝土拱桥。

21. 肋拱桥(rib arch bridge)：由两条或两条以上分离式拱肋组成承重结构的拱桥。拱肋之间靠横向联系梁连接成整体而共同受力。常用于大跨径钢筋混凝土拱桥、钢管混凝土拱桥等。

22. 双曲拱桥(tow-way curved arch bridge)：主拱圈在纵、横两个方向都呈拱形弯曲的少筋混凝土拱桥。主拱圈由拱肋、拱波、拱板组成。

23. 箱形拱桥(box-ribbed arch bridge)：拱圈横截面由几个箱室组成的拱桥。截面挖空率大，较板拱桥可减少圬工用料与自重，适用于大跨径拱桥。

24. 拱肋(arch rib)：拱桥上部结构中的曲线形的肋形承重构件。拱肋截面形式根据跨径大小和荷载等级可有矩形、工字形、箱形、管形等。

25. 拱波(arch tile)：双曲拱桥主拱圈中用混凝土制成的横向圆弧形构件。拱波安装在拱肋之间，与拱肋和现浇混凝土拱板共同构成主拱圈。

26. 拱板(arch covering)：双曲拱桥主拱圈中将拱肋和拱波结合成整体的现浇混凝土部分，是主拱圈截面的组成部分之一。在横截面方向上常设计成波形、折线形等。

27. 钢管混凝土拱桥(concrete-filled steel tubular arch bridge)：主拱为钢管混凝土构件的拱桥。

28. 钢管混凝土构件(concrete-filled steel tubular member)：在钢管内灌注混凝土，并由钢

管-混凝土共同受力的构件。

29. 简单体系拱桥(simple system arch bridge):主要承重结构以拱圈(或拱肋)为主要受力体系的拱桥。主要有无铰拱桥、两铰拱桥、三铰拱桥。

30. 组合体系拱桥(combined-system arch bridge):将桥面系结构与主拱圈按不同的构造方式构成一个受力整体,共同承受荷载,以减小拱脚水平推力或使拱脚水平推力为零的拱桥。分为有推力组合体系拱桥和无推力组合体系拱桥。

31. 拱片桥(arch disc bridge):又称整体式拱桥,属于超静定结构。由水平上缘与弧形下缘的拱片构成有推力组合体系拱桥,拱片之间用桥面系、横向联结系(横撑、剪刀撑)连接成整体。常用形式有桁架拱桥和刚架拱桥。

32. 桁架拱桥(trusse-arch bridge):由桁架拱片、横向联结系和桥面系组成。每片桁架拱片中间为实腹段,两侧为拱形桁架片(包括上弦杆、下弦杆、腹杆等)。

33. 刚架拱桥(rigid frame arch bridge):由刚架拱片、横向联结系和桥面系组成,是在桁架拱桥与斜腿刚架桥等基础上发展起来的一种桥型。每片刚架拱片由主梁(实腹段)、主拱腿、次梁(腹孔弦杆)和次拱腿(斜撑)构成。

34. 系杆拱桥(tied arch bridge):在拱脚处用拉杆平衡水平推力的组合体系拱桥。

35. 拱轴线(arch axis):拱圈各截面重心(或形心)的连线。拱桥常用的拱轴线有圆弧线、抛物线、悬链线等。拱轴线线形直接影响拱圈各截面内力的分布,通常要求在竖向荷载作用下,拱轴线尽量接近恒载压力线(拱圈各截面上轴向压力作用点连线),使拱圈各截面内只受轴力而没有弯矩,此时的拱轴线称作合理拱轴线。

36. 拱矢(rise of arch)f:又称拱高,或矢高,或计算矢高,指拱顶截面至拱脚截面在拱轴线上的垂直距离。

37. 净拱矢(clear rise of arch)f_0:又称净矢高,指拱顶截面下缘至相邻两拱脚截面下缘最低点之连线的垂直距离。

38. 拱桥计算跨径(span of arch bridge)l:两拱脚截面之间拱轴线上的水平距离。

39. 拱桥净跨径(clear span of arch bridge)l_0:两拱脚截面间拱腹面上的水平距离,或两拱脚起拱线间的水平距离。

40. 矢跨比(rise span ratio)(f/l):拱桥中拱圈(或拱肋)的计算矢高f与计算跨径l之比,也称拱矢度,是反映拱桥受力特性的一个重要指标。

41. 拱轴系数(coefficient of arch axis):实腹式拱桥拱脚恒载集度(指材料重度与单位长度拱桥体积的乘积)对拱顶恒载集度之比。当拱的跨径及矢高已确定时,拱轴系数是确定悬链线拱轴线坐标的主要参数。

42. 拱的纵向稳定性(longitudinal stability of arch):在拱轴平面内失稳的临界荷载问题。采用无支架施工的大、中跨径拱桥,应验算主拱圈或拱肋的纵向稳定性,稳定安全系数不得小于4。

43. 拱的横向稳定性(lateral stability of arch):在拱轴平面外失稳的临界荷载问题。宽跨比小于1/20的主拱以及无支架施工拱圈或拱肋应验算横向稳定性,安全系数不得小于4。

44. 拱的内力调整(regulation of internal force in arch section):在不改变拱的主要尺寸的条件下,改善主拱圈各截面内力分布的措施,如设计时采用假载法,施工过程中采用临时铰法等。

45. 连拱计算(continuous arch analysis):在多跨连续拱桥中,考虑各孔拱跨结构及桥墩相互影响的计算。由于桥墩不是绝对的刚体,当一孔受载时,拱脚处的弯矩和推力会使墩顶发生位移和转角,从而使该孔及其他孔的桥墩和桥跨都发生变形,这就是连拱作用。桥墩相对于拱圈较细柔的情况,在设计中必须考虑连拱作用对内力的影响。

四 斜拉桥

1. 斜拉桥(cable-stayed bridge):又称斜张桥,是用锚在桥塔上的多根张紧的斜向钢缆索吊住主梁的缆索承重桥。在竖向荷载作用下,主梁受弯(受压)、桥塔受压、斜拉索受拉。
2. 斜拉索(stay cable):锚在索塔上并支承主梁的构件,由钢绞线或钢丝束组成。
3. 索塔(pylon):用于锚固或支承斜拉索,并将斜拉索索力传递给下部结构的构件。
4. 主梁(girder):由斜拉索和支座支承,直接承受由桥面传递的交通荷载的构件。
5. 斜拉桥跨径(span of cable-stayed bridge)l:索塔中心之间的水平距离,或索塔中心至桥台背墙之间的距离。
6. 索塔高度(pylon height)H:索塔顶端(不含塔顶装饰构造部分)至桥面的垂直距离。
7. 过渡墩(transition pier):联跨分界处的桥墩。
8. 辅助墩(auxiliary pier):为提高结构整体刚度,改善结构受力而在边跨内设置的桥墩。
9. 飘浮体系(floating system):塔墩固结,主梁在索塔处不设竖向支座,全桥不设纵向约束的结构体系。
10. 半飘浮体系(semi-floating system):塔墩固结,主梁在索塔处设置竖向支座,纵向不约束或者弹性约束的结构体系。
11. 塔梁固结体系(fixed system between pylon and girder):塔梁固结,主梁在墩处设支座的结构体系。
12. 塔梁墩固结体系(rigid frame system):塔、梁、墩固结在一起的结构体系。
13. 地锚体系(ground anchoring system):边跨斜拉索全部或部分锚固在地锚上的结构体系。
14. 部分斜拉桥(extra-dosed bridge):拉索承载相对较小且应力幅相对较低、主梁承载相对较大的斜拉桥。
15. 混凝土斜拉桥(cable-stayed bridge with concrete girder):主梁为钢筋混凝土或预应力混凝土结构的斜拉桥。
16. 钢箱梁斜拉桥(cable-stayed bridge with steel box girder):主梁为钢箱结构的斜拉桥。
17. 钢桁梁斜拉桥(cable-stayed bridge with steel truss girder):主梁为钢桁结构的斜拉桥。
18. 组合梁斜拉桥(cable-stayed bridge with composite girder):主梁为钢-混凝土组合结构的斜拉桥。
19. 混合梁斜拉桥(cable-stayed bridge with hybrid girder):主梁在边跨的一部分或全部采用混凝土梁,其余梁段采用钢梁或组合梁的斜拉桥。
20. 钢锚梁(steel anchorage beam):索塔上锚固斜拉索的钢结构梁式装置。
21. 钢锚箱(steel anchorage box):索塔和主梁上锚固斜拉索的钢结构箱形装置。

22. 斜拉索减振装置(damping devices of stay cable)：减小斜拉索风振或风雨振的措施或装置。

23. 限位装置(limited movement bearing)：为防止主梁水平位移过大而采用限制纵、横向水平位移的装置。

24. 设计成桥状态(design state of completed bridge)：在设计规定的荷载下，斜拉桥塔梁线形平顺，主梁和索塔弯矩控制在可行域范围，索力分布相对均匀的成桥状态。

25. 斜拉索涡激共振(vortex-induced resonance of stay cable)：风流经斜拉索时会发生漩涡脱落，当漩涡脱落频率接近或等于斜拉索的自振频率时，由周期性漩涡力所激发出的斜拉索共振现象。

26. 斜拉索尾流驰振(wake galloping of stay cable)：当后排斜拉索处在前排斜拉索尾流不稳定的驰振区内时发生的风致振动。

27. 斜拉索参数共振(parametric resonance of stay cable)：当主梁的振动频率与斜拉索的横向振动频率满足倍数条件时，斜拉索发生的振动。

28. 斜拉索风雨振(wing-rain induced vibration of stay cable)：在一定临界风速下，雨水沿斜拉索流动引起的斜拉索驰振。

五 悬索桥

1. 悬索桥(suspension bridge)：又称吊桥，以通过索塔悬挂并锚固于大地或其他结构的缆索或钢链作为桥跨上部结构主要承重构件的桥梁。

2. 缆索(main cable)：又称主缆，悬挂于索塔顶，两端锚固于锚碇，由平行钢丝或钢丝绳组成的悬索桥主要承重构件。

3. 索塔(cable tower)：用以支承主缆并将荷载通过基础传递给地基的结构。在风和地震荷载作用下，对全桥结构的总体稳定提供安全保障。

4. 锚碇(anchor block)：锚固主缆索股，承受主缆拉力，支承于地基上或嵌(锚)固于岩体中的结构。

5. 加劲梁(stiffening girder)：直接承受竖向活载(汽车荷载、列车荷载、人群荷载等)并传递给吊索、索塔、桥墩的梁体结构。加劲梁必须具有足够的抗扭转性能以保持在风荷载作用下的气动稳定性。

6. 吊索(hanger)：又称吊杆，是连接主缆与加劲梁的构件。

7. 索夹(cable clamp)：紧箍主缆并连接主缆与吊索的构件。

8. 索鞍(saddle)：支承主缆并使主缆平顺地改变方向的构件。安装在索塔顶部的称为主索鞍(又称鞍座)，安装在边跨和锚跨之间的称为散索鞍。

9. 缆索系统(cable system)：由主缆、索夹、吊索、主索鞍、散索鞍及防护系统等构件组成，为悬索桥桥面提供直接支撑的结构。

10. 锚固系统(anchorage system)：将主缆的索股与锚碇或岩体连接的结构。

11. 锚跨(anchor span)：位于散索鞍(散索套)和锚固系统之间的主缆结构。

12. 散索套(cable splay collars)：当主缆由边跨进入锚跨，其中心线不产生转角时，用来控制预制索股扩散方向的铸钢(锻钢)构件。

13. 锚头(socket):用于索股两端与锚固系统连接的构件或用于吊索两端与加劲梁及主缆索夹连接的构件。

14. 地锚式悬索桥(ground anchored suspension bridge):主缆索股锚固于重力式锚碇、隧道锚碇或直接锚于坚固岩体上的悬索桥。

15. 自锚式悬索桥(self-anchored suspension bridge):主缆索股锚固于加劲梁梁端,加劲梁承受主缆端部的水平与竖向分力的悬索桥体系。

16. 锚塞体(anchor stopper):锚固主缆索股,承受主缆拉力,嵌固于岩体中的混凝土塞形结构,为隧道式锚碇的主要受力构件。

17. 猫道(catway):供悬索桥缆索系统施工作业的通道。

18. 预制平行索股法(prefabricated parallel wire strands method)(PPWS法):将工厂化预制的平行高强度钢丝组成的索股运至工地安装的施工方法。

19. 空中纺线法(air spinning method)(AS法):利用牵引机械往复拽拉高强度钢丝,在现场制作平行钢丝索股的施工方法。

20. 锚靴(strand shoe):AS法施工的悬索桥中用以连接主缆索股与锚固系统的构件。

21. 悬索桥跨径(span of suspension bridge)l:缆索支承中心之间的水平距离。

22. 缆索垂度(cable sag)f:缆索在桥塔上的支承点连线至缆索最低点的垂直距离。

23. 垂跨比(sag span ratio)(f/l):悬索桥中悬索垂度f与主跨跨径l之比,是反映悬索桥受力特性的一个重要指标。

六 支座

1. 固定支座(fixed bearing):桥梁上部结构支承处能在竖直平面内转动而不能在水平方向移动的支座。

2. 活动支座(movable bearing):桥梁上部结构支承处既能在竖直平面内转动,又能沿桥纵向水平移动的支座。

3. 板式橡胶支座(laminated rubber bearing):由几层橡胶片和嵌在橡胶片之间的加劲钢板构成,或仅由一块橡胶板构成的支座。

4. 盆式橡胶支座(pot type rubber bearing):橡胶块(板)紧密地放置在钢盆里的大吨位橡胶支座。有固定支座、纵向活动支座和多向活动支座三种类型。

5. 减振支座(shock-absorbing bearing):附设有减振器而具有减振和抗震功能的支座。

七 墩台

1. 重力式墩台(gravity pier and gravity abutment):在承受外力时,依靠自身及作用于其上的重力获得稳定的桥墩或桥台。采用圬工材料建造,体积和自重一般都较大。

2. 轻型桥墩(light type pier):采用钢筋混凝土材料建造的薄壁式桥墩、柱式桥墩、框架墩以及其他构造上比较轻巧的桥墩。

3. 柱式桥墩(columnar pier):墩身由几根立柱组成的桥墩。

4. 桩柱式桥墩(pile-column pier):墩身由几根立柱组成,每根立柱对应一根桩基的桥墩。

5. 空心桥墩(hollow pier)：墩身为空腔体的桥墩。多为混凝土或钢筋混凝土结构，广泛应用于较高桥墩。

6. 制动墩(braking pier)：多跨桥梁设计中，考虑承受全桥或分段水平推力的桥墩。

7. 墩帽(pier capping)：桥墩顶部有出檐的部分，通常由钢筋混凝土材料制成。墩帽顶面直接或者通过支承垫石安放支座，具有支承、分布和传递上部结构荷载的作用。为了排水，顶面一般需设置顺桥向和横桥向的排水坡；为了减小墩身及基础的截面尺寸，墩帽常设计成托盘式和悬臂式。

8. 盖梁(bent cap)：又称帽梁，联结柱式墩(台)等顶部的横梁。盖梁的作用与墩帽相似。

9. U形桥台(U-abutment)：台身由前墙及连接路堤两边的侧墙(翼墙)组成，在平面上呈U字形的桥台。

10. 轻型桥台(light type abutment)：采用钢筋混凝土材料建造的薄壁轻型桥台、桩柱式桥台、肋形埋置式桥台以及其他构造上比较轻巧的桥台。

11. 桩柱式桥台(pile-column abutment)：采用桩基和柱式台身的埋置式桥台。

12. 埋置式桥台(buried abutment)：台身埋置于台前护坡内，不再设置翼墙或侧墙的桥台。台身可设计成实体式、柱式、框架式及肋形等多种形式，台帽两端设耳墙局部挡土。

13. 台帽(abutment capping)：桥台台身顶部有出檐的部分，通常由钢筋混凝土材料制成。台帽顶面直接或者通过支承垫石安放支座，既作为主梁支座的承载结构，又保证桥台的整体作用。

14. 耳墙(wing wall)：埋置式桥台中与台帽或盖梁两端连接的两块梯形钢筋混凝土板。耳墙被用来局部挡土，并承受水平方向的土压力与活载压力。

参 考 文 献

[1] 中华人民共和国交通运输部. 公路桥涵设计通用规范:JTG D60—2015[S]. 北京:人民交通出版社股份有限公司,2015.

[2] 中华人民共和国交通部. 公路圬工桥涵设计规范(附条文说明):JTG D61—2005[S]. 北京:人民交通出版社,2005.

[3] 中华人民共和国交通运输部. 公路钢筋混凝土及预应力混凝土桥涵设计规范:JTG 3362—2018[S]. 北京:人民交通出版社股份有限公司,2018.

[4] 中华人民共和国交通运输部. 公路钢结构桥梁设计规范:JTG D64—2015[S]. 北京:人民交通出版社股份有限公司,2015.

[5] 中华人民共和国交通运输部. 公路钢混组合桥梁设计与施工规范:JTG/T D64-01—2015[S]. 北京:人民交通出版社股份有限公司,2015.

[6] 中华人民共和国交通运输部. 公路斜拉桥设计规范:JTG/T 3365-01—2020[S]. 北京:人民交通出版社股份有限公司,2020.

[7] 中华人民共和国交通运输部. 公路涵洞设计规范:JTG/T 3365-02—2020[S]. 北京:人民交通出版社股份有限公司,2020.

[8] 中华人民共和国交通运输部. 公路装配式混凝土桥梁设计规范:JTG/T 3365-05—2022[S]. 北京:人民交通出版社股份有限公司,2022.

[9] 中华人民共和国交通运输部. 公路悬索桥设计规范:JTG/T D65-05—2015[S]. 北京:人民交通出版社股份有限公司,2015.

[10] 中华人民共和国交通运输部. 公路钢管混凝土拱桥设计规范:JTG/T D65-06—2015[S]. 北京:人民交通出版社股份有限公司,2015.

[11] 中华人民共和国交通运输部. 公路桥梁抗震设计细则:JTG/T 2231-01—2020[S]. 北京:人民交通出版社股份有限公司,2020.

[12] 中华人民共和国交通运输部. 公路工程混凝土结构耐久性设计规范:JTG/T 3310—2019[S]. 北京:人民交通出版社股份有限公司,2019.

[13] 中华人民共和国交通运输部. 公路桥梁抗风设计规范:JTG/T 3360-01—2018[S]. 北京:人民交通出版社股份有限公司,2019.

[14] 中华人民共和国交通运输部. 公路桥梁抗撞设计规范:JTG/T 3360-02—2020[S]. 北京:人民交通出版社股份有限公司,2020.

[15] 中华人民共和国交通运输部. 公路桥涵施工技术规范:JTG/T 3650—2020[S]. 北京:人民交通出版社股份有限公司,2020.

[16] 中华人民共和国交通运输部. 公路桥涵养护规范:JTG 5120—2021[S]. 北京:人民交通出版社股份有限公司,2021.

[17] 中华人民共和国交通运输部. 公路桥梁加固设计规范:JTG/T J22—2008[S]. 北京:人民交通出版社,2008.

[18] 中华人民共和国交通运输部. 公路桥梁加固施工技术规范:JTG/T J23—2008[S]. 北京:人民交通出版社,2008.

[19] 中华人民共和国交通运输部.在用公路桥梁现场检测技术规程:JTG/T 5214—2022[S].北京:人民交通出版社股份有限公司,2022.

[20] 中华人民共和国交通运输部.公路桥梁伸缩装置通用技术条件:JT/T 327—2016[S].北京:人民交通出版社股份有限公司,2017.

[21] 中华人民共和国交通运输部.公路交通安全设施设计规范:JTG D81—2017[S].北京:人民交通出版社股份有限公司,2018.

[22] 中华人民共和国交通运输部.公路工程技术标准(平装版):JTG B01—2014[S].北京:人民交通出版社股份有限公司,2015.

[23] 中华人民共和国交通运输部.公路工程水文勘测设计规范:JTG C30—2015[S].北京:人民交通出版社股份有限公司,2015.

[24] 中华人民共和国交通运输部.公路排水设计规范:JTG/T D33—2012[S].北京:人民交通出版社,2013.

[25] 中华人民共和国住房和城乡建设部.内河通航标准:GB 50139—2014[S].北京:中国计划出版社股份有限公司,2015.

[26] 中华人民共和国交通运输部.海轮航道通航标准:JTS 180-3—2018[S].北京:人民交通出版社股份有限公司,2018.

[27] 国家铁路局.铁路桥涵设计规范:TB 10002—2017[S].北京:中国铁道出版社股份有限公司,2017.

[28] 国家铁路局.铁路桥涵混凝土结构设计规范:TB 10092—2017[S].北京:中国铁道出版社股份有限公司,2017.

[29] 中华人民共和国住房和城乡建设部,中华人民共和国国家质量监督检验检疫总局.城市轨道交通桥梁设计规范:GB/T 51234—2017[S].北京:中国建筑工业出版社,2017.

[30] 中华人民共和国住房和城乡建设部.城市桥梁设计规范(2019年版):CJJ 11—2011[S].北京:中国建筑工业出版社,2012.

[31] 中交第一公路勘察设计研究院有限公司.公路工程基本建设项目设计文件编制办法[M].北京:人民交通出版社,2007.

[32] 高冬光.公路桥涵设计手册:桥位设计[M].2版.北京:人民交通出版社,2011.

[33] 姜友生.公路桥涵设计手册:桥梁总体设计[M].北京:人民交通出版社,2012.

[34] 廖朝华.公路桥涵设计手册:墩台与基础[M].2版.北京:人民交通出版社,2013.

[35] 刘效尧,徐岳.公路桥涵设计手册:梁桥[M].2版.北京:人民交通出版社,2011.

[36] 徐光辉,胡明义.公路桥涵设计手册:梁(上)[M].北京:人民交通出版社,1998.

[37] 顾懋清,石绍甫.公路桥涵设计手册:拱桥(上)[M].北京:人民交通出版社,1994.

[38] 顾安邦,孙国柱.公路桥涵设计手册:拱桥(下)[M].北京:人民交通出版社,1994.

[39] 孟凡超.公路桥涵设计手册:悬索桥[M].北京:人民交通出版社,2011.

[40] 金吉寅,冯郁芬,郭临义.桥梁附属构造与支座[M].北京:人民交通出版社,1998.

[41] 中交第二公路工程局有限公司.公路桥梁施工系列手册:梁桥[M].北京:人民交通出版社,2014.

[42] 四川公路桥梁建设集团有限公司,四川路桥建设股份有限公司.公路桥梁施工系列手册:拱桥[M].北京:人民交通出版社,2014.

[43] 中交第二公路工程局有限公司. 公路桥梁施工系列手册:墩台与基础(下篇)[M]. 北京:人民交通出版社,2014.

[44] 交通部第一公路工程总公司. 公路施工手册:桥涵(上、下册)[M]. 北京:人民交通出版社,2000.

[45] 刘龄嘉. 桥梁工程[M]. 3版. 北京:人民交通出版社股份有限公司,2020.

[46] 赵煜. 桥梁结构分析与设计[M]. 北京:人民交通出版社股份有限公司,2022.

[47] 中国土木建筑百科辞典:桥梁工程[M]. 北京:中国建筑工业出版社,1999.

[48] 姚玲森. 桥梁工程[M]. 3版. 北京:人民交通出版社股份有限公司,2021.

[49] 徐岳,申成岳,邵国涛,等. 连续梁桥[M]. 3版. 北京:人民交通出版社股份有限公司,2022.

[50] 徐岳,朱红亮,陈万春,等. 钢管混凝土系杆拱桥[M]. 北京:人民交通出版社股份有限公司,2017.

[51] 刘永健,周绪红. 矩形钢管混凝土组合桁梁桥[M]. 北京:人民交通出版社股份有限公司,2021.

[52] 周绪红,刘永健. 钢桥[M]. 北京:人民交通出版社股份有限公司,2020.

[53] 庄军生. 桥梁支座[M]. 4版. 北京:中国铁道出版社,2015.

[54] 李杨海. 公路桥梁支座实用手册[M]. 北京:人民交通出版社,2009.

[55] 李扬海,程潮阳,鲍卫刚,等. 公路桥梁伸缩装置[M]. 北京:人民交通出版社,2001.

[56] 李国豪,石洞. 公路桥梁荷载横向分布计算[M]. 2版. 北京:人民交通出版社,1987.

[57] 盛洪飞. 桥梁墩台与基础工程[M]. 2版. 北京:人民交通出版社,2014.

[58] 唐寰澄. 人间万古彩虹飞——世界桥梁趣谈[M]. 北京:人民铁道出版社,2000.

[59] 林元培,章曾焕,卢永成,等. 上海东海大桥工程总体设计[J]. 城市道桥与防洪,2004(4):1-8,150.